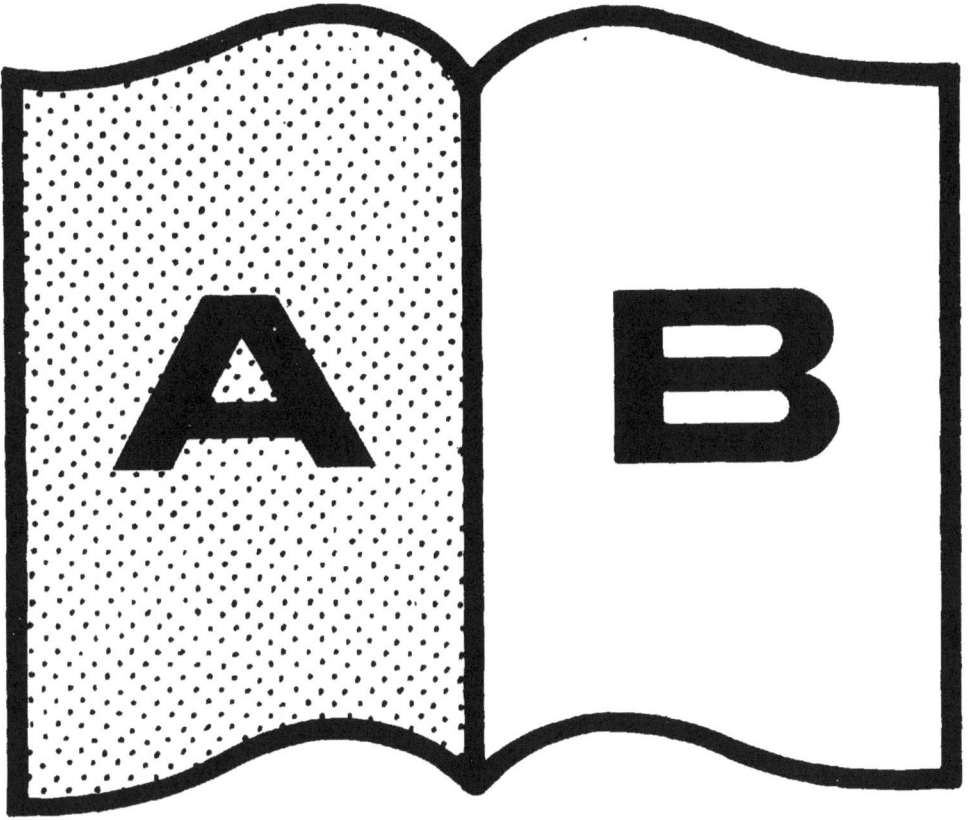

Contraste insuffisant

NF Z 43-120-14

EXPOSITION INTERNATIONALE

ET UNIVERSELLE

DE PHILADELPHIE, 1876.

———

FRANCE.

EXPOSITION INTERNATIONALE

ET UNIVERSELLE

DE PHILADELPHIE, 1876.

FRANCE.

COMMISSION SUPÉRIEURE.

RAPPORTS.

PARIS.

IMPRIMERIE NATIONALE.

M DCCC LXXVII.

INDEX.

———

INDEX.

FRANCE.

COMMISSION SUPÉRIEURE.

RAPPORT

ADRESSÉ

A S. E. LE MINISTRE DE L'AGRICULTURE ET DU COMMERCE,

PRÉSIDENT DE LA COMMISSION SUPÉRIEURE DES EXPOSITIONS INTERNATIONALES,

PAR LES COMMISSAIRES GÉNÉRAUX

MM. J. OZENNE ET E. DU SOMMERARD.

MAI 1877.

COMMISSION SUPÉRIEURE.

—

RAPPORT

ADRESSÉ

A SON EXC. LE MINISTRE DE L'AGRICULTURE ET DU COMMERCE,

PRÉSIDENT DE LA COMMISSION SUPÉRIEURE DES EXPOSITIONS INTERNATIONALES,

PAR LES COMMISSAIRES GÉNÉRAUX

MM. J. OZENNE ET E. DU SOMMERARD.

Mai 1877.

MONSIEUR LE MINISTRE,

Dans les premiers jours du mois d'août 1873, les représentants des Puissances étrangères aux États-Unis recevaient du Secrétaire d'État à Washington, avec invitation de la transmettre à leurs Gouvernements, la copie d'une proclamation du Président annonçant l'ouverture à Philadelphie, en l'année 1876, d'une Exposition internationale des arts, des manufactures, ainsi que des produits du sol et des mines.

Cette Exposition devait avoir non-seulement pour objet, aux termes de la lettre du Secrétaire d'État, de « rappeler le souvenir de la déclaration d'indépendance des États-Unis, au moment du

A

centième anniversaire de cet événement national, mais elle devait être aussi une occasion opportune et favorable de montrer les résultats des progrès de l'art et de l'industrie dans toutes les nations, aussi bien que ceux de la civilisation pendant le siècle écoulé depuis le jour de la déclaration de l'Indépendance. »

La proclamation du Président indiquait en même temps l'époque de l'ouverture de cette solennité internationale, le lieu choisi et les règlements qui devaient la régir. Le Président exprimait l'espoir que les Gouvernements étrangers voudraient bien s'intéresser à cette entreprise, appeler sur elle l'attention des populations et encourager leur participation. Il manifestait l'espérance « que l'opportunité offerte par une Exposition de cette nature à l'échange de sentiments nationaux et de relations amicales entre les peuples des deux continents pourrait avoir des avantages encore plus grands pour la science et l'industrie, et servir aussi à resserrer les liens de paix et d'amitié existant déjà entre les Puissances appelées à y concourir. »

De cette proclamation et des pièces qui s'y trouvaient jointes il ressortait que l'entreprise annoncée, bien que hautement patronnée par le Gouvernement des États-Unis, devait cependant présenter un caractère essentiellement privé. L'invitation officielle adressée aux Gouvernements étrangers, pour les engager à prendre part à la solennité annoncée pour l'année 1876, déclarait bien qu'elle aurait lieu sous les auspices du Gouvernement fédéral, mais *avec cette réserve cependant* que ce dernier ne pourrait être rendu responsable, ni directement ni indirectement, pour aucune des dépenses faites en vue de cette Exposition ou pouvant en résulter.

La participation française ne pouvait faire question. En dehors d'intérêts matériels considérables, de relations commerciales et industrielles d'une importance de premier ordre, les sentiments de l'affection sympathique née sur les champs de bataille de l'Indépendance étaient trop vivaces pour ne pas assurer auprès d'un grand nombre de nos compatriotes un accueil favorable à l'invitation qui leur était adressée au nom de la Commission américaine.

Aussi le Gouvernement français ne pouvait-il hésiter à répondre à cet appel et à prendre les mesures nécessaires pour encourager la participation de ses nationaux au concours universel qui allait s'ouvrir à Philadelphie.

Les expositions internationales auxquelles nos produits avaient été appelés à figurer jusqu'à ce jour s'étaient présentées sous deux aspects absolument différents. Les unes, comme celles qui ont eu lieu à Paris en 1855 et en 1867, celles de Londres, dirigées par une Commission royale, celle de Vienne en 1873, étaient l'œuvre des Gouvernements eux-mêmes; les autres, beaucoup moins solennelles, comme celles de Rome, de Naples, d'Altona, du Havre et de Lyon, étaient dues à l'initiative privée. Dans le premier cas, le Gouvernement français intervenait, et son patronage se traduisait par des subventions directes et par l'administration effective de tous les services qui devaient concourir au succès de ces grandes entreprises. Dans le second cas, le Gouvernement se bornait à choisir pour la défense des intérêts de nos nationaux, devoir auquel il ne peut jamais faillir, l'agent diplomatique ou consulaire résidant dans le pays où avait lieu l'exposition due à l'initiative privée.

L'Exposition qui devait s'ouvrir à Philadelphie le 10 mai 1876 participait des deux caractères que nous venons de définir. Elle était bien, comme nous l'avons dit, l'œuvre d'une compagnie particulière; mais le Gouvernement fédéral la couvrait de son patronage en lui accordant, quelque temps après son ouverture, une subvention de 1,500,000 dollars dont la Cour Suprême devait réclamer plus tard la restitution.

Toutefois, cette situation sans précédents eût suffi pour motiver de notre part une manifestation toute spéciale, quand bien même la participation de la France à l'œuvre de l'indépendance des États-Unis n'eût pas fait à notre pays un devoir de répondre à l'invitation qui lui était adressée.

Tel a été dès le principe, Monsieur le Ministre, le sentiment qui a guidé le Gouvernement quand il a constitué un Comité spécial devant agir avec le concours des Commissaires généraux des expositions internationales, Comité composé d'hommes considérables dans les sciences, les arts et l'industrie, qui par leur situation politique, leurs études, leurs voyages, leurs noms ou leurs relations commerciales, se trouvaient en rapports plus intimes avec le continent américain.

Seulement, en présence des déclarations produites par les pouvoirs publics fédéraux, qui, tout en faisant appel aux nations européennes, déclinaient par avance toute responsabilité et déclaraient ne reconnaître aucun caractère officiel aux Commissaires des Puissances étrangères, le Gouvernement jugea qu'il n'y avait pas lieu de donner mission à ses Commissaires généraux de se rendre à Philadelphie, ainsi qu'il avait été fait pour les grandes Expositions universelles de Londres et de Vienne.

Il fut décidé que les soins du classement et de la mise en place des produits seraient confiés à l'un des secrétaires du Comité supérieur, investi d'une délégation temporaire pour ce service, en laissant à M. le Consul général de France à New-York, conformément aux précédents en usage pour les expositions n'ayant pas un caractère gouvernemental, la charge d'agir en qualité de Commissaire de la section française et de prendre la tutelle des intérêts de nos exposants, sous la haute direction du Comité supérieur résidant à Paris.

En même temps, un crédit peu important, mais suffisant pour subvenir aux frais des envois faits par les ministères, les grandes administrations publiques, les manufactures nationales, aux missions des délégations ouvrières et aux dépenses de toute nature qu'entraînent ces grandes entreprises, était voté par l'Assemblée nationale. La participation française se trouvait ainsi désormais assurée tant au point de vue industriel qu'à celui des beaux-arts et des établissements de l'État.

Les arts et les industries de la France cependant, nous n'hésitons pas à le reconnaître, n'ont pas été, sauf de rares et heureuses exceptions, représentés à Philadelphie de manière à donner une

idée suffisante de l'importance de sa production, car les abstentions
ont été nombreuses, et certains groupes qui avaient jeté un véritable éclat sur la section française dans les expositions précédentes,
tels que ceux des bronzes, de l'orfévrerie et de la bijouterie, n'ont
été représentés que par un petit nombre d'exposants. Le Comité
supérieur institué sous la présidence du Ministre du Commerce sait
que tous les efforts ont été faits pour vaincre les résistances qui se
sont produites dès le principe, résistances basées sur l'éloignement,
sur l'élévation exorbitante du tarif des douanes, sur l'absence de
garantie de la part du Gouvernement des États-Unis, sur les dangers de la contrefaçon, et plus encore sur le mauvais vouloir de
certaines maisons de commission intéressées à ne pas voir de relations directes s'établir entre la production française et la consommation des États-Unis. Mais ces efforts n'ont pas toujours été couronnés
de succès; bien des artistes avaient encore présentes à l'esprit les difficultés qu'ils avaient rencontrées pour la restitution de leurs œuvres
lors de l'exposition qui avait eu lieu à New-York il y a quelques
années; beaucoup d'industriels craignaient d'aller porter eux-mêmes
et à leur détriment des modèles à la fabrication d'outre-mer. Cependant plus de treize cents numéros d'exposants ont figuré à notre
catalogue dans les sections de l'industrie, de l'enseignement et de
l'agriculture, et près de six cents œuvres d'art ont été confiées à la
Commission française.

Si notre exposition n'était pas, ainsi que nous venons de le dire,
au niveau de notre production, il est juste d'ajouter que les motifs
d'abstention qui avaient retenu nos nationaux n'avaient pas agi
d'une façon moins directe sur les producteurs étrangers, et que, de
l'aveu même de leurs représentants, les autres contrées européennes
n'avaient pris qu'une part moins solennelle encore au concours du
Centenaire américain.

Les rapports de MM. les membres du Jury désigné par le Gouvernement français pour aller soutenir à Philadelphie les intérêts
de nos nationaux, rapports que nous avons l'honneur de vous soumettre, expliqueront plus en détail les motifs de l'abstention d'in-

dustries fort importantes et préciseront les points de comparaison que le Jury international a pu établir entre la représentation des diverses contrées qui ont pris part à l'Exposition. Nous devons nous borner, Monsieur le Ministre, à appeler votre attention et celle du public sur l'intérêt que présentent ces remarquables travaux.

La mission du Jury, dans toute exposition internationale, est une mission d'honneur par excellence, et l'on ne saurait trop apprécier à leur juste valeur les services que rendent à leur pays les hommes choisis parmi les plus notables dans l'art, dans la science, dans l'industrie, qui consentent à quitter leurs études, leurs travaux, leurs affaires, leurs familles, pendant plusieurs mois, pour aller au loin faire valoir la cause de la production française.

La mission de Philadelphie était plus pénible que toute autre: une longue traversée, qui, en moyenne, représentait, tant pour l'aller que pour le retour, plus de trois semaines de temps passé à la mer, un climat des plus pénibles, des chaleurs insupportables, étaient des conditions peu engageantes pour les hommes d'élite auxquels nous nous sommes adressés. Hâtons-nous de dire que tous ou presque tous ont accepté sans hésiter, et que, si la plupart ont eu à souffrir des rigueurs du climat et des conditions d'une existence essentiellement différente de la vie parisienne, pas un n'a quitté son poste avant le temps indiqué pour la terminaison des travaux; chacun a fait preuve du zèle le plus louable à soutenir les intérêts de nos nationaux, et c'est rendre à tous la justice qui leur est due que de leur donner un témoignage public de reconnaissance pour les services qu'ils ont rendus à nos arts et à nos industries, dont ils se sont montrés les dignes et vaillants représentants pendant leur séjour aux États-Unis.

Aux termes des règlements constitutifs de l'Exposition, les récompenses devaient être décernées par la Commission du Centenaire, mais sur la proposition des Jurés de tous les pays constitués par groupes suivant les conditions de la classification générale adoptée par la Direction américaine.

La part réservée à la France dans les récompenses décernées aux exposants de toutes les nations a été considérable, nous nous hâtons de le proclamer, car 700 médailles forment l'imposant contingent qui lui revient dans la distribution générale. De sérieuses réclamations se sont produites néanmoins, et elles ont été amenées par un fait sur lequel nous avons le devoir d'appeler votre attention pour ne pas laisser peser la responsabilité de ses conséquences sur la Commission française et sur les membres de notre Jury.

Nous avons dit qu'aux termes des règlements concernant les récompenses, les médailles devaient être décernées par la Commission du Centenaire, sur la proposition des membres du Jury de tous les pays, et basées sur des rapports écrits, remis par ces derniers à la Direction générale. C'est ainsi d'ailleurs qu'il avait été procédé dans les Expositions précédentes, à Paris, à Londres, à Vienne, où les décisions du Jury avaient eu un caractère absolu et sans appel. Les réclamations qui avaient pu se produire avaient été portées devant le Conseil des Présidents de groupes, émanation suprême du Jury international investie de pouvoirs absolus. Les décisions prises avaient donc eu le caractère essentiellement international et ne pouvaient donner lieu à aucune plainte fondée de la part des intéressés.

A Philadelphie, il n'en a pas été tout à fait ainsi. Aussitôt après le départ des Jurés étrangers et la remise de leurs Rapports à la Direction générale américaine, une décision inattendue et sans précédents, il faut bien le reconnaître, est intervenue de la part de la Commission du Centenaire, décision en date du 8 septembre 1876, qui constituait, sous le titre de Jury d'appel, un Comité de révision composé uniquement de membres américains, dont quelques-uns n'avaient pas même pris part aux travaux du Jury international.

Cette décision était basée, il est vrai, sur le motif spécieux que « malgré tous les efforts des Jurés qui avaient pouvoir d'examiner les produits un grand nombre d'exposants n'avaient pas été soumis

à l'examen»; et la Commission américaine déclarait dès lors qu'il
était de son devoir, en faisant appel à «tous ceux qui croyaient
avoir à se plaindre, soit de l'examen incomplet de leurs produits,
soit des rapports qui en avaient été faits», de prendre en considération leurs réclamations et de les soumettre à la Commission, qui
devait décider en dernier ressort.

Ce fut dans ces conditions que se trouva constitué le Jury de
révision, qui se réunit le 11 octobre, c'est-à-dire moins d'un mois
avant la fermeture de l'Exposition, et quand il ne restait plus à
Philadelphie aucun des membres étrangers du Jury international.

Un grand nombre de récompenses a été alloué par ce Jury
d'appel, comme l'indique le Rapport officiel publié par la Direction
générale le 11 novembre 1876, et ces propositions ont été accep-
tées par la Commission du Centenaire.

Il ne saurait nous appartenir de jeter le blâme sur la mesure
prise par la Commission américaine, qui a agi sans nul doute avec
la plus parfaite bonne foi, mais qui n'a pas songé qu'elle retirait
ainsi à son Exposition le caractère international qui devait la distinguer, du moment où elle se faisait juge en dernier ressort des
intérêts dont les Jurés internationaux devaient rester les arbitres
suprêmes. C'était avantager en même temps d'une façon incontestable les producteurs des États-Unis au détriment des nations
étrangères; et, du moment où le Jury constitué par les statuts de
l'Exposition, tels qu'ils avaient été envoyés à toutes les Puissances
européennes, avait été composé d'éléments choisis dans tous les
pays, la même mesure devait, en. bonne justice, être appliquée au
Comité de révision, si l'on croyait devoir en constituer un.

La Commission américaine a été mue, certainement, par un
sentiment d'équité envers certains exposants dont les produits
étaient arrivés tardivement ou n'avaient pu être examinés en temps
utile. Mais cette mesure, contraire, nous le répétons, à tous les précédents, ne pouvait manquer d'amener de nombreuses réclamations de la part des étrangers arrivés dans les délais prescrits et
n'ayant plus, pour maintenir une balance équitable entre les pro-

duits exposés par les divers pays, le tribunal régulièrement constitué des Jurés internationaux, tribunal dont la composition présentait, aux yeux des intéressés, des garanties autrement légitimes.

Les membres du Comité de révision, choisis en partie seulement
parmi ceux du Jury international, aux termes du Rapport officiel
du 11 novembre, étaient sans nul doute des hommes d'une inté-
grité austère, d'une grande habileté, et des mieux versés dans la
connaissance des choses, ainsi que l'affirme le même Rapport, et
nul n'a jamais songé à mettre en doute, que nous sachions, leur
parfaite compétence. Mais si la Commission du Centenaire, mieux
inspirée, avait eu la bonne pensée d'introduire dans son Comité
d'appel, comme elle l'avait fait dans son Jury international, les
éléments étrangers en nombre égal à l'élément américain, elle
aurait anéanti par avance toutes les plaintes et toutes les récri-
minations qu'elle s'est attirées de la part de ses nationaux eux-
mêmes, aussi bien que de celle des exposants étrangers. Il y a eu
là une erreur que justifiait le manque d'expérience, et, bien que
quelques-unes des médailles françaises n'aient pas trouvé grâce
devant le Comité de révision, nous aurions cru devoir passer ces
faits sous silence s'ils n'avaient pas soulevé, de la part de quelques
nations, des protestations dont la presse américaine elle-même n'a
pas hésité à se rendre l'interprète. Pour notre part, nous avons la
conviction que la mesure prise par la Commission du Centenaire
émanait, comme nous l'avons dit, d'un sentiment d'équité, et
qu'elle n'a pas songé qu'après avoir convoqué les hommes les plus
distingués dans tous les pays et les plus experts dans toutes les
questions touchant à l'art, aussi bien qu'aux sciences, à l'industrie, à l'agriculture, pour former le Jury international constitué
par ses statuts, il ne pouvait y avoir lieu à faire reviser le travail
de ce corps éminent par un Comité ne présentant plus, dans sa
constitution, les garanties annoncées dans son programme, quelle
qu'ait été l'honorabilité des hommes qui le composaient.

En dehors des rapports des membres du Jury, qui forment l'objet de cette publication, Votre Excellence a reçu quelques études intéressantes qui lui ont été adressées par plusieurs membres des délégations ouvrières qui ont été désignés pour se rendre à Philadelphie, en vertu de la loi du 26 juin 1876.

Ces délégués ont été présentés au choix du Gouvernement, Monsieur le Ministre, sur les indications des Chambres de commerce, des Chambres syndicales et des Conseils municipaux. La plupart d'entre eux ont rapporté de Philadelphie d'utiles enseignements consignés dans des rapports qui nous ont été adressés. Ces rapports ont été imprimés par nos soins, conformément à vos instructions, publiés et envoyés à toutes les Chambres de commerce.

Nous ajouterons que la réception qui a été faite à nos délégations a été des plus cordiales, et que les ouvriers français s'y sont conduits de manière à se concilier toutes les sympathies.

La question des transports, dans une exposition internationale comme celle de Philadelphie, était de nature à attirer d'une manière toute spéciale l'attention de la Commission supérieure : il s'agissait d'une traversée de l'Océan qui, dans les meilleures conditions de vitesse, ne peut être moindre de dix à onze jours; il fallait en outre expédier les colis partant de Paris jusqu'au port d'embarquement, et les reprendre à New-York pour les acheminer sur Philadelphie par voie de chemin de fer. Nous sommes heureux, Monsieur le Ministre, d'avoir à constater que nous avons trouvé dans la Compagnie générale transatlantique non-seulement toutes les facilités que nous étions en droit d'attendre d'une grande entreprise subventionnée par l'État, mais encore le concours le plus empressé et le plus dévoué.

La Compagnie transatlantique a non-seulement souscrit un abaissement considérable de ses tarifs, mais elle a consenti à détourner ses navires de la ligne directe pour les faire toucher à Philadelphie et y déposer, sans nouveau transbordement, les produits français avant de se rendre à New-York. La Compagnie américaine du chemin de fer pensylvanien devait, avait-on dit, faire des réductions considérables entre New-York et Philadelphie. Ces espérances ne se sont pas réalisées, et, en obtenant de la Compagnie transatlantique une escale à Philadelphie pour les cinq grands steamers qui ont emporté les produits français en destination de l'Exposition, nous avons pu réduire d'une manière notable les frais de transport pour les envois de l'État et ceux des exposants industriels.

En présence des difficultés que nous avons rencontrées en France auprès de la Compagnie du chemin de fer de l'Ouest, qui exigeait pour le transport de nos colis de Paris au Havre un prix moyen de 20 francs, équivalant, à peu de chose près, à celui que nous avions à payer pour le fret du Havre à Philadelphie, nous avions songé à confier les transports de Paris au Havre aux Compagnies de navigation fluviale qui desservent le cours de la Seine. Les crues du fleuve et les inondations survenues au printemps de 1876 ont forcé les bateaux déjà chargés à s'arrêter à peu de distance de Paris, et nous nous sommes trouvés dans l'obligation de renoncer à ce système de transport, qui nous offrait une notable économie, pour emprunter, malgré ses conditions onéreuses, la voie du chemin de fer, afin que nos envois pussent arriver à Philadelphie dans les délais prescrits par les règlements américains.

A la fin de l'Exposition, quand les colis ont fait retour en France, nous avons trouvé dans la Compagnie transatlantique le même concours que pour l'aller. Mais la saison était avancée; la navigation de la Delaware n'était plus possible pour ses grands paquebots. Il a fallu avoir recours au chemin de fer pensylvanien entre Philadelphie et New-York; il a fallu subir également quelques dépenses exigées par la douane américaine : les conditions du retour n'ont pas cependant, à peu de chose près, été plus onéreuses que celles de l'aller.

La douane américaine s'est montrée d'une sévérité excessive, et ses exigences ont soulevé de nombreuses réclamations. L'élévation des droits équivalant, dans la plupart des cas, à une interdiction absolue, les transactions ont été presque nulles, et nous avons eu le regret de voir revenir un bien grand nombre des produits expédiés de France. Dans la section des beaux-arts seulement, dont les emballages et l'expédition avaient été faits, comme dans les Expositions internationales précédentes, aux frais de l'État, nous avions conclu, pour les risques maritimes, tant pour l'aller que pour le retour, une assurance de plus de trois millions deux cent mille francs, couverte par trente-deux compagnies; les ventes à Philadelphie n'ont pas dépassé le chiffre de trente-cinq mille francs.

Grâce aux dispositions prises, nulle avarie ne s'est produite, nul accident n'est arrivé pendant les voyages d'aller et de retour. Un incendie avait détruit les caisses vides des beaux-arts, confiées en garde à la Direction de l'Exposition et conservées dans ses magasins. La Commission française, qui se trouvait, à bon droit, fondée pour réclamer une indemnité à raison de ce sinistre, a préféré n'élever aucune contestation. Des caisses nouvelles ont été préparées à Paris et expédiées à Philadelphie sous la conduite d'une escouade d'emballeurs experts qui présentaient toutes les garanties pour la bonne réexpédition de nos œuvres d'art, des produits de nos manufactures nationales et des autres envois de l'État.

Déjà, Monsieur le Ministre, en 1873, lors de l'Exposition universelle de Vienne, en 1871, 1872 et 1874, lors des Expositions internationales de Londres, nous avions pris les mêmes dispositions et nous en avions obtenu les meilleurs résultats. Nous savions, par l'expérience chèrement acquise aux Expositions anglaises de 1851 et de 1862, toute l'importance qui s'attache à la question des emballages, question qui semble puérile au premier abord, et nous n'avons pas hésité, dans les Expositions dont nous avons eu la charge, à faire de sérieux sacrifices pour donner à cette partie du service les plus complètes garanties.

Nous avons le devoir, Monsieur le Ministre, ainsi que nous le disions plus haut, de laisser à MM. les membres du Jury le soin d'apprécier dans leurs rapports la valeur des produits exposés par les différents pays qui ont pris part à l'Exposition de Philadelphie;

mais nous ne saurions clore ce rapide exposé, qui n'est que la préface de leurs études, sans signaler à Votre Excellence le concours
dévoué que la Commission supérieure a trouvé dans M. le Consul
général de France, investi des fonctions de Commissaire général
pour l'Exposition, et le zèle dont ont fait preuve, dans l'intérêt
de nos nationaux, les Commissaires qui lui étaient adjoints, et
notamment M. l'Attaché militaire à la Légation française aux États-
Unis [1].

La mission de M. le Consul général était des plus délicates, en
présence d'une administration présentant tous les caractères d'une
entreprise privée complétement indépendante du Gouvernement
fédéral, et sur laquelle l'influence diplomatique ne pouvait avoir
aucune action. Nous n'avons eu à recueillir que des éloges de la
part des Jurés et des exposants français sur la manière dont elle
a été remplie.

L'installation de la section française, qui avait été confiée aux
soins de M. le Secrétaire du Comité supérieur [2] envoyé à Philadelphie en qualité de Commissaire délégué pour ce service spécial, n'a
pas été moins appréciée, non-seulement par nos nationaux, mais
par les membres de toutes les Commissions étrangères, avec lesquelles les rapports les plus intimes et les plus sympathiques n'ont
cessé d'exister pendant toute la durée de l'Exposition.

Qu'il nous soit permis en outre, Monsieur le Ministre, de vous
prier de vous rendre l'organe du Commissariat général auprès de
la Compagnie du Câble transatlantique, qui, allant au-devant d'un
désir que nous aurions peut-être hésité à formuler, a bien voulu
dès le principe nous offrir la franchise télégraphique de Paris à
Philadelphie entre le Commissariat général, d'une part, et nos Commissaires délégués à Philadelphie, de l'autre. Cette mesure toute
gracieuse nous a permis de nous tenir en communication directe et

---

[1] M. le capitaine d'artillerie Anfrye.
[2] M. G. Roulleaux Dugage, déjà chargé de la section française des machines à l'Exposition universelle de Vienne, en 1873.

pour ainsi dire quotidienne, malgré la grande distance, avec nos Commissaires, nos Jurés et les exposants français; et nous serions ingrats si nous n'en témoignions toute notre reconnaissance à la Compagnie du Câble.

L'Exposition de Philadelphie est aujourd'hui complétement terminée, Monsieur le Ministre; les portes en ont été closes le 10 novembre dernier, et la Commission du Centenaire s'occupe en ce moment du soin de faire frapper les médailles destinées aux exposants récompensés et dont elle nous annonce l'envoi pour le mois de juillet prochain.

Si certaines mesures prises par cette Commission, et surtout celle relative à la création d'un Comité de révision, ont causé quelques mécontentements, nous pouvons affirmer d'autre part que la sollicitude dont le Gouvernement français a fait preuve envers les exposants, qui ont dignement répondu à l'appel qui leur avait été adressé, a été appréciée par tous nos nationaux comme elle méritait de l'être.

En proposant aux Pouvoirs publics la présentation d'un projet de loi l'autorisant à disposer d'un nombre de décorations relativement considérable en faveur de ceux de nos exposants qui s'étaient fait remarquer exceptionnellement par la valeur de leurs produits, le Ministre de l'agriculture et du commerce a manifesté hautement l'intérêt que le Gouvernement attache aux efforts faits par les représentants de nos arts et de nos industries pour soutenir le nom français dans ces expositions solennelles.

La Chambre des Députés, le Sénat et le Maréchal-Président de la République ont prouvé combien ils partageaient ce sentiment de bienveillante sollicitude à l'égard de nos producteurs; et si les promotions dans la Légion d'honneur qui viennent d'être décrétées sont une juste récompense accordée à ceux qui s'en sont rendus dignes, elles seront en même temps un puissant encouragement pour tous ceux qu'anime la louable ambition de conserver à notre pays le rang qu'il a su conquérir dès le principe dans les grands concours internationaux qui se sont succédé depuis l'année 1851 jusqu'à ce jour.

Il nous serait bien difficile, Monsieur le Ministre, d'apprécier aujourd'hui l'importance des résultats que la solennité du Centenaire américain peut avoir pour nos relations commerciales et industrielles avec les États-Unis. Nous pouvons dire cependant que, si certains de nos producteurs n'ont pas réalisé les espérances qu'ils avaient fondées sur leur participation à cette vaste entreprise, il convient d'attendre, et de ne pas se prononcer sur une pareille question avec une impatience que justifient peut-être de leur part les importants sacrifices qui avaient été faits par quelques-uns d'entre eux. Il est rare qu'une Exposition de cette nature produise des avantages immédiats, et nous apprenons que déjà, depuis le retour de nos produits, d'importantes commandes ont été faites directement par les États-Unis à plusieurs de nos grands industriels.

Ce n'est là, l'expérience des Expositions internationales précédentes le prouve surabondamment, qu'un point de départ dont le courant va s'affirmer de plus en plus, malgré les conditions défavorables dans lesquelles nous place l'élévation des tarifs de douane aux États-Unis, élévation qui équivaut, il faut bien le reconnaître, à une véritable prohibition pour les produits d'origine étrangère.

Les grandes fabriques de l'Angleterre qui ont pris part à l'Exposition de Philadelphie, aussi bien que de nombreux industriels appartenant à toutes les nationalités, n'ont pas hésité à afficher les prix de revient sur les produits exposés. Les points de comparaison n'ont donc pas fait défaut aux consommateurs des États-Unis ; et si l'Exposition du Centenaire peut ainsi contribuer à amener la révision des tarifs, elle aura rendu un service signalé au commerce de tous les pays civilisés aussi bien qu'à celui des États-Unis eux-mêmes, et elle n'aura pas peu contribué, comme le demandait le Président Grant, dans sa proclamation du 3 juillet 1873, « à resserrer les liens d'amitié qui existent déjà entre les peuples des deux continents, dans l'intérêt de la paix, de la civilisation et du développement des relations internationales. »

Nous avons l'honneur d'être,

Monsieur le Ministre,

Vos très-obéissants et très-dévoués serviteurs.

Les Commissaires généraux des Expositions internationales,

J. OZENNE.   E. DU SOMMERARD.

DOCUMENTS OFFICIELS.

FRANCE.

COMMISSION SUPÉRIEURE
DES EXPOSITIONS INTERNATIONALES.

PRÉSIDENTS.

Le Ministre de l'Agriculture et du Commerce.

Le Ministre de l'Instruction publique, des Cultes et des Beaux-Arts.

MEMBRES DE LA COMMISSION.

MM. Duclerc (Eugène), vice-président du Sénat.

le Comte de Chambrun (✳), sénateur.

Cordier, sénateur.

Féray (d'Essonnes), sénateur, directeur des filatures d'Essonnes.

de Talhouet (C. ✳), sénateur, administrateur des mines d'Anzin.

Krantz (C. ✳), sénateur, *Commissaire général de l'Exposition universelle de 1878.*

le Baron de Soubeyran (O. ✳), membre de la Chambre des députés, président de la Commission des monuments historiques.

Cochery, membre de la Chambre des députés.

Lefèvre-Pontalis (Antonin), ancien député à l'Assemblée nationale.

Lefébure (Léon) (✳), ancien député à l'Assemblée nationale.

le Secrétaire général du Ministère de l'Agriculture et du Commerce, *Commissaire général des Expositions internationales.*

le Préfet de la Seine.

le Préfet de police.

le Directeur général des Douanes.

le Directeur des Beaux-Arts.

le Directeur des Consulats et des Affaires commerciales au Ministère des Affaires étrangères.

du Sommerard (G. O. ✳), directeur du musée des Thermes et de l'hôtel de Cluny, *Commissaire général des Expositions internationales.*

B

MM. le Directeur adjoint du commerce extérieur.

le Président de la Chambre de commerce de Paris.

le Président du Tribunal de commerce de la Seine.

le Président de la Société des agriculteurs de France.

le Baron DE ROTHSCHILD (Alphonse) (C. ✻), président de la Compagnie du chemin de fer du Nord.

RONDELET (✻), ancien membre du Conseil municipal de la ville de Paris.

ROY (O. ✻), membre du Comité consultatif des arts et manufactures.

SIEBER (O. ✻), membre du Comité consultatif des arts et manufactures.

SAINTE-CLAIRE-DEVILLE (Henri) (O. ✻), membre de l'Institut, professeur à la Faculté des sciences.

LEVASSEUR (✻), membre de l'Institut, professeur au Collége de France.

GÉRÔME (O. ✻), membre de l'Institut.

GUILLAUME (C. ✻), membre de l'Institut, directeur de l'École nationale des Beaux-Arts.

DELABORDE (Henry) (✻), membre de l'Institut.

MEISSONNIER (C. ✻), membre de l'Institut.

LEFUEL (C. ✻), inspecteur général des bâtiments civils.

VIOLLET-LE-DUC (C. ✻), architecte, membre du Conseil municipal de Paris.

DE LASTEYRIE (Ferdinand), membre de l'Institut.

MONTAGNAC (O. ✻), ancien député, fabricant de tissus de laine.

MAME (Alfred) (C. ✻), imprimeur éditeur.

BOUTAREL (O. ✻), ancien manufacturier à Clichy.

DE FRANQUEVILLE (O. ✻), maître des requêtes au Conseil d'État, secrétaire de la Commission des chemins de fer.

BIONNE (O. ✻), ancien lieutenant de vaisseau, directeur de la manufacture des orgues Alexandre.

BINDER (Louis) (✻), membre du Conseil municipal de Paris.

l'Amiral POTHUAU (G. O. ✻), sénateur, ancien ministre.

PICARD (Ernest), sénateur, ancien ministre.

le Comte DE BASTARD D'ESTANG (O. ✻), sénateur, colonel d'état-major.

GAILLY, membre de la Chambre des députés.

LEFRANC (Victor), membre de la Chambre des députés, ancien ministre.

le Comte D'OSMOY, membre de la Chambre des députés.

REYMOND (Francisque), membre de la Chambre des députés.

COLLIGNON (Charles) (C. ✻), conseiller d'État, inspecteur général des Ponts et Chaussées.

CHEVREUL (G. C. ✻), membre de l'Institut, président de la Société centrale d'agriculture.

DUMAS (G. C. ✻), membre de l'Institut, président du Conseil de perfectionnement de l'École centrale.

GRÉARD (O. ✻), membre de l'Institut, inspecteur général de l'enseignement primaire.

le Général MORIN (G. O. ✻), membre de l'Institut, directeur du Conservatoire des Arts et Métiers.

le Marquis D'ABZAC (C. ✻), général de brigade, premier aide de camp de M. le Maréchal Président de la République.

ARNAUDEAU (C. ✻), général de division.

MM. Didion (C. ✤), inspecteur général des Ponts et Chaussées, en retraite.

Reynaud (C. ✤), inspecteur général des Ponts et Chaussées.

Gruner (O. ✤), inspecteur général des mines, vice-président du Conseil général des mines.

André (Édouard) (✤), président de l'Union centrale des beaux-arts appliqués à l'industrie.

Dumoustier de Frédilly (C. ✤), directeur du Commerce intérieur.

Jaccoud (✤), médecin de l'hospice Lariboisière, professeur agrégé de la Faculté de Paris.

Lavallée (Alphonse) (C. ✤), vice-président de la Société botanique de France.

de Monicault, administrateur de la Société des agriculteurs de France.

Porlier (O. ✤), directeur de l'agriculture.

de Watteville (✤), chef de la division des sciences et lettres au Ministère de l'Instruction publique, des Cultes et des Beaux-Arts.

SECRÉTAIRES.

MM. le Chef du cabinet du Ministre de l'Agriculture et du Commerce.

le Chef du cabinet du Ministre de l'Instruction publique, des Cultes et des Beaux-Arts.

COMITÉ

MM. Mame (Alfred), membre de la Commission supérieure, imprimeur éditeur à Tours.
Laveissière (Jules), négociant en métaux.

SECRÉTAIRE.

M. Roulleaux Dugage, attaché au Commissariat général des Expositions internationales, chargé du service des installations à l'Exposition universelle de Vienne.

SECRÉTAIRE ADJOINT.

M. de Fallois, ancien chef de cabinet au Ministère des Travaux publics.

COMMISSION AMÉRICAINE.

La Commission américaine est composée ainsi qu'il suit :

PROCLAMATION

DU PRÉSIDENT DES ÉTATS-UNIS.

———

Attendu que, par acte du Congrès en date du 3 mars 1871, il a été décidé que le 100° anniversaire de l'Indépendance des États-Unis serait célébré par une Exposition internationale des beaux-arts, de l'industrie, des produits du sol et des mines dans la cité de Philadelphie en 1876, les mesures suivantes ont été prises :

Lorsque le Président aura été informé par le Gouvernement de l'État de Pensylvanie que provision suffisante est faite pour l'érection de bâtiments appropriés à cet usage, sous le contrôle exclusif de la Commission instituée dans ce but, il devra, par l'intermédiaire du département de l'État, en faire la proclamation officielle en indiquant la date de l'ouverture et le lieu où l'Exposition devra se tenir. Il devra communiquer la copie de cette proclamation aux représentants diplomatiques de toutes les nations, en même temps que les règlements qui auront été adoptés par les Commissaires, afin que ces pièces puissent être publiées par les départements respectifs.

Attendu que Son Excellence le Gouverneur dudit État de Pensylvanie m'a informé, à la date du 24 juin 1873, que provision avait été faite pour l'érection des bâtiments sous le contrôle exclusif de la Commission instituée dans ce but, ainsi qu'il a été dit dans l'acte décidant l'Exposition, précité;

Considérant que le président de la Commission du Centenaire des États-Unis m'a officiellement informé des dates d'ouverture et de clôture de ladite Exposition et de la place où elle se tiendra;

Moi, Ulysse S. Grant, Président des États-Unis, en conformité des mesures de l'acte du Congrès précité, je déclare et proclame par les présentes que, dans ledit endroit, il sera tenu dans la cité de Philadelphie, dans l'État de Pensylvanie, une Exposition internationale des beaux-arts, de l'industrie, des produits du sol et des mines, qui s'ouvrira le 19 avril 1876 et fermera le 19 octobre de la même année;

Et dans l'intérêt de la paix et de la civilisation, ainsi que des bonnes relations particulières internationales ou commerciales, je recommande la célébration de l'Exposition au peuple des États-Unis et, au nom de ce gouvernement et de ce peuple, je la recommande cordialement à toutes les nations auxquelles il plairait d'y prendre part.

En témoignage de quoi j'ai signé de ma main et apposé le sceau des États-Unis.

Donné à Washington, ce 3 juillet 1873 et de l'année de l'Indépendance la quatre-vingt-dix-septième.

U. S. GRANT.

Par le Président :

Hamilton FISH, *Secrétaire d'État.*

Une décision ultérieure du Président des États-Unis a désigné le parc de Fairmount comme emplacement et a reporté la date d'ouverture de l'Exposition au 10 mai 1876 et celle de la fermeture au 10 novembre.

INVITATION

AUX GOUVERNEMENTS ÉTRANGERS.

———

Considérant que les États-Unis ont pris part aux différentes Expositions internationales qui ont eu lieu à l'étranger, à la suite d'invitations qui leur avaient été envoyées par les Gouvernements de ces pays, il a été décrété par le Sénat et la Chambre des députés de l'Union, réunis en Congrès, que le Président sera requis d'envoyer, au nom des États-Unis, une invitation respectueuse et cordiale aux Gouvernements des autres nations pour les engager à prendre part à l'Exposition internationale qui sera organisée à Philadelphie, sous les auspices du Gouvernement, en 1876, *avec cette réserve cependant* que les États-Unis ne pourront être rendus responsables, ni directement ni indirectement, pour aucune des dépenses faites en vue de cette Exposition ou en résultant.

Les Gouvernements étrangers sont invités à nommer des Commissions pour l'organisation de leurs sections. La nomination desdites Commissions devra être notifiée au Directeur général avant le 1ᵉʳ janvier 1875.

RÈGLEMENT GÉNÉRAL.

L'Exposition internationale de Philadelphie doit ouvrir le 10 mai 1876, pour fermer au mois de novembre de la même année. Elle comprendra les productions des arts, de l'industrie, de l'agriculture et des mines, les travaux du génie civil, ainsi que les appareils et méthodes relatifs à l'éducation et à l'enseignement.

Le Président des États-Unis ayant invité la France à prendre part à cette solennité destinée à célébrer le centième anniversaire de l'indépendance nationale, le Gouvernement français s'est empressé d'accepter son invitation, dans la mesure, toutefois, de la réserve indiquée par le Gouvernement fédéral lui-même, qui déclare n'assumer aucune responsabilité dans la conduite de cette Exposition.

Le Ministre de l'Agriculture et du Commerce a décidé, en conséquence, qu'un Comité choisi parmi les membres de la Commission supérieure des Expositions internationales, parmi les députés membres du Comité extraparlementaire qui s'est déjà formé pour l'Exposition de Philadelphie et parmi les industriels, négociants ou toutes autres personnes qui entretiennent en France le plus de relations avec les États-Unis d'Amérique, sera chargé, sous sa présidence, avec le concours des deux Commissaires généraux des Expositions internationales, de faciliter et d'encourager la présence de nos nationaux à l'Exposition de Philadelphie;

Que toutes les demandes de participation à l'Exposition internationale de Philadelphie devront être adressées soit au Ministère de l'Agriculture et du Commerce, soit au Commissariat général des Expositions internationales, hôtel de Cluny, à Paris;

Que la répartition entre chaque exposant des espaces concédés à la France se fera par les soins des Commissaires généraux, et qu'un nombre de Jurés correspondant à chacun des groupes de la classification américaine et subordonné, aux termes du règlement adopté, à l'importance de la participation française, sera désigné par le Ministre de l'Agriculture et du Commerce, sur la proposition du Comité, pour se rendre à Philadelphie et y prendre part aux travaux du Jury international.

Les dispositions déjà prises pour la représentation de la France à Philadelphie même sont maintenues, et un Commissariat spécial, composé du consul général de France aux États-Unis, du vice-consul à Philadelphie, de l'attaché militaire à la légation des États-Unis et d'un secrétaire désigné par le Gouvernement français, a reçu pour mission d'y protéger les intérêts de nos nationaux, de veiller à l'installation de leurs produits et de faciliter leurs relations avec la Direction générale de l'Exposition.

En conséquence :

1. Les personnes qui désirent prendre part à l'Exposition de Philadelphie sont invitées à adresser sans délai leur demande d'admission, soit au Ministère de l'Agriculture et du Commerce, soit au Commissariat général des Expositions internationales, hôtel de Cluny, rue du Sommerard, à Paris, où elles trouveront tous les renseignements qui pourront leur être utiles.

2. Les produits étrangers destinés à l'Exposition arriveront par les ports de Boston, New-York, Philadelphie, Baltimore, Portland, Port-Huron, la Nouvelle-Orléans ou San-Francisco et seront dirigés sur le palais de l'Exposition, où ils entreront en franchise de tous droits. Les frais de douane ne seront exigibles que pour les produits qui ne seront pas directement réexportés à la clôture de l'Exposition.

3. Les frais d'emballage, de transport, de réception, de déballage et d'installation des produits et œuvres de toute sorte destinés à l'Exposition sont à la charge de l'exposant, et le Gouvernement français entend n'assumer aucune responsabilité en cas d'avaries ou d'accidents, de quelque nature qu'ils soient.

4. La réception des colis dans l'enceinte de l'Exposition commencera à partir du 1er janvier 1876, et aucun envoi ne sera admis après le 31 mars.

5. Tout exposant devra joindre à sa demande d'admission le nom et l'adresse du représentant choisi par lui à Philadelphie pour la réception, le déballage et l'installation de ses produits, leur vente s'il y a lieu, ou leur réexpédition à la clôture de l'Exposition, ainsi que pour l'accomplissement des formalités de douane, la Commission des États-Unis déclarant expressément qu'elle n'admettra d'autres représentants que ceux qui se légitimeront auprès d'elle de pleins pouvoirs émanés des Commissaires étrangers.

6. Les vitrines, gradins, étagères, ainsi que les branchements sur l'arbre de couche de la Galerie des machines sont à la charge des exposants. La disposition des produits et la décoration devront être conformes au plan adopté par la Direction générale américaine.

7. La Commission américaine prendra les mesures nécessaires à la sûreté des objets exposés ; mais elle déclare à l'avance décliner toute responsabilité pour pertes, dommages ou accidents occasionnés par le feu ou autrement, de quelque origine qu'ils proviennent.

8. Toutes matières explosibles ou facilement inflammables, toutes préparations dangereuses ou offensives, sont exclues de l'Exposition.

9. Aux termes du règlement de douane des États-Unis, tout envoi destiné à l'Exposition devra être accompagné d'une notice indiquant le nombre, la nature et la valeur commerciale des envois et attestée par le Commissariat général à Paris ou par un consul des États-Unis au lieu d'embarquement. Cette notice sera transmise en triple expédition, dont l'une sera destinée au receveur des douanes du port d'arrivée, l'autre à l'agent de l'exposant, dûment accrédité par la Commission française, qui, en vertu de cette pièce, sera appelé à vérifier les colis et à leur donner entrée; la troisième au receveur des douanes de Philadelphie. Tous les colis devront en outre porter d'une manière ostensible la marque de leur destination, avec les mots :

For the International Exhibition of 1876,
at Philadelphia.

Des modèles d'étiquettes seront délivrés au Commissariat général, à Paris.

10. En cas d'arrivée à la douane de Philadelphie de colis décrits d'une manière imparfaite dans la notice d'envoi ou pour lesquels la bonne foi des expéditeurs pourrait être mise en doute, la douane des Etats-Unis se réserve d'appliquer les droits établis suivant la valeur et la classe des marchandises.

11. Les frais de toute nature, transport, débarquement, camionnage, etc., devront être acquittés par l'expéditeur ou par son agent avant toute prise de possession.

12. Un Jury international sera chargé de l'examen des produits et de leur appréciation. Les exposants qui désireront se placer hors concours devront en faire la déclaration au Commissariat général de France en faisant leur demande d'admission.

13. Un catalogue officiel, dont la Commission américaine se réserve le droit de vente, sera publié en quatre langues : anglais, français, allemand et espagnol, suivant la classification adoptée.

Cette classification divisera l'Exposition en sept groupes distincts :

I. Mines et Métallurgie.
II. Produits manufacturés.
III. Sciences.
IV. Beaux-Arts.
V. Machines.
VI. Agriculture.
VII. Horticulture.

Les trois premiers groupes occuperont le bâtiment principal.
Le quatrième, celui des Beaux-Arts, sera installé dans des galeries spéciales et isolées.

La galerie des Machines contiendra le cinquième groupe, et des bâtiments spéciaux seront également réservés aux groupes de l'Agriculture et de l'Horti-culture.

14. Les produits exposés devront être enlevés aussitôt après la clôture de l'Exposition, et toutes les installations devront avoir disparu avant le 31 décembre 1876.

15. Les réductions consenties par les compagnies transatlantiques sur les prix de transport pour passagers et marchandises en destination de l'Expo-sition seront portées à la connaissance des intéressés par les soins des Com-missaires généraux, et les laissez-passer donnant droit à jouir de ces réduc-tions seront délivrés au Commissariat général, hôtel de Cluny, à Paris.

Les Commissaires généraux des Expositions internationales,

J. OZENNE.   E. DU SOMMERARD.

TRANSPORTS ET INSTALLATIONS.

I[1]

Le Comité nommé par le Gouvernement pour faciliter et encourager la présence des nationaux français à l'Exposition de Philadelphie s'est réuni le 2 août sous la présidence de M. le vicomte de Meaux, Ministre de l'agriculture et du commerce.

M. le Commissaire général du Sommerard a communiqué au Comité le résultat des négociations entamées avec la Compagnie transatlantique pour le transport des objets destinés à l'Exposition. Il a fait connaître les importantes réductions qui ont été souscrites par MM. le président et le vice-président de la Compagnie dans les prix de passage et de fret et qu'indique la lettre ci-dessous.

Il résulte de cette lettre que la question des transports est définitivement réglée pour les exposants et leurs agents du Havre à Philadelphie et pour les colis du Havre à New-York. Quant au parcours de Paris au Havre, le Comité s'occupe d'en déterminer les conditions de la manière la plus avantageuse pour les exposants et fera connaître très-prochainement les tarifs complets.

Il convient de rappeler que toutes les réductions ne seront applicables qu'aux exposants français et à leurs agents munis de laissez-passer délivrés par le Commissariat général et aux colis en destination directe de l'Exposition et revêtus des étiquettes spéciales qui seront délivrées au Commissariat général, hôtel de Cluny.

Le Comité s'est ensuite occupé de la question des expositions collectives, qui intéresse spécialement nos grands centres manufacturiers, et a décidé de porter à la connaissance des Chambres de commerce la facilité qu'auront les exposants d'indiquer sur chaque objet le prix réel, en dehors du droit de douane, qui devra d'ailleurs être acquitté par l'acheteur.

M. le Commissaire général a donné connaissance d'une lettre qui lui a été adressée par M. le Directeur des Beaux-Arts, mettant, au nom du Ministre de l'Instruction publique et des Beaux-Arts, les produits des manufactures nationales à la disposition du Comité.

Le Ministre a soumis au Comité le projet d'emploi du budget voté par l'Assemblée nationale, qui a reçu une complète approbation.

[1] Extrait des procès-verbaux du Comité supérieur.

Le Comité, en se séparant, a décidé que la date de la clôture des admissions est fixée au 15 septembre.

Paris, le 8 juillet 1875.

Monsieur le Commissaire général,

Conformément à votre lettre du 6 courant et à l'entretien que vous avez eu aujourd'hui avec le chef du service commercial de notre Compagnie, il demeure bien entendu :

1° Que les exposants français à l'Exposition internationale de Philadelphie payeront, pour passage du Havre à Philadelphie, les prix de notre tarif, réduits de 30 p. o/o, savoir :

Pour billet simple :

    1re classe, 625f moins 30 p. 100, soit 437f 50c
    2e   370   259 00
    3e   200   140 00

Pour billet aller et retour, valable pour un an :

    1re classe, 1,100f moins 30 p. 100, soit 770f
    2e   660   462
    3e   362   252

Le chemin de fer de l'Ouest ayant refusé toute espèce de réduction sur les places en faveur des exposants, nous laissons à ces derniers le soin de se pourvoir de billets de Paris au Havre et *vice versa*. Si cependant vous réussissiez à obtenir une réduction du chemin de fer, nous sommes tout disposés à nous entendre avec vous pour l'établissement de billets à coupons de Paris à Philadelphie, simples et d'aller et retour.

2° Quant au transport des produits destinés à l'Exposition, il demeure également convenu qu'en ce qui nous concerne, c'est-à-dire du Havre à New-York, nous confondrons tous lesdits produits en une seule catégorie, avec un prix unique de 25 francs par mètre cube ou par 1,000 kilogrammes, suivant la nature de la marchandise.

Toutefois, et pour satisfaire à votre demande, nous appliquerons à ce prix de 25 francs, pour les matériaux et vitrines destinés aux emplacements des produits français seulement, un nouvel abaissement de 30 p. o/o, soit un prix de transport de 17 fr. 50 cent.; et, pour dégager les exposants des ennuis qu'ils redoutent, nous nous engagerons à prendre leurs produits à Paris et à les conduire à Philadelphie, à l'Exposition même, à la condition qu'ils consentiront à payer, outre le fret indiqué ci-dessus :

1° Les frais de transport, depuis leur usine, fabrique ou magasin jusqu'au Havre, sur le quai, le long de nos paquebots;

2° Les frais depuis notre wharf à New-York jusqu'à l'Exposition de Philadelphie.

En dehors de son fret du Havre à New-York, la Compagnie ne percevra absolument rien que le montant des frais qu'elle aura payés, après les avoir débattus au mieux des intérêts qui lui seront confiés.

Veuillez agréer, Monsieur le Commissaire général, l'assurance de notre haute considération.

Pour la Compagnie générale transatlantique :

G. VANDAL, *Président.*

EUG. PEREIRE, *Vice-Président.*

II[1]

Le Comité institué sous la présidence du Ministre de l'Agriculture et du Commerce pour faciliter la participation française à l'Exposition de Philadelphie a porté à la connaissance du public les réductions consenties par la Compagnie transatlantique pour le transport des exposants et de leurs agents du Havre à Philadelphie, ainsi que pour l'expédition des colis en destination directe du palais de l'Exposition entre le Havre et New-York.

Quant au parcours de Paris au Havre, le Comité annonçait qu'il s'occupait d'en déterminer les conditions de la manière la plus avantageuse possible pour les exposants, et qu'il publierait très-prochainement les tarifs complets.

La Compagnie des chemins de fer de l'Ouest, invitée par le Ministre de l'Agriculture et du Commerce à faire connaître les réductions auxquelles elle était disposée à souscrire pour les transports en destination de Philadelphie, a répondu qu'elle consentait à ramener à un prix uniforme de 20 francs le transport de toutes marchandises destinées à figurer à cette Exposition, au lieu des tarifs réglementaires de 28 francs, 21 francs et 15 francs, selon la série, mais en exceptant les masses indivisibles pesant plus de 5,000 kilogrammes, ainsi que les objets d'art, qu'elle n'admet pas à bénéficier de ce prix réduit.

Ces conditions n'ayant pas paru donner une satisfaction suffisante aux intérêts de nos nationaux, le Comité a dû s'adresser à la Compagnie du touage de la Seine, qui fait un service de bateaux accélérés de Paris au Havre, dont les départs ont lieu trois fois par semaine, et qui a consenti à un prix net et uniforme de 11 francs par tonne.

Grâce à cette nouvelle réduction et à la diminution de 50 p. o/o arrêtée

[1] *Journal officiel* du 5 août 1875.

par le chemin de fer pensylvanien de New-York à Philadelphie, les prix de transport sous pavillon français des colis destinés à l'Exposition se trouvent ainsi fixés :

Prix unique pour tous colis, œuvres d'art et produits industriels ou agricoles de toute nature, sans distinction, pris à Paris chez l'exposant et rendus à Philadelphie dans le local même de l'Exposition, y compris le transport par la Seine et l'assurance de Paris au Havre, le chemin de fer de New-York à Philadelphie, les camionnages et la manutention à Paris et aux ports d'embarquement et de débarquement, par tonne de 1,000 kilogrammes, ou par mètre cube, selon la nature des produits expédiés, 60 francs;

Prix unique pour tous colis, matériel d'installation, vitrines, étagères, glaces, etc., expédiés dans les mêmes conditions, 52 fr. 50 cent.

Les exposants qui préféreront à la voie de la Seine le transport par les chemins de fer de l'Ouest de Paris au Havre payeront la différence en plus, suivant les tarifs indiqués plus haut.

La Compagnie transatlantique se charge de tout transport relatif à l'Exposition aux conditions ci-dessus déterminées, soit par la voie de la Seine de Paris au Havre, soit par celle des chemins de fer de l'Ouest, au choix des exposants. Elle fera prendre à domicile et remettra dans le palais même de Philadelphie, sans aucuns frais supplémentaires, tout colis revêtu des étiquettes officielles délivrées par le Commissariat général et constatant sa destination; elle délivrera en outre, aux conditions indiquées dans l'avis publié le 5 de ce mois, des billets directs de toutes classes du Havre à Philadelphie aux exposants et à leurs agents munis de laissez-passer émanant du Commissariat général et certifiant leur qualité.

En ce qui concerne les produits expédiés directement des divers points du territoire français pour être embarqués au Havre, les Compagnies de chemins de fer ont adopté les réductions suivantes :

Chemin de fer d'Orléans : tarif spécial d'exportation D, n° 43 ;

Chemin de fer du Nord : tarif n° 8 G. V. et n° 14 P. V., payement intégral à l'aller, gratuit au retour;

Chemin de fer de l'Est : tarifs spéciaux G. V. n° 20, P. V. n° 55, conditions analogues;

Chemin de fer de Lyon-Méditerranée : tarifs spéciaux G. V. B. n° 9 et P. V. n° 69, retour gratuit jusqu'au point de départ.

III

EXTRAIT DU RÈGLEMENT AMÉRICAIN CONCERNANT LES INSTALLATIONS.

L'emplacement accordé à un exposant dans les bâtiments de l'Exposition se compose d'un espace mis à sa disposition sur le parquet, sans compter les passages intermédiaires entre les articles exposés. Cet emplacement peut être employé de diverses façons, savoir :

En plaçant les articles exposés simplement sur le parquet;

En construisant une plate-forme peu élevée sur laquelle ils peuvent être mis;

En employant des comptoirs sur lesquels on pourra les arranger;

En élevant des colonnes, des pyramides et des compartiments, afin d'utiliser la muraille;

Enfin, par l'emploi de vitrines dans lesquelles les articles peuvent être disposés avec goût.

Il n'y a rien à payer pour l'emplacement; mais tous les comptoirs, plates-formes, etc., devront être construits et installés aux frais de l'exposant. Aucun modèle spécial n'est désigné pour ces comptoirs, plates-formes, etc., mais ces divers objets ne devront pas dépasser, sans une permission spéciale du chef du bureau, les dimensions suivantes :

Vitrines et compartiments, quinze pieds au-dessus du parquet;

Comptoirs, deux pieds dix pouces au-dessus du parquet, du côté le plus voisin du passage;

Plates-formes, un pied au-dessus du parquet.

Afin d'assurer l'installation avantageuse et satisfaisante des produits exposés, les personnes qui demandent un emplacement avec l'intention d'y placer des vitrines, comptoirs, etc., devront soumettre à ce bureau un plan ou un dessin indiquant clairement la hauteur et l'espace qu'ils occuperont et s'ils sont destinés à être examinés de tous les côtés. Dans beaucoup de cas, les caisses devront être placées les unes contre les autres.

Les exposants ont le droit de placer des balustrades d'une forme déterminée autour de l'emplacement qui leur est alloué; ces balustrades devront avoir une hauteur uniforme de deux pieds six pouces au-dessus du parquet. Dans tous les cas, l'emplacement accordé comprend l'espace occupé par la balustrade, qui ne devra pas dépasser la ligne fixée pour les passages.

Les exposants ayant l'intention de suspendre des objets à la charpente des voûtes devront, pour chaque cas spécial, obtenir un permis à cet effet du chef du bureau.

Aucun exposant ne sera autorisé à disposer ses produits de façon à obstruer les jours et à empêcher la lumière de pénétrer dans les avenues et les ailes ou à gêner, de quelque manière que ce soit, les dispositions prises par les autres exposants. Il ne sera pas permis d'avoir des enseignes outre-passant l'espace alloué, pas plus que d'avoir des affiches de toile ou de papier. Les nefs, avenues, ailes et passages réservés au public restent sous la surveillance de la Commission du Centenaire des États-Unis, et nul ne sera autorisé à y placer des trophées, décorations monumentales, portails, fontaines et autres constructions du même genre sans un permis spécial du Directeur général.

Les colonnes situées dans l'intérieur du bâtiment porteront chacune une lettre et un numéro, les lettres indiquant les lignes de colonnes allant de l'est à l'ouest dans la longueur de l'édifice, et les numéros les lignes allant, dans le sens de la largeur, du nord au sud. La place accordée à chaque exposant sera désignée d'après la colonne la plus proche, et le Catalogue officiel de l'Exposition indiquera les emplacements d'après ce système.

Les exposants dont les emplacements seront situés à proximité des colonnes ou des murs extérieurs de l'édifice seront pourvus à ce bureau de dessins indiquant la forme des colonnes, les gouttières et l'espace disponible. Des cartes spécifiant le nom de l'exposant, la classe des objets, le numéro du Catalogue, l'endroit où les produits ont été manufacturés, ainsi que leur prix, seront appliquées aux objets suivant le mode qui sera prescrit par les règlements qui seront ultérieurement édictés par la Commission.

Tout produit arrivant aux portes de l'édifice par rail, wagon ou autrement sera reçu par le bureau de transport, qui en effectuera la livraison sur l'emplacement concédé. L'exposant commencera alors sans délai le déballage et l'arrangement de ses marchandises. Toutes mesures ont été prises dès à présent pour pourvoir à la mise de côté et en sûreté des caisses vides immédiatement après le déballage.

Le 1er mai 1876, au plus tard, tout exposant devra avoir terminé tous ses arrangements. C'est au chef du bureau d'installation qu'incombe la charge de distribuer les emplacements dans la section réservée aux États-Unis. Ledit règlement pourra être amendé en tout ou en partie.

Philadelphie, le 30 juillet 1875.

A. T. GOSHORN, *Directeur général.*

HENRY PETTIT, *Chef du bureau d'installation.*

Certifié conforme à l'original :

Le Commissaire général de France,
E. DU SOMMERARD.

COMITÉS D'ADMISSION

POUR LES BEAUX-ARTS.

———

Par arrêté du Ministre de l'Agriculture et du Commerce, en date du 17 janvier 1871, les Comités d'admission des Beaux-Arts pour les Expositions internationales ont été constitués ainsi qu'il suit :

1re Classe. — *Peinture.*

MM. Meissonier, membre de l'Institut et de la Commission supérieure, président.
  Cottier (Maurice).
  Fromentin, artiste peintre.
  Cabanel, membre de l'Institut.
  Chenavard, artiste peintre.
  Robert-Fleury, membre de l'Institut.
  Bonnat, peintre.
  De Saint-Victor (Paul).
  Viollet-le-Duc (Adolphe).
  Lafenestre, chef du bureau des Beaux-Arts, secrétaire.

2e Classe. — *Sculpture.*

MM. Guillaume, membre de l'Institut et de la Commission supérieure, président.
  Carrier-Belleuse, statuaire.
  Cavelier, membre de l'Institut.
  Dubois (Paul), statuaire.
  Guéret, sculpteur-ornemaniste.
  Jouffroy, membre de l'Institut.
  Mène, sculpteur.
  Millet (Aimé), statuaire.
  Le Sous-Chef du bureau des Beaux-Arts, secrétaire.

3e Classe. — *Gravure, Lithographie, Photographie.*

MM. Gérôme, membre de l'Institut et de la Commission supérieure, président.
  Aguado (Olympe), photographe.
  Dupont (Henriquel), membre de l'Institut.
  Flameng, graveur.
  Gaucherel, graveur.

MM. le Vicomte DE LABORDE, membre de l'Institut et de la Commission supérieure.
Mouilleron, lithographe.
Jacquemart (Jules), graveur.
Robert, administrateur de la manufacture de Sèvres.
Des Chapelles, sous-chef à la direction des Beaux-Arts, secrétaire.

4ᵉ Classe. — Architecture.

MM. Lefuel, membre de l'Institut et de la Commission supérieure, président.
Abbadie, architecte.
Boeswillwald, architecte, inspecteur général des Monuments historiques.
Duc, membre de l'Institut.
Labrouste, membre de l'Institut.
Laisné, professeur à l'École nationale des Beaux-Arts.
Millet, architecte.
Lance, architecte.
Viollet-le-Duc (E.) fils, chef du bureau des Monuments historiques, secrétaire.

COMMISSARIAT FRANÇAIS

EN RÉSIDENCE AUX ÉTATS-UNIS.

MM. DE LA FOREST, consul général de France à New-York, Commissaire général[1].
RAVIN D'ELPEUX, vice-consul de France à Philadelphie, Commissaire.
ANFRYE, attaché militaire à la Légation de France, Commissaire.

COMMISSAIRE DÉLÉGUÉ PRÈS LE JURY INTERNATIONAL.

M. ROULLEAUX DUGAGE, secrétaire du Comité supérieur, chargé du service des installations et du Jury.

[1] Pendant le cours de l'Exposition, M. de la Forest, rappelé en Europe, a été remplacé par M. E. BREUIL, chargé du consulat général de France.

COMMISSAIRES

DU CENTENAIRE DES ÉTATS-UNIS.

Sur la proposition des Gouverneurs des États et des Territoires des États-Unis, le Président a nommé des Commissaires chargés de représenter chaque État et Territoire auprès de la Commission. Cette Commission a pour mission de compléter et de mener à bonne fin la célébration de l'Exposition.

MM. James L. Cooper.....................	Alabama.
Richard C. Mc Cormick..... .... John Wasson......................	Arizona.
Geo. W. Lawrence.... .... Geo. E. Dodge.............	Arkansas.
John Dunbar Creigh................. Benj. P. Kooser.....	Californie.
J. Marshall Paul.................. N. C. Meeker......................	Colorado.
Joseph R. Hawley.................. Wm. Phipps Blake.................	Connecticut.
J. A. Burbank.................... Solomon L. Spink.................	Dakota.
Henry F. Askew................... John H. Rodney...................	Delaware.
James E. Dexter.................. Lawrence A. Gobright.............	District de Colombie.
John S. Adams.................. .. J. T. Bernard................ ..	Floride.
George Hillyer................... Richard Peters, Jr............. ...	Georgie.
Thomas Donaldson................ C. W. Moore........	Idaho.
Frederick L. Matthews.. ...... Lawrence Weldon.....	Illinois.
John L. Campbell.................. Franklin C. Johnson...............	Indiana.

MM. Robert Lowry.................... } Iowa.
  Coker F. Clarkson................. }

  John A. Martin.................... } Kansas.
  George A. Crawford............... }

  Robert Mallory.................... } Kentucky.
  Smith M. Hobbs................... }

  John Lynch...................... } Louisiane.
  Edward Penington................. }

  Joshua Nye...................... } Maine.
  Charles P. Kimball................ }

  James T. Earle................... } Maryland.
  S. M. Shoemaker.................. }

  George B. Loring................. } Massachusetts.
  William B. Spooner............... }

  James Birney.................... } Michigan.
  Claudius B. Grant................ }

  J. Fletcher Williams....... .... } Minnesota.
  William W. Folwell....... .... }

  O. C. French.................... } Mississipi.
  E. D. Frost............. .... }

  John Mc Neil.................... } Missouri.
  Samuel Hays..................... }

  J. P. Woolman................... } Montana.
  Patrick A. Largey..... .... }

  Henry S. Moody................. } Nebraska.
  R. W. Furnas.................... }

  Wm. Wirt Mc Coy................ } Nevada.
  James W. Haines................. }

  Ezekiel A. Straw................. } New-Hampshire.
  Asa P. Cate..................... }

  Orestes Cleveland................ } New-Jersey.
  John G. Stevens................. }

  N. M. Beckwith.................. } New-York.
  Charles H. Marshall.............. }

  Eldridge W. Little............... } Nouveau-Mexique.
  Stephen B. Elkins................ }

  Samuel F. Phillips................ } Caroline du Nord.
  Jonathan W. Albertson............ }

  Alfred T. Goshorn....... .... } Ohio.
  Wilson W. Griffith.............. }

MM. James W. Virtue............... } Orégon.
Andrew J. Dufur................ }

Daniel J. Morrell.............. } Pensylvanie.
Asa Packer..................... }

George H. Corliss.............. } Rhode-Island.
R. C. Taft..................... }

William Gurney................. } Caroline du Sud.
Archibald Cameron.............. }

Thomas H. Coldwell............. } Tennessee.
William F. Prosser............. }

William Henry Parsons.......... } Texas.
John C. Chew................... }

John H. Wickizer............... } Utah.
Wm. Haydon..................... }

Middleton Goldsmith............ } Vermont.
Henry Chase.................... }

F. W. M. Holliday.............. } Virginie.
Edmund R. Bagwell.............. }

Alex. R. Boteler............... } Virginie occidentale.
Andrew J. Sweeney.............. }

Elwood Evans................... } Territoire de Washington.
Alex. S. Abernethy............. }

Jos. M. Carey.................. } Wyoming.
Robert H. Lamborn.............. }

David Atwood................... } Wisconsin.
Edward D. Holton............... }

COMMISSION DES FINANCES.

Un acte du Congrès a en outre institué une Commission des finances, composée ainsi qu'il suit :

DOCUMENTS OFFICIELS.

SECRÉTAIRE ET TRÉSORIER.

MM. Frederic FRALEY..... ....}
Hon. William BIGLER.... ....} Philadelphie.

INGÉNIEURS ET ARCHITECTES.

MM. Henry PETTIT.
Jos. M. WILSON.
H. J. SCHWARZMANN.

BUREAUX

DE L'ADMINISTRATION AMÉRICAINE.

————

CHEFS DE BUREAUX.

Relations étrangères. — Direction de la représentation étrangère. — Le Directeur général, Myer Asch.

Installation. — Distribution des espaces. — Allocation des espaces dans le Main Building. — Surveillance des constructions spéciales. — Henry Pettit.

Transports. — Transport des marchandises et des visiteurs venant de l'étranger. — Transport des marchandises et des visiteurs des États-Unis. — Règlements de magasinage et de douane. — Dolphus Torrey.

Machines. — Administration générale de la section des Machines, y compris le bâtiment et la répartition des espaces aux exposants. — John S. Albert.

Agriculture. — Administration générale de la section d'Agriculture, y compris les constructions, les terrains et la répartition des espaces aux exposants. — Burnet Landreth.

Horticulture. — Administration générale de la section d'Horticulture, y compris les serres, les terrains et la répartition des espaces aux exposants. — Charles H. Miller.

Beaux-Arts. — Administration générale de la section des Beaux-Arts, y compris les bâtiments et la répartition des espaces aux exposants. — Le Directeur général.

CLASSIFICATION

ADOPTÉE

PAR LA DIRECTION GÉNÉRALE AMÉRICAINE.

GROUPE I.

Exploitation des mines et Métallurgie.

MINÉRAUX, MÉTAUX, PIERRES À BATIR ET PRODUITS DES MINES.

Classes.

100. *Minerais et métaux.* — Minerais métalliques et non métalliques, à l'exception du charbon et des huiles. Collections de minerais classés systématiquement. Collections de métaux et minerais composés. Collections géologiques.

101. *Combustibles minéraux.* — Charbon, anthracite, demi-bitumineux et bitumineux. Résidus de charbons et charbons comprimés. Albertite. Asphalte et pierre calcaire asphaltique. Bitume. Goudron minéral. Pétrole brut.

102. *Pierres à bâtir, marbres, ardoises, etc.,* bruts, taillés, sciés ou polis, pour bâtiments, ponts, murs ou autres constructions, ou pour décoration intérieure et ameublement. Marbres blancs, noirs ou de couleurs, utilisés dans la construction, la statuaire, les monuments, l'ameublement, en blocs ou en dalles non travaillés.

103. *Chaux, ciments et ciments hydrauliques* bruts ou brûlés, accompagnés de spécimens de la pierre brute ou des matériaux d'extraction; pierres artificielles, agglomérés, bétons; spécimens de mortiers et mélanges de chaux avec description des moyens employés pour faire le mélange. Ciments hydrauliques et autres. Mélanges de bétons et résultats obtenus, avec description des méthodes employées. Pierres artificielles à l'usage de la construction, blocs, corniches, etc. Mélanges de pierres artificielles pour pavages, murs ou plafonds. Pavés, mastics.

104. *Argiles, kaolins, silex,* et autres matériaux pour la fabrication de la porcelaine, de la faïence, du verre, de la brique et de la terre cuite. Tuiles et briques réfractaires. Pierres réfractaires pour revêtements de fours. Grès, pierres grasses et matériaux pour fours réfractaires.

105. *Graphite brut et raffiné,* employé pour le polissage, dans l'électrotypie, la photographie, pour les crayons, etc.

106. *Pierres lithographiques,* pierres à repasser, à affiler, meules à moudre. Matériaux pour broyer et polir, quartz, grenats, topaze brute. Diamants. Émeri en roche et pulvérisé en divers états et proportions.

107. *Eaux minérales*, eaux de puits artésiens, sources naturelles, efflorescences et solutions salines et alcalines. Substances fertilisantes minérales, gypses, phosphates de chaux, marnes, coquilles, coprolithes, etc., non manufacturés.

PRODUITS MÉTALLURGIQUES.

110. *Métaux précieux.*
111. *Fer et acier* en saumons, en lingots, en barres, en lames, en feuilles; avec spécimens de scories, fondants, résidus et produits de la fabrication.
112. *Cuivre* en lingots, en barres et laminé à différents degrés de fabrication.
113. *Plomb, zinc, antimoine* et autres métaux, produits des industries extractives.
114. *Alliages employés comme matériaux*, laiton, nickel, argent, soudure.

EXPLOITATION DES MINES, MODÈLES, CARTES ET COUPES.

120. *Topographies souterraines et mines à ciel ouvert.* — Projets de galeries, sondages de puits, percement de galeries, extraction de l'eau. — Forage et percement de puits et de tunnels. Détermination de la nature et de l'étendue des gisements de minerais. Fonçage et revêtement intérieur des puits par diverses méthodes. Percement et soutènement des galeries et opérations générales pour leur ouverture, explosion de mines, étayage, maçonnage. — Extraction des débris ou des minerais. — Épuisement des mines par machines ou pompes de toute nature. — Ventilation et éclairage. — Mines sous-marines. — Méthodes et procédés pour laver les sables aurifères et autres dépôts. — Carrières.
121. Coupes de mines et gisements.

GROUPE II.

Produits manufacturés.

PRODUITS CHIMIQUES.

200. *Préparations chimiques et pharmaceutiques.* — Acides minéraux et modes de préparation. Acides sulfurique, azotique et chlorhydrique. — Alcalis du commerce, potasse, soude et ammoniaque, avec leurs carbonates. Sel ordinaire et sa production. Sel gemme, sel marin, sel de Dieuze, sel de roche, sel pour l'agriculture et la table. — Poudres à blanchir et chlorure de chaux. — Levûres et produits similaires employés dans la boulangerie.
201. *Huiles, chandelles, savons, gaz d'éclairage et autres.* — Huiles d'origines minérale, animale et végétale. Pétrole raffiné, benzine, naphte et autres produits de fabrication. — Huiles de diverses graines raffinées et à divers degrés de pureté. Huile d'olive, huile de graine de coton, huile de palmier. Huiles diverses d'origine animale à l'état raffiné. Huiles préparées pour usages spéciaux, à l'exception de l'éclairage et de l'alimentation. Huiles pour le graissage. — Savons et préparations détersives. — Chandelles, stéarine, glycérine, paraffine, etc., sperma ceti. — Gaz d'éclairage et sa préparation. — Gaz oxygène; son application à l'éclairage, au chauffage, à la métallurgie, et son emploi comme agent médical. — Chlore et acide carbonique.

Classes.
202. *Couleurs diverses,* térébenthine, vernis, encres à imprimer, encres à écrire, cirages, etc.
203. *Huiles essentielles* de fleurs, essences, parfumerie, pommades, cosmétiques.
204. *Composés explosibles et fulminates* en petites quantités seulement, et conformément à des règlements spéciaux, ou exposés sous forme de boîtes ou de cartouches vides. Poudre ordinaire de diverses espèces et à divers degrés. Nitro-glycérine et son mode d'emploi. Poudres brisantes, dynamites, dualin, tri-nitro-glycérine.
205. *Pyrotechnie,* feux d'artifice, signaux, fusées porte-amarres.

CÉRAMIQUE, POTERIE, PORCELAINE, ETC.

206. *Briques,* tuyaux de drainage, terres cuites, et poterie de construction.
207. *Objets en terre réfractaire,* creusets, pots, fourneaux, appareils pour la fabrication des produits chimiques.
208. *Tuiles ordinaires, émaillées, etc.* — Tuiles géométriques, mosaïques, tuiles pour pavages et couvertures, etc.
209. *Faïence* employée dans les constructions. Fonte émaillée.
210. *Porcelaine* dure pour chimistes, droguistes, etc. Poteries, grès, faïences, etc.
211. *Majolique* et imitation de Palissy.
212. *Objets en biscuit,* etc.
213. *Porcelaine de table et de toilette;* porcelaine décorative.

VERRERIE ET OBJETS EN VERRE.

214. *Verre* employé dans la construction et la miroiterie. Verres à vitres de différentes qualités et de diverses grandeurs. Verres à miroirs, bruts, polis ou dépolis.
215. *Objets en verre* pour la pharmacie et la chimie, fioles, bouteilles.
216. *Objets en verre* décoré.

AMEUBLEMENT ET OBJETS D'UN USAGE GÉNÉRAL DANS LES CONSTRUCTIONS ET DANS LES APPARTEMENTS.

217. *Gros ameublement.* — Chaises, tables, meubles de salons et de chambres, meubles de bureaux et de bibliothèques, meubles d'antichambre, meubles et décorations d'églises.
218. *Objets de table,* verres, porcelaines, argenterie, ruolz, services à thé et à café, théières, samovars, etc.
219. *Verre coloré ou émaillé,* verres à vitres taillés ou gravés, miroirs et autres objets décoratifs en verre.
220. *Corniches dorées,* baguettes, cadres pour tableaux, etc.
221. *Chambre d'enfants* et ses accessoires, chaises d'enfants, etc.
222. *Appareils de chauffage et de cuisine,* fourneaux et cheminées de cuisine, calorifères, etc.
223. *Appareils d'éclairage,* appareils à gaz, lampes, etc.
224. *Cuisine* et garde-manger; ustensiles, objets en étain et appareils employés dans les cuisines à l'exception de la coutellerie.
225. *Buanderies,* machines à laver, à calandrer, essoreuses, tables à repasser, etc.
226. *Chambres de bains,* douches. — Cabinets d'aisances, etc.

227. *Objets divers* employés dans les constructions. Châssis de fenêtres, jalousies, manteaux de cheminées. Objets en fer, serrurerie, etc.

MATIÈRES FILÉES ET TISSÉES D'ORIGINE VÉGÉTALE OU MINÉRALE.

228. *Tissus fabriqués d'origine minérale.* — Tissus métalliques, tamis, cribles en métal, tissus à bluter. — Fibres d'amiante filées et tissées, avec les tissus qui en sont fabriqués. — Verre filé : fils et objets fabriqués.

229. *Sparterie* de crin végétal, de rotin, de noix de coco, d'écorce, etc. — Feuilles de palmier, joncs de Chine et du Japon. — Tapis et paillassons en fibres de coco, en rotin, en fibres d'aloès, etc.

230. *Coton filé et tissé,* blanchi et écru. — Draps et chemises de coton, unis ou brodés. — Canevas de coton et toile à voile. Bâches. Tentes.

231. *Objets en coton teint,* à l'exclusion des imprimés et des calicots.

232. *Cotons imprimés et calicots,* y compris les mouchoirs, les écharpes, etc.

233. *Objets en lin* et produits végétaux similaires, écrus ou teints.

234. *Toiles cirées* pour tapis et autres tissus peints. Imitations de cuir, moleskine.

OBJETS FILÉS ET FOULÉS EN LAINE ET MÉLANGÉS LAINE.

235. *Laine cardée.* — Fils, gros draps et draps fins. Cachemire de fantaisie. Objets en laine foulée.

236. *Flanelle.* — Flanelle unie, sorties de bal et articles de fantaisie.

237. *Couvertures,* robes et châles.

238. *Mélangés laine.* — Laine peignée, fils, nouveautés pour dames, serges, popelines, mérinos, etc.

239. *Tapis divers.* — Descentes de lit, tapis de Bruxelles, molleton. Tapisseries, tapisseries de Bruxelles, Axminster, moquettes de Venise, tapis tout laine, tapis feutre, tapis de pied.

240. *Poils.* — Alpaga, poils de chèvre, poils de chameau, et autres produits similaires mélangés ou non mélangés avec de la laine.

241. *Draps imprimés et gaufrés.* — Tapis de table, velours de laine.

SOIES, SOIERIES ET AUTRES TISSUS DANS LESQUELS LA SOIE EST LA MATIÈRE PRÉDOMINANTE.

242. *Cocons et soies* grèges moulinées ou tordues.

243. *Soie moulinée,* cuite ou teinte, en écheveaux ou en bobines.

244. *Soies filées et ouvrées.* — Trames et organsins.

245. *Tissus de soie unis,* taffetas, satins, serges, foulards. Tissus pour chapeaux et chapellerie de dames.

246. *Soieries tissées à dessins ou imprimées.* — Soieries pour meubles.

247. *Crêpes,* velours, gazes, cravates, mouchoirs, bonneterie, tricots, dentelles, écharpes, fichus, voiles et confections de soie de toutes espèces.

248. *Rubans* unis et de fantaisie, rubans de velours.

249. *Passementerie de soie.* — Tresses, cordons, galons, fournitures pour robes de dames, fournitures pour tapissiers, pour tailleurs et pour effets militaires. Passementeries diverses.

HABILLEMENT, BIJOUTERIE, ORNEMENTS, ARTICLES DE VOYAGE.

250. *Vêtements confectionnés.* — Tricots, bonneterie, habillements militaires, vêtements d'église, costumes. — Habillements imperméables et habillements pour usages spéciaux.

251. *Chapeaux,* casquettes, chaussures, gants, mitaines, etc. Chapeaux de paille, panamas, bonnets et chapellerie de dames.

252. *Dentelles,* broderies et garnitures pour vêtements, ameublements et voitures.

253. *Bijouterie,* joaillerie et ornements portés par la personne.

254. *Fleurs artificielles,* coiffures, boutons, garnitures, épingles, agrafes et yeux de verre. — Éventails, parapluies, parasols, cannes, pipes. — Objets divers pour l'habillement et l'ornement, à l'exception de la bijouterie. — Articles de fantaisie et jouets.

255. *Objets de fantaisie en cuir,* portefeuilles, nécessaires de toilette, articles de voyage, valises et malles.

256. *Fourrures.*

257. *Histoire du costume.* — Costumes nationaux.

PAPIERS, REGISTRES ET PAPETERIE.

258. *Papeterie.* — Articles de bureau, plumes, crayons, encriers et articles pour le dessin.

259. *Papiers à écrire,* enveloppes, papiers pour registres, pour actions, billets, papiers à dessin, papier-toile, etc.

260. *Papiers d'impression* pour livres et journaux et papiers d'emballage de toutes qualités; papiers pour cartouches, papiers à cigarettes, sacs en papier.

261. *Registres.* Livres de commerce, spécimens de réglure et de reliure, cahiers réglés, en-têtes de commerce, etc. Reliure en général.

262. *Cartes.* — Cartes à jouer, cartons, étiquettes, carton pour reliure, carton-pâte, boîtes en papier et en carton.

263. *Papiers et cartons pour constructions,* fibres végétales comprimées employées dans la construction des roues de voitures et dans la décoration, etc.

264. *Papiers peints,* papiers émaillés et coloriés, imitation de bois et de cuirs.

ARMEMENT MILITAIRE ET NAVAL, MATÉRIEL, ARMES À FEU ET ENGINS DE CHASSE.

265. *Petit armement.* — Fusils, mousquets, pistolets. Arsenaux avec leur approvisionnement.

266. *Artillerie légère.* — Artillerie de campagne, mitrailleuses, etc.

267. *Grosse artillerie* et ses accessoires.

268. *Sabres,* épées, lances, poignards.

269. *Armes* à feu et autres de luxe et de chasse.

270. *Piéges* pour gibier, oiseaux, animaux nuisibles, etc.

MÉDECINE, CHIRURGIE, PROTHÈSE.

272. *Produits médicinaux.* Préparations suivant le Codex. Préparations pharmaceutiques spéciales.

D

273. *Préparations concentrées diététiques*, telles qu'extraits de viande et autres articles de ce genre à l'usage spécial des malades.

274. *Appareils de pharmacie.*

275. *Instruments de diagnostic,* thermomètres médicaux, stéthoscopes, ophthalmoscopes, etc. (à l'exception des microscopes d'étude, qui sont portés à la classe 324).

276. *Instruments de chirurgie* et bandages. Appareils pour les difformités. Prothèse plastique et mécanique. Instruments d'accouchement.

277. *Instruments pour dentistes* et leur application.

278. *Voiture d'ambulance.* — Transport des malades et blessés, pendant la paix et la guerre, sur terre et sur mer.

QUINCAILLERIE, OUTILS TRANCHANTS, COUTELLERIE ET PRODUITS MÉTALLURGIQUES.

280. *Outils à main* et instruments pour le travail du bois et de la pierre en général. Outils divers employés dans la joaillerie, la gravure, etc.

281. *Coutellerie.* — Couteaux, canifs, ciseaux, rasoirs. Cuirs à repasser. Patins et autres objets achetés chez les couteliers.

282. *Émeri* et papier de verre. Poudres à polir. Pierres à polir et à brunir.

283. *Ferronnerie,* chaudronnerie, fonte d'ornementation.

284. *Quincaillerie pour bâtiment,* à l'exclusion des outils et des ustensiles. Pointes, clous, vis, verrous, serrures, boutons de porte, loquets, ferme-portes. Objets pour plombiers et gaziers, pour tapissiers. Quincaillerie pour la marine, pour la sellerie; objets divers et garnitures pour harnais.

OBJETS FABRIQUÉS D'ORIGINE VÉGÉTALE, ANIMALE OU MINÉRALE.

285. *Objets fabriqués en gutta-percha.*

286. *Brosses.*

287. *Cordes et cordages.*

288. *Drapeaux,* enseignes, emblèmes.

289. *Boisselerie et vannerie.* Papier mâché.

290. *Matériel pour enterrements,* cercueils, etc.

291. *Articles en fer galvanisé.*

CARROSSES, VOITURES ET ACCESSOIRES [1].

292. *Voitures de luxe.*

293. *Voitures de voyage,* carrosses, diligences, omnibus, corbillards, voitures pour bains de mer, vélocipèdes, voitures pour enfants.

294. *Voitures pour le transport des colis* et des objets pesants, chariots, camions, wagons.

295. *Traîneaux, etc.*

296. *Fournitures* pour chevaux et voitures, harnachements, sellerie, fouets, éperons, couvertures de chevaux et de voitures, tapis de voitures.

---

[1] Pour les voitures de fermes ou de chemins de fer, voir les groupes de l'agriculture et des machines.

GROUPE III.

Éducation et Sciences.

SYSTÈMES D'ÉDUCATION, MÉTHODES ET LIVRES.

300. *Instruction élémentaire.* — Écoles et jardins d'enfants, arrangements, ustensiles et leur application; mode d'éducation. Écoles publiques, écoles mutuelles, agencement intérieur des cours et bâtiments, costumes d'écoles, cours, méthodes d'instruction, livres, appareils, y compris les cartes géographiques, globes, etc. Travaux d'élèves, y compris les dessins et les modèles d'écriture. Hygiène des élèves.

301. *Éducation supérieure. Académies et Écoles supérieures.* — Colléges et universités. Bâtiments. Bibliothèques. Livres. Musées de géologie, de botanique, de minéralogie, d'art et d'archéologie. Appareils pour les démonstrations et les recherches. Cours gradués de mathématiques, de physique, de chimie et d'astronomie. Livres, catalogues. Bibliothèques et Gymnases.

302. *Écoles professionnelles.* — Théologie. Droit. Médecine et Chirurgie. Art dentaire. Pharmacie. Écoles des mines, des ponts et chaussées, d'agriculture et des arts mécaniques. Écoles de dessin industriel. Écoles militaires, navales, normales, commerciales. Écoles de musique. Constructions, livres, bibliothèques, appareils, méthodes et accessoires des écoles professionnelles.

303. *Institutions* pour l'instruction des aveugles, des sourds-muets et des idiots.

304. *Rapports et statistique sur l'éducation.* Ministère de l'instruction publique. Systèmes divers d'éducation appliqués par l'État, la Ville, les Colléges, les Universités et les Écoles professionnelles.

305. *Bibliothèques.* — Documents historiques, rapports, statistiques et catalogues.

306. *Livres d'éducation, etc.,* dictionnaires, encyclopédies, dictionnaires géographiques, livres d'adresses, indicateurs, catalogues, almanachs, traités, littérature en général, journaux, journaux techniques et spéciaux, journaux illustrés, littérature périodique.

INSTITUTIONS ET SOCIÉTÉS.

310. *Institutions fondées pour l'accroissement et la propagation des sciences,* telles que l'Institut de Smithson, l'Institut royal, l'Institut de France, l'Association britannique pour la propagation des sciences, l'Association américaine. Leur organisation, leur histoire et leurs résultats.

311. *Sociétés scientifiques et d'éducation.* — Sociétés géologiques et minéralogiques, etc. Sociétés techniques et professionnelles. Sociétés d'ingénieurs. Écoles de beaux-arts, de biologie, de zoologie et de médecine. Observatoires astronomiques.

312. *Musées.* — Collections. Galeries de beaux-arts. Expositions d'art et d'industrie. Concours agricoles, régionaux et nationaux. Expositions internationales. Musées des sciences et des arts. Collections ethnologiques et archéologiques.

313. *Musique et art dramatique.*

D.

320. *Instruments de précision* et appareils pour les recherches physiques, expériences et démonstrations. Instruments astronomiques et accessoires employés dans les observatoires. Lunettes méridiennes, cercles muraux, équatoriaux, collimateurs. Instruments de géodésie et d'arpentage. Télescopes, théodolites, boussoles. Instruments pour l'arpentage dans les mines, les tunnels et les excavations. Instruments d'astronomie nautique : sextants, quadrants, cercles répétiteurs. Instruments et appareils de nivellement : niveaux de charpentiers et de constructeurs, niveaux à main, niveaux d'eau, niveaux d'ingénieurs. Instruments de sondage à la mer; instruments hydrographiques. Appareils et instruments de météorologie : thermomètres, pyromètres, baromètres, hydromètres, pluviomètres. Cartes et bulletins. Registres d'observations; méthodes pour enregistrer et réduire les observations et en rendre compte.

321. *Appareils d'indication et d'enregistrement* autres que ceux de météorologie; calcul mécanique. Viamètres, odomètres, pédomètres, gazomètres. Compteurs d'eau, locks, locks électriques. Registres de marées. Numéroteurs mécaniques. Machines à compter et à calculer. Arithmomètres.

322. *Poids et mesures,* appareils de pesage et de métrage. Mesures de longueur : échelles graduées en bois, en métal, en ivoire, en rubans; rubans en fer, chaînes, perches, verniers; perches et échelles graduées pour mesurer le bois et les marchandises en ballots, en tonneaux, etc.; outils de jaugeurs et méthodes de jaugeage. Mesures de capacité pour solides et liquides. Mesures de pesanteur; tiges et fléaux gradués pour le pesage, balances d'essai, balances chimiques. Bascules ordinaires pour objets pesants, ponts à bascules pour locomotives et wagons. Pèse-lettres. Hydromètres, alcoomètres, lactomètres, gravimètres.

323. *Appareils chronométriques.* — Chronomètres. Horloges astronomiques. Horloges d'églises et de monuments publics. Horloges ordinaires. Pendules et horloges à ressorts. Horloges marines. Clepsydres et sabliers. Cadrans solaires. Chronographes. Horloges électriques. Métronomes.

324. *Instruments et appareils d'optique.* — Miroirs plans et sphériques. Lentilles et prismes. Lunettes, lorgnons, lorgnettes de campagne et de théâtre, longues-vues. Graphoscopes, stéréoscopes. Chambres claires et obscures. Appareils de photographie. Microscopes. Télescopes. Appareils pour illumination artificielle, y compris la lumière électrique, le gaz oxhydrique et le magnésium. Stéréopticons. Appareils photométriques. Spectroscopes et accessoires pour l'analyse spectrale. Polariscopes. Thermoscopes.

325. *Appareils électriques.* — Machines à friction. Condensateurs et appareils divers pour démontrer la production de l'électricité. Batteries galvaniques et accessoires pour la démonstration de l'électricité dynamique. Appareils électromagnétiques. Appareils d'induction, bobines de Ruhmkorff, etc. Aimants et appareils électro-magnétiques.

326. *Matériel télégraphique* et applications. Batteries et forme des appareils usités dans la production des courants électriques pour la télégraphie. Conducteurs et isolateurs et méthodes de support; câbles sous-marins. Appareils de transmission; clefs, accessoires de bureau, et appareils. Appareils de réception, relais, circuits de poste. Sémaphores et machines à enregistrer. Code des signes et

signaux. Télégraphes à imprimer pour usages spéciaux. Électrographes. Systèmes de cadrans télégraphiques. Appareils pour transmission automatique.

327. *Instruments de musique* et appareils d'acoustique. Instruments à percussion, tambours, tambourins, cymbales, triangles. Pianos. Instruments à cordes autres que pianos. Instruments de musique automatiques; boîtes à musique. Instruments à vent en métal et en bois. Harmoniums. Orgues d'église et instruments similaires. Tubes acoustiques. Musique vocale.

ART DE L'INGÉNIEUR, ARCHITECTURE, CARTES, PLANS ET REPRÉSENTATIONS GRAPHIQUES[1].

330. *Génie civil.* — *Ponts et chaussées.* — *Cadastre.* — Surveillance des rivières, ports et côtes. Construction et entretien des routes, rues et voies pavées. Voirie urbaine. Distribution d'eau et de gaz dans les villes. Ponts avec arches en métal, pierres, briques ou béton. Ponts plats. Ponts suspendus. Canaux, aqueducs, réservoirs, construction de digues. Génie hydraulique. Constructions sous-marines, fondations, piles, docks.

331. *Génie industriel.* — Construction et travail des machines. Modèles de plans et constructions de manufactures et établissements métallurgiques.

332. *Chemins de fer.* — Tracé des lignes; construction et administration des chemins de fer.

333. *Génie militaire.*

334. *Art naval.*

335. *Plans topographiques.* — Cartes marines et côtières. Cartes et coupes géologiques. Cartes botaniques, agronomiques et autres, montrant la distribution des races humaines, des animaux et des produits du sol. Cartes physiques. — Cartes et bulletins météorologiques. Routes et stations télégraphiques. Cartes routières et des chemins de fer. Globes terrestres et célestes. Cartes et plans en relief. Profils des fonds de l'Océan et routes de câbles sous-marins.

CONDITION PHYSIQUE, SOCIALE ET MORALE DE L'HOMME.

340. *Éducation physique; développement raisonné.* — La chambre de la nourrice et ses accessoires. — Gymnases, jeux et sports de l'âge adulte. Patinage, course, gymnastique, jeux de paume, exercices acrobatiques, canotage, chasse, etc.

341. *Alimentation.* — Marchés; préparation et distribution des aliments.

342. *Habitation.* — Conditions et règlements de salubrité. Dispositions intérieures. L'habitation caractérisée par le bon marché combiné avec les conditions essentielles de santé et de comfort. Constructions à l'épreuve du feu. Hôtels, clubs, etc. Bains publics.

343. *Systèmes commerciaux.* — Méthodes et formes commerciales. Comptoirs et bureaux. Banques. Caisses d'épargne et institutions de crédit. Assurances contre l'incendie, assurances maritimes et sur la vie. Organisations commerciales, chambres de commerce, bourses. Corporations commerciales et manufacturières. Chemins de fer et autres compagnies de transport. Sociétés de construction et de location.

---

[1] Pour le Génie agricole, voir classe 680. Pour les Mines, voir classe 120.

344. *Monnaies.* — Frappe de monnaies et médailles. Collections de monnaies courantes. Collections historiques. Jetons, etc. Billets de banque et autres moyens de circulation de papier. Papiers de commerce, lettres de change. Garanties de payement, stocks, bons, gages, hypothèques, annuités. Précautions contre le faux monnayage et l'altération des monnaies.

345. *Gouvernement et Lois.* — Divers systèmes de gouvernements. — Divisions gouvernementales. Revenus et impôts; organisation militaire, pouvoir exécutif, formes et pouvoir législatifs, systèmes et fonctions judiciaires, organisation de la police, assistance publique. — Droit international, droit des gens, services diplomatique et consulaire, droit administratif; naturalisation. — Codes. — Gouvernement municipal. — Protection de la propriété industrielle. — Système postal et applications. — Punition des crimes. Prisons, organisation intérieure et discipline, stations de police, maisons de correction, colonies pénitentiaires, écoles de réforme; discipline navale, punitions en mer.

346. *Assistance publique. Hôpitaux.* — Hôpitaux pour les maladies des yeux et des oreilles; hôpitaux pour les femmes, etc. Hôpitaux pour les maladies contagieuses et infectantes. Hospices de fous sous le contrôle de l'État et asiles privés d'aliénés. Systèmes de quarantaines. Dispensaires. Asiles d'ivrognes. Asiles pour les femmes en couches. Asiles pour les femmes repentantes. Asiles pour les enfants, asiles pour les enfants trouvés et les orphelins; sociétés de protection pour les enfants. Maisons de refuge pour les vieillards et les infirmes, asiles pour vieillards, hommes et femmes; asiles pour militaires invalides, asiles de marins. Traitement des pauvres. Maisons de refuge, secours aux pauvres. Sociétés de protection des émigrants. Traitement des indigènes. Sociétés protectrices des animaux.

347. *Sociétés coopératives.* — Sociétés politiques et leur organisation. Organisations et règlements militaires. Trade-Unions et associations ouvrières. Sociétés industrielles. Sociétés secrètes et fraternelles.

348. *Religion. Organisation des cultes.* — Origine, nature, progrès et extension des diverses religions ou confessions. Faits statistiques, historiques et autres. Sociétés et ordres religieux; leur but. Sociétés et organisations pour la propagation des religions par la voie des missionnaires. Extension de la connaissance des systèmes religieux par les publications. Sociétés bibliques, sociétés de brochures pieuses, colportage. Systèmes et méthodes d'instruction religieuse et d'éducation de la jeunesse. Écoles du dimanche, mobilier. Sociétés pour l'amélioration religieuse et morale. Distribution de secours, taxes d'église.

349. *Expositions artistiques et industrielles.* — Concours agricoles régionaux et nationaux; expositions internationales; congrès internationaux, etc.

GROUPE IV.

Beaux-Arts.

—

SCULPTURE.

400. *Statues* et groupes en pierre, métal, terre cuite ou plâtre.
401. *Bas-reliefs* en pierre ou en métal, copies électrotypiques.

402. *Médailles* frappées et gravées, médailles électrotypiques.
403. *Ouvrages en martelé et repoussé;* gravures en relief.
404. *Camées,* pierres taillées, pierres gravées, cachets, sceaux, etc.
405. *Sculptures sur bois,* ivoire et métal.

PEINTURE.

410. *Peintures à l'huile* sur toile, canevas, etc.
411. *Peintures à l'eau,* aquarelles, miniatures, etc.
412. *Fresques* et cartons pour fresques.
413. *Peintures avec couleurs vitrifiables;* peintures sur porcelaine, émail et métal.

GRAVURE ET LITHOGRAPHIE.

420. *Dessins* à la plume, au crayon; pastels.
421. *Gravures sur acier,* cuivre ou pierre.
422. *Gravures sur bois.*
423. *Lithographie et Zincographie.*
424. *Chromolithographie.*

PHOTOGRAPHIE.

430. *Photographie* sur papier, métal, verre, bois, surfaces émaillées, etc.
431. *Photogravure.*
432. *Photolithographie,* etc.

DESSIN INDUSTRIEL ET D'ARCHITECTURE, MODÈLES ET DÉCORATIONS.

440. *Dessin industriel.*
441. *Dessins d'architecture,* études et fragments; représentation et projets d'édifices; restauration d'après des ruines et des documents.
442. *Décoration* intérieure des édifices.
443. *Quincaillerie artistique* et garnitures; fontes artistiques; objets de métal forgé pour décoration.

DÉCORATION EN CÉRAMIQUE ET MATÉRIAUX VITRIFIABLES; MOSAÏQUES ET OBJETS INCRUSTÉS.

450. *Mosaïques* et incrustations en pierre.
451. *Mosaïques* et incrustations en tuiles et en verre, etc.
452. *Incrustations* en bois et en métal, parquets, parquets incrustés, tables, etc.
453. *Verre émaillé.*
454. *Objets d'art* divers.

GROUPE V.

Machines.

———

MACHINES, OUTILS ET APPAREILS POUR LES MINES, LA MÉTALLURGIE, LA CHIMIE ET LES ARTS EXTRACTIFS.

500. *Appareils et machines* pour percer les roches.
501. *Appareils* pour le forage des puits.

502. *Machines*, appareils et ustensiles pour abattre la houille.

503. *Appareils d'extraction* et accessoires.

504. *Épuisement*, drainage et ventilation.

505. *Traitement des minerais.* — Broyeurs, pilons, moulins, cribleurs, tamis, tambours, concentrateurs.

506. *Fourneaux*, appareils de fonderie et accessoires.

507. *Machines* pour la fabrication de l'acier Bessemer.

508. *Machines* pour la fabrication des produits chimiques. Galvanoplastie.

509. *Machines* et appareils à gaz.

MACHINES ET OUTILS POUR TRAVAILLER LES MÉTAUX, LE BOIS ET LA PIERRE.

510. *Machines* à planer, à scier, à placage, à raboter, à mortaiser, à découper. Machines à moulures, à estamper, à sculpter. Machines à faire les tonneaux, à découper les bouchons.

511. *Scieries mécaniques* à vapeur.

512. *Laminoirs*, cingleurs, ventilateurs.

513. *Fourneaux* et appareils pour la fonte des métaux, avec échantillons d'objets fabriqués.

514. *Marteaux à vapeur* et autres marteaux avec échantillons de fabrication, enclumes, forges.

515. *Machines* à planer, à percer, à buriner, à tourner le fer. Machines à dresser, à polir, à estamper, à découper. Machines à diviser et à tailler les roues d'engrenage, meules en émeri, fraises, tarauds, filières, mèches, coins, etc.

516. *Machines* à planer, scier, tailler, raboter et polir les pierres. Machines de Tilghman. Machines à polir le verre.

517. *Machines* à fabriquer les briques, les poteries et les tuiles. Machines à fabriquer les pierres artificielles.

518. *Fourneaux*, moules et tubes pour faire le verre et les objets en verre.

MACHINES ET OUTILLAGE POUR LES FILATURES, LES FEUTRERIES ET LES PAPETERIES.

520. *Machines* pour la fabrication des soieries.

521. *Machines* pour la fabrication des cotonnades.

522. *Machines* pour la fabrication de la laine.

523. *Machines* pour la fabrication de la toile.

524. *Machines* pour la fabrication des cordages, du fil et de divers matériaux fibreux.

525. *Machines* pour la fabrication du papier et du feutre.

526. *Machines* pour la fabrication du caoutchouc.

527. *Machines* pour la fabrication d'objets divers.

MACHINES, APPAREILS ET OUTILLAGE EMPLOYÉS DANS LA COUTURE ET DANS LA CONFECTION DES VÊTEMENTS ET DES OBJETS D'ORNEMENTATION.

530. *Machines* employées dans la fabrication des tapisseries, y compris les tapis, les dentelles, les tapis de pieds et les broderies de luxe.

531. *Machines* à coudre et à tricoter. Machines à faire les confections.

532. *Machines* à préparer et travailler le cuir.

574. *Voie,* coussinets, aiguilles.
575. *Aménagement* des stations, signaux, grues à eau, plaques tournantes.
576. *Systèmes d'attaches* de locomotives.
577. *Tramways.*

MACHINES EMPLOYÉES DANS LA PRÉPARATION DES PRODUITS AGRICOLES.

580. *Moulins* à farine.
581. *Machines* pour les raffineries.
582. *Machines* pour confiseurs.
583. *Machines* pour les huileries.
584. *Machines* pour la fabrication des tabacs.
585. *Moulins* à épices et à café.

APPAREILS DE TRANSPORT PAR L'AIR, PAR LE VIDE ET PAR L'EAU.

590. *Chemins de fer* à câbles suspendus.
591. *Modes de transport par câbles.*
592. *Ballons,* machines aérostatiques.
593. *Chemins de fer* pneumatiques. Télégraphes pneumatiques.
594. *Bateaux et vaisseaux à voiles.* Navires de commerce et de guerre. Yachts et bateaux de plaisance. Bateaux à rames de toute nature. Bateaux et appareils de sauvetage. Radeaux de sauvetage. Ceintures de sauvetage, appareils de plongeurs, cloches à plongeurs. Ice-boats.
595. *Bateaux à vapeur,* canots à vapeur, et tous navires mus par la vapeur.
596. *Vaisseaux* pour porter les câbles télégraphiques et les trains de chemins de fer. Bateaux à charbon. Bateaux à eau. Bateaux dragueurs. Docks flottants et à roues, et bateaux pour divers autres usages.
597. *Cabestans* à vapeur. Crics, manivelles à gouvernails.

MACHINES ET APPAREILS AFFECTÉS SPÉCIALEMENT AU SERVICE DE L'EXPOSITION, CHAUDIÈRES, MACHINES, GRUES, POMPES, ETC.

GROUPE VI.
Agriculture.

ARBORICULTURE ET PRODUITS DES FORÊTS.

600. *Bois de construction.* — Troncs d'arbres en sections transversales ou coupés en tronçons, avec spécimens d'écorces, de feuilles, de fleurs, de semences, etc. — Mâts, poutres, membrures, sections longitudinales d'arbres, traverses de chemin de fer, bois de marine. Madriers, bois sciés, tels que planches, bardeaux, lattes, douves. Bois de charpente et bois d'arrimage préparés de diverses façons contre l'incendie et la pourriture, par des injections de sel, de cuivre, de zinc, etc.
601. *Bois d'ornementation* employés dans les décorations et les meubles, tels que placages d'acajou, de bois de rose, d'ébène, de noyer, d'érable.

602. *Bois de teinture*, écorces et noix de galle.
603. *Gommes*, résines, caoutchouc, gutta-percha, cire végétale.
604. *Lichens*, mousses, champignons, fougères.
605. *Semences*, noix, etc., pour la consommation ou les ouvrages de fantaisie.
606. *Art forestier.* — Différentes méthodes de plantation, d'administration et de conservation des forêts. Statistiques.

POMOLOGIE.

610. *Fruits* des régions tempérées et demi-tropicales, tels que pommes, poires, coings, pêches, abricots, brugnons, prunes, raisins, cerises, fraises et melons.
611. *Fruits* et noix des tropiques, oranges, bananes, figues de Barbarie, citrons, ananas, grenades, figues, noix de coco.

PRODUITS AGRICOLES.

620. *Céréales*, graines et plantes fourragères.
621. *Plantes* légumineuses et végétaux comestibles.
622. *Racines* et tubercules.
623. *Tabac*, houblon, thé, café, épices.
624. *Semences*, siliques ou gousses.

ANIMAUX TERRESTRES.

630. *Chevaux*, ânes, mulets.
631. *Bêtes à cornes.*
632. *Moutons.*
633. *Chèvres*, alpagas, lamas, chameaux.
634. *Porcs.*
635. *Poules* et oiseaux.
636. *Chats* et chiens.
637. *Animaux* sauvages.
638. *Insectes* utiles et nuisibles. Abeilles, cochenilles, vers à soie.

ANIMAUX AQUATIQUES.

640. *Mammifères* aquatiques, phoques, cétacés, etc. Spécimens vivants dans les aquariums, empaillés, conservés dans l'alcool ou autrement.
641. *Poissons* vivants ou conservés.
642. *Conserves de poissons.*
643. *Crustacés*, échinodermes, bêches de mer.
644. *Mollusques*, huîtres, etc., employés dans l'alimentation.
645. *Écailles*, corail et perles.
646. *Os de baleine*, peaux de phoques, colle de poisson, seiches, huiles de poissons, etc.
647. *Instruments* et appareils pour la pêche, filets, paniers, crochets, etc.
648. *Pisciculture.* — Aquariums, appareils pour l'éclosion, vases pour transporter les œufs et la laitance et autres appareils employés dans l'éclosion, la culture et la conservation du poisson.

PRODUITS ANIMAUX ET VÉGÉTAUX.

650. *Éponges*, algues et autres plantes marines employées soit comme nourriture, soit dans l'industrie.

651. *Laiterie.* — Lait, crème, beurre, fromage.

652. *Peaux,* fourrures et cuirs, suif, huile et lard, ivoire, os, corne.

653. *OEufs,* plumes, duvet.

654. *Miel* et cire.

655. *Parfums* animaux, tels que musc, civette, ambre.

656. *Viande,* végétaux et fruits conservés ou séchés. Extraits de viande et de fruits.

657. *Farines,* céréales pressées ou moulues, graines décortiquées.

658. *Amidons* et produits similaires.

659. *Sucres* et sirops.

660. *Vins,* alcools, boissons de malt.

661. *Pains,* biscuits, gâteaux.

662. *Huiles* végétales.

SUBSTANCES TEXTILES D'ORIGINE VÉGÉTALE OU ANIMALE.

665. *Coton* en tiges, en graines, épluché et en ballots.

666. *Chanvre,* lin, jute et produits similaires, bruts et dans toutes les phases de leur préparation pour la filature.

667. *Laine* en toisons, cardée et en ballots.

668. *Soie* en cocons et dévidée.

669. *Poils* et soies de porcs.

MACHINES, USTENSILES ET PROCÉDÉS DE FABRICATION.

670. *Outils à main,* houes, bêches, râteaux. Machines agricoles mues par les animaux : charrues, cultivateurs, houes à cheval, brise-mottes, rouleaux, herses. Machines agricoles mues par la vapeur : charrues, défricheurs, herses, cultivateurs.

671. *Semailles.* — Instruments à main, semoirs et plantoirs. Machines mues par les animaux : semoirs de graines et d'engrais. Semoirs à céréales et à coton. Semoirs à vapeur pour graines et engrais.

672. *Récolte.* — Instruments à main : faux, faucilles. Machines mues par les animaux : moissonneuses, faucheuses, gerbeuses, râteaux, faneuses, élévateurs de foin. Arracheurs de pommes de terre.

673. *Préparation pour la vente.* — Batteurs, égreneurs de trèfles, décortiqueurs, tarares, appareils pour faire le foin, le coton, les vins, l'huile, le sucre.

674. *Travail intérieur de la ferme.* — Machines fixes et locomobiles. Chaudières. Hache-foin et hache-paille, coupe-racines, dépulpeurs, moulins à blé, appareils pour la cuisson des aliments à la vapeur, incubateurs.

675. *Agencement et ustensiles de laiterie.* — Barattes à main et mécaniques, pots à beurre et seaux, presses à fromages, égouttoirs et appareils divers.

GÉNIE AGRICOLE ET ADMINISTRATION.

680. *Établissement* et amélioration de la ferme. — Défrichement, dessèchement des marais, construction des routes, drainage, irrigations, clôtures, barrières, égouts, rigoles, digues, embanquements. Machines à irriguer. Greniers à foin et couvertures de chaume.

681. *Engrais* commerciaux, phosphatés, ammoniacaux et calcaires.

682. *Transports.* — Wagons, charrettes, traîneaux, harnais, jougs, moyens de traction et machines pour faire les routes et creuser les fossés.

683. *Constructions rurales.* — Modèles et dessins de fermes ou de métairies, granges, étables, magasins à houblon, séchoirs à fruits, glacières, moulins à vent, greniers à grains, hangars, ruchers, magnaneries, volières, abattoirs, laiteries.

CULTURE ET EXPLOITATION.

690. *Systèmes de plantation* et de culture.

691. *Systèmes de drainage* et épandage des engrais liquides.

692. *Systèmes d'élevage* et de nourriture des troupeaux.

GROUPE VII.

Horticulture.

ARBRES, ARBUSTES ET ARBRISSEAUX D'ORNEMENT; PLANTES FLEURIES.

700. *Arbres,* arbustes et arbrisseaux d'ornement toujours verts.

701. *Plantes* herbacées à feuillage persistant.

702. *Plantes* bulbeuses et à racines tuberculeuses.

703. *Plantes* à feuillage décoratif et ornemental.

704. *Plantes* annuelles et végétaux à bois tendre, exposés successivement pendant la durée de la saison.

705. *Roses.*

706. *Cactées.*

707. *Fougères;* leur culture en plein air, en fougeraies, en serres, etc.

708. *Plantes* nouvellement découvertes, avec indication de leur origine.

709. *Emploi des fleurs, etc.* — Fleurs coupées, bouquets, fleurs, feuillages et algues desséchés, etc. — Matériel de l'emploi des fleurs : matériaux pour bouquets, porte-bouquets, modèles de fruits, de légumes et de fleurs.

SERRES CHAUDES ET TEMPÉRÉES, ORANGERIES, SERRES A VIGNES.

710. *Plantes de serre* et d'orangerie.

711. *Arbres fruitiers* cultivés sous verre.

712. *Orchidées* et plantes épiphytes.

713. *Forçage* et multiplication des végétaux.

714. *Plantes aquatiques* cultivées en serre ou en aquarium, etc.

715. *Serres* à multiplication, couches chaudes, etc., et modes de chauffage. — Constructions pour la multiplication et le forçage des fruits de petite dimension.

716. *Serres mobiles* à fruits et à vignes, sans chaleur artificielle. — Châssis, couches, etc.

INSTRUMENTS DE JARDINAGE, ACCESSOIRES DES JARDINS.

720. *Outils* et ustensiles de jardinage. — Machines pour la transplantation des arbres, arbustes, etc. — Pompes portatives pour serres, appareils d'arrosage des jardins et des pelouses.

721. *Mobilier* pour contenir les plantes. — Pots à fleurs, caisses, bacs, serres portatives à fougères, jardinières, etc. — Jardinage des fenêtres. — Caisses de luxe et de fantaisie pour plantes et fleurs, en fer, bois et fil de fer.

722. *Grillage* ornemental, palissades, barrières, portes, bordures de parterres, treillages, etc. — Bancs, chaises de parc, statues, vases, fontaines. — Étiquettes et numéros.

TRACÉ, PLANTATION ET ÉTABLISSEMENT DES JARDINS.

730. *Tracé des jardins.* — Plans de jardins neufs et embellissements de résidences. — Plans d'établissements horticoles, de pépinières, etc. — Plans de parterres.

731. *Emploi de l'eau* pour l'ornementation, cascades, fontaines, réservoirs, lacs.

732. *Établissement et entretien des pelouses.*

733. *Constructions horticoles, etc.* — Rochers, grottes, constructions rustiques pour l'ornementation des jardins privés et des parcs publics.

734. *Plantation,* fertilisation et culture.

ABRÉGÉ DE LA CLASSIFICATION.

GALERIE PRINCIPALE.

I. — MINES ET MÉTALLURGIE.

Classes.
100 à 109. Minerais, métaux, pierres, produits des mines.
110 à 119. Produits de la métallurgie.
120 à 129. Exploitation des mines.

II. — PRODUITS MANUFACTURÉS.

200 à 205. Produits chimiques.
206 à 216. Céramique, poterie, porcelaine, verrerie, etc.
217 à 227. Ameublement, etc.
228 à 234. Produits filés et tissés d'origine végétale ou minérale.
235 à 241. Produits tissés et foulés en laine.
242 à 249. Soie et tissus de soie.
250 à 257. Habillements, bijouterie, etc.
258 à 264. Papiers, registres, fournitures de bureaux.
265 à 271. Armes.
272 à 279. Médecine, chirurgie, prothèse.
280 à 284. Quincaillerie, outils tranchants, coutellerie, objets divers en métaux.
285 à 291. Objets fabriqués d'origine végétale, animale ou minérale.
292 à 296. Carrosses, voitures et accessoires.

III. — ÉDUCATION ET SCIENCES.

300 à 309. Systèmes d'éducation, méthodes et livres.
310 à 319. Institutions et Sociétés.
320 à 329. Instruments scientifiques et méthodes.
330 à 339. Génie civil, architecture, cartes, etc.
340 à 349. Condition physique, sociale et morale de l'homme.

GALERIE DES BEAUX-ARTS.

IV. — BEAUX-ARTS.

400 à 409. Sculpture.
410 à 419. Peinture.
420 à 429. Gravure et lithographie.
430 à 439. Photographie.
440 à 449. Dessins industriels et agricoles.
450 à 459. Décorations céramiques et mosaïques.

GALERIE DES MACHINES.

V. — MACHINES.

500 à 509. Machines, outils, etc., pour mines et fabriques de produits chimiques.
510 à 519. Machines et outils pour travailler les métaux, la pierre et le bois.
520 à 529. Machines et appareils pour filer et tisser.
530 à 539. Machines utilisées pour la couture et la confection des vêtements.
540 à 549. Machines pour l'impression, la reliure, la papeterie.
550 à 559. Moteurs et générateurs.
560 à 569. Appareils hydrauliques et pneumatiques.
570 à 579. Matériel de chemins de fer, matériel roulant.
580 à 589. Machines pour la préparation des produits de l'agriculture.
590 à 599. Moyens de transport par l'air, le vide et l'eau.
Machines et appareils appropriés spécialement aux besoins de l'Exposition.

GALERIE D'AGRICULTURE.

VI. — AGRICULTURE.

600 à 609. Arboriculture et produits forestiers.
610 à 619. Pomologie.
620 à 629. Produits agricoles.
630 à 639. Animaux terrestres.
640 à 649. Animaux aquatiques, pisciculture et appareils.
650 à 662. Produits animaux et végétaux.
665 à 669. Substances textiles d'origine végétale ou animale.
670 à 679. Machines, ustensiles et méthodes de fabrication.
680 à 689. Génie agricole et administration.
690 à 699. Culture et économie agricole.

GALERIE D'HORTICULTURE.

VII. — HORTICULTURE.

700 à 709. Arbres, arbustes et fleurs d'ornement.
710 à 719. Orangeries, serres chaudes et serres à vignes.
720 à 729. Outils de jardiniers et accessoires de jardinage.
730 à 739. Dessins de jardins, constructions et économie horticole.

SYSTÈME DE RÉCOMPENSES.

1° Les récompenses seront basées sur les rapports signés par les jurés nommés *ad hoc.*

2° Deux cent cinquante jurés, — moitié américains et moitié étrangers, — ayant toutes les aptitudes requises pour apprécier les articles exposés, seront nommés. Les jurés étrangers seront choisis par les comunissions des divers pays. Les jurés américains seront désignés par la Commission du Centenaire.

3° Une somme de $ 1,000 sera allouée à chaque juré pour ses dépenses personnelles.

4° Le rapport et la récompense seront basés sur les éléments de mérite intrinsèque et comparatif que possédera l'article exposé. Le rapport contiendra en outre des considérations sur l'utilité, l'invention, la qualité, l'originalité, la découverte, etc., de l'article en question.

5° Chaque rapport sera remis à la Commission du Centenaire dès qu'il sera terminé pour être publié.

6° Les récompenses seront accordées définitivement par la Commission du Centenaire des États-Unis, en vertu de la loi votée par le Congrès; elles se composeront d'un diplôme avec une médaille uniforme en bronze et d'un extrait du rapport du jury chargé du groupe auquel l'article exposé appartiendra.

7° Chaque exposant aura le droit de faire publier le rapport qui lui aura été remis; mais la Commission du Centenaire se réserve le droit de publier et de classer tous les rapports de la façon qu'elle croira devoir être la plus avantageuse pour l'intérêt général.

A. T. GOSHORN,

Directeur général.

John L. CAMPBELL,

Secrétaire.

Philadelphie, 14 avril 1875.

MEMBRES FRANÇAIS

DU JURY INTERNATIONAL

DÉSIGNÉS

PAR ARRÊTÉS DU MINISTRE DE L'AGRICULTURE ET DU COMMERCE

EN DATE DES 11, 22 ET 29 AVRIL 1876.

Département I. — Mines et Métallurgie.

1 Juré.

GROUPES COMPRENANT LES CLASSES :

Classes.

110 à 119. Produits métallurgiques, M. SIMONIN, ingénieur des mines.

Département II. — Produits manufacturés.

7 Jurés.

Classes.

200 à 205. Produits chimiques, M. KUHLMANN fils, chimiste.

206 à 216. Céramique, verrerie, M. DE BUSSY, ingénieur des mines.

217 à 227. Meubles, M. le marquis DE ROCHAMBEAU, membre du Comité supérieur.

242 à 249. Soieries, M. CHATEL, manufacturier à Lyon.

250 à 257. Confections, bijouterie, M. DIETZ-MONNIN, membre du Comité supérieur et du Conseil municipal de Paris.

280 à 284. Quincaillerie, métaux, M. ROULLEAUX DUGAGE.

292 à 296. Carrosserie, M. GUIET, fabricant à Paris.

Département III. — Éducation.

3 Jurés.

Classes.

300 à 309. Éducation et publications, M. FOURET, associé de la maison Hachette.

320 à 329. Instruments et méthodes, M. LEVASSEUR, membre de l'Institut de France.

330 à 339. Génie, constructions, etc., M. LAVOINNE, ingénieur de 1re classe des ponts et chaussées.

Département IV. — Beaux-Arts.

1 Juré.

Classes.

400 à 419. Peinture et sculpture, M. SAINTIN, peintre d'histoire.

Département V. — Machines.

2 Jurés.

Classes.

500 à 509. Machines pour les mines, etc., M. VALTON, ingénieur des mines.

510 à 519. Machines-outils, le commandant PERRIER, membre du Bureau des longitudes, attaché à l'état-major du ministre de la guerre.

Département VI. — **Agriculture.**

1 Juré.

Classes.

650 à 662. Produits animaux et végétaux, M. MARTELL, de la Charente.

SECRÉTAIRE DU JURY FRANÇAIS :

M. MILLET (René), attaché à la Direction du commerce extérieur.

SECRÉTAIRE ADJOINT :

M. le comte Alphonse DE DIESBACH.

DEUXIÈME SECRÉTAIRE ADJOINT :

M. BARTHOLDI, statuaire.

COMMISSAIRE DÉLÉGUÉ PRÈS LE JURY INTERNATIONAL :

M. ROULLEAUX DUGAGE, secrétaire du Comité supérieur, chargé des installations, membre du Jury français.

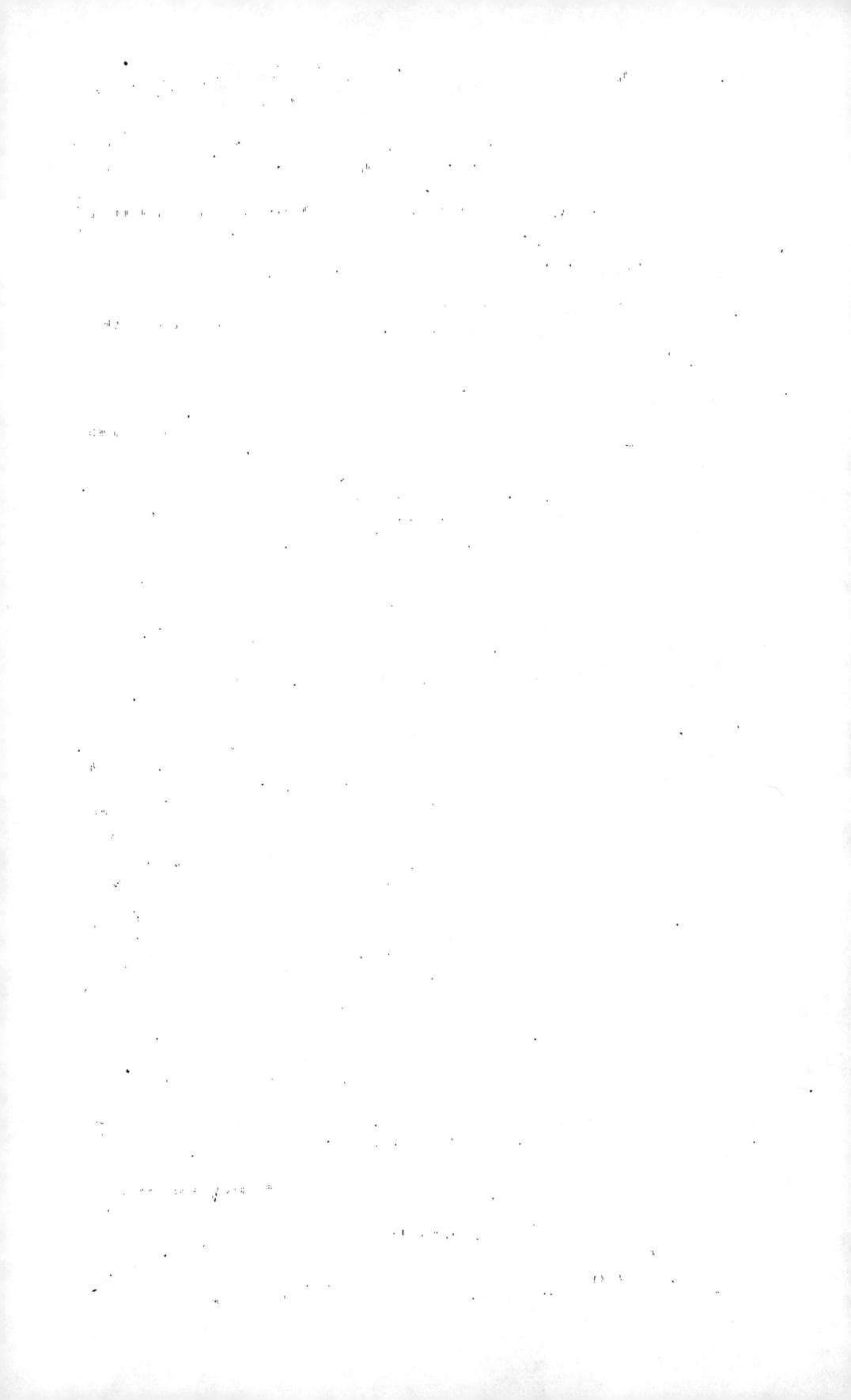

LISTE OFFICIELLE

DES EXPOSANTS FRANÇAIS

AUXQUELS DES RÉCOMPENSES ONT ÉTÉ DÉCERNÉES

PAR LA COMMISSION DU CENTENAIRE DES ÉTATS-UNIS,

EN CONFORMITÉ DE L'ACTE DU CONGRÈS [1].

FRANCE.

LE GOUVERNEMENT FRANÇAIS. — Expositions collectives nationales.
LE GOUVERNEMENT FRANÇAIS. — Cartes.

MINISTÈRE DE L'AGRICULTURE ET DU COMMERCE, à Paris. — Encouragements donnés à l'agriculture.
MINISTÈRE DES TRAVAUX PUBLICS, à Paris. — Exposition collective.
MINISTÈRE DES TRAVAUX PUBLICS, à Paris. — Pavillon français pour les expositions collectives.

VILLE DE PARIS. — Exposition collective.
VILLE DE PARIS. — Bulletin de statistique municipale; règlements, modèles.
ÉCOLE NATIONALE DES PONTS ET CHAUSSÉES, à Paris. — Programmes et documents.
LA DIRECTION DE L'ÉCOLE NATIONALE DES PONTS ET CHAUSSÉES, à Paris. — Collections de l'École.
ÉCOLE NATIONALE DES MINES, à Paris. — Programmes et documents.
MANUFACTURE NATIONALE DE SÈVRES. — Porcelaines.
MANUFACTURE NATIONALE DES GOBELINS. — Tapisseries.
MANUFACTURE NATIONALE DE BEAUVAIS. — Tapisseries.

ADELINE, à Rouen. — Gravure à l'eau-forte.
ALAUZET (P.) et Cie, à Paris. — Presses lithographiques.
ALÉGATIÈRE, à Lyon. — Plantes.
ALEXANDRE, à Paris. — Éventails.
ALLAIN (Jules), à Paris. — Cuirs.
ALVERGNIAT frères, à Paris. — Appareils de chimie et de physique.
ANTHEAUME et fils, au Bourget. — Glucose et caramel.
ANTHONI (G.), à Paris. — Ressorts et essieux pour voitures.
ANTOINE (L.) fils, à Paris. — Encres à écrire.
APERT-MANDART, à Reims. — Pressoirs à vin.
APPERT, LENGELÉ et Cie, à Paris. — Cylindres de verre.
ARBEL (Lucien), à Rive-de-Gier. — Roues en fer forgé pour locomotives.
ARBEY (F.), à Paris. — Machines à travailler le bois.

---

[1] Cette liste est signée par MM. Goshorn, directeur général; Joseph R. Hawley, président; Myer Asch, secrétaire.

Arlès-Dufour, à Lyon. — Soies gréges.
Arnaud-Gaidan, à Nîmes. — Tapis.
Association générale d'ouvriers tailleurs, à Paris. — Vêtements d'hommes.
Aubin et Baron, à Paris. — Moulin à meule blutante.
Aubry (J.), à Bellevue, près Toul. — Faïence décorative.
Audibert, Monin et Cⁱᵉ, à Lyon. — Soies et popelines.
Audy (Veuve), à Paris. — Joaillerie.

Babry (Ch.), à Calais. — Rideaux guipures et rideaux brodés.
Bacquet père et Cⁱᵉ, à Saint-Pierre-lez-Calais. — Dentelles mécaniques.
Bailly (Alfred), à Douai. — Dentelles imitation.
Bailly et Cⁱᵉ, à la Ferté-sous-Jouarre. — Meules à moulin.
Ballue (A.), à Paris. — Publications illustrées et gravures.
Bapterosses, à Briare. — Boutons et perles en porcelaine.
Barat (J.) et Fagot (Ch.), à Pierry-Épernay. — Vins de Champagne.
Barau et Colas, à Nantes. — Boîtes métalliques pour conserves.
Barbizet fils à Paris. — Statuettes faïence, genre Palissy.
Bardon et Ritton, à Lyon. — Soieries.
Bardou et fils, à Paris. — Lorgnettes de théâtre, instruments d'optique.
Bardou-Job (Pierre), à Perpignan. — Papier à cigarettes.
Barnal (L.), à Frontignan. — Vins.
Bartholdi (F.-A.), à Paris. — Sculpture.
Basset et Cⁱᵉ, à Paris. — Cuirs.
Baudry (J.), à Paris. — Livres et gravures.
Baudry (J.), à Paris. — Ouvrages sur la science de l'ingénieur.
Bayvet frères, à Paris. — Cuirs.
Beaucourt (Fortuné), à Margaux. — Vins.
Becker (Georges), à Paris. — Peinture.
Becker fils (J.-D.), à Bordeaux. — Cognac.
Bellel (J.-J.), à Paris. — Dessins au fusain.
Bellest (E.) et Cⁱᵉ, à Elbeuf. — Draps noirs et de couleur.
Bellot (Jules), à Cognac. — Eaux-de-vie.
Bénas (Jean-Pierre), à Paris. — Instruments de chirurgie en gomme.
Benoist fils (Ch.), à Reims. — Vins de Champagne.
Berr (Eugène), à Paris. — Gants de peau.
Berthoud et Cⁱᵉ, à Paris. — Cirages.
Bertrand-Boulla, à Nîmes. — Tapisseries.
Beslier (A.), à Paris. — Produits pharmaceutiques.
Beuverand (G. de) et Poligny (R. de), à Chassagne. — Vins de Bourgogne.
Beyer frères, à Paris. — Machines à chocolat et à savon.
Beysens et Beckers, à Paris. — Ameublement d'église.
Biardot (Alphonse), à Paris. — Conserves alimentaires.
Bicqué (F.) et Dupressoir (E.), à Paris. — Plumes pour parures.
Binder frères, à Paris. — Carrosserie.
Bitterlin (Paul) fils, à Paris. — Verrières gravées.
Blanchard (J.), à Paris. — Sculpture.
Blanchet frères et Kléber, à Paris. — Papier pour la photographie.
Blot (Eugène), à Boulogne-sur-Mer. — Statuettes en terre cuite.

BLOT (Paul), à Paris. — Porcelaine.

BOGNARD, à Paris. — Chromolithographie.

BONDIER, ULBRICH et Cⁱᵉ, à Paris. — Pipes.

BONFILS frères et Cⁱᵉ, à Carpentras. — Conserves de truffes.

BONNET et Cⁱᵉ (Les petits-fils de C.-J.), à Lyon. — Soies noires.

BONTEMS, à Paris. — Pendules et cages avec oiseaux chantants.

BONTOU fils, à Bordeaux. — Vins.

BONYER (L.) et Cⁱᵉ, à Cognac. — Liqueurs.

BOQUET (J.) et Cⁱᵉ, à Amiens et à Paris. — Velours de soie.

BORNIBUS (A.), à Paris. — Conserves au vinaigre, moutarde.

BOUASSE-LEBEL, à Paris. — Chromolithographie.

BOUCHERAT, à Paris. — Dessins industriels.

BOUCHERON, à Paris. — Joaillerie.

BOUCHET-GRAVET, à Paris. — Pendules.

BOUDE et fils, à Marseille. — Soufre raffiné.

BOUDON (Louis), à Saint-Jean-du-Gard. — Soies gréges.

BOUDON, à Blidah. — Farines.

BOURGIER (Ch.), à Paris. — Bijouterie.

BOURDIN et Cⁱᵉ, à Paris. — Machines à coudre.

BOURGEOIS aîné, à Paris. — Couleurs sans poison.

BOURGOIN-JOMAIN fils, à Beaune. — Vins de Bourgogne.

BOUSQUET (DE), à Montferrand. — Vins.

BOUTELLEAU et Cⁱᵉ, à Barbezieux. — Eaux-de-vie.

BRAQUENIÉ frères, à Aubusson. — Tapisseries.

BRAVAIS (Raoul) et Cⁱᵉ, au Havre. — Préparations pharmaceutiques.

BRAY (J. DE), à Nice. — Photographies.

BRÉGUET, à Paris. — Machine magnéto-électrique.

BRÉGUET et Cⁱᵉ, à Paris. — Montres et pendules.

BRESSON-AGNÈS et Cⁱᵉ, à Lyon. — Soieries.

BRETON (Émile), à Paris. — Peinture.

BRIANCHON (J.) aîné, à Paris. — Porcelaines nacrées.

BRIOUDE (F.) et Cⁱᵉ, à Saint-Étienne. — Rubans de velours.

BRONZES IMITATION ET ZINCS D'ART, à Paris. — Exposition collective.

BROSSET-HECKEL et Cⁱᵉ, à Lyon. — Satins.

BROT (Léopold). — Miroirs à triple face.

BRUNET (Paul), à Paris. — Orfévrerie d'église.

BRUNET-DEDAINES (A.-B.), à Paris. — Eaux-fortes.

BRUNET-HOUARD (S.-A.), à Fontainebleau. — Peinture.

BRUNON frères, à Rive-de-Gier. — Roues fabriquées par pression hydraulique.

BULLOT (C.), à Paris. — Bonneterie.

BUSCARLET (Veuve) et MALO, à Paris. — Gants de peau.

CAILLÉ (J.-M.), à Paris. — Sculpture.

CAILLEBOTTE et DUMAGNOU, à Paris. — Conserves alimentaires.

CAMBOS (Jules), à Paris. — Sculpture.

CANAL DE SUEZ (Compagnie du), à Paris. — Cartes et plans du canal.

CARBONNEAUX, à Paris. — Bijouterie d'acier.

CARMOY (Célestin), à Paris. — Clous pour tapissiers.

Carrières de pierres lithographiques (Compagnie des), à Paris. — Pierres lithographiques.

Cartier-Bresson, à Paris. — Fils de coton à coudre.

Cassagne (A.-T.), à Paris. — Peinture.

Castiglione (Joseph), à Paris. — Peinture.

Caves réunies (Société des), à Roquefort. — Fromages.

Cazaubon, à Paris. — Appareils pour boissons gazeuses.

Cercle de la Librairie, à Paris. — Publications et registres.

Chabert (Josué) et Cie, à Chomérac. — Soies grèges.

Chaboseau et Payen, à Levallois-Perret. — Liqueur d'or.

Chaix et Cie, à Paris. — Publications et ouvrages d'enseignement pour la jeunesse.

Chalamel (Alph.), à Paris. — Teintures.

Chambre de Commerce de Reims. — Exposition collective de tissus.

Chameroy et Cie, à Paris. — Bascule à contrôle; tuyaux de fonte.

Chapsal (Auguste), à Aurillac. — Chaussures.

Charbonné-Thuillier, à Nogent. — Ciseaux.

Chardin (Ernest), à Paris. — Soies à broder.

Charpentier et Cie, à Paris. — Publications diverses.

Chenu (Paul), à Paris. — Confiserie.

Chenu-Laffitte (Paul) et Cie, à Bourg. — Vins de Bordeaux.

Chervin, à Paris. — Méthode pour la guérison du bégayement.

Chevallier-Appert, à Paris. — Conserves alimentaires, chocolats, eaux-de-vie.

Chiapella (Jérôme), à Bordeaux. — Vins.

Chiffray (A.), à Maromme. — Stores imprimés et toiles pour tentures.

Chiraux, à Cambrai. — Cirages.

Chovet (L.), à Paris. — Ornementation des églises.

Chrétien (J.), à Paris. — Appareils automatiques pour le déchargement du charbon.

Christofle et Cie, à Paris. — Statuettes d'argent.

Chudaca, en Algérie. — Froment et orge.

Clauseau père et fils, Palun et Cie, à Avignon. — Couleurs.

Clavé-Bertrand, à Paris. — Cuirs.

Clavelle (Jules), à Bordeaux. — Vins.

Clérat (E.), à Paris. — Objets de fantaisie en écaille de tortue.

Coëz (E.) et Cie, à Saint-Denis. — Matières colorantes.

Cohn (Mlle Augustine), à Paris. — Costumes de dames.

Coignet père et fils et Cie, à Paris. — Gélatine.

Colas (E.) et Christoff (C.), à Paris. — Essence de roses.

Colin (Joseph), à Nantes. — Conserves alimentaires.

Combet (Joseph), à Paris. — Bonbons.

Combier (J.), à Saumur. — Liqueurs.

Comerre (Léon), à Paris. — Peinture.

Comte (P.-C.), à Paris. — Peinture.

Coninck (de), à Paris. — Peinture.

Corbel (Eugène), à Nantes. — Veaux cirés.

Cordier (Charles), à Paris. — Sculpture.

Cormier fils et Vénon, à Paris. — Conserves de légumes.

Cornely (E.), à Paris. — Machines à broder.

Cornu (Eugène) et Cie, à Paris. — Bronzes décoratifs.

Coroënne (Henri), à Paris. — Peinture.

Cosset-Dubrulle, à Lille. — Lampes de sûreté.

Couder (E.-G.), à Paris. — Peinture.

Crépinet (A.), à Paris. — Projet de l'église du Sacré-Cœur.

Cunliffe, Dobson et Cⁱᵉ, à Bordeaux. — Vins.

Curzon (P.-A. de), à Paris. — Peinture.

Cusenier (F.) fils aîné et Cⁱᵉ, à Ornans. — Liqueurs.

Dabert et Cⁱᵉ, à Saint-Denis et à Paris. — Laines teintes.

Dagand (Étienne), à Paris. — Cafetières pour l'armée.

Dalou (Jules), à Paris. — Sculpture.

Dameron (E.-C.), à Paris. — Peinture.

Dandicolle fils et Gaudin aîné, à Bordeaux. — Macaroni et pâtes.

Dardelle (L.) et Cⁱᵉ, à Paris. — Légumes desséchés et comprimés.

Darlot, à Paris. — Appareils photographiques.

Dartein (A. de), à Paris. — Carte géologique de la France.

Daubigny (K.-P.), à Paris. — Peinture.

Daubin, à Paris. — Graisse de porc inaltérable. — Papier tue-mouches.

Davey, Bickford, Watson et Cⁱᵉ, à Rouen. — Fusées de sûreté pour mines.

David (J.-B.), à Saint-Étienne. — Rubans, passementeries.

David, Damoizeau et Cⁱᵉ, à Paris. — Chaînes sans soudures.

Decaux fils, à Elbeuf. — Équipements militaires.

Dechamp (G.), à Lyon. — Appareils de sûreté contre les explosions de chaudières à vapeur.

Defrenne, à Paris. — Graisseur automatique.

Déjardin (Émile), à Paris. — Sirop d'oranges.

De la Coux des Roseaux, à Asnières. — Graisseurs et burettes pour chaudières.

Delagrave (Charles), à Paris. — Livres de géographie, cartes en relief et mappemondes.

Delettrez, à Paris. — Parfumerie.

Deleuil, à Paris. — Instruments de précision.

Délivré (L.), à Paris. — Fleurs artificielles.

Delizy et Doistau fils, à Pantin. — Liqueurs.

Denet (E.), à Paris. — Moules à vermicelle et à pâtes alimentaires.

Denizet (H.), à Langres. — Cisailles.

Dentellerie du Calvados (Exposition collective des fabricants de). — Dentelles.

Derogy, à Paris. — Lentilles pour objectifs.

Derriey (Ch.), à Paris. — Machines à numéroter.

Deschamps-Maurey, à Paris. — Brosserie.

Desouches, à Paris. — Carrosserie.

Dessandier (F.), à Jarnac. — Eaux-de-vie.

Detemmermann (P.), à Paris. — Fleurs en porcelaine.

Déthie-Grandjean, à Saint-Loup. — Kirsch.

Didout fils, à Paris. — Fermoirs de bourses et carnets de poche.

Dienheim-Brochocki (T.-D.), à Auteuil. — Désinfecteur automatique.

Dieutegard (Ern. et Em.), à Paris. — Passementerie pour robes.

Dione (A.) et Cⁱᵉ, à Paris. — Pâtés de foie gras aux truffes; légumes conservés.

Ditely (E.), à Paris. — Vin de Bagnols.

Dognin et Cⁱᵉ, à Paris. — Dentelles.

Dolin (Mᵐᵉ veuve), à Chambéry. — Vermouth.

Dornon (L.), à Lyon. — Gazes pour bluteries et tamis.

DOUBLEMARD (A.-D.), à Paris. — Sculpture.

DROGUE et MONNARD, à Lyon. — Popelines.

DUBOIS (Charles), à Marseille. — Produits chimiques.

DUBOIS (Émile) et Cie, à Saint-Jean-d'Angély. — Eaux-de-vie.

DUBOSCQ (J.), à Paris. — Spectroscopes.

DUCHER et Cie, à Paris. — Ouvrages sur l'art.

DUCHER et Cie, à Paris. — Chromolithographie.

DUCHESNE frères, à Paris. — Cuirs.

DUFOUR (A.) et Cie, à Bordeaux. — Sardines à l'huile; vins; prunes d'ente.

DUFOURMANTEL (Ph.) et Cie, à Corbie. — Laines filées; chaînes pure laine.

DUHAMEL, à Paris. — Cartes.

DUMORTIER et GUIGNIET, à Roubaix. — Draps et tartans.

DUMOUTIER (Ch.), à Claville. — Céréales.

DUNOD, à Paris. — Livres classiques et scientifiques.

DUPLAN (F.), HAMOT (G.) et Cie, à Paris. — Tapisseries.

DUPONT (A.), à Beauvais. — Brosserie fine pour toilette.

DUPONT (L.), à Paris. — Étoffes pour ameublements; tapis.

DUPRÉ (L.-V.), à Paris. — Peinture.

DUQUÉSEL, à Paris. — Vin et cognac.

DURAPORT, à Paris. — Appareils à boissons gazeuses.

DURAN (Carolus), à Paris. — Peinture.

DURAND (F.) et MAHAIS, à Paris. — Machines à briques.

DURENNE (A.), à Paris. — Fontaine monumentale.

DURET (Jules) et Cie, à Cognac. — Eaux-de-vie.

DUROZIER, à Cognac. — Eaux-de-vie.

DURRSCHMIDT, à Lyon. — Meules en émeri.

ECORCHEVILLE (Ch.) et LEGRAND, à Paris. — Fruits cristallisés.

ÉLOFFE et Cie, à Paris. — Ouvrages et collections d'histoire naturelle.

ERHARD, à Paris. — Cartes géographiques.

ERRAZU (Mme DE), à Bordeaux. — Vins.

FAIVRE, à Paris. — Jouets.

FARCOT (Eugène), à Paris. — Horlogerie.

FARCY et OPPENHEIM, à Paris. — Corsets.

FARRE (Charles), à Reims. — Vins de Champagne.

FAURE (J.) et Cie, à Cognac. — Eaux-de-vie.

FAURE et KESSLER, à Paris. — Appareils pour la chimie.

FAVIER, à Paris. — Fleurs artificielles.

FAYE et THÉVENIN, à Lyon. — Soieries de couleur.

FEIL (Charles), à Paris. — Verrerie pour l'optique.

FERRET frères et Cie, à Mâcon. — Vins.

FIELD-HAVILAND (Ch.), à Paris. — Porcelaine dure.

FIOLET (A.), à Saint-Omer. — Pipes en terre.

FISSE-THIRION, à Reims. — Vins mousseux; appareils et ustensiles pour le traitement des vins.

FITON aîné et NOUVIALLE, à Bordeaux. — Liqueurs et conserves alimentaires.

FLAMENG (L.), à Paris. — Eaux-fortes.

FONT, CHAMBEYRON et BENOÎT, à Lyon. — Velours de soie.

FONTAINE (Hippolyte), à Paris. — Machine à vapeur.
FORNET, à Bourg. — Joaillerie.
FORTIER-BEAULIEU (A.), à Paris. — Cuirs.
FORTIN frères, à Paris. — Feutres pour sellerie.
FOUCHEZ (L.) et Cie, à Cognac. — Eaux-de-vie.
FOURNIER (A.), au château de Figeac. — Vins.
FOURNIER (Jules), à Épernay. — Vins de Champagne.
FOURNIER-DONDEL, à Paris. — Articles en toile métallique.
FRANCÈS frères, à Saint-Pierre-lez-Calais. — Imitation de guipures de soie.
FRÉAL, à Épernay. — Machines à mettre le vin en bouteilles.
FRENAIS (Armand). — Argenterie, couverts.
FRÉZON père et LECLERCQ, à Amiens. — Procédés chimiques pour enlever les fibres de la laine.
FROC-ROBERT et fils, à Paris. — Autels, statues religieuses.
FROMENT-MEURICE, à Paris. — Statuettes d'argent.

GAILLARD (Claude), à Paris. — Gravure en taille-douce.
GALLAIS (A.), à Paris. — Clous dorés.
GARLANDAT (J.), à Paris. — Appareil rafraîchisseur et épurateur d'air.
GARNIER (P.), à Noyon. — Liqueurs fines.
GARROS (J.-L.), à Bordeaux. — Vins.
GASCOU (L.-R), à Montauban. — Toile de soie à bluter.
GAUCHEREL (Léon), à Paris. — Gravures à l'eau-forte.
GAUTHIER-VILLARS, à Paris. — Livres scientifiques.
GAUTIER, BELLON et Cie, à Lyon. — Velours de soie.
GAVIOLI et Cie, à Paris. — Orchestre jouant automatiquement.
GAZETTE DES BEAUX-ARTS, à Paris. — Volumes spécimens; eaux-fortes.
GERVAIS (E.), à Bordeaux. — Machines à boucher.
GÉVELOT, à Paris. — Cartouches.
GILLET et fils, à Lyon. — Soies teintes.
GILLOT et fils (Veuve), à Paris. — Héliographie.
GIOJUZZA (G.) et GIOBERTINI, à Paris. — Vins.
GIRAUD (Alex.) et Cie, à Lyon. — Soieries.
GIRON frères, à Saint-Étienne. — Rubans de velours.
GIRONDEAU (F.), à Paris. — Petits bronzes fantaisie.
GODCHAUX (Auguste), à Paris. — Cahiers d'école.
GONDARD, CIRLOT et MARTEL, à Lyon. — Foulards.
GONDY (J.-B.) et Cie, à Pontarlier. — Montres.
GONTHIER-DREYFUS et Cie, à Paris. — Lithographie, gravure en taille-douce.
GOSSE-PÉRIER, à Paris. — Fleurs artificielles.
GOUMAS (P.) et Cie, à Paris. — Instruments de musique.
GOURD, CROIZAT fils et DUBOST, à Lyon. — Soieries noires.
GOURRY et Cie, à Cognac. — Cognacs.
GOYARD (F.), à Paris. — Creusets et fourneaux pour laboratoires.
GRANDJON (T.-R.), à Paris. — Violon de voyage.
GRAVIER (Clément), à Nîmes. — Tapis.
GROULT jeune, à Paris. — Farines et pâtes alimentaires.
GUÉRET frères, à Paris. — Appareils pour boissons gazeuses.
GUÉRIN (L.) et Cie, à Paris. — Publications scientifiques et artistiques.

GUICHARD-POTHERET fils, à Châlons-sur-Saône. — Vins.
GUILBERT (Jules), à Saint-Omer. — Malts.
GUILLAUMET (Les fils de), à Surênes. — Teintures.
GUILLEMIN-RENAUT, à Nogent. — Coutellerie.
GUIMET, à Lyon. — Outremer.
GUINET (Antoine) et Cᵢᵉ, à Lyon. — Soieries noires.
GUINON fils et Cᵢᵉ, à Lyon. — Couleurs d'aniline.
GUTMANN et BLOCH, à Paris. — Houblons, orges et malts.
GUYOT et MIGNEAUX, à Paris. — Bijouterie.

HAAS (B.) jeune et Cᵢᵉ, à Paris. — Montres.
HACHE frères et PEPIN-LEUALLEUR, à Paris. — Porcelaines.
HACHETTE et Cᵢᵉ, à Paris. — Cartes, gravures et eaux-fortes.
HAFFNER (B.) aîné, à Paris. — Coffres-forts et serrurerie de sûreté.
HAMELIN (A.), à Paris. — Soies teintes et écrues.
HANGARD, à Paris. — Montres.
HARDY-MILORI (Ch.-G.), à Paris. — Couleurs.
HARPIGNIES (H.), à Paris. — Peinture.
HASSEBROUCQ frères, à Comines (Nord). — Fil de lin.
HASSLAUER (Veuve) et DE CHAMPEAUX, à Givet. — Pipes.
HAUTS FOURNEAUX ET FONDERIES DE MARQUISE (Société des). — Tuyaux de fonte et candélabres.
HAUTS FOURNEAUX ET FONDERIES DE MARSEILLE (Société des). — Fonte manganésée.
HAVILAND et Cᵢᵉ, à Limoges. — Porcelaines.
HAYMANN frères, à Paris. — Sacs en papier.
HÈGLE, GLANDINES et CORDEAU, à Paris. — Gants de chevreau.
HELLER (Florent-A.), à Paris. — Sculpture.
HERBELOT et DEVOT, à Saint-Pierre-lez-Calais. — Dentelles.
HERMAN (Louis), à Paris. — Matières premières pour la parfumerie.
HERMANN (G.), à Paris. — Machines à chocolat.
HERTH (Henri), à Paris. — Chaussures.
HIÉLARD (L.) et Cᵢᵉ, à Paris. — Fleurs artificielles.
HIVERT, PELLEVOISIN et GODET, à la Rochelle. — Eaux-de-vie.
HOËL (J.), à Paris. — Lunettes, pince-nez.
HOTTOT, à Paris. — Pepsine.
HOURY (J.), à Paris. — Porcelaines.
HUARD (L.), à Paris. — Chaussures.
HUBER (E.) et Cᵢᵉ, à Paris. — Peluche de soie pour chapeaux.
HURET (N.), à Paris. — Voitures et appareils de locomotion.

IRROY (Ernest) et Cᵢᵉ, à Reims. — Vins de Champagne.

JACOMIN (A.-L.), à Paris. — Peinture.
JACQUAND père et fils, à Lyon. — Colles-fortes et gélatines ; noir animal.
JACQUOT et Cᵢᵉ, à Paris. — Cirages.
JADIN (Emmanuel), à Paris. — Peinture.
JAMIN, à Paris. — Aimant Jamin.
JANDIN et DUVAL, à Lyon. — Foulards.
JAUBERT, AUDRAS et Cᵢᵉ, à Lyon. — Soieries noires.

Jeandron-Ferry, à Paris. — Chaussures.
Jolivet (L.), à Paris. — Cierges.
Jouaust (D.), à Paris. — Publications.
Jouvin (Société veuve Xavier), à Paris. — Gants.
Jumeau (F.-F.), à Paris. — Têtes de poupées.
Jundt (Gustave), à Paris. — Peinture.
Jurie (A.) et Cⁱᵉ, à Lyon. — Velours de soie.

Kaffel frères, à Paris. — Bronzes décoratifs.
Kaulek (A.), à Puteaux (Seine). — Couleurs.
Koenig (Rudolph), à Paris. — Appareils d'acoustique.
Kriegelstein et Cⁱᵉ, à Paris. — Pianos droits.

Lacombe, à Paris. — Lorgnettes de théâtre.
Lacroix (A.), à Paris. — Couleurs.
Laffiteau et Rieger, à Paris. — Armes de luxe.
Lafitte (Oscar), à Cherchell (Algérie). — Huile d'olive.
Lalanne (Maxime), à Paris. — Eaux-fortes.
Lamarche (F.), à Paris. — Pâtés de foies gras.
Lamarre, à Paris. — Objets en cuir et écaille de tortue.
Lamary, à Paris. — Cordons de montres en soie.
Lami de Nozan, à Paris. — Peinture sur porcelaine.
Landelle (Charles), à Paris. — Peinture.
Landrin (A.), à Paris. — Couleurs végétales.
Laplante (C.), à Paris. — Gravures sur bois.
Larenaudière (F.), à Paris. — Encres.
Launay (de) et Cⁱᵉ, à Paris. — Vins de Champagne.
Lautier fils, à Grasse. — Matières premières pour la parfumerie.
Lavy (Alphonse), à Épernay. — Machine à boucher le champagne.
Le Cointe, à Paris. — Sculpture.
Lecomte (A.) et Cⁱᵉ, à Paris. — Instruments de musique en cuivre.
Lecourt (F.), à Paris. — Fruits confits, légumes conservés.
Lefèvre et Remondet, à Beaune. — Vins mousseux.
Legras (A.), à Paris. — Chromolithographie.
Lejeune, à Épernay. — Machine à boucher le champagne.
Lemaire, à Paris. — Lorgnettes de théâtre et de marine.
Lenoir (P.), à Paris. — Corsets.
Lesage et Paignard, à Paris. — Fruits confits.
Létang (Th.-J.-B.), à Paris. — Moules à chocolat.
Lévilion, à Paris. — Confection pour dames.
Lévy (J.) et Cⁱᵉ, à Paris. — Vues stéréoscopiques.
Libert, à Paris. — Dessins industriels.
Lichtenfelder, à Paris. — Siéges en fer.
Liébert (A.), à Paris. — Photographies.
Limet, Lapareillé et Cⁱᵉ, à Paris. — Limes.
Limousin, à Paris. — Capsules médicinales.
Lion et Guichard, à Paris. — Baromètres anéroïdes.
Lombart, à Paris. — Chocolat.

LONQUÉTY et Cie, à Boulogne-sur-Mer. — Ciment Portland.
LOONEN (F.), à Paris. — Brosserie.
LORIN (A.), à Chartres. — Vitraux.
LORTIC, à Paris. — Reliures.
LOSSY (DE) et Cie, à Reims. — Vins de Champagne.
LOUIT frères et Cie, à Bordeaux. — Vinaigre, moutarde; pâtes et conserves alimentaires.
LUMINAIS (E.-V.), à Paris. — Peinture.
LUNETTIERS (Société des), à Paris. — Lunettes, jumelles, instruments de mathématiques.
LUTHRINGER, à Paris. — Soies imprimées.

MABILLE frères, à Amboise. — Pressoirs à vin et à huile.
MACABIES (Narcisse), à Paris. — Alimentateur automoteur.
MACHINES MAGNÉTO-ÉLECTRIQUES GRAMME (Société des), à Paris. — Machines électriques.
MAËS (G.), à Clichy-la-Garenne. — Teintures et apprêts.
MAIGNAN (Albert), à Paris. — Peinture.
MAILLE et TANDEAU, à Paris. — Vinaigre, moutarde et anchois.
MALDINÉ, à Paris. — Appareils pour boissons gazeuses.
MALLIGAND (E.) fils, à Paris. — Ébullioscope pour titrer l'alcool dans les vins.
MANSUY-DOTIN, à Paris. — Émaux d'art et d'ameublement.
MANUFACTURE DE FAÏENCE, à Gien. — Faïences artistiques.
MARBEAU, à Paris. — Plan d'un hôpital.
MARCHAND (L.-L.), à Paris. — Bronzes d'ameublement.
MARCHAND frères, à Paris. — Liqueurs et fruits à l'eau-de-vie.
MARÉ (C.), à Nantes. — Sardines à l'huile.
MARGE fils, à Lyon. — Farine et semoule, macaroni et vermicelle.
MARIE BRIZARD et ROGER, à Bordeaux. — Liqueurs.
MARTIN (J.-B.), à Tarare. — Peluches et soies teintes.
MARTIN (Louis), à Paris. — Bronzes.
MAURICE (Veuve) et GUÉNIN, à Épernay. — Machines à boucher les bouteilles.
MAUSSION (Mlle DE), à Paris. — Peinture sur porcelaine.
MAUVERNAY et Cie, à Lyon. — Soieries.
MAXTON (Robert) et Cie, à Saint-Pierre-lez-Calais. — Dentelles mécaniques.
MAYAUD frères, à Paris. — Objets religieux.
MAYAUD frères, à Paris. — Médailles et chapelets.
MAYET-TISSOT, à Morez (Jura). — Régulateurs et horloges astronomiques.
MAZAROZ-RIBALIER, à Paris. — Ameublements.
MÉGRET (L.) et Cie, à Paris. — Système de bouchage hermétique.
MÉGY, ÉCHEVERRIA et BAZAN, à Paris. — Appareils mécaniques.
MÉLIÈS (Louis-Stanislas), à Paris. — Chaussures.
MÈNE (P.-J.), à Paris. — Sculpture.
MENIER, à Paris. — Chocolat, cacao, sucres.
MENNESSON (Émile), à Reims. — Violons, contre-basses.
MERCIER (E.), à Épernay. — Vins de Champagne.
MERMAN (G.), à Bordeaux. — Vins.
MESTRE (A. DE), à Bordeaux. — Appareils pour le travail des vins.
MESTREZAT et Cie, à Bordeaux. — Vins et huile d'olive.
MEUKOW (A.-C.), à Cognac. — Cognacs.
MEUNIER et Cie, à Paris. — Tissus de lin.

MICHEL (Louis), à Toulouse. — Objets religieux.
MIGNON et ROUART, à Paris. — Moteurs à gaz sans bruit.
MILLAS, à Toulouse. — Passementerie.
MILLION (J.-P.) et SERVIEN, à Lyon. — Soieries.
MOAT (E.), à Révigny (Meuse). — Ressorts de montres.
MOITRIER, à Bénaménil (Meurthe-et-Moselle). — Vannerie d'osier.
MONDOLLOT, à Paris. — Appareils pour boissons gazeuses.
MONTAGNAC (E. DE), à Sedan. — Draps.
MONTAGNON (A.), à Nevers. — Faïencerie.
MONTEBELLO (Alfred DE) et Cie, à Mareuil-sur-Ai (Marne). — Vins de Champagne.
MONTESSUY (A.) et CHOUER (A.), à Lyon. — Crêpes crépés et tissés.
MONTIGNY (DE) et Cie, à Reims. — Vins de Champagne.
MORANE jeune, à Paris. — Presses hydrauliques.
MOREAU-VAUTHIER (A.), à Paris. — Sculpture.
MOREL (A.), à Paris. — Pendules, garnitures de cheminée.
MOREL (V.-A.) et Cie, à Paris. — Ouvrages d'architecture.
MOTTET (J.) et Cie, à Marseille. — Parfumerie.
MOTTET (J.) et Cie, à Marseille. — Huile d'olive.
MOULIN (Hippolyte), à Paris. — Sculpture.
MUHLBACHER, à Paris. — Carrosserie.
MULATIÈRE (Usines de la), à Lyon. — Balances.
MULLER (E.) et Cie, à Ivry. — Tuiles et briques creuses.
MURAT, à Paris. — Joaillerie, bijouterie.
MUZET et Cie, à Paris. — Ouvrages en cheveux.

NACHET (A.), à Paris. — Microscopes.
NAIGEON (Edmond), à Beaune. — Vins.
NAUDET et Cie, à Paris. — Baromètres holostériques.
NÈGRE (Joseph), à Grasse. — Fruits cristallisés.
NÉMOZ (Pierre), à Paris. — Chapeaux de feutre.
NEOT (L.) et DUMONT (L.), à Paris. — Pompes centrifuges.

OLLIVE (A.), à Paris. — Pavage artistique en faïence.
ORSAT, à Paris. — Appareils de chimie.
OTARD, DUPUY et Cie, à Cognac. — Eaux-de-vie.

PABST (C.-A.), à Paris. — Peinture.
PAILLET et Cie, à Épernay. — Bouchons.
PANFONNY et LEMAIRE, à Paris. — Cheminées en marbre.
PASSIER (A.), à Santenay (Côte-d'Or). — Vins.
PASSION (M.), à Paris. — Légumes conservés.
PAUPIER (Léonard), à Paris. — Ponts à bascule.
PAVIN DE LAFARGE (L. et E.), à Viviers (Ardèche). — Ciment Portland.
PAZ (E.), à Paris. — Appareils de gymnastique.
PÉAN (L.), à Épernay. — Machine à mettre les vins en bouteilles.
PELLET (Albin), à Saint-Jean-du-Gard (Gard). — Soies grèges.
PELLETIER (M.-A.) et fils, à Saint-Just-sur-Loire. — Verres à vitres de couleur.
PELTIER (E.) et PAILLARD (A.), à Paris. — Conserves alimentaires et boîtes à conserves.

PÉREIRE (Isaac), à Margaux. — Vins.

PERNOLLET (J.), à Paris. — Moulins.

PERNOLLET (J.), à Paris. — Trieurs.

PERRAULT (Léon), à Paris. — Peinture.

PERREAUX (L.-G.), à Paris. — Machines à diviser.

PERRIER (Joseph) fils et Cie, à Châlons-sur-Marne. — Vins de Champagne.

PERRIN frères, à Grenoble. — Gants de chevreau.

PERROT (Henry), à Paris. — Bronzes.

PHÉNOL-BOBŒUF (Société anonyme des produits hygiéniques), à Paris. — Phénol sodique.

PHILIPPE (Émile), à Paris. — Bijouterie.

PHOSPHATES DU MIDI (Compagnie des), à Paris. — Phosphates naturels.

PICHOT, à Paris. — Chromolithographie.

PIEL, à Paris. — Exposition collective de la bijouterie.

PIN et CLUGNET, à Lyon. — Châles.

PINET (F.), à Paris. — Chaussures.

PINET, CASTILLON et Cie, à Cognac. — Eaux-de-vie de Cognac.

PINON et GUÉRIN, à Reims et à Paris. — Draperies et tissus nouveautés.

PIQUÉE (F.) et frères, à Paris. — Étoffes pour meubles.

PITET aîné et fils, à Paris. — Pinceaux et brosses.

PLAGNIOL DE JAMES, à Marseille. — Huile d'olive.

PLASSAN (A.-E.), à Paris. — Peinture.

POIDEBARD (J.) et fils, à Lyon. — Soies à coudre.

POIRRIER (A.), à Paris. — Couleurs d'aniline.

POIRRIER, MONTIER et MULLER, à Paris. — Teintures et apprêts.

POLIGNY (Société d'agriculture de). — Vins.

PONCET père et fils, à Lyon. — Soieries.

PONON frères, à Troyes. — Bonneterie.

POTTIER (A.), à Paris. — Émaux artistiques.

POURE, GILLOT, O'KELLY et Cie, à Boulogne-sur-Mer. — Plumes et porte-plumes.

POUSSIELGUE-RUSAND, à Paris. — Bronzes artistiques.

PRINCETEAU (René), à Paris. — Peinture.

PRIOU (Louis), à Paris. — Peinture.

PROMIS (Justin), à Bordeaux. — Vins et spiritueux.

PROTAIS (L.-A.), à Paris. — Peinture.

PROUVOST (Amédée) et Cie, à Roubaix. — Laines peignées.

RADIGUET, à Paris. — Glaces parallèles ; modèle de machine à vapeur.

RAFFIN (Veuve C.-M.) et fils, à Tarare. — Tarlatanes et mousselines.

RAFFL et Cie, à Paris. — Ameublement d'église.

RAJON (P.-A.), à Paris et à Londres. — Eaux-fortes.

REIGNARD (A.), à Paris. — Pâtés de foies gras.

REINHARDT (L.) et Cie, à Paris. — Bonbons.

RENARD, à Épernay. — Appareils pour le travail des vins.

RENAUDIN-BOLLINGER, à Aï-Champagne. — Vins.

REVILLON frères, à Paris. — Fourrures confectionnées.

REYNAUD, inspecteur général des ponts et chaussées, directeur de l'Administration des phares, à Paris. — Dessins, modèles, collection.

REYNAUD, à Paris. — Flanelle hygiénique.

Rhoné (Mme), à Château-Rouzan, près Bordeaux. — Vins.
Ricaumont (de) et Cie, à Libourne. — Vins.
Richter (F.), à Lille. — Bleu d'outremer.
Rigaud et Cie, à Paris. — Savon de toilette, parfumerie.
Rigaud et Dusard, à Paris. — Produits pharmaceutiques.
Rigollot et Cie, à Paris. — Sinapismes.
Rivière, Gardrat et Cie, à Cognac. — Eaux-de-vie.
Robert-Guérin (Veuve et fils), à Reims. — Mérinos.
Robinot, à Paris. — Appareils et fourneaux à gaz.
Rodanet (A.-H.), à Paris. — Pendules.
Rodanet (A.-H.), à Paris. — Chronomètres et montres.
Rœderer (Théophile) et Cie, à Reims. — Vins.
Roger fils et Cie, à la Ferté-sous-Jouarre. — Meules à moulin.
Roger et Montlouis, à Mouy (Oise). — Papiers peints.
Rojat (Jules), à Nîmes. — Vinaigre.
Rondeau frères, à Paris. — Instruments de chirurgie en gomme.
Rosier (A.), à Paris. — Peinture.
Ross (Alfred), à Paris. — Sculpture.
Rosset (E.), à Paris. — Horlogerie.
Rothschild (J.), à Paris. — Livres.
Roullé, à Bordeaux. — Vins.
Roure-Bertrand fils, à Grasse. — Matières premières pour la parfumerie.
Rous (Edmond), à Paris. — Couvercles à fermeture hermétique.
Rousseau frères, à Paris. — Liqueurs.
Roussel (E.), à Roubaix. — Teintures et impression sur laines.
Roussillon (J.) et Cie, à Épernay. — Vins de Champagne.
Roux (Charles) fils, à Marseille. — Savons et matières premières.
Rouyer, Guillet et Cie, à Saintes. — Cognacs.
Roy (Gustave), à Margaux. — Vins.
Ruffin (J.-B.), à Paris. — Chapeaux de dames.

Sain (E.-A.), à Paris. — Peinture.
Saint-Gobain, Chauny et Cirey (Manufactures de), à Paris. — Glaces, miroirs.
Saint-Gothard (Compagnie du chemin de fer du). — Publications, cartes.
Saint-Saëns (Seine-Inférieure). — Exposition collective de cuirs.
Sarget de la Fontaine (Le baron), à Bordeaux. — Vins.
Sauvage et Rück, à Paris. — Bronzes.
Say (C.) (Société anonyme de la raffinerie), à Paris. — Sucres raffinés.
Schenck (A.-F.), à Paris. — Peinture.
Secretan, à Paris. — Télescopes, lunettes astronomiques.
Secretan (E.), à Paris. — Cuivre rouge.
Segaut, à Paris. — Outils pour cordonniers.
Ségé (A.), à Paris. — Peinture.
Seignouret frères, à Bordeaux. — Vins.
Servant (C.-J.) et Cie, à Lyon. — Velours et soieries.
Sevène, Barral et Cie, à Lyon. — Soieries.
Seydoux (Aug.), Sieber et Cie, à Paris. — Cachemires mérinos.
Sisley, à Lyon. — Plantes.

Société anonyme des distilleries de Jonzac. — Cognacs.

Société de l'éclairage au gaz de Marseille. — Fonte manganésée.

Société de législation comparée, à Paris. — Publications diverses.

Société des Crèches, à Paris. — Publications.

Société industrielle de Saint-Quentin. — Albums et publications.

Solvay et Cie, à Varangéville-Dombasle (Meurthe-et-Moselle). — Produits chimiques.

Sommelet (C.), à Courcelles (Haute-Marne). — Coutellerie.

Sonno frères, à Milhau (Aveyron). — Veaux cirés.

Souchet et Cie, à Paris. — Bijouterie.

Soullier et Brunot, au Theil (Ardèche). — Chaux hydraulique.

Soyer (Paul), à Paris. — Émaux artistiques.

Sueur (F.) fils, à Paris. — Cuirs.

Susse frères, à Paris. — Bronzes décoratifs. Bronzes repoussés.

Tabard (Benoît) et Cie, à Lyon. — Satin pour doublures.

Talamon (F.) fils et Cie, à Paris et à Elbeuf. — Draperie.

Talhouët-Roy (La marquise de), à Paris. — Broderies de soie.

Tancrède frères, à Paris. — Colle forte et gélatine.

Tapissier fils et Debry, à Lyon. — Soieries noires.

Terre-Noire, la Voulte et Bessèges (Compagnie des fonderies et forges de), à Lyon. — Ferro-manganèse.

Terrien (aîné), à Belle-Île-en-Mer (Morbihan). — Sardines à l'huile.

Terrillon (L.), à Paris. — Châles et confections pour dames.

Thibouville-Lamy (J.), à Paris. — Instruments de musique.

Thinet, à Paris. — Coutellerie.

Thirion (Ch.), à Paris. — Tablettes de l'inventeur.

Thomachot-Thuillier, à Nogent. — Ciseaux.

Thomas (E.), à Paris. — Gravure sur bois.

Thomas frères, à Avignon. — Soies grèges.

Thomas frères, à Avignon. — Teintures et couleurs.

Thomas (F.), au Pont-des-Charrettes (Gard). — Soies grèges.

Thoreau (E.) et fils, au château de la Chèze (Maine-et-Loire). — Vins mousseux de Saumur.

Thorrand et Cie, à Grenoble. — Ciments.

Tivet (B.), à Bordeaux. — Liqueurs.

Tivollier (A.), à Toulouse. — Pâtés de foies gras.

Toiray-Maurin (G.), à Paris. — Encres à écrire.

Torchon (Ch.), à Paris. — Produits chimiques.

Torchon (Ch.), à Paris. — Préparations pharmaceutiques.

Touchard (E.), à Paris. — Bijouterie.

Trapadoux (A.-L.) frères et Cie, à Lyon. — Foulards imprimés.

Tricourt (A.), à Reims. — Machine à opérer les vins.

Trupy, à Paris. — Jouets mécaniques.

Union agricole de Châteauneuf (Charente). — Spiritueux.

Vachette frères, à Paris. — Quincaillerie, serrures.

Valby, à Dijon. — Préparations pharmaceutiques.

Vanoutryve (F.) et Cie, à Roubaix et à Paris. — Étoffes pour meubles.

VASSELOT (Anatole Marquet DE), à Paris. — Sculpture.

VAUTHIER (Mᵐᵉ), à Paris. — Confections pour enfants.

VENOGE (DE) et Cⁱᵉ, à Épernay. — Vins de Champagne.

VERDÉ-DELISLE (Compagnie des Indes), à Paris. — Dentelles.

VERDIER (Charles), à Paris. — Compteur kilométrique pour voitures.

VERDIER (Charles), à Paris. — Collections de roses et de glaïeuls.

VERDIER (E.) fils aîné, à Paris. — Collection de glaïeuls.

VERONE et CHOSE frères, à Paris. — Instruments de chirurgie en gomme.

VÉRON (A.-R.), à Paris. — Peinture.

VESSIÈRE-PAULIN (J.-A.), à Paris. — Costumes et layettes.

VICTOR (Charles), à Épernay. — Vins de Champagne.

VIDAL (Léon), à Paris. — Photographies.

VIÉ-GARNIER et Cⁱᵉ, à Paris. — Préparations pharmaceutiques.

VIOLLET-LE-DUC, à Paris. — Architecture.

VITAL (A.), à Paris. — Rouleaux typographiques.

VOISIN (J.-C.), à Paris. — Fermetures métalliques pour cols-cravates.

VRAU (Ph.) et Cⁱᵉ, à Lille. — Fil de lin à coudre.

WALCKER, à Paris. — Malles, valises; tentes de campagne , tentes militaires.

WALERY, à Paris. — Photographies.

WOODCOCK (F.), à Paris. — Fleurs en porcelaine.

YON (E.-C.), à Paris. — Peinture.

ZIER (F.-Édouard), à Paris. — Peinture.

ZIMMERMANN (Henri), à Paris. — Tuyaux d'orgue.

ZUBER (J.-H.), à Paris. — Peinture.

ZUBER-BUHLER (F.), à Paris. — Peinture.

NOMINATIONS

DANS L'ORDRE NATIONAL DE LA LÉGION D'HONNEUR,

FAITES À LA SUITE DE L'EXPOSITION DE PHILADELPHIE,

EN VERTU DE LA LOI DU 27 MARS 1877.

———

Le Président de la République française,

Vu la loi du 25 juillet 1873, sur les récompenses nationales;

Vu la loi du 27 mars 1877, relative aux récompenses à décerner à l'occasion de l'Exposition de Philadelphie en 1876;

Vu l'avis du Conseil de l'ordre national de la Légion d'honneur, en date du 9 avril 1877;

Sur la proposition du Ministre de l'Agriculture et du Commerce,

Décrète :

Art. 1er. — Sont promues ou nommées dans l'ordre national de la Légion d'honneur les personnes ci-après désignées ayant pris part à l'Exposition internationale de Philadelphie de 1876, savoir :

AU GRADE D'OFFICIER :
GROUPE II. — Objets manufacturés.

M. VERDÉ-DELISLE (Paul-Joseph), directeur de la compagnie des Indes, fabricant de dentelles à Paris et à Caen. — Médaille. Chevalier du 30 juin 1877.

GROUPE IV. — Œuvres d'art.

M. PROTAIS (Paul-Alexandre), artiste peintre. — Médaille. Chevalier du 12 août 1865.

AU GRADE DE CHEVALIER :
GROUPE II. — Objets manufacturés.

MM. BOUCHERON (Prudent-Frédéric), joaillier-bijoutier, à Paris. — Médaille.

BOUDE (Antoine), raffineur de soufre, à Marseille. — Médaille.

BOUDON (Louis), filateur de soie, à Saint-Jean-du-Gard (Gard). — Médaille.

BRAQUENIÉ (Henri), fabricant de tapisseries, à Paris et à Aubusson. — Médaille.

CHABERT (Josué), fabricant de soies grèges et ouvrées, à Chomérac (Ardèche). — Médaille.

CHATEL (Louis), fabricant d'étoffes pour ameublements, à Lyon. — Hors concours.

CHOMER (Alexandre), de la maison Montessuy et Chomer, fabricant de crêpes de soie, à Lyon. — Médaille.

MM. Guiet (Michel-Jean-Adrien), fabricant de carrosserie, à Paris. — Hors concours.

Guimet (Étienne-Émile), fabricant de bleu d'outremer, à Lyon. — Médaille.

Hardy (Charles-Gustave), fabricant de produits chimiques, à Paris. — Médaille.

Marchand (Louis-Léon), fabricant de bronzes d'art, à Paris. — Médaille.

Perreaux (Louis-Guillaume), fabricant d'instruments de précision, à Paris. — Médaille.

Pinet (François-Jean-Louis), fabricant de chaussures, à Paris. — Médaille.

Prouvost (Amédée), fabricant de laines peignées, à Roubaix (Nord). — Médaille.

Révillon (Théodore) aîné, fabricant de fourrures, à Paris. — Médaille.

Roux (Jules-Charles) fils, fabricant de savons, à Marseille. — Médaille.

Sabran (Jean-Baptiste-Émile), directeur gérant de la maison J.-B. Martin, fabricant de peluches de velours, à Tarare. — Médaille.

Talamon (Félix) fils, négociant en draperies, à Paris. — Médaille.

Thibouville (Jérôme), fabricant d'instruments de musique, à Paris. — Médaille.

Groupe III. — Éducation et sciences.

M. Fouret (Étienne-René), de la maison Hachette et Cⁱᵉ, libraire-éditeur, à Paris. — Hors concours.

Groupe IV. — Beaux-arts.

MM. Doublemard (Amédée-Donatien), statuaire. — Médaille.

Saintin (Jules-Émile), artiste peintre. — Hors concours.

Sain (Edmond-Alexandre), artiste peintre. — Médaille.

Groupe V. — Machines.

M. Arbel (Lucien), sénateur, maître de forges, à Rive-de-Gier (Loire). — Médaille.

Groupe VI.

M. Sueur (F.) fils, fabricant de cuirs, à Paris. — Médaille.

Art. 2. — Le Ministre de l'Agriculture et du Commerce et le Grand Chancelier de la Légion d'honneur sont chargés, chacun en ce qui le concerne, de l'exécution du présent décret.

Fait à Paris, le 10 avril 1877.

MARÉCHAL DE MAC MAHON,

Duc de Magenta.

Par le Président de la République :

Le Ministre de l'Agriculture et du Commerce,

TEISSERENC DE BORT.

RAPPORTS

DES MEMBRES FRANÇAIS

DU

JURY INTERNATIONAL.

CLASSEMENT DES RAPPORTS.

Nous avons publié dans la première partie de ce travail, sous le titre de *Documents officiels*, la classification adoptée par la Direction générale américaine pour le groupement des produits à l'Exposition de Philadelphie. Ce système de classement, par départements ou groupes au nombre de six, tel qu'il était indiqué aux catalogues de tous les pays, a été modifié au moment des travaux du Jury et remplacé par une nouvelle division répartissant en vingt-huit groupes tous les produits exposés.

Cette modification dans le classement général ayant eu vraisemblablement pour but unique de faciliter les travaux des Jurés, en laissant intacte d'ailleurs la grande classification en six groupes ou départements principaux, non compris celui de l'Horticulture, le Commissariat général des Expositions internationales a dû adopter, dans la publication des rapports des membres français du Jury, cette première classification, qui est celle du catalogue français, et qui rend plus faciles les rapprochements entre les noms des exposants et les rapports qui les concernent :

    I. Exploitation des mines et métallurgie.
    II. Produits manufacturés.
    III. Éducation et sciences.
    IV. Beaux-arts.
    V. Machines.
    VI. Agriculture.

I

EXPLOITATION DES MINES

ET MÉTALLURGIE.

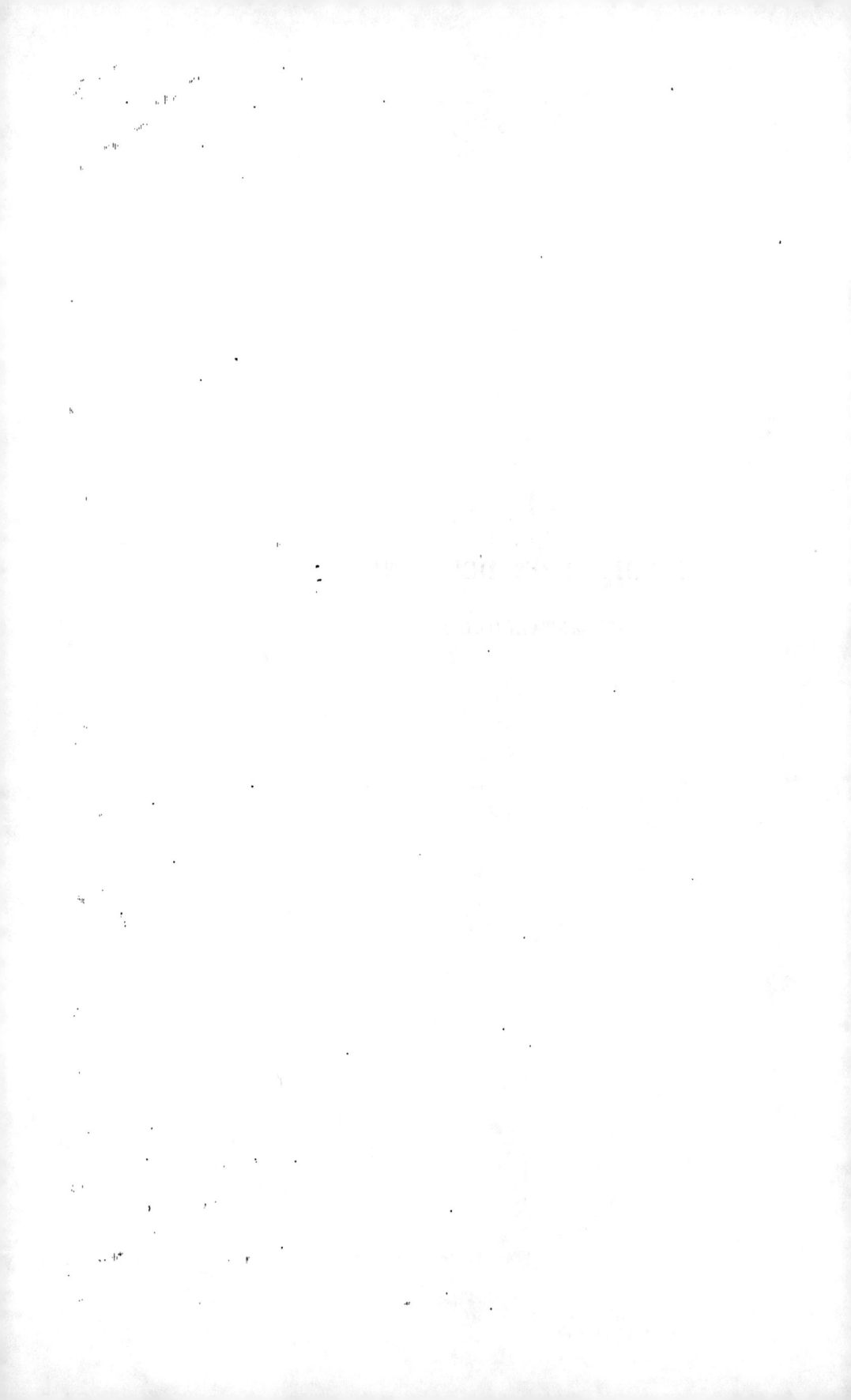

MINES ET MÉTALLURGIE.

RAPPORT DE M. L. SIMONIN,

MEMBRE DU JURY INTERNATIONAL.

Les mines et la métallurgie forment le premier groupe de la classification adoptée par les Américains à l'Exposition de Philadelphie.

En comparant cette Exposition à la dernière qui l'a précédée, celle de
Vienne en 1873, et même à celle de Paris en 1867, nous ne devons évidemment point nous attendre à une longue série de perfectionnements,
d'applications, de découvertes nouvelles; mais nous avons à constater un
progrès réel, continu, et un développement merveilleux de l'industrie minérale dans toutes ses branches.

Depuis le commencement du siècle, ce progrès ne s'est jamais ralenti
d'ailleurs chez aucune des nations civilisées, et il est fait certainement
pour provoquer les méditations de chacun.

Si l'on consulte les statistiques, partout dressées avec soin, on est même
conduit à se demander où ce mouvement s'arrêtera, et si les bras dispo-
nibles seront un jour suffisants pour satisfaire à toutes les demandes,
surtout en ce qui concerne l'extraction de la houille.

C'est par cette matière si utile, devenue indispensable à la marche
économique des sociétés modernes, que nous allons commencer la revue,
forcément un peu rapide, de l'industrie minérale à l'Exposition de Philadelphie.

Après avoir dit un mot des combustibles souterrains, houille, anthracite, lignite, pétrole, nous passerons aux métaux usuels, la fonte, le fer,
l'acier, le cuivre, etc., puis aux métaux précieux, l'argent, l'or et le platine.

Un chapitre spécial sera consacré à quelques-uns des autres produits
minéraux, la plupart de nature essentiellement pierreuse ou saline, dont
l'industrie fait un grand emploi.

Enfin nous examinerons dans un dernier chapitre les principaux appareils pour l'exploitation des mines, et nous essayerons de tirer de tous les
faits étudiés une sorte d'enseignement général.

1

COMBUSTIBLES MINÉRAUX.

I. —— HOUILLE, ANTHRACITE, LIGNITE.

Les bassins houillers des États-Unis occupent une superficie vingt fois plus étendue que ceux de la Grande-Bretagne.

Les exploitants américains, qui n'avaient pas à tenir compte de la distance, n'ont pas manqué d'apporter des échantillons de la plupart de leurs houilles, et souvent de gros blocs cubiques, régulièrement empilés, pour montrer aux yeux d'une façon frappante, par ces obélisques ou trophées d'un nouveau genre, l'épaisseur de certaines couches, qui est considérable.

On remarque dans le *main building* (bâtiment principal) et ses annexes et dans le bâtiment du Gouvernement des États-Unis les houilles bitumineuses et les anthracites si renommés de Pensylvanie; ces derniers s'emploient spécialement, à l'état cru, dans la fabrication de la fonte de fer et le chauffage des foyers domestiques. Après viennent surtout les houilles de l'État d'Ohio.

Celles-ci sont essentiellement bitumineuses et donnent, comme les qualités analogues de Pensylvanie, un coke très-pur, qui s'adapte à tous les usages de la métallurgie; elles sont aussi d'un excellent emploi dans le chauffage des appareils à vapeur.

Les houilles du Canada, après celles des États-Unis, attirent principalement l'attention; puis viennent les combustibles minéraux d'Australie, parmi lesquels on distingue certaines qualités spéciales dont il sera plus tard fait mention.

Si maintenant nous rappelons quelques spécimens provenant des mines de houille d'Espagne, du Brésil, du Japon, nous aurons à peu près achevé l'inventaire de l'exposition houillère dans les divers bâtiments du parc de Fairmount.

Les États-Unis seuls, et cela devait être, ont pris une véritable part à cette exposition. L'Europe était trop éloignée pour amener à grands frais ces matières lourdes, encombrantes, de peu de prix, et pour l'extraction et la manipulation desquelles l'Amérique du Nord est aujourd'hui dans le cas de lutter avec la Grande-Bretagne elle-même.

On calcule que la production de la houille aux États-Unis a dû être

en 1875 de 46 millions de tonnes métriques, de 1,000 kilogrammes chacune, ainsi réparties :

	Tonnes.
Houille bitumineuse...........................	23,000,000
Anthracite...................................	22,000,000
Lignite....................................	1,000,000
TOTAL............	46,000,000

Sur les 23 millions de tonnes de houille bitumineuse, 2,600,000 tonnes
ont dû être transformées en coke pour les besoins de la métallurgie.

Les bassins carbonifères des États-Unis occupent ensemble une superficie d'environ 500,000 kilomètres carrés, presque la superficie totale de
la France. Cette superficie est divisée comme il suit :

	Kilomètres carrés.
Bassins de l'Est ou des Apalaches, allant de la Pensylvanie à l'Alabama..............................	150,000
Bassin du Centre, allant de l'Illinois au Kentucky........	120,000
Bassin de l'Ouest (Iowa, Kansas, Missouri)...........	165,000
Autres bassins (Michigan, Arkansas, Texas, États du Far-West et du Pacifique)........................	65,000
TOTAL.............	500,000

Les terrains houillers de la Grande-Bretagne n'occupant pas une superficie qui dépasse 25,000 kilomètres carrés, on voit que la superficie
du terrain carbonifère aux États-Unis peut être évaluée à vingt fois celle-là,
ainsi qu'il a été dit en commençant.

Si l'on combine les diverses statistiques recueillies dans les différents
pays producteurs, on peut estimer, pour 1875, l'extraction de la houille,
de l'anthracite et du lignite dans le monde entier à 280 millions de
tonnes, savoir :

	Tonnes.
Grande-Bretagne..........................	132,000,000
États-Unis................................	46,000,000
Allemagne	46,000,000
France...................................	17,000,000
Belgique.................................	16,000,000
Autriche-Hongrie....................	12,000,000
Australie................................	2,000,000
Canada..................................	2,000,000
Russie....	1,000,000
Espagne.......	1,000,000
Inde, Chili, Japon, Chine, etc................ .	5,000,000
TOTAL.	280,000,000

En comparant les diverses statistiques par séries d'années, on en déduit cette loi remarquable, que l'extraction double environ tous les quinze ans dans les principaux pays producteurs et tous les dix ans aux États-Unis. Il en résulte qu'avant cinquante ans ce pays aura dépassé la Grande-Bretagne dans l'extraction du combustible minéral.

En comptant moyennement 250 tonnes pour la production annuelle de chaque ouvrier mineur[1], l'extraction totale ci-dessus enregistrée correspond à un groupe de plus d'un million d'hommes. Il est donc permis de se demander, dans le cas où l'extraction suivrait longtemps la voie progressive qui vient d'être signalée, si l'on trouverait un jour le nombre d'ouvriers suffisant à l'exploitation des houillères. On peut répondre que l'extraction finira dans chaque pays par atteindre une limite maximum qu'elle ne dépassera plus, bien qu'on ne puisse encore la fixer, et autour de laquelle elle oscillera. En outre, on peut compter sur les procédés mécaniques pour suppléer aux difficultés qu'occasionneront alors la rareté des bras, d'une part, et, de l'autre, l'excessive profondeur que les excavations auront atteinte. Au moment voulu les inventions naîtront en foule, et plus d'un s'y exerce déjà.

Si l'on n'estime qu'à 10 francs le prix moyen de la tonne de houille sur le lieu d'extraction, les 280 millions de tonnes produites en 1875 représentent une valeur de 2 milliards 800 millions de francs : c'est plus que la valeur correspondante de tous les minerais métalliques ensemble, y compris les minerais d'or et d'argent, et ce simple rapprochement permet de mesurer d'un trait l'importance économique de la houille. Ajoutons que par le transport aux lieux de consommation la houille augmente de deux fois, trois fois et jusqu'à dix fois de prix.

Bien que l'Exposition de Philadelphie, pour la section des mines de houille, ne soit pas du tout complète, il en ressort néanmoins quelques faits qu'il est bon de consigner, et qui résument les progrès accomplis depuis quelques années dans cette partie de l'exploitation souterraine :

1° L'aménagement de plus en plus méthodique des gîtes et les perfectionnements des appareils d'attaque, de transport souterrain et extérieur ;

2° L'épuration, le lavage de plus en plus parfaits des combustibles pierreux et le meilleur emploi, l'utilisation presque entière des menus ;

3° Les soins de plus en plus minutieux apportés à la ventilation, à l'assèchement des puits et des galeries et à la sûreté comme à la bonne hygiène de l'ouvrier au dedans et au dehors.

Tels sont, outre ceux que nous avons précédemment indiqués, les

---

[1] C'est 350 tonnes aux États-Unis, 300 en Angleterre, 200 en Allemagne, 200 en France, 160 en Belgique.

principaux faits caractéristiques de l'exploitation des houillères depuis une dizaine d'années.

II. — PÉTROLE, BITUME, GAZ SOUTERRAINS.

On ne voit à l'Exposition de Philadelphie aucun échantillon des fameux pétroles pensylvaniens, sauf des pétroles distillés; il en est de même pour les pétroles du Canada. Dans l'exposition espagnole, on remarque les bitumes et goudrons minéraux de l'île de Cuba, et dans l'exposition australienne les *kerosene shales,* sortes de lignites poisseux dont on retire par la distillation une huile qui vaut le pétrole.

La production de l'huile minérale a toujours été en augmentant, surtout dans les gîtes américains, les principaux et presque les uniques fournisseurs du globe. C'est en 1860 que cette huile a été pour la première fois exploitée sur une grande échelle dans les gîtes pensylvaniens, et depuis la production a deux fois décuplé; elle dépasse aujourd'hui en poids 1 million de tonnes métriques, en volume 10 millions de barils de 42 gallons chacun : le gallon américain est égal à 3 litres 80 centilitres.

La quantité d'eau vaporisée par un poids donné de pétrole étant le double de celle que vaporise le même poids de houille, 1 million de tonnes de pétrole correspond, comme effet calorifique, à 2 millions de tonnes de houille. Il en résulte que tout le pétrole produit par la Pensylvanie ne pourra jamais faire une concurrence sérieuse au charbon de terre, sauf pour l'éclairage, et que les industriels qui s'ingénient à remplacer la houille par le pétrole dans le chauffage des foyers métallurgiques ou des appareils à vapeur ne pourront y trouver d'économie que dans des cas particuliers.

Le pétrole qui sert à l'éclairage a besoin d'être raffiné. C'est à Pittsburgh (Pensylvanie) et à Cleveland (Ohio) que sont installées les principales distilleries. Dans celle de Cleveland, que nous avons visitée en 1874, on peut produire par jour 400,000 gallons d'huile purifiée et confectionner en même temps, dans une tonnellerie mécanique spéciale, peut-être la plus grande qui existe, 8,000 barils en bois de chêne pour contenir tout ce liquide. La forme de ces barils est connue sur tous les marchés du monde. On voit fonctionner à l'Exposition de Philadelphie, dans la galerie des machines, quelques-uns des mécanismes ingénieux destinés à fabriquer ces barils automatiquement.

Des gaz combustibles naturels sont en relation géologique avec le pétrole. Ces gaz, principalement composés d'hydrogène carboné ($C^4 H^6$) mêlé d'un peu d'oxyde de carbone et d'acide carbonique, jaillissent des trous de sonde avec l'huile minérale. Les Américains, imitant en cela les Chinois,

les ont bien vite utilisés. D'abord ils les ont employés à chauffer la petite
locomobile à vapeur qui met en jeu les pompes à puiser le pétrole, plus
tard ils les ont conduits au loin pour en éclairer les villes naissantes de la
Pétrolie et chauffer les foyers des usines; récemment on a même amené à
Pittsburgh les gaz de différents puits, dont les plus lointains sont situés à
60 kilomètres de ce grand centre industriel. On a chauffé par ce moyen
non-seulement des chaudières à vapeur, mais encore des fours à puddler
le fer. Une usine locale a même tenté à Pittsburgh la recherche de ces gaz
sous son propre sol et y a pleinement réussi.

II

MÉTAUX USUELS.

I. — FONTE, FER ET ACIER.

Pour le fer comme pour la houille les États-Unis occupent la première
place dans les bâtiments du parc de Fairmount. Dans la production du
fer comme dans celle de la houille ils viennent d'ailleurs immédiatement
après la Grande-Bretagne, le principal fournisseur du globe de ces deux
importants produits.

La nature a doté les États-Unis de mines de fer partout répandues avec
une prodigalité sans pareille. De la plupart de ces gîtes on a extrait pour
l'Exposition des masses considérables, des blocs énormes de minerai, et on
les exhibe avec une sorte d'orgueil patriotique.

Çà et là on remarque les minerais oxydés magnétiques de Cornwall
Mountain (Pensylvanie), dont on a retiré 250,000 tonnes en 1875, ceux
de Port-Henry (lac Champlain) 500,000 tonnes, les minerais peroxydés
et magnétiques de Marquette (lac Supérieur), dont l'extraction a dépassé
1 million de tonnes, les minerais spéculaires d'Iron Mountain et de Pilot
Knob (Missouri) 300,000 tonnes. Il faut encore citer les minerais magnétiques du New-Jersey, au nombre desquels sont les *franklinites*, cette
variété curieuse de minerai zincifère et ferrifère que l'on traite à la fois
pour le zinc et le fer qu'elle contient, puis les hématites brunes et rouges
de Pensylvanie, les *blackbands* ou minerais carbonatés des houillères de
l'Ohio, etc.

La plupart des usines américaines exhibent à l'envi les fontes, les
fers, les aciers, produits avec ces divers minerais. Dans la fabrication de
l'acier Bessemer le progrès est surprenant, et les États-Unis deviendront

avant peu, pour cette utile matière, les premiers producteurs du monde entier.

L'exposition métallurgique du Canada mérite d'être citée à côté de celle des États-Unis.

En Europe, la plupart des grandes usines à fer se sont abstenues; cependant il faut signaler quelques forges anglaises, et en Allemagne l'exposition collective des usines du pays de Siegen, le berceau des fontes miroitantes ou *Spiegeleisen*, si recherchées pour la fabrication de l'acier Bessemer.

L'usine d'Essen, appartenant à M. Krupp, a aussi envoyé quelques-uns des blocs d'acier qu'elle fabrique, si remarquables à la fois par le volume et la pureté, et quelques-uns de ses canons, toujours plus gigantesques, plus formidables, à mesure que de nouvelles expositions ont lieu.

La Suède, qui a voulu maintenir une fois de plus l'antique réputation de ses fers au bois, offre l'exhibition collective peut-être la plus complète, la plus méthodique qu'on puisse voir.

La Russie intéresse par la belle exposition des forges de l'Oural, dont celles de Tagil appartiennent aux Demidoff.

En Belgique, les aciéries d'Angleur et d'Ougrée n'arrivent pas à faire oublier l'absence de Seraing.

En France, l'usine de Marquise (Pas-de-Calais) nous montre ses fontes appréciées; celle de Saint-Louis, près Marseille, ses fontes miroitantes, si bien adaptées à la fabrication de l'acier. M. Arbel et MM. Brunon de Rive-de-Gier exposent leurs roues en fer forgé de locomotive et de wagons, enfin M. Durenne ses fontes d'œuvres d'art, et M. Chameroy ses tuyaux bitumés.

Si dans la section des mines de houille nous avons eu à signaler l'accroissement général et continu de l'extraction, dans l'industrie du fer nous avons également à constater une production graduelle de même ordre et une transformation de plus en plus prononcée de la sidé-rurgie.

Après l'âge de la fonte de fer et la fabrication du fer à l'anglaise, qui depuis un siècle et plus avait peu à peu remplacé sur le continent euro-péen les antiques méthodes datant de Tubal Cain, le grand forgeron de la Bible, voici maintenant que vient l'âge de l'acier. Par les procédés de l'Anglais Bessemer et du Français Martin on fabrique aujourd'hui l'acier par grandes masses, et ce métal, fusible comme la fonte, et qui peut se tremper et se forger, tend de plus en plus à remplacer le fer, qui ne fond pas et ne prend point la trempe.

On calcule que toutes les usines sidérurgiques ensemble, en 1875, ont produit 14 millions de tonnes de fonte, dont voici le détail :

	Tonnes.
Grande-Bretagne	6,500,000
États-Unis	2,300,000
France	1,400,000
Allemagne	1,400,000
Belgique et Luxembourg	800,000
Autriche-Hongrie	500,000
Russie	400,000
Suède	300,000
Italie, Espagne	100,000
Canada, Inde, etc.	300,000
Total	14,000,000

En prenant les deux tiers de ce chiffre, on a sensiblement la quantité totale de fer produite soit avec cette fonte, soit directement : c'est environ 9,500,000 tonnes.

La production de 14 millions de tonnes de fonte correspond à 35 millions de tonnes de minerai, d'un titre moyen de 40 p. o/o. Ce minerai a une valeur qui peut être évaluée dans l'ensemble à 10 francs la tonne prise sur la mine. Par le transport à l'usine, ce prix double, triple et quelquefois même quadruple.

Sur les 2,300,000 tonnes de fonte fabriquées par les États-Unis, environ un million l'est à l'anthracite, un autre million au coke, le reste au charbon de bois.

Les principaux États producteurs sont ceux de Pensylvanie, Ohio, New-York, Michigan; mais le premier domine de beaucoup les trois autres : ainsi il a fourni en 1875 près d'un million de tonnes, et l'Ohio, qui venait immédiatement après, seulement 400,000 tonnes.

La production de la fonte était, il y a trois ans, pour toutes les usines du globe réunies, d'environ un million et demi de tonnes plus élevée qu'en 1875. Depuis, une de ces crises dont aucune industrie n'est exempte s'est fait sentir dans presque toutes les usines à fer, et cette crise a surtout sévi aux États-Unis, qui produisaient en 1873 près de 2,900,000 tonnes de fonte.

La fabrication de l'acier Bessemer est allée partout croissant; elle a quadruplé en dix ans. La production totale de l'acier (métal Bessemer, acier de forge ou naturel, acier puddlé, acier cémenté, etc.) a dû atteindre en 1875 le chiffre de 1,500,000 tonnes, ainsi réparties :

	Tonnes.
Grande-Bretagne	600,000
États-Unis	300,000
France.....................................	250,000
Allemagne..................................	250,000
Autriche-Hongrie...........................	50,000
Belgique, Suède, Russie, etc..............	50,000
Total..............	1,500,000

Sur ce chiffre, la plus grande partie est afférente à l'acier Bessemer; environ les trois quarts, ou un million de tonnes, sont consacrés à la fabrication des rails; le reste est transformé en essieux et bandages de roues, en tôles, sert comme fonte de moulage et enfin s'adapte à tous les autres emplois que réclame l'industrie.

En 1875, les États-Unis ont fabriqué 800,000 tonnes de rails en fer ou en acier. En 1871, ils importaient pour 750,000 tonnes de fer anglais; en 1874, ils n'en ont plus importé que 80,000 et en 1875 une quantité bien moins considérable. Si l'on rapproche de ce dernier fait l'accroissement graduel de leur production en fer, qui double plus vite que celle de la Grande-Bretagne, en moins de dix ans comme pour la houille, quand la Grande-Bretagne en met quinze à doubler l'une et l'autre production, il en résulte que non-seulement les États-Unis sont parvenus à se passer de la Grande-Bretagne pour la houille et le fer, mais encore que dans moins d'un demi-siècle ils auront atteint et même dépassé celle-ci dans la production du fer comme aussi dans l'extraction de la houille. Il est aisé de prévoir dès à présent toutes les conséquences que cette révolution économique aura sur les destinées de l'un et de l'autre pays.

Revenant à des considérations plus spécifiques, nous dirons que les principaux faits qui ressortent de l'exposition sidérurgique à Philadelphie, en dehors de tous ceux que nous avons déjà principalement mentionnés, nous semblent être les suivants :

1° L'agrandissement peut-être exagéré des hauts fourneaux, de manière à faire produire à quelques-uns jusqu'à 100 tonnes de fonte par jour;

2° L'installation de marteaux-pilons et de laminoirs de plus en plus puissants pour le forgeage et l'étirage des grosses pièces, et de presses à matrices pour les pièces de moindre volume et de formes plus délicates;

3° La tendance à l'accroissement des dimensions des pièces produites : rails de 15 mètres, fers à T, à H, cornières de 30 mètres de long, tôles de 3 mètres de large, plaques de blindage de 30 centimètres d'épaisseur, etc.;

4° Enfin, les essais de plus en plus répétés de puddlage mécanique pour obvier aux prétentions toujours plus exorbitantes et à la rareté relative des ouvriers qui pratiquent cette pénible opération. Les fours Danks et Pernot paraissent être ceux que l'on préfère, et tous les deux sont employés aux États-Unis, notamment dans quelques usines des États de Pensylvanie et de New-York : le premier de ces fours est d'invention américaine, le second a été imaginé par un Français.

Nous bornerons ici ce que nous avions à dire sur la sidérurgie à l'Exposition philadelphienne, ce sujet devant être examiné ailleurs avec plus de détails.

II. — CUIVRE, PLOMB, ETC.

Cuivre. — Les États-Unis sont aussi riches en mines de cuivre qu'en mines de houille, de pétrole, de fer, et nous constaterons bientôt que cette merveilleuse fécondité souterraine s'étend également au plomb, au zinc, au mercure et surtout à l'argent et à l'or.

Les fameuses mines de la pointe de Keweenaw (lac Supérieur) ont exposé leurs énormes blocs de cuivre natif, mêlé quelquefois d'argent, leurs conglomérats cuprifères, les produits de leur préparation mécanique si intéressante, leurs lingots de métal raffiné ; celles de Californie, naguère beaucoup plus productives, ont exhibé leurs échantillons pyriteux.

L'Australie, le Chili, le Canada, le Japon, viennent ensuite avec tout un cortége de minerais et de lingots; le Chili expose même quelques modèles de fours. La Bolivie, dont les minerais de Corocoro sont si connus, s'est totalement abstenue, ainsi que les mines et les usines anglaises.

L'Allemagne est représentée par les mines domaniales du Harz et de la Saxe, dont la production est multiple, et comprend aussi le plomb, le zinc, l'argent, l'or et certains métaux secondaires, tels que le nickel, le bismuth, le cobalt, l'antimoine, ainsi que le soufre et l'arsenic.

La Russie expose ses malachites et ses cuivres de l'Oural, renommés par leur pureté. L'Espagne, le Portugal, la Suède et la Norwége se présentent avec leurs pyrites de fer et de cuivre si abondantes.

La Suède, l'Allemagne, exposent aussi diverses barres et plaques de cuivre et de laiton ; mais la plus belle exhibition dans ce genre est celle des États-Unis, où la plupart des usines, notamment celles des États de New-York, Connecticut, Massachusetts, se présentent avec des échantillons très-soignés.

Dans la section française, si l'on regrette l'absence de MM. Laveissière, Estivant, OEschger et Mesdach, on remarque avec intérêt l'exposition de

M. Secrétan, qui tient une des premières places dans le travail du cuivre et du laiton, et qui a disposé ses produits avec un ordre et une méthode qu'on ne saurait trop louer.

Quelques pays, comme les États-Unis, l'Angleterre, la Suisse, ont exposé des bronzes phosphorés, dont la dureté paraît, dans certains cas, atteindre celle de l'acier.

Enfin, quelques établissements, entre autres l'usine de Phœnixville (Pensylvanie), exhibent les diverses spécimens du traitement par voie humide des cuivres pyriteux pauvres.

La production totale du cuivre peut être estimée, pour 1875, à 125,000 tonnes, comme il suit:

	Tonnes.
Chili.	50,000
Amérique du Nord.	20,000
Allemagne.	9,000
Russie.	6,000
Australie.	5,000
Angleterre.	5,000
Bolivie, Cuba	4,000
Espagne et Portugal.	4,000
Suède et Norwége.	3,000
Autriche-Hongrie.	3,000
Japon	3,000
Le Cap.	3,000
Italie, Algérie, Turquie, Chine, etc.	10,000
TOTAL.	125,000

La majeure partie des minerais de la Bolivie, de Cuba, de l'Australie, du Cap, de l'Espagne, de l'Algérie, de l'Italie, presque tous d'une richesse assez considérable en cuivre, sont exportés et traités principalement en Angleterre, en France, en Belgique. Il s'exporte aussi beaucoup de mattes du Chili. On estime à 60,000 tonnes la quantité de cuivre produite de cette façon en Angleterre, entre autres dans les usines du pays de Galles, qui mêlent les minerais pauvres du Cornouailles aux minerais riches de l'étranger. La part de la France dans cette fabrication est de 10,000 tonnes, et celle de la Belgique de 2,000. Il nous a paru plus naturel et plus exact de ne tenir compte, dans l'état statistique que nous venons de présenter, que de la production directe, en estimant pour les pays originaires, et quand il y a lieu, les minerais et les mattes d'après la quantité de métal qu'ils fournissent.

Au prix minimum de 2,000 francs la tonne, les 125,000 tonnes de cuivre produites en 1875 représentent une valeur de 250 millions de francs.

La production du cuivre, qui avait doublé en vingt ans, de 1846 à 1866, et passé de 50,000 à 100,000 tonnes, s'est longtemps tenue depuis cette époque à ce dernier chiffre. Elle ne le dépasse aujourd'hui, après dix ans, que du quart. Il est probable que c'est à la concurrence de plus en plus grande que le fer, l'acier, le zinc, le nickel, font au cuivre et à ses deux principaux alliages, le bronze et le laiton, qu'est due cette sorte d'arrêt relatif dans la fabrication de ce métal.

PLOMB. — Les minerais de plomb du Missouri, du Wisconsin, sont largement représentés dans les bâtiments du parc de Fairmount. Ces belles galènes à la cristallisation caractéristique en larges cubes, surtout celles du Missouri, sont malheureusement très-pauvres en argent. Il n'en est pas de même de celles du Colorado, de l'Utah, du Nevada, du Mexique, que nous retrouverons quand il s'agira de la production de l'argent.

Les galènes d'Espagne, un peu plus riches en argent que celles du Missouri, celles de Belgique, d'un titre argentifère moyen de 5 millièmes, sont bien représentées.

L'Angleterre n'a rien envoyé dans cette section, et l'Allemagne ne s'y retrouve que par quelques-unes de ses usines domaniales déjà citées.

Aucune exhibition en dehors de celle des minerais et du métal, aucune représentation des gisements géologiques, aucun modèle de fours ni des appareils et méthodes diverses d'affinage pour extraire l'argent des plombs d'œuvre.

Quelques usines des États-Unis qui traitent le plomb pour en fabriquer des grenailles de divers calibres, et qui pour cela l'associent à l'arsenic, sont assez bien représentées dans le *main building*.

On estimait, en 1875, la production du plomb dans le monde entier à 280,000 tonnes, savoir :

	Tonnes.
Espagne	70,000
Angleterre	65,000
Allemagne	60,000
Italie	20,000
Amérique du Nord	20,000
Grèce (Laurium)	12,000
Belgique	8,000
Autriche-Hongrie	8,000
France	2,000
Australie, Japon, Chili, Bolivie, Pérou, Russie, Algérie, etc.	15,000
TOTAL	280,000

La production totale de la France, en y comprenant les minerais importés, peut être évaluée à 20,000 tonnes; mais ici, comme pour l'état statistique du cuivre et tous les autres qui suivront, il ne s'agit que de la production directe, en estimant toutefois les minerais afférents aux pays qui les fournissent d'après la quantité de métal qu'ils contiennent.

Au prix de 500 francs la tonne de plomb, les 280,000 tonnes produites en 1875 représentent une valeur de 140 millions de francs.

ZINC. — Les États-Unis exposent, quoiqu'avec moins d'abondance que pour le cuivre et le plomb, la plupart de leurs minerais de zinc et les produits de quelques-unes des usines où ces minerais sont traités.

L'Allemagne, l'Angleterre, la Belgique, c'est-à-dire les principaux pays européens qui fabriquent ce métal, n'ont envoyé que des spécimens insignifiants.

En 1875 on pouvait estimer à 175,000 tonnes la production totale du zinc, ainsi qu'il suit :

	Tonnes.
Allemagne	85,000
Italie, Grèce	35,000
Belgique	25,000
Espagne	15,000
Angleterre	5,000
Suède, Russie	5,000
États-Unis	5,000
TOTAL	175,000

La plupart des minerais d'Italie, d'Espagne, de Grèce, et de tout le bassin méditerranéen sont exportés en Angleterre, en Belgique, en France; ceux de Suède, en Angleterre et en Belgique.

La France seule produit ainsi environ 5,000 tonnes de zinc.

Au prix de 600 francs la tonne, les 175,000 tonnes produites en 1875 représentent une valeur de 105 millions de francs.

En 1845, on produisait à peine en Europe 5,000 tonnes de zinc. En trente ans, ce chiffre a presque quatre fois décuplé : aucun métal ne présente dans sa fabrication un tel exemple de développement.

ÉTAIN. — La métallurgie de l'étain est assez bien représentée à l'Exposition de Philadelphie. Sans doute l'Angleterre n'expose rien de ses mines et de ses usines du Cornouailles, mais les colonies hollandaises de Java, Sumatra, ont envoyé des échantillons de minerai et des lingots de métal, de même que l'Australie et la Tasmanie. L'Espagne, le Portugal, qui ont retrouvé une partie des mines exploitées par les anciens, exposent aussi des minerais et des barres d'étain.

On peut estimer pour 1875 à 30,000 tonnes la quantité d'étain produite sur le globe, dont voici le détail :

	Tonnes.
Grande-Bretagne.............................	10,000
Tasmanie, Australie...........................	9,000
Colonies hollandaises.........................	8,000
Allemagne, Autriche, Espagne, etc..............	3,000
TOTAL.............	30,000

Au prix moyen de 2,000 francs la tonne, ces 30,000 tonnes représentent une valeur de 60 millions de francs.

La production de l'étain reste stationnaire; elle est aujourd'hui ce qu'elle était il y a dix ans.

NICKEL. — Voici un métal à peu près nouveau, blanc comme l'argent, moins altérable que lui et bien moins cher : il ne vaut moyennement aujourd'hui que 20 à 25 francs le kilogramme. Il est depuis quelques années entré dans la consommation, d'abord comme monnaie de billon, en Belgique, en Suisse, aux États-Unis, puis pour l'argenterie de table, enfin comme application électro-chimique sur le cuivre et le laiton. Dans la section américaine, cet emploi du nickel se fait principalement remarquer.

C'est une sorte d'étamage sans l'étain. Le nickel est beaucoup plus brillant et bien moins sujet à l'oxydation que ce dernier métal; en outre, le cuivre et le laiton nickelés remplacent avec avantage le cuivre argenté, et même ce qu'on nomme le métal blanc, alliage en proportions variables de cuivre, d'étain, de zinc, de plomb, d'antimoine, de nickel.

Les États-Unis, la Saxe, la Suède, la Norwége, la Hongrie, l'Italie, ont été jusqu'à ces dernières années les principaux pays producteurs du nickel.

Tout récemment, dans la Nouvelle-Calédonie, on a signalé des gisements très-étendus de ce métal, et depuis il règne dans cette lointaine station une véritable fièvre minérale, comme naguère en Californie, en Australie ou dans le Nevada, au moment de la découverte des mines d'or ou d'argent.

On estimait en 1875 à 5,000 tonnes la quantité de nickel produite par les différentes mines du globe. En comptant le prix du nickel à 20,000 francs la tonne, cela représente une valeur de 100 millions.

On calcule que la Nouvelle-Calédonie produira en 1876 3,000 tonnes environ de minerai d'un titre maximum de 15 à 20 p. % en oxyde de nickel.

C'est le minerai le plus pur et le plus riche qu'on connaisse. Il se révèle à l'analyse comme un hydro-silicate de magnésie et de nickel, et on l'appelle *garniérite*, du nom de l'ingénieur, M. Garnier, qui l'a le premier signalé.

En ne comptant le nickel contenu dans ce minerai qu'à 10 francs le kilogramme, et en supposant que le titre du minerai ne dépasse pas 10 p. %, on arrive à un prix de 1,000 francs la tonne. Il en résulte que l'exploitation de ce minerai est des plus profitables à notre colonie, en même temps qu'elle offre à notre marine un fret des plus avantageux.

Les autres minerais de nickel, surtout dans les gîtes d'Allemagne, sont essentiellement des arsenio-sulfures de nickel, cobalt, bismuth, cuivre, antimoine, d'un traitement très-difficile et qui fournissent un métal très-impur.

ANTIMOINE. — Ce métal, dont l'emploi principal consiste à être allié au plomb pour durcir ce dernier, notamment dans la confection des caractères d'imprimerie, est assez répandu dans la nature à l'état de minerai sulfuré. On a quelque temps extrait de la province de Constantine, en Algérie, des minerais oxydés très-riches.

A l'Exposition de Philadelphie, les colonies anglaises, entre autres l'Australie, la Tasmanie, le Canada, exhibent de nombreux échantillons du minerai et du régule ou métal raffiné.

Le Portugal, l'Espagne, exposent aussi quelques pains de ce métal, dont la pureté et la structure cristalline se trahissent toujours, sur la face extérieure du lingot, par des herborisations très-caractéristiques en feuilles de fougère.

La production totale de l'antimoine peut être estimée pour 1875 à 5,000 tonnes, lesquelles, au prix de 1,350 francs la tonne, représentent ensemble une valeur de 6,750,000 francs.

MERCURE. — Les plus riches mines de mercure du monde sont celles d'Almaden d'Espagne, exploitées depuis le temps des Phéniciens et appartenant à la couronne espagnole, et celles de New-Almaden de Californie, fouillées avec une grande activité depuis 1848. L'une et l'autre sont largement représentées à l'Exposition de Philadelphie : la première, par ses méthodes si caractéristiques d'exploitation souterraine et de distillation du métal; la seconde, par des échantillons d'un volume et d'une richesse incomparables.

On estimait en 1875 la production totale du mercure sur le globe à 3,200 tonnes au moins, savoir :

	Tonnes.
Californie	1,400
Espagne	1,300
Allemagne, Autriche, Pérou, etc	500
TOTAL	3,200

A 10,000 francs la tonne, moyenne de 1875, ces 3,200 tonnes représentent une valeur de 32 millions de francs. Aujourd'hui le mercure ne vaut plus que 6,500 francs ; son prix normal est de 5,000 francs.

Les métaux usuels qu'il nous resterait à examiner, tels que le cobalt, le bismuth, n'ont qu'un intérêt relatif. La production en est très-peu importante, et ils ne s'emploient jamais seuls, mais à l'état d'alliage avec quelques-uns des métaux déjà cités. Nous ne nous y arrêterons pas.

Il nous faut maintenant résumer en quelques lignes les progrès réalisés récemment dans le travail des métaux usuels que nous venons d'étudier.

Ces progrès consistent principalement :

1° Dans l'utilisation plus complète des combustibles au moyen de fours Siemens, Ponsard ou autres ;

2° Dans la mise en œuvre des produits secondaires autrefois perdus, tels que l'acide sulfureux, qu'on transforme en acide sulfurique ;

3° Dans l'association de la voie ignée et de la voie humide pour le traitement de certains minerais de cuivre, de plomb, de nickel, etc.;

4° Enfin dans l'agrandissement à peu près général des dimensions des fours, pour parer à l'augmentation de la production.

III. — MÉTAUX PRÉCIEUX.

OR. — Comme cela s'était vu déjà dans la plupart des expositions, quelques contrées aurifères n'ont pas oublié à Philadelphie de frapper l'attention des visiteurs par les fac-simile, très-remarquablement exécutés, de quelques-unes des plus volumineuses pépites retirées de leurs riches placers et par l'érection de pyramides ou d'obélisques qui indiquent, dans chaque cas, le volume et par suite le poids et la valeur de l'or produit depuis l'époque de la découverte.

Ce sont les colonies anglaises qui ont imaginé cette heureuse façon de parler aux yeux, et cette fois encore ce sont elles qui la mettent en œuvre.

On remarque dans le bâtiment principal la pyramide de la Colombie britannique (Canada), celle de la Nouvelle-Zélande, celle de l'Australie. Il y est dit que la Colombie britannique a produit en dix-huit ans, de 1858 à 1875, la somme de 200 millions de francs d'or, soit une moyenne annuelle de 11 millions; que la Nouvelle-Zélande, de 1862 à 1875, c'est-à-dire en quatorze ans, a fourni 756 millions de francs, ce qui donne une moyenne de 54 millions par an; que l'or exporté de la colonie de Queensland (Australie) de 1868 à 1875, c'est-à-dire en huit ans, a été de 175 millions de francs, ou de 22 millions par an. D'autre part, de 1851, époque de la découverte de l'or en Australie, à 1875, la colonie de Victoria à elle seule a produit 4 milliards 400 millions de francs, soit une moyenne annuelle de 176 millions. En 1875, la colonie de la Nouvelle-Galles du Sud (Australie) a extrait pour sa part 45 millions, et avait produit en tout 750 millions.

En somme, de 1851 à 1875, l'Angleterre a retiré des mines de ses diverses colonies océaniennes, de ce qu'elle appelle l'Australasie, la somme énorme de 6 milliards de francs d'or.

On calcule qu'une somme encore plus forte, 6 milliards et demi de francs, a été retirée par les États-Unis, depuis 1848, des mines d'or de la Californie, de l'Orégon, du Montana, de l'Idaho, du Colorado. Les deux sommes réunies dépassent 12 milliards, c'est-à-dire plus que l'Espagne n'a retiré en trois siècles de toutes les mines d'or des deux Amériques.

Ce n'est pas seulement dans les États du Pacifique et du Far-West qu'on rencontre l'or aux États-Unis.

Depuis quelques années, les mines de la Georgie, déjà exploitées au siècle dernier, et qui ont fourni à la Californie et au Colorado plus d'un habile orpailleur, ont été reprises avec beaucoup d'activité.

Les Georgiens ont enseigné aux Californiens comment on lavait les sables; en retour ceux-ci leur ont appris comment on fonçait les puits. Partout le quartz aurifère est attaqué jusqu'aux plus grandes profondeurs. De très-riches échantillons du minerai ainsi obtenu sont exposés par une mine de Georgie.

Ailleurs il faut signaler les quartz aurifères du Vénézuéla. On regrette de ne pas rencontrer également ceux de la Guyane française, où les placers de l'Approuague fournissent plusieurs millions par an.

La Russie, dont les mines de Sibérie progressent si remarquablement depuis une quinzaine d'années, le Brésil, d'autres contrées aurifères, ont envoyé leurs plus belles pépites.

Si quelques pays comme la Sibérie ont vu presque doubler le chiffre de leur production aurifère depuis 1860, d'autres, au contraire, comme la

Californie, ont vu sensiblement diminuer la leur d'année en année, et elle y est graduellement descendue de 300 à 200, puis à 100 millions de francs. En 1875, la production aurifère n'atteignait plus que 85 millions en Californie, et ne dépassait point pour tous les États-Unis la somme de 125 millions. Le même phénomène s'est produit pour la colonie de Victoria, en Australie.

La production de l'or sur le globe entier peut être estimée à 500 millions pour 1875, savoir :

Colonies anglaises (Australasie, Canada, etc.).....	200,000,000[f]
États-Unis...........................	125,000,000
Sibérie...............................	100,000,000
Amérique espagnole, Brésil.................	40,000,000
Europe, Afrique, etc........................	35,000,000
TOTAL.............	500,000,000

Depuis quelques années ce chiffre reste à peu près le même.

ARGENT. — Les riches mines d'argent du Nevada, de l'Utah, du Colorado, de l'Arizona, sont largement représentées dans les divers bâtiments du parc de Fairmount; jamais on ne vit un tel déploiement d'échantillons et en si volumineux morceaux. Le Nevada y a joint un modèle de bâtiment pour la préparation mécanique du minerai; cette petite usine fonctionne, empruntant la force dont elle a besoin à la grande machine motrice de l'Exposition, et les visiteurs peuvent assister sur place au broyage et à l'amalgamation du minerai, à la fusion et au raffinage des lingots d'argent. Les mines de ce seul État, découvertes en 1860, et qui ont longtemps gravité autour d'une moyenne annuelle de production de 80 millions de francs en lingots d'argent, ont tout à coup produit en 1875 plus de 200 millions de francs. Ce chiffre, aucune contrée argentifère du globe ne l'avait encore atteint, même aux plus beaux temps de l'Amérique espagnole, où toutes les mines réunies du Mexique n'ont jamais donné plus de 100 millions par an.

Le Mexique, comme si la guerre civile ne le désolait plus et n'avait pas en mainte localité arrêté l'essor de ses établissements métallurgiques, s'est plu à exhiber tous ses minerais argentifères et les modèles ou les dessins de son traitement spécial, le classique *patio* pour l'amalgamation, la traditionnelle *capellina* pour le départ du mercure.

Les méthodes européennes ont fait aussi invasion dans ce pays, au moins pour l'élaboration des minerais de plomb argentifère, et la province ou État de Michoagan expose le plus volumineux gâteau d'argent qui ait jamais été obtenu, croyons-nous, au four de coupelle allemand : il a 3 mètres de diamètre, pèse 1,845 kilogrammes et vaut 72,000 piastres, environ 360,000 francs.

Le Pérou, le Chili, offrent aussi un certain nombre d'échantillons de leurs minerais argentifères si connus. Le Chili n'a pas oublié quelques-uns de ces beaux spécimens d'argent rouge cristallisé si recherchés par les collectionneurs.

En Europe, il faut citer la Belgique, l'Allemagne, l'Espagne, déjà nommées pour leurs plombs argentifères, et la fameuse mine de Kongsberg, en Norwége, qui exhibe dans une vitrine particulière ses divers minerais et les fac-simile des lingots qu'on en retire.

On peut estimer, pour 1875, la quantité totale d'argent produite sur le globe à 400 millions de francs, savoir :

États-Unis..............................	250,000,000ᶠ
Amérique espagnole.....................	100,000,000
Autres pays............................	50,000,000
Total..............	400,000,000

C'est presque le double de la moyenne des quinze dernières années, de 1860 à 1874, qui n'a guère dépassé 200 millions.

En comparant le chiffre d'extraction de l'argent à celui que nous avons relevé pour l'or, on voit qu'il y a aujourd'hui à peu près parité dans la production des deux métaux, tandis que si l'on se reporte à dix ou vingt ans en arrière on constate que la production de l'argent était la moitié et même le tiers de celle de l'or, et qu'avant 1848 c'était le phénomène inverse qui avait lieu.

Comme les seules mines d'argent de l'État de Nevada produiront sans doute au delà de 250 millions d'argent en 1876, non-seulement la parité entre les deux chiffres de production de l'or et de l'argent ne tardera pas à s'établir, mais encore il est à craindre que la quantité d'argent produite ne finisse par prendre le dessus sur celle de l'or : de là la panique financière qui a lieu en ce moment au sujet du premier de ces métaux, et la baisse de 12 à 15 pour o/o qui le frappe depuis quelques mois.

Est-ce à dire qu'il faille démonétiser l'argent, comme on voulait, il y a vingt ans, devant la hausse de plus en plus progressive de l'extraction de l'or, démonétiser ce dernier? Les gouvernements qui ont adopté les deux métaux comme étalons, c'est-à-dire comme signes officiels de la représentation des valeurs, notamment ceux qui forment ce qu'on nomme en ce cas l'union latine : la France, l'Italie, la Belgique, la Suisse, la

Grèce, nous paraissent s'être trop émus du phénomène économique que nous venons de rapporter. L'équilibre finira par se faire de lui-même, comme il s'est fait naguère pour l'or. Les mines du Nevada ne maintiendront sans doute pas leur production excessive au delà de quelques années, et à ce moment on retrouvera certainement d'autres placers aurifères en Amérique, en Afrique, ou ailleurs. En cette délicate matière, l'expectative est donc ce qu'il y a de plus prudent, et il semble raisonnable de n'enlever brusquement à aucun des deux métaux le rôle essentiel pour lequel la nature les a très-probablement faits.

PLATINE. — Il faut terminer ce qui a trait aux métaux précieux en disant un mot du platine.

La Russie, la Californie, le Mexique, le Brésil, la Nouvelle-Grenade, l'Australie, sont les principaux pays producteurs de ce métal. On le trouve à l'état natif dans les mêmes placers que l'or.

La Russie en exhibe de belles pépites, dont quelques-unes sont très-volumineuses.

On peut estimer à 2,000 kilogrammes annuellement la production de la Russie et à 1,000 kilogrammes celle des autres pays.

Le platine ouvré vaut environ le tiers de l'or, 1,000 francs le kilogramme. Son emploi est très-limité. En Russie, on a essayé de l'utiliser comme monnaie. Étant inattaquable à tous les agents chimiques et résistant aux plus hautes températures, il sert surtout à confectionner certains appareils de laboratoire et d'usines. Combiné avec un autre métal beaucoup plus rare, l'iridium, qui se rencontre souvent avec lui et partage beaucoup de ses qualités, il compose un alliage à la fois très-dur et inaltérable. Sous cette forme, il a été mis récemment à contribution en France pour confectionner le prototype ou nouvel étalon du mètre et les reproductions qu'on en a faites pour les États qui ont pris part à ce qu'on a nommé la convention internationale du mètre.

Si nous voulons maintenant résumer pour les métaux précieux, comme nous l'avons fait pour les métaux usuels, les principaux faits qui se rattachent dans ces dernières années à la mise en œuvre de leurs minerais, il nous semble que nous pouvons présenter ainsi ces faits pour l'or et l'argent :

1° Emploi de plus en plus énergique des procédés mécaniques, notamment en Californie, pour l'abatage et le lavage en grandes masses de conglomérats et des graviers aurifères;

2° Association des méthodes chimiques, celles de la voie humide, aux anciens procédés empiriques, pour tirer le meilleur parti des minerais et laisser dans les derniers résidus des opérations une quantité aussi faible que possible d'or et d'argent;

3° Découverte dans l'État de Nevada de gîtes argentifères d'une richesse et d'une abondance jusque-là inconnues;

4° Prédominance des États-Unis sur tous les autres pays du globe dans la production de l'or et de l'argent.

III

PRODUITS MINÉRAUX DIVERS.

Bien que l'Exposition de Philadelphie soit, sous certains rapports, moins complète encore que celles qui l'ont précédée, et cela à cause même de la distance où l'Amérique se trouve de l'Europe et pour quelques raisons économiques que l'on devine, certains faits intéressant l'exploitation des mines et la métallurgie n'y éclatent pas moins dans tout leur jour, en dehors de tous ceux que nous avons déjà rappelés.

Ces faits, dont l'importance s'est encore accrue depuis l'Exposition de Vienne, sont principalement les suivants :

1° La grande extension donnée depuis quelques années à l'exploitation des pyrites de fer, surtout dans le sud de l'Espagne et en Portugal, afin d'en retirer le soufre qu'elles contiennent : on peut estimer pour 1875 à 1 million de tonnes le chiffre d'extraction de ces pyrites en Europe; la moitié s'exporte en Angleterre;

2° L'exploitation toujours plus considérable du minerai de manganèse, notamment en Espagne : le chiffre d'extraction pour 1875 se calcule en Europe à 100,000 tonnes, dont l'Espagne produit la moitié, exportée à peu près entièrement en Angleterre;

3° L'accroissement graduel de la production du sel gemme et des sels naturels de potasse en Allemagne, produits que l'Exposition de 1867 à Paris mit pour la première fois en évidence;

4° L'extraction toujours plus importante du soufre, de l'acide borique, du borax, du sel gemme, en Italie, en Californie, dans le Nevada : les seules solfatares de Sicile ont dû produire en 1875 environ 250,000 tonnes de soufre brut et les *soffioni* de Toscane 3,000 tonnes d'acide borique cristallisé;

5° L'exploitation toujours plus étendue des gîtes diamantifères de la colonie de Natal et de l'État libre d'Orange (Afrique méridionale), dont les gemmes font une concurrence si sérieuse à celles du Brésil, bien qu'étant d'une moins belle eau;

6° Enfin l'extraction toujours plus grande des coprolites et des phos-
phorites ou phosphates de chaux fossiles, utilisés comme amendements
agricoles dans divers pays. En France, une seule exploitation, celle de la
compagnie des phosphates du Midi, extrait annuellement 25,000 tonnes :
on a beaucoup remarqué à Philadelphie l'exposition de cette compagnie.

Nous bornerons là cette nomenclature, en faisant toutefois observer
que certains produits minéraux d'exploitation française, déjà primés dans
les précédentes expositions, se retrouvent à celle de Philadelphie et y
tiennent un rang distingué, telles que les meules de la Ferté, les asphaltes
de Seyssel, les onyx d'Algérie, les chaux hydrauliques du Teil, les ciments
de Boulogne-sur-Mer, etc.

IV

APPAREILS POUR L'EXPLOITATION DES MINES.

La série des divers appareils pour l'exploitation des mines est comprise dans deux groupes distincts, dont l'un appartenait d'abord à la section
des machines. Ce sujet devant être traité ailleurs d'une façon spéciale,
nous ne ferons ici que l'effleurer.

En ce qui concerne les appareils pour l'attaque des roches, nous mentionnerons surtout :

1° L'application de plus en plus généralisée de perforateurs mécaniques, surtout de ceux à tête diamantée, soit pour le sondage, soit pour
les simples trous de mine. Les perforateurs à tête diamantée ont pris naissance en France, mais n'ont été avantageusement utilisés qu'en Amérique; aujourd'hui, dans tout le bassin anthracifère de la Pensylvanie, on
n'opère plus que par ce moyen les recherches souterraines de combustibles ;

2° L'emploi de plus en plus répandu de la dynamite, de la poudre
géante ou de Vulcain, comme on l'appelle aux États-Unis, et d'autres
mélanges détonants où la nitro-glycérine joue presque toujours le principal rôle. L'explosion, dans ce cas, se produit au moyen de l'étincelle
électrique.

Comme la nitro-glycérine est délicate à manier et donne lieu à quelques
accidents, il convient de rappeler les étoupilles ou fusées de Bickford,
inventées et exposées par une maison française, et qui permettent de
mettre le feu à la poudre ordinaire sans danger pour l'ouvrier.

Parmi les appareils de sûreté en général, citons les divers modèles
de lampes à treillis de la maison Dubrulle, de Lille, si usitées dans les
mines à grisou, et l'appareil respiratoire imaginé par un Français,

M. Galibert, lequel permet de pénétrer sans aucun danger dans les milieux asphyxiants et de porter immédiatement aux mineurs les secours dont ils ont besoin.

Enfin n'oublions pas de mentionner, dans l'exposition belge, les fameux appareils inventés par M. l'ingénieur des mines Chaudron, qui donnent le moyen de foncer mécaniquement, à l'aide d'un énorme trépan, des puits de grand diamètre à niveau plein, c'est-à-dire au milieu des nappes d'eau envahissantes, et d'assécher, de murailler et de cuveler d'un blindage de fer l'ouvrage conduit jusqu'au terrain solide.

CONCLUSIONS.

Nous voudrions tirer de tout ce qui vient d'être dit un enseignement, sinon pour la France, à peine représentée dans la section des mines et de la métallurgie, au moins pour les États-Unis, qui y occupent si brillamment une si large place, la première, de l'aveu de tous.

On a vu avec quelle générosité la nature les avait dotés des principales richesses souterraines, le charbon, le pétrole, le fer, le cuivre, le plomb, le zinc, le nickel, le mercure, l'or, l'argent, et quel développement merveilleux ils avaient su donner à la recherche, à l'extraction et à la mise en œuvre de tous ces trésors. Déjà ils menacent par là la suprématie industrielle de l'Angleterre, la grande maîtresse en Europe, et même dans le monde entier, de l'industrie minérale ; avant un demi-siècle ils produiront plus de houille, plus de fer que le Royaume-Uni. Leurs mines de cuivre rivalisent avec celles du Chili, leurs mines de mercure avec celles d'Espagne, leurs gîtes aurifères avec ceux de l'Australie ; leurs mines d'argent sont beaucoup plus fécondes que toutes celles de l'Amérique espagnole ensemble. Ils ont de très-riches mines de plomb, de zinc, de nickel, et des gîtes de pétrole d'une abondance et d'une étendue inconnues ailleurs.

Puisqu'il en est ainsi, et que ces faits ne sont point passagers, mais constants, certifiés par la durée et la continuité des exploitations, ne serait-il pas temps pour les États-Unis de renoncer enfin au système économique suranné qu'ils ont adopté depuis douze ans dans la pratique des échanges internationaux?

Tous les négociants, les industriels, toutes les chambres de commerce, ne cessent de se plaindre en Europe des tarifs douaniers américains. Il est vraiment curieux que dans le pays de la liberté par excellence la liberté des transactions extérieures soit la seule qui n'existe pas, et que les tarifs douaniers s'y élèvent souvent jusqu'à la prohibition. Ce système avait son excuse après la guerre de sécession, quand il fallait remplir à tout prix les caisses du trésor; mais tout est réglé maintenant, et les États-Unis doivent revenir aux grands principes du libre échange.

Un économiste américain, M. David A. Wells, dont les écrits ont fait sensation même en Europe, et qui a été longtemps sous-secrétaire du trésor à Washington, s'étudie depuis huit ans à prouver à ses compatriotes que la voie dans laquelle ils se sont engagés est malheureuse, pleine d'écueils; elle n'a eu pour but que de favoriser quelques privilégiés et d'amener le haut prix de toutes choses. Certaines industries, dans lesquelles les Américains étaient maîtres avant 1860, telles que la construction des navires, ont entièrement disparu des États-Unis. En un mot, le système si inconsidérément adopté et maintenu avec tant d'entêtement est de tous points contraire aux saines doctrines économiques; il appauvrit la nation, au lieu de l'enrichir, et produit ce phénomène singulier, si bien démontré par M. Wells, de rendre le pauvre plus pauvre s'il enrichit momentanément le riche.

Quand l'Exposition universelle de Philadelphie n'aurait eu pour effet que de mettre ce résultat en pleine lumière, il faudrait encore applaudir à l'initiative heureuse de ceux qui ont eu l'idée de ce grand tournoi international et ont tenté de le mener à bien.

Paris, 30 septembre 1876.

L. SIMONIN.

FER ET ACIER.

RAPPORT DE M. VALTON,

MEMBRE DU JURY INTERNATIONAL.

La métallurgie du fer est largement représentée à l'Exposition de Philadelphie, bien que, sauf la Suède et la Russie, les États de l'ancien monde
se soient presque complétement abstenus d'y envoyer les produits de leur
industrie. L'intérêt se concentre donc à peu près tout entier sur l'exposition américaine; c'est la première fois, en effet, que, dans une
solennité de ce genre, les États-Unis montrent toute leur puissance industrielle et nous mettent à même de mesurer leurs forces. Je devrai,
en conséquence, insister principalement, dans ce rapport, sur les ressources, la situation présente et l'avenir de l'industrie du fer et de l'acier
aux États-Unis. Ce grand pays, qui était autrefois un vaste débouché pour
les produits européens, a cessé de l'être. Est-il réellement en état de se
suffire à lui-même? Devons-nous le considérer comme à jamais fermé?
Ces questions doivent intéresser ceux des maîtres de forges français qui,
depuis quelques années, ont demandé à l'exportation l'écoulement d'une
partie de leur fabrication.

Je m'arrêterai cependant un moment sur les expositions des divers pays
qui ont répondu par un apport plus ou moins grand à l'appel des Américains, en proportionnant mon étude à l'importance même de la part prise
par chacun à cette lutte pacifique.

SUÈDE ET NORWÉGE.

L'exposition métallurgique de la Suède est sans contredit la plus satisfaisante et la plus complète de toutes celles qu'il nous a été donné d'étudier
à Philadelphie. C'est celle dont l'ensemble est le plus séduisant, où l'on
trouve réuni avec le plus d'intelligence et de soins, avec l'arrangement le
plus rationnel, tout ce qui concerne la fabrication de la fonte, du fer et

de l'acier, depuis les minerais bruts et grillés jusqu'aux produits finis les plus parfaits; le tout accompagné de renseignements statistiques, d'analyses, d'épreuves mécaniques, de cartes et de plans qui facilitent grandement l'étude et la rendent plus fructueuse.

Il faut bien cependant reconnaître que les progrès de la fabrication du fer et de l'acier en Suède n'ont pas été, depuis les dernières expositions, aussi sensibles que dans la plupart des autres pays. Le développement de la production y a été beaucoup moins rapide : en 1870, la Suède produisait trois cent mille tonnes de fonte; en 1875 ce chiffre a été très-peu dépassé, tandis que des pays voisins ont dans le même laps de temps, à tort ou à raison, doublé et triplé leur production.

Des circonstances naturelles expliquent assez cet état de stagnation ou, pour mieux dire, de développement lent et restreint : la Suède, en effet, ne possède pas de combustible minéral; on n'y a rencontré jusqu'à ce jour qu'un lambeau de terrain houiller dans les provinces méridionales, lambeau peu étendu, renfermant quelques minces couches de houille de qualité inférieure. Le premier élément d'un développement industriel sérieux et rapide manque donc d'une manière à peu près complète; la métallurgie suédoise ne peut être alimentée que par le combustible végétal que lui fournissent les immenses forêts qui recouvrent les quarante-trois centièmes de son territoire (175,690 kilomètres carrés). Ces forêts produisent principalement les essences résineuses et le bouleau, que l'on convertit en charbon de bois dans le voisinage des usines, ce genre de combustible ne pouvant supporter les frais d'un transport considérable; or chaque tonne de fer produit immobilise trois hectares de forêt; on conçoit immédiatement : 1° que les usines doivent être éloignées les unes des autres; 2° que chacune d'elles doit être de peu d'importance. C'est, en effet, ce qui caractérise la métallurgie de cette contrée, où on ne rencontre pas de grand centre industriel. D'un autre côté, les exportations de bois vers les autres pays de l'Europe sont énormes, et croissent chaque année (trente millions de mètres cubes en 1874); elles mettent obstacle à l'extension des zones occupées par les usines, en élevant outre mesure le prix des bois. Il se produit donc ce fait que, tandis que le développement des chemins de fer permettrait aux minerais d'aller trouver des districts boisés jusqu'alors inaccessibles, ces mêmes facilités augmentent de jour en jour les exportations au détriment de l'industrie du fer.

Aussi s'est-on appliqué depuis plusieurs années à l'utilisation de combustibles inférieurs jusque-là délaissés. C'est en Suède, en effet, qu'on a établi les premiers fours destinés à brûler les sciures et autres déchets de bois; c'est en Suède encore que la tourbe, qui couvre une partie des provinces centrales, a été employée rationnellement pour la première fois au chauffage de foyers métallurgiques. On y a construit de fort ingénieuses machines pour comprimer cette matière spongieuse, lui donner une densité plus considérable qui en facilite le transport et l'emploi. Des expériences longtemps suivies et très-intéressantes ont établi que 1,000 kilogrammes de ces tourbes équivalent à près de neuf mètres cubes de bois de sapin comme puissance calorifique. L'emploi des fours à gaz, largement appliqués dans les usines suédoises, a permis l'utilisation de ces divers combustibles inférieurs et mis à la disposition de la métallurgie du fer une nouvelle et importante ressource.

On a tenté sur certains points de recourir aux cokes anglais pour la production de la fonte : une grande usine récemment construite par des capitalistes allemands était fondée sur cette base incertaine ; un ou deux hauts fourneaux ont essayé des mélanges des deux combustibles dans le but d'augmenter leur puissance sans étendre outre mesure leur zone d'alimentation, mais les brusques oscillations dans le prix des houilles ont paralysé ces premiers essais, qui seront probablement repris un jour ou l'autre.

Si la quantité de combustible dont peut disposer le métallurgiste suédois est limitée, il n'en est pas de même des minerais, dont il existe, au contraire, des gisements considérables d'une richesse et d'une pureté depuis longtemps appréciées. On rencontre en Suède deux sortes de minerais, ceux dits de montagne et ceux de marais. Les premiers sont de beaucoup les plus importants par leur puissance et leur haute qualité; les gisements en sont concentrés dans la partie centrale du pays, limitée d'un côté par les lacs Wener et Wetter, de l'autre par la région de la Baltique avoisinant le port de Gèfle. Ils se trouvent tantôt en couches et filons, tantôt en masses irrégulières sous forme d'oxydes magnétiques ou d'hématites généralement purs. Ces minerais renferment peu de phosphore; la proportion de ce corps varie de 1 à 5 dix-millièmes. Il y a cependant exceptionnellement des oxydes magnétiques qui en contiennent de 3 à 4 millièmes, et même jusqu'à 1 p. o/o; le même fait se remarque aux États-Unis, et dans ces deux contrées le phosphore paraît faire partie de la gangue, composée principalement d'apatite.

Quelques-uns renferment du manganèse, comme ceux de Swartberg employés à Schisshytta, qui contiennent de 15 à 20 p. o/o de protoxyde de manganèse; d'autres du titane, comme ceux de Taberg, dans la province de Jönköping.

Le tableau suivant donne les analyses d'un certain nombre de ces minerais, recueillies à l'Exposition ou dans les notes de MM. Rinman et

Akerman, ou faites sous mes yeux sur des échantillons rapportés de Suède en 1871 :

LOCALITÉS.	FER.	MAN-GANÈSE.	SILICE.	ALU-MINE.	CHAUX.	MAGNÉ-SIE.	ACIDE TITANIQUE.	PHOSPHORE en millièmes.
Ostra Stortägden	48,30	0,63	27,49	1,30	2,16	1,76	"	0,07
Grandrot............	55,10	8,05	3,10	2,05	1,20	1,05	"	0,04
Grondal.............	53,20	4,45	6,35	1,15	2,65	3,85	"	0,06
Bisperg 1...........	65,07	"	8,33	0,54	0,45	0,30	"	0,04
Bisperg 5...........	49,05	"	19,16	1,24	0,40	8,83	"	0,07
Kasern	61,44	"	8,30	1,20	3,00	2,64	"	0,06
Uddevalla	44,20	1,35	9,20	2,10	5,00	4,70	"	0,04
Orling	49,37	0,19	23,50	0,94	2,90	1,44	"	0,21
Karrgrufva..........	52,72	1,75	7,30	0,36	4,20	3,46	"	0,04
Gosta	57,13	0,14	12,50	0,68	6,00	1,55	"	0,08
Langvick...........	36,24	7,45	6,00	0,20	10,35	4,70	"	0,08
Gellivare...........	68,10	"	3,30	0,87	0,47	1,30	"	0,20
Boutivare..........	54,20	0,38	3,00	6,25	1,35	4,50	8,70	0,04
Lousavare	71,80	0,05	8,00	2,56	0,60	0,83	1,70	1,05
Thorsaker..........	56,40	2,90	6,00	0,98	5,55	2,45	"	0,08
Dannemora.........	50,70	1,50	13,80	0,30	8,10	6,57	"	0,05
Grangarde..........	67,60	"	1,85	0,61	0,24	1,54	"	0,65
Haksberg..........	53,00	"	7,10	0,25	1,50	1,00	"	0,05
Grasberg...........	52,50	"	8,05	0,65	2,00	"	"	0,15
Norberg...........	54,30	0,31	23,00	0,67	0,40	0,45	"	0,50
Taberg	31,20	0,32	21,60	5,60	1,62	18,50	"	0,59
Grangarde Abraham...	60,90	"	10,00	1,50	4,00	1,27	"	12,70

Les extractions de minerais de montagne et les exportations ont augmenté depuis 1870 dans la proportion suivante :

Années.	Extractions. Tonnes.	Exportations. Tonnes.
1870........................	616,984	13,124
1873........................	827,492	23,868
1874........................	922,524	25,310

Quant aux minerais des lacs, il ne s'en extrait que de petites quantités, qui vont en diminuant tous les ans, et qui sont exclusivement consacrées à la production de certaines fontes de moulage; on a extrait :

Années.	Tonnes.
1870..	13,755
1873...............	5,365
1874...........	4,300

En temps ordinaire, les minerais valent sur le lieu d'extraction de 7 à 10 francs la tonne. Exceptionnellement il en a été vendu jusqu'à 35 fr., mais ce fait était tout à fait anormal. J'ai visité en 1871, en Dalécarlie, certaine mine dans laquelle le minerai extrait ne coûtait pas plus de 2 fr. 50 cent. la tonne rendue au bord du lac où il pouvait s'embarquer.

On peut se demander comment il se fait qu'un pays aussi riche en mines, et dont les moyens de consommation locale sont limités, ne devient pas avant tout grand exportateur de minerais. La France, l'Angleterre, la Belgique, l'Allemagne même, vont chaque année chercher sur les côtes de l'Espagne, de l'Italie ou de l'Algérie des centaines de milliers de tonnes de minerais qui, comme qualité, égalent à peine ceux de la Suède. Jusqu'à ce jour, en effet, les exportations de minerais ont été insignifiantes; on doit attribuer ce fait étrange aux difficultés et au prix élevé des transports. Malgré les nombreux canaux qui la sillonnent dans tous les sens, réunissant par l'intermédiaire de ces lacs si gracieux et si étendus la Baltique à la mer du Nord, malgré ses 6,500 kilomètres de voies ferrées, qui n'ont pas coûté plus de 100,000 francs par kilomètre, la rigueur du climat d'une part, la grande distance qui sépare presque partout les mines des ports d'embarquement de l'autre, la petitesse des concessions, la rareté des capitaux, ont empêché jusqu'à présent la création de ces vastes entreprises d'exportation qui ont si bien réussi sur d'autres points de l'Europe.

Il ne faut pas se dissimuler, cependant, que là est en grande partie l'avenir industriel de la Suède. C'est elle qui devra fournir à la Russie les moyens d'utiliser les vastes forêts de la Finlande, c'est elle qui devra alimenter en partie de minerais purs et riches la Belgique, le Nord de la France et l'Angleterre. Il ne faut pour arriver à ce résultat que diminuer les frais d'extraction, qui sont souvent exagérés, former des agglomérations de concessions qui permettent de réduire les frais généraux et perfectionner les moyens de transport, dont les prix sont la plupart du temps trop élevés. Dans les conditions actuelles, les minerais de Suède ne pourraient arriver aux ports du Nord de la France qu'au prix de 42 à 45 francs la tonne. La lutte avec les minerais du midi de l'Europe leur est impossible.

Dans son travail sur l'Exposition de Vienne, M. Grüner a décrit les procédés usités en Suède pour la fabrication de la fonte, du fer et de l'acier. La situation s'est peu modifiée depuis 1873. On continue à faire la fonte dans des hauts fourneaux de dimension moyenne, au vent modérément chauffé, avec des minerais grillés au gaz et des charbons de bois. Les usines sont petites et assez éloignées les unes des autres pour ne pas empiéter sur leurs approvisionnements de charbons. On affine les fontes par le procédé du Lancashire ou par la méthode Bessemer; celle-ci, qui à

l'origine paraissait convenir tout particulièrement à la Suède par le fait
même que le métal affiné y est obtenu presque sans combustible, ne s'est
pas répandue autant qu'on devait s'y attendre. En 1871, il y avait douze
usines Bessemer; aujourd'hui il en existe 19, dont 15 seulement sont
en marche et n'ont produit en 1874 que 21,000 tonnes d'acier, tandis
qu'une seule usine américaine rend près de 50,000 tonnes. Il est arrivé,
en effet, depuis la crise qui pèse si lourdement sur l'industrie du fer, que
l'acier Bessemer a subi une dépréciation bien plus grande que ne l'a fait
le fer de qualité supérieure obtenu par les anciennes méthodes, de telle
sorte que certaines usines qui avaient adopté avec empressement les nouveaux procédés sont revenues aux anciens. Il y a là un fait inquiétant pour
l'industrie de ce pays, car le développement énorme des récents procédés
d'affinage, des études plus complètes sur les qualités des minerais et des
métaux qui en dérivent, amènent lentement mais sûrement à l'abandon de
ces fers supérieurs toujours fabriqués à des prix élevés. Déjà les exportations de ces fers ont diminué, comme le montrent les tableaux ci-après;
d'un autre côté, les usines suédoises, en raison de leur exiguïté et de leur
faible production, ne peuvent lutter avec les grandes usines anglaises ou
allemandes. C'est une raison de plus pour reporter vers les exportations de
matières premières les forces vives de la nation; elle y trouvera une source
naturelle et inépuisable de travail et de richesse.

PRODUCTION DES USINES À FER EN 1870, 1873, 1874.

	1870.	1873.	1874.
	Tonnes.	Tonnes.	Tonnes.
Fontes.............	300,470	345,872	327,997
Fers forgés et laminés	214,717	206,363	202,042
Métal fondu, Bessemer, Martin, etc.........	12,185	16,993	22,958

EXPORTATIONS ET IMPORTATIONS EN 1870, 1873, 1874.

	1870.		1873.		1874.	
	EXPORTATION.	IMPORTATION.	EXPORTATION.	IMPORTATION.	EXPORTATION.	IMPORTATION.
	Tonnes.	Tonnes.	Tonnes.	Tonnes.	Tonnes.	Tonnes.
Fontes..........	41,092	5,268	58,356	15,082	42,597	16,935
Fers forgés, etc....	168,249	9,873	136,718	63,017	122,868	71,455
Métal fondu, etc....	3,281	171	4,150	197	7,365	226

Parcourons maintenant les divers produits exposés à Philadelphie par les maîtres de forges suédois.

Les usines de Fagersta exposent les minerais qu'elles emploient et les fontes qu'elles en obtiennent, en donnant des uns et des autres des analyses intéressantes. Les minerais proviennent d'Ostra Stortägden, Grandrot et Grondal; les analyses en ont été données plus haut. Les castines ont la composition suivante :

Chaux.. 36,61 p. o/o.
Magnésie..................................... 6,86
Silice.. 10,82
Alumine...................................... 7,15
Protoxyde de manganèse....................... 1,25
Acide carbonique............................. 37,18
Acide phosphorique........................... 0,007

Le mélange de minerais et de calcaire employé aux hauts fourneaux contient :

Fer.. 46,32 p. o/o.
Manganèse.................................... 4,37
Silice....................................... 11,93
Alumine...................................... 2,50
Chaux.. 7,51
Magnésie..................................... 2,76
Acide carbonique............................. 6,02
Acide phosphorique........................... 0,013

Cette charge rend au haut fourneau de 48 à 50 p. o/o de fonte propre au traitement par l'appareil Bessemer; elle donne des produits de la composition suivante :

FONTE.

Carbone...................................... 4,749 p. o/o.
Silicium..................................... 0,771
Manganèse.................................... 4,491
Phosphore.................................... 0,027

LAITIERS.

Silice....................................... 41,96 p. o/o.
Alumine...................................... 7,02
Chaux.. 25,04
Magnésie..................................... 17,75
Oxyde de fer................................. 0,23
Oxyde de manganèse........................... 6,75

La fonte est, on le voit, fortement manganésée; elle est, en sortant du

3

haut fourneau, immédiatement versée dans le convertisseur Bessemer, et
on obtient directement, sans addition de manganèse à la fin de l'affinage,
des aciers à teneurs en carbone qui varient, d'après la manière dont l'opération a été conduite, de 0,8 à 10 millièmes. On indique comme analyses des aciers les nombres suivants, en millièmes :

	CARBONE.	SILICIUM.	MANGANÈSE.	PHOSPHORE.
a. Pour tôles, essieux, etc	0,85	0,08	"	0,25
b. Pour canons de fusil	2,50	0,36	2,34	0,22
c. Outils tendres, scies, etc	7,00	0,32	2,56	0,23
d. Outils durs	10,50	0,67	3,55	0,28

Ce qui caractérise à première vue ces aciers, c'est la faible proportion de manganèse qu'ils contiennent; les qualités les plus douces en sont
même complétement dépourvues. Il doit arriver fréquemment, par l'emploi
du procédé direct, que l'affinage, étant poussé à sa limite extrême pour
faire disparaître le carbone, dépasse le but, et que le métal obtenu, très-
doux d'ailleurs, est légèrement rouverain par oxydation. C'est un des inconvénients de la méthode directe employée à Fagersta, dans la plupart des
usines autrichiennes et dans quelques autres encore.

Une des parties les plus intéressantes de cette exposition est celle où
l'on peut voir, dans ses diverses phases, la fabrication des canons de fusil.
Le procédé employé dans cette usine a pour résultat de donner au sortir
de la forge des tubes qu'il n'y a plus qu'à aleser et à tourner. A cet effet,
de petits lingots sont découpés en tronçons dont chacun représente un
canon; les tronçons sont percés à l'emporte-pièce d'un trou central; puis
la bague ainsi obtenue est légèrement martelée et laminée sur mandrins
dans un laminoir excentrique à mouvement alternatif : on obtient ainsi un
tube creux à surface extérieure conique. Ces canons ont une excellente
réputation.

Enfin, après avoir présenté des types d'aciers de toutes formes et de
toutes qualités, l'usine de Fagersta remet sous nos yeux les essais faits par
Kirkaldy à Londres, que nous avions déjà remarqués à l'Exposition de
Vienne en 1873. Ces essais forment un volume que je me garderai de
transcrire ici, bien qu'ils aient tous un réel intérêt. Je me contenterai d'en
extraire quelques chiffres relatifs aux tôles d'acier fondu, en y joignant
des données du même genre provenant d'essais faits par le même Kirkaldy
sur des tôles de fer fabriquées dans les usines Krupp, d'une part, et dans
celles de Lowmoor, de Bowling, etc., de l'autre.

NATURE ET PROVENANCE DES TÔLES.	ÉPAISSEURS des échantillons.	AVANT RECUIT.			APRÈS RECUIT.		
		LIMITE d'élasticité.	CHARGE de rupture.	ALLONGEMENT p. %.	LIMITE d'élasticité.	CHARGE de rupture.	ALLONGEMENT p. %.
	Millimètres.	Kilogrammes.	Kilogrammes.		Kilogrammes.	Kilogrammes.	
Tôles Bessemer de Fagersta. { Bandes larges...	3,15	37,4	52,2	10,8	24,8	40,2	22,9
	6,30	26,5	42,2	28,2	23,7	38,1	33,8
	9,50	20,6	36,0	36,1	20,2	35,7	35,8
	12,70	21,7	39,0	36,4	19,4	36,0	38,5
	15,80	19,6	37,0	37,2	17,9	35,5	34,4
Bandes étroites.	3,15	38,5	50,0	13,5	23,2	38,9	28,4
	6,30	24,8	38,7	35,3	21,4	36,9	40,1
	9,50	20,4	35,4	41,5	19,8	35,4	42,0
	12,70	21,6	38,1	40,0	19,4	35,5	42,5
	15,80	19,8	36,7	44,7	18,1	35,0	43,5
Tôles de fer de Krupp... { En long......	11,00	20,0	36,7	27,8	17,5	32,2	29,2
	13,50	18,0	36,6	35,9	17,0	33,1	26,4
	16,50	17,2	33,8	22,7	16,5	33,0	29,2
En travers.....	11,00	19,4	34,5	15,7	17,0	32,1	16,5
	13,50	17,8	35,2	17,7	17,2	32,5	19,8
	16,50	16,8	33,6	18,8	16,5	31,6	22,8
Tôles de fer de Lowmoor, etc. { En long......	11,00	20,0	34,1	17,5	18,3	31,4	19,3
	13,50	19,5	33,2	16,5	18,8	31,5	19,5
	16,50	19,0	33,2	16,2	19,4	32,1	16,6
En travers.....	11,00	19,6	31,7	11,1	19,0	29,3	11,2
	13,50	19,3	31,8	10,2	19,0	31,0	14,8
	16,50	19,3	32,5	12,3	18,8	30,7	12,4

Enfin dans le tableau suivant je reproduirai quelques renseignements

3.

analogues sur des tôles de métal fondu de provenance française, renseignements puisés dans l'ouvrage de M. Barba, ingénieur des constructions
navales, sur l'emploi des tôles d'acier, et dans la communication faite en
1875 par M. Euverte au Congrès de l'industrie minérale à Saint-Étienne.

NATURE ET PROVENANCE DES TÔLES.		LIMITE D'ÉLASTICITÉ.	CHARGE DE RUPTURE.	ALLONGEMENT p. o/o.
		Kilog.	Kilog.	
Le Creuzot	n° 9 c	45,30	68,30	23,40
	n° 10 c	37,20	63,20	27,60
	n° 11 c	32,80	46,00	33,00
Terre-Noire	Fourniture de la marine..	27,40	47,60	28,00
	Idem	29,84	51,77	26,52
	Idem	23,50	45,60	30,50
	4 millièmes de mangan èse	25,18	47,25	26,75
	5 idem	27,90	55,10	27,00
	6 idem.	30,00	59,40	20,00
	10 idem.	37,55	68,70	21,28
	3 millièmes de phosphore.	34,90	67,67	17,25
	3 idem.	32,70	56,75	23,00

Le premier tableau permet de comparer les produits doux de Fagersta
avec ceux si renommés de Bowling, Lowmoor, etc., et d'affirmer une fois
de plus la supériorité du métal fondu sur celui qui est fabriqué par les
anciennes méthodes. On voit, en effet, que dans les tôles de Fagersta la
limite d'élasticité est un peu plus élevée : cette supériorité s'affirme davantage si on considère les charges de rupture; elle n'est plus douteuse enfin
lorsqu'on arrive à comparer les allongements.

Ces faits ressortent plus clairement encore des moyennes tirées du
tableau précité.

NATURE ET PROVENANCE DES TÔLES.		LIMITE D'ÉLASTICITÉ.	CHARGE DE RUPTURE.	ALLONGEMENT. p. o/o.
		Kilog.	Kilog.	
Fagersta	Avant recuit	25,1	40,5	32,4
	Après recuit	20,8	36,7	36,2
Krupp	Avant recuit	18,2	34,9	21,4
	Après recuit	16,9	32,4	23,9
Lowmoor, etc.	Avant recuit	19,4	32,7	13,9
	Après recuit	18,8	31,0	15,6

Si maintenant on compare les moyennes de Fagersta avec les chiffres du deuxième tableau, on remarque immédiatement que, dans le métal fabriqué en France, la limite d'élasticité et la charge de rupture sont beaucoup plus élevées pour des allongements à peu près égaux. Je ne crains pas d'affirmer que cette supériorité incontestable des tôles françaises est due uniquement à la petite proportion de manganèse que la méthode usitée dans nos usines permet de conserver dans le métal.

L'usine de Fagersta fabrique par an 3,100 tonnes de métal Bessemer et 2,000 tonnes de fers supérieurs.

L'usine de Sandvick, située à peu de distance du port de Gêfle, est la plus importante fabrique d'acier Bessemer de la Suède, et les produits en sont fort estimés. L'exposition qu'elle a faite à Philadelphie nous montre la série des minerais qu'elle emploie, accompagnés des analyses qui ont été données plus haut : ces minerais proviennent de Bisperg, de Kasern, d'Uddevalla, d'Orling, de Karrgrufva, de Gosta et de Langvick. La castine est extraite à Thorsaker et a la composition suivante :

Chaux......	51,60 p. o/o.
Magnésie.................................	1,73
Silice....................................	4,86
Alumine..................................	0,80
Oxyde de fer..............................	1,20
Acide carbonique..........................	39,70
Soufre...................................	0,001
Acide phosphorique....	0,019

Le combustible est exclusivement le charbon de bois.
La fonte obtenue contient :

Carbone.......	4,39
Silicium........,..	0,80
Manganèse................................	0,10
Phosphore................................ ...	traces.

Cette fonte diffère complètement, comme on le voit, de celle de l'usine précédente. J'ai vu travailler en 1871 un métal beaucoup plus riche en silicium; les échantillons que j'ai rapportés contenaient jusqu'à $2\frac{1}{2}$ p. o/o de ce corps. Les laitiers ont la composition suivante :

Silice..........	50,00
Alumine...........	4,50
Chaux...................................	40,00
Magnésie.................................	1,90
Oxyde de manganèse...........	0,90
Oxyde de fer..............................	2,30

L'opération Bessemer est conduite à Sandvick à la manière anglaise, c'est-à-dire qu'on ajoute après l'affinage une petite quantité de spiegel, contenant de 15 à 20 p. o/o de manganèse, refondu dans un petit cubilot avec du charbon de bois. On emploie même quelquefois des alliages plus riches eu manganèse. La production annuelle est d'environ 7,000 tonnes, vendues sous forme de bandages, d'essieux et de différentes pièces de forges. La fabrication des bandages y est fort bien entendue et très-économique. Sandvick est le seul atelier, je crois, où l'on coule immédiatement des rondelles évidées, au lieu de faire des lingots qu'il faut ensuite couper et percer au marteau. Ces rondelles, coulées dans des coquilles coniques, sont simplement parées au marteau, puis laminées en deux chaudes à un laminoir vertical mû par des turbines. Ces bandages font, dit-on, jusqu'à 450,000 kilomètres sans être tournés de nouveau.

Une tige de piston de 5,000 kilogrammes, des arbres droits, des essieux coudés de 3 et 3 $\frac{1}{2}$ tonnes, d'autres pièces de forge d'un joli travail, des outils de toutes sortes, montrent les applications que fait Sandvick de ses aciers. Cette usine présente une belle et intéressante exposition, à laquelle il ne manque qu'une série d'essais analogues à ceux de Fagersta. Cette lacune est d'autant plus regrettable que des épreuves parallèles eussent permis de comparer dans leurs résultats les deux variantes du procédé Bessemer et de reconnaître la bienfaisante influence d'une addition finale de manganèse exactement dosée.

La compagnie de Motala, dont on remarque les produits à côté de ceux des usines précédentes, ne possédait, il y a quelques années, qu'un laminoir, des ateliers de construction et des chantiers de navires; depuis 1875, elle a acquis les forges et aciéries de Bangbro. Elle possède donc aujourd'hui :

1° A Motala, un atelier de puddlage, un laminoir pour fer et pour acier, une tôlerie, une fabrication de bandages, une grosse forge, trois fours Martin, une fonderie, un atelier de construction de machines, de locomotives et de matériel de chemin de fer, enfin une chaudronnerie, le tout mis en mouvement par une force hydraulique de 800 chevaux et 100 chevaux-vapeur.

Cette usine consomme principalement comme combustible la tourbe qui se rencontre à une distance de 30 kilomètres en couche de 2 à 5 mètres d'épaisseur : cette tourbe ne renferme que 6 à 7 p. o/o de cendres; on la convertit en gaz dans des générateurs Siemens munis d'appareils de condensation du système Lundin.

2° A Lindholmen, près de Gothembourg, sur la mer du Nord, un chantier important de constructions navales :

3° A Norrköping, sur la Baltique, un autre chantier plus petit ;

4° A Nyköping, également sur la Baltique, un atelier de laminage de tôles et de gros fers, une forge avec atelier de réparations ;

5° A Banghro enfin, dans la région des mines de fer, une usine récemment construite par une société allemande et cédée à la compagnie de Motala en 1875. Elle se compose de deux hauts fourneaux, de deux convertisseurs Bessemer, avec les ateliers de fonderie et de réparations nécessaires. On dispose en cet endroit d'une force hydraulique de plus de 1,000 chevaux ; il s'y fabrique par année 6,500 tonnes de lingots, qui sont laminés à Motala.

Cet ensemble est, on le voit, d'une réelle importance, que confirme l'examen des objets exposés ; des frettes de canons en acier, des fermetures de culasses, etc., sont d'un fort beau travail. Il manque à cette exposition des renseignements sur la nature des minerais employés et sur les qualités mécaniques des produits obtenus.

La compagnie des forges de Surhammar expose des essieux montés sur roues en fer forgé, munies de bandages en acier, des tôles de fer et d'acier et des tôles minces pour toitures. Elle fabrique 2,000 tonnes de ces produits par an.

La compagnie Uddeholm donne la collection de ses minerais et de ses fontes, des échantillons d'acier Bessemer et Martin sous forme de lingots et de barres finies.

Enfin vingt usines, groupées sous le patronage du comptoir des fers, ont fait une exposition collective intéressante, dont les produits les plus remarquables sont :

Les projectiles de 28 centimètres en fonte trempée de la compagnie Ankarsrum ;

Les aciers Bessemer des forges de Bjorneborg, qui produisent 1,300 tonnes par an ;

Les tôles et fers de la compagnie Degerfors, qui font 5,000 tonnes au moyen de chutes de 1,400 chevaux de force ;

Les fontes à canon de Finspong. Ces fontes, faites de mélanges de minerais, ont un grain caractéristique dû probablement à leur mode de refroidissement. On ne peut mieux les comparer qu'à une sorte d'éponge en fonte blanche dont les vides seraient remplis de fonte grise ; elles ne contiennent ni manganèse, ni silicium, ni soufre, ni phosphore en proportion appréciable : elles sont donc réellement pures et jouissent d'une grande réputation comme résistance. La fabrication des gros canons de fonte à Finspong, que j'ai visité en 1871, est installée sur une vaste échelle et fort bien entendue ; les fours à réverbère sont placés sur un plan élevé correspondant à la partie supérieure des moules, le fond des fosses étant au niveau inférieur de l'usine, de sorte que la fosse elle-même est accessible dans toute sa hauteur. Les canons sont coulés creux et refroidis par un courant d'eau intérieure; les projectiles en fonte trempée sont également très-renommés pour leur résistance, ainsi que les roues creuses semblables à celles que l'on fabrique en si grand nombre aux États-Unis. La production annuelle de cette usine est de 8,000 tonnes de fonte, de 625 tonnes de canons et de 4,500 tonnes de fer; l'atelier de finissage des canons et des projectiles est remarquablement outillé;

Les spiegel de M. Hermansson à Ferna, fabriqués au moyen des minerais de Marnas et de Hillang;

Les aciers Bessemer et Martin, les fils de fer et d'acier des forges de Lesjofors;

Les spiegel des hauts fourneaux de Schisshytta-Molnebo, contenant jusqu'à 18 p. o/o de manganèse. Cette usine a été la première en Europe à fabriquer ces alliages riches de fer et de manganèse si usités aujourd'hui; elle emploie comme combustible un mélange de coke et de charbon de bois;

Enfin les aciers Bessemer d'Osterby et de Strombacka, obtenus des fameux minerais de Dannemora.

Toutes les expositions des forges suédoises sont accompagnées de petites cartes du pays indiquant la situation des usines ou des mines; on y trouve aussi une collection de cartes minérales et géologiques, de dessins de fourneaux et d'appareils qui font de cet ensemble un objet d'études très-intéressant.

Je ne parle que pour mémoire de la partie de l'exposition de la Norwége qui se rapporte à l'industrie du fer : il ne s'extrait encore des mines norwégiennes que 2,000 tonnes par an; il se fait dans le pays 30 tonnes de fer en barres et 2 tonnes d'acier. Une seule usine, celle de Cathrineholm, a exposé quelques fers ronds et carrés, des chaînes, etc.

Il existe cependant en Norwége des mines de fer considérables; une entre autres à Naeverhangen, près Bodoë, contient du minerai rendant de 63 à 65 p. o/o de fer et un peu de manganèse, dont l'exportation vers l'Angleterre, la France et la Belgique pourrait se faire sans difficultés : le transport ne coûterait pas plus de 15 à 18 francs. Le temps arrivera certainement où les usines du nord de l'Europe tourneront les yeux de ce côté.

RUSSIE.

Pour la première fois, la Russie se présente à une exposition internationale avec un ensemble de produits appartenant à la métallurgie du fer assez important pour témoigner de l'intérêt qu'elle porte à cette industrie et des moyens que la nature lui a dévolus pour y tenir un jour un rang considérable.

Retardée par des accidents de mer, cette exposition a été reléguée dans le bâtiment des machines et n'a été prête que fort tard : elle ne figure pas sur le catalogue général ; les produits en sont d'ailleurs bien groupés, mais on regrette l'absence de renseignements détaillés sur la puissance des usines représentées, sur la nature de leurs matières premières, etc. Quoi qu'il en soit, ce qu'il est permis de voir annonce le commencement d'une ère nouvelle pour ce pays. On sait, en effet, que le Gouvernement russe est disposé à développer l'industrie du fer par des encouragements sérieux, aidés d'une protection douanière sévèrement appliquée.

Jusqu'à ce jour, pour la construction de ses 22,000 kilomètres de chemins de fer, la Russie a demandé le matériel presque exclusivement aux pays étrangers ; l'Angleterre, la Belgique, la France même, se sont habituées à trouver de ce côté un débouché qui va leur échapper. Il n'est donc pas sans intérêt d'examiner quelles ressources présente, au point de vue de la production du fer et de l'acier, cet immense empire qui entreprend de se suffire à lui-même.

L'industrie du fer est pratiquée dans cinq centres fort éloignés les uns des autres et qui sont : les deux versants de l'Oural, le gouvernement d'Olonetz et la Finlande, la Pologne et la Volhynie, la Russie centrale et le gouvernement d'Ekaterinoslav. La couronne possède des usines sur tous ces points, pour les besoins de la marine et de l'armée, et fabrique annuellement environ 200,000 tonnes de fonte, qui sont converties en canons, en projectiles, en armes et appareils de toutes sortes. Les usines de l'État, par la nature même de leur fabrication, restent en dehors du mouvement industriel ; elles tendent à diminuer de nombre en se concentrant ; plusieurs disparaîtront entièrement à mesure que les capitaux se porteront sur la fabrication du fer et que l'État pourra trouver dans les établissements particuliers les matériaux dont il a besoin pour les fournitures de son armée et de sa flotte. Je m'occuperai donc principalement des usines particulières.

Le district métallurgique le plus important aujourd'hui est sans contredit celui de l'Oural. Sur le versant oriental de cette chaîne se trouve une suite de mines de fer magnétique de la plus grande richesse, véritables montagnes de fer d'une puissance et d'une pureté qui n'ont nulle part leurs égales. Les deux principales de ces mines sont situées à 45 kilomètres l'une de l'autre : l'une près de l'usine de Koswa, appartenant à la couronne ; l'autre près de Tagilsk, qui fait partie du groupe exploité par

M. Demidoff. Sur près de 800 kilomètres, s'étendant le long du versant oriental de l'Oural, on retrouve des gisements analogues d'une incomparable puissance, qui fournissent les minerais les plus riches et les plus purs que l'on connaisse. Pour en donner un seul exemple, il suffit de citer la mine de Tagilsk, d'où l'on a extrait depuis un siècle plus de 3 millions de tonnes à ciel ouvert d'un minerai rendant de 67 à 69 p. o/o au haut fourneau, pur de soufre et de phosphore, et ne coûtant que 2 fr. 50 cent. la tonne rendue à l'usine qui le consomme. Il n'existe peut-être pas au monde de situation aussi favorable sous ce rapport.

La contrée où se rencontrent ces splendides gisements est couverte de forêts, et là, comme en Suède, la production du fer est limitée par la nature du combustible dont elle dispose. Les bois de pins, sapins et bouleaux, seules essences qui puissent supporter la rigueur de ces climats, ne croissent que fort lentement. Ce n'est qu'après un délai de soixante-dix à quatre-vingts ans qu'on peut revenir sur une coupe. Il a donc fallu diviser les usines, les éloigner assez pour qu'elles ne se nuisissent pas, et limiter la fabrication pour ne pas compromettre l'avenir en faveur du présent, sacrifice qu'on n'a pas toujours eu la sagesse de faire, et certaines usines aujourd'hui sont contraintes de faire venir leurs charbons de fort loin et à grands frais.

Un autre obstacle au développement de la métallurgie du fer dans cette région est dans la difficulté des transports. Tous les produits doivent, en effet, être expédiés par eau, une fois par an, au moment de la débâcle des rivières, et gagner les fleuves d'où ils parviennent aux marchés de l'intérieur, dont le principal est Nijni-Novogorod. Ces transports doivent être achevés dans un laps de temps très-court, parce que les rivières n'ont généralement pas, en dehors de l'époque de la fonte des neiges, une profondeur d'eau suffisante. Il en résulte que la fabrication d'une année doit s'accumuler tout entière, pour être expédiée en deux mois au plus, et n'est payée, la plupart du temps, qu'un an après la vente, d'où la nécessité pour le producteur de posséder un fonds de roulement considérable ou de recourir à des emprunts fort onéreux.

Cette situation défavorable se modifiera bientôt; il se construit actuellement un chemin de fer qui, traversant l'Oural, reliera la ville de Perm, située sur la Kama, à une partie des usines du versant oriental et permettra d'éviter les dangers et les retards de la navigation dans les petits affluents; plus tard même Nijni-Novogorod sera, à son tour, reliée à Perm, et la Russie possédera alors une ligne non interrompue de chemin de fer allant de sa capitale à ses possessions d'Asie.

On trouve dans l'Oural une population ouvrière nombreuse et intelli-

gente, dès longtemps dressée aux travaux des mines et des forges et dont
les capacités et les forces ont été doublées par l'émancipation, ce grand
acte de sagesse, de justice et de prudence qui fera la gloire du Souverain
actuel.

Les hauts fourneaux sont généralement construits d'après le système
Raschette, dont le seul avantage est, à mon sens, de permettre d'augmenter
considérablement le cube de l'appareil, tout en évitant un creuset trop
large pour lequel il faudrait une pression de vent que le charbon de bois
ne pourrait supporter. Quoique le combustible y soit exclusivement végétal
et d'essences légères, on n'a pas craint dans ces dernières années de
donner aux hauts fourneaux jusqu'à 20 mètres de hauteur et de les souffler
à une pression de 8 à 9 centimètres de mercure. On arrive ainsi à des
productions de 25 à 30 tonnes par vingt-quatre heures, avec des consommations de charbon de moins de 1,000 kilogrammes à la tonne avec vent
froid, de 800 à 850 avec vent chauffé à 150 degrés. Ces fourneaux ont
de 6 à 10 tuyères et marchent à gueulard ouvert. J'ai vu cependant en
1875, dans une usine dépendant de Tagilsk, un haut fourneau muni de
prises de gaz et d'appareils de fermeture. Toutes les usines sont installées
au bord de lacs souvent très-étendus, dont la chute met en mouvement,
même pendant les hivers les plus rigoureux, les machines soufflantes et
autres nécessaires aux ateliers. On a néanmoins construit presque partout
des machines à vapeur pour venir en aide aux moteurs hydrauliques et les
remplacer au besoin dans les années de sécheresse. La production annuelle
de l'Oural, en dehors des usines de la couronne, dépasse 250,000 tonnes
de fonte, dont la majeure partie est transformée en fers de tous échantillons et en tôles minces pour toitures. La fabrication de ces tôles, qui
est la spécialité de cette contrée, exige l'emploi de fers de très-bonne
qualité. Les produits de ce genre s'exportent jusqu'en Amérique pour faire
des revêtements d'appareils de chauffage et des tuyaux; leur parfaite mal-
léabilité, le poli de leur surface et leur résistance à l'oxydation les font
rechercher pour un grand nombre d'usages.

La fabrication des rails a été entreprise depuis plusieurs années dans
une des usines de M. Demidoff. Jusqu'en 1875, on n'y fabriquait que des
rails en fer; depuis cette époque, un atelier Bessemer et des fours Martin
permettent de les livrer en acier, et c'est en partie avec ces matériaux d'excellente qualité que seront construits les chemins de fer de cette portion
reculée de l'empire.

Sur le versant occidental de l'Oural existe un bassin houiller qui s'étend
en une longue bande sur le flanc de la chaîne des montagnes et a donné
lieu depuis plusieurs années, dans le voisinage d'Alexandrowski notam-

ment, à une exploitation régulière. J'ai visité, en 1875, deux siéges d'exploitation parfaitement installés et pourvus de tous les appareils nécessaires à un travail sérieux. Le nombre des couches constituant le dépôt n'a pas encore été suffisamment étudié, mais une de ces mines suffit déjà à l'alimentation d'une forge, et l'autre, plus rapprochée de la rivière Kama, se prépare à fournir le combustible nécessaire aux nombreux bateaux à vapeur qui circulent sur ce cours d'eau et sur le Volga, dont il est l'affluent. La houille exploitée jusqu'à ce jour n'est pas d'excellente qualité : elle contient beaucoup de cendres, mais renferme, en revanche, une forte proportion de matières volatiles; elle peut même être transformée en coke, qui trouvera un débouché immédiat dans la fonderie de canons de Perm, vaste établissement qui appartient à la couronne.

On rencontre dans les mêmes régions d'abondantes mines de fer; ce sont des hématites brunes légèrement phosphoreuses, qui donnent cependant de très-bon fer. Un jour arrivera certainement où, l'exploitation de la houille ayant pris dans ce district le développement auquel on doit s'attendre, on réservera le combustible végétal à la fabrication de la fonte, et on emploiera pour la production du fer et de l'acier cette houille, dont la propriété de fournir abondamment du gaz riche en hydrogènes carbonés sera naturellement utilisée.

Quelques lambeaux de terrain houiller ont été également rencontrés sur le versant oriental de l'Oural, et des recherches très-sérieuses sont poursuivies en plusieurs points. Il existe d'ailleurs, paraît-il, une immense étendue de dépôt de la période carbonifère dans la Russie d'Asie, dépôt encore inexploré, et qui ne pourra prendre de valeur que lorsque cette contrée aura été mise en relation par des voies ferrées avec les gîtes métallifères des montagnes qui séparent l'Europe de l'Asie.

Richesse en minerais de fer sans limites, immenses forêts généralement bien aménagées, bassins houillers pleins d'avenir, population ouvrière dense, habile et laborieuse, tout se réunit pour faire de ce point situé si loin de nous un centre de l'industrie du fer des plus considérables. Sa situation entre l'Europe et l'Asie facilitera à la Russie l'extension de ses voies de communication sûres et rapides vers ses possessions lointaines et permettra de tirer parti des immenses richesses dont on n'a pu jusqu'à présent qu'à peine constater la présence.

Je passerai immédiatement au groupe situé dans le gouvernement d'Ekaterinoslav, que j'ai visité en partie en 1873, et qui lui aussi est destiné à devenir un centre important pour l'industrie du fer. Cette région possède une vaste étendue de terrain houiller, qui se montre à découvert sur plus de 30,000 kilomètres carrés. Les couches y sont peu épaisses.

mais en grand nombre, et offrent aux consommateurs des combustibles de toutes qualités, depuis les anthracites jusqu'aux charbons bitumineux et au cannel-coal. Les anthracites se comportent bien au feu et peuvent être employés dans les hauts fourneaux à l'état cru. On obtient des houilles bitumineuses d'excellents cokes très-durs et peu chargés de cendres. Quelques couches renferment une forte proportion de pyrites et auraient besoin d'un lavage pour être purifiées. Je transcris ici quelques analyses indiquées par l'Administration des mines de Russie; j'y joins des renseignements du même ordre sur des échantillons rapportés par moi-même en 1873 :

ANALYSES DE HOUILLES.

NATURE ET PROVENANCES DES HOUILLES.	CARBONE FIXE.	MATIÈRES VOLATILES.	CENDRES.
Houille de Volyntzowska.................	86,04	12,64	1,32
Houille de Golubowska..................	62,05	37,95	0,84
Idem................................	83,50	16,50	0,87
Houille d'Alexandrowski................	69,92	29,00	1,08
Anthracite de Malskrepinski.............	89,93	6,61	4,46
Anthracite (M. Bulazel)................	86,68	8,12	5,20
Anthracite du ravin de Shirska..........	91,91	5,84	2,25
Anthracite de l'Olchovaia..............	89,22	7,86	2,92
Houille de Golubowska, n° 3...........	68,90	30,60	0,50
Houille de Golubowska, couche n° 4......	54,00	45,00	1,00
Cannel-coal..........................	39,95	52,30	7,75
Houille de Sofiewka...................	61,35	34,40	4,25
Idem................................	70,20	26,30	3,50
Houille de l'usine Hughes..............	58,15	40,60	1,25
Coke de la même usine................	92,00	"	8,00

Plusieurs exploitations ont été entreprises depuis un certain nombre d'années et alimentent déjà des usines, les chemins de fer qui aboutissent à la mer d'Azov, la navigation du Don et en partie enfin les steamers qui circulent sur la mer d'Azov et la mer Noire. Une compagnie française a établi un siége d'extraction important à Kourakovka, dans la partie extrême occidentale du bassin. La difficulté des communications, dans un pays où les routes sont impossibles à entretenir en raison de la nature du sol, a seule empêché le développement de l'industrie houillère dans cette région; mais aujourd'hui une grande ligne est en construction qui, allant du Dnieper au Don, traversera le terrain houiller sur 300 kilomètres de longueur et, au moyen de nombreux embranchements, permettra aux produits des exploitations de descendre vers la mer ou de remonter vers le centre de l'empire. Malgré la rareté de l'eau, des bois et des ouvriers, l'extraction pourra se faire partout à un prix variant de 9 à 12 fr. la tonne, et, grâce à des tarifs de chemins de fer réduits (3 cent. $\frac{1}{2}$ par tonne kilométrique), on pourra venir à peu de distance de Moscou à la rencontre des charbons anglais et les faire refluer vers le nord.

On rencontre dans ces mêmes régions, connues sous le nom de *bassin du Donetz,* quelques couches peu puissantes mais assez continues de minerais de fer, sous forme d'hématites brunes plus ou moins phosphoreuses, quelquefois assez riches en manganèse pour donner par leur traitement au haut fourneau des spiegel pauvres. Une allure analogue se remarque dans les terrains houillers des États-Unis, dans lesquels on trouve avec une remarquable régularité des couches de minerais hématites que l'on emploie dans la plupart des hauts fourneaux qui ne fabriquent point de fontes à acier. Il y a là une singulière analogie. L'Administration des mines a exposé quelques-uns de ces minerais et en donne l'analyse; j'en ai ajouté un certain nombre faites sous mes yeux sur des échantillons rapportés du pays, dans lesquels le phosphore a été exactement dosé, ainsi que le manganèse.

PROVENANCE des MINERAIS.	FER.	MANGA-NÈSE.	MATIÈRES insolubles.	CHAUX.	EAU.	SOUFRE en millièmes.	PHOSPHORE en millièmes.
Grusbewka 1	37,25	"	44,50	traces.	5,55	"	"
Grushewka 2	41,86	"	41,10	traces.	5,00	"	"
Cundrutchia.	53,27	"	8,80	0,57	15,76	"	"
Sawostiana.	45,01	"	28,45	"	7,11	"	"
Mont-Saur-Mogila . .	49,22	"	21,10	1,92	4,56	"	"
Oïkawatka 1	53,93	0,45	7,50	1,43	14,00	1,50	2,88
Olkawatka 2	43,75	3,70	22,75	"	10,25	"	2,52
Olkawatka 3	44,40	8,63	9,10	"	15,50	0,70	3,86
Sofiewka 1	40,62	1,10	22,35	1,60	14,65	"	4,89
Sofiewka 2	54,77	"	1,55	3,30	14,50	"	6,76
Sofiewka 3	53,80	3,75	5,50	0,85	13,15	"	3,91
Petrowski.	42,84	0,88	2,65	13,05	21,75	"	1,37
Usine Hughes 1	59,37	1,84	0,35	"	13,75	"	1,87
Usine Hughes 2	43,20	11,13	5,65	1,00	14,00	"	2,60
Tagilsk (Oural). . . .	63,50	1,38	10,35	0,67	"	"	"
Krivoï-rog 1	68,50	"	0,65	"	0,60	"	0,17
Krivoï-rog 2	42,00	"	40,00	"	0,25	"	0,16

Quoique la richesse du bassin en minerais de fer ne fût pas complètement étudiée, elle ne paraissait pas suffisante pour assurer l'alimentation
de nombreuses usines, et l'avenir de la métallurgie du fer dans cette région semblait limité, quand on découvrit, il y a peu de temps, près du
Dnieper un gisement de fer oligiste et magnétique d'une grande puissance qui porte le nom de *Krivoi-rog*. Ces minerais tiennent de 40 à
67 p. o/o de fer; ils sont peu phosphoreux, et la puissance du gîte assure
au bassin houiller du Donetz, quand il sera relié au Dnieper, un approvisionnement pour ainsi dire inépuisable de matière première d'excellente
qualité.

Des gîtes analogues auraient été rencontrés depuis peu dans le voisinage de Berdiansk, près des côtes de la mer d'Azov, en un point beaucoup plus rapproché par conséquent du terrain houiller.

Il existe déjà un certain nombre d'usines dans le bassin du Donetz; une
seule cependant fabrique des rails en fer : c'est celle qui a été construite
par un Anglais, M. Hughes. On a élevé un haut fourneau qui fait, avec
les seuls minerais du voisinage, de 21 à 25 tonnes par vingt-quatre heures;
la houille est extraite au moyen de puits bien installés à proximité des
ateliers, qui en consomment 2,000 tonnes par jour. Le coke pour le haut
fourneau est fabriqué en cases. L'usine, qui comprend un atelier de puddlage, un laminoir à rails et à fer marchands et les bâtiments accessoires,
doit produire 10,000 tonnes par an. On a calculé que ce chiffre est la
trente-cinquième partie de ce qui sera nécessaire pour l'entretien seul des
voies ferrées de l'empire russe !

Deux usines de l'État situées à la limite nord du bassin houiller, Lissi-
tchansk et Lougansk, travaillent uniquement pour les Ministères de la
guerre et de la marine.

Sur la partie anthracifère du terrain houiller, M. Pastoukoff a construit
à Grushewka un haut fourneau qui, après une série de débuts difficiles,
est arrivé à consommer le combustible cru et les minerais locaux.

La Finlande et le gouvernement d'Olonetz possèdent un grand nombre
de petites usines alimentées par le combustible végétal et le minerai des
lacs analogues à ceux qu'on trouve en Suède. La couronne elle-même a
dans cette région une grande fonderie de canons. La production de ce district est forcément limitée par la nécessité de ménager les bois. La Finlande, plus rapprochée de la mer, peut recevoir des minerais de Suède et,
grâce à la pureté et à la richesse de ces matières, produire économiquement des fontes de qualité supérieure; mais il ne s'est pas encore établi
sur ces bases de groupe considérable.

Les usines de Pologne et de Volhynie emploient concurremment les charbons de bois, tirés des magnifiques forêts qui couvrent ces régions, et la houille extraite de la prolongation du bassin de Silésie.

Quant au district central, il manque absolument de combustible. Les bois ont disparu, et le sol ne renferme qu'une houille de qualité tout à fait inférieure, sans emploi pour la métallurgie; les petites forges qu'on rencontre dans cette partie de la Russie doivent se pourvoir, soit de bois venant du Nord, soit de houilles anglaises, soit enfin des charbons du Donetz.

Un mot maintenant des principales usines qui figurent à l'Exposition et des produits les plus remarquables qu'elles ont envoyés.

Celles qui se présentent d'abord avec l'ensemble le plus imposant et le plus complet sont la propriété de M. Demidoff en Sibérie Ces usines emploient les splendides minerais magnétiques qui ont motivé leur établissement et qu'on rencontre en plusieurs points de la propriété; les minerais sont fondus dans treize hauts fourneaux répartis en plusieurs groupes sur une surface de 800,000 hectares. Les hauts fourneaux les plus récemment construits ont 18 à 20 mètres de hauteur; ils sont elliptiques, suivant le système Raschette modifié; on y produit au charbon de bois, avec de très-faibles consommations de combustibles, bien qu'à l'air froid (850 à 1,000 kilogrammes par tonne), des fontes blanches et truitées pour l'affinage, des fontes grises 1 et 2 pour le moulage et des fontes à Bessemer.

Grâce à la richesse et à l'abondance du minerai, à son prix excessivement bas, grâce à la sagesse qui préside à l'aménagement des forêts, à l'excellente direction imprimée à toutes les parties de ce vaste ensemble par le personnel, à la tête duquel, disons-le, est un ingénieur français des plus distingués, M. Jaunez-Sponville, la fabrication du fer se fait chez M. Demidoff dans des conditions exceptionnellement favorables. La fonte s'y produit à un prix qui n'a jamais, que je sache, été obtenu ailleurs, même dans les points les plus favorisés de la Lorraine ou de l'Angleterre.

Il sort de ces usines environ 25,000 tonnes par an de fer en barres de tous échantillons, en tôles fortes et minces de fer et d'acier, en moulages, etc. Depuis un an on y fabrique du métal par les procédés Bessemer et Martin. La fabrication de l'acier Bessemer a été établie à Nijni-Salda, à 45 kilomètres de Tagilsk. La fonte des hauts fourneaux est immédiatement convertie dans des appareils de 4 tonnes qui peuvent être au besoin alimentés par des fours de fusion Siemens. On termine l'opération par une addition de spiegel fabriqué à Tagilsk même ou de ferro-manganèse venant de France. Les produits obtenus sont d'une qualité tellement supérieure et d'une si grande douceur, qu'on a pu les appliquer à la fabrication des tôles minces qui servent à couvrir les habitations. Deux fours Martin ont été construits à Tagilsk; ils sont chauffés au moyen du gaz provenant de bois vert et servent à refondre en lingots tous les déchets des forges et à les transformer en fer fondu qui vient remplacer les massiaux de fer doux des anciens procédés, dans la plupart de leurs applications.

M. Demidoff a envoyé à l'Exposition des échantillons de ses matières premières, minerais, castines, combustibles, matériaux réfractaires fabriqués chez lui, une remarquable série de fontes dont on aurait voulu connaître la composition, les fers et aciers qui en proviennent, des tôles excessivement minces faites avec du métal Bessemer, etc.; un grand nombre d'essais mécaniques à froid et à chaud, des nœuds, des plis, des emboutissages surprenants qui témoignent de la haute qualité des produits.

La société à la tête de laquelle est M. Poutiloff possède:

1° A huit kilomètres de Saint-Pétersbourg, sur les bords de la mer, une grande forge contenant, indépendamment des ateliers de construction de matériel de chemin de fer, dont je n'ai pas à m'occuper ici, un ancien atelier de puddlage avec laminage de fer marchand et de rails, une tôlerie, une importante fonderie, une chaudronnerie, une grosse forge avec pilons, un atelier de réparations, un laminage de bandages, et une nouvelle usine de fours Martin et Pernot avec un puissant laminoir à rails d'aciers.

2° En Finlande, trois petites usines produisant la fonte avec le combustible végétal et les minerais des lacs.

La forge emploie uniquement des houilles anglaises, qui reviennent en moyenne à 30 francs la tonne, les fontes de Finlande, d'Angleterre et dans quelques cas particuliers de l'Oural. Elle a produit dans les meilleures années jusqu'à 50,000 tonnes de fers sous forme de rails et de barres marchandes.

M. Poutiloff a été le premier en Russie à fabriquer couramment des rails d'acier phosphoreux par le procédé de Terre-Noire, en refondant au four Siemens des mélanges de fonte et de vieux rails de fer anglais avec addition de ferro-manganèse français.

Ces usines exposent des types de leurs fontes et de leurs fers, en même temps que des aciers Martin de diverses qualités, parmi lesquels on remarque les rails phosphoreux, qui paraissent ainsi pour la première fois à une Exposition. Ils constituent une des rares nouveautés à signaler dans la métallurgie du fer et de l'acier.

Citons maintenant les envois de quelques usines de la couronne:

La fabrique de canons de Perm, vaste établissement situé dans le voisinage de l'Oural, sur la Kama, fait les gros canons de marine et de côtes en fonte frettée et en acier fondu. Elle possède d'immenses ateliers de fonderie de fonte et de fusion d'acier au creuset, chauffés les uns au charbon de bois, les autres au coke, d'autres au gaz par le système Siemens; un énorme pilon de 5o tonnes, dont on nous présente le dessin, a été récemment construit au milieu d'une vaste halle garnie de fours Siemens pour le réchauffage des lingots. L'usine de Perm emploie uniquement, comme matière première, les fontes de l'Oural, comme combustible le bois apporté par la Kama, le charbon de bois cuit dans l'usine même et le coke anglais! Elle a envoyé à l'Exposition des échantillons de ses fontes à canons et de ses aciers. Il est regrettable qu'elle n'ait pas cru devoir communiquer les résultats des nombreux essais mécaniques qu'elle fait journellement sur les métaux qui entrent dans la fabrication de ses pièces d'artillerie.

La fonderie de canons d'Olonetz comprend quatre usines : Alexandrowski, Koncheoserski, Suojarvi et Kalaasminski; les trois dernières, fabriquant la fonte nécessaire à la première, produisent 3,400 tonnes par an. Ce groupe est représenté par des minerais, des fontes et des projectiles.

La forge de Kamsk, gouvernement de Perm, fabrique des tôles fortes et des fers pour constructions navales : elle fait environ 500 tonnes par an; elle expose des tôles de 9 mètres de long sur 2 mètres de large et 14 millimètres d'épaisseur.

Le groupe de Koswa, district de Blagodat, comprend les usines de Koswa proprement dite, de Verkhni-Turinsk, de Barachinsk, de Nijni-Turinsk et de Serebransk; les trois premières fabriquent environ 20,000 tonnes de fonte par an, dont une partie est convertie en fer de toutes dimensions. Cet ensemble a envoyé à Philadelphie des échantillons des fameux minerais de Goroblagodat, des fontes et des fers remarquables par leur excellente qualité.

Enfin les usines de Salkinsk, gouvernement d'Ufa, qui font par an 7,000 tonnes de fonte que l'on convertit en canons et en projectiles, ont envoyé également des fontes et des minerais.

BELGIQUE.

Les maîtres de forges de la Belgique sont fortement éprouvés par la crise actuelle; la substitution, chaque jour plus complète, de l'acier au fer dans la construction des voies ferrées avait déjà porté un coup sérieux à leur industrie en lui fermant la plupart de ses débouchés à l'étranger. En 1872, la Belgique produisait 655,000 tonnes de fonte; la majeure partie en était convertie en fers spéciaux et en rails, dont plus de la moitié s'exportait. Or, les usines belges sont entrées fort tard et fort timidement

dans le mouvement qui a transformé la plupart des forges en Europe et
en Amérique; aujourd'hui encore, trois d'entre elles seulement fabriquent
de l'acier, deux par le procédé Bessemer, une par le procédé Martin, et
la production totale du pays dans ce nouveau métal n'atteint pas
100,000 tonnes. Deux raisons se sont opposées au développement de
cette fabrication, qui a pris dans les contrées voisines une si grande et si
rapide extension. On doit mettre en première ligne l'absence de minerais
propres à la production de l'acier : on sait, en effet, que les usines belges,
à l'heure actuelle, sont alimentées pour moitié de leur consommation de
minerais par les gisements si étendus du Luxembourg; or, ces minerais
renferment des quantités de phosphore considérables qui en rendent l'emploi impossible dans les aciéries; les minerais belges eux-mêmes, quoique
plus purs, ceux de la province de Namur principalement, contiennent
encore une proportion de phosphore inadmissible.

D'un autre côté, l'état du matériel des forges est venu en même temps
mettre obstacle à une transformation rapide des procédés de fabrication.
Les forges belges, en effet, sont pour la plupart anciennes; il leur est
resté de leur époque de prospérité un outillage suffisant pour le travail
du fer, mais impuissant pour celui de l'acier, et c'est au moment où les
cours de ces métaux sont tombés à un prix qui ne laisse plus de bénéfices
que la coûteuse transformation des usines devrait s'opérer. Les maîtres de
forges de la Belgique ont, sauf un petit nombre, manqué de prévoyance
en ne devinant pas, dans un avenir très-prochain, le remplacement absolu
du fer par l'acier ou pour mieux dire par le métal fondu. Ils ont cru que
le premier trouverait toujours sa place et la plus large place; que l'écart
entre les deux produits, si considérable à l'origine, resterait à peu près le
même; que la lutte serait facile. Il n'y a plus d'illusion à conserver aujourd'hui : le rail d'acier se vend, en ce moment, à peu de chose près au
prix qu'on demandait pour le rail en fer dans les années communes. Ce
dernier est mort à jamais.

Si les métallurgistes belges étaient entrés plus résolûment dans la voie
ouverte à l'industrie du fer par les nouveaux procédés, dès leur origine;
s'ils avaient, par exemple, adopté moins timidement la fabrication de
l'acier sur sole, qui exige dès l'abord de moindres capitaux à immobiliser
et permet d'employer, comme matières premières, des fers moins purs, ils
seraient aujourd'hui, grâce à leur habileté et aux ressources de leur
énergie et de leur intelligence, prêts à soutenir la vieille réputation de la
Belgique, tandis que, par imprévoyance et timidité, ils sont arrivés à ce
point qu'il ne reste à beaucoup d'entre eux qu'à restreindre leur production, à la limiter à la fabrication des fers profilés, de tôles ordinaires, etc.

4.

auxquels les minerais qui sont à leur portée conviennent parfaitement, et qu'ils obtiennent avec un rare succès.

Ce sont des produits de ce genre qu'ont exposés MM. Bonehill frères, Constant Bonehill et les forges de la Providence. Cette dernière usine indique comme prix de vente de ses grands fers à plancher rendus sous vergues à New-York, sans droits d'entrée, 40 dollars, soit 184 francs la tonne, ce qui correspond à 160 francs à l'usine. Peu de forges peuvent, je crois, offrir pareille marchandise à un prix aussi bas.

Les forges Victor Gilleaux, à Charleroi, ont une jolie exposition de tôles et de fers de qualité supérieure obtenus par puddlage au four Pernot avec la cryolithe, fluorure double de sodium et d'aluminium, qui aurait la propriété d'éliminer partiellement le phosphore. La haute qualité des fers exposés tient beaucoup, je crois, à l'emploi de fontes presque pures provenant d'Angleterre ou de Suède ou plus simplement des hauts fourneaux d'Ougrée, qui, au moyen de minerais manganésifères en mélange avec ceux du pays, obtiennent des spiegel à faible teneur, mais presque dépourvus d'éléments nuisibles; elle doit tenir aussi à la plus grande liquidité des scories due à la présence de la cryolithe. D'ailleurs ce minéral, qui ne se rencontre que dans le Groënland, est d'un prix trop élevé pour être utilisé d'une manière pratique dans le puddlage. Quoi qu'il en soit, l'exposition de cette usine dénote des progrès réels, continus, intelligents, dus aux efforts de MM. Gilleaux.

Les forges de Régissa ont envoyé une série de tôles minces, ternes et polies, au bois et au coke, en fer et en acier; quelques-unes se rapprochent beaucoup par leur éclat des tôles russes; on se sert pour ces fabrications de fontes étrangères.

Les aciéries d'Angleur, établies depuis la fin de 1871, se présentent pour la première fois à une Exposition universelle. Elles se composent de deux convertisseurs Bessemer, alimentés par des cubilots où on refond des fontes anglaises du Cumberland, et d'une forge munie de marteaux-pilons et de laminoirs à rails et à bandages. Elles exposent les divers produits de leur fabrication et des épreuves indiquant une bonne qualité.

La grande usine de Seraing, qui peut produire 60,000 tonnes d'acier par an par le procédé Bessemer, celle de Sclessin, qui possède plusieurs fours Martin, se sont abstenues.

Quoique M. Valère Mabile ne soit pas producteur de fer ni de fonte, mais simplement forgeron, je ne puis passer sous silence la remarquable exposition qu'il a faite des énormes engins en fer forgé, servant au fonçage des puits par le procédé Kind et Chaudron, qui sortent de ses ateliers. Ces appareils sont bien connus en France; je ne ferai donc l'éloge ici que de la perfection du travail de ces différentes pièces, de la pureté de leurs formes et du fini de leur ajustage.

ANGLETERRE.

L'exposition anglaise, pour ce qui concerne la métallurgie du fer, est complétement nulle; on ne peut, en effet, considérer la première nation du monde pour cette industrie comme représentée par une seule usine à acier, West-Cumberland, qui a envoyé quelques échantillons de minerais, de cokes, de fonte et d'aciers, par les blindages de Cammell et de J. Brown, par quelques fabricants de fils de fer ou de fers blancs et par les modèles, en petit, des appareils Siemens et Whitewell, universellement connus. Disons donc que l'Angleterre s'est volontairement abstenue d'envoyer ses produits à Philadelphie. Elle a contribué par ses exemples, ses enseignements, par ses capitaux, souvent peu rémunérés, au développement de l'industrie américaine et de l'immense réseau de chemins de fer qui couvre le Nouveau-Monde; aujourd'hui la porte est fermée à ses importations, et elle se demande si l'élève ne dépassera pas bientôt le maître et ne viendra pas l'inonder à son tour des produits de son industrie.

J'imiterai la réserve des métallurgistes anglais : le moment serait mal choisi pour étudier ce colosse, si puissant autrefois, qui s'agite avec inquiétude aujourd'hui, cherchant à son activité un nouvel aliment; la nature l'a assez favorisé sous le rapport des richesses en matières premières, du génie industriel et commercial, pour ne pas douter qu'il ne trouve bientôt une voie différente et féconde qui lui permette de maintenir son antique supériorité.

COLONIES ANGLAISES.

Quoique le Canada ne soit encore qu'un faible producteur de fonte et de fer, sa position, dans le voisinage des États-Unis, rend intéressante une étude sur la situation de cette industrie.

Les possessions anglaises de l'Amérique du Nord sont riches en minerais de fer; indépendamment de ceux qui se trouvent dans le voisinage du lac Huron et du lac Supérieur, et qui doivent se rattacher aux gisements américains, la Nouvelle-Écosse, les bords du Saint-Laurent, le Nouveau-Brunswick, renferment de nombreuses couches de minerais de qualités diverses, dont je donne comme type un certain nombre d'analyses. Tous les gisements que représentent ces minerais sont d'une importance réelle; quelques-uns ont alimenté et alimentent encore partiellement des usines américaines.

La partie orientale du Canada, le Nouveau-Brunswick et la Nouvelle-

Écosse, avec l'île du Cap-Breton, possèdent un bassin houiller important, qui est probablement en relation avec celui de la Pensylvanie. Les seuls points qui soient actuellement le siége d'exploitations sérieuses sont le gisement de Pictou, au nord de la Nouvelle-Écosse, et celui de Sydney, dans l'île du Cap-Breton. Il s'extrait annuellement de ces deux points, où l'on rencontre des couches puissantes, plus de 700,000 tonnes de houilles bitumineuses, dont une partie est exportée aux États-Unis pour les usines à gaz. Dans le Nouveau-Brunswick et dans le Cumberland, quoique le terrain houiller occupe une surface considérable et que les couches y soient très-nombreuses, l'exploitation a peu d'importance et la consommation est toute locale, en raison de la mauvaise qualité du charbon et du peu d'épaisseur des dépôts.

ANALYSES.

	FER.	MANGA-NÈSE.	SILICE.	ALUMINE.	CHAUX.	MAGNÉ-SIE.	ACIDE TITANI-QUE.	SOUFRE en mil-lièmes.	PHOS-PHORE en mil-lièmes.
Mine Peter Totten (Nouvelle-Écosse).........	48,91	1,75	0,07	"	11,70	0,42	"	1,50	"
Mine Peter Totten, ferme de Ross (Nouv.-Écosse).	59,31	0,18	"	0,23	0,14	0,14	"	0.04	0,83
Martin Brook (Nouvelle-Écosse)............	57,85	0,19	"	0,56	0,15	0,10	"	0,08	1,66
Cumberland (idem)......	58,27	0,56	1,93	0,66	0,88	0,25	"	0,16	3,70
Veine Sud (idem).......	55,77	1,95	3,05	0,63	0,57	0,34	"	0,04	1,92
Rivière Nictaux (idem)...	54,22	0,56	14,97	5,53	2,70	0,41	"	0,60	3,60
Baie Saint-Paul........	35,95	"	"	"	"	3,60	49,60	"	"
Élizabeth.............	28,67	20,50	12,08	"	1,48	"	"	"	6,00
Hull, près Ottawa 1.....	53,51	"	20,27	0,61	"	1,88	"	0,80	0,12
Hull, près Ottawa 2.....	60,19	0,10	3,75	0,79	0,45	0,94	"	1,10	0,87
Hull, près Ottawa 3.....	62,52	"	11,11	"	1,85	0,18	"	2,80	0.07
Semour.............	64,61	"	10,42	"	"	"	"	0.70	0,05

Quoi qu'il en soit, il y a là, réunis dans ce coin extrême des possessions anglaises, place pour un centre industriel qui ne serait pas à négliger et qui se développerait rapidement s'il était encouragé par la mère patrie.

Un certain nombre d'usines sont venues représenter l'industrie canadienne; je citerai seulement :

1° La compagnie des aciers du Canada, qui expose des fontes coulées sous forme de roues, de cylindres de laminoir, de chaînes, et des barres d'acier : ces usines sont établies à Londonderry, où sont construits deux grands hauts fourneaux au coke ; 2° les forges et aciéries d'Ottawa; 3° enfin, la compagnie canadienne des fers au titane, qui a essayé, sans grand succès, de traiter les minerais de la baie Saint-Paul.

Les autres colonies anglaises, la Nouvelle-Zélande, l'Australie méridionale, la Nouvelle-Galles du Sud, n'ont exposé que des échantillons de minerais. Cette dernière, cependant, a vu se constituer une Société qui doit y entreprendre la fabrication de l'acier.

ALLEMAGNE.

Bien peu des métallurgistes allemands ont répondu à l'appel des organisateurs de l'Exposition de Philadelphie. Chacun sait que les forges de l'Allemagne subissent en ce moment une crise aiguë, d'autant plus grave que la production, depuis cinq ans, avait pris des développements exagérés, hors de proportion avec les besoins réels du pays, on peut même dire avec ses ressources.

Les derniers renseignements statistiques fournis sur l'empire allemand remontent à 1874 : ils indiquent comme consommation de minerais la quantité de 3,596,619 tonnes, dont 184,210 sont venues de l'étranger.

Ces minerais ont produit :

	Tonnes.
En fonte de moulage..........................	125,284
En fonte de forge.............................	917,550
En fonte à acier..............................	237,438
TOTAL................	1,280,272

	Tonnes.
Les forges ont consommé....................	1,210,000
Les aciéries...............................	450,000
TOTAL..............	1,660,000

C'est donc 400,000 tonnes de fonte que l'Allemagne a dû demander à l'étranger, dont moitié environ pour les aciéries. Nous savons, en effet, que les maîtres de forges de cette contrée avaient fait avec les producteurs anglais des marchés considérables, dont plusieurs ont été très-onéreux; on n'ignore pas non plus les traités faits par les mêmes usines avec les mines de Mokta à des prix fort avantageux pour celles-ci et qui ont dû être rétrocédés avec perte lors de la baisse du prix des métaux.

En 1874, l'Allemagne a produit 365,000 tonnes d'acier, dont 170,000 par le procédé Bessemer; elle possède aujourd'hui 71 convertisseurs, dont :

En Prusse.. 61
En Bavière... 4
En Saxe.. 4
En Alsace-Lorraine.................................... 2

Ces appareils sont capables de produire 500,000 tonnes de lingots, mais quelques-uns sont arrêtés aujourd'hui, d'autres ne marchent que péniblement.

La fabrication de l'acier est particulièrement concentrée dans le bassin de la Ruhr, où la houille est à bas prix (7 fr. 50 cent. à 8 francs la tonne); mais les minerais sont rares, coûteux, et la plupart du temps impropres à la fabrication d'un métal de qualité convenable. C'est pour cette raison que la plupart des usines sont obligées de faire venir soit des minerais étrangers, système qui n'a que médiocrement réussi jusqu'à présent, soit des fontes anglaises. Celles-ci, qui ont coûté jusqu'à 250 francs, valent seulement en ce moment 85 francs sous vergues : elles doivent revenir de 107 à 108 francs à la plupart des usines; avec les frais de fusion au cubilot et les déchets, il faut admettre qu'on met aux convertisseurs des fontes à 115 francs. Dans ces conditions, on ne conçoit pas que ces fabriques puissent livrer, avec bénéfice, des rails au-dessous de 200 francs comme plusieurs le font aujourd'hui.

Parmi les exposants de l'Allemagne, je citerai :

M. Borsig, dont les usines métallurgiques sont situées dans la Haute-Silésie, et qui est surtout producteur de fontes au bois et au coke, et son propre consommateur dans ses vastes et fameux ateliers de construction de Berlin;

M. F. Krupp, qui avec une collection complète et bien disposée de ses minerais, collection que nous connaissons d'ailleurs pour l'avoir vue bien des fois, avec 7 canons de différents calibres, dont je n'ai pas à m'occuper ici, mais qui tiennent une place énorme dans le bâtiment des machines, expose une série d'arbres, d'essieux, de bandages, tous coulés au creuset, dit le catalogue, ce qui ne semble pas un progrès, maintenant que partout ailleurs on fabrique ces pièces avec le métal Bessemer ou le métal Martin. Nous savons du reste que M. Krupp possède 18 convertisseurs Bessemer et 12 fours Martin, ce qui lui donne une puissance de production colossale, dont une faible partie est utilisée en ce moment. M. Krupp ne nous montre aucune épreuve faite sur ses aciers si renommés; il semble n'avoir

pas abordé encore la qualité de métal extra-doux fondu, si largement
adoptée depuis quelque temps déjà en France, en Angleterre et aux
États-Unis. Il ne ressort de cette exposition aucun progrès réalisé depuis
1867.

Je citerai encore les grands fers à plancher des forges de Luxembourg
et de Sarrebruck; l'exposition collective des hauts fourneaux du pays de
Siegen, qui par le volume de leurs installations ont voulu compenser
leur peu d'intérêt : car les spiegel à 10 et 11 p. o/o que l'on nous présente sont connus depuis longtemps, et supplantés dans presque toutes
les aciéries par les alliages plus riches de 15 à 20 p. o/o ou par les
ferro-manganèses.

Comme on le voit, les grandes usines récemment construites, celles
même plus anciennes qui, à Paris en 1867, à Vienne en 1873, avaient
dignement représenté les pays allemands, se sont abstenues. Celles qui ont
apporté leur concours à l'Exposition de Philadelphie ne nous montrent
aucun progrès réalisé; le développement ne s'est fait que sur la capacité
de production, développement inouï, et on peut le dire, car les Allemands
en conviennent eux-mêmes, irréfléchi, qui porte aujourd'hui des fruits
amers, et qui doit servir de leçon aux nations voisines.

AUTRICHE.

Ce n'est pas sans une certaine difficulté qu'on peut trouver l'exposition
autrichienne relative à la métallurgie du fer. Elle ne donne, du reste, aucune idée de la puissance productive de cette contrée; mais nous savons
que les prix élevés de ses charbons et de ses minerais et la situation de
ses usines lui interdisent toute idée d'exportation. L'Autriche n'a donc
qu'un intérêt, pour ainsi dire, platonique à se mêler aux expositions internationales, du moins pour ce qui concerne l'industrie du fer.

Je n'ai à citer que les spiegel et les ferro-manganèses de Laybach,
contenant de 10 à 49 p. o/o de manganèse, de 3,5 à 4 millièmes de
phosphore, de 4,3 à 5 centièmes de carbone. Ces alliages avaient paru
pour la première fois à l'Exposition de Vienne, en 1873; perdus dans
une annexe peu fréquentée, ils avaient été peu remarqués. Ils ne contenaient alors au plus que 33 p. o/o de manganèse; ils arrivent aujour-
d'hui à 49 p. o/o, poussés par la nécessité de lutter avec les produits plus
riches que la France fabrique depuis plusieurs années.

Il nous faut parler aussi de l'exposition collective des industries de la
Carinthie, qui nous montrent pêle-mêle des métaux, des minerais, des

scories, de la fonte, du plomb, du fer, de l'acier, du zinc. Cette collection, peu volumineuse mais assez confuse, est heureusement accompagnée
d'une notice, dans laquelle on trouve des renseignements intéressants,
entre autres les analyses des minerais et des fontes, et des données sur la
résistance et sur la bizarre classification des aciers qui a cours dans le
pays et qui établit sept numéros, dont les deux premiers sont absolument
sans emploi; on pouvait en multiplier beaucoup le nombre : il vau-
drait mieux, croyons-nous, n'avoir pas à les classer, et pour cela ne pas
les produire. Dans les usines autrichiennes, je l'ai déjà dit, on emploie la
méthode directe pour le traitement des fontes à l'appareil Bessemer; si
c'est à ce mode d'opérer qu'est dû ce classement, il n'est pas en faveur
de la régularité des résultats qu'on en obtient. J'ai cru utile de transcrire
ici, en leur donnant la forme adoptée dans ce travail, les analyses fournies
par le groupe carinthien :

ANALYSES DES MINERAIS.

NATURE DES MINERAIS.	FER.	MANGA-NÈSE.	SILICE.	ALU-MINE.	CHAUX.	PERTE au feu.	SOUFRE en mil-lièmes.	PHOS-PHORE en mil-lièmes.
Minerai bleu terne cru........	49,00	3,70	5,60	4,75	1,40	10,62	"	"
Hématite crue.............	54,50	3,40	4,60	0,21	0,35	12,64	"	"
Minerai bleu foncé crist. cru....	56,00	3,96	0,20	0,32	1,50	12,02	0,10	"
Hématite ocreuse crue.......	49,10	2,86	9,35	0,91	0,15	12,72	2,42	1,10
Minerai brun cru..........	38,86	6,80	29,03	1,23	"	4,18	1,15	"
Minerai spéculaire bleu cru ...	50,40	2,80	1,75	0,65	4,22	13,40	5,31	0,90
Minerai spéculaire ordinaire cru.	44,83	2,23	14,85	0,47	3,50	11,92	"	"
Minerai bleu pulvérulent cru...	37,82	2,79	34,00	1,93	0,14	3,53	2,30	1,10
Minerai spathique cru........	44,33	"	0,50	4,35	1,28	37,95	"	"
Minerai spathique demi-décom-posé cru..............	41,28	3,48	0,48	3,05	0,79	6,26	"	"
Minerai grillé incomplétement.	50,40	5,00	18,75	0,34	0,11	0,92	7,80	0,83
Minerai grillé complétement ...	44,28	5,00	26,75	1,45	0,13	0,75	"	0,40
Magnétite, 1ʳᵉ qualité........	58,06	"	18,27	0,42	0,33	"	1,23	0,08
Magnétite, 2ᵉ qualité........	49,51	"	18,82	4,92	5,27	"	1,72	0,16
Magnétite, 3ᵉ qualité........	45,08	"	35,73	0,83	0,50	"	1,40	0,08

ANALYSES DE CALCAIRES.

PROVENANCES DES CASTINES.	CHAUX.	MA-GNÉSIE.	PEROXYDE de fer.	SILICE.	ALU-MINE.	EAU.
Castine de Saint-Paul rouge......	36,25	//	1,83	1,40	0,97	2,30
Castine de Saint-Paul jaune	31,00	//	3,46	0,02	1,24	1,80
Castine d'Eberstein.............	24,42	//	7,30	11,43	3,23	2,20
Castine de Lolling.............	35,37	//	4,44	0,17	//	//
Idem.......	49,40	//	8,13	0,76	//	//

ANALYSES DE FONTES.

NATURE DES FONTES.	CAR-BONE.	SILI-CIUM.	MANGA-NÈSE.	CAL-CIUM.	ALUMI-NIUM.	ARSE-NIC. en mil-lièmes.	SOUFRE en mil-lièmes.	PHOS-PHORE en mil-lièmes.
Fonte très-grise...........	3,65	1,82	3,85	//	//	//	0,26	0,37
Fonte grise lamelleuse	3,94	2,12	4,02	//	#	//	//	//
Fonte refondue...........	3,75	2,10	4,04	//	//	//	//	//
Fonte grise pour fonderies.....	3,62	2,03	5,42	0,25	//	//	//	//
Fonte grise...............	4,75	1,70	5,42	//	//	//	0,63	//
Fonte truitée.............	3,08	0,97	1,01	//	0,56	0,05	0,08	0,21
Idem	4,05	0,63	6,82	//	//	//	//	0,83
Fonte rayonnée	3,95	0,36	3,91	//	//	//	//	//
Spiegeleisen..............	4,22	0,32	3,12	//	//	//	0,53	//
Idem...................	3,38	0,37	7,30	//	//	//	1,10	//

CLASSEMENT, COMPOSITION ET PROPRIÉTÉS MÉCANIQUES DES ACIERS DE HUTTENBERG

(KLAGENFURT).

Nᵒˢ.	USAGES DES ACIERS.	TENEUR en CARBONE.	CHARGES de RUPTURE.	ALLONGEMENT p. o/o.
			Kilog.	
1	Sans emploi.....................	1,38 à 1,58	//	//
2	Idem	1,12 à 1,38	//	//
3	Outils, ressorts.................	0,88 à 1,12	88 à 104	5 p. o/o.
4	Outils, bandages.................	0,62 à 0,88	72 à 88	10 à 5
5	Bandages, tiges, roues, etc..........	0,38 à 0,62	56 à 72	20 à 10
6	Tôles de chaudière...............	0,15 à 0,38	48 à 56	25 à 20
7	Essieux, tôles douces.............	0,05 à 0,15	40 à 48	38 à 25

ITALIE, ESPAGNE.

L'industrie du fer en Italie n'est représentée à Philadelphie que par quelques échantillons de fontes manganésées fabriquées par MM. Gigli et Ponsard.

Quant à l'Espagne, elle a envoyé quelques barres de fer et de magnifiques échantillons de minerais et de houille, qui font regretter une fois de plus qu'un pays si richement doté par la nature n'ait encore trouvé ni le temps, ni les hommes, ni les capitaux nécessaires pour établir une grande industrie nationale qui, tout porte à le croire, tiendrait un rang distingué parmi les nations les plus favorisées.

ÉTATS-UNIS.

En présidant pour la première fois la société des ingénieurs des mines américains, cette année, M. Hewitt a retracé à grands traits l'histoire du fer et de la houille aux États-Unis; il a classé d'après leur production en fonte les diverses régions du monde entier, en faisant ressortir la proportion due sur l'ensemble à chaque État. Pour l'année 1874, cette étude donne les résultats suivants :

	Production. Tonnes.	
Grande-Bretagne....	5,991,000	ou 45,2 p. o/o.
États-Unis........................	2,401,000	18,1
Allemagne........................	1,600,000	12,1
France.........................	1,360,000	10,3
Belgique........................	570,000	4,3
Autriche........................	365,000	2,7
Russie........................	360,000	2,7
Suède et Norwége..................	306,000	2,3
Italie........................	73,000	0,5
Espagne........................	73,000	0,5
Amérique du Sud..................	50,000	0,4
Asie........................	40,000	0,3
Afrique........................	25,000	0,2
Canada........................	20,000	0,2
Australie	10,000	0,1
Japon........................	9,000	0,1
Suisse........................	7,000	0,0
Total	13,260,000	100,0

La production des États-Unis a plus que doublé en dix ans; une industrie qui se développe avec une telle rapidité, qui, aujourd'hui la seconde du globe, aura peut-être, dans une nouvelle période de dix années, dépassé son aînée, mérite un examen spécial, nécessairement rapide, mais dont le but sera surtout d'appeler l'attention sur les immenses ressources de ce pays, sur sa singulière aptitude à marcher toujours en avant, coûte que coûte, malgré les crises et les échecs partiels, sûr qu'il est d'arriver à un triomphe définitif.

Je dirai donc quelques mots des combustibles et des minerais dont la nature a si richement doté cette contrée, de la manière dont on sait mettre en œuvre ces ressources incomparables, et je terminerai par une revue des produits exposés, qui, considérés seuls, ne donneraient pas une idée suffisante de la puissance des États-Unis.

COMBUSTIBLES.

Charbons de bois. — Sur 2,266,600 tonnes de fonte fabriquées aux États-Unis en 1875, 411,000, c'est-à-dire une proportion de 18 p. o/o, l'ont été au charbon de bois. D'immenses forêts couvrent encore, en effet, les régions industrielles, et quoique les défrichements se soient faits le long des voies ferrées, pour livrer à la culture et aux industries de tous genres les terrains nécessaires, il reste encore sur les territoires exactement relevés par les statistiques 150 millions d'hectares de terrains boisés.

Ainsi, dans le nord de la Pensylvanie, la partie orientale de l'Ohio, dans le Michigan, le long du lac Supérieur, sur toute la surface de la Virginie principalement, existent encore de grandes étendues de forêts qui alimentent les innombrables petites usines à fer. Dans ces diverses parties de l'Amérique, suivant la nature du sol et le climat, 1 hectare produit de 16 à 33 tonnes, en moyenne 25, de charbon de bois; les 500,000 tonnes de fonte qui sont annuellement fabriquées exigent donc l'exploitation de 20,000 hectares chaque année, et comme il faut en général un délai de vingt-cinq ans pour revenir sur une coupe, on doit admettre que, pour la production de la fonte au bois seule, 500,000 hectares doivent être réservés.

Le prix des charbons de bois varie beaucoup d'un point à l'autre; les limites extrêmes paraissent être 30 francs et 65 francs la tonne. En moyenne, ils coûtent aux usines 40 francs, sur lesquels 26 à 28 francs représentent les frais de délimitation, d'abatage et de cuisson; le reste est le prix du transport. Le rayon d'approvisionnement des usines dépasse rarement 8 kilomètres.

Combustible minéral. — Les États-Unis possèdent, dans les profondeurs de leur sol, le combustible minéral à tous ses états, depuis l'anthracite graphitoïde jusqu'au gaz naturel, en passant par tous les degrés de houilles bitumineuses et par les huiles de pétrole.

L'anthracite se rencontre dans deux bassins assez éloignés l'un de l'autre : l'un, dans le Massachusetts et le Rhode-Island, couvre une surface de 2,000 kilomètres carrés; l'autre, dans la Pensylvanie, occupe 1,200 kilomètres carrés. On trouve dans le premier bassin jusqu'à onze couches de combustible, quelques-unes très-puissantes, et on évalue la partie utilisable du dépôt carbonifère à 80 mètres. Malheureusement ces couches, qui ont été soumises aux époques géologiques à des actions chimiques et mécaniques énormes, n'offrent plus aujourd'hui qu'une masse friable, très-difficile à brûler, et qui ne peut soutenir la lutte avec les anthracites de Pensylvanie.

Le bassin de Pensylvanie, bien que n'occupant en apparence qu'une surface restreinte, est de beaucoup le plus important; on le divise en trois groupes parallèles entre eux et avec la chaîne des Alleghanies :

1° Le groupe sud de la rivière Schuylkill;

2° Le groupe moyen du Shamokin, du Mahanoy ou du Lehigh;

3° Le groupe nord du Wyoming ou Lackawanna.

Dans le premier, on connaît une puissance de couches de 30 mètres; elle n'est dans le second et le troisième que de 20 mètres environ. Certaines assises ont une épaisseur énorme de 10, 15 mètres et plus, par la réunion dans un plissement de deux parties de la même couche. Il s'extrait annuellement de ce bassin seul plus de 20 millions de tonnes, dont la majeure partie est transportée à New-York.

On classe généralement les charbons en six grosseurs, sous les noms suivants :

1° Le Lump, qui comprend les gros morceaux réservés aux hauts fourneaux;

2° Le Steamer, brûlé sur les bateaux, sur les locomotives, etc.;

3° Le Broken; 4° l'Egg; 5° le Stove, employés principalement pour chauffage domestique;

6° Le Chestnut, petits fragments qui ont en général un prix moindre que les qualités précédentes.

Quant au menu proprement dit, dont il se fait dans les exploitations environ 20 p. o/o, il est partout abandonné.

Ces différentes grosseurs se vendent aujourd'hui à New-York aux prix suivants, qui font voir en même temps leur valeur proportionnelle :

Lump...	14' 90°
Steamer.	15 10
Broken.	15 60
Egg.	16 00
Stove.	19 45
Chestnut	17 20

Ces prix varient du mois de mai au mois d'octobre dans la proportion de 10 à 11.

A la mine, ils sont de 7 à 8 francs au-dessous des chiffres indiqués ci-dessus.

Commencée en 1820, l'extraction de l'anthracite est arrivée dans ces dernières années à un développement énorme, dont le tableau suivant donne la mesure :

Extraction.	Tonnes.
1820	1,965
1830	209,634
1840	1,008,220
1850	3,863,365
1860	9,807,118
1870	17,819,700
1871	17,370,463
1872	22,032,265
1873	22,828,178
1874	21,607,386
1875	20,643,509

Si cette industrie semble stationnaire, ou même paraît rétrograder un peu, cela tient à deux causes : d'abord à l'entente parfaite de tous les exploitants, qui se sont concertés pour limiter les extractions et maintenir ainsi les prix de vente; la plus grande partie des mines appartient à des compagnies de chemins de fer, qui ont ainsi dans leurs mains, par la quantité de combustibles qu'elles mettent sur le marché et par les prix des transports, qu'elles peuvent faire varier à leur gré, un des éléments les plus importants de toutes les industries des États-Unis. Il faut reconnaître aussi, comme cause tendant à ralentir le développement de l'exploitation de l'anthracite, la découverte et la mise en œuvre de gisements considérables de houilles bitumineuses, les unes, comme le *block-coal,* pouvant s'employer crues dans les hauts fourneaux, les autres se transformant en excellent coke dont l'usage se répand de plus en plus, principalement pour la fabrication des fontes pures à acier.

L'anthracite entre pour près de moitié dans l'exploitation totale du combustible minéral aux États-Unis, en ne tenant pas compte des menus abandonnés et qui forment des montagnes dans le voisinage des mines, jusqu'au jour où l'on aura trouvé le moyen de les agglomérer et de les convertir en un produit marchand.

On trouvera dans le tableau suivant la composition chimique de quelques types d'anthracite :

PROVENANCE.		CARBONE FIXE.	MATIÈRES VOLATILES.	CENDRES.	EAU.
Rhode-Island	1	77,00	10,00	6,00	"
	2	84,00	7,00	5,00	"
	3	92,00	2,00	4,00	"
Pensylvanie..........	1	91,86	3,52	3,24	1,38
	2	89,06	3,78	5,81	1,35
	3	92,11	30,5	3,54	1,30

Houilles. — Les ingénieurs américains divisent le système des houilles bitumineuses de leur pays en cinq bassins séparés les uns des autres, quoique présentant, en général, une série de caractères qui laisse supposer qu'ils ont formé autrefois un seul et vaste ensemble, occupant tout le centre de l'Amérique du Nord.

Ce sont : le bassin des Apalaches; celui du Michigan; celui de l'Illinois; celui du Missouri et enfin celui du Texas.

Jetons un coup d'œil rapide successivement sur chacun de ces centres de production houillère.

BASSIN DES APALACHES. — Il couvre une surface de 154,000 kilomètres carrés et s'étend parallèlement à la chaîne des Alleghanies depuis Blossburgh, en Pensylvanie, jusqu'à Tuscaloosa, dans l'Alabama, traversant le Maryland, l'Ohio, la Virginie, la Virginie Occidentale, le Kentucky et la Georgie, en une longue bande de 1,400 kilomètres de long, sur une largeur variable, qui en certains points dépasse 300 kilomètres. On y rencontre trois étages de couches, dont l'épaisseur est comprise entre 1 et 2 mètres et atteint quelquefois 5 mètres, comme dans le système du Cumberland. Comme qualité, ces houilles comprennent: les charbons demi-bitumineux si recherchés pour la production de la vapeur et pour les foyers de forges; les charbons durs dits *block-coals,* qui sont employés à l'état cru dans la plupart des hauts fourneaux de l'Ohio, grâce à la remarquable propriété qu'ils possèdent de ne pas changer de forme sous l'impression de la chaleur, et de supporter sans s'écraser des pressions considérables; les houilles à gaz, celles à coke des environs de Pittsburgh, dont le centre principal de production est à Connelsville, et qui produisent un excellent coke, d'une grande densité et peu sulfureux; enfin le *cannel-coal*, fort recherché autrefois pour la fabrication des huiles miné-rales, un peu délaissé aujourd'hui depuis la découverte des inépuisables gisements de pétrole.

La production totale du bassin des Apalaches est en nombre rond de près de 17 millions de tonnes, qui se répartissent entre les divers États de la manière suivante :

	Tonnes.
Pensylvanie.............................	10,500,000
Maryland..............................	2,360,000
Virginie Occidentale.....................	700,000
Ohio..................................	3,000,000
Kentucky..............................	40,000
Tennessee.............................	200,000
Alabama..............................	15,000
Total..............	16,815,000

Les prix de ces combustibles varient suivant leur usage et suivant les localités; nous aurons à y revenir à propos des centres de production du fer et de l'acier.

J'ajouterai seulement quelques analyses sur les diverses variétés de houilles extraites dans ce bassin.

ANALYSES DE QUELQUES HOUILLES BITUMINEUSES.

PROVENANCE.	CARBONE FIXE.	MATIÈRES VOLATILES.	CENDRES.	EAU.	SOUFRE en MILLIÈMES.
Comté de Cambria, demi-bitumin..	78,60	18,30	2,70	"	4,0
Broad Top, demi-bitumineux.....	74,65	17,85	7,50	"	18,5
Westmoreland, gaz............	61,45	32,85	5,80	"	10,4
Mc Kean, gaz.................	43 à 53	33 à 40	5 à 17	1,13à1,30	17 à 18,5
Cumberland..................	70 à 84	1 à 18	?	"	?
Demi-bitumineux....	73,78	14,62	10,70	"	?
Bitumineux......	60,30	30,30	7,89	"	?
Block-coals.....	53 à 62	32 à 40	1 à 3,2	2,7 à 5,5	5,50à12,2

Si l'on veut se rendre compte du développement des exploitations de houilles bitumineuses depuis les trente-cinq dernières années, il suffit de

jeter les yeux sur le tableau suivant, qui indique les extractions de quelques-unes des régions principales en remontant jusqu'à 1840 :

PRODUCTION DE HOUILLES BITUMINEUSES.

RÉGIONS.	DATES du COMMENCEMENT des exploitations.	1840.	1850.	1860.	1870.	1871.	1872.	18	1874.	1875.
		Tonnes.	Tonnes.	Tonnes.	Tonnes.	Tonnes.	Tonnes.	Tonnes.	Tonnes.	Tonnes.
Boissburgh..........	1840	4,285	23,161	78,918	733,035	815,079	849,262	991,057	796,388	581,782
Barclay...........	1856	»	»	27,718	273,335	378,335	382,842	387,644	337,072	376,637
Mc Intyre..........	1869	»	»	»	17,802	106,138	171,420	212,462	138,907	164,507
Broad Top..........	1856	»	»	186,903	313,425	319,625	297,473	350,245	226,693	204,291
Snow Shoe.........	1862	»	»	»	85,276	79,984	68,988	95,257	63,540	62,426
Clearfield.........	1845	»	»	»	410,523	542,896	431,915	592,860	639,630	915,573
Monongahela........	1856	»	»	491,918	1,517,909	2,303,856	1,944,859	2,291,220	2,094,312	2,275,265
Westmoreland.......	1873	»	»	»	»	»	»	»	952,971	769,068
Mercer............	1873	»	»	»	»	»	»	529,496	?	?
West Branch.......	1873	»	»	»	»	»	»	81,742	162,000	?
Mc Kean...........	1875	»	»	»	»	»	»	»	»	131,190
Cumberland........	1842	»	196,850	788,909	1,717,089	2,345,153	2,375,492	2,675,092	2,416,885	2,842,773
Virginie Occidentale..	1868	»	»	»	249,879	189,763	217,569	190,673	195,000	100,000

BASSIN DU MICHIGAN. — Ce bassin, qui a la forme d'une ellipse, occupe le milieu de l'État du Michigan et couvre une surface de 17,000 kilomètres carrés. On y rencontre une couche de houille bitumineuse de 1 mètre à 1ᵐ 70 d'épaisseur et quelques autres plus minces, parmi lesquelles un dépôt très-régulier de *cannel-coal* de 60 centimètres d'épaisseur. Cette contrée étant encore aujourd'hui très-boisée, l'exploitation de la houille n'y a pris que peu de développements. On en extrait à peine 30,000 tonnes par an, qui sont consommées sur place.

La composition chimique de la houille est la suivante :

Carbone.	45 p. o/o.
Matières volatiles	49
Cendres.	2
Eau.	2
Soufre.	2 ou 20 mil^{mes}.

BASSIN DE L'ILLINOIS. — Il semble avoir été en relation avec celui des Apalaches, et n'en être que le prolongement vers l'Ouest ; il s'étend sur les trois États de l'Indiana, de l'Illinois et du Kentucky et occupe une surface de 120,000 kilomètres carrés. Dans l'Indiana, on exploite principalement la houille désignée sous le nom de *block-coal,* ce combustible si remarquable qui peut se consommer à l'état cru dans les hauts fourneaux ; quoique par sa composition chimique il ne diffère pas sensiblement des houilles à gaz, le *block-coal* a une apparence feuilletée très-caractéristique et se comporte au feu d'une manière toute spéciale. On trouve à peu près régulièrement trois couches de ce combustible, formant ensemble une épaisseur de plus de 3 mètres. Dans l'Illinois et le Kentucky, la houille bitumineuse domine. L'extraction annuelle de ce bassin s'élève à 5 millions 500,000 tonnes.

BASSIN DU MISSOURI. — Ce bassin s'étend sur les États d'Iowa, du Missouri, du Kansas, de l'Arkansas, et sur les territoires indiens ; il recouvre une surface de 220,000 kilomètres carrés. Plus étendu que celui des Apalaches, il renferme des couches moins nombreuses et plus minces. On en extrait par an 1 million 400,000 tonnes. Cette production ne peut manquer de prendre prochainement un développement considérable, dans le Missouri principalement : cette contrée est en effet peu boisée et possède des mines de fer de la plus grande richesse. On rencontre dans ce bassin presque toutes les variétés de houilles, une entre autres s'approchant beaucoup de l'anthracite ; malheureusement, elles sont fréquemment salies par la présence de pyrites de fer ou de feuillets de sulfate de chaux.

5.

Bassin du Texas. — Enfin dans le Texas existe un bassin houiller qui semble être le prolongement du précédent; il occupe une superficie de 15,000 kilomètres carrés, et paraît contenir au moins quatre couches de houilles bitumineuses de bonne qualité, et en quelques points des anthracites analogues à ceux de Pensylvanie. L'étude de cette contrée est encore imparfaite et l'exploitation de la houille n'y est que peu développée.

Je ne citerai que pour mémoire les gisements houillers du trias qu'on rencontre dans la Virginie et dans la Caroline du Nord, ainsi que ceux de la période crétacée qu'on retrouve jusqu'au pied des montagnes Rocheuses. La fabrication du fer n'a pas, jusqu'à ce jour, eu recours à ces combustibles.

En résumé, les États-Unis possèdent 529,200 kilomètres carrés de terrain houiller appartenant à la période carbonifère et extraient aujourd'hui près de 50 millions de tonnes. Ils viennent immédiatement après l'Angleterre comme producteurs de houilles, ainsi qu'on le remarque sur le tableau ci-dessous, où les divers pays sont classés suivant leur production annuelle (en 1873):

	Tonnes.	
Grande-Bretagne..................	127,016,747	ou 46,4 p. o/o.
États-Unis......................	50,512,000	18,4
Allemagne.....................	45,335,741	16,5
France........................	17,400,000	6,4
Belgique......................	17,000,000	6,2
Autriche......................	11,000,000	4
Russie........................	1,200,000	0,5
Nouvelle-Écosse..............	1,051,567	0,4
Australie.....................	1,000,000	0,4
Divers........................	1,000,000	0,4
Espagne......................	570,000	0,2
Indes........................	500,000	0,2
Portugal......................	18,000	»
Total.......	273,604,055	100,0

Si on considère que la surface occupée par le terrain houiller est vingt-cinq fois plus grande aux États-Unis qu'en Angleterre, on ne s'étonnera pas que le nouveau monde ait l'espoir de devenir un jour le fournisseur de toutes les nations du globe.

Pétrole. Je dirai peu de chose du pétrole et de ses gisements souterrains; il n'a pas encore été employé pratiquement dans la métallurgie du fer, où l'avenir lui réserve peut-être une petite place à côté des autres combustibles.

La région des huiles reconnue jusqu'ici s'étend, sur une longueur de
3 2 kilomètres, à la partie extrême du bassin houiller des Apalaches. L'huile
s'y rencontre dans les niveaux inférieurs du terrain carbonifère au milieu de couches de sable. C'est un curieux spectacle que celui de cette
contrée hérissée de charpentes sommairement construites, sur un type
uniforme, qui ont servi à percer les terrains au moyen d'un simple sondage
à la corde. Ces trous, faits sur un diamètre de 18 centimètres, descendent à
la profondeur de 250 à 320 mètres : on les tube dans le tuyau même,
on descend un piston à clapet muni d'une tige qui s'accroche à un balancier
grossier ; celui-ci est fixé à une pièce de la charpente du sondage ; on
amène une petite machine à vapeur qui se chauffera avec le gaz dégagé par
le trou, et l'on a une installation complète et peu coûteuse qui fera la fortune de son propriétaire. L'huile puisée coule dans une cuve qui sert de
mesure. Lorsque celle-ci est pleine, le liquide est repris par d'autres pompes
appartenant à une compagnie générale de transports qui le refoule au moyen
de petits tuyaux en fer dans des réservoirs placés à la gare de chemin de fer
la plus proche. Ces conduites, souvent de plusieurs kilomètres, passent à
travers bois, contre les habitations, sous les routes, les chemins de fer, dans
les cours d'eau, formant un réseau inextricable. Des réservoirs des stations
l'huile est versée dans les chaudières cylindriques posées sur les wagons
qui doivent la conduire aux usines de distillation et d'épuration. Certains
puits ont donné à l'origine jusqu'à 164,000 kilogrammes d'huile par jour ;
beaucoup, aujourd'hui, ne produisent que 30,000 à 45,000 kilogrammes,
d'autres infiniment moins, mais la région s'étend de plus en plus par de
nouvelles recherches, et la quantité extraite par année a à peine diminué
depuis l'époque où elle atteignait son maximum.

Il m'a semblé intéressant de reproduire ici le tableau des productions
annuelles de pétrole depuis les premiers travaux en 1859 jusques et y
compris l'année 1875. Les chiffres expriment des tonnes de 1,000 kilogrammes.

Années.	Tonnes de 1,000 kilog.
1859..	524
1860..	106,600
1861..	341,000
1862..	495,000
1863..	424,000
1864..	341,000
1865..	556,000
1866..	583,000
1867..	543,000
A reporter..........	3,390,124

Tonnes de 1,000

Années.	Report.......	3,390,124
1868.................................		605,000
1869.................................		682,000
1870.................................		900,000
1871.................................		938,000
1872.................................		1,050,000
1873.................................		1,575,000
1874.................................		1,770,000
1875.................................		1,450,000
	Total...............	12,360,124

Gaz naturel. Je passe maintenant à la dernière espèce de combustible que possèdent les États-Unis : je veux parler des sources de gaz inflammables qui alimentent deux usines situées à 11 kilomètres de Pittsburgh, les forges de Clanton et de Millvale, appartenant à MM. Graaf Bennett et Cⁱᵉ, et celles de l'Etna, qui sont la propriété de MM. Spang Chalfant et Cⁱᵉ.

En faisant, à 25 kilomètres plus loin, un sondage pour la recherche du pétrole, on vit tout à coup jaillir, d'une profondeur de 400 mètres, une source intermittente d'eau excessivement salée et une colonne de gaz combustible doué d'une pression de trois quarts d'atmosphère. On dirigea ce gaz, par un tuyau de 10 centimètres en fer, vers les deux usines indiquées ci-dessus et on l'utilisa au chauffage de fours à puddler, à souder, et de chaudières à vapeur. A l'arrivée à l'usine, la pression n'est plus que de 5 centimètres de mercure, en raison de la perte énorme due aux frottements dans une conduite aussi longue et d'un diamètre trop petit. La forge de MM. Spang Chalfant marchait seule à l'époque de notre visite à Pittsburgh, et nous avons pu voir des fours à puddler travailler avec cet étrange combustible. Depuis le mois de novembre, époque à laquelle les fours ont été disposés pour recevoir le gaz, ni la pression ni la nature même des matières volatiles n'ont changé. Deux petits tuyaux de 12 millimètres de diamètre partent de la conduite principale, circulent sous sa sole et viennent déboucher à l'extrémité du four opposée à la cheminée. On fait dans chaque four, par douze heures, cinq charges de 200 kilogrammes de fonte grise.

Rien ne permet encore de prévoir quelle extension pourra prendre ce nouveau mode de chauffage; on sait que dans le voisinage de la mer Caspienne des feux naturels brûlent ainsi depuis la plus haute antiquité, sans que la hauteur et l'éclat des flammes paraissent avoir diminué. Peut-être en sera-t-il de même de cette région des États-Unis qui présente plus d'un rapport avec cette partie de l'Asie.

Les analyses faites sur les produits volatils s'échappant de ces sondages ont donné les résultats indiqués dans le tableau suivant :

DÉSIGNATION.	H HYDRO- GÈNE libre.	C⁴ H⁴ GAZ oléfiant.	C² H⁴ GAZ des marais.	C² H³	CO² ACIDE carboni- que.	CO OXYDE de carbone.
Puits Burns............	6,10	"	75,44	18,12	0,34	traces.
Puits Leeburgh..............	4,79	0,56	89,65	4,39	0,35	0,26
Puits Harvey................	13,50	"	80,11	5,72	0,66	traces.

Comme on le voit, ces gaz sont fortement hydrogénés et leur combustion peut développer une chaleur intense. Appliqués à la fusion de l'acier par le procédé Martin, ils donneraient des résultats très-économiques.

MINERAIS.

Nous venons de passer rapidement en revue les richesses des États-Unis en combustibles de toutes sortes; nous avons reconnu combien, à la surface comme dans la profondeur de leur sol, ce premier élément de puissance industrielle était abondamment réparti. Constatons maintenant que la nature a aussi bien favorisé cette vaste contrée sous le rapport des minerais, et nous n'aurons plus à nous étonner de la prétention qu'a l'Amérique de devenir un jour le fournisseur du monde entier pour le fer et l'acier.

Minerais magnétiques, minerais spéculaires, hématites rouges et brunes, s'y rencontrent avec une richesse et une abondance considérables. Sans m'arrêter à la constitution géologique des gisements minéraux, ce qui serait sortir du cadre que je me suis tracé, je dois dire quelques mots des principales ressources de la métallurgie du fer à ce point de vue, en insistant surtout sur la composition chimique qui se lie plus immédiatement à l'emploi dans les hauts fourneaux.

Minerais magnétiques. Les gisements de ces minerais se rencontrent le long de la chaîne des Adirondacks, de celle des Alleghanies, côté oriental, des montagnes Noires et des montagnes Rocheuses. Un des plus importants est celui qui se trouve sur le flanc des Adirondacks, au bord du lac Champlain, à Crown-Point et Port-Henry. Il existe là, dans un site excessivement pittoresque, une masse énorme de minerai noir à brillantes facettes, qui s'enfonce profondément dans la terre. Les cristaux, souvent volumineux, faciles à isoler, sont fréquemment séparés les uns des autres par des matières étrangères, gangue cristalline composée d'apatite, de quartz et de chlorite.

Ce splendide minerai est fort employé pour la production des fontes Bessemer; il s'expédie aussi fort loin pour servir au garnissage de fours à puddler : on réserve pour cet usage et pour les hauts fourneaux en fonte de forge les parties de minerai qui contiennent le plus de phosphate de chaux. Le prix de vente, au bord du lac, est de 20 à 21 francs la tonne, ce qui doit laisser un énorme bénéfice aux exploitants ; mais l'engouement pour ce produit est tel qu'on le demande jusqu'à Pittsburgh, et même en des points plus éloignés, pour la fabrication des fontes à acier.

Une partie en est consommée sur place dans quelques hauts fourneaux récemment construits et qui fabriquent des fontes Bessemer se vendant 115 et 116 francs la tonne; ils brûlent des anthracites à 27 ou 28 francs.

Le minerai, lorsqu'il est en masses, est d'une excessive dureté et ne peut être travaillé qu'à la poudre ou à la dynamite; les trous de mines sont creusés par des perforateurs à air comprimé, montés sur des affûts fort simples à trois pieds qui, à mon avis, manquent un peu trop d'assiette; la pression de l'air est produite par des machines situées souvent fort loin et assez élémentairement construites. Les ouvriers mineurs gagnent de 5 fr. 30 cent. à 9 francs par jour, la moitié de ce qu'on les payait il y a deux ans. Un homme peut abattre 3 tonnes et demie par jour; dans l'état actuel, ce district peut fournir annuellement 500,000 tonnes de minerais, et l'exploitation est, sans contredit, susceptible de grands développements.

Dans le comté d'Orange (État de New-York) et dans la partie nord du New-Jersey se trouvent également d'énormes masses de minerais magnétiques appartenant au système des Alleghanies, qui s'exportent aussi en Pensylvanie en raison de leur pureté. Plus de cent mines sont en exploitation dans ces parages, quelques-unes produisant plus de 50,000 tonnes par an. Ces minerais se vendent sur wagons de 21 à 25 francs la tonne, suivant leur richesse. C'est dans la même région (comté de Sussex) que se trouve la fameuse mine de franklinite : ce minéral, composé de fer, de manganèse et de zinc, est d'abord traité dans une usine d'où l'on extrait le dernier métal; puis, le résidu est employé à la fabrication de spiegeleisen d'assez médiocre qualité.

La Pensylvanie renferme aussi de riches mines de fer magnétique. Le gisement de Cornwall est le plus remarquable par son étendue et sa facilité d'exploitation. Le minerai est tendre, souvent pulvérulent, contenant quelquefois une assez forte proportion de pyrites de fer et de cuivre. On extrait de la montagne de Cornwall plus de 200,000 tonnes par an, dont une partie s'expédie sur Pittsburgh. Dans le comté d'York, on exploite aussi un gîte important, celui de Codorus, qui renferme un micaschiste imprégné de 30 à 40 p. o/o de fer magnétique.

Dans la Virginie, la Caroline du Nord et la Georgie, les minerais magnétiques existent aussi en grande abondance, mais n'ont été que superficiellement exploités jusqu'à ces derniers temps. Ils sont certainement appelés à devenir un jour l'objet d'extractions sérieuses.

Enfin, les fameux gîtes du lac Supérieur contiennent eux-mêmes des magnétites dont l'importance est effacée par celle que prend chaque jour la masse inépuisable composée de fer spéculaire et d'hématite.

J'ai réuni un certain nombre d'analyses de minerais magnétiques[1] qui

[1] ANALYSES DE MINERAIS MAGNÉTIQUES.

NOMS DES MINES.	FER.	MANGANÈSE.	SILICE.	ALUMINE.	CHAUX.	MAGNÉSIE.	ACIDE titanique.	OXYDE de zinc.	SOUFRE en millièmes.	PHOSPHORE en millièmes.
Lac Champlain.........	52.10	0,12	9,44	8,60	0,72	1,08	7,28	"	0.30	0.40
Port-Henry...........	70,30	"	2,45	"	0,15	"	0,25	"	"	0,76
Idem.................	71,11	"	1,04	"	0,05	"	0,46	"	"	0,20
Moriah (New-York).....	64,31	"	6,44	1,38	2,11	0,20	0,99	"	0,02	0,22
Peekskill (idem)........	58,31	"	17,60	0,01	0,61	"	"	"	15,10	0,52
Stirling (idem).........	62,40	0,08	5,43	3,23	3,41	0,94	"	"	2,06	7,23
Port-Oram (New-Jersey).	53,00	0,41	11,63	4,40	1,56	1,59	"	"	1,10	0,20
Franklinite (idem).......	45,53	11,50	0,30	"	"	"	"	23,30	"	"
Ringwood cannon 1 (id.).	46,20	"	18,10	5,09	6,83	0,07	0,80	"	"	24,60
Ringwood cannon 4 (id.).	63,70	"	5,80	1,91	"	0,72	2,72	"	"	"
Ringwood St-Georges(id.).	66,40	0,16	2,00	0,39	2,58	0,21	0,65	"	"	11,00
Ringwood Miller (idem) ..	59,30	0,19	4,60	3,00	5,04	"	0,50	'	"	20,80
Ringwood Old Hope (id.).	66,00	0,19	3,00	2,59	1,57	0,22	0,30	"	"	2,00
Ringwood New-Hope (id.).	68,15	0,27	2,60	1,52	0,62	"	0,52	"	"	2,07
Ringwood Hewitt (idem)..	48,80	0,12	17,30	9,17	"	"	"	"	45,40	0,84
Green Pond (idem)......	62,17	"	9,36	1,02	0,68	0,36	"	"	27,80	0,53
Wanaque (idem)........	46,20	"	18,80	1,00	"	10,00	"	"	9,00	"
Staten Island (idem).....	53,50	"	12,80	2,80	"	"	"	"	"	0,53
Codorus (Pensylvanie)...	37,47	0,07	35,65	7,04	0,88	0,76	"	"	1,60	0,70
Virginie 1.............	65,71	0,08	4,10	4,43	0,29	0,12	0,15	"	"	0,09
Virginie 2.............	57,30	0,15	11,32	3,06	1,38	0,18	0,22	"	"	3.07
Cranberg (Caroline du Nord).............	66,52	0,25	4,02	1,03	1,06	0,23	"	"	2,50	"
Comté Carter (Tennessee) 1.............	68,34	0,20	4,88	0,42	0,43	0,36	"	"	"	?
Comté Carter (Tennessee) 2.............	58,19	1,10	9,08	0,52	"	"	"	"	"	?
Lac Supérieur Spar Mountain...............	64,60	"	6,25	2,67	0,67	0,19	"	"	3,50	"
Lac Supérieur Washington Mountain...........	65,94	0,18	5,13	0,85	0,92	0,77	"	"	0,30	1,10

permettent de les comparer à ceux que nous employons en Europe et particulièrement en France. La teneur en fer varie de 45 à 72 p. o/o ; sauf
la franklinite, ils ne contiennent pas plus de 1 p. o/o de manganèse,
comme le fameux minerai de Mokta. Comme lui aussi, un grand nombre
sont légèrement titanifères, quelques-uns le sont beaucoup ; le titane est
considéré aux États-Unis comme étant un obstacle à la fusion. Presque
tous ces minerais sont plus ou moins phosphoreux ; il en est même qui le
sont tellement, que leur emploi pour la fabrication de l'acier est complètement impossible.

Minerais spéculaires. Les gisements les plus importants de ces minerais
se rencontrent au lac Supérieur et au Missouri. Ceux du lac Supérieur sont
reconnus sur une longueur de plus de 200 kilomètres. Les exploitations
se font presque partout à découvert comme dans de véritables carrières ; la
nature du minerai varie suivant les localités : ce sont tantôt, mais rarement, des magnétites, le plus souvent des fers spéculaires, des hématites
dures et ce qu'on appelle des hématites douces. Tous ces minerais sont
très-purs et contiennent des traces seulement de phosphore. Plus de cinquante mines sont en exploitation et alimentent les nombreux hauts fourneaux au bois de la contrée même des mines, et, pour une grande partie,
ceux de la Pensylvanie.

Commencées en 1845, les extractions, dans ce riche bassin, ont augmenté d'année en année jusqu'au chiffre de plus de 1 million de tonnes.
Le tableau suivant donne le chiffre de tonnes extraites pendant les six dernières années et en 1865 :

Années.	Tonnes de 1,015 kilog.
1865	187,106
1870	861,405
1871	813,379
1872	952,077
1873	1,174,562
1874	934,895
1875	904,476

La diminution dans le chiffre d'extraction des deux dernières années ne
vient pas d'un amoindrissement dans la puissance du gîte ; il tient à la
crise qui a forcé d'arrêter nombre de hauts fourneaux en même temps
qu'au développement des exploitations du lac Champlain et du New-
Jersey.

De 1856 à 1875, on a tiré des mines du lac Supérieur l'énorme quantité de 8,555,156 tonnes.

Le prix du minerai varie de 10 à 14 francs, suivant sa qualité, à bord des navires sur le lac ou sur wagon.

Au centre de l'État du Missouri existent également quelques gisements considérables de minerais spéculaires. Les deux principaux sont : la Montagne de Fer (Iron Mountain) et Pilot-Knob, au-dessous de la ville de Saint-Louis. Là aussi les minerais sont riches et purs et paraissent inépuisables. L'extraction est d'environ 400,000 tonnes par an, dont une partie est consommée par les usines du Missouri, le reste allant en Pensylvanie concourir, avec les minerais du lac Supérieur, à l'alimentation des hauts fourneaux de ce district.

Les minerais du Missouri sont durs et d'une exploitation plus coûteuse que ceux du lac Supérieur. Ils se vendent cependant, comme ceux-ci, de 10 à 15 francs la tonne sur wagons.

Enfin, on trouve dans la Virginie des fers spéculaires qui n'ont été jusqu'à ce jour que peu exploités.

Le tableau suivant donne un certain nombre d'analyses des minerais du lac Supérieur, du Missouri et de la Virginie :

ANALYSES DE MINERAIS SPÉCULAIRES.

PROVENANCE.		FER.	MANGANÈSE.	SILICE.	ALUMINE.	CHAUX.	MAGNÉSIE.	ACIDE titanique.	SOUFRE en millièmes.	PHOSPHORE en millièmes.
Lac Supérieur.	Mine Jackson......	65,62	"	3,27	0,73	0,61	0,23	"	0,30	0,66
	Mine Cleveland.....	61,95	"	6,40	1,84	0,89	0,75	"	0,10	1,26
	Lac Supérieur, spéc..	60,69	"	9,82	1,64	0,57	0,24	"	0,20	1,04
	Lac Supérieur, hémat.	55,86	0,78	12,52	2,05	0,45	0,53	"	0,30	1,30
	Lac Angeline.......	50,40	"	25,09	0,92	0,33	0,34	"	0,20	0,30
	Mine de New-York..	63,00	"	4,72	1,87	1,20	1,60	"	0,30	2,20
Missouri.	Iron Mountain	66,04	0,12	4,75	0,08	0,46	"	"	"	0,16
	Idem.............	67,41	0,07	3,02	0,06	0,32	"	"	"	0,16
	Pilot-Knob........	59,15	"	13,27	2,19	0,21	0,14	"	"	0,15
	Idem.............	64,91	"	5,18	0,89	1,76	3,13	"	0,78	0,41
	Shepherd Mountain..	66,52	"	4,05	"	"	"	"	"	0,11
Virginie 1...............		38,53	0,13	30,80	10,24	0,97	0,88	0,20	"	1,60
Virginie 2...............		63,97	0,13	3,04	0,20	0,20	0,15	0,10	"	0,20

La teneur de ces minerais varie de 50 à 66 p. o/o ; ils ne contiennent pas de manganèse, ce qui ne les empêche pas d'être excellents pour la fabrication de l'acier ; ils sont moins phosphoreux que les magnétites. Leur analogue, parmi les minerais consommés par les usines françaises, est le célèbre et inépuisable minerai de l'île d'Elbe.

L'*hématite rouge*, qu'on désigne généralement aux États-Unis sous le nom de minerai fossilifère ou de Clinton, du lieu où sont situées les principales exploitations, n'est pas localisé comme les précédents; il forme un gisement continu partant du nord du Wisconsin et contournant, par le Canada, le bassin houiller des Apalaches; il arrive ainsi jusqu'au Tennessee, où il se perd. Ce minerai est trop phosphoreux pour être employé à la fabrication de l'acier; mais il sert à la production des fontes de moulage et des fontes de forges, pour lesquelles il convient parfaitement. Il est généralement consommé sur place; les quantités extraites et les prix varient suivant les localités. On le rencontre fréquemment en couches de 3 à 6 mètres d'épaisseur.

Les analyses ci-dessous indiquent la composition ordinaire de ces hématites :

PROVENANCE.	FER.	MANGANÈSE.	SILICE.	ALUMINE.	CHAUX.	MAGNÉSIE.	EAU.	SOUFRE en millièmes.	PHOSPHORE en millièmes.
Rossie (New-York).	58,72	"	13,20	1,32	"	1,60	"	"	"
Wayne (*idem*).....	44,31	"	"	"	6,03	"	"	"	4,30
Tennessee oriental..	66,30	"	1,80	1,39	0,13	1,21	"	1,40	3,40
Wisconsin.	49,90	"	5,39	4,80	4,17	0,97	9,85	1,00	17,40
Iron Ridge	56,44	0,37	4,32	2,80	2,28	0,99	6,30	0,60	4,80
Clinton T.	56,88	"	6,50	3,40	1,60	0,50	5,50	"	6,33
Pensylvanie (Sud)..	39,90	"	29,99	5,48	1,05	0,52	3,80	0,10	6,80

Ce qui différencie, au point de vue de l'emploi, ces minerais des précédents, ce sont les proportions d'eau et surtout de phosphore qu'ils contiennent.

Hématites brunes, limonites, etc. Les minerais de ce genre sont répandus sur presque toute la surface des régions houillères; ils forment fréquemment des couches régulières dans le terrain carbonifère. Leur composition comme leur aspect varie considérablement d'un point à l'autre; on en rencontre aussi dans les terrains siluriens, de même que dans ceux qui appartiennent aux époques crétacées et tertiaires, sous forme d'amas isolés remplissant les cavités des roches où ils se sont formés. Dans la Georgie, l'Alabama, le Tennessee, l'Ohio, le Missouri, dans la vallée du Lehigh, on trouve ces minerais en grande abondance. Ils sont quelquefois fortement manganésifères, comme l'indiquent les analyses ci-dessous, et donnent des spiegel à haute teneur. L'aspect extérieur, la composition chimique, le mode de gisement de ces minerais, les rapprochent beaucoup de ceux dont j'ai parlé à propos du bassin du Donetz.

PROVENANCE.	FER.	MANGANÈSE.	SILICE.	ALUMINE.	CHAUX.	MAGNÉSIE.	EAU.	SOUFRE, en millièmes.	PHOSPHORE en millièmes.
Brandon........	46,31	0,07	12,69	4,50	2,25	1,14	10,53	2,20	4,90
Duchesse (Comté), New-York.......	66,43	0,25	4,02	1,03	1,06	0,23	1,15	2,50	"
Shelby, Alabama...	57,97	0,52	0,29	0,35	"	"	14,62	"	0,81
Anniston (Alabama). 1.....	51,55	"	"	1,41	"	"	"	?	?
2.....	59,06	"	0,15	1,24	"	"	"	?	?
3.....	55,53	"	4,78	0,08	"	"	"	?	?
4.....	54,70	"	14,50	"	"	"	"	?	?
5	48,98	21,50	"	"	"	"	"	?	?
6.....	49,65	20,41	"	"	"	"	"	?	?
7.....	58,25	8,56	"	"	"	"	"	?	?
8.....	36,43	23,15	3,01	"	"	"	"	?	?

Tous sont phosphoreux, et si les analyses que j'indique, et qui ont été recueillies à l'Exposition, sont muettes sur ce sujet, il en faut conclure, ou qu'on n'a pas recherché le phosphore, ou qu'on a préféré omettre les chiffres relatifs à ce corps. Ils produisent néanmoins d'excellentes fontes prenant facilement la trempe, éminemment propres à la fabrication des roues, qui est si répandue aux États-Unis. Suivant les localités, ils coûtent de 14 à 20 francs rendus aux hauts fourneaux après lavage.

Carbonates. Le carbonate de fer cristallisé, minerai spathique, si abondant dans certaines parties de l'Europe, en Autriche, dans le pays de Siegen, dans les Alpes françaises, dans les Pyrénées, est très-rare aux États-Unis. On n'en connaît que deux gisements, aujourd'hui abandonnés.

Le carbonate terreux, faisant partie du terrain houiller, est beaucoup plus abondant; il se rencontre principalement dans le bassin des Apalaches, et en moins grande quantité dans l'Ohio et le Missouri. Il se trouve sous deux formes : ou en rognons disséminés dans les couches de houilles ou de schistes (Kidney ore), ou en couche continue plus ou moins bitumineuse (Black-band). Ces derniers sont exploités dans l'Ohio et alimentent un certain nombre de hauts fourneaux. Tous ces minerais sont très-phosphoreux, et par conséquent impropres à la fabrication de l'acier; ils sont grillés en tas avant d'être jetés dans les hauts fourneaux.

On trouvera ci-dessous l'analyse de quelques-uns des minerais appartenant à ce type :

NATURE DES MINERAIS.	FER.	MANGANÈSE.	SILICE.	ALUMINE.	CHAUX.	MAGNÉSIE.	EAU ET ACIDE carbonique.	SOUFRE en millièmes.	PHOSPHORE en millièmes.
Minerai spathique (Vermont)..	35,74	2,02	3,27	0,79	0,82	8,13	38,16	9,40	"
Mine Kidney (Ohio)........	35,88	1,35	11,94	0,50	"	2,45	31,48	"	7,97
Idem.................	36,31	1,05	8,96	2,60	"	2,80	32,25	1,80	3,76
Black-band mineral Ridge(Ohio)	27,12	0,78	11,84	"	1,05	0,97	48,80	1,80	?
Black-band Tuscarawas C° (*id.*).	24,06	1,33	26,22	0,70	1.70	0,88	36,10	1,10	2,16

CASTINES.

Les calcaires sont répandus dans toutes les formations sur lesquelles sont établis les centres industriels. Le prix aux hauts fourneaux en varie beaucoup, suivant les difficultés d'exploitation et la distance à parcourir: ainsi, tandis que les hauts fourneaux des environs de Chicago ne payent la castine que 3 francs la tonne, ceux de Pittsburgh sont obligés de la payer 9 francs.

On emploie dans quelques usines comme élément calcaire les coquilles d'huîtres, qui ont, paraît-il, la composition suivante :

Carbonate de chaux. .... 95,01 — chaux = 55,00
Carbonate de magnésie........ 0,94 — magnésie = 0,45
Silice............. 2,54
Alumine, oxyde de fer........ 0,53
Acide sulfurique.............. 0,30 — soufre = 0,120
Acide phosphorique............. 0,03 — phosphore = 0,013
Soude........................ 0,65

Le prix dans le voisinage des villes du littoral n'atteint pas 1 franc la tonne.

Nous avons vu, il y a quelques années, les coquilles d'huîtres employées dans les environs de Paris à la fabrication du verre.

Les États-Unis sont sillonnés actuellement par 116,000 kilomètres de chemins de fer et 9,000 kilomètres de canaux, sans parler des grandes voies naturelles, fleuves et rivières, ces routes qui marchent, comme on l'a dit si justement. Dans les quatre dernières années, on a ajouté au réseau de voies ferrées 45,000 kilomètres. On voit avec quelle rapidité ce développement se produit. Dire que toutes ces lignes sont rémunératrices serait s'avancer beaucoup : certains capitalistes étrangers, anglais surtout, savent ce que rapportent ces voies jetées à la hâte, faisant souvent double emploi, et ne répondant pas toujours à un besoin immédiat ; mais elles existent, elles transportent et luttent avec plus ou moins d'avantages avec leurs rivales, avec les canaux et les rivières, qu'elles suivent pas à pas, quand toutefois le tout n'est pas dans les mêmes mains pour imposer des lois au commerce de quelque district.

On sait que les deux grandes chaînes de montagnes qui traversent l'Amérique du Nord, à l'est les Alleghanies, à l'ouest les montagnes Rocheuses, partagent la contrée en trois bassins. L'un appartient au Pacifique : nous n'avons pas à nous en occuper ; le second, le plus grand, est celui du Mississipi, qui, par son immense parcours de 4,500 kilomètres et par celui de ses affluents, le Missouri, l'Illinois et l'Ohio, met en relation tous les États du centre ; le troisième, enfin, est celui de l'Atlantique, que desservent nombre de fleuves et de rivières considérables encore par la quantité d'eau qu'ils débitent. Au nord, un chapelet de grands lacs, véritables mers intérieures, tous reliés naturellement entre eux et versant leurs eaux dans l'Océan par le fleuve Saint-Laurent, communique par une extrémité avec le Mississipi au moyen d'un canal qui réunit le lac Michigan à la rivière l'Illinois, à l'autre extrémité avec l'Hudson et New-York par le canal de l'Érié.

Un chargement de minerais de l'Iron-Mountain embarqué sur le Mississipi à Saint-Louis, un navire rempli à Marquette de fer spéculaire du lac Supérieur, peuvent arriver à New-York sans rompre charge après un parcours de plus de 2,700 kilomètres.

C'est dans l'État de New-York que les canaux sont les plus nombreux ; tandis que l'artère principale, partant d'Albany et de 564 kilomètres de longueur, réunit l'Hudson aux grands lacs, de nombreux embranchements vont rejoindre le lac Champlain, la rivière Black, les lacs Onéida, Ontario, les rivières Susquehanna, Alleghany, etc.

Rien de plus variable que les tarifs des chemins de fer et des canaux ; comme les compagnies jouissent à cet égard d'une indépendance absolue,

elles taxent à leur volonté, haussent les prix ou les baissent suivant la saison ou les circonstances commerciales, sans cependant pouvoir favoriser
un producteur plus que l'autre, d'où résulte pour le commerce l'incertitude la plus fâcheuse.

D'une compagnie à l'autre on trouve les différences les plus extraordinaires; tandis que l'une d'elles favorise le transit en ne demandant que
2ᶜ,16 par tonne kilométrique, lorsqu'elle fait payer sur le pied de 8 cent.
les transports locaux, une compagnie voisine charge toutes les marchandises de 17ᶜ,20.

En général, les tarifs pour les matières qui nous occupent sont compris, sur les grandes lignes à exploitation facile, entre 2 et 3 centimes
par tonne kilométrique; lorsque le tracé est plus accidenté, on demande
de 4 à 5 centimes; enfin sur les lignes à fortes rampes, de 5 à 6 centimes.
Il faut ajouter qu'au moment de la hausse des fers tous ces prix ont été à
peu près doublés.

Sur les rivières, le transport de la tonne kilométrique est compris entre
1 et 3 centimes; sur les canaux il est de 1 à 2 centimes, auxquels il faut
ajouter 0ᶜ,34 pour la houille et 1ᶜ,02 pour les métaux, représentant les
droits de navigation.

Malgré ces tarifs peu élevés, comme les distances à parcourir sont la
plupart du temps considérables, nous verrons, en passant en revue les
groupes producteurs de fer, que les transports jouent toujours un rôle
important dans le prix de revient.

MAIN-L'ŒUVRE.

On est convenu de répéter que le prix de la main-d'œuvre est beaucoup
plus élevé aux États-Unis qu'en Europe, et que, par ce fait seul, jamais
l'industrie américaine ne pourra lutter avec celle de l'ancien monde.
Cette assertion est vraie jusqu'à un certain point, elle l'était surtout il y
quelques années, lors du développement si rapide de la production du
fer; mais, à cette époque même, il s'est formé une population ouvrière
nombreuse attirée par les salaires énormes que l'on était contraint de
donner.

Sous l'influence de la protection inouïe qui grevait les produits étrangers,
les propriétaires de mines et les maîtres de forges ont fait, pendant une
certaine période, des bénéfices extraordinaires. Un moment est arrivé où
les ouvriers ont voulu avoir leur part de ce gain inaccoutumé; il a fallu
composer : de là ces tarifs attribuant au personnel spécial, aux puddleurs,
aux lamineurs, des salaires journaliers de 35 à 50 francs, aux mineurs

des journées de 18 et de 20 francs. La crise financière qui sévit depuis plusieurs années ayant en fin de compte amené un ralentissement dans la consommation, les usines se sont trouvées trop puissantes; la concurrence intérieure s'est établie, les prix ont baissé. Pour avoir la mesure de cette chute, il suffit de considérer les chiffres suivants, qui indiquent le cours des fontes sur le marché de Pittsburgh dans les dix dernières années :

Années.	Prix de la tonne.
1865	230ᶠ 00ᶜ
1866	207 00
1867	221 00
1868	167 00
1869	175 00
1870	154 00
1871	154 00
1872	253 00
1873	198 50
1874	128 50
1875	103 00

Il a fallu nécessairement réduire progressivement la main-d'œuvre, éteindre un certain nombre d'usines, restreindre la production. Ce mouvement continue, et nul ne sait encore où il s'arrêtera.

Le tableau ci-dessous indique les prix payés aux ouvriers de hauts fourneaux en Pensylvanie en 1875 et à l'heure actuelle :

	Année 1875.		Année 1876.
Contre-maîtres	12ᶠ 70ᶜ à	9ᶠ 20ᶜ	6ᶠ 90ᶜ
Aides contre-maîtres	10 20	7 60	6 00
Fondeurs	9 20	6 45	5 85
Décrasseurs	9 20	7 85	5 85
Chargeurs de minerais	8 75	7 80	5 85
Aides-chargeurs	8 75	7 80	4 60
Chargeurs de coke	8 75	7 80	5 85
Aides-chargeurs	8 75	7 80	4 60
Machinistes	17 00	9 20	8 50
Aides-machinistes	12 40	7 35	4 75
Chauffeurs de chaudières	9 20	7 35	4ᶠ 60ᶜ à 5ᶠ 90ᶜ
Manœuvres	7 30	4 60	4ᶠ 60ᶜ

Dans les districts plus éloignés, les prix sont un peu supérieurs à ceux-ci, mais en somme, comme on le voit par les derniers chiffres, le prix de la main-d'œuvre a diminué dans une étonnante proportion et n'est plus très-différent de celui auquel nous sommes habitués.

En 1875, le puddlage était payé, suivant les localités, de 20 fr. 70 cent. (Pensylvanie) à 32 francs (Chicago) la tonne; le chauffage et le laminage de fer moyen mill, de 3 fr. 50 cent. à 4 fr. 20 cent. Ces prix ont subi cette année une réduction de 25 p. o/o, et l'on parle d'une nouvelle diminution.

Dans quelques districts, pour éviter les discussions avec le personnel, on a arrêté, d'accord avec les ouvriers, une échelle dans laquelle le salaire suit, dans sa marche décroissante, le prix des fers sur le marché, suivant une certaine mesure prévue d'avance.

Certains ouvriers spéciaux ont encore des salaires élevés : les maçons reçoivent de 7 fr. 80 cent. jusqu'à 12 francs dans les régions éloignées, les charpentiers n'ont que 6 fr. 55 cent. à 8 francs; c'est un métier que tout le monde sait dans un pays encore si boisé. En revanche, les briquetiers reçoivent de 7 fr. 80 cent. à 11 francs.

La journée est généralement de dix heures; les appareils à feu continu ont deux tournées de douze heures.

Aux mines du lac Champlain, les ouvriers sont payés de 5 fr. 30 cent. à 9 fr. 20 cent., suivant leurs fonctions; leur salaire était double de celui-là il y a deux ans, et aujourd'hui on leur annonce un rabais nouveau de 10 p. o/o qui doit porter sur tout le personnel.

En résumé, les prix de la main-d'œuvre décroissent rapidement. Nul doute qu'une reprise dans le commerce des fers n'amène une hausse partielle; mais un mouvement de ce genre s'arrêtera bientôt, parce que le nombre des usines en activité est tellement considérable qu'il n'y a plus place pour longtemps à un nouveau développement. Ne comptons donc pas trop sur le coût plus élevé de la main-d'œuvre pour nous défendre contre les envahissements possibles du nouveau monde. Les Américains sont habitués depuis longtemps d'ailleurs à perfectionner l'emploi des moyens mécaniques qui réduisent celui de l'homme au minimum. En cela, nous pouvons les imiter, il est vrai, et c'est même une leçon qui résultera pour nous de l'Exposition de Philadelphie.

Il semble probable que lorsque, dans une période plus calme, l'équilibre se sera établi entre la production et la consommation, les salaires seront dans les forges américaines, à peu de chose près, ce qu'ils sont en Angleterre.

On admet, il est vrai, aux États-Unis que l'ouvrier américain est supérieur à l'ouvrier anglais, on dit et on écrit que *neuf* des premiers font autant de travail que *dix* des autres : ainsi posée, la question paraît difficile à résoudre.

Un fait certain, c'est que pour les choses de la vie matérielle, la nourriture et le vêtement, l'ouvrier américain est placé dans une situation peut-être un peu meilleure. Les loyers seuls paraissent être à un prix plus élevé.

FABRICATION DE LA FONTE.

Les États-Unis ont fabriqué, en 1875, 2,266,581 tonnes de fonte. En remontant à 1830, les productions de dix ans en dix ans jusqu'à 1870, et par année depuis cette époque, ont été les suivantes :

Années.	Tonnes de 1,015 kil.
1830	165,000
1840	347,000
1850	563,000
1860	821,223
1870	1,696,429
1871	1,707,685
1872	2,854,558
1873	2,868,278
1874	2,689,413
1875	2,266,581

On admet dans les documents américains une capacité de production de 5,400,000 tonnes, soit le double de ce qui a été réellement fondu l'année dernière.

Les 2,266,581 tonnes de 1875 se sont réparties ainsi :

	Tonnes.	
Fonte au charbon de bois	410,990	soit 18,20 p. o/o.
Fonte à l'anthracite	908,046	40,00
Fonte à la houille et au coke	947,545	41,80
Total	2,266,581	100,00

Hauts fourneaux au bois. Il existe dans les divers États 257 usines au charbon de bois, possédant 281 fourneaux en état de marcher; 186 d'entre eux étaient arrêtés au 1ᵉʳ janvier 1876.

6.

Le tableau suivant, dans lequel les États sont classés dans l'ordre de leur capacité de production, indique la situation de chacun d'eux au 1ᵉʳ janvier 1876 et leur production en fonte au bois pendant l'année 1875 :

FONTE AU CHARBON DE BOIS.

ÉTATS.	HAUTS FOURNEAUX en état de marcher.	EN FEU au 1ᵉʳ janvier 1876.	ARRÊTÉS au 1ᵉʳ janvier 1876.	PRODUCTION en 1875.
				Tonnes.
Pensylvanie...............	39	15	24	34,491
Ohio	37	15	22	61,971
Virginie..................	28	4	24	15,396
Michigan	30	13	17	101,805
Kentucky.................	19	5	14	22,279
Tennessee................	18	5	13	18,011
New-York.................	16	5	11	11,496
Maryland.................	15	5	10	21,150
Alabama..................	12	6	6	25,108
Wisconsin................	11	4	7	25,483
Missouri.................	11	4	7	39,786
Connecticut	10	5	5	10,880
Georgie	9	2	7	3,823
Caroline du Nord..........	7	"	7	800
Massachusetts............	5	3	2	10,115
Virginie Occidentale........	6	1	5	1,100
Vermont.................	2	"	2	2,400
Maine...................	1	1	"	2,046
Texas...................	1	"	1	"
Indiana..................	1	1	"	1,700
Minnesota...............	1	"	1	"
Orégon..................	1	1	"	1,000
Utah	1	"	1	150
TOTAUX...........	281	95	186	410,990

Dans les quatre dernières années, les hauts fourneaux ont coulé en fonte au bois :

Années.	Tonnes.
1872.....................................	500,587
1873.....................................	577,620
1874.....................................	576,557
1875.....................................	410,990

Soit entre 1875 et 1874 une diminution de 165,567 tonnes, ou près de 30 p. o/o. Cette industrie spéciale a été la plus profondément atteinte par la crise.

Hauts fourneaux à l'anthracite. Il existe 134 usines marchant complétement ou partiellement à l'anthracite et possédant 225 hauts fourneaux, dont 100 étaient en feu au 1ᵉʳ janvier. Ces hauts fourneaux et leur fabrication se répartissent ainsi :

ÉTATS.	HAUTS FOURNEAUX existant au 1ᵉʳ janvier 1876.	EN FEU au 1ᵉʳ janvier 1876.	ÉTEINTS au 1ᵉʳ janvier 1876.	PRODUCTION en 1875.
				Tonnes.
Pensylvanie................	161	70	91	554,992
New-York................	41	21	20	254,935
New-Jersey................	18	6	12	64,069
Maryland................	3	1	2	15,840
Massachusetts.............	2	1	"	11,140
Virginie................	2	1	"	7,070
Totaux..........	225	100	125	908,046

La fabrication des fontes à l'anthracite est, on le voit, limitée à une zone beaucoup plus restreinte que la précédente; elle n'est réellement pratiquée que dans deux États, la Pensylvanie et l'État de New-York; dans les quatre dernières années, elle a subi les variations suivantes :

Années.	Tonnes.
1872.................................	1,369,812
1873.................................	1,312,754
1874.................................	1,202,144
1875.................................	908,046

Entre les deux dernières années il y a une différence en moins, pour 1875, de 294,098 tonnes, soit 24 1/2 p. o/o.

Hauts fourneaux à la houille et au coke. La production de fonte à la houille crue ou au coke, ou au mélange des deux combustibles, celle, en un mot, qui a pour base la houille bitumineuse, a été en 1875 de 947,545. 207 hauts fourneaux existent qui ont été construits en vue de ce mode de fusion; 98 seulement marchaient au 1ᵉʳ janvier et 109 étaient arrêtés.

Pendant les quatre dernières années, la fabrication de ces fontes a été la suivante :

Années.	Tonnes.
1872	984,159
1873	977,904
1874	910,712
1875	947,545

Soit entre les deux dernières années une différence, en faveur de 1875, de 36,833 tonnes ou de 4 p. o/o.

Les 947,545 tonnes se distribuent de la manière suivante entre les divers États :

ÉTATS.	HAUTS FOURNEAUX existant au 1er janvier 1876.	EN FEU au 1er janvier 1876.	ÉTEINTS au 1er janvier 1876.	PRODUCTION en 1875.
				Tonnes.
Pensylvanie	78	33	45	371,401
Ohio	63	39	24	353,922
Illinois	12	3	9	49,762
Missouri	8	2	6	19,931
Indiana	8	3	5	20,381
Maryland	6	1	5	1,751
Virginie Occidentale	6	3	3	24,177
Virginie	5	3	2	7,519
Michigan	4	1	3	13,000
Kentucky	4	3	1	26,060
Tennessee	4	2	2	10,300
Wisconsin	3	2	1	36,656
Georgie	3	3	"	12,685
Alabama	2	"	2	"
Caroline du Nord	1	"	1	"
TOTAUX	207	98	109	947,545

C'est encore la Pensylvanie, cette terre classique de l'anthracite, qui occupe le premier rang pour la consommation du coke au haut fourneau. Ce dernier combustible prend, en effet, peu à peu la place de l'autre dans la fabrication des fontes pures.

En résumé, il existe aux États-Unis 713 hauts fourneaux, dont 293 en feu et 420 éteints au 1er janvier de cette année. Les données précédentes se trouvent résumées dans le tableau suivant :

NATURE DU COMBUSTIBLE.	HAUTS FOURNEAUX existant au 1er janvier 1876.	EN FEU au 1er janvier 1876.	ÉTEINTS au 1er janvier 1876.	PRODUCTION en 1874.	PRODUCTION en 1875.
				Tonnes.	Tonnes.
Charbon de bois............	281	95	186	576,557	410,990
Anthracite................	225	100	125	1,202,144	908,046
Houille et coke............	207	98	109	910,712	947,545
Totaux.........	713	293	420	2,689,413	2,266,581

Si l'on compare les deux chiffres représentant les totaux des fontes produites pendant les deux dernières années, on trouve une différence en moins de 422,832 tonnes pour 1875, soit 15,7 p. o/o.

PRODUCTION TOTALE DE LA FONTE AUX ÉTATS-UNIS EN 1875.

ÉTATS.	FONTE AU BOIS.	FONTE à L'ANTHRA-CITE.	FONTE à LA HOUILLE et au coke.	PRODUCTION totale par État.	PROPORTION sur 100.
				Tonnes.	
Pensylvanie................	34,491	554,992	371,401	960,884	43,33
Ohio....................	61,971	"	353,992	415,893	18,63
New-York.................	11,496	254,935	"	266,431	11,78
Michigan.................	101,805	"	13,000	114,805	4,61
New-Jersey...............	"	64,069	"	64,069	2,84
Wisconsin................	25,483	"	36,656	62,139	2,76
Missouri.................	39,786	"	19,931	59,717	2,64
Illinois..................	"	"	49,762	49,762	2,20
Kentucky.................	22,279	"	26,060	48,339	2,14
Maryland.................	21,150	15,840	1,751	38,741	1,71
Virginie.................	15,396	7,070	7,519	29,985	1,35
Tennessee................	18,011	"	10,300	28,311	1,26
Virginie Occidentale........	1,100	"	24,177	25,277	1,16
Alabama.................	25,108	"	"	25,108	1,16
Indiana..................	1,700	"	20,381	22,081	0,98
Massachusetts.............	10,115	11,140	"	21,255	0,94
Georgie.................	3,823	"	12,685	16,508	0,74
Connecticut..............	10,880	"	"	10,880	0,47
Vermont.................	2,400	"	"	2,400	0,11
Maine..................	2,046	"	"	2,046	0,09
Orégon..................	1,000	"	"	1,000	0,05
Caroline du Nord..........	800	"	"	800	0,03
Utah...................	150	"	"	150	0,01
Totaux.........	410,990	908,046	947,545	2,266,581	100,000

Dans le tableau précédent les États sont rangés d'après l'importance de leur production en fonte des trois espèces, et j'ai indiqué la proportion pour laquelle chacun d'eux entrait dans le total général.

La Pensylvanie occupe donc le premier rang; on doit à elle seulement 43 p. o/o de la quantité totale de fonte fabriquée dans toute l'étendue de la république américaine. Les hauts fourneaux y sont généralement groupés le long des petites vallées, de l'un et de l'autre côté de la chaîne des Alleghanies.

La vallée du Lehigh, petit affluent de la Delaware, renferme 18 usines marchant à l'anthracite et possédant 50 hauts fourneaux, dont treize ont été construits depuis 1870 : les principales sont celles d'Allentown, de Bethléem, de Crane, de Glendon et de Thomas, qui ont toutes 5 ou 6 hauts fourneaux. Ceux-ci sont de grande dimension et nous montrent les installations les plus perfectionnées. La hauteur des derniers construits atteint 20 et 22 mètres; le diamètre au ventre varie de 6 mètres à 6^m,50. Ils sont pourvus d'appareils de fermeture *cup and cone* et de prises de gaz. Le vent, chauffé à 250 ou 300 degrés centigrades au plus, est injecté par 7 ou 8 tuyères. Les appareils à air chaud sont en fonte, mais présentent un grand développement de surface. La production annuelle d'un haut fourneau dans ce district est de 10,000 tonnes, c'est-à-dire de 25 à 30 tonnes par jour.

Dans la vallée du Schuylkill, autre affluent de la Delaware, on rencontre 35 usines, renfermant 50 hauts fourneaux, dont 18 datent des six dernières années; comme allures et dimensions, ils sont en tout semblables aux précédents.

La partie supérieure de la vallée du Susquehanna possède 15 fonderies à l'anthracite, composées ensemble de 25 hauts fourneaux, pour la plupart anciens; 4 d'entre eux seulement ont été établis depuis 1870. Leurs dimensions sont plus restreintes; ils ont, en général, une quinzaine de mètres de hauteur. Les forges de Lackawanna ont cependant un haut fourneau de 24^m,50 de hauteur et d'un diamètre de 6^m,50 au ventre.

Le Susquehanna inférieur renferme 26 usines et 36 hauts fourneaux à l'anthracite, dont 8 de construction récente.

Dans la vallée du Shenango il existe 32 hauts fourneaux, répartis dans 20 fabriques; ceux-ci marchent à la houille crue (*block-coal*) ou au coke; 11 ont été édifiés depuis 1870 et sont de grandes dimensions. Ils ont pour la plupart 24 mètres de haut et 6 mètres au ventre; leur production varie de 9,000 à 16,000 tonnes par an.

Dans le comté de l'Alleghany, aux environs de Pittsburgh, on rencontre

7 fonderies, renfermant 11 hauts fourneaux, dont quatre de construction tout à fait récente : je citerai entre autres ceux de Lucy et d'Isabelle, dont les luttes de fabrication ont retenti jusque dans notre vieille Europe. Les deux fourneaux d'Isabelle ont 24^m,50 de hauteur, 6^m,10 au ventre; ils sont soufflés par 7 tuyères de 11 à 12 centimètres de diamètre. La maçonnerie, revêtue d'une enveloppe en tôle, repose sur de hautes colonnes en fonte qui dégagent complétement la partie inférieure des étalages; une seconde chemise de tôle, rafraîchie par un courant d'eau, soutient ceux-ci. Les parois du creuset, les quatre faces des embrasures de tuyères, sont également refroidies par une circulation d'eau, de même que le trou de coulée et l'orifice des laitiers. Les monte-charges sont pneumatiques, d'une construction très-solide et très-légère à la fois, comme on sait si bien les faire aux États-Unis. Ces appareils produisent de 100 à 110 tonnes de fonte par jour. Ils constituent un type qu'on reproduit dans tous les districts en ce moment; c'est, en effet, un fait à remarquer que le peu d'originalité des installations américaines. Elles semblent toutes sorties du même cerveau, étudiées par la même personne, construites par le même ingénieur. Les magasins de matières premières sont bien disposés pour le service et complétement couverts; ils sont cependant presque partout trop petits pour contenir la totalité des approvisionnements.

L'État de Pensylvanie renferme encore, disséminées dans les divers comtés, 22 fonderies consommant soit de la houille crue bitumineuse, soit du coke, dans 35 hauts fourneaux, parmi lesquels 10 ont été établis depuis peu. La plus importante de ces usines est celle de Cambria, qui possède cinq vieux appareils et un nouveau.

Enfin on y trouve encore 39 petites usines au charbon de bois, n'ayant chacune qu'un haut fourneau d'environ 10 mètres de hauteur et de 2^m,50 à 3 mètres au ventre. On y fabrique, le plus souvent au vent froid, 2,500 à 3,500 tonnes par an de fonte supérieure pour forges ou pour fonderies.

Toutes les usines dont nous venons de parler emploient des minerais exploités dans leurs environs pour les fontes communes, ceux du New-Jersey, du lac Champlain ou du lac Supérieur pour les fontes de qualité ou celles destinées à la fabrication de l'acier. Dans les vallées du Lehigh et du Schuylkill, l'anthracite rendu aux hauts fourneaux vaut de 15 à 16 francs la tonne; à Pittsburgh, le coke ordinaire revient à 8 fr. 20 cent. ou 8 fr. 50 cent., lavé à 16 fr. 50 cent. : c'est ce dernier qu'on emploie pour les fontes Bessemer. Les combustibles sont donc à très-bon marché. En revanche, les minerais du lac Champlain ou du lac Supérieur, qui arrivent à Pittsburgh à peu près au même prix, coûtent de 37 à 41 francs la tonne.

Enfin, on consomme par tonne de fonte environ 600 kilogrammes de calcaire, qui vaut de 7 à 9 francs la tonne. Le prix des fontes Bessemer, qui sont plus particulièrement intéressantes, peut donc s'établir, dans les deux cas, de la manière suivante :

Pour la vallée du Lehigh :

Minerais divers, valeur moyenne....	28^f	2,000^k	56^f 00^c
Anthracite..	16	1,400	22 40
Castine...................	8	600	4 80
Frais de fusion, généraux, etc.........			40 00
Total...............			123 20

Pour les environs de Pittsburgh :

Minerais riches.................	40^f	1,670^k	66^f 80^c
Coke........................	16	1,200	17 60
Castine.....................	8	750	6 00
Frais de fusion, etc........................			40 00
Total...............			130 40

Les aciéries Bessemer de ces contrées s'alimentent en partie avec des fontes du lac Supérieur ou du lac Champlain, qui leur reviennent à 120, 130 et même 138 francs.

L'État où il se produit le plus de fonte après la Pensylvanie est l'Ohio; dans la partie désignée sous le nom de Hanging-Rock il existe 34 petites usines possédant chacune un haut fourneau au charbon de bois d'ancienne construction, dont la fabrication annuelle est généralement comprise entre 3,000 et 4,000 tonnes; mais beaucoup de ces fourneaux sont éteints en ce moment. Dans la même région on rencontre 13 fonderies ayant ensemble 15 hauts fourneaux, qui emploient comme combustible la houille crue ou le coke. Tantôt ce dernier est amené de Connelsville, tantôt il est fait sur place avec les houilles locales carbonisées, soit en tas par l'ancienne méthode, soit dans des fours belges. La substitution du combustible minéral au charbon de bois fait des progrès continus et rapides.

Dans la vallée de Mahoning, 22 fourneaux, dont 5 établis depuis 1870, répartis dans 15 usines, consomment également des houilles crues ou du coke, souvent un mélange des deux combustibles. Enfin, dissémi-minés dans toute l'étendue de l'État, nous trouvons encore 25 hauts fourneaux, parmi lesquels 16 sont de construction récente, qui sont ali-mentés par le combustible minéral cru ou transformé en coke, et 3 petites usines au charbon de bois.

Presque toutes ces usines consomment des minerais extraits dans les environs, soit des hématites brunes, soit des carbonates du terrain houil-ler. Ces minerais reviennent à environ 12 fr. 50 cent. la tonne; la houille crue (*block-coal*), exploitée également dans le voisinage, ne coûte pas plus de 8 francs, la castine 4 fr. 60 cent.

Minerai....................	12ᶠ 50ᶜ	2,500ᵏ	31ᶠ 25ᶜ
Houille....................	8 00	1,800	14 40
Castine....................	4 60	750	3 45
Frais de fusion, etc.........................			38 00
Total...............			87 10

La fonte au charbon de bois coûte 45 francs de plus par tonne, ce qui suffit à expliquer le mouvement de transformation que nous avons si-gnalé.

Dans les forges situées aux environs de Cleveland, près du lac Érié, on fond des minerais du lac Supérieur qui reviennent à environ 32 francs, avec des cokes de Connelsville qui valaient autrefois 29 francs, mais au-jourd'hui coûtent seulement 21 francs.

La fonte Bessemer, faite dans ces conditions, revient encore à près de 122 francs la tonne :

Minerai.....................	32ᶠ	1,660ᵏ	53ᶠ 12ᶜ
Coke........................	21	1,250	26 25
Castine......................			4 00
Frais de fusion, etc.........................			38 00
Total...............			121 37

On peut obtenir sur ce point des fontes Bessemer du lac Supérieur, expédiées par les lacs, à 120 francs la tonne.

C'est dans une usine de l'Ohio, à Ironton, qu'a été essayé le système de haut fourneau dit *système Ferrie*. Il consiste, comme on sait, à dispo-ser à la partie supérieure de l'appareil des chambres dans lesquelles la transformation de la houille en coke doit s'opérer; ces chambres sont chauffées extérieurement par des carneaux dans lesquels circulent des gaz du haut fourneau mélangés d'air. Ces essais n'ont encore amené aucun résultat et l'emploi du coke fait chaque jour des progrès dans la métallurgie américaine.

L'État de New-York vient en troisième ligne comme producteur de fonte; il s'y en fabrique une petite quantité au charbon de bois et plus de 250,000 tonnes à l'anthracite. Il existe dans toute l'étendue de l'État 27 usines à fonte, possédant 41 fourneaux; 20 de ceux-ci ont été construits depuis moins de dix ans. Quelques-uns sont établis dans le voisinage du lac Champlain, et c'est à la découverte des mines et à l'extension qu'elles ont prise qu'est dû le développement de la fabrication de la fonte dans cette région. Les hauts fourneaux de Cedar-Point, de Crown-Point, de Port-Henry, sont installés avec tous les perfectionnements récemment introduits en Europe dans ce genre de construction. Celui de Cedar-Point, que nous avons visité, est pourvu d'appareils Whitewell pour le chauffage de l'air, de fermeture *cup and cone*, de la disposition Lurman pour la coulée de la fonte et des laitiers, d'appareils pour la pulvérisation des laitiers : il fait de 43 à 45 tonnes de fonte Bessemer par 24 heures. Les anthracites reviennent dans ces districts à 27 fr. 60 cent. la tonne; le minerai s'y vend 20 fr. 80 cent.

Le prix de revient de la fonte doit être compris entre 105 et 110 fr. Elle se vend habituellement 125 et 130 francs sur bateau ou sur wagon pour les aciéries de Pensylvanie.

L'État de Michigan mérite une mention spéciale, parce qu'il a pris dans l'industrie du fer une importance considérable depuis l'énorme développement de la fabrication de l'acier. On y rencontre, répartis entre 22 usines, 30 hauts fourneaux au bois, dont près de moitié (13) ont été édifiés depuis 1870, et 4 fourneaux à la houille ou au coke qui datent de la même époque. Les derniers appareils au bois ont reçu des dimensions relativement considérables, 14 mètres de hauteur, 3 mètres au ventre; ils marchent à l'air chaud et fondent environ 1,000 tonnes par mois.

On y brûle une tonne de charbon de bois par tonne de fonte. Le prix de revient est compris entre 90 et 100 francs; le prix de vente est de 115 francs environ sous vergues.

L'État de New-Jersey possède 11 usines à l'anthracite; elles renferment 18 hauts fourneaux, dont la moitié a été récemment établie. Un de ces appareils emploie comme minerais les résidus du traitement pour zinc de la franklinite et fabrique des spiegel à teneur assez variable et peu estimés. Les autres ont recours aux riches gisements de fer magnétique dont nous avons parlé et produisent surtout des fontes de forge et de moulage.

Dans le Missouri, on commence depuis quelques années à traiter au coke ou à la houille crue les beaux minerais provenant d'Iron Mountain et de Pilot-Knob. 7 hauts fourneaux sur 8 ont été établis depuis 1870, répartis dans quatre usines. Il existe également 11 fourneaux au charbon de bois.

Le prix des minerais est encore trop élevé, ce qui tient en partie aux difficultés d'exploitation. D'un autre côté, les cokes de Pensylvanie reviennent à 35 francs la tonne aux usines. Le prix de revient des fontes Bessemer est compris entre 140 et 145 francs; il baissera beaucoup lorsque l'exploitation des minerais sera mieux entendue et qu'on sera parvenu à faire couramment des cokes convenables avec des houilles de provenance moins lointaine.

Les États du Sud n'ont pu sortir encore de la langueur et de la stagnation qui ont suivi la guerre de sécession. Quoiqu'ils renferment en beaucoup de points, comme minerais et comme combustibles, une puissance de production énorme, l'industrie du fer n'a fait jusqu'à ce jour qu'y végéter.

Les voies de communication y sont encore rares, et les capitaux ne se sont pas dirigés de ce côté. Un temps viendra sans doute où le réseau de voies ferrées si complet du Nord jettera des branches multiples dans ces régions trop délaissées et y portera la vie et l'activité industrielle qui lui font défaut.

On fabrique dans toute l'étendue des États-Unis seulement de 7 à 8,000 tonnes de spiegel; les trois centres de production sont la Pensylvanie, où l'on emploie la franklinite après son traitement pour zinc, l'usine de Cambria et celles de l'Alabama, qui emploient des hématites manganésifères.

M. Ward, en Georgie, a réussi à faire des ferro-manganèses contenant jusqu'à 50 p. o/o de manganèse; mais il n'obtient encore que de petites quantités et la marche des appareils est peu régulière.

Nous ne pouvons laisser sans les signaler ces fontes spéciales fabriquées en si grande quantité sur toute l'étendue des États-Unis pour la confection des roues de chemin de fer. Dans cette contrée, on emploie pour le matériel roulant, à marchandises comme à voyageurs, presque exclusivement les roues en fonte trempées à la circonférence. Les fontes dont on se sert dans cette industrie sont douées d'une grande résistance, que l'on augmente encore en les mélangeant dans la fusion au cubilot avec une proportion plus ou moins grande de riblons de fer ou d'acier. Les essais faits sur des parties de roues ont indiqué des charges de rupture de 14 à 18 kilogrammes par millimètre carré. Ces roues supportent un parcours moyen de 80,000 à 100,000 kilomètres. Le prix de ces fontes est très-variable; suivant les marques et la réputation dont elles jouissent sur les marchés, il est compris entre 120 et 180 francs la tonne. Les plus estimées sont produites avec des minerais d'hématites brunes mélangés de fers spéculaires du lac Supérieur et fondus au charbon de bois et à l'air froid.

On sait qu'il se fabrique en Europe des fontes analogues, non pas pour la fabrication des roues, qui ne seraient admises par aucun chemin de fer, mais pour celle des projectiles pleins trempés, des canons, etc.

En résumé, dans la construction, la marche et les résultats des hauts fourneaux des États-Unis, il n'y a rien qui ne soit pratiqué en France ou en Angleterre depuis longtemps. Les Américains se sont en général laissé guider par les métallurgistes anglais. Ils ont élevé leurs appareils et poussé à la production, quelquefois, mais sciemment, au détriment du combustible; ils n'emploient qu'avec timidité le vent chauffé à haute température, dont on a obtenu en France de si remarquables résultats.

Il ne peut donc ressortir de cette étude sommaire que le fait d'une puissance de production de fonte pour ainsi dire illimitée et qui est due surtout à l'importance des gisements de minerais et des dépôts de combustibles.

N'oublions pas du reste que la surface des États-Unis est près de vingt fois celle de la France, que la population y double tous les vingt-cinq ans, et que les besoins croîtront sans aucun doute dans la même proportion.

FABRICATION DU FER ET DE L'ACIER.

On a laminé dans les forges des États-Unis, en fer et en acier, pendant l'année 1875, 1,890,379 tonnes contre 1,839,560 en 1874. On y compte 332 laminoirs, 4,475 fours à puddler, et une capacité de production de 4,200,000 tonnes, chiffres auxquels il ne faut pas attacher une valeur bien sérieuse, car un grand nombre de ces fours à puddler est éteint pour toujours et plusieurs laminoirs sont arrêtés sans espoir de reprise prochaine.

J'ai divisé dans le tableau général qui suit, et qui représente la fabrication de 1875, tous les produits des forges en trois classes : la première comprend tous les fers laminés d'échantillon quelconque autres que les rails et les tôles ; la seconde contient les chiffres relatifs aux tôles de fer et d'acier, et la dernière ceux qui concernent les rails en fer ou en acier.

Sur 100 de produits laminés, les rails entrent pour 42 p. o/o, les tôles pour 10,25 p. o/o et les autres fers pour 45,75 p. o/o.

FABRICATION DU FER ET DE L'ACIER EN 1875.

ÉTATS.	DIVERSES fabrications.	TÔLES fer et acier.	RAILS fer et acier.	PRODUCTION totale.	PROPORTION sur 100.
	Tonnes.	Tonnes.	Tonnes.	Tonnes.	
Pensylvanie..........	366,697	116,997	255,136	738,830	39,10
Ohio...............	123,528	22,288	91,775	237,591	12,57
Illinois.............	10,428	2,000	188,248	200,676	10,57
New-York...........	94,646	4,000	82,960	181,606	9,60
Massachusetts........	67,926	13,395	18,391	99,712	5,19
New-Jersey..........	50,694	3,614	941	55,249	2,93
Virginie Occidentale....	53,593	300	406	54,299	2,88
Maryland	6,279	9,789	30,619	46,687	2,48
Indiana.............	20,764	//	23,309	44,073	2,33
Wisconsin...........	14,437	//	28,403	42,840	2,27
Kentucky...........	21,110	7,000	5,851	33,961	1,80
Missouri............	10,144	4,000	17,396	31,540	1,68
Virginie............	18,843	//	//	18,843	1,01
Delaware	9,316	5,936	//	15,252	0,81
Californie...........	6,121	//	8,073	14,194	0,74
Georgie	3,825	//	6,500	10,325	0,55
Connecticut..........	9,618	//	//	9,618	0,52
Rhode-Island.........	9,584	//	//	9,584	0,51
Maine..............	4,050	//	4,050	8,100	0,44
Territoire de Wyoming..	//	//	7,000	7,000	0,38
Vermont............	//	//	6,204	6,204	0,33
Kansas.............	//	//	5,000	5,000	0,27
Michigan	//	3,450	//	3,450	0,19
Alabama............	1,000	//	//	1,000	0,06
New-Hampshire.......	1,000	//	//	1,000	0,06
TOTAUX.....	905,098	192,769	792,512	1,890,379	100,000

Sur les 792,512 tonnes de rails laminés en 1875, 290,863 ou 36,5 p. o/o ont été fabriquées par le procédé Bessemer, qui prend chaque jour de tels développements qu'il mérite une étude spéciale. Nous devons cependant, avant de nous occuper des aciéries, qui sont encore en petit nombre, dire quelques mots des forges les plus considérables, en insistant seulement sur ce qu'elles peuvent avoir de procédés particuliers.

Fer. La Pensylvanie occupe encore ici le premier rang : c'est elle qui possède les usines les plus importantes, et qui produit le plus de fer laminé dans chacun des types que nous avons choisis ; plusieurs de ses forges ont entrepris, depuis quelques années, l'application du procédé Bessemer et le laminage de l'acier, tout en maintenant, au moins en partie, en activité la production du fer ; néanmoins un très-grand nombre de fours à puddler sont arrêtés depuis la crise qui pèse sur cette industrie. D'ailleurs, les vieux rails retirés des voies sont en si grande quantité, qu'ils jouent un rôle important dans la fabrication du fer neuf et même des rails. Les fours à puddler, comme en Europe, sont simples ou doubles, chauffés directement par des grilles ; ils ne font qu'un petit nombre de chaudes, 5 à 6, par poste de douze heures. Les loupes sont partout cinglées au *squeezer* rotatif excentrique, sauf le cas où l'on veut produire des fers de qualités supérieures ; le marteau-pilon, système anglais, est alors préféré. Le four Danks, quoique d'origine américaine, y est peu répandu, et la seule usine qui se soit installée sérieusement pour l'appliquer, celle de MM. Graff Bennett et Cⁱᵉ, n'est pas dans une situation très-florissante, bien qu'elle ait à sa disposition un combustible pour ainsi dire gratuit, le gaz naturel dont nous avons parlé précédemment. On sait qu'en Angleterre le procédé Danks n'a pas eu un grand succès non plus ; partout on s'est trouvé en présence d'une difficulté qui a paru insurmontable, le travail des énormes loupes sortant du four rotatif. Il faut espérer que de nouvelles tentatives amèneront de meilleurs résultats, ce qui est de tous points désirable, car cette solution du puddlage mécanique est à la fois la plus simple et la plus rationnelle. Que l'on parvienne à maintenir les garnitures, ce qui ne semble pas impossible ; qu'au moyen du chauffage par le gaz on obtienne dans l'appareil une température supérieure à celle à laquelle on arrive par la combustion directe de la houille, ce qui a été déjà réalisé ; qu'enfin on construise un outil puissant qui cingle la boule sans être exposé à se rompre, ou qui la divise de manière à permettre de la comprimer par les moyens ordinaires, et le problème du puddlage mécanique, poursuivi depuis bien longtemps et toujours résolu d'une manière incomplète, aura trouvé une solution définitive et entièrement satisfaisante. L'usine précitée possède dix fours, qui font chacun, lorsqu'ils sont en pleine activité, six charges par douze heures ; la charge est de 450 kilogrammes. Le garnissage de l'appareil s'effectue avec des minerais du lac Supérieur.

Nous avons dit que beaucoup de rails en fer se fabriquaient aujourd'hui par le relaminage des anciens ; tantôt on fait les paquets avec de vieux rails seuls, tantôt on en lamine une partie en plats qui servent d'enveloppes et l'on introduit dans l'intérieur des barres de fer puddlé en proportion plus ou moins grande, avec ou sans addition de ferraille. De quelque manière que l'on s'y prenne, on n'obtient jamais de la sorte que des produits de mauvaise qualité, mal soudés et qui font peu d'usage.

Pour le laminage des fers à double T de grande dimension et pour les longerons on emploie, comme en Europe, les trains universels avec changement de marche. Un appareil de ce genre est installé dans les forges de MM. Carnegie frères, près de Pittsburgh, où il fonctionne d'une manière tout à fait satisfaisante. Le changement de marche se fait sans choc au moyen de cônes de friction cannelés, emboîtant tantôt à droite, tantôt à gauche; le levier de renversement est manœuvré par un petit cylindre à vapeur. Les tabliers sont composés de rouleaux prenant leur mouvement de rotation sur le prolongement des cylindres. Dans la même usine les pièces de grandes dimensions sont dressées, après laminage, sur un banc en fonte, sorte de caisse refroidie constamment par un courant d'eau. Des cales, que des vis multipliées peuvent rapprocher à volonté, assurent un dressage parfait des barres qui sortent des cylindres.

Nous avons vu fonctionner dans plusieurs usines, et notamment dans la précédente, un appareil usité en Angleterre, mais qui, croyons-nous, n'a pas encore été employé en France : nous voulons parler de la scie qui coupe à froid les fers de toutes dimensions. Un disque en acier doux sans dents, de 4 millimètres d'épaisseur et d'environ 1 mètre de diamètre, tourne avec une vitesse de 1,800 à 2,000 tours à la minute. Toute pièce de fer ou d'acier mise en contact avec la circonférence est entaillée très-nettement et coupée en quelques minutes. Un rail de dimension ordinaire en acier Bessemer se tranche en trois minutes, et la section est tellement polie qu'elle semble avoir été dressée. Cet outil demande une force de vingt à vingt-cinq chevaux. Tantôt le châssis qui porte la scie est suspendu, et le disque peut être rapproché de l'objet à trancher au moyen d'une vis, tantôt le bâti de la scie est complètement fixe, et c'est la pièce à couper maintenue dans une sorte d'étau qui peut être rapprochée.

Chez MM. Jones et Laughlins et Cⁱ, à Pittsburgh, se pratique une industrie intéressante, dont le but est de fournir des barres de fer et d'acier n'ayant besoin d'aucun travail d'ajustage pour entrer dans les constructions mécaniques : c'est ce qu'on désigne sous le nom de laminage à froid, et qu'il serait plus juste d'appeler écrouissage. On fabrique de cette façon des arbres de transmission, des tiges de piston, des axes, etc. — La série des opérations à faire subir aux pièces est la suivante :

Prenons comme exemple une barre ronde de 6 mètres de longueur et de 20 millimètres de diamètre. On la laisse, en premier lieu, tremper

7

pendant quatre heures dans de l'eau contenant de l'acide sulfurique, on lave et on essuie. Il s'est produit un décapage à peu près complet; la barre présente une surface rugueuse indiquant très-nettement la direction des fibres produites par le laminage, et çà et là quelques taches d'oxyde qui ont résisté à l'action des acides. Ce rond est alors présenté à une des cannelures d'un laminoir parfaitement poli et très-dur qui a été tourné sur place avec le plus grand soin ; on le passe de vingt à trente fois, en le tournant à chaque nouvelle passe d'une petite quantité et donnant un peu de serrage, de manière à obtenir un calibrage aussi parfait que possible. Les fibres mises à nu par l'acide s'écrasent et produisent une surface lisse qui devient de plus en plus brillante. Le diamètre de la barre diminue tout au plus de 7 à 8 dixièmes de millimètres.

Ce passage au laminoir dure de dix à douze minutes et exige l'emploi d'une machine motrice d'environ cent chevaux de force. Les pièces doivent ensuite être présentées sous des appareils qui contrôlent leurs dimensions, assurent leur rectitude et vérifient l'exactitude de leur calibrage, opérations qui sont encore fort longues et prennent beaucoup de temps. Tout ce travail aboutit à donner des barres de fer dont la surface est polie en apparence, mais où l'on retrouve, en cherchant avec un peu de soin, les taches d'oxyde qui existaient au commencement.

Les tiges et arbres ainsi fabriqués sont fort employés aux États-Unis. Je ne crois pas qu'ils puissent avoir le même succès dans nos ateliers de construction, qui sont habitués à des soins plus minutieux.

Quant au surcroît de résistance que l'on attribue aux barres de fer ainsi traitées, il est naturel, et tient à l'écrouissage des pièces. Mais ce qu'on gagne en résistance est perdu en allongement.

Le prix de vente des barres laminées à froid varie avec leurs dimensions. Pour l'exemple que j'ai choisi il serait d'environ 1 franc le kilogramme, ce que coûterait la même barre tournée.

Un autre appareil fort usité aux États-Unis et qui n'a pas encore droit de cité dans nos usines, bien qu'il en ait été établi quelques-uns en Europe, est le laminoir à tôles du système Lauth. Nous l'avons vu fonctionner dans plusieurs usines d'une façon très-satisfaisante. Ce laminoir se compose de trois cylindres, dont deux gros et un plus petit placé entre les deux autres. Cette disposition en trio permet de laminer les tôles sans les repasser par-dessus les cylindres et sans recourir au renversement, et il rend en outre le laminage beaucoup plus rapide. Nous avons vu aux forges de Sligo, près de Pittsburgh, un laminoir de ce genre qui fait par jour 40 tonnes de grosses tôles de fer ou d'acier. La table a une largeur de 2^m,700. Quoique le cylindre intermédiaire vienne reposer alternativement sur les

deux autres et qu'il soit par conséquent exposé à des chocs répétés et violents, il ne s'égrène pas et dure fort longtemps lorsqu'il a été coulé en
fonte convenable.

Une disposition de releveur, dans les mêmes usines, nous a paru mériter quelque attention par sa simplicité. Elle se compose d'un tablier volumineux équilibré presque complétement et suspendu à la tige du piston
d'un cylindre à vapeur placé au-dessus du train. La manœuvre est précise,
rapide et facile.

Nous ne dirons rien de plus sur la fabrication du fer aux États-Unis et
nous passerons immédiatement à la description des aciéries.

Acier Bessemer. La production de l'acier Bessemer et le prix de vente
des rails de ce métal ont subi les variations indiquées dans le tableau
suivant depuis 1867 :

Années.	Production en tonnes.	Prix de la tonne (1,015ᵏ).
1867	2,550	595ᶠ
1868	7,225	530
1869	9,650	455
1870	34,000	428
1871	38,250	472
1872	94,070	532
1873	129,015	530
1874	144,944	de 515 à 340
1875	290,863	286

Dans la transformation des dollars en francs j'ai tenu compte des variations du cours de l'or, qui ont été dans cette période fort considérables.

On voit quel a été le rapide développement de la fabrication de l'acier
Bessemer. On s'attend à voir diminuer de plus en plus l'importance du
rail en fer jusqu'à ce qu'il disparaisse entièrement, comme il arrive déjà
sur certains points de l'ancien monde.

Quant au prix de vente, il n'est pas encore arrivé à sa limite inférieure;
mais il se traite cette année des affaires à 54 dollars, c'est-à-dire à moins
de 250 francs.

Il a été passé aux convertisseurs en 1875 :

	Tonnes.
Fonte Bessemer	362,711
Spiegeleisen	33,245
TOTAL	395,956

Les usines Bessemer existant aujourd'hui sont au nombre de onze. Ce sont, par ordre d'ancienneté :

1° Les forges et aciéries de Troy (Albany and Rensselaer C°), État de New-York : la fabrication y a commencé en 1864;

2° Les forges de Cambria à Johnstown (Pensylvanie) : première opération en 1866;

3° Les aciéries de Pensylvanie, près d'Harrisburg, construites en 1867;

4° Les laminoirs de Cleveland, à Newburgh (Ohio);

5° Les laminoirs du nord de Chicago (Illinois);

6° Les laminoirs de l'Union, près de Chicago (Illinois);

7° Les forges et aciéries de Joliet : convertisseurs établis en 1873;

8° Les laminoirs de Bethléem (Pensylvanie): l'aciérie date de 1873;

9° Les aciéries d'Edgar Thomson, près de Pittsburgh (Pensylvanie), établies en 1875;

10° Les forges de Lackawanna, à Scranton (Pensylvanie) : ont commencé la fabrication de l'acier en 1875;

11° Les forges de Vulcain, près de Saint-Louis (Missouri) : l'aciérie n'est en activité que depuis le mois d'août 1876.

Conversion. Ces usines possèdent deux convertisseurs de cinq tonnes chacun, sauf celle de Cleveland, qui en a quatre. J'ai eu l'occasion de les visiter toutes dans le voyage que j'ai fait à l'intérieur des États-Unis.

Elles sont établies sur le plan général de M. A. Holley, ingénieur des mines américain et métallurgiste des plus distingués. Ce plan diffère un peu de celui de Bessemer, qui a été universellement suivi en Europe. Les convertisseurs, au lieu de se faire face aux deux extrémités d'une corde recoupant le cercle de la fosse aux lingots, sont placés côte à côte, laissant entre eux l'intervalle nécessaire pour le passage de la rigole de coulée. La fosse est peu profonde et d'un très-grand diamètre; elle forme un premier niveau, le second étant le sol même de l'atelier. Un troisième étage correspond à la partie supérieure des convertisseurs; le quatrième est au niveau de la coulée des cubilots où la fonte est refondue; le cinquième enfin est situé à la hauteur du gueulard des cubilots, au point où se fait le chargement de ces appareils. Tous ces étages sont supportés, soit par des poutres en fer ou en fonte et des colonnes, soit par des murs et des arcades en maçonnerie, et renfermés dans un bâtiment très-élevé d'un aspect tout particulier. Les mouvements sont gouvernés par des appareils hydrauliques comme dans l'installation de Bessemer.

Le fond des convertisseurs se sépare du reste de l'appareil, auquel il est retenu par des clavettes, au niveau de la face interne des tuyères, ce qui permet le remplacement très-rapide d'un fond usé. Il faut au plus une heure pour la substitution d'une garniture neuve à une ancienne. Une disposition analogue a été employée dans quelques usines en France; mais, il faut le reconnaître, elle est moins généralement et moins habilement pratiquée.

Dans un seul atelier, le dernier construit, on a prévu la prise directe de la fonte aux hauts fourneaux. Partout ailleurs, imitant les Anglais, même dans leurs erreurs les plus étranges, les ingénieurs américains ont construit leurs aciéries sans se préoccuper de la possibilité d'employer immédiatement la fonte sortant du haut fourneau. Ils reviennent d'ailleurs aujourd'hui à des idées plus justes, de même que les maîtres de forges anglais, qui ont douté si longtemps qu'on pût avoir une allure régulière aux convertisseurs en dehors de certains mélanges de fonte.

La plupart des aciéries américaines achètent donc tout ou partie de leurs fontes soit au lac Supérieur, soit au lac Champlain.

Ainsi les points fondamentaux de l'arrangement américain sont : une fosse très-large permettant d'y laisser les lingots de plusieurs coulées; des fonds mobiles aux appareils de conversion. La transformation de la fonte en acier peut dès lors se faire d'une manière, pour ainsi dire, continue. On a effectué jusqu'à quarante-huit affinages par 24 heures; la moyenne est comprise entre 36 et 40. La production d'un atelier Bessemer composé de deux cornues varie entre 220 et 250 tonnes; ce qui, en admettant seulement vingt jours pleins de travail par mois, équivaut à 60,000 tonnes par an.

La plupart du temps les lingots sont coulés de manière à représenter le poids de trois ou quatre rails, plus souvent trois; ils sont coniques et ont comme section moyenne un carré de 36 à 38 centimètres de côté. Dans plusieurs ateliers ils sont coulés en source. Les lingotières sont posées sur un fond en briques maintenu dans un châssis en fonte. Dans les briques on a ménagé des rigoles qui aboutissent à une coulée placée au centre. Ce moyen, essayé à l'origine dans certaines de nos usines, a l'inconvénient d'occasionner des déchets considérables sous forme de jets et de coulées et de donner des lingots d'un poids peu régulier. Il ne rend réellement de services, d'après notre propre expérience, que dans le cas où on obtient un métal légèrement rouverain, ce qui paraît arriver quelquefois dans les usines américaines.

La fonte, nous l'avons dit, est refondue au cubilot. Ces appareils sont souvent construits avec des fonds mobiles qui se dégagent par-dessous, permettant ainsi un refroidissement et une réparation rapides. On emploie pour la fusion tantôt du coke, tantôt de l'anthracite ou de la houille crue.

L'addition finale de fonte manganésée est la méthode universellement employée. Le spiegeleisen est habituellement fondu dans de petits fours à réverbère. Profitant de l'exemple donné par quelques aciéries françaises, les ingénieurs américains recherchent de préférence les spiegel riches et emploient même avec succès le ferro-manganèse.

Les machines soufflantes sont partout d'un volume et d'une force considérables; elles ont de 600 à 800 chevaux.

Pour la fusion des fontes au cubilot, le pesage des matières, la conversion proprement dite, l'entretien des appareils et des poches, tout ce qui concerne en un mot le personnel du convertissage, il y a de 68 à 75 ouvriers par poste, presque tous payés à la tonne de lingots. La main-d'œuvre, pour cette partie du travail, coûte de 4 fr. 80 cent. à 5 fr. 50 c. la tonne pour une production journalière de 230 à 240 tonnes. L'ouvrier le plus payé reçoit une vingtaine de francs par jour, le simple manœuvre 4 fr. 50 cent.

Ébauchage. Les lingots sortant des lingotières et encore rouges sont immédiatement portés aux fours à réchauffer, la plupart du temps du système Siemens. Des dispositions ingénieuses et fort simples, l'emploi d'appareils hydrauliques presque partout, facilitent l'enfournement et le défournement de ces lingots, qui pèsent près d'une tonne.

Dès que ces masses sont arrivées à la température propre à l'ébauchage, on les porte au laminoir « Blooming ». Dans toutes les usines le Blooming est construit sur les plans de MM. Holley et Fritz, et se compose de deux robustes cages garnies de trois cylindres de grand diamètre, à larges cannelures rectangulaires. De chaque côté se trouve un tablier composé de rouleaux qu'on peut animer d'un mouvement de rotation sur eux-mêmes dans un sens ou dans l'autre. Au moyen d'appareils hydrauliques, ces tabliers peuvent s'élever et s'abaisser simultanément de manière à présenter le lingot, soit entre les cylindres inférieurs, soit entre les cylindres supérieurs, à volonté. Les cylindres sont eux-mêmes mobiles les uns par rapport aux autres, de telle sorte qu'on peut régler la pression exercée par les cannelures. Dans certaines dispositions, c'est le cylindre intermédiaire qui se rapproche des deux autres; dans d'autres, il est fixe et les cylindres inférieur et supérieur sont mobiles. Enfin un dernier appareil composé de deux flasques en fer terminées par des pointes et passant entre les rouleaux des tabliers peut se mouvoir parallèlement à l'axe des laminoirs : son but est de manœuvrer le lingot sur le tablier, de le présenter successivement devant chaque cannelure, de le retourner au besoin. Le lingot posé sur le tablier-récepteur est amené par l'appareil en question devant la pre-

mière cannelure; les rouleaux sont mis en mouvement, l'entraînent; il
passe entre les cylindres et est reçu sur le second tablier, dont le mouvement de rotation s'arrête dès que le lingot a échappé aux cylindres. Les
tabliers s'élèvent alors, les rouleaux tournent en sens contraire et font
passer la pièce entre le cylindre intermédiaire et le supérieur, les tabliers
redescendent, et le laminage se poursuit de cette façon mécaniquement
jusqu'au dernier passage après avoir été pris 12, 13 ou 14 fois par les
cylindres; il a alors la forme d'un carré de 170 à 175 millimètres de
côté.

Le grand lingot ainsi obtenu est immédiatement porté à un pilon de
15 ou 20 tonnes pour être découpé. On commence par en retrancher les
deux extrémités, ce qui constitue un déchet important; puis on enlève à la
gouge les criques apparentes, qui sont quelquefois très-nombreuses, enfin
on coupe le lingot en trois ou quatre morceaux dont chacun constitue le
poids d'un rail. Cette dernière partie du travail nous semble coûteuse,
assez mal exécutée; elle occupe un personnel nombreux et est, à notre avis,
une véritable et surprenante lacune dans les installations américaines.

Les appareils « Blooming » sont à peu près les mêmes partout; ils ne
diffèrent que par des détails de peu d'importance. Ils sont mis en mouvement par une machine de 300 à 350 chevaux; une petite machine de 25
chevaux environ commande le mouvement de rotation des rouleaux. Cet
outil est excessivement ingénieux, peut-être un peu compliqué par la multiplicité de ses organes et susceptible de dérangements. Nous en avons
trouvé quelques-uns qui étaient arrêtés pour réparation. Il faut alors
ou suspendre le travail des convertisseurs ou accumuler dans le magasin les gros lingots, et l'on sait combien il est difficile de réchauffer
ensuite, sans ruptures, de grosses masses d'acier lorsqu'elles ont été complétement refroidies.

L'ébauchage d'un lingot dure 4 minutes : l'appareil peut donc recevoir
sans difficulté 250 tonnes par 24 heures. Trois ou quatre fours Siemens
de grande dimension suffisent à l'alimenter. En dehors des machinistes, le
personnel de l'ébauchage se compose de 28 à 32 ouvriers par poste, qui
se répartissent ainsi :

	Ouvriers.
Aux fours..................................	12 à 14
Au train...................................	3
Au pilon.............	13 à 15

La main-d'œuvre de l'ébauchage coûte donc de 2 fr. 50 cent. à 3 francs
par tonne.

Il n'existe plus qu'une seule aciérie où l'on martèle les lingots venant du convertissage; encore est-elle sur le point d'avoir un ébaucheur semblable à ceux que nous venons de décrire.

Laminage. Les lingots sortant du pilon doivent généralement donner des rails de 10 yards ou $9^m,14$; le plus souvent on les porte immédiatement aux fours à réchauffer, quelquefois on les met au magasin. Les fours, dans les installations les plus récentes, sont également du système Siemens; trois ou quatre appareils de ce genre suffisent au laminage de 250 tonnes par 24 heures, si les lingots arrivent directement de l'ébauchage.

Les laminoirs à rails sont partout des trios; ils se composent de deux ou trois paires de cages garnies de cylindres courts mais de gros diamètre (45 à 55 centimètres). La barre passe successivement dans 14 ou 15 cannelures. Le laminoir est animé d'une grande vitesse et attelé directement à une machine de 250 à 350 chevaux; il fait de 75 à 85 tours par minute. Dans ces conditions, le laminage d'un rail dure de une minute à une minute et demie. Le rail sortant de la cannelure finisseuse arrive de lui-même sur des rouleaux animés d'un mouvement de rotation qui le conduisent à une double scie où les deux bouts sont tranchés instantanément. Le rail sort toujours très-droit et n'a besoin que d'un dressage insignifiant.

Finissage. La grande tolérance sur les longueurs que l'on accorde aux forges américaines permet d'éviter le fraisage des extrémités, si impérieusement exigé chez nous. Quant au perçage des trous d'éclissage, il se fait toujours à la mèche : celle-ci est hélicoïdale et marche avec une grande rapidité; deux mèches parallèles montées sur le même bâti percent aux deux extrémités 450 rails par dix heures.

Le réchauffage, le laminage et les opérations complémentaires occupent de 55 à 60 ouvriers, hommes et enfants, par poste. La main-d'œuvre de ces opérations coûte de 6 fr. 50 cent. à 7 fr. par tonne.

Il faut ajouter au personnel indiqué ci-dessus les mécaniciens et chauffeurs de chaudières, qui pour une production de 250 tonnes par jour sont au nombre de 120 environ. La moyenne de leur salaire est de 5 francs par jour. Ce surcroît de main-d'œuvre est de 2 fr. 20 cent. à 2 fr. 25 cent. par tonne.

Les chutes de rails sont en partie refondues au cubilot, ce qui, à mon sens, est une déplorable pratique, en partie passées au convertisseur. Dans quelques usines on les découpe au laminoir en séparant le boudin du corps du rail, et on lamine les produits de cette opération en plats ou carrés de différentes dimensions qui ont un emploi immédiat. Tantôt on en fait des fils de tous calibres, comme à Cleveland, tantôt on les transforme en clous fabriqués à la machine ou en fers pour les chevaux; clous et fers sont fort recherchés, et ces industries accessoires, que je ne puis qu'indiquer ici, sont des plus intéressantes.

En résumé, la fabrication de l'acier par le procédé Bessemer offre, aux États-Unis, certaines singularités qui la distinguent des pratiques employées sur le continent européen. Grande production de l'appareil Bessemer, coulage de gros lingots, ébauchage immédiat par un appareil automatique puissant, découpage au pilon, laminage des rails à grande vitesse : tels sont les points caractéristiques de cette industrie. Tout n'est cependant pas à louer dans cet ensemble. A mon sens, la fabrication des gros lingots doit avoir en vue deux buts qu'il faut nécessairement atteindre : en premier lieu, obtenir, par le laminage de longues barres devant donner plusieurs rails, une réduction dans la proportion des chutes; en second lieu, permettre par l'artifice d'un corroyage plus énergique l'emploi d'un métal un peu inférieur. Ce dernier but est atteint, le premier ne l'est pas. En effet, chaque lingot est affranchi aux deux extrémités après ébauchage, puis il est coupé en trois tronçons destinés à faire chacun un rail, chaque rail donnant lieu lui-même à deux nouvelles chutes; de telle sorte qu'à la proportion ordinaire de bouts que l'on obtient en coulant des lingots d'un seul rail viennent s'ajouter les deux extrémités du lingot ébauché.

Les rails américains ayant en général 10 yards ou $9^m,14$, il ne serait évidemment pas pratique de laminer des barres de triple longueur qui devraient dépasser 28 mètres; mais il nous semble qu'on gagnerait beaucoup à couler des lingots pour quatre barres de $9^m,14$, à couper après ébauchage en deux tronçons non plus au pilon, ce qui est cher et pas assez précis, mais à la scie, et à laminer ensuite chacun de ces tronçons en double longueur.

Le pilon, il est vrai, n'a pas seulement pour office de découper le lingot; il est employé en même temps à en atténuer les défauts par l'enlèvement, fait à chaud, des criques apparentes. Ces défauts sont, en effet, souvent nombreux et proviennent d'une qualité médiocre du métal due soit à la présence de soufre ou de phosphore, soit souvent à une désoxydation insuffisante. Le découpage des criques a pour effet de diminuer dans une grande proportion les rebuts du finissage; mais il n'en est pas moins vrai que c'est un palliatif coûteux et demandant des soins extrêmes et que beaucoup de lingots doivent encore être mis au rebut, leurs défauts étant tels qu'ils n'auraient pu disparaître par un travail ultérieur.

Une fabrication de métal Bessemer plus soignée, un personnel plus instruit placé à la tête du convertissage, un choix plus sévère des fontes, l'emploi de spiegeleisen ou de ferro-manganèse plus riche et à dose plus forte, peut-être quelque modification au système d'ébauchage, qui ne semble pas exercer une pression latérale suffisante, viendront à bout de ces imperfections, et lorsque les aciéries en seront arrivées à fabriquer elles-mêmes leurs fontes et à les traiter directement, elles réaliseront une économie importante et seront mieux maîtresses du procédé. Car il ne faut pas oublier que, dans la fabrication de l'acier Bessemer, la grande, on peut dire la seule difficulté est la production régulière des fontes les plus convenables. A ce point de vue, il y aura toujours avantage à mettre dans les mêmes mains le haut fourneau et le convertisseur.

Les aciéries payent leur fonte de 120 à 145 francs. Dans les conditions de marche convenables, elles doivent fabriquer les rails à un prix compris entre 240 et 285 francs la tonne. On voit qu'au cours actuel il ne reste qu'une bien petite marge pour les bénéfices, et que, dans le nouveau monde comme partout, la concurrence intestine suffit à produire la baisse la plus exagérée, sans l'intervention des questions de douanes et de tarifs, en même temps qu'elle oblige à des progrès constants. « Toujours en avant », c'est la devise de notre industrie en quelque lieu qu'elle s'exerce : c'est aussi celle du peuple américain, et ce qu'il a fait jusqu'à ce jour ne laisse pas de doute sur la perfection qu'il lui sera bientôt possible d'atteindre.

Il me reste à parler de la production de l'acier par les méthodes autres que la méthode Bessemer.

Le tableau suivant indique les quantités fabriquées dans les différents États en 1875 :

ÉTATS.	PRODUCTION par DIVERSES MÉTHODES.	ACIERS AU CREUSET.	TOTAUX.
	Tonnes.	Tonnes.	Tonnes.
Pensylvanie.....................	11,520	26,615	38,135
New-Jersey.....................	160	7,098	7,258
New-England...................	4,510	1,620	6,130
Ohio...........................	3,667	1,300	4,967
New-York......................	"	2,300	2,300
Maryland et Georgie..............	1,500	268	1,768
Kentucky et Illinois..............	300	200	500
TOTAUX............	21,657	39,401	61,058

Cette production a toujours été en croissant depuis 1870, comme il ressort des chiffres ci-dessous :

Années	Tonnes.
1870	35,000
1871	37,000
1872	40,000
1873	52,000
1874	49,680
1875	61,058

Il existe un assez grand nombre d'aciéries au creuset dans lesquelles le chauffage est obtenu par le procédé Siemens; une des plus considérables est celle de Midvale, à Philadelphie, qui emploie des fers de Suède comme matière première.

J'ai peu de chose à dire des aciers dits *chromés*, dont on a peut-être beaucoup trop parlé. Les grandes résistances qu'on leur attribue pourraient provenir de toute autre chose que le chrome, dont l'analyse ne permet pas de reconnaître de traces dans les quelques échantillons que j'ai eus entre les mains.

Du procédé Henderson, qui a la prétention de purifier les fontes par des additions de mélanges de fluorure de calcium et de fer titané, nous ne dirons rien non plus; il n'a pas reçu la sanction de la pratique, et les essais qui ont été faits ailleurs que chez l'inventeur n'ont pas eu le succès qu'il en attendait.

En fait de fours Martin on trouve aux États-Unis :

	Fours.
Aux aciéries de Canton, près de Bolton (Ohio)	1
Aux forges de Cleveland (Ohio)	2
Aux aciéries de Midvale (Pensylvanie)	1
Aux aciéries de Nashua (New-Hampshire)	1
Aux aciéries de New-Jersey (Trenton, New-York)	1
Aux forges de Norway, près de Boston (Massachusetts)	1
Aux aciéries de Pensylvanie (Pensylvanie)	2
Aux forges d'Otis (Ohio)	2
Aux aciéries de Nimick et Cie (Pittsburgh)	1
TOTAL	12

Ces fours produisent très-peu et marchent assez irrégulièrement. La fabrication de l'acier Martin a été dans les quatre dernières années :

Années.	Tonnes.
1872	3,000
1873	3,500
1874	7,000
1875	9,050

Les fours Martin de l'usine d'Otis nous ont paru marcher d'une manière très-satisfaisante et donner un métal d'excellente qualité pour tôles douces, mais d'un prix élevé. Les procédés employés n'ont rien de particulier ; selon la pratique inaugurée à Terre-Noire en France et imitée par le Creuzot, c'est par une addition finale de ferro-manganèse riche que l'on obtient le métal doux. Les fours font 14 tonnes par jour ; les matières premières sont des fontes du lac Supérieur et des blooms du lac Champlain. Les tôles ainsi produites se vendent 800 francs la tonne.

L'industrie des fours Martin est encore en enfance aux États-Unis, mais elle ne peut manquer de s'y développer quand les ingénieurs américains auront reconnu le merveilleux parti qu'on peut tirer de ces appareils.

Il est inutile de nous arrêter sur les forges catalanes qui existent encore en petit nombre, comme témoins de la métallurgie des temps passés : elles ne jouent comme production qu'un rôle insignifiant.

EXPOSITION.

Passons maintenant rapidement en revue les objets exposés à Philadelphie par les forges américaines, en nous arrêtant seulement sur ceux qui par leur importance ou leur nouveauté présentent quelque intérêt.

Les forges et aciéries de Sligo, Phillips Nimick et Cie, à Pittsburgh, exposent des fers de qualité excellente, comme le prouvent les pliages à froid, les emboutissages et les nœuds qu'on nous montre. Ces fers sont obtenus au moyen de martelages répétés sur des loupes provenant de fontes au bois. Les tôles résultent du traitement au pilon d'une seule loupe. Ce mode de fabrication très-coûteux donne évidemment des produits supérieurs, mais qui par leur prix même ne peuvent recevoir qu'un petit nombre d'applications. Cette usine peut produire 16,000 tonnes par an ; elle renferme 27 fours à puddler, 10 fours à réchauffer et 5 trains de laminoirs.

Les aciéries d'Edgar Thomson, près de Pittsburgh, présentent un rail d'acier Bessemer en 4 longueurs (36^m,56). Le lingot qui l'a produit pesait 1,250 kilogrammes. Ce n'est qu'un tour de force sans grand intérêt. Des bielles polies et pliées, des rails polis eux-mêmes dans toute leur longueur, indiquent les soins particuliers apportés à cette exposition, mais ne prouvent rien quant à la qualité du métal. Un lingot est exposé, qui aurait été comprimé à la vapeur. Nous savons quelle pression il faut employer pour produire un effet médiocre lorsqu'on opère sur l'acier liquide. Cette usine peut produire 60,000 tonnes par an de rails Bessemer.

Les forges de l'Union, Carnegie frères et Cie, exposent la série des fers profilés qu'elles produisent. Il y a des types fort intéressants et qui prou-

vent une grande puissance de laminage et une fabrication soignée : je citerai entre autres les fers à double T de 38 centimètres de hauteur sur 14
de large, pesant 33 kilog. 1/2 au mètre courant, et une grande variété de
profils qui assemblés avec ou sans rivets doivent former ces colonnes si
légères et si résistantes à la fois qu'on emploie à profusion dans les constructions américaines. Cette forge, fort bien outillée et bien tenue, possède
21 fours à puddler et 10 fours à réchauffer ; elle peut produire en pleine
activité 27,000 tonnes annuellement.

La fabrique de ponts de Keystone, qui emploie les fers dont nous venons de parler et les met en œuvre au moyen d'outillages fort ingénieux,
a apporté des dessins des ponts qu'elle a établis et un petit modèle fort
bien exécuté en même temps que des tronçons des tubes qui font partie
du fameux pont de Saint-Louis.

M. James Henderson, de Hamburgh (Pensylvanie), exhibe quelques
échantillons de fer et d'acier, dans le but de prouver la valeur de son procédé, et un grand nombre d'essais mécaniques qui doivent en affirmer la
supériorité. Ce procédé consiste, comme on sait, à mettre en présence de
la fonte ou de l'acier fondu un mélange de spath fluor et d'oxyde de fer
contenant du titane. Il se passerait là des actions épuratrices que nous ne
saisissons pas très-bien ; il paraît plus probable que la liquidité plus
grande de la scorie permet une séparation nette du fer. Quoi qu'il en soit,
ce procédé n'a pas encore reçu la sanction de la pratique. A notre avis, il
faut, pour séparer le phosphore du fer, des actions oxydantes beaucoup
plus énergiques que celles que met en œuvre M. Henderson.

Les forges et aciéries de Cambria, à Johnstown (Pensylvanie), sont parmi
les plus considérables des États-Unis : elles peuvent livrer 2,000 tonnes
de rails par semaine et possèdent 42 fours à puddler, 28 fours à réchauffer, 7 trains de laminoirs. Leur production annuelle est de 90,000
tonnes. Elles sont représentées dans le Main Building par un véritable
monument, plus volumineux qu'élégant, qui contient plusieurs tonnes de
tronçons des soixante types de rails de fer ou d'acier qu'elles peuvent fabriquer. On y voit aussi quelques échantillons de minerais et de fonte de
diverses natures, mais mal présentés. On pouvait certainement faire beaucoup mieux dans une des usines les plus intelligemment conduites que
nous ayons vues.

Les usines de la vallée de Lehigh ont fait une exposition collective intéressante, qu'on aurait voulu voir présentée avec un peu plus d'ordre et
de méthode. La principale forge appartenant à ce groupe est celle de
Bethléem ; elle expose ses minerais, ses fontes de tous les numéros, ses
spiegel faits avec des résidus de franklinite, des aciers d'un beau grain,

le tout sans analyses, sans épreuves, sans autre renseignement que le chiffre de production. Il est regrettable que M. Fritz, directeur de cette usine, n'ait pas apporté le plan de son atelier Bessemer, qui est le plus vaste et l'un des mieux outillés des États-Unis. La forge de Bethléem, indépendamment des 50,000 tonnes d'acier qu'elle peut produire, lamine environ 20,000 tonnes de fer par an; elle renferme 14 fours à puddler.

Les autres usines de la vallée du Lehigh n'ont offert à notre examen que des échantillons de minerais, de fontes et de laitiers. Celles de Thomas et Cie ont seules indiqué la résistance de leurs fontes, qui est de 8 kilogrammes et de 11 kil. 5 cent. par millimètre carré pour les numéros 1 et 2.

La compagnie du chemin de fer de Philadelphie et de Reading a présenté un fort bel ensemble, qui comprend les matières premières, des coupes de ses houillères, où l'on remarque la célèbre couche Mammouth, qui a jusqu'à trente mètres d'épaisseur; elle nous montre comment sont faits les paquets pour le relaminage des rails. Il n'y a rien là de bien nouveau, pas plus que dans les rails à tête d'acier, pour lesquels on croit, par une pénétration en forme de coins multiples de la barre d'acier dans la partie en fer, obtenir un soudage complet. La question est jugée pour nous depuis longtemps. Une adhérence complète et indéfinie ne peut s'obtenir qu'au moyen d'artifices coûteux, et la solution de ce problème n'a plus d'intérêt aujourd'hui que les rails d'acier sont tombés à un prix très-bas. Beaucoup de tentatives ont été faites en Europe pour produire des rails à tête d'acier; elles ont échoué les unes après les autres. Cette forge produit de 20 à 25,000 tonnes par an.

La compagnie des houillères et des forges de Lackawanna, à Scranton, expose les minerais qu'elle emploie, en donne l'analyse ainsi que celle des fontes Bessemer qu'elle fabrique. La composition de ces fontes est intéressante parce que nous y voyons ce qu'on peut obtenir avec les minerais du lac Champlain, et que les renseignements de ce genre sont malheureusement trop rares.

FONTE BESSEMER DE SCRANTON.

	FONTE N° 1.	FONTE N° 2.	FONTE N° 3.
Carbone.............................	3,600	3,470	3,200
Silicium.............................	3,450	2,800	2,070
Manganèse...........................	0,060	0,080	0,100
Soufre..............................	0,026	0,085	0,094
Phosphore...........................	0,035	0,040	0,035

Pour obtenir des fontes aussi pures de phosphore il faut un choix de minerais fort bien fait. Cet établissement considérable, en grande partie arrêté aujourd'hui, date de 1840; il possède 113 fours à puddler, 35 fours à réchauffer et 12 trains de laminoirs. Il pourrait livrer au commerce, outre 50,000 tonnes d'acier, 125,000 tonnes de fer en rails ou en barres; son exposition nous montre quelques essais à chaud et à froid qui indiquent une bonne qualité.

MM. Cooper Hewitt et Cⁱᵉ possèdent plusieurs usines: ce sont celles de Trenton, de Durham, de New-Jersey et de Ringwood. Les échantillons de leur fabrication sont nombreux et variés, quoique accumulés avec trop peu de méthode. Ils ont apporté un petit modèle de four Pernot et un autre de four Martin dont ils exploitent les brevets d'application aux États-Unis.

La fabrique d'*acier au chrome* construite à Brooklyn a fait une assez piètre exposition: on n'y voit que des minerais de fer chromé, un alliage de chrome et de fer dont rien n'indique la composition et quelques morceaux d'acier qui sont présentés comme contenant du chrome indistinctement, aussi bien les qualités douces que les plus dures. On sait parfaitement que beaucoup de corps, comme le manganèse, le chrome, le tungstène, le titane, alliés au fer lui donnent une dureté plus grande et des propriétés de trempe toutes spéciales; mais il n'a jamais été prouvé jusqu'ici que le chrome particulièrement pût communiquer à un acier une douceur extraordinaire. Du reste, aucune analyse et aucune épreuve mécanique ne sont indiquées pour justifier les prétentions des producteurs d'acier au chrome, et j'aurais passé sous silence cette trop modeste exposition si on n'avait fait beaucoup de bruit, à propos du pont de Saint-Louis, du rôle que les aciers au chrome pouvaient jouer dans les constructions. Cette usine produit 2,000 tonnes.

Les forges et aciéries d'Albany et de Rensselaer, à Troy, ont un des ensembles les plus intéressants à étudier dans la partie américaine. Elles nous montrent le rail d'acier dans les seize transformations qu'il subit en passant du lingot simple au rail fini. Les nombreuses applications qu'on fait dans ces usines des bouts de rails d'acier à des industries diverses sont bien présentées. Ces forges se composent de deux établissements distincts et assez éloignés qui ont été réunis dans les mains d'une même compagnie depuis peu de temps. Le groupe comprend aujourd'hui 52 fours à puddler, 31 fours à réchauffer, 16 trains de laminoirs, et possède une capacité de production de 90,000 tonnes de fer et de 45,000 tonnes d'acier. C'est un des plus considérables des États-Unis.

Les forges et aciéries d'Otis, près de Cleveland (Ohio), fabriquent plus particulièrement des tôles fortes en métal fondu dans le four Siemens-

Martin. Elles en ont envoyé plusieurs à l'Exposition; une entre autres a les dimensions suivantes : longueur 7 mètres, largeur 1^m,80 cent., épaisseur 10 millimètres; elle pèse 1,025 kilogrammes. Des essais à la traction sont indiqués, dans lesquels en a, au lieu des allongements correspondants à la rupture, donné seulement les contractions de section, ce qui ne permet pas une comparaison complète avec les épreuves que nous connaissons, et dont j'ai rappelé quelques-unes dans ce travail. La contraction de section est bien un indice de la douceur du métal, il n'en peut être la mesure. Certains aciers se contractent presque uniformément dans toute la longueur de la pièce éprouvée, d'autres ne le font que sur une fraction de cette longueur; le travail total peut être le même, l'effet est fort différent.

Voici les chiffres que nous donnent les forges d'Otis :

Contractions.	Charges de rupture. Par millimètre.
66 p. o/o.....................	34^k,5
57 p. o/o.....................	37 ,5
52 p. o/o.....................	38 ,4
50 p. o/o.....................	50 ,0
49 p. o/o.....................	46 ,0
41 p. o/o.....................	51 ,0
1 p. o/o.....................	57 ,0

Tous les chiffres relatifs aux charges de rupture paraissent être un peu faibles. On obtient dans les usines françaises des résultats beaucoup plus satisfaisants.

Le métal paraît d'ailleurs très-doux : les emboutissages exposés le prouvent. Cette usine peut produire 4,000 tonnes par an.

Les laminoirs de Cleveland (Ohio) ont une fort belle exposition d'aciers Bessemer et Martin sous différentes formes : rails, tôles fortes et minces, tôles étamées ondulées et striées dans plusieurs sens, clous, vis, fils de toutes formes et de toutes dimensions. Pour cette dernière fabrication, on emploie les chutes et les rebuts de rails Bessemer ou Martin. Par un laminage très-rapide, presque brutal, on transforme, en neuf cannelures, un bout de rail en barrette de 15 millimètres sur 25, et c'est là la matière première de l'atelier de fils d'acier. Ces barrettes sont laminées en rond, ceux-ci passés à la filière. Il se fabrique à Cleveland 60 tonnes par jour de fils de diverses dimensions.

Le groupe des hauts fourneaux de la région Hanging Rock a apporté les échantillons de ses fontes et de ses laitiers; nous retrouvons là les fameuses fontes à roues produites au moyen de mélanges de minerais

locaux et de fer spéculaire du lac Supérieur. Comme toujours, nous regrettons l'absence des renseignements sur la composition chimique et la
résistance de ces intéressants produits.

Les forges de Jones et Laughlins, à Pittsburgh, ont établi dans le bâtiment des machines un petit laminoir à froid et apporté en même temps
une série de barres finies par leur procédé, rondes et carrées depuis
11 millimètres de diamètre jusqu'à 114. Nous avons déjà dit ce que
nous pensions de ces produits. Les inventeurs affirment que la résistance
des pièces est augmentée de 35 pour cent. Nous aurions voulu voir des
épreuves authentiques prouvant un fait aussi extraordinaire; il n'est pas
douteux que l'écrouissage ne produise un accroissement de résistance,
mais on a peine à croire à une modification aussi considérable dans la qualité du métal.

L'aciérie de Midvale a exposé de beaux échantillons d'acier fondu au
creuset et au four Martin, des essieux, des pièces de machines d'un joli
travail.

La compagnie de Woodstock, à Anniston (Alabama), possède un haut
fourneau dans lequel elle produit des fontes à roues, des fontes de fonderie à l'air chaud et à l'air froid et des spiegeleisen, le tout au charbon de
bois.

ANALYSES DE FONTES DE WOODSTOCK.

NATURE DES FONTES.		CARBONE.	SILICIUM.	MANGANÈSE.	SOUFRE en millièmes.	PHOSPHORE en millièmes.	CHARGE de rupture.
Vent chaud.	n° 1	4,30	1,12	"	0,17	0,40	12^k,3
	n° 2	4,02	1,10	"	"	0,80	12,6
	n° 3	3,76	1,09	"	"	0,90	"
	n° 4	4,03	0,99	"	"	1,00	"
Vent froid..	n° 1	4,75	1,30	0,41	0,20	0,17	"
	n° 2	3,92	1,13	"	0,01	0,93	"
	n° 3	4,60	0,87	"	0,20	0,80	19,0
	n° 4	3,86	1,09	"	"	0,40	"
	n° 5	4,90	2,12	"	0,30	0,70	20,0
	n° 6	3,66	1,21	"	"	0,70	"
Spiegeleisen		4,83	0,08	8,14	"	1,74	"
Idem		4,08	0,48	11,81	"	0,50	"
Idem		3,96	1,56	16,28	7	1,60	"
Idem		3,48	0,99	18,98	"	1,83	"
Idem		4,32	0,93	20,69	"	1,97	"

Ce haut fourneau, de construction récente, peut produire 20 tonnes par jour. Des analyses très-détaillées indiquent la qualité des matières premières et des produits. Nous avons déjà donné les analyses de minerais dans une autre partie de ce travail; nous nous contenterons donc de rapporter ici ce qui est relatif aux fontes et aux laitiers. Les industries qui cherchent à produire des fontes d'une grande résistance pourront trouver là un terme de comparaison.

ANALYSES DE LAITIERS.

ALLURES DU HAUT FOURNEAU.	SILICE.	ALUMINE.	CHAUX.	MAGNÉSIE.	OXIDE de fer.	OXIDE de manganèse.	SULFURE de calcium.	SOUFRE.
Nº 2 , vent froid	40,51	19,56	30,80	1,09	1,20	"	"	1,50
Nº 5 , vent froid	40,09	18,51	30,26	0,90	1,58	"	"	1,09
Nº 1 , vent chaud	38,96	20,10	29,00	1,10	1,43	"	"	1,83
Nº 3 , vent chaud	39,16	18,13	30,01	0,90	2,11	"	"	1,60
Spiegeleisen	38,54	18,56	35,10	0,98	1,50	3,09	1,38	"
Spiegeleisen riche	35,61	19,49	32,11	1,43	1,20	9,09	0,98	"

Je ne ferai que signaler les fontes Bessemer de la compagnie « Grand Tower » (Illinois), faites avec des houilles crues et carbonisées des mêmes couches et des minerais de la montagne de Fer : ces fontes contiennent de 2 à 2 $\frac{1}{2}$ p. o/o de silicium et seulement $\frac{1}{2}$ millième de phosphore; — les fontes à l'anthracite des forges de l'Union, à Buffalo, et leurs grands fers profilés; — les aciers fondus au creuset et au four Martin de Singer Nimyck, de Pittsburgh, et surtout leurs tôles glacées, laminées par le système Lauth; — les remarquables tôles polies de Wood et Cie et les outils ingénieux qu'ils emploient pour fabriquer des tuyaux coudés; — les tôles minces de grande longueur de Rowland et Cie. Citons encore : les feuillards en acier à biseau de Hussey Wells et Cie, de Pittsburgh, et leurs tôles douces; — les excellents fers de Brown et Cie, du même pays, qui, comme preuve de la qualité de leurs produits, exposent avec des emboutissages bien réussis une grosse vis de laminoir de 100 millimètres de diamètre et de 1m,80 de longueur complétement pliée à froid sur elle-même; — les fers profilés de la compagnie de Passaic, qui fabrique des colonnes creuses au moyen de l'assemblage de fer en quart de rond; — les minerais et fontes au bois pour moulages de roues et pour affinage de Rhodes et Cie, à Cleveland; — les fontes de même nature faites dans le Kentucky oriental avec des minerais du terrain houiller; — les aciers que la compagnie du *Bay State* (Massachusetts) fabrique au creuset et au four Martin; — les fils de fer et d'acier de toutes formes, ayant jusqu'à 1,800 mètres de longueur, ronds, carrés, triangulaires, demi-ronds, méplats, ternes ou polis, de tous les calibres, cuivrés, étamés, provenant des usines de MM. Washburne et Maen, de Worcester (Massachusetts); — les produits des importantes forges du Phœnix, qui ont un magnifique atelier de construction de ponts et de charpentes en fer; — enfin le petit modèle du haut fourneau de Lucy, qui montre un excellent exemple des dernières installations adoptées par les ingénieurs américains.

Ou pourrait citer encore un grand nombre d'exposants dont les produits m'ont semblé avoir moins d'intérêt et ne présenter aucune nouveauté : ce serait une nomenclature fastidieuse et sans profit.

Comme nous l'avons dit au début de notre étude sur l'Amérique, l'exposition des forges des États-Unis ne donne qu'une idée insuffisante de la puissance de production dont elles disposent et de l'état d'avancement qu'elles ont atteint. Bien des lacunes existent, en effet, dans ces exhibitions, qui dénotent trop souvent une inexpérience complète des moyens de faire juger une industrie. Trop fréquemment le fait brutal d'une énorme production est seul indiqué, sans que rien permette d'estimer la qualité des produits et les mérites des méthodes employées. Ce ne sont pas des tours de force qui ne surprennent que par leur naïveté, ni l'entassement de masses de métal, ni l'étalage confus d'échantillons qu'aucun renseignement n'accompagne, qui peuvent permettre de juger la force et le degré de perfection d'une industrie.

Mais si, laissant là l'exposition des produits qui n'offrent pour la plupart qu'un médiocre intérêt, on se transporte dans les principales usines, si on parcourt les contrées où se dressent d'innombrables hauts fourneaux, des forges, des aciéries, à Pittsburgh, à Cleveland, à Chicago, à Saint-Louis, dans ces charmantes vallées du Lehigh et du Susquehanna; si on pénètre au milieu de ces foyers d'activité, si on examine avec quelque soin ces hauts fourneaux des types les plus nouveaux sur lesquels ont été accumulés tous les perfectionnements, les ateliers Bessemer à roulement si rapide, les surprenants outils construits pour l'ébauchage et le laminage; si on voit à côté de cela les laboratoires installés dans toutes les usines; si l'on peut, enfin, se mettre en relation avec les ingénieurs qui dirigent les travaux, assister à leurs discussions, où la science et la pratique se donnent la main, on comprend qu'on se trouve en présence d'une position bien acquise, à laquelle il ne manque qu'un peu plus de maturité pour être inattaquable.

Il reste, il est vrai, quelques progrès à faire, des améliorations de détail à apporter à quelques parties de cet ensemble ; mais peut-on douter, en jetant un regard en arrière et voyant le chemin parcouru, que ces progrès, ces améliorations, ne soient pas bientôt réalisés?

Disons-le donc bien haut, l'industrie du fer et de l'acier aux États-Unis est fortement constituée; elle a pour elle les matières premières en abondance, une population ardente et forte, un personnel d'ingénieurs dont les connaissances s'étendent tous les jours. La question des tarifs douaniers, qui passionne encore tant de gens des deux côtés, me paraît aujourd'hui hors de cause. Rappelons que certaines usines traitent actuellement des rails avec bénéfice à 245 francs la tonne; encore quelques progrès, quelques économies, que j'indiquerais facilement, à obtenir, et elles atteindront les prix auxquels nous arrivons en Europe et nous suivront désormais pas à pas.

Il est donc bien certain que le marché américain est perdu pour l'ancien monde; il faut en prendre son parti. Nos exemples et nos enseignements auront servi à cette émancipation industrielle, de même que nous avons contribué il y a un siècle à l'émancipation politique de cette vaste contrée. Nous aurions mauvaise grâce à regretter l'un ou l'autre de ces deux faits accomplis.

En étudiant de notre côté les voies et moyens de ce grand mouvement, nous y pouvons trouver des leçons dont il n'est pas trop tard pour profiter.

On peut se demander maintenant si nous devons craindre une prochaine invasion des produits américains sur nos marchés européens. Le danger, s'il existe, me paraît en tous cas bien éloigné, et tant que nos richesses minérales ne seront pas profondément entamées, il est impossible d'admettre que nous ne puissions pas résister à une attaque de ce genre.

N'oublions pas, en effet, que si les ressources minérales des États-Unis sont immenses, elles sont en même temps dispersées sur une vaste étendue superficielle, ce qui est éminemment favorable aux marchés de l'intérieur, mais constitue une infériorité quand il s'agit d'exportation. Pittsburgh, le plus grand centre actuel de production du fer, est à 400 kilomètres de la mer; l'Ohio, le Missouri, où la métallurgie se développera dans l'avenir, sont plus éloignés encore. Les minerais et les houilles, aux points de consommation, grevés, comme chez nous, d'un transport important, ne sauraient y coûter moins cher, sauf en quelques points exceptionnels comme il en existe d'ailleurs chez nous également. Enfin nous aurons longtemps encore, au point de vue des salaires, un avantage marqué, dont l'importance diminuera sans cesse d'être en notre faveur.

Nous n'en devons pas moins être attentifs à ce qui se passe de l'autre côté de l'Atlantique et, profitant des leçons que nous y pouvons puiser, maintenir notre industrie dans la voie du progrès incessant, dans laquelle elle est si largement entrée depuis quelques années.

FRANCE.

Il ne nous reste plus maintenant qu'à indiquer la part, bien petite d'ailleurs, que l'industrie française a prise à l'exposition des produits de la métallurgie du fer.

Peut-être doit-on regretter que nos maîtres de forges ne se soient pas présentés avec plus d'empressement à ce concours international, qui, quoi qu'on ait dit, fera époque dans les annales de l'industrie contemporaine. Ce n'eût pas été un spectacle sans utilité pour eux que celui de cette grande nation, chez laquelle toutes les branches du travail humain se développent avec une si surprenante rapidité. Ils auraient pu tirer quelque profit des audaces, des excès, des erreurs même de ces accroissements quelquefois prématurés; ils auraient trouvé une leçon surtout dans l'examen de ces perfectionnements mécaniques par lesquels l'Américain sait suppléer aux bras qui lui manquent. La France, d'ailleurs, eût tenu le premier rang, si elle avait mis à même de constater la perfection et la sûreté de ses méthodes les juges éclairés que toutes les nations de l'Europe avaient envoyés à Philadelphie.

Il ne faut pas oublier, en effet, que c'est à la France que l'on doit une bonne partie des progrès sérieux réalisés depuis quinze ans dans l'industrie du fer et de l'acier, de ceux qui sont réellement acquis et que les Américains eux-mêmes ont été les premiers à venir étudier chez nous, pour les reporter dans leurs usines. C'est en France que la fabrication de l'acier Bessemer a été le mieux étudiée, et qu'elle est sortie de l'empirisme qui aurait arrêté son développement en restreignant sa production à un choix trop limité de minerais; c'est en France que la fabrication de l'acier sur sole a pris naissance et a atteint son plus haut point de perfection.

C'est chez nous encore que l'application si féconde de la science aux méthodes métallurgiques, que la plupart des nations imitent aujourd'hui, a été poussée le plus loin, avec le plus de suite, de savoir et de persévérance, en même temps que l'on cherchait à établir par des épreuves répétées les relations qui doivent exister entre les propriétés chimiques des fers et leurs caractères physiques, relations qui ont encore bien des mystères, mais que l'on démasque chaque jour un peu plus.

C'est à l'imitation de ce qui s'était fait dans nos grandes usines que les Anglais et les Américains ont installé ces laboratoires où le chimiste vient en aide au métallurgiste et dissipe peu à peu les préjugés trop souvent dissimulés sous le nom de pratique.

Rappelons encore que c'est en France qu'a pris naissance la fabrication des tôles d'acier doux ou plutôt de fer fondu que les ingénieurs de la marine anglaise déclaraient publiquement, il y a un an, ne pouvoir être égalées chez eux. C'est dans les usines françaises que le rôle du manganèse dans la fabrication de l'acier a été compris et signalé, et que les alliages de ce corps ont reçu de si intéressantes applications, pendant qu'il se créait une véritable métallurgie nouvelle dont l'importance s'accroît tous les jours.

C'est à la France, enfin, que l'on doit les deux seules nouveautés que l'examen de l'exposition métallurgique de Philadelphie faisait ressortir : la fabrication des rails phosphoreux de l'usine Poutiloff, en Russie, et les alliages à 75 p. o/o de manganèse fabriqués au haut fourneau par la compagnie de Terre-Noire.

Aussi bien dans les questions de science appliquée à l'industrie que dans celles de l'art et du goût, nous poursuivons donc notre rôle civilisateur. D'autres parties de l'Exposition de Philadelphie ont mis une fois de plus en lumière cette supériorité qui nous appartient toujours ; elle eût été confirmée d'une manière éclatante par le concours plus sérieux de nos grandes usines à fer.

Indiquons brièvement celles des forges françaises qui ont fait acte de présence à l'Exposition.

M. Durenne, le fondeur bien connu pour l'élégance de ses modèles et la perfection de ses moulages en fonte, a envoyé une fontaine monumentale composée par le sculpteur Bartholdi; elle était placée à l'entrée de l'Exposition, entre le bâtiment principal et celui des machines. La pureté de travail de cette œuvre considérable a été fort remarquée; aucun moulage de cette importance et de ce fini d'exécution ne figurait à Philadelphie.

Les ferro-manganèses de la compagnie des fonderies et forges de Terre-Noire, la Voulte et Bességes ont vivement attiré l'attention des métallurgistes de tous les pays présents à Philadelphie. C'était la première fois, en effet, que des produits de ce genre, contenant jusqu'à 75 o/o de manganèse et fabriqués au haut fourneau, paraissaient à une exposition. La compagnie de Terre-Noire a été une des premières à employer et la seule pendant longtemps à fabriquer ces alliages, dont elle a étudié avec persévérance et mis en lumière à diverses reprises les remarquables propriétés. Après avoir acheté le brevet de l'inventeur anglais, M. Henderson, qui n'avait pas réussi à introduire plus de 25 p. o/o de manganèse dans ses produits, elle a perfectionné sans relâche cette nouvelle branche de l'industrie, transformé en passant par les phases les plus diverses les procédés primitifs et créé une véritable métallurgie qui a trouvé de nombreux imitateurs en France et à l'étranger. Pour juger des progrès accomplis, il suffit de se rappeler que le prix des alliages riches a baissé depuis trois ans de plus de 65 p. o/o, et qu'ils ont aujourd'hui à peu près détrôné les spiegel allemands.

La compagnie du gaz et des hauts fourneaux de Marseille a envoyé une belle collection de fontes spéciales, grises, truitées, des spiegeleisen à diverses teneurs et des ferro-manganèses contenant jusqu'à 6o p. o/o. Cette compagnie a été la première en France à fabriquer, au moyen des riches minerais du bassin de la Méditerranée, des fontes d'excellente qualité remplaçant les fontes au bois et des spiegeleisen supérieurs à ceux que les aciéries françaises étaient obligées de demander à l'Allemagne; elle a ajouté depuis peu à ces fabrications celle du ferro-manganèse.

L'usine de Marquise avait envoyé quelques tuyaux en fonte et des moulages d'ornement.

MM. David-Damoiseau ont exposé leurs chaînes en acier sans soudure. Ces chaînes sont formées de maillons allongés, découpés dans une plaque d'acier, une vieille lame de ressort par exemple; ces maillons sont ensuite repliés sur eux-mêmes de manière à s'enfiler les uns dans les autres, chacun d'eux passant à travers les deux boucles du précédent.

Quoique le matériel de chemin de fer ait été classé dans un groupe différent de celui dont nous étions chargé, je ne puis passer sous silence les deux remarquables expositions de M. Arbel et de MM. Brunon frères. Les roues en fer forgé de M. Arbel sont connues depuis longtemps et roulent sur tous les chemins de fer de l'ancien continent; celles de MM. Brunon, fabriquées à la presse hydraulique, sont également fort estimées.

F. VALTON.

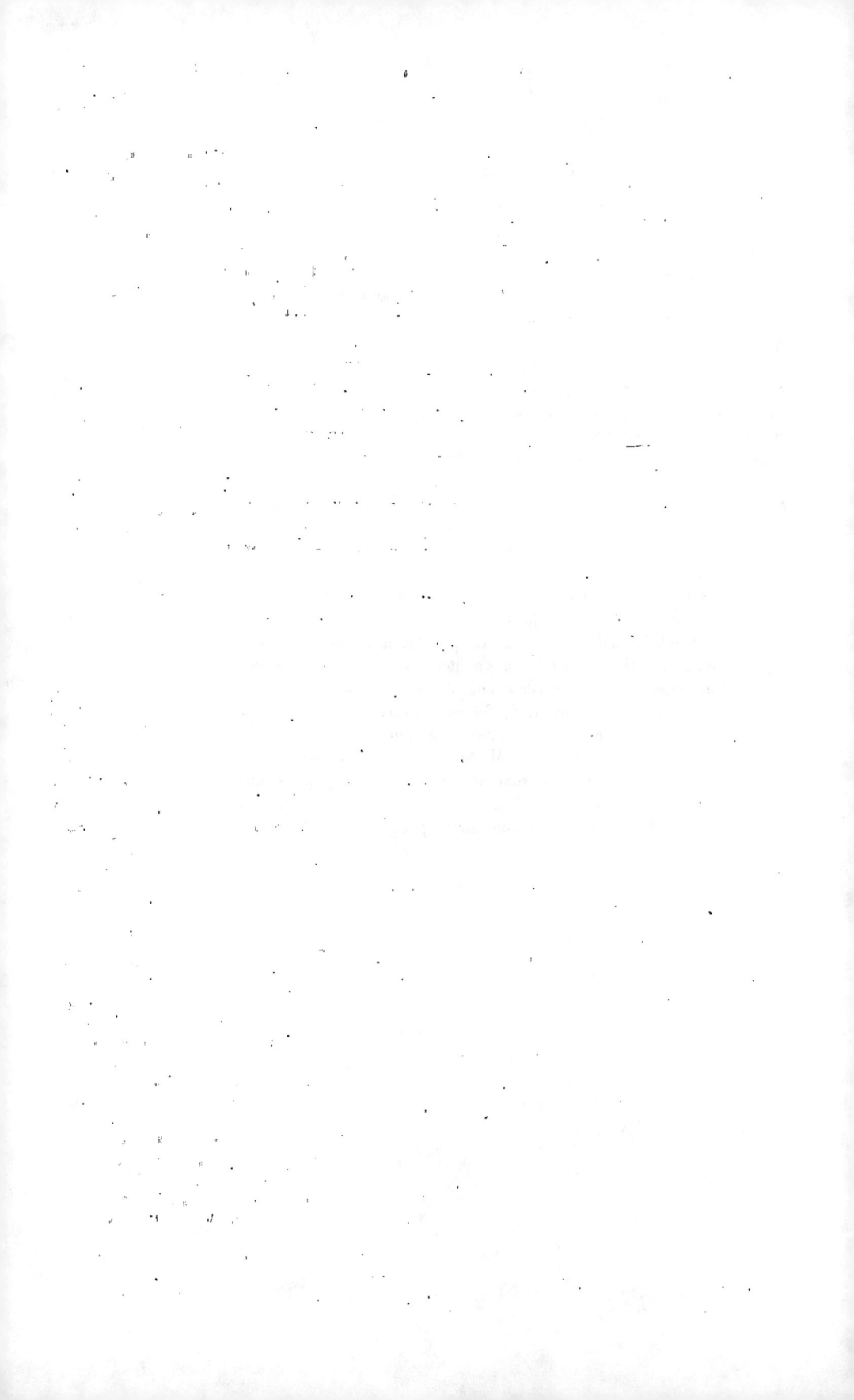

II

PRODUITS MANUFACTURÉS.

PRODUITS CHIMIQUES.

RAPPORT DE M. KUHLMANN FILS,

MEMBRE DU JURY INTERNATIONAL.

Compris parmi les membres de la Commission chargée de représenter les intérêts de la France à l'Exposition de Philadelphie et d'étudier les progrès de l'industrie en général et celle des États-Unis en particulier, j'ai essayé de résumer dans ce Rapport les observations qu'il m'a été donné de faire pendant mon séjour en Amérique.

L'Exposition du Centenaire, qui réunissait, comme toutes les solennités périodiques du même genre, l'ensemble des derniers perfectionnements apportés dans l'industrie et l'agriculture, offrait, en outre, aux membres du Jury cet intérêt de premier ordre, de leur permettre d'étudier sur place, en même temps que les résultats obtenus, les causes du développement si remarquable du peuple américain.

Ayant à passer en revue dans ce rapport tous les arts chimiques formant la première section du groupe des produits manufacturés, savoir :

Produits chimiques proprement dits et engrais ;

Couleurs, savons, éclairage et sucres, je ne pourrai m'étendre beaucoup sur chacune de ces divisions, qui comprennent un champ bien vaste pour un seul groupe, et je devrai, en parlant de chacune d'elles, me contenter de rappeler succinctement les faits principaux qui s'y rattachent.

Au point de vue général, l'Exposition de Philadelphie nous a permis de constater surtout les perfectionnements apportés dans l'industrie de l'Amérique du Nord, qui s'y trouvait largement représentée.

Le Brésil tenait une place honorable dans cette Exposition, et il est permis de croire que, sous l'impulsion féconde d'un souverain habile et éclairé, dont nous avons pu apprécier les connaissances étendues, ce pays, entré maintenant dans la voie du progrès, tiendra à honneur d'apporter son contingent à la richesse manufacturière de l'autre hémisphère.

L'Australie elle-même, cette importante colonie anglaise, nous a mis à même de constater par des faits les progrès qu'elle a accomplis dans l'ordre agricole et manufacturier.

L'Europe n'a pu figurer à l'Exposition de Philadelphie avec autant d'éclat qu'aux Expositions de Paris et de Vienne; mais nous devons reconnaître que, malgré le petit nombre relatif d'exposants, les produits français ont pu donner une juste idée de l'importance et de la perfection des diverses industries de notre pays.

En ce qui concerne les arts chimiques, je n'aurai pas à signaler d'importantes innovations; mais je constate dès à présent, spécialement en France et en Angleterre, une constante préoccupation d'arriver à l'économie du combustible et de la main-d'œuvre et de produire à des conditions remarquables de bon marché les produits les plus variés.

Je me hâte de dire que ces efforts devront être persistants en Europe, et particulièrement en France, en face de l'énorme développement industriel des États-Unis.

Certainement nous avons remarqué avec un légitime sentiment de satisfaction la beauté des produits français; nous croyons qu'il y a lieu de féliciter en général nos exposants, hélas! trop peu nombreux, et qu'il faut aussi leur savoir gré d'être allés représenter dignement le pays à une si grande distance; mais en face des progrès remarquables accomplis dans l'industrie de l'autre hémisphère, nous avons besoin de compter sérieusement sur l'esprit d'ordre, d'intelligence, d'activité, de nos compatriotes, pour soutenir jusqu'au bout, comme ils l'ont fait depuis quinze ans, cette lutte du travail et de l'intelligence et maintenir le rang honorable auquel ils ont droit.

PRODUITS CHIMIQUES.

ACIDE SULFURIQUE. La consommation des pyrites s'est généralisée en Europe, et l'on peut presque dire que l'on ne brûle plus qu'accidentellement du soufre pour la fabrication de l'acide sulfurique, dont l'emploi s'étend chaque jour.

Les gisements considérables de pyrites cuivreuses de la province de Huelva (Espagne) et le grillage nécessaire de ce minerai pour l'extraction du cuivre qu'il renferme arrivent à procurer le soufre pour la fabrication de l'acide sulfurique à des prix excessivement bas.

La combustion a été perfectionnée depuis vingt ans. Je ne ferai pas l'historique des fours à pyrites, complétement décrits dans les rapports des expositions précédentes; je constate seulement que l'emploi des poussières a augmenté et que l'on est arrivé, par le perfectionnement des fours à étages, à brûler la pyrite aussi facilement sous forme de poussière qu'à l'état de roche.

L'emploi des tours Gay-Lussac et Glower, établies en premier lieu à Freiberg, puis en France et en Angleterre, tend à se généraliser; on reconnaît leur sérieuse utilité pour la dénitrification et pour la concentration de l'acide sulfurique.

Le premier de ces appareils est trop connu pour que nous en parlions.

La tour Glower est une colonne construite dans les mêmes conditions que la tour Gay-Lussac et remplie aussi de matières poreuses destinées à multiplier les surfaces de contact entre l'acide faible que l'on fait couler de la partie supérieure de la colonne et les gaz sulfureux chauds sortant des fours.

Cet appareil, simple et d'un fonctionnement régulier, utilise bien la chaleur développée par la combustion des pyrites et procure une économie sensible sur les frais de concentration de l'acide nécessaire pour le service de la tour Gay-Lussac.

Les fabriques d'acide, montées suivant les derniers perfectionnements, ne consomment plus relativement que des quantités très-faibles de nitrate de soude, et les chambres de plomb, qui employaient 5 de nitrate pour 100 d'acide produit, n'en consomment plus que 2 environ; or la production de l'acide sulfurique atteignant en Europe environ un million de tonnes, les perfectionnements apportés dans l'emploi du nitrate de soude en réduisent donc la consommation de 50,000 tonnes à 20,000 tonnes.

Disons, pour ne pas inquiéter les exportateurs du Chili et du Pérou, d'où nous tirons ce produit, que l'emploi des nitrates en agriculture a pris une très-grande extension et que l'exportation des mers du Sud, qui était en 1870 de 2,943 quintaux chiliens, soit 140,000 tonnes, atteint en 1875 le total énorme de 7,336 quintaux ou 350,000 tonnes, soit une augmentation de 150 p. o/o en cinq ans.

La production économique de l'acide sulfurique aux États-Unis a encore beaucoup de progrès à faire; les mines de la Névada ne sont pas encore exploitées sur une grande échelle, et ce qu'il y a de plus étonnant, c'est que l'on n'ait pas employé les pyrites, dont les gisements sont cependant assez considérables en Amérique.

Les soufres de Sicile alimentent la plupart des fabriques d'acide, et naturellement les frais de transport jusqu'en Pensylvanie, où se trouve le centre de cette fabrication, sont considérables.

Si les droits sur l'entrée du cuivre n'étaient pas aussi forts, nous croyons que les fabricants de la côte Est des États-Unis auraient, en attendant qu'ils exploitent leurs mines, avantage à faire venir des pyrites cuivreuses espagnoles.

C'est la fabrication de l'alun, du sulfate de quinine, des produits pharmaceutiques, des superphosphates, et la purification des huiles de pétrole qui offrent, de l'autre côté de l'Atlantique le principal débouché à l'acide

sulfurique; avec la diminution du prix de ce dernier, on verrait certainement se développer en ce pays la fabrication de la soude.

Quant au traitement des résidus de pyrites par la voie humide, le procédé qui consiste à les cémenter avec le sel marin et à précipiter, à l'aide
du fer, le cuivre de la dissolution dans laquelle il se trouve à l'état de
chlorure est presque universellement adopté aujourd'hui.

MM. Faure et Kessler, de Clermont, ont exposé un appareil très-ingénieux pour la concentration de l'acide sulfurique : c'est une modification
de l'ancienne cornue de platine, dans laquelle moitié seulement de l'alam-
bic est en métal précieux; la calotte est en plomb et se trouve refroidie
par l'acide faible provenant de la distillation.

Le prix de cet appareil est moitié moindre que celui de l'ancien, et les
inventeurs prétendent obtenir une économie de combustible: aussi plusieurs
fabriques, en France et en Angleterre, l'emploient-elles avec succès, et
nous croyons qu'il y a eu à cet égard un progrès accompli.

Les soufres raffinés, soufres en canon et en fleur, étaient bien représentés à l'Exposition de Philadelphie par MM. Boude et fils, de Marseille:
les produits de cette maison, qui atteignent un total de 10 millions de
kilogrammes de soufre raffiné, étaient certainement très-supérieurs aux
produits similaires des autres nations.

L'Angleterre avait exposé du soufre en canon extrait des marcs de soude
par le procédé de M. Mond; mais la valeur relative plus élevée de l'acide
hydrochlorique en France a empêché l'extension de ce procédé, qui est
cependant en exploitation à Alais (Gard). On peut évaluer à 3 1/2 ou
4 p. o/o la quantité d'acide muriatique à 22 degrés nécessaire pour attaquer les sulfites et hyposulfites et obtenir 100 kilogrammes de soufre
précipité. A Fahlun, en Suède, on prépare encore de petites quantités de
soufre par la distillation des pyrites en vase clos; mais cette industrie ne
semble pas destinée à prendre de développement.

Engrais. L'emploi des engrais en agriculture prend chaque jour plus
d'extension; l'augmentation de population dans tous les pays oblige
l'homme à faire rendre à la terre un maximum de production, et pour
atteindre ce but il doit remplacer par des engrais artificiels les éléments
enlevés au sol par les plantes, en un mot lui restituer ce que sa nourriture et celle des animaux lui prennent sous forme de végétaux.

L'Angleterre, la France, l'Allemagne et quelques autres nations européennes ont compris l'importance de la chimie en agriculture, et la fabrication des superphosphates de chaux, des sels d'ammoniaque, l'emploi du
nitrate de soude, la préparation des engrais composés, ont pris une grande

extension depuis 1867. En ce qui concerne l'Europe, nous ne remarquons pas à l'Exposition de Philadelphie de procédés de fabrication bien nouveaux pour les engrais.

Le Chili et le Pérou ont envoyé leur guano et leur nitrate de soude, et je signalerai en particulier une société de l'Amérique du Nord, la *Pacific guano Company,* dont les efforts tentés en vue de produire les engrais les plus divers et les plus complets semblent avoir été couronnés de succès.

La *Pacific guano Company* a d'abord exploité les phosphates de chaux provenant de l'île Howland, située dans l'Océan Pacifique près de l'Équateur.

Ces dépôts, qui résultent comme ceux du Pérou, de la longue accumulation d'excréments d'oiseaux, ne contiennent plus de matières organiques, et la chaleur paraît les avoir éliminées pour ne laisser que les matières minérales.

Depuis quelques années d'autres gisements de phosphates ont été exploités par cette société dans les îles Chincha, Lobos et Swan, ces dernières situées dans la mer des Antilles à l'ouest de la Jamaïque. La plupart de ces phosphates contiennent 60 à 66 p. o/o de phosphates de chaux et présentent en général un aspect brun noirâtre; une seule variété, presque blanche, offre une richesse exceptionnelle et contient près de 80 p. o/o de phosphate pur.

Les gisements de l'île Chisolm sont ceux qui fournissent actuellement la majeure partie de leurs matières premières aux nouveaux établissements de la société, situés dans la Caroline du Sud, à Charleston.

Je terminerai cet exposé sur l'exploitation de la *Pacific guano Company* par quelques mots sur le *Menhaden-fish,* poisson employé dans la fabrication des engrais, et que cette société, après l'avoir traité par l'acide sulfurique, mélange aux divers phosphates pour leur donner l'azote qui leur manque. Ce poisson, de la même famille que les harengs et les sardines, se trouve en immenses quantités dans l'Atlantique, où 350 navires sont employés à le pêcher. La quantité d'huile qu'on extrait de ce poisson préalablement séché, et que l'on peut estimer à 100,000 hectolitres, représente déjà une valeur d'environ 8 millions de francs, tandis que le résidu de l'extraction, qui ne contient pas moins de 7,500 tonnes d'ammoniaque, traité par l'acide sulfurique, puis mélangé au phosphate naturel, produit un engrais complet et des plus riches, capable de restituer à la plupart des sols tous les éléments nécessaires à la culture. Nous voyons ainsi l'industrie arriver à la préparation artificielle d'un produit similaire de ceux dont la nature a doté le Pérou.

La compagnie des phosphates du Midi avait envoyé des échantillons à l'Exposition de Philadelphie. L'exploitation de cette société est devenue considérable et atteint le chiffre de 25,000 tonnes, dont un quart pour l'exportation : ces minerais sont remarquables par leur richesse et par la petite proportion de fer et d'alumine qu'ils contiennent, avantage précieux pour la fabrication du superphosphate; leur teneur en phosphate triba- sique de chaux est de 71 p. o/o, en moyenne, pour la première qualité, avec seulement 5 à 6 p. o/o d'oxyde de fer et d'alumine.

Ces dépôts de phosphates, situés dans le Tarn-et-Garonne et qui s'étendent en France dans la partie supérieure du terrain éocène sur une surface considérable de pays, semblent, d'après certains géologues français, dus à des dégagements d'acide phosphorique qui, en traversant les couches de craie sous l'influence d'une action volcanique, ont donné lieu à ces masses de phosphates de chaux. Les colorations variées que l'on remarque dans les différentes veines, et qui proviendraient d'entraînement de ma- tières, paraissent confirmer cette opinion, comme aussi la petite quantité de fossiles que l'on y rencontre. D'autre part, la fixité bien connue de l'acide phosphorique est une objection sérieuse à cette hypothèse : d'autres savants croient, et nous serions volontiers de cet avis, que la formation de ces phosphates est la conséquence de dépôts marins ou de l'évaporation de lacs salés et phosphatés.

SULFATE DE SOUDE. Un nouveau procédé pour la production industrielle du sulfate de soude avait déjà figuré à l'Exposition de Vienne, c'est celui proposé par M. Hargreave; l'Angleterre présente à Philadelphie des produits très-purs préparés par ce système. Le procédé Hargreave a pour but d'obtenir directement, sans l'intermédiaire des chambres de plomb, le sulfate de soude par l'action de l'acide sulfureux sur le sel gemme, en présence de la vapeur d'eau. L'appareil imaginé par M. Hargreave se com- pose d'une batterie de quatre cylindres en fonte de vastes dimensions, revêtus à l'intérieur d'une enveloppe de briques et munis à la partie infé- rieure d'une grille en fer à barreaux mobiles. Sur cette grille on accu- mule des briquettes de sel aggloméré, obtenues en malaxant un mélange de trois parties de sel gemme égrugé et d'une partie de sel raffiné fin avec la quantité d'eau nécessaire pour former une pâte épaisse. Ces briquettes avant l'enfournement sont séchées et concassées en fragments de la grosseur du poing. Les cylindres, d'autre part, sont chauffés extérieurement par les flammes d'un foyer qui circulent dans des carneaux ménagés à cet effet, et la température, qui a une grande importance pour la réussite de l'opé- ration, ne doit pas dépasser 400 degrés centigrades.

Quant à l'acide sulfureux, il est produit par une série de fours à pyrites et arrive, avec une certaine quantité d'air et de vapeur d'eau à deux atmosphères, sous la grille du premier cylindre d'abord, pour passer ensuite et successivement dans les trois autres. Quand l'opération a été bien conduite, toute la masse se trouve transformée en sulfate de soude, que l'on peut extraire facilement en retirant les barreaux de la grille dont il a été parlé plus haut.

Les vapeurs d'acide chlorhydrique produites sont condensées dans une série de bonbonnes ou de colonnes dont la disposition peut varier et à travers lesquelles passe un courant d'eau froide.

Sans apprécier ce procédé au point de vue économique, nous le croyons très-intéressant et de nature à rendre des services en certaines circonstances.

Soude. La fabrication de la soude était surtout représentée à l'Exposition de Philadelphie par les produits anglais, dont l'exportation est considérable aux États-Unis. Une grande partie des soudes fabriquées en Angleterre et particulièrement dans le Lancashire à l'état de soude caustique, de carbonate de soude et de cristaux de soude est expédiée en Amérique, où cette fabrication n'a pris jusqu'à présent que peu de développement. Le manque de sel gemme, qui rend les États-Unis tributaires du Canada, et le haut prix du soufre, dû à la non-exploitation des pyrites ou des mines de soufre du Névada, ont arrêté jusqu'à présent le développement de la fabrication de la soude, cet aliment indispensable de tant d'industries.

Une fabrique de soude assez importante fonctionne cependant en Pensylvanie pour le traitement des cryolithes du Groënland; mais l'extraction de ce minerai, qui contient environ 90 p. o/o de fluorure de sodium et d'aluminium, ne peut avoir lieu que pendant quatre mois de l'année, à cause des glaces et des neiges, et les navires qui le transportent à Philadelphie doivent être même de construction spéciale pour résister aux *icebergs* ou montagnes de glace, qui presque toujours entravent la navigation dans ces parages.

D'après les documents qui m'ont été fournis, je ne pense pas que l'exploitation du Groënland puisse prendre un bien grand accroissement et fournir à l'industrie chimique du fluorure de sodium en quantité suffisante. La cryolithe pure est un fluorure d'aluminium et de sodium ayant la composition suivante : $3 \, Fl \, Na, Fl^3 \, Al^2$ et contenant :

> 54,1 de fluor;
> 32,8 de sodium;
> 13,1 d'alumine.

Mais le minerai de première qualité que l'on emploie ne renferme que

88 à 90 p. o/o de cryolithe pure, mélangée avec un peu de carbonate de chaux, de sulfure de fer et de silice.

Le traitement de la cryolithe pour obtenir le sel de soude est d'une très-grande simplicité et se trouve parfaitement installé dans l'usine de la « *Pensylvania Salt Company* » à Natrona, près de Pittsburgh. Cette société obtient le minerai de cryolithe au prix de 80 francs la tonne au Groënland, ce qui le fait revenir à 130 francs à Philadelphie et à 150 francs à Natrona. Sa consommation annuelle atteint le chiffre de 6,000 tonnes. Ayant pu visiter l'usine de Natrona, je dirai un mot de cette fabrication. La cryolithe est mélangée à la chaux et au carbonate de chaux dans les proportions suivantes : 50 de cryolithe à 88 p. o/o de pureté, 43 de chaux et 21 de carbonate de chaux; la masse, parfaitement pulvérisée et tamisée, est frittée dans un four à réverbère par charges de 500 kilogrammes environ, pendant une heure, à la température du rouge sombre et soumise ensuite à un lessivage méthodique. L'alumine combinée à la soude s'écoule avec la lessive, et la chaux qui s'est emparée du fluor constitue un résidu inutilisable jusqu'à ce jour contenant 62 p. o/o de fluorure de calcium, 12 p. o/o de carbonate de chaux, de l'oxyde de fer, de la magnésie, de la silice, de la chaux et un peu de carbonate de soude avec des traces de potasse.

La précipitation de l'alumine dans les liqueurs d'aluminate de soude à 28 degrés Baumé, provenant du lessivage, se fait par un violent courant d'acide carbonique à travers d'immenses réservoirs ayant la forme de générateurs. Les eaux contenant le carbonate de soude sont évaporées et le sel produit est d'une très-grande pureté, ne contenant ni sulfure de sodium ni fer; quant à l'hydrate d'alumine, il sert à préparer dans d'autres usines, à Philadelphie, le sulfate d'alumine et les aluns de potasse et d'ammoniaque. En se reportant à la composition de la cryolithe que j'ai indiquée plus haut et aux données techniques que je tiens des administrateurs de la Société, lesquels ont bien voulu se mettre à ma disposition pour me fournir tous les renseignements désirables et m'accompagner dans mes visites aux usines, on obtient, avec la cryolithe à 90 p. o/o, 20 p. o/o d'alumine et 65 p. o/o de carbonate de soude pur au lieu de 21,52 d'alumine et 75,53 de carbonate de soude, que la théorie donnerait avec une cryolithe pure, et sans perte dans le travail.

Une grande partie des sels de soude ainsi produits est utilisée pour la fabrication des cristaux qui servent ultérieurement à préparer le bicarbonate de soude, dont la consommation est si considérable en Amérique pour les soda-water, les eaux gazeuses, etc.

Disons, relativement à cette fabrication de cristaux de soude, que la température est tellement élevée dans ces contrées pendant trois mois de l'an-

née qu'il est impossible d'y obtenir aucune cristallisation : aussi de grands
réservoirs cubant 12 à 15 mille mètres cubes servent-ils à emmagasiner
les lessives pendant l'été, et c'est en hiver seulement que la cristallisation
s'opère en grande masse. Les réservoirs, vidés au printemps, fournissent
ensemble 4 à 5 millions de kilogrammes de cristaux de soude.

Nous avons remarqué dans l'exposition anglaise deux fabriques produisant le sel de soude par l'action de l'ammoniaque et de l'acide carbonique
sur le sel gemme ou sur les eaux directement puisées dans les mines de
sel.

MM. Richard's Kearne et Gasquoine et, en particulier, MM. Brunner
Mond et Cⁱᵉ exposent des produits de belle qualité et signalent les perfectionnements qu'ils croient avoir apportés au procédé Solvay en purifiant
les eaux des mines de sel gemme (*raw brine*) par l'action d'un alcali ou
d'un alcali et de la chaux, les quantités employées variant suivant la pureté des eaux.

Dans l'exposition française, MM. Solvay et Cⁱᵉ, de Varangéville, exposent
également des produits remarquables préparés par le procédé dont M. Solvay a été le promoteur; l'usine établie à Varangéville produit des sels de
soude à l'aide des eaux salées provenant des mines de sel gemme.

MM. Solvay et Cⁱᵉ ont présenté également, dans l'exposition belge, des
sels produits et préparés par les mêmes procédés, mais avec des sels
redissous. De même qu'en Angleterre, ces Messieurs ont rencontré d'assez
nombreuses difficultés, qu'ils sont arrivés, nous disent-ils, à surmonter
parfaitement. Nous ne voulons pas établir de comparaison entre l'économie de l'ancien procédé Leblanc et celle du procédé à l'ammoniaque, car
cette économie peut varier suivant les circonstances, le pays, le prix
d'achat des matières premières, de l'ammoniaque en particulier, et suivant
les prix de vente des produits secondaires, tels que l'acide muriatique et
le chlorure de chaux; mais nous constatons avec plaisir les efforts qui ont
été faits pour perfectionner l'industrie de la soude, tant par le procédé
Leblanc que par le procédé à l'ammoniaque.

POTASSE. Nous devons signaler un développement assez considérable
depuis quelques années dans la fabrication du carbonate de potasse par
le procédé Leblanc; c'est surtout en France et en Allemagne que cette
fabrication a pris de l'importance. Les chlorures de potassium employés
proviennent des mines de Stassfurth, de la purification des salins de bet-
teraves ou du traitement des varechs.

Les potasses ainsi obtenues sont très-pures et titrent généralement
90 p. 0/0 de carbonate de potasse : aussi font-elles une sérieuse concurrence

aux potasses de Russie et d'Amérique, et non contentes de les avoir exclues des marchés français et anglais, elles ont passé l'Océan et se vendent en quantités considérables sur le marché des États-Unis, particulièrement pour la préparation des produits pharmaceutiques.

PRUSSIATE ET CHLORATE DE POTASSE. En ce qui concerne les autres sels de potasse d'un emploi important, comme le prussiate, le chlorate et l'oxalate de potasse, aucun procédé nouveau ne semble avoir été mis en pratique. L'Allemagne a donné de l'extension à la préparation de l'oxalate par la sciure de bois et la soude caustique, et l'Amérique du Nord à la fabrication des prussiates jaune et rouge.

HYPOCHLORITE DE CHAUX. La plupart des hypochlorites de chaux exposés appartiennent à l'Angleterre et sont presque tous fabriqués par le procédé Weldon.

Ce procédé, qui a pris naissance il y a déjà plusieurs années en Angleterre, est maintenant presque universellement employé dans les grandes usines de produits chimiques. Les nombreux essais qui ont été faits pour régénérer le manganèse contenu dans les résidus de la fabrication du chlore n'avaient eu pour effet jusqu'à présent que d'apporter une économie relativement peu importante, et cependant les minerais riches de manganèse devenaient de plus en plus rares et le prix chaque jour plus élevé.

Les récentes applications du manganèse dans la fabrication du ferro-manganèse, qui font entrer ce composé dans la préparation des aciers, devaient encore augmenter la valeur de ces minerais. La mise en pratique du procédé Weldon, après les différents perfectionnements qui lui ont été apportés depuis quelques années, peut diminuer des neuf dixièmes au moins la quantité de manganèse nécessaire pour la fabrication du chlorure de chaux.

On sait que ce procédé consiste à neutraliser d'abord l'acide libre qui se trouve dans le chlorure de manganèse qui a servi à la fabrication du chlore, et à faire agir un violent courant d'air à une température de 60 degrés environ sur le chlorure de manganèse mélangé à la chaux. La combinaison qui se produit alors est assez malaisée à définir et semble être un mélange de bimanganite de chaux, de protoxyde de manganèse et de manganite de chaux.

Il serait difficile de dire comment se forment ces combinaisons; Weldon croit que le protoxyde de manganèse MnO s'oxyde d'abord et se transforme en Mn^2O^3 ou plutôt en MnO et MnO^2, ce dernier donnant le manganite et le bimanganite de chaux dont il a été question.

Quant au protoxyde de manganèse, il s'oxyde de nouveau et un semblable dédoublement recommence. Nous ne pouvons rien affirmer à cet
égard, et l'addition de chaux à certains moments de l'opération semble
contredire cette opinion. Disons d'ailleurs que la quantité de chaux employée dans ce procédé, et qui varie suivant sa qualité, a une très-grande
importance, tant pour obtenir une oxydation parfaite que pour produire
des boues à dépôt facile. Ces boues, dont on a séparé par décantation la
plus grande partie du chlorure de calcium, arrivent dans de grands bacs
en pierre (*stills*) où, traitées par l'acide chlorhydrique, sous l'influence
de la vapeur, elles dégagent le chlore nécessaire à la préparation des hypochlorites de chaux.

Le manganèse neuf, que l'on est obligé d'employer dans la proportion
de 5 à 10 p. 0/0, sert simplement à réparer les pertes qui se produisent
nécessairement pendant l'opération.

On a essayé aussi de produire le chlore par l'action de l'acide chlorhydrique sur l'oxyde de cuivre (procédé Gaskell et Deacon); mais, au point
de vue économique, la pratique ne semble pas devoir sanctionner cette
intéressante réaction.

Borax. La fabrication du borax a pris un grand développement en Amérique depuis quelques années et devient assez menaçante pour les produits
européens.

En 1867, l'Angleterre avait presque le monopole de cette fabrication;
elle tirait son acide borique de Toscane. Dans ces dernières années, la
France, ne voulant pas rester tributaire de sa voisine pour la préparation
de ce produit, fabriqua le borax avec le borate de chaux provenant de
l'Asie Mineure. Une baisse très-sensible se manifesta dès lors dans le prix
de ce produit, mais les Américains semblent vouloir l'accentuer encore.
En effet, après avoir préparé pendant quelques années le borax à l'aide du
borate de chaux de Bolivie et du Pérou, ils exploitent maintenant des gisements de borate de soude ou de borate de soude et de chaux situés en
Californie sur toute la côte du Pacifique. Les principaux de ces dépôts et
lacs desséchés sont dans le « Rangs district » (Californie) et à San Bernardino; ce dernier, appelé « Borax Lake ». est à 80 milles du Southern
Pacific Railroad; il a une superficie d'environ 18,000 hectares et la couche
de borax brut, contenant de 20 à 40 p. 0/0 de produit pur, s'étend sur
1,000 hectares et forme une masse qui peut être évaluée à 10 millions de
tonnes.

Le Névada et la Californie envoient leurs produits dans toute l'Europe :
l'exportation en 1875 a atteint 2,500,000 kilogrammes, et nous ne dou-

tons pas qu'elle ne prenne encore plus d'extension; une seule compagnie, la « Riddel C° », produira en Californie plus de 1,000 tonnes de borax raffiné par an. Cette nouvelle source de production est appelée à augmenter l'emploi du borax, en fournissant ce produit à un prix relativement bas à la faïencerie, à la peinture, à la soudure et aux apprêts.

Disons cependant que ces richesses ne sont pas inépuisables, et que les prix pourraient bien se modifier si les Américains ne ménageaient pas leurs richesses, comme cela s'est produit dans quelques-unes de leurs exploitations.

MM. Baker et C°, de New-York, avaient exposé des spécimens remarquables de borax cristallisé, d'une parfaite pureté.

Aluns. La préparation des aluns, aluns de potasse et d'ammoniaque, est importante aux États-Unis et particulièrement à Philadelphie. Nous avons remarqué à l'Exposition de magnifiques blocs cristallisés dont quelques-uns, ayant l'aspect de véritables chambres ou cavernes d'alun, avaient exigé des cristallisoirs de dimensions considérables et témoignaient de la grande pureté des produits; disons, toutefois, qu'aucun procédé nouveau ne semble avoir été mis en pratique dans cette fabrication.

SAVONS ET STÉARINERIE.

Savons. Dans l'industrie des savons, aucune innovation importante ne s'est produite depuis 1873; il faut signaler cependant les efforts tentés dans plusieurs contrées, surtout aux colonies, pour installer ou perfectionner ces fabrications. L'Australie et le Brésil ont exposé des produits certainement inférieurs aux produits européens, mais qui témoignent du désir de ces pays d'implanter chez eux cette industrie. Pour les savons fins de luxe, l'Angleterre et la France ont dignement soutenu leur ancienne réputation, et la première prépare en grand aujourd'hui des savons à la glycérine excessivement purs et agréables.

Nous avons regretté vivement que la savonnerie marseillaise ne se fût fait représenter que par un seul exposant; M. Roux fils, un des plus importants fabricants de Marseille, avait semblé tenir à honneur de remplacer dignement ses compatriotes absents.

L'industrie du savon est devenue pour la cité phocéenne la source d'une richesse considérable, dont on ne peut qu'encourager le développement; cette industrie occupe de 4 à 5 mille ouvriers et produit annuellement 86,000 tonnes de savon, d'une qualité incontestable, contenant en moyenne à peu près 60 p. o/o d'acide oléique et margarique, 7 p. o/o de soude combinée et 33 p. o/o d'eau.

Cette préparation a le double avantage d'offrir à la soude un débouché très-important et de faciliter le commerce des huiles, si considérable à Marseille : on sait, en effet, que les parties les moins pures sont utilisées dans la savonnerie, tandis que les huiles de première qualité servent à l'alimentation et à l'éclairage; malheureusement les droits d'entrée aux États-Unis, qui sont de 11 fr. 40 cent. par 100 kilogr. et de 30 p. o/o sur la valeur pour le savon de Marseille, l'empêchent d'arriver avec avantage sur le marché américain.

PARFUMERIE. L'industrie des Alpes-Maritimes, dont le siége principal est à Grasse, avait envoyé ses produits les plus parfaits à l'Exposition de Philadelphie, sous les noms de MM. Chiris, Roure-Bertrand, Mottet et Cie, Lautier fils et Hermann. On sait que cette industrie, qui consiste à préparer des extraits de parfums végétaux, alimente l'Europe entière et le nouveau monde, et que, prenant de jour en jour plus de développement, elle a établi des cultures considérables de géranium, de roses, etc., en Algérie et dans le Midi.

L'Angleterre et la France sont les deux nations qui utilisent le mieux ces matières premières dans la composition très-complexe des parfums. L'Amérique du Nord et l'Allemagne, quoique en seconde ligne, semblent toutefois faire des progrès dans cette voie.

STÉARINERIE. L'éclairage au gaz, qui tend de jour en jour à se généraliser, et l'augmentation de l'exploitation des huiles de pétrole ont supprimé presque complétement aux États-Unis l'usage des bougies stéariques, tandis qu'en Europe cette industrie conserve une grande importance, les bougies étant restées l'éclairage de luxe le plus apprécié. L'Angleterre a toujours la spécialité des bougies de paraffine : quelques maisons, la *Price's patent candle C°* en particulier, exposent des produits vraiment remarquables; mais ici encore nous avons à regretter l'absence des exposants français, et nous ne pouvons signaler qu'un constructeur de machines pour la stéarinerie, M. Morane fils, dont les appareils exposés à Philadelphie sont d'ailleurs aussi ingénieux que bien exécutés. La maison Morane a fourni en France et à l'étranger de nombreuses presses hydrauliques et autres appareils spéciaux à la stéarinerie, comme autoclaves en cuivre pour la saponification du suif, appareils à distiller, presses à froid verticales ou horizontales, presses à chaud horizontales garnies de plaques creuses chauffées à la vapeur, avec étreindelles pour recevoir les pains, machines à rogner, à lustrer et à marquer les bougies, et enfin une presse hydraulique très-bien conçue. dans laquelle un corps de pompe en fer forgé et perforé remplace les anciens cylindres en fonte, qui étaient exposés à de fréquentes ruptures et occasionnaient des dépenses d'entretien considérables. Les presses de M. Morane peuvent supporter des pressions énormes et sont aujourd'hui presque universellement employées dans les fabriques de bougies.

PRODUITS DE CHIMIE PURE.

L'Allemagne a conservé la spécialité des produits chimiques purs pour les laboratoires, et, quoiqu'elle ait été assez peu représentée à l'Exposition de Philadelphie, elle offrait néanmoins des collections complètes de produits minéraux et organiques, parmi lesquels nous remarquons un produit nouveau dont la découverte remonte à deux ans, la vanilline artificielle.

La chimie synthétique a dernièrement réussi à produire artificiellement la matière cristalline à laquelle la vanilline doit ses propriétés aromatiques; on doit cette découverte intéressante à MM. Hermann et Tiemann, qui travaillent dans le laboratoire du célèbre chimiste Hofmann, lequel a bien voulu nous donner quelques détails sur cette intéressante réaction.

Le suc du cambium des conifères contient un glucoside $C^{14} H^{12} O^8$, découvert il y a quelques années par M. Hartwig; ce glucoside se scinde sous l'influence de la synaptase, avec fixation d'un atome d'eau $H^2 O$, en glucose $C^6 H^{12} O^6$ et en une matière cristallisable $C^{10} H^{12} O^3$; ce dernier produit, traité par des agents oxydants, se transforme en acide acétique et en vanilline : $C^{10} H^{12} O^3 + 2O = C^2 H^4 O^2 + C^8 H^8 O^3$.

La vanilline présente les caractères d'un aldéhyde: c'est le méthylaldéhyde de l'acide protocatéchique. Comme les aldéhydes, la vanilline se combine avec le sulfite hydropotassique, ce qui permet de le séparer facilement des produits secondaires formés par la réaction : aussi le prépare-t-on déjà d'une façon industrielle; les inventeurs prétendent que le suc d'un arbre de moyenne taille fournit une quantité de vanilline représentant une valeur d'environ 100 francs, sans que le bois se trouve sensiblement endommagé par la saignée qu'on lui fait subir.

Depuis peu, deux autres procédés ont été indiqués pour la préparation de la vanilline : l'un, de M. Tiemann, consiste à oxyder l'huile essentielle de girofle, de myrte (*myrtes pimenta*), de cannelle (*alba cannella*) : cette matière, appelée Eugenol, renferme $C^{10} H^{12} O^2$; sa composition se rapproche du produit obtenu par la fermentation de la coniférine, et on comprend comment ce corps peut produire la vanilline par l'action des agents oxydants.

L'autre procédé, indiqué par MM. Tiemann et Reimer, consiste à faire agir la potasse sur le chloroforme et le gaïacol :

$$C^7 H^8 O^2 + CHCl^3 + 3KHO = C^8 H^8 O^3 + 3KCl + 2H^2 O.$$

Le gaïacol, produit de la distillation sèche de la résine de gaïac, se trouve aussi en quantité notable dans le goudron du bois de hêtre, qui en sera probablement la source industrielle.

La vanilline artificielle ne présente aucune différence au goût avec la vanilline ordinaire; nous nous sommes étendus avec plaisir sur cette découverte, car il nous paraît toujours très-intéressant de voir préparer artificiellement un produit végétal, soit à l'aide de ses éléments organiques, comme on le fait pour l'alizarine, soit par la modification de matières végétales, comme le font MM. Tiemann et Hermann pour la vanilline.

L'acide salicylique, dont la préparation a pris beaucoup d'extension depuis quelques années, a été découvert par Piria, qui l'obtint en fondant l'hydrure de salicyle par la potasse, à une haute température; plus tard, M. Cahours a démontré que le Wintergreen, ou l'huile de Gaultheria, est du salicylate de méthyle, et l'on a alors extrait l'acide salicylique de cette huile; enfin, dans ces derniers temps, MM. Kolbe et Lautermann ont trouvé que l'on peut préparer cet acide avec le phénol sodique en le chauffant à une certaine température dans un courant d'acide carbonique; la réaction suivante se produit :

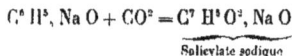

$$C^6 H^5, Na O + CO^2 = C^7 H^4 O^2, Na O$$
Salicylate sodique

L'acide salicylique a trouvé récemment de fréquentes applications, surtout comme antiseptique, et l'on remarquait à l'Exposition de nombreux échantillons de ce produit, ainsi que de la vanilline artificielle.

La préparation des principaux produits pharmaceutiques se fait sur une très-grande échelle aux États-Unis, principalement à Philadelphie. Les produits qui ont particulièrement attiré l'attention du Jury sont les sels de quinine, de morphine, de cinchonine, de strychnine, parfaitement cristallisés et très-purs, les alcaloïdes, la nicotine, la brucine, la caféine, cette dernière en blocs cristallisés très-remarquables.

MM. Powers et Weightman et M. Rosengarten, les producteurs principaux, exposent en outre les acides citrique et tartrique préparés en grand, les diverses combinaisons du mercure, du cadmium, du zinc, des bromures et iodures de potassium, les sels doubles de fer et de quinine, etc.

Nous pensons devoir faire remarquer ici que l'emploi des sels de quinine tend à décroître dans les pays chauds marécageux, grâce aux plantations de plus en plus nombreuses de l'*Eucalyptus globulus* et aux préparations que fournit ce bel arbre; son efficacité pour combattre les fièvres paludéennes est maintenant mise hors de doute, et l'Algérie notamment en a tiré le meilleur parti : il remplace ainsi les Quinquinas de l'Amérique du Sud et de l'Inde, si difficiles à acclimater.

L'Australie et la Tasmanie, particulièrement, avaient envoyé des échantillons et des extraits de cette intéressante plante, originaire de ces contrées. Les produits pharmaceutiques proprement dits ont été, à Philadelphie, renvoyés à l'examen d'une Classe spéciale, comprenant toutes les questions relatives à la médecine.

COULEURS.

Les couleurs manufacturées, tant minérales qu'organiques, constituaient un des groupes les plus intéressants de l'Exposition, et l'on peut dire que les grands fabricants de tous les pays avaient envoyé leurs produits.

Les couleurs minérales fines pour la peinture à l'huile et à l'aquarelle sont parfaitement bien préparées en France et en Angleterre; quant aux États-Unis, qui semblent avoir fait de grands progrès dans cette industrie, ils fabriquent surtout les couleurs pour le décor et la carrosserie.

M. Hardy Milori, de Paris, expose ses verts et bleus Milori, des verts de chrome et d'aniline, des jaunes de chrome, des laques de cochenille, d'aniline, enfin la série de ses couleurs en pâte pour papiers peints : aussi cette collection a-t-elle été sérieusement appréciée par les membres du Jury, tant pour la perfection des produits que pour leur variété.

D'autres exposants français, MM. Kaulek à Paris, Coez à Saint-Denis, etc., ont tous, dans leur spécialité, des produits remarquables, laques ou extraits de bois, sans que l'on puisse signaler d'inventions nouvelles.

CÉRUSE. La fabrication de la céruse a pris un grand développement aux États-Unis, tandis que dans les autres pays elle semble être restée presque stationnaire, la peinture au blanc de zinc et au sulfate de baryte s'étant substituée, dans certaines circonstances, à la peinture au blanc de céruse. A côté du procédé hollandais, du procédé allemand et de celui de Clichy sont venues se grouper, depuis un certain nombre d'années, une série de modifications plus ou moins ingénieuses dues à MM. Wood, Grüneberg, Chenot, Rostaing, etc., et qui généralement ont pour but de travailler le plomb amené à un état de division extrême. Pour arriver à ce résultat, ils ont proposé la précipitation chimique ou les moyens mécaniques, comme la force centrifuge par exemple.

Toujours dans le même ordre d'idées, MM. Adams et Cie de Baltimore (brevet David K. Tuttle and James, A. Mac Creary) ont établi une fabrication assez importante, et pour obtenir la pulvérisation ils font agir la vapeur sous forte pression sur le plomb fondu passant par une ouverture étroite, et soumettent la poudre obtenue à l'action de l'air humide, de l'acide acétique et de l'acide carbonique dans des cylindres animés d'un mouvement de rotation. L'opération ne dure guère que dix jours pour la préparation complète de la céruse et les produits obtenus nous ont paru comparables comme blancheur aux produits ordinaires. Il semble toutefois que leur densité soit moindre que celle de la céruse fabriquée par le procédé hollandais et qu'à poids égal ils couvrent un peu moins que cette dernière.

Les autres procédés du même genre semblent avoir toujours eu le même inconvénient.

Couleurs organiques. La fabrication des couleurs dérivées des huiles de goudron de houille fait chaque jour de nouveaux progrès, et depuis quinze ans elle n'a cessé d'occuper la science et l'industrie. Le nombre des combinaisons augmente et la préparation des couleurs devient plus économique et moins dangereuse. A la benzine et à son dérivé l'aniline sont venus se joindre le toluène, le phénol, l'anthracène, la naphtaline; toutes ces substances sont aujourd'hui la source de couleurs d'un éclat remarquable, et nous pouvons dire, sans crainte d'être démenti, que la transformation aussi bien que l'étude des huiles extraites du goudron restera l'un des titres de gloire de la chimie moderne.

MM. Wurtz, Hofmann et Kopp ont fait, dans leurs rapports sur les Expositions, un historique trop savant et trop complet des couleurs pour que j'essaye de m'étendre sur ce sujet; je me bornerai à faire remarquer, en ce qui concerne l'Exposition de Philadelphie, que les industriels et les chimistes ont eu pour constante préoccupation d'arriver à diminuer le prix de revient et à écarter tout danger tant pour la préparation des couleurs que pour leur emploi : c'est ainsi qu'ils ont cherché à remplacer l'iode, l'arsenic et le phosphore par d'autres agents moins insalubres ou moins chers; le nitrate de méthyle, dont tout le monde se rappelle la terrible explosion à Saint-Denis en 1873, a été complétement abandonné et remplacé par le chlorure de méthyle.

Une part importante dans ces perfectionnements est due à l'initiative de M. Poirrier, de Saint-Denis, et aux recherches des chimistes dont il s'entoure. Son exposition à Philadelphie était remarquable à tous les points de vue. Nous citerons particulièrement: les violets de méthylaniline, qui, soumis à l'action du chlorure de benzyle, donnent maintenant des teintures sur laine magnifiques, et le vert lumière, qui se fixe sans difficulté sur la soie et le coton, et que M. Lauth est parvenu à fixer sur la laine en employant l'hyposulfite de soude comme mordant.

Pour faire apprécier ces perfectionnements, M. Poirrier avait exposé un certain nombre d'échantillons de teintures sur tissus de laine, de soie et de coton, résumant les derniers perfectionnements de cette industrie, et en outre une quantité d'autres couleurs, telles que la safranine, l'acide phtalique, l'orseille, l'extrait d'orseille et surtout de cudbeard, ainsi que l'éosine, ce dérivé du phénol, produit en traitant la résorcine par l'acide phtalique et destiné à remplacer la cochenille.

Un autre producteur français, M. Guinon, de Lyon, avait aussi envoyé à Philadelphie des couleurs d'aniline très-remarquables. Enfin, dans un autre ordre de matières colorantes organiques, MM. Thomas frères, d'Avignon, avaient exposé de magnifiques échantillons d'alizarine artificielle, ce dérivé de l'anthracène dont ils sont restés en France les seuls producteurs, croyons-nous, et M. Clozeau, d'Avignon, des extraits de garance de qualité supérieure.

Depuis quelques années une lutte sérieuse s'est engagée entre ces deux derniers produits en France et en Allemagne, et nous devons dire que l'alizarine artificielle a des chances de remplacer la garance.

L'Angleterre n'était presque point représentée à l'Exposition des matières colorantes dérivées du goudron; et cependant la préparation de ces couleurs a pris dans ce pays une certaine extension, mais qui n'est peut-être pas en rapport avec les quantités considérables de goudron qu'il produit et la purification des huiles légères qu'il a installée sur une grande échelle.

Quant à l'Amérique, elle est presque complétement approvisionnée par l'Allemagne, qui a donné depuis quelques années un développement énorme à cette fabrication; nous devons même une mention spéciale à la « Société par actions pour la fabrication des couleurs d'aniline » de Berlin, dont les produits ont par leur variété et leur perfection attiré sérieusement l'attention du Jury.

Les principales couleurs exposées consistaient en rouge d'aniline ou rubine, préparé sans acide arsénique, violet Hofmann, bleu Nicholson, jaune Martius, coralline, safranine, éosine, etc.

ENCRES. Nous citerons comme application des couleurs d'aniline la fabrication, qui prend assez d'importance depuis quelques années, des encres violette et rouge. L'Angleterre et la France, et aussi certaines parties des États-Unis, avaient envoyé à l'Exposition des produits véritablement supérieurs. L'acide vanadique est maintenant utilisé en assez grande

quantité pour la préparation des encres indélébiles ou encres à marquer
le linge.

Outremer. La fabrication de l'outremer prend un développement de
jour en jour croissant, et chaque exposition nous révèle de nouveaux perfectionnements apportés dans cette industrie. Nous devons dire que c'est
en France et en Allemagne que la préparation de cette couleur, si universellement répandue, a pris le plus d'extension. Les fabriques de Nuremberg, Kaiserslautern, Marienberg, en Allemagne, celles de MM. Guimet
de Lyon et Richter de Lille, en France, avaient envoyé des produits très-
remarquables et particulièrement des bleus de nuances vives résistant bien
à l'alun, autrement dit bleus azurés, pour la papeterie.

La fabrique de Nuremberg avait exposé, comme à Vienne, le violet
d'outremer, cette modification du bleu dont elle semble avoir fait une spécialité. Le violet d'outremer, dû à un état particulier d'oxydation du soufre
sous l'influence d'une certaine température, contient, en outre, une notable quantité de calcium combiné au soufre, tandis que la composition
du vert se rapproche beaucoup de celle du bleu, et il semble y avoir dans
cette couleur seulement un groupement différent des molécules ou un
autre état d'oxydation. Mais si la fabrication a fait des progrès, on n'est
pas encore bien fixé sur la véritable composition de l'outremer, ce silicate
double d'alumine et de soude, avec des quantités variables d'oxygène et
de soufre à divers états.

Des expériences intéressantes de M. Guimet, fils du savant manufacturier qui le premier a fabriqué industriellement l'outremer artificiel,
semblent devoir jeter un nouveau jour sur cette question si étudiée depuis trente ans et encore si obscure. Des échantillons d'outremer, dans
lesquels le soufre a été remplacé par le sélénium et le tellure, ont été exposés à Philadelphie; voici les données qui ont conduit ce chimiste à faire
ces substitutions et qu'il a bien voulu lui-même me communiquer :

Les éléments principaux constituants de l'outremer sont, on le sait, le
soufre, le sodium, l'aluminium, le silicium. Sous l'action plus ou moins
énergique de l'oxygène et de la chaleur, qui agit particulièrement en faisant
passer le soufre par diverses phases, on obtient des nuances diverses que
M. Guimet classe ainsi : le brun, le vert, le bleu et le rose (le violet étant
un état intermédiaire entre le bleu et le rose). Enfin, si l'oxydation
continue sous l'influence de la chaleur prolongée, la masse devient
blanche.

Toutes les expériences faites dans cet ordre d'idées tendent à prouver la
réalité de cette théorie. Ainsi le vert s'obtient par une action réductrice du

charbon sur le sulfate de soude. Le violet, le rose et le blanc, qui se produisent lorsque l'on chauffe longtemps, se transforment en bleu par l'action d'un élément réducteur, du charbon ou de l'hydrogène naissant, et selon la quantité du charbon on obtient toutes les nuances indiquées dans la préparation de l'outremer.

M. Guimet déduit de ses expériences les conclusions suivantes :

On obtient les divers outremers :

1° En oxydant le soufre en présence de la soude, de la silice et de l'alumine;

2° En désoxydant le sulfate de soude en présence de la silice et de l'alumine.

Enfin on peut opérer de deux manières différentes pour avoir la suite des couleurs :

1° En faisant varier la durée du chauffage et par cela même le degré d'oxydation;

2° En faisant varier les mélanges pour un même chauffage.

J'arrive aux produits obtenus avec le sélénium et le tellure. Un équivalent de soufre étant remplacé par un équivalent de sélénium ou de tellure, on obtient l'outremer au sélénium noir-rouge-blanc correspondant au brun-bleu-blanc de l'outremer au soufre, et de plus un rouge brique intermédiaire entre le brun et le rouge et semblant correspondre au vert.

Le tellure fournit trois nuances : le gris de fer, le jaune et le vert, ce dernier assimilable au bleu de l'outremer préparé avec le soufre.

Ces substitutions, qui ne sont pas encore complétement étudiées, ont un intérêt scientifique tout particulier; quant à l'application industrielle, elle n'est évidemment pas possible, le sélénium et le tellure étant très-rares dans la nature.

Je me permettrai une simple objection à cette théorie de M. Guimet et demanderai s'il ne vaut pas mieux admettre, comme le font certains savants, que l'outremer soit regardé comme un polysulfure de sodium combiné à un silicate double de soude et d'alumine et plus ou moins oxydé pendant la réaction.

En ce qui concerne le blanc d'outremer, est-ce bien un outremer véritable ou simplement un mélange de silicate double de soude et d'alumine et de sulfate de soude qui, soumis à l'action d'un agent réducteur, donnerait lieu à l'outremer bleu?

Je renvoie ces diverses théories à l'appréciation des industriels les plus compétents dans cette matière.

ÉCLAIRAGE.

La partie de ce rapport concernant le pétrole et le gaz d'éclairage fera l'objet d'une note spéciale; je signalerai seulement, dans la section française, un appareil épurateur dû à l'initiative de M. Pelouze et de M. Audouin, lequel, arrivé malheureusement après la clôture des travaux du Jury, n'a pas pu prendre place au concours. Nous croyons utile cependant de le décrire en quelques mots, car il peut être appelé à rendre des services dans un pays comme l'Amérique, où l'usage du gaz d'éclairage est si généralement répandu.

L'appareil de MM. Pelouze et Audouin a pour objet de débarrasser le gaz des matières goudronneuses, difficilement liquéfiables, qu'il tient en suspension. Il est fondé sur ce principe, qu'en forçant le courant gazeux à traverser une série de plaques métalliques percées d'ouvertures très-fines, pour venir rencontrer ensuite des plaques métalliques pleines, on arrive pour ainsi dire à souder par rapprochement les particules de goudron entraînées, lesquelles se déposent alors facilement sur les parois de l'appareil.

Sans discuter la théorie des inventeurs, nous constatons que l'usage de cet appareil, d'une efficacité manifeste et d'un nettoyage beaucoup plus facile que celui des colonnes à coke, commence à se répandre. La Compagnie Parisienne en a monté plusieurs dans ses différentes usines.

Citons encore le photomètre de Regnault et Dumas, construit avec un soin remarquable par M. Deleuil, appareil qui figurait à l'Exposition de Philadelphie.

GALVANOPLASTIE AU POINT DE VUE CHIMIQUE.

CLICHÉS GALVANOPLASTIQUES DE LA SECTION RUSSE. La Russie avait exposé des clichés très-remarquables, servant à la reproduction des gravures anciennes et à l'impression des papiers de l'État ou des billets de banque. J'ai remarqué spécialement les clichés en alliages de cuivre, nickel et or, de cuivre et nickel, et les clichés pur fer.

MACHINE GRAMME. La machine Gramme, destinée à produire un courant électrique sous l'action d'une force motrice, donnait déjà des résultats remarquables. M. Gramme a exposé à Philadelphie un nouveau modèle spécialement étudié en vue de la galvanoplastie ou de toute autre action chimique et que nous croyons appelé à rendre de grands services.

Grâce à l'emploi de fils méplats et à l'adjonction d'un ingénieux appareil auquel il donne le nom de « brise courant », l'inventeur est parvenu à établir des appareils qui produisent un dépôt galvanique de $2^{kil}100$ par heure pour une puissance de 2/3 cheval-vapeur seulement.

Le « brise courant » consiste en une pièce métallique qui interrompt le courant excitateur dès qu'un ralentissement accidentel menace de troubler la marche de la machine.

Il évite ainsi la production de courants contraires qui pourraient arrêter l'action et diminuer même l'épaisseur du dépôt déjà produit sur les pièces plongées dans le bain.

La machine Gramme, appliquée à la galvanoplastie, est définitivement entrée dans le domaine de la pratique. La maison Christofle à Paris, MM. Poure et Blanzy à Boulogne, Olsanski à Varsovie, Wolhill à Hambourg, en font déjà usage.

Disons en passant que cette machine paraît devoir rendre à la sucrerie des services sérieux : nous savons, en effet, que MM. L. et R. Collette font en ce moment à Seclin, près de Lille, des expériences intéressantes en vue d'utiliser la machine Gramme, ainsi modifiée, dans leur industrie.

Voici en quelques mots la disposition de l'appareil qui a servi jusqu'à présent à ces essais :

Des cadres garnis de toile et rappelant ceux employés dans les filtres-presses se trouvent disposés en chicane dans de grands réservoirs remplis de mélasse.

Les cadres étant traversés de façon continue par un courant d'eau, on dispose les pôles positifs et négatifs alternativement dans chacun d'eux. Sous l'influence d'un courant électrique très-intense, les sels en dissolution dans la mélasse qui circule autour des cadres se trouvent décomposés, les acides et alcalis pénètrent dans leurs cadres respectifs et se trouvent entraînés par l'eau. Tant que le courant marche, il ne semble pas se produire d'osmose, tandis que ce phénomène se produit aussitôt que, par suite de l'interruption du courant, la décomposition des sels s'arrête.

Ce procédé ne peut pas encore être apprécié au point de vue économique; MM. L. et R. Collette nous ont communiqué les résultats suivants : la mélasse, avant d'être soumise à l'action galvanique, contenait 15.75 p. o/o de matières salines; après 12 heures de passage continu du courant, il ne restait plus que 10.57 p. o/o; après 24 heures, 6.40 p. o/o, et les sirops recuits semblaient devoir parfaitement cristalliser.

Nous ne saurions trop engager MM. Collette à continuer leurs intéressantes recherches.

SUCRERIE.

En ce qui concerne la sucrerie, nous devons signaler un développement considérable de la production du sucre de canne dans les colonies et en Australie. Parmi les différentes nations qui exposent des échantillons de sucre produit par la cristallisation à l'air libre ou dans le vide, nous pouvons citer les Antilles, la Jamaïque, la Trinité et enfin l'Australie, qui semble vouloir développer cette fabrication comme aussi celle du sucre d'érable.

Un industriel de Cincinnati, M. Bouscaren, a fait connaître un appareil assez ingénieux, mais trop compliqué, à notre avis, comme disposition mécanique, pour la fabrication du sucre de canne par la méthode dite de *diffusion*.

Au lieu d'extraire par la presse le jus des cannes préalablement broyées, M. Bouscaren débite celles-ci en tranches minces et les soumet à un lessivage méthodique qui lui permet d'épuiser presque complétement les matières saccharines contenues dans les cellules.

La proportion de sucre ordinairement perdue dans la bagasse variant de 25 à 50 p. o/o, M. Bouscaren prétend être arrivé à n'en abandonner que 5 à 6 p. o/o.

Le principe de la méthode nous paraît bon, car les parties les plus riches en sucre, celles qui se trouvent au centre de la canne, sont généralement les moins bien épuisées par la méthode ordinaire de traitement à la presse; mais nous pensons que les détails de construction des appareils devraient être beaucoup simplifiés, pour leur permettre de se répandre dans la pratique.

D'autres documents sur l'importance et l'accroissement de cette industrie aux colonies feront l'objet d'une note spéciale.

RAFFINERIE. — La raffinerie française était dignement représentée à l'Exposition de Philadelphie par la maison C. Say, si universellement connue et dont les produits ont une incontestable supériorité.

CONCLUSIONS.

L'examen rapide qu'il nous a été donné de faire des perfectionnements apportés dans l'industrie des arts chimiques pendant ces dernières années, et dont l'Exposition de Philadelphie nous offre la dernière manifestation, nous a permis, comme nous le disions au début de ce rapport, de constater une fois de plus le développement remarquable de l'industrie des États-Unis. Nous n'hésitons pas à dire que cette progression si rapide dans la production manufacturière nous a paru, comme à d'autres membres du Jury, constituer le fait le plus intéressant et au moins le plus caractéristique de cette Exposition.

Nous ne croyons pas exagérer en disant que le sol des États-Unis renferme les éléments de presque toutes les grandes industries dans une proportion considérable.

Les mines de fer, de cuivre, d'argent et d'or du Névada, du lac Supérieur, du Missouri, du lac Champlain et tant d'autres, semblent offrir un aliment inépuisable à la consommation.

Le pétrole, cette source immense de lumière et de chaleur, vient apporter un contingent précieux à la richesse du pays.

Le charbon, élément vital de toutes les industries, se trouve en gisements considérables et d'une exploitation facile; on peut évaluer à 5 millions d'hectares la surface des bassins houillers de l'Amérique du Nord, et dans certaines contrées, à Pittsburgh par exemple, la houille, dans des moments de crise comme en 1876, ne coûte que 5 francs la tonne.

L'anthracite, dont l'exploitation atteint le tiers des combustibles minéraux extraits, est entré largement dans la consommation métallurgique et alimente la plupart des hauts fourneaux.

Disons, d'ailleurs, que les moyens de transport sont admirablement organisés aux États-Unis. Le réseau des chemins de fer atteint aujourd'hui 120,000 kilomètres de développement. La circulation sur les fleuves qui traversent les centres industriels, comme l'Ohio par exemple, a pris une importance considérable, si bien que les régions les moins favorisées peuvent être alimentées de combustible et de minerai à des prix exceptionnellement bas.

Le sel et le soufre manquent encore dans une certaine limite aux États-Unis. Ces contrées sont, pour le sel, en partie tributaires du Canada, et l'exploitation des mines de soufre du Névada, comme celle des pyrites, ne se fait pas encore sur une grande échelle, puisque c'est en Sicile que les fabriques de produits chimiques des États-Unis vont chercher leur principal aliment; mais il y a en Amérique et du soufre natif et du sulfure de fer, et nous ne doutons pas qu'un jour ne vienne où l'importation de ces produits cesse complétement.

D'autre part, nous voyons que l'Amérique du Nord s'est vivement préoccupée, depuis quelques années, de fabriquer elle-même la plupart des produits manufacturés dont elle fait une si grande consommation, et en vue de développer son industrie naissante elle a établi des droits protecteurs et fermé ainsi une partie de son marché aux produits anglais et provoqué même chez nos voisins une crise dont le contre-coup se fait malheureusement sentir chez nous.

Sans examiner, et ce n'est pas ici notre rôle, si le régime protecteur est plus ou moins avantageux pour les États-Unis, nous nous bornerons à

signaler le chiffre élevé de quelques-uns des droits d'importation adoptés
par ce pays :

Cuivre brut...............	45ᶠ 53ᶜ par 100 kilogrammes;
Cuivre en lames............	56 93 par 100 kilogrammes;
Cuivre façonné	45 p. o/o de la valeur;
Fonte en saumon...........	3ᶠ 05ᶜ par 100 kilogrammes;
Rails....................	8 00 par 100 kilogrammes;
Fer en cercles et en feuilles...	14 22 par 100 kilogrammes;
Fer façonné, de............	30 à 35 p. o/o de la valeur.

Les droits sur les produits chimiques de grande fabrication, tels que
sels de soude, hypochlorites de chaux, etc., sont plus modérés et ont permis à l'exportation anglaise de ne pas diminuer comme quantité; elle n'a
pas cependant augmenté proportionnellement au développement de la
fabrication dans le Royaume-Uni. Cette circonstance explique en partie
l'intensité de la crise qui se produit en ce moment sur ces produits en
France, en Angleterre et en Allemagne.

Nous ajouterons que l'Amérique ne semble pas disposée pour le moment à entrer dans la voie du libre échange, et l'on peut tout au plus
espérer une légère diminution des droits d'entrée sur quelques articles.

Ces deux causes réunies, d'une part richesse foncière, de l'autre protection peut-être exagérée, mais à coup sûr efficace, de l'industrie indigène,
ont eu pour résultat manifeste de provoquer, comme nous le disions plus
haut, un développement industriel remarquable : ainsi, en considérant
seulement la province de Pensylvanie, qui est, à vrai dire, une des plus
avancées à ce point de vue, nous voyons que la production manufacturière
de Philadelphie et des environs s'est élevée de 338 millions de dollars
(environ 1,800 millions de francs), chiffre de la statistique officielle de
1870, à 552 millions (environ 3 milliards de francs) en 1875, soit une
augmentation de 40 p. o/o environ dans une période de cinq années. Cette
augmentation porte principalement sur les branches suivantes : l'industrie
cotonnière, qui a passé de 125 à 300 millions de francs; celle de la laine,
de 34 à 61 millions; l'industrie chimique, de 30 à 60 millions; l'industrie
du fer, de 207 à 260 millions.

On comprend, à l'inspection de pareils chiffres, combien l'exportation
d'autres pays a dû se trouver réduite : c'est ainsi que l'Angleterre a vu son
exportation des produits sidérurgiques tomber de 751,000 tonnes, chiffre
de 1871, à 130,000 en 1874, et ce chiffre se trouve contrôlé par les
renseignements du *Board of trade*, qui, de son côté, constate dans l'exportation des trente-deux principaux articles d'Angleterre aux États-Unis,

pendant la période de 1872 à 1875, une diminution moyenne de 43 p. o/o et qui atteint même 88 p. o/o pour le fer.

Des modifications aussi énormes dans les échanges entre deux grands pays doivent avoir des conséquences graves pour le commerce du monde et engager les industriels des pays ainsi menacés à chercher activement d'un autre côté, soit dans l'Inde, soit en Chine, de nouveaux débouchés à leur production. Sans doute l'Amérique elle-même n'est pas à l'abri des crises industrielles et commerciales, et nous savons qu'elle en subit une en ce moment, due peut-être à l'entraînement irréfléchi d'un peuple qui a grandi trop vite et qui ne se montre point assez ménager de ses richesses; il n'en reste pas moins évident dès aujourd'hui que l'industrie américaine non-seulement se suffira bientôt à elle-même, mais qu'elle viendra dans un temps donné déverser sur les marchés de l'ancien continent l'excédant sans cesse croissant de sa production. On s'étonnerait, d'ailleurs, bien plus de voir rester stationnaire dans la voie du progrès ce peuple actif, entreprenant et résolu, confiant dans des institutions qui sont en général admirablement appropriées à sa nature, chez lequel l'instruction de toutes les classes est en honneur et qui se trouve secondé mieux que tout autre par l'accumulation, sur des surfaces considérables, de toutes les richesses minières et agricoles.

F. KUHLMANN fils.

CÉRAMIQUE ET VERRERIE.

RAPPORT DE M. CH. DE BUSSY,

MEMBRE DU JURY INTERNATIONAL.

Les expositions internationales se suivent de si près depuis quelques années, que l'on ne peut raisonnablement se flatter de voir réaliser des progrès importants d'une exposition à l'autre. Les deux branches d'indus- ; trie que nous avions à examiner n'étaient d'ailleurs représentées à Phila- delphie que d'une manière fort incomplète, car un grand nombre des mai- sons les plus importantes d'Europe s'étaient abstenues. D'autre part, le système de classification adopté dans cette exposition avait réparti dans différents groupes des produits qui sont ordinairement considérés comme appartenant à la céramique ou à la verrerie : c'est ainsi que les vases de Sèvres et les beaux vitraux de M. Lorin, destinés à la cathédrale de New- York, étaient attribués au jury des beaux-arts; la fabrication sans rivale de M. Ch. Feil, pour les verres d'optique, était rangée avec les instruments à l'usage des sciences, et celle de M. Bapterosses, dans l'article de Paris.

Nous aurons par suite peu de chose à dire des fabriques européennes. Celles qui ont exposé ne présentaient généralement rien de bien nouveau, et leurs produits ont été signalés et décrits avec soin dans les intéressants rapports de M. de Luynes, professeur au Conservatoire des arts et métiers et membre du Jury international à l'Exposition de Vienne.

Il n'en est pas de même en ce qui concerne les États-Unis. On connaît généralement fort peu en France quel est l'état de la céramique et de la verrerie en ce pays; nous croyons donc qu'il ne sera pas sans intérêt d'entrer à ce sujet dans quelque détail.

Les matières premières pour la fabrication de la poterie abondent en Amérique, et leur existence y a été signalée depuis longtemps. Dans le cours du dernier siècle, des échantillons d'argiles diverses furent souvent envoyés en Angleterre pour y être essayés, et, en 1770, Josiah Wedgwood, dans une lettre citée par Miss Meteyard [1], exprimait de vives appréhen- sions de voir le marché des colonies d'Amérique échapper au commerce anglais. Un agent avait été envoyé dans le Staffordshire pour engager des

---

[1] *Life of Wedgwood*, p. 367.

ouvriers dans le but de monter des poteries en Amérique, où, dit Wedg-wood, « on a des matières premières égales, sinon supérieures, aux nôtres. »

On ne sait quel fut le résultat de ces premiers essais ; en tous cas, les craintes de Wedgwood ne se réalisèrent point, et ce n'est qu'à une époque récente que la fabrication de la poterie a pris une importance considérable.

A la date du dernier recensement (1870), il existait 777 fabriques de poterie, réparties très-inégalement entre les différents États : l'Ohio en renfermait 170, et la Pensylvanie, 198, tandis que le Massachusetts n'en présentait que 15. 82 machines à vapeur, représentant 1,586 chevaux, et 8 roues hydrauliques, d'une force totale de 122 chevaux, servaient comme moteurs. Le nombre des personnes employées était de 6,116, et les capitaux engagés étaient estimés à 5,294,398 dollars [1]. — Salaires annuels : $ 2,247,173. — Valeur des matières premières : $ 1,702,705. — Valeur des produits : $ 6,045,536.

Le plus grand nombre de ces établissements ne fabrique que de la poterie commune brune et jaune; la fabrication de la faïence fine (*Stoneware, White granite*) commence néanmoins à prendre un grand développement. Quant à la porcelaine, elle est fabriquée dans un petit nombre d'établissements, surtout pour boutons de portes et de tiroirs, plaques d'étiquettes, etc., et tous objets analogues classés sous la dénomination de *Hardware trimmings*. Une seule manufacture, « Union Porcelain Works, » à Greenpoint (New-York), fait couramment le service de table et de toilette.

Les fabriques américaines sont encore loin de suffire aux besoins du pays, et l'importation atteint un chiffre considérable, comme le montre le tableau suivant des entrées de poterie en douanes pour les années 1871, 1872 et 1873 :

ESPÈCE DE POTERIE.	TARIF ad VALOREM.	1871.		1872.		1873.	
		VALEUR.	DROITS.	VALEUR.	DROITS.	VALEUR.	DROITS.
		Dollars	Dollars.	Dollars.	Dollars.	Dollars.	Dollars.
Poterie commune.	25 p. o/o.	96,694 71°	24,173 70°	127,346 33	31,836 59°	115,253 07	28,813 28
Porcelaine blanche.	45 p. o/o.	391,374 00	176,118 80	470,749 50	211,837 28	479,617 15	215,827 72
Porcelaine ornée et dorée.........	50 p. o/o.	571,032 12	285,516 07	814,133 52	407,066 76	867,205 77	433,602 89
Faïence fine, stone-ware....	40 p. o/o.	3,573,254 38	1,429,301 74	3,896,664 45	1,558,665 78	4,289,867 85	1,715,947 15
TOTAUX.....	....	4,632,355 21	1,915,109 81	5,308,893 80	2,209,406 41	5,751,943 84	2,394,191 04

Comme nous l'avons dit, les matières premières pour la poterie sont abondantes aux États-Unis. Des dépôts de kaolin sont exploités dans un grand nombre d'États, principalement dans ceux de New-Jersey, Delaware, Pensylvanie, Illinois, Georgie. Plusieurs des matières désignées sous le nom de *kaolin* ne sont pas toutefois le produit de la décomposition du feldspath *in situ;* ce ne sont, à proprement parler, que des argiles blanches qui ne peuvent servir à la fabrication de la porcelaine que par leur association à du feldspath et du quartz.

Un gisement intéressant d'une argile blanche ou plutôt d'une espèce d'halloysite a été découvert récemment par le professeur E. T. Cox dans le comté de Lawrence (Indiana). On fonde de grandes espérances sur son emploi pour la poterie fine; il est cependant à craindre qu'elle n'ait pas toute la plasticité désirable.

Le kaolin n'est pas toujours préparé avec le soin convenable, et à la manufacture de Greenpoint, par exemple, on n'emploie pour la porcelaine de table que du kaolin anglais, malgré son prix plus élevé. Il en est de même des argiles réfractaires. Ainsi l'on trouve dans l'État du Missouri une argile qui ne le cède à aucune autre pour la confection des pots de verrerie; néanmoins, la plupart des verriers tirent leurs argiles d'Allemagne.

Le quartz et le feldspath se rencontrent en grandes masses dans les États de Maine, Massachusetts, Connecticut, Pensylvanie et Maryland. Une couche puissante de grès siliceux plus ou moins friable, qui se trouve dans le comté de Berkshire (Massachusetts), fournit un sable extrêmement pur, très-recherché pour la fabrication de la poterie fine et du verre; il est même exporté en Angleterre pour la fabrication du plus beau cristal.

Après ces observations préliminaires, nous allons passer en revue les différentes sortes de produits céramiques qui figuraient à l'Exposition.

PORCELAINE.

FRANCE. — La porcelaine française était représentée par trois maisons de premier ordre, à savoir, MM. Hache et Pépin-Lehalleur frères, de Vierzon; Field, Haviland et Cⁱᵉ et Haviland, de Limoges.

La première se distingue par la blancheur et la transparence de sa pâte, la légèreté de ses assiettes de luxe et de ses services à thé et à café. Elle exposait quelques pièces d'un service de table de 120,000 francs destiné à la Russie, ainsi qu'un surtout de table, bronze et porcelaine, composé d'après les dessins de M. Rossigneux, où la dorure sur porcelaine s'harmonisait admirablement avec celle sur métal. On a particulièrement remarqué des tasses à thé et à café, très-minces, ornées de stries fines qui sont remplies et égalisées par la couverte.

Les deux maisons de Limoges, dont les chefs sont d'origine américaine, travaillent beaucoup pour les États-Unis et exposaient des assortiments fabriqués pour ce marché. M. Haviland avait aussi des pièces en pâte tendre de Sèvres, fabriquées en vue de l'Exposition et fort bien réussies. Cette importante maison, qui occupe 1,200 ouvriers, a beaucoup développé l'emploi des moyens mécaniques; elle ne néglige d'ailleurs rien de ce qui peut élever le caractère de ses produits, et parmi les artistes qu'elle emploie on peut citer les noms de MM. Eugène Delaplanche et Bracquemond.

Les charmantes fleurs en porcelaine de M. Detemmerman et de M. Woodcock ont eu le plus grand succès à Philadelphie, et nous croyons que ces exposants n'auront pas eu à regretter leur déplacement et leurs frais.

Les lustres nacrés de M. Brianchon sont bien connus. Outre son exposition, nous les avons vus appliqués, souvent avec discrétion et d'une manière fort heureuse, par plusieurs fabricants étrangers.

Aucune des premières maisons anglaises n'avait exposé; mais MM. A. B. Daniellet fils, de Wigmore Street (Londres), avaient rassemblé une belle collection provenant de trois des principales fabriques d'Angleterre : Minton, « Worcester Royal Porcelain Works » et Coalbrookdale. On remarquait particulièrement, parmi les produits de Minton, des vases décorés, pâte sur pâte, par M. Solon et des reproductions très-parfaites de plusieurs pièces de poterie Henri II.

Nous aurons peu de chose à dire sur l'exposition de la fabrique royale de Berlin, dont les principales pièces avaient déjà figuré à Kensington et à Vienne.

Le système de chauffage au gaz installé avec succès dans cette fabrique a été décrit en détail par M. de Luynes dans son rapport sur l'Exposition de Vienne.

Nous ne ferons également que mentionner les fabriques de Rörstrand et de Gustafsberg, dont les pièces les plus saillantes avaient aussi paru à Vienne.

Dans la section autrichienne, le comte de Thun figurait très-honorablement.

On peut signaler un service de table de formes élégantes, orné de dessins d'une délicatesse et d'un fini remarquables. Le comte de Thun est, croyons-nous, le premier qui ait employé le gaz pour la cuisson de la porcelaine.

Le système appliqué dans sa fabrique depuis plus de quinze ans est peut-être d'un établissement moins coûteux que celui de Berlin; par contre, l'économie de combustible doit être moindre [1].

Les fils de Maurice Fischer se renferment comme par le passé dans la spécialité de cette maison, qui consiste dans la reproduction de la manière des différentes fabriques. On voyait des imitations fort habiles de porcelaines orientales et des fabriques de Sèvres, de Meissen et de Capo di Monte.

CHINE. — La Chine présentait des expositions collectives envoyées par les administrations des douanes de Shanghaï et de Canton et par des négociants. Aucun fabricant n'exposait pour son compte.

Ces collections, qui se trouvaient tellement entassées que l'on pouvait à peine les examiner, montraient les divers styles de la porcelaine chinoise moderne, sans aucune pièce bien saillante. Nous avons remarqué, comme procédé, des imitations de craquelé par impression d'un dessin sous couverte.

L'attention se portait surtout sur une collection de porcelaines anciennes d'un grand intérêt. Quelques grands vases décorés de peintures se distinguaient par la vivacité et l'harmonie des couleurs, que l'on ne trouve point dans les pièces analogues de fabrication moderne. Une petite théière, d'une pâte blanche et fine que l'on ne fait plus aujourd'hui, avait, disait-on, neuf siècles de date. On peut aussi mentionner quatre tasses à thé avec couvercles auxquelles on attribuait une grande valeur. Des dessins percés à jour dans la pâte sont remplis par la couverte, ce qui produit un effet très-élégant lorsque l'on regarde ces pièces par transmission. Nous les signalons à l'attention de nos fabricants de porcelaine : il y a évidemment là un élément de décoration dont ils pourraient tirer bon parti s'ils parvenaient, comme nous n'en doutons pas, à retrouver le procédé dont les Chinois ont perdu la tradition.

JAPON. — Ce pays, qui a renoncé depuis peu à l'isolement systématique où il s'était renfermé pendant des siècles, figurait à Philadelphie d'une manière brillante. Les porcelaines, les bronzes, les laques, les soieries, et tant d'autres spécimens de l'industrie japonaise, formaient une collection telle qu'on ne l'avait vue dans aucune exposition antérieure. Quant à ce qui nous regarde spécialement, un grand nombre de fabricants avaient envoyé de leurs produits qui représentaient bien complétement l'industrie de la porcelaine et de la faïence fine dans les différents districts.

[1] Voy. Venier's Porzellanofen zum Betrieb mit Gasfeuerung. Verhandlungen und Mitthei- lungen des nieder-österreichischen Gewerbsver- eins. — 1864, p. 196.

Nous avons recueilli de la bouche des exposants et nous trouvons dans les notices fort bien faites qui accompagnent le catalogue japonais quelques détails généralement peu connus sur la fabrication de la porcelaine au Japon : nous les reproduisons comme pouvant offrir de l'intérêt.

Contrairement aux assertions contenues dans plusieurs ouvrages sur la céramique, il semble bien établi que l'art de faire la porcelaine ne fut introduit au Japon que vers la fin du xvie siècle. Ce fut Gorodayu Shonsui, natif de la province d'Ise, qui alla étudier cet art en Chine et à son retour, entre 1580 et 1590, s'établit dans la province de Hizen, aujourd'hui le plus grand centre de l'industrie de la porcelaine. Il réussit, avec les excellentes matières premières qu'il trouva dans ce district, à fabriquer toutes les différentes sortes de porcelaine que l'on y produit encore, à savoir : *Some-tsuki* ou porcelaine peinte à l'oxyde de cobalt sous couverte; *Kanyu* ou *Hibiki*, c'est-à-dire le craquelé; *Seidji* ou porcelaine céladon; et *Gosai,* nom qui signifie «les cinq couleurs» et était appliqué à la porcelaine peinte sur couverte avec des couleurs vitrifiables : cette espèce est maintenant appelée *Nishikide.*

La vieille porcelaine *Hizen*, ou *Imari* comme on l'appelle quelquefois, fabriquée principalement à Arita, reçoit un fort petit nombre de couleurs comme décoration : le bleu sous couverte, le noir pour le trait du dessin, puis le rouge, le vert et l'or. Pendant un certain temps après la création de cette nouvelle industrie, les pièces étaient généralement marquées du nom de Shonsui, pour indiquer qu'elles étaient faites dans le style qu'il avait introduit.

A peu près à la même époque, après la guerre de Corée (1592), le prince Nabeshima Naoshige amena à Hizen plusieurs ouvriers coréens qui contribuèrent grandement à développer la nouvelle industrie. Il existe encore à Arita beaucoup de descendants de ces Coréens, mais ils se sont fondus dans la population japonaise.

Par la suite, la fabrication de la porcelaine fut entreprise dans d'autres provinces où l'on trouve les matières convenables, comme par exemple dans celles de Kaga, Owari, Mino, Kiyoto, et autres localités de moindre importance.

La porcelaine *Hizen* ou *Imari* est fabriquée à Arita et aux environs, à 70 kilomètres à peu près au nord de Nagasaki. C'est la première qui ait été introduite en Europe par les Hollandais, qui avaient un comptoir sur l'île de Desima, près de Nagasaki, et qui jouirent pendant quelques siècles du privilége exclusif du commerce avec le Japon.

D'autre part, un autre général de l'armée japonaise, le prince de Satsuma, Shimadzu Yoshihisa, amenait avec lui de Corée un certain nombre d'ou-

vriers en porcelaine avec leurs familles, lesquels s'établirent aux environs
de Kagoshima, où, après de nombreux essais, ils réussirent à produire la
poterie connue sous le nom de *Satsuma*, espèce de faïence fine ou de
grès-cérame craquelé. Jusqu'à ces dernières années, leurs descendants
étaient restés complétement distincts de la population japonaise, avec laquelle le mariage leur était interdit, et ils avaient ainsi conservé plus ou
moins intacts leur langue et leurs coutumes. Depuis l'établissement du
gouvernement central, ils jouissent des mêmes droits et des mêmes libertés
que les autres sujets. La poterie de Satsuma a été imitée plus tard à Kiyoto,
à Awajisima et dernièrement à Yokohama.

Quelles que soient les matières premières de la porcelaine, elles sont
toujours broyées au moyen d'un appareil très-primitif. Il consiste en une
poutre ou balancier soutenue en son milieu et portant à un bout une
traverse garnie de fer, formant pilon; l'autre extrémité porte une caisse
ouverte vers le bout de la poutre. Cet appareil est installé à proximité
d'un ruisseau dont on amène l'eau dans la caisse. Le poids de l'eau fait
soulever le pilon, puis elle s'écoule et le laisse retomber dans un mortier
en pierre où les matières sont pulvérisées; elles sont ensuite tamisées,
mises en suspension dans l'eau et décantées. C'est là le seul appareil en
usage, et les portions de la matière qui ne peuvent pas être suffisamment
pulvérisées par ce moyen, souvent 4o à 5o p. o/o de la masse, sont
rejetées comme inutiles. Le dépôt des eaux décantées est mis dans des
caisses peu profondes où l'eau est en partie absorbée par une couche de
sable fin; on en fait écouler une autre partie par-dessus après déposition
de la matière en suspension; la pâte est enfin raffermie par évaporation
sur les fours.

Une longue expérience, jointe à la qualité des matières premières, permet de préparer une pâte convenable pour la production des plus grandes
pièces, telles que des vases de 7 à 8 pieds de hauteur. Ces articles sont
fabriqués surtout à Arita, tandis que les tables, les plaques peintes et
autres pièces analogues le sont principalement à Owari.

L'ébauchage et le façonnage des pièces se font sur le tour du potier, lequel,
à Arita, consiste en une roue et un plateau circulaire à 3o ou 4o centimètres de distance l'un de l'autre; ils sont réunis par une sorte de prisme
creux en bois, de manière à former un système rigide qui est supporté
par une tige ronde en bois fixée dans le sol. Dans le but de diminuer le
frottement, on insère au-dessous du plateau une espèce de crapaudine
en porcelaine qui repose sur l'extrémité en pointe du support. C'est avec
ce tour que les ouvriers d'Arita façonnent des plats de près de 1 mètre de

diamètre, aussi bien que la porcelaine la plus mince, dite « coquille d'œuf ».
Pour les pièces les plus grandes et les plus pesantes, le tour est mis en
mouvement par un aide au moyen d'une corde.

Dans toutes les autres provinces, le tour est plus simple et plus im-
parfait : la roue n'existe pas, et le plateau de travail sert en même temps
pour l'impulsion.

Le moulage est aussi employé : les moules sont en terre cuite. Depuis
l'Exposition de Vienne, l'usage des moules en plâtre a été introduit dans
plusieurs fabriques, ce qui constitue un progrès important; plusieurs des
pièces envoyées à Philadelphie avaient été fabriquées de cette manière.
On a également introduit récemment la méthode de coulage et l'emploi
des réserves comme procédé de décoration.

Lorsque les pièces ont été suffisamment séchées à l'air, on les tournasse
au moyen d'outils en fer sur le même tour que pour l'ébauchage, puis on
les recouvre d'une couche de barbotine de pâte très-blanche pour leur
donner un meilleur aspect et mieux faire ressortir l'intensité de la couleur bleue; elles sont alors cuites en biscuit dans de petits fours établis en
plein air dans les cours des fabriques. La peinture à l'oxyde de cobalt et la
mise en couverte se font comme en Europe. La couverte est toujours composée d'une matière feldspathique, soit naturelle, soit produite par le mélange de divers minéraux, et l'on y ajoute une certaine quantité de cendres
de bois bien lixiviées. La proportion de cendres dépend de la place que
la pièce doit occuper dans le four, dont la température n'est pas parfaitement uniforme.

Les fours, d'une construction particulière, sont toujours établis sur le
penchant d'une colline, en lignes de quatre à vingt, suivant l'importance
de la localité. La sole de chaque four est à peu près 1 mètre plus haut
que celle du four précédent, en sorte que, si les fours étaient découverts,
l'ensemble présenterait l'aspect de terrasses formant des degrés de 1 mètre
environ. Le plan d'ensemble a la forme d'un rectangle ou plutôt d'un trapèze, les fours s'élargissant depuis le bas jusqu'au haut de la rangée. Les
murs des quatre côtés, verticaux jusqu'à une hauteur de 1 mètre à 1m,20,
se recourbent de manière à former une voûte dont les angles sont tout à
fait effacés à la partie supérieure. Pour mieux faire saisir la forme intérieure, nous dirons qu'un des plus grands fours d'Arita a environ 8 mètres
de longueur, 5m,50 de largeur et 4m,50 de hauteur au centre. La section médiane de la voûte suivant la longueur ressemblerait à une demi-
ellipse dont le grand axe serait horizontal, tandis que la section perpendiculaire donnerait une demi-ellipse à grand axe vertical. Le mur de chaque
four qui fait face au bas de la rangée est percé au niveau de la sole d'une

série de trous de 10 à 15 centimètres de hauteur sur 8 à 10 centimètres de largeur, et le mur opposé, qui par suite de la forme trapézoïdale du four est un peu plus long, est également pourvu d'une série de trous semblables, mais à la hauteur de la sole du four suivant. Il s'établit ainsi un tirage à travers la ligne entière qui se termine par une rangée de petites cheminées correspondant aux trous de tirage du dernier four.

La voûte est construite par une méthode qui a l'avantage d'être fort économique. Lorsque les murs ont été élevés à la hauteur convenable, on établit un cintre de la forme intérieure de la voûte; il est formé de branches de pin recourbées, reliées entre elles par des cordes de paille et recouvertes de bandes de bambou. Une pâte épaisse d'argile réfractaire, mélangée de ciment et de débris de briques, est étendue à la main et tassée aussi bien que possible. Lorsqu'elle s'est séchée suffisamment sans perdre toute sa plasticité, on la bat avec de lourds maillets en bois pour la durcir et l'égaliser. La voûte est alors assez solide pour se soutenir; on enlève le cintre et l'on bat l'intérieur avec des maillets légers. Lorsqu'une réparation devient nécessaire, on enlève la partie de la voûte à remplacer; on construit un cintre local et l'on remplit le trou, non plus avec la composition primitive, mais avec des briques réfractaires. Il arrive ainsi qu'au bout d'un certain temps la voûte se trouve presque entièrement composée de briques. Les fours durent, dit-on, une quinzaine d'années et les plus grands ne coûtent pas plus de 300 francs.

Il n'y a pas de foyers proprement dits, mais le combustible est chargé directement dans le four. A cet effet, un espace de 70 centimètres à 1 mètre de largeur est réservé le long du mur dont les trous sont au niveau de la sole; et il est séparé du reste du four par un petit mur formé de carreaux épais de terre réfractaire d'environ 1 mètre de hauteur. Une ouverture de 50 centimètres sur 15 dans un des murs de côté sert au chargement du combustible. C'est par là que le chauffeur jette du bois sec) trois bûches à la fois), et quoique le four ait jusqu'à 8 mètres de longueur, il maintient une combustion bien égale. L'air, après avoir traversé les fours qui se trouvent plus bas, arrive au bois par les trous au niveau de la sole, et la flamme, déviée par le mur de séparation, suit la voûte sans frapper directement la porcelaine. Dès que la cuisson est terminée dans un four, on ferme avec des briques l'ouverture de la chauffe et l'on met en feu le four suivant. Par cette disposition, analogue en principe à celle des fours circulaires pour la cuisson des briques, l'air frais doit traverser tous les fours qui ont été chauffés et arrive au bois à une haute température, produisant ainsi la combustion dans les conditions les plus favorables, tandis que les gaz qui s'échappent sont utilisés pour échauffer les fours suivants.

Chaque four, étant échauffé par le feu de tous les précédents avant d'être mis en feu, reçoit d'autant plus de chaleur qu'il est plus haut dans la rangée. C'est ce qui explique pourquoi on donne aux fours des dimensions croissantes avec la hauteur : ainsi, à Arita, le four le plus bas a $2^m,13$ de longueur, $1^m,83$ de largeur et autant de hauteur, tandis que les dimensions homologues du dernier four sont $8^m,23$, $5^m,50$ et $4^m,57$. Le combustible est du bois de pin écorcé et séché au four. Il est à remarquer que le temps de chauffe, même pour les plus grands fours, n'excède généralement pas quatorze heures; mais on doit considérer qu'ils sont déjà à la température rouge quand le chauffage commence.

Les pièces de porcelaine sont placées dans le four avec les mêmes précautions qu'en Europe pour éviter leur déformation, mais le plus grand nombre des objets sont exposés directement au feu sans être enfermés dans des cazettes; ils sont placés sur des plateaux en terre réfractaire que l'on empile les uns au-dessus des autres jusqu'à la hauteur qu'un homme peut atteindre. La partie supérieure du four reste vide. Afin de prévenir la chute de poussières de la voûte, celle-ci est enduite d'un vernis fusible avant la mise au feu.

Les fours pour la cuisson en biscuit ont la même forme, mais ils sont plus petits et toujours isolés, chaque fabricant ayant son four, tandis que les fours de deuxième cuisson appartiennent à la commune et sont loués aux fabricants. Leur nombre dans la ville d'Arita dépasse 200, et ils sont mis en feu à tour de rôle, en sorte que chaque four ne sert que six ou huit fois dans l'année.

La plus grande partie de la porcelaine, surtout de celle destinée à l'usage du pays, est décorée de peintures bleues sous couverte. Une portion est cuite en blanc pour être ornée de peintures sur émail. Cette espèce est faite principalement pour l'exportation; elle est fabriquée dans la province de Hizen.

On emploie comme flux pour les couleurs un verre composé de silice, litharge ou minium et nitre. Les matières colorantes sont en petit nombre : ce sont les oxydes de cuivre, de manganèse, d'antimoine, de fer; un oxyde de cobalt impur pour le noir, et un smalt que l'on tire de Chine; enfin l'or pour les carmins et pour la dorure. Les oxydes ne sont pas fondus d'avance avec le flux : le peintre les mélange lui-même et les emploie directement, en sorte que les couleurs n'apparaissent avec leur teinte propre qu'après la cuisson.

Dans ces dernières années on a introduit l'usage d'émaux d'Europe, mais les peintres sur porcelaine sont de plus en plus portés à revenir à l'ancien style de peinture. La manière dont la décoration est produite dif-

fère beaucoup de la nôtre. La composition est d'abord dessinée complètement au trait en noir et les ombres, si elles sont indiquées, ne le sont que
par des hachures. Les émaux sont appliqués, soit en couche mince s'ils
sont opaques comme le rouge, le jaune et le noir, soit en couche épaisse
lorsqu'ils doivent produire après fusion l'effet de verre coloré au travers
duquel le trait noir soit visible. La décoration est généralement faite en
un seul feu; il est fort rare que l'on ait à en employer deux.

La porcelaine de Hizen est bien connue, étant la plus répandue sur les
marchés européens. Dans les districts d'Owari, Kiyoto et Mino, la plus
grande partie de la fabrication consiste en porcelaine décorée en bleu ou
Sometsuki; mais on fabrique en outre dans le district de Kiyoto un article
remarquable nommé *Eraku,* du nom de l'inventeur : c'est une porcelaine
peinte en rouge au peroxyde de fer, et sur ce fond sont appliqués en or
toutes sortes d'ornements mythologiques.

La porcelaine de Kaga est décorée d'une manière tout à fait caractéristique. Elle se distingue par une ornementation très-fine en or sur fond
rouge ou quelquefois noir dans lequel sont réservés des espaces blancs
avec des fleurs, des oiseaux ou des personnages, soit au trait rouge et or,
soit peints en émaux transparents dans le style de Hizen.

Les fabricants japonais ont souvent cherché dans ces derniers temps à
imiter le style des porcelaines européennes. C'est une fausse voie dans laquelle on ne produit que des œuvres hybrides sans originalité, et l'on est
heureux de voir que la tendance actuelle est généralement de revenir aux
traditions nationales, tout en perfectionnant les procédés mécaniques. Nous
avons déjà signalé l'introduction récente des moules en plâtre, de la méthode de coulage et de l'emploi des réserves dans l'application des couleurs. Nous apprenons que trois des plus habiles fabricants se sont associés
pour monter une manufacture avec tous les moyens mécaniques et les procédés les plus perfectionnés que l'on emploie dans les fabriques européennes.

La collection rassemblée à Philadelphie sous 46 numéros donnait une
idée bien complète des différentes sortes de porcelaines fabriquées au Japon. On admire surtout l'habileté des potiers, qui avec un matériel grossier parviennent à produire des pièces de très-grandes dimensions et
d'une perfection que l'on atteint à peine en Europe. Nous en signalerons
quelques-unes.

Y. Fukagawa (Arita). Une paire de vases de huit pieds de hauteur,
chacun en deux pièces, dont l'une de six pieds, peints en bleu sous couverte et en rouge et décorés d'ornements en laque; la décoration consiste

en fleurs, animaux monstrueux, etc. — Deux autres vases de cinq pieds ornés de médaillons en bleu au grand feu et de dessins en rouge. — Deux plaques concaves ou plats de trois pieds de diamètre dont l'un, représentant des poissons nageant, est d'un grand effet. Toutes ces pièces avaient été cuites sans cazettes.

Kawamoto Masukichi (Nagoya, province d'Owari). Dessus de table de près de six pieds de diamètre, malheureusement brisé dans le transport. — Deux tables entièrement en porcelaine, d'environ deux pieds de diamètre. — Deux écrans décorés des deux côtés. — Un vase de six pieds de hauteur. Toutes ces pièces très-remarquables sont décorées de peintures bleues d'un grand effet, représentant des fleurs, des poissons, etc.

Comme décoration en peinture sur couverte, plusieurs exposants avaient des pièces très-intéressantes qu'il serait trop long d'énumérer. La figure humaine est le plus souvent traitée d'une manière grotesque, mais les oiseaux, les poissons, les insectes, sont rendus avec une fidélité et un fini admirables.

Nous mentionnerons enfin les émaux cloisonnés sur porcelaine, en imitation des émaux de Chine sur métal. Cette décoration était appliquée à des tasses, des plateaux, des coffrets, des vases, dont un de deux pieds de hauteur. Les couleurs sont généralement de tons assez doux et d'une association harmonieuse. Dans quelques pièces le fil d'argent était employé concurremment avec le cuivre.

États-Unis. — Nous avons déjà parlé des conditions générales de l'industrie céramique en Amérique. Comme nous l'avons dit, il y a un petit nombre de fabriques de porcelaine qui font l'article appelé *Hardware trimmings* (boutons de portes, plaques d'étiquettes, etc.). La seule maison qui fasse en outre le service de table et de toilette est celle appelée « Union Porcelain Works », à Greenpoint (Brooklyn).

Cette fabrique possède des appareils de broyage pour être employés en cas de nécessité, mais elle reçoit en règle générale ses matières toutes préparées : ce sont les kaolins du Cornouailles et ceux d'Amérique provenant des États de Delaware, Georgie et Pensylvanie, le feldspath du Maine et du Connecticut et le quartz de ce dernier État.

Les matières sont mélangées en proportions convenables dans des cuves avec de l'eau et passées à travers des tamis de 90 à 120 mailles au pouce de longueur (36 à 48 au centimètre). La pâte est raffermie au moyen de la presse de Needham et Kite.

Les proportions de matières pour la pâte de porcelaine de table sont : kaolin, 37; feldspath, 33; quartz, 30.

La composition de la couverte est généralement comme il suit : feld-spath, 15 ; chaux, 15 ; kaolin, 12 ; quartz et porcelaine broyée, 58. Elle varie du reste selon les pièces, les plus petites et les plus minces recevant une couverte moins fusible que les pièces grandes et épaisses.

Le façonnage se fait comme en France. Tous les tours sont mus à la vapeur; nous avons remarqué un tour excellent pour les plats ovales.

Les articles de *Hardware trimmings* sont faits avec une pâte de qualité inférieure pour laquelle on emploie les kaolins américains; ils sont fabri-qués à la presse avec la matière simplement humide. On en fait de 60,000 à 70,000 par jour.

La fabrique renferme cinq fours. Ils ont la forme d'un cylindre sur-monté d'un tronc de cône et d'une cheminée. Le dernier construit, qui est aussi le plus grand, semble donner de très-bons résultats; ses principales dimensions sont comme il suit :

Diamètre extérieur......................	23'	7^m,01
Diamètre intérieur.....................	15' 6"	4^m,72
Hauteur de la sole à la naissance de la voûte...	9'	2^m,74
Hauteur de la sole au centre de la voûte.......	13'	3^m,96
Distance entre les deux voûtes.............	9'	2^m,74
Hauteur totale........................	58'	17^m,67

Il y a six alandiers, dont les grilles ont 3 pieds 6 pouces sur 2 pieds (1^m,06 sur 0^m,61). Les carneaux ont chacun quatre ouvertures dans la sole, dont une contre la paroi du four. La cuisson dure 30 heures et l'on brûle 10 tonnes de charbon, principalement de l'anthracite.

La porcelaine de Greenpoint ne le cède à aucune autre pour la qualité de la pâte et la dureté de la couverte. La plupart des articles sont lourds et comparables comme formes à ce que l'on désigne dans le commerce français par le terme *limonade;* nous avons vu néanmoins des pièces plus minces, telles que tasses à thé et à café, bien fabriquées et qui pourraient figurer honorablement parmi les productions d'Europe.

FAÏENCE FINE ET AUTRES POTERIES.

Dans la section française, la faïencerie de Gien présentait une belle col-lection qui justifiait pleinement les éloges qu'elle avait reçus aux dernières Expositions. On remarquait, comme nouveauté exhibée pour la première fois, un grand nombre d'objets divers, vases, flacons, aiguières, coffrets, etc.,

11

décorés sur un fond bleu foncé très-égal et d'un très-beau ton. Cette
fabrique se distingue toujours par la modicité de ses prix, qui met à la
portée de tous des objets d'ornement d'un goût irréprochable.

Nous citerons avec éloge M. Montagnon, de Nevers, et M. Aubry, de
Belleville près Toul, pour la faïence à vernis stannifère, en imitation des
faïences d'Italie, de Rouen, de Marseille, de Moûtiers.

Le genre Palissy était représenté principalement par M. Barbizet. Il
avait l'honneur de voir quelques-uns de ses modèles imités de très-près,
sinon copiés exactement, par une fabrique étrangère.

Les pipes de MM. Hasslauer et Champeaux, successeurs de M. Gambier, et celles de M. Fiolet se distinguent par une bonne fabrication, bien
supérieure à celle de la plupart des pipes étrangères. La vogue dont elles
jouissent prouve qu'elles possèdent les autres qualités recherchées par les
fumeurs. La vitrine des premiers contenait de fort jolis bustes, très-bien
modelés, et l'on se demande si cette pâte si fine et si blanche ne pourrait
pas s'employer pour des œuvres d'art.

Dans l'exposition anglaise, la collection la plus intéressante était celle
des trois maisons qui portent le nom de Doulton : Doulton and Cº, Doulton and Watts et Henry Doulton and Cº.

On connaît l'importance énorme de leur fabrication de tuyaux en grès
et d'appareils pour les manufactures de produits chimiques. MM. Doulton
and Watts y ont ajouté depuis quelques années la fabrication de grès artistiques dont la vogue s'étend de plus en plus en Angleterre. Toutes les
pièces sont cuites à un seul feu et vernissées au sel. La décoration comprend quatre couleurs : bleu, brun, vert et pourpre. Nous avons particulièrement remarqué les pièces décorées par Miss Hannah Barlow de dessins au trait gravé dans la pâte crue et passé en couleur; ils représentent
surtout des animaux : chiens, chevaux, ânes, oiseaux, etc., rendus avec
un naturel admirable.

La maison Henry Doulton and Cº, dans une exposition très-variée,
présentait une pièce de *terra cotta*, la plus grande qui ait jamais été exécutée : c'est la reproduction du groupe de l'Amérique, un des quatre
groupes qui ornent le monument du prince Albert dans Hyde Park. Cette
pièce, très-bien venue, a 10 pieds en carré et 17 pieds de hauteur.

Les carreaux pour pavage et pour décoration murale étaient exposés
par les deux maisons les plus importantes d'Angleterre, Minton, Hollins
and Cº, de Stoke-upon-Trent, et Maw and Cº, de Broseley (Shropshire);
la perfection de leur fabrication et la variété de leurs modèles sont bien
connues. Un peu au-dessous se rangeaient MM. Villeroy et Boch, de Mett-

lach (Prusse rhénane), qui du reste n'avaient qu'une exposition bien restreinte pour représenter une fabrication importante dont le chiffre s'élève
à 130,000 mètres carrés par an.

Les carreaux espagnols, par MM. Nolla, de Valence, et Manuel de Soto
y Tello, de Séville, sont moins parfaits comme netteté de moulage et
dureté de pâte, mais ils offrent des dessins d'une grande originalité.

M. Pickman, de la fabrique de la Chartreuse de Séville, exposait ses
services de table si répandus dans toute l'Espagne. Nous citerons aussi
Francisco G. Montalban, également de Séville, pour sa poterie commune
à très-bon marché. Des plats et des jattes, d'assez grandes dimensions,
étaient décorés de peintures dans le genre mauresque, assez grossièrement exécutées avec un petit nombre de couleurs, mais d'un grand effet.

En Portugal, Manoel Cypriano Gomes Mafra avait une collection nombreuse d'objets, tels que vases, plats, paniers, animaux et imitations du
genre Palissy, généralement bien exécutés et d'un bon marché étonnant :
nous mentionnerons, entre autres, un plat avec homard très-bien modelé
et très-bien venu.

L'exposition italienne montrait peu d'originalité; on y trouvait surtout de
bonnes reproductions et imitations des faïences des xve, xvie et xviie siècles,
principalement par MM. Ascione et fils, de Naples, Benucci et Latti, de
Pesaro, et Torquato Castellani, de Rome.

Nous ne devons pas oublier les terres cuites artistiques de Mme veuve
Ipsen, de Copenhague. Son exposition comprenait un grand nombre d'objets : vases, coupes d'après l'antique; médaillons, camées, statuettes, principalement d'après Flaxman et Thorwaldsen, presque tous remarquables
par la finesse du modelé et la pureté des formes.

Nous avons déjà mentionné plus haut la poterie japonaise connue sous
le nom de *poterie de Satsuma* : c'est une espèce de faïence fine très-dure,
d'une couleur légèrement jaunâtre (*cream colour*). Elle est recouverte d'un
vernis craquelé et ordinairement décorée de peintures comme la porcelaine.

R. Nakashima, de la province de Satsuma, exposait une collection nombreuse d'objets divers, parmi lesquels les plus saillants étaient deux grands
vases de cinq pieds de hauteur, dont la surface est travaillée à la main de
manière à imiter une sorte de natte et décorée de peintures d'oiseaux et
de fleurs d'un excellent effet. Ces vases étaient portés sur des soubassements en poterie de couleur foncée, imitant des rochers et de l'eau, avec
des tortues en plein relief. — Deux vases de deux pieds de hauteur, formés
chacun d'un cylindre central décoré de peintures de fleurs et entouré

d'une enveloppe découpée à jour, suivant des dessins géométriques d'une parfaite régularité.

Une autre espèce de poterie fort singulière est la poterie « Banko » : c'est une poterie brunâtre ou rougeâtre, non vernissée. Quelques pièces façonnées à la main, sans l'aide du tour, étaient très-légères et très-solides ; d'autres étaient faites d'un mélange de pâte brune et de pâte blanche, ce qui produit un effet de marbrure fort bizarre.

Nous terminerons cet article, comme le précédent, par quelques détails sur la fabrication américaine.

La poterie commune jaune et brune est fabriquée depuis longtemps aux États-Unis, et elle y occupe le plus grand nombre des établissements céramiques. C'est, en effet, celle dont la fabrication est la plus facile et en même temps celle qui est le plus lourdement grevée, relativement à sa valeur, par les frais de transport. Elle présente toutefois peu d'intérêt et de nouveauté, et nous ne nous y arrêterons pas.

Il n'en est pas de même de la faïence fine, dont la fabrication a pris un grand essor depuis une quinzaine d'années. A part quelques établissements dans l'État de New-York et dans l'Ohio, cette fabrication est concentrée à Trenton (New-Jersey). Cette ville réunit, en effet, toutes les conditions désirables : elle est située entre les deux plus grandes villes d'Amérique, New-York et Philadelphie, et jouit de communications faciles, par chemins de fer et par canaux, avec les districts qui produisent les matières premières et le combustible. Il y a maintenant à Trenton 17 fabriques de faïence fine, dont les produits ont une valeur de 1,500,000 à 1,800,000 dollars à l'année.

Bien que chaque fabricant fasse mystère de ses mélanges de matières, la qualité varie fort peu d'une usine à l'autre. On en fabrique partout deux sortes distinctes, que l'on appelle communément « White granite » et « C. C. ware » (*Cream coloured ware*).

Les éléments de la pâte du « White granite » sont les kaolins américains, le quartz et le feldspath. Pour le « C. C. ware » on regarde un peu moins à la qualité des matières, et l'on remplace, en outre, une partie du kaolin par de l'argile plastique, telle que l'argile du Missouri.

La couverte est analogue à celle de la faïence anglaise. Le borax se tire maintenant de l'État de Nevada.

La pâte du « White granite » reçoit toujours en mélange une petite quantité d'oxyde de cobalt pour neutraliser l'effet colorant du fer qui peut s'y trouver. Pour le « C. C. ware », le cobalt est employé dans la couverte.

Quelques-unes des fabriques broyent leurs matières; les appareils en usage sont les meules verticales et les moulins à blocs. Les autres, en plus grand nombre, reçoivent leurs matières toutes broyées. Le mélange se fait comme à Greenpoint pour la porcelaine, et la pâte est également raffermie au moyen des presses de Needham and Kite.

Le façonnage et les procédés de décoration ne présentent aucune particularité saillante. Les installations sont généralement bien entendues; tous les tours sont mus à la vapeur. On pourrait néanmoins y apporter encore quelques améliorations, comme par exemple l'emploi des séchoirs à étagères mobiles, que nous n'avons vu nulle part.

Les fours ressemblent, comme forme générale, aux fours à porcelaine de Greenpoint, sauf l'absence de voûte intérieure formant cloche. La plupart ont 10 alandiers sans grille. On y brûle de l'anthracite pure ou quelquefois mélangée avec du charbon gras en petite proportion.

La faïence de Trenton offre pour l'usage toutes les qualités désirables. La pâte, serrée et cuite à une haute température, est très-résistante, et la couverte, d'une dureté convenable, n'est pas sujette à se fendiller. Sous le rapport artistique, toutefois, elle laisse beaucoup à désirer : les formes sont généralement lourdes et sans élégance, la décoration souvent d'un goût douteux. Les fabricants de Trenton ont pu comparer à Philadelphie leurs produits avec ceux de quelques-unes des meilleures fabriques d'Europe, et ils ont dû reconnaître leur infériorité au point de vue de l'art. Cette leçon, nous le croyons, ne sera pas stérile, et l'Exposition du Centenaire pourra être le point de départ d'un mouvement analogue à celui qui s'est produit en Angleterre après l'Exposition de 1851. Déjà, sur les indications de l'éminent président du jury pour la céramique, M. Soden Smith, du Musée de South Kensington, on a résolu de fonder à Trenton un musée céramique et une école de dessin industriel. L'influence de ces institutions ne peut manquer de se faire sentir d'ici à peu d'années.

VERRERIE.

La Société de Saint-Gobain, Chauny et Cirey tenait comme d'habitude la place d'honneur; elle exposait dans la section française et dans la section allemande les produits divers de ses fabriques. L'attention se portait surtout sur deux superbes glaces sans tain de 6^m,50 par 3 mètres : ce sont, croyons-nous, les plus grandes dimensions qui aient jamais été fabriquées.

La Compagnie de Floreffe exposait en France et en Belgique. Nous avons remarqué une belle glace de 4 mètres sur 3 mètres.

MM. Pelletier et fils, de Saint-Just-sur-Loire, avaient exhibé leurs verres colorés et doublés, si estimés des graveurs sur verre, et M. Bitterlin, de très-beaux verres décorés par ses procédés, qui avaient déjà été cités avec éloge à l'Exposition de Vienne. Les globes de MM. Appert, Lengèle et Cⁱᵉ représentaient avec honneur une fabrication d'origine toute française.

Parmi les exposants étrangers, nous citerons particulièrement les noms bien connus de James Green, en Angleterre, et de MM. J. et L. Lobmayr, en Autriche.

Les verriers américains étaient en nombre à Philadelphie et représentaient toutes les branches de cette industrie, plus développée encore que l'industrie céramique.

En 1870, il y avait aux États-Unis 201 établissements de verrerie, dont le tableau suivant donne le détail :

	VERRE TAILLÉ.	GLACES.	VERRE DÉCORÉ.	VERRE À VITRE.	NON SPÉCIFIÉ.	TOTAUX.
Nombre d'établissements.........	29	5	18	35	114	201
Nombre de machines à vapeur....	21	2	3	20	55	101
Force en chevaux..............	180	52	44	381	1,044	1,701
Nombre de roues hydrauliques....	"	1	"	2	3	6
Force en chevaux..............	"	4	"	110	42	156
Personnes employées...........	285	200	170	2,859	12,308	15,822
	Dollars.	Dollars.	Dollars.	Dollars.	Dollars.	Dollars.
Capital engagé...............	136,700	195,700	148,800	3,244,560	10,385,822	14,111,582
Salaires....................	157,576	132,410	99,789	1,503,277	5,953,423	7,846,425
Valeur des matières premières....	178,526	86,708	90,277	1,884,146	4,376,897	6,616,554
Valeur des produits...........	470,875	355,527	297,480	3,811,308	14,300,949	19,236,139

Les procédés et les appareils employés en Amérique ne diffèrent point essentiellement des nôtres, et leur description détaillée offrirait peu d'intérêt. On peut même dire que, sous certains rapports, les Américains sont en retard sur l'Europe : ainsi, le chauffage au gaz et la fonte du verre sur sole ne sont encore, que nous sachions, introduits dans aucune fabrique.

Il est toutefois une branche de l'industrie du verre qui a atteint une grande perfection aux États-Unis : c'est celle du verre moulé. Quelques fabricants s'attachent à produire un verre très-blanc et mettent le plus grand soin au choix des matières premières. Les sables et les calcaires très-purs ne sont pas rares en Amérique; quant à la soude, on n'emploie que du carbonate purifié par recristallisation ou obtenu par le procédé Solvay.

Les moules en fonte sont construits avec la perfection d'ajustage qui distingue les bonnes machines américaines. Quelques fonderies en font une spécialité et appliquent des procédés, qu'elles tiennent secrets, pour en durcir la surface intérieure. Les plongeurs sont en acier. On obtient ainsi une grande netteté de moulage et des arêtes très-vives.

Nous citerons en particulier le « Central Glass C° », de Wheeling. Nous avons admiré, entre autres, de petits verres à pieds à facettes et des coupes à champagne à tige polygonale creuse, d'une légèreté et d'une netteté remarquables.

. MM. J. H. Hobbs, Brockunier and C°, également de Wheeling, fabriquent de très-beau verre blanc, qu'ils soumettent à la taille comme du cristal. Ils y joignent la fabrication du verre à la cryolithe, qui imite en quelque sorte la porcelaine, et dont on fait beaucoup de petits objets, tels que salières, petites soucoupes pour le beurre (*butter plates*), très-employées en Amérique, pieds de lampes à pétrole, etc. Toutes ces pièces sont faites par moulage; du reste, cette espèce de verre ne paraît pas pouvoir se souffler.

Nous donnons ci-dessous la composition pour le verre transparent et pour le verre à la cryolithe. Les quantités indiquées sont celles qui constituent le mélange pour la charge d'un pot.

VERRE TRANSPARENT.

	Livres.	Kilogr.
Sable............................	1,500	680^k,398
Carbonate de soude.................	550	249,475
Nitrate de soude....................	120	54,431
Chaux...........................	200	90,718
Arsenic..........................	8	3,628
Manganèse........................	2	0,907
Saffre...........................	1/2 once	14 gram.

VERRE À LA CRYOLITHE.

	Livres.	Kilogr.
Sable............................	1,500	680^k,398
Cryolithe.........................	600	272,155
Oxyde de zinc.....................	120	54,431
Arsenic..........................	8	3,628
Manganèse........................	4	1,814

Le sable (quartz pulvérisé) de Lewistown (Pensylvanie) est, dit-on, encore plus pur que le sable du Berkshire. Le carbonate de soude, de la fabrique de Brunner, Mond et Cie, est produit par le procédé au bicarbonate d'ammoniaque. Les autres matières sont choisies avec le même soin pour leur pureté. On remarquera l'emploi de l'oxyde de zinc pour le verre opaque.

La plupart des verreries américaines ont, pour le travail du verre, un petit four spécial chauffé aux huiles légères de pétrole. Ces huiles ou essences n'ont pas, comme en France, d'emploi pour l'éclairage et se vendent à très-bas prix, de 6 à 7 francs l'hectolitre. Le four (*Glory furnace*) a environ 6 pieds de diamètre et 12 de hauteur; sa paroi est percée de trous de différents diamètres (*Glory holes*) pour les différentes pièces. L'essence est amenée d'un réservoir par un tuyau sur une plaque formant sole où elle brûle, soit par tirage naturel, soit par un courant d'air fourni par un ventilateur.

Le cristal est aussi fabriqué en Amérique, et quelques établissements en produisent de comparable au cristal anglais pour la blancheur et l'éclat. On peut, au reste, dire que c'est la fabrication anglaise transportée aux États-Unis, car, si les Anglais tirent d'Amérique leur sable pour les qualités supérieures, les Américains d'autre part se servent pour le beau cristal de minium anglais et, chose singulière, de potasse raffinée d'Angleterre. On retrouve aussi les mêmes formes et le même style de décoration.

La plupart des fabricants de cristal font trois qualités; dans la seconde et la troisième la proportion de minium est diminuée et la potasse est remplacée en partie ou en totalité par la soude. Quelques fabricants introduisent dans la première qualité une certaine proportion de borax, aujourd'hui à très-bas prix, grâce à la grande production de l'État de Nevada [1].

On peut citer pour leurs expositions le « New England Glass C° » et le « Boston and Sandwich Glass C° », de Boston ; « Mount Washington Glass C° »,

---

[1] Voici la composition employée dans une des meilleures verreries de l'État de New-York pour les trois qualités de cristal. Les quantités indiquées correspondent à la charge d'un pot.

	1re QUALITÉ.	2e QUALITÉ.	3e QUALITÉ.
	Livres.	Livres.	Livres.
Sable....................................	60 j	600	600
Minium..................................	400	300	100
Carbonate de potasse.....................	250	250	50
Carbonate de soude......................	"	175	175
Nitrate de soude.........................	50	60	"
Borax...................................	60	"	"
Manganèse...............................	8 onces	14 à 18 onces	"

de New-Bedford (Massachusetts); M. J. B. Dobelmann, de Greenpoint (New-York).

La fabrication des glaces coulées était à peine représentée à l'Exposition de Philadelphie.

Nous devons toutefois mentionner une fort belle glace de 18 pieds sur 9 (5^m,48 sur 2^m,74) fabriquée par la Compagnie « Louisville Plate Glass C^o », de Louisville (Kentucky), et argentée par S. P. Sallandrouze, de Cincinnati.

BRIQUETERIE, PRODUITS RÉFRACTAIRES, CIMENTS.

On peut se former une idée de l'importance de la fabrication des briques aux États-Unis d'après les données statistiques qui ressortent du dernier recensement.

En 1870, il existait 3,114 établissements de briqueterie, lesquels employaient comme moteurs 372 machines à vapeur d'une force de 10,333 chevaux et 19 roues hydrauliques représentant 218 chevaux-vapeur. — Nombre de personnes employées : 43,293. — Capital engagé : 20,504,238 dollars. — Salaires : 10,768,853 dollars. — Valeur des matières premières : 7,413,097 dollars. — Valeur des produits : 29,028,359 dollars. — Briques communes fabriquées dans l'année : 2,801,832,000. — Briques pressées : 37,428,000. — Briques réfractaires : 60,072,000.

A Philadelphie seulement la production dépasse probablement 100 millions de briques.

Les machines à faire les briques peuvent se ranger en deux catégories :

Dans les unes, la terre en pâte plus ou moins molle est poussée à travers une filière rectangulaire, de manière à donner un prisme continu qui est recoupé en tranches de l'épaisseur d'une brique;

Dans les autres, la terre simplement humide ou même sèche est comprimée dans un moule dont le fond se soulève ensuite et fait sortir la brique.

De la première classe sont les machines de Schlickeysen, très-employées en Allemagne, et les machines américaines de Tiffany et de Chambers. Dans cette dernière, les briques sont coupées par une lame en hélice montée sur un axe mobile, de manière à couper rectangulairement et, pour ainsi dire, à la course, un boudin animé d'un mouvement continu. La vitesse de celui-ci est toutefois loin d'être parfaitement uniforme et il se produit des déformations dans les briques.

Pour les machines de la seconde classe, une grande difficulté consiste à

charger les moules d'une quantité de terre toujours égale; autrement, il
en résulte des briques de densité et de résistance très-variables.

L'exposition américaine offrait plusieurs machines de ce type, toutes
fort compliquées et fort coûteuses, dont aucune ne remplissait cette condition d'une manière tout à fait satisfaisante.

Nous préférons de beaucoup la machine française de MM. François
Durand et Marais. La terre humide est chargée dans une trémie et se présente toujours en excès à l'action d'un piston compresseur horizontal,
lequel est muni d'une ouverture centrale par laquelle l'excédant de terre
est refoulé : il en résulte que les briques reçoivent toujours la même pression. La machine est simple, solide et d'un entretien facile; elle n'exige
pas de fondations et consomme très-peu de force motrice. Elle peut être
appliquée non-seulement à la fabrication des briques, mais encore à celle
de toute espèce d'agglomérés.

Quel que soit le mode de fabrication des briques, celles qui sont destinées en Amérique à des ouvrages très-soignés sont repressées après dessiccation partielle. L'opération se fait le plus souvent à la main, au moyen de
petites machines dont plusieurs étaient exposées dans la section américaine. On obtient ainsi des surfaces plus planes et des arêtes plus vives;
le prix de revient ne laisse pas toutefois d'en être accru d'une manière
notable : ainsi, les belles briques pressées se vendent à Philadelphie
200 francs le mille et même au delà.

Les produits réfractaires américains étaient en grand nombre à Philadelphie, la plupart de bonne qualité, autant qu'on en peut juger par
l'apparence et par les usages auxquels ils sont appliqués avec succès dans
l'industrie et la métallurgie.

M. Goyard, dans la section française, exposait des fourneaux de laboratoire, des fourneaux à moufle pour la décoration de la porcelaine et des
creusets, tous produits d'une excellente fabrication et bien appréciés des
chimistes.

Nous citerons aussi la compagnie suédoise de Höganäs, dont les produits réfractaires ont une grande réputation en Suède et en Allemagne. Sa
production annuelle s'élève à près de 2 millions de francs. Outre des
briques de formes diverses, elle exposait des ornements en terre cuite et
des pièces d'architecture d'une couleur noirâtre imitant la *pietra dura*
d'Italie, entre autres une colonne cannelée dont les différents tambours
s'assemblaient avec une exactitude parfaite.

L'examen des ciments était spécialement confié à notre collègue le

général Gilmore, du génie américain, auteur de publications estimées
sur les ciments et les bétons.

Nous avons cherché à attirer son attention sur les exposants français,
mais c'était déjà chose faite : il avait installé dans un chantier du génie
un système d'essais de tous les ciments exposés.

Le général Gilmore connaît d'ailleurs les ciments français de longue
date, particulièrement ceux de M. Lonquety, de Boulogne-sur-Mer; il a
apprécié ces derniers à l'usage et les a trouvés d'une qualité plus uniforme
qu'aucun ciment anglais. Il les emploie même exclusivement pour les travaux des fortifications de Staten Island dont il est chargé : ce fait se passe
de commentaires et en dit plus que tous les éloges.

Résumons en quelques mots le caractère et la portée de l'Exposition de
Philadelphie au point de vue des industries que nous avons eu à examiner.

Nous avons dit plus haut quels résultats elle pouvait avoir pour le progrès de la céramique américaine sous le rapport des qualités artistiques.

Nos potiers n'ont rien à prendre en Amérique, soit comme procédés, soit
comme matière. En est-il de même de l'industrie du verre? — Quelles que
soient l'habileté de nos fabricants et la perfection de leurs produits comme
forme, il est incontestable que notre cristal est loin d'avoir la blancheur
et l'éclat du cristal anglais ou même du cristal américain. On peut en dire
autant de nos verres moulés comparés aux produits similaires des États-
Unis.

D'où cela vient-il? C'est ce que d'habiles praticiens se sont souvent
demandé; il nous paraît indubitable que cette différence tient surtout à
la qualité des matières premières.

Nous avons dit avec quel soin les fabricants américains choisissaient les
matières les plus pures.

En Angleterre, les plombs exempts de métaux étrangers sont spécialement recherchés pour la fabrication du minium; ceux qui contiennent
quelques dix-millièmes de cuivre sont purifiés par le procédé de W. Baker.
Aujourd'hui, sans avoir besoin de recourir à une opération spéciale, les
méthodes de désargentation de Parkes et de Cordurié doivent fournir en
France des plombs beaucoup plus purs que les plombs pattinsonnés et
plus propres à la fabrication du minium pour cristal.

Quant aux sables et aux quartz, il en est peu qui puissent rivaliser avec
ceux que l'on trouve en Amérique pour la blancheur et la pureté : aussi
les Anglais n'hésitent pas à aller s'y approvisionner pour les verres de premier choix.

Dans une fabrication de luxe comme celle du cristal, le prix de la matière première a si peu d'importance, comparé à celui de la main-d'œuvre, qu'il est permis de se demander si nos verriers ne trouveraient pas avantage, au moins pour certaines fabrications spéciales, à suivre l'exemple des Anglais.

Nous serions heureux si ces indications pouvaient en quelque manière contribuer au progrès de l'industrie française.

C. DE BUSSY.

AMEUBLEMENT

ET OBJETS D'UN USAGE GÉNÉRAL DANS LES CONSTRUCTIONS ET LES APPARTEMENTS.

RAPPORT DE M. LE MARQUIS DE ROCHAMBEAU,

MEMBRE DU JURY INTERNATIONAL [1].

Le groupe du Jury auquel nous appartenions a été chargé d'examiner les parquets unis et en marqueterie, les cheminées et panneaux de marbre, le gros ameublement, lits en bois et en fer, lits mécaniques, sommiers élastiques et matelas, canapés-lits, fauteuils-lits et fauteuils mécaniques de tous genres, tels que fauteuils de malade et d'accouchement, fauteuils de dentiste et de barbier, fauteuils de pose photographique, siéges garnis et siéges cannés en bois tordu, tables, meubles courants et artistiques d'appartement, de bureau, de bibliothèque et d'antichambre, les mobiliers de nourrice, d'enfant et accessoires pour salle de bain, douches, hydrothérapie, cabinets d'aisance, buanderie, machines à laver, à tordre et à calandrer; les stores en sparterie et en étoffe, les corniches dorées, baguettes, consoles, châssis peints, miroirs, cadres de glace en couleur ou dorés, les objets de vannerie, de liége, de carton-pierre, de cire; les meubles d'église, autels, chaires, statues, vases sacrés, ornements religieux, chapelets et médailles.

Cette section était comprise dans la rubrique : *Meubles, objets divers fabriqués à l'usage des constructions.* La classification se rapprochait donc sensiblement de celle qu'avait adoptée la Commission de l'Exposition universelle de Paris en 1867; elle avait réuni dans le même groupe un certain nombre d'industries intimement unies par leurs procédés, leurs produits, leurs usages.

Les exposants de ces différents produits étaient disséminés dans le pa-

---

[1] Les membres du Jury étaient :
MM. Addison Boyden (États-Unis), Chauncey Wiltse (États-Unis), Mitchell (États-Unis), le marquis de Rochambeau (France), Théo. Snyers (Belgique), Frantz Thonet (Autriche).

lais principal (Main Building), dans le bâtiment de l'Agriculture et dans plusieurs annexes.

Cette dissémination n'a pas été un mince inconvénient aux travaux des juges : outre le temps perdu en allées et venues incessantes, elle rendait les comparaisons bien plus laborieuses et plus difficiles.

Si à cela on joint les confusions fréquentes devenues inévitables par la limite indécise de telle ou telle classe d'objets qu'un autre groupe revendiquait après que le nôtre l'avait examiné, on aura une idée des longueurs et des embarras d'une telle opération pratiquée par plus de quarante degrés de chaleur au milieu d'un parc dépourvu d'ombrages.

Pour rendre notre rapport aussi clair que possible, nous diviserons les produits à examiner en cinq grandes classes :

1° Parquets et marbres;

2° Meubles en bois et en fer;

3° Mobilier de nourrice et d'enfant, lavabos, salles de bains, hydrothérapie, cabinets d'aisance, appareils de chauffage, buanderie, gymnastique et cercueils;

4° Stores, boîtes de Spa et autres, cadres, miroirs, vannerie, liége, cire;

5° Mobilier d'église et objets religieux de toute nature.

I

PARQUETS ET MARBRES.

Parquets. De tout temps, le bois a joué un des rôles les plus importants dans la construction des édifices que l'homme élevait pour s'abriter; à mesure que la civilisation s'est développée et que les bois sont devenus plus rares et plus chers, on a substitué le métal au bois, et les charpentes en fer sont aujourd'hui passées dans l'usage.

L'Amérique même, où le bois est si commun, et qui à cause de cela avait bâti toutes ses villes en bois, a si souvent appris à ses dépens à connaître les inconvénients de ces constructions inflammables, qu'elle a abandonné presque complétement les charpentes en bois, et on y rencontre partout des usines où se forgent des poutres de construction.

Un des rares emplois qu'on donne encore exclusivement au bois, c'est la confection des parquets.

L'origine du parquet est facile à concevoir : l'homme qui s'est construit une hutte craint l'humidité du sol, il pose sur la terre mouillée des planches qui le garantiront de cet inconvénient.

On a donné le nom de parquet à un assemblage de pièces de bois,

composé d'un châssis et de plusieurs traverses croisées carrément ou dia-
gonalement qui forment un bâti qu'on appelle *carcasse*. On remplit cette
carcasse de carreaux retenus par des languettes, le tout à parement arasé.
Il est arrêté sur des lambourdes avec clous à tête perdue.

Tel est le parquet qu'on faisait sous Louis XIV, car ce n'est que dans
le courant du xviiᵉ siècle que l'on substitue ce mode de plancher aux carrelages émaillés et aux pavés de toute nature dont on couvrait le sol des
appartements.

Depuis, on a beaucoup simplifié le dessin des parquets, par raison
d'économie : on emploie généralement le dessin dit *feuille de fougère* ou
pointe de Hongrie, quelquefois aussi le *plancher à frise.* Dans les appartements les plus soignés, on fait des parquets en marqueterie avec bordure
et rosace.

Les bois le plus communément employés sont le chêne et le sapin ; le
pays qui en fournit la plus grande quantité est la Suède, qui en exporte
pour plus de deux millions. Ces bois sont débités à la machine par de
puissantes usines qui les répandent à profusion dans toute l'Europe et
jusque dans l'Amérique du Sud.

La Prusse a une importante usine de ce genre à Breslau, et, dans
l'Allemagne du Sud, la parqueterie a pris, comme industrie nationale, un
grand développement : la Hongrie a sa fabrique de bois ouvrés de Neu-
schloss, à Pesth, qui prend chaque jour plus d'importance ; la France a aussi
appliqué à ses scieries un outillage perfectionné qui en a beaucoup augmenté la production ; l'Italie a sa manufacture de Leveva, la Suisse celle
d'Interlaken ; la Belgique se distingue par ses parquets riches en bois
naturels de Tasson et Washer.

Il y avait peu de parquets à l'Exposition de Philadelphie ; un seul exposant français s'était fait inscrire, M. B. Richard, de Longecourt (Côte-d'Or),
et il n'a pas exposé.

La Grande-Bretagne était représentée par une maison des plus sérieuses
qui avait apporté des parquets en marqueterie de trois bois différents,
assemblés avec goût et de dessins les plus variés : nous avons nommé la
maison Howard et fils, le grand tapissier-ébéniste d'Oxford Street, a
Londres. Il nous a présenté onze dessins de parquets différents et vingt-
sept bordures variées ; les bois sont employés bien secs et ne travaillent
pas. L'usine de MM. Howard est une maison de premier ordre ; nous
aurons à y revenir.

Dans l'exposition allemande, nous avons remarqué la maison Georg
Schöttle, de Stuttgart, qui fait de beaux parquets de marqueterie ; l'échantillon produit par MM. Wagner et Starker, de la même ville, était plutôt

un morceau d'ébénisterie et avait d'ailleurs trop peu d'importance pour
permettre de juger les produits de cette maison.

L'Autriche était représentée, dans cette branche d'industrie, par deux
exposants : MM. Egger (J.-B.), de Villach en Carinthie, et Steinmetz,
d'Eisenerz en Carniole. Cette dernière manufacture est établie depuis trois
ans; elle occupe une machine d'une force de 25 chevaux-vapeur et un
grand nombre d'ouvriers. Elle produit chaque année environ 10,000 mètres
carrés de diverses sortes de parquets, qui sont exportés pour la plupart
dans l'Allemagne du Nord, la Russie et la Grèce. Elle a obtenu une grande
médaille de bronze à l'Exposition de Brême en 1874 et une grande médaille
d'argent à Linz en 1875.

Nous avons déjà parlé des grands fabricants belges, MM. Tasson et
Washer; ils avaient apporté à Philadelphie des spécimens remarquables de
leur fabrication : leurs parquets sont admirablement bien faits, soignés et
finis et leurs prix excessivement modérés.

Marbres. L'industrie marbrière, qui est sans contredit la plus difficile
et la plus ingrate des industries modernes, comporte une triple appréciation, au point de vue artistique, commercial et économique.

Le marbre sert surtout aujourd'hui à construire des cheminées et à faire
des dessus de meubles.

Une cheminée est un foyer disposé dans une salle, avec tuyau de
conduite pour la fumée.

Ce n'est que vers le XIIe siècle que nous voyons apparaître les cheminées
dans les intérieurs; elles se composent alors d'une niche prise aux dépens
de l'épaisseur des murs, arrêtée de chaque côté par deux pieds-droits et
surmontée d'un manteau et d'une hotte sous laquelle s'engouffre la fumée.

Pendant tout le moyen âge et la Renaissance, les cheminées affectent
des dimensions énormes.

Au XVIIe siècle, ces proportions deviennent moins grandioses, le marbre
remplace la pierre et les manteaux des cheminées s'abaissent successivement
jusqu'à hauteur d'appui. Telle est la forme de cheminée la plus usitée
de nos jours.

Nous aurions voulu voir amplement représentée à Philadelphie une de
nos industries les plus perfectionnées : nous avons été surpris de ne pas
trouver à l'Exposition les produits des marbreries françaises, de cette immense usine Géruzet, de Bagnères, qui exploite un grand nombre de
carrières dans toutes les Pyrénées et achète même des marbres d'Italie,
d'Algérie et d'Asie-Mineure; des usines de MM. Cantet frères, de M. Gandy,
de MM. Dussert frères et Lubal, de MM. Cazenave frères et de tant d'autres

qui occupent ensemble plus de 1,000 ouvriers et utilisent une force motrice de plus de 300 chevaux. On aura une idée de l'importance de ces produits en pensant que soixante carrières de marbres les plus variés sont ouvertes dans les environs de Bagnères-de-Bigorre, et qu'en 1866 elles ont produit plus de 50,000 mètres carrés de marbre ouvré, plus de 6,000 divers objets d'art et 8 belles colonnes monolithes destinées au nouvel Opéra de Paris.

Une maison s'est chargée de combler cette lacune; il est vrai qu'elle a soutenu avec honneur le poids d'une telle responsabilité. La maison Parfonry et Lemaire a donné depuis quelques années à son industrie une impulsion sans précédents dans les annales de la marbrerie, et ses sculpteurs sont de vrais artistes.

Succès oblige : cette maison avait obtenu une médaille d'or à l'Exposition universelle de 1867 ; à l'Exposition internationale du Havre, les suffrages des exposants désignèrent M. Parfonry comme membre et vice-président du jury; il est aujourd'hui président de la chambre syndicale de la marbrerie de Paris, seul propriétaire de la maison de commerce et des succursales de Paris, de Berlin et de Vienne.

Son personnel d'ouvriers et employés à Paris est d'environ 150 ; la petite marbrerie ordinaire, qui se confectionne sur les lieux de production, comporte un personnel d'environ 350 hommes.

Pour la partie artistique, les débouchés sont : la France, l'Autriche, la Russie, l'Égypte, le Chili.

Pour les marbres de meubles, elle fournit la France, le Brésil, Lima, Mexico.

L'établissement de Paris présente un développement considérable ; l'assortiment des cheminées de tous marbres et de tous styles peut être évalué à environ 400,000 francs. La superficie est d'environ 3,000 mètres, dont moitié en plus pour magasins et ateliers au premier étage ; en tout, un emplacement de 4,500 mètres.

Comme moyens de fabrication : une machine à vapeur, des scieries, des débiteuses, des tours, plaque tournante et perceuses mécaniques ; agencement de grues roulant sur rails pour la manutention des blocs.

L'assortiment des marbres bruts, dans la cour et le chantier de Paris, est d'environ 300,000 francs.

Les objets confectionnés se composent de cheminées de marbre depuis 9 francs, de marbres de tables de nuit depuis 1 fr. 50 cent. et de marbres de commodes depuis 11 francs.

Si nous sommes entré dans tous ces détails sur la maison Parfonry, c'est que nous pensons qu'il est plus aisé de bien juger une industrie lorsqu'en examinant ses produits on peut connaître ses moyens d'action. Les principales pièces de cette exposition étaient une cheminée Louis XVI en marbre rouge antique, surmontée d'un trumeau en marbre blanc sculpté par Auguste Caïn, et une seconde cheminée en marbre noir poli avec cariatides en marbre également noir mais dépoli ; ces deux objets sont fort remarquables comme goût artistique et au point de vue du fini du travail. Nous mentionnerons encore les belles plaques qui forment les soubassements du pavillon Violet, entre la villa du Maroc et le pavillon Allemand. En somme, la maison Parfonry et Lemaire est une maison de premier ordre, et nous avons cru de notre devoir d'attirer sur elle l'attention du Jury des récompenses.

Signalons encore la cheminée monumentale exposée par M. L. Marchand : elle est de style grec, polychrome, en marbre noir sculpté, avec bronzes vert antique, rehaussé d'or : c'était certainement une des plus belles pièces de l'Exposition.

Nous ne pouvons pas parler des marbres français sans mentionner les marbres précieux et particulièrement les marbres onyx d'Algérie exploités et associés au bronze et au cristal par la maison Eugène Cornu et Cie. Nous avons visité avec beaucoup d'intérêt ses immenses ateliers de la rue de Popincourt à Paris, et nous nous sommes assuré que tout ce qu'elle expose était fait dans la maison. Nous y avons trouvé des ateliers de dessin, de modelage, de sculpture, de ciselure, de monture et de tournure de bronze et de marbre, de marbrerie, de polissage, de statuaire, d'émaux, etc.

Nous avons admiré, dans cette exposition, des coupes et plateaux de toute grandeur en marbres précieux de diverses sortes, des jardinières, des cache-pots, des tables et des guéridons en marbre onyx et autres ornés de bronzes et d'émaux ; plusieurs pendules en bronze et marbre, avec leurs garnitures de coupes, flambeaux, candélabres ; des lampes, des torchères, enfin une série de statuettes et de groupes en marbre blanc dus au ciseau de Carrier-Belleuse.

La maison Cornu, qui a déjà eu à Vienne le grand diplôme d'honneur, avait une magnifique exposition, et le bon goût artistique de ses produits lui a valu les plus grands éloges de la part du Jury américain.

La Belgique avait exposé une assez grande quantité de marbrerie : nous avons particulièrement remarqué les cheminées polychromes et les pendules de la maison Tainsy, de Bruxelles ; les produits de cette usine dénotent des qualités essentielles, les figures ont un très-grand relief et le marbre est bien choisi : nous avons surtout distingué celui que M. Tainsy nomme *Brèche d'Herculanum*, dont les tons chauds et harmonieux sont du plus heureux effet.

MM. Parmentier, Gosset et Cⁱᵉ, de Sivry (Hainaut), avaient une quantité de cheminées Louis XV et Louis XVI en marbre blanc, noir, rouge saulé, rouge griotte et autres, des pendules, coupes, vases, des pavages, le tout aux prix les plus modérés.

Signalons, avant de quitter la Belgique, les grands panneaux en marbre dit mosaïque belge, pour décoration de salle à manger ou salle de bain. Ces plaques, avec dessins gravés à l'eau-forte sur le marbre, sont fabriquées par M. Léon Boucneau, de Schaerbeek-lez-Bruxelles, qui est l'inventeur de ce procédé, et présentent une grande originalité.

Nous ne pouvons terminer cette revue sans parler des cheminées en ardoise marmorisée fabriquées par M. Wilson, de Saint-John au Canada : elles sont élégantes, solides et d'un prix fort abordable.

C'est aussi dans la même classe que nous placerons la cheminée en malachite de l'Oural exposée par la Russie ; elle est irréprochable comme pureté de matière, mais d'un prix exorbitant.

II

MEUBLES EN BOIS ET EN FER.

Nous n'essayerons pas de faire une histoire du meuble, nous dépasserions les limites assignées à ce rapport. On nous permettra seulement, avant d'examiner les produits de l'art moderne, de jeter un coup d'œil rétrospectif sur le mobilier depuis l'antiquité jusqu'à nos jours ; nous pourrons ainsi plus aisément mesurer les progrès et le merveilleux développement de nos arts industriels.

Le temps est loin où un peuple guerrier et chasseur habitant des huttes de feuillages ou des tanières creusées sous le sol montrait la plus insouciante indifférence sur la forme et la nature de ses objets mobiliers.

Les Romains avaient apporté dans la Gaule leur luxe et leurs habitudes raffinées : dès le vᵉ siècle, nous trouvons les Francs étendus sur des lits devant des tables basses en demi-cercle ; mais l'usage des lits de table, qui ne convient qu'à la mollesse des climats chauds, est abandonné dans les Gaules. On adopte les escabeaux ; à ces escabeaux on ajoute un dossier et des bras, et cela devient un fauteuil. Souvent aussi on les remplace par de simples bancs. Sous Louis IX, on commence à recouvrir les siéges d'étoffes de laine ou de soie, et, dans les festins d'apparat, la place des convives de distinction est indiquée par un riche dais qui s'élève au-dessus de leur fauteuil. A cette époque, tous les meubles précieux sortent de l'atelier des

ouvriers parisiens; ces ouvriers menuisiers, bahutiers, coffretiers et tapissiers avaient déjà une renommée qui s'est perpétuée jusqu'à notre
époque.

Au commencement du xve siècle, on voit les premières chaises garnies
de paille, les pliants en forme d'X et les siéges à bras rembourrés; au xvi^e
siècle, on abandonne complétement les lourdes chaises en bois de chêne
sculpté.

Les Romains, qui avaient, au début de la République, de simples cou-
chettes en planches garnies de paille, empruntèrent à l'Asie ses grands lits
sculptés, dorés, plaqués d'ivoire, que nous retrouvons encore de nos jours
en Chine et au Japon; ils y entassaient les coussins de laine et de plume
et les plus riches fourrures. Les Gaulois et les Francs adoptèrent les
mêmes usages; seulement ces lits, d'abord étroits et grossiers, deviennent
de véritables monuments, où l'on n'arrivait qu'à l'aide d'escabeaux ou
d'échelles.

Pour compléter cette rapide esquisse d'un ameublement ancien, nous
devons parler des grands dressoirs qui servaient à exposer la vaisselle de
luxe et qui se sont perpétués jusqu'ici dans la campagne, des crédences,
meuble commun à la salle de festin et à l'autel des églises, des bahuts,
sorte de coffres aux couvercles plats ou bombés, des huches, des buffets,
des armoires, des cabinets de toutes sortes. Élégance, originalité des
formes, incrustation de métaux, du jaspe, de la nacre, de l'ivoire, sculpture habilement fouillée, rien ne manque à ces merveilles de la Renaissance, restées inimitables et dont de nombreux échantillons enrichissent
nos musées et nos plus riches collections particulières.

C'est à ces précieuses traditions des artistes du moyen âge et de la Renaissance que la France doit sa supériorité incontestable et incontestée
dans toutes les parties de l'industrie moderne qui touchent au domaine de
l'art.

Cette réserve faite au point de vue général, nous devons dire que la
France n'était pas suffisamment représentée à Philadelphie pour cette
branche qui fait généralement ressortir ses qualités essentielles; nous n'a-
vions ni M. Fourdinois, ni M. Perron, ni M. Roudillon, qui avaient mérité
à Vienne les suffrages les plus flatteurs.

M. Mazaroz avait exposé une grande bibliothèque Louis XV en palissandre ciré, sculpté dans la masse du bois et à portes vitrées : un peu
lourd de formes, ce meuble mérite pourtant des éloges; un cabinet
Henri II en poirier noir avec appliques en lapis, une table de salon
Louis XVI en marqueterie, et quelques siéges d'un bon style et fort
soignés comme ébénisterie. Cette maison est sérieuse, et l'on sent, en

examinant ses produits, une direction habile et un goût sûr formé par l'étude de nos chefs-d'œuvre antiques.

M. Marchand (Louis-Léon) a fait de très-grands efforts pour représenter noblement le mobilier d'art français au Centenaire américain. Son exposition, qui formait une des sections du grand rond-point central du Main Building, est certainement la plus remarquable dans son genre. Nous citerons, outre la cheminée monumentale dont nous avons déjà parlé, un milieu de salon style Renaissance, formé d'un divan rond séparé en quatre parties par des griffons en bronze argenté; le dessus du divan est indiquée par une frise très-étudiée, puis des vasques avec de l'eau et des fleurs, enfin un campanile rappelant un peu l'édicule de la fontaine des Innocents à Paris, le tout surmonté d'un bouquet de lumières fort bien combiné. Nous ne ferons à ce beau meuble qu'un reproche de détail : nous aurions voulu une nuance moins criarde pour l'étoffe qui le garnit. On nous objectera qu'aux lumières le vert-chou peut produire un effet charmant; mais ce meuble, préparé en vue de l'Exposition, ne devait être vu par le Jury qu'à la lueur du soleil, et nous n'avons dû le juger que tel qu'il nous est apparu.

Citons encore deux grandes torchères au gaz en bronze, figures de Klagmann, et un grand nombre de garnitures de cheminées remarquables par la pureté du style et la variété des formes.

Un tapissier du faubourg du Temple, M. Jules Alard, avait exposé quelques bons échantillons d'un mobilier de luxe, un meuble Renaissance en bois de noyer avec un peu d'or et de la marqueterie ivoire et faïence décorée : au point de vue de l'ébénisterie et de la sculpture, ce meuble a réellement du mérite; un écran, bois doré style Louis XVI, très-consciencieusement traité, et une série de siéges Louis XIV et Louis XV, les uns en bois doré, les autres en bois de noyer, et recouverts de tapisserie d'Aubusson : ces siéges sont bien étudiés, bien exécutés d'après des modèles de l'époque.

Les tapisseries d'Aubusson qui les recouvrent sont exposées par la maison Duplan, Hamot et Cⁱᵉ, rue de Richelieu; elles sont dessinées et exécutées par des hommes d'une valeur très-sérieuse : les pièces qui représentent les fables de La Fontaine, entre autres, font le plus grand honneur à notre belle manufacture. M. Duplan avait aussi exposé un grand tapis de 5 mètres sur 4 qui peut être un panneau de salle à manger aussi bien qu'un tapis de pied : c'est un véritable tableau, sorti des ateliers d'Aubusson, et qui représente une chasse aux loups. Le dessin est large, d'une exécution facile; les tons sont harmonieux et doux, la trame et la chaîne d'une grande finesse.

A côté du grand meuble artistique la France avait le petit meuble de fantaisie, genre dans lequel elle a jusqu'ici surpassé tous ses rivaux. Deux maisons, la maison Kaffel frères et la maison Houry, toutes deux de Paris, représentaient d'une manière fort brillante cette branche de notre industrie.

M. Kaffel avait apporté une foule de petits meubles de fantaisie en bronze doré et glaces, décorés de porcelaine, de faïence, de cristal, de marbre : tables à ouvrage, guéridons, bonheurs-du-jour, écrans, paravents, vases, porte-bouquets; tous ces objets sont bien traités, d'un goût sobre et à des prix fort abordables. La maison Kaffel est certainement une maison de premier ordre.

M. Houry, lui aussi, a exposé une quantité de petits meubles d'un goût artistique sans reproche. Tous ses efforts se sont portés sur un point, l'application bien entendue de la faïence à tous ces objets sans nom que produit la fantaisie parisienne. Il est arrivé sur ce point à un résultat digne des plus grands éloges.

Avant de terminer, nous nommerons seulement pour mémoire, à cause de leur peu d'importance, les armoires-vitrines du pavillon Violet, dessinées avec beaucoup de pureté de style par M. J. Marchant, architecte.

La Belgique avait peu de chose en meubles d'art : nous devons pourtant citer un cabinet en noyer noir sculpté, style François Ier, avec cariatides et incrustations de marbre; ce meuble, très-soigné comme facture, est assez faible de dessin; il a été exposé par M. H. Zech, de Malines.

MM. Snyers-Rang et Cie nous ont présenté un meuble à bijoux en bois de noyer sculpté, style Renaissance, intérieur en ébène, incrusté en ivoire; un bahut en bois de chêne sculpté, style de la Renaissance flamande, orné de plaques en faïence peinte; une console Louis XV en bois sculpté et doré et une foule d'autres beaux meubles. Le Jury a regretté, dans cette occasion seulement, de compter parmi ses collègues le représentant de cette maison: elle aurait certainement obtenu un rapport des plus flatteurs.

Indiquons les différents modèles de balustres en bois tourné pour rampes d'escalier, balcons, etc., de la maison Dogny, de Bruxelles. Ils sont bien faits et d'un prix peu élevé.

Les Pays-Bas, le Danemark, la Suède et la Norwége ne nous ont rien montré de saillant; nous signalerons cependant un meuble fort original présenté par M. Clarberg (F. A.), de Stockholm. C'est un petit cabinet en bois noir sculpté avec ornements en fonte noircie, tiroirs à ressort imitant des dos de livres, petite pendule, thermomètre, portes se dédoublant et contenant dans leur épaisseur des cadres à portrait; à la partie supérieure, un coffre à bijoux. Nous le répétons, ce meuble est plus original que gracieux.

Un seul meuble a particulièrement attiré l'attention du Jury dans la section allemande : c'est un grand bahut de salon en bois noir incrusté de plaques émaillées bleu et or de la belle Renaissance italienne. M. Friedrich (O. B.), de Dresde, en est l'auteur; il est bien pur comme style, bien exécuté comme sculpture.

Si à ce meuble nous joignons un autre bahut un peu lourd présenté par M. Charles Stein, de Vienne (Autriche), nous aurons tout le bilan du mobilier artistique apporté par l'Allemagne à Philadelphie.

Avant de sortir du continent européen, nous rapprocherons des précédents un magnifique meuble fabriqué et apporté en Amérique par M. Coco Salvator, de Palerme (Italie). Ce cabinet en ébène, avec incrustation de nacre, statuettes en bronze doré, lapis et autres pierres précieuses enchâssées, est un travail de premier ordre, et son prix (25,000 francs) ne paraît pas trop élevé lorsqu'on l'examine attentivement.

Un des plus jolis produits de l'ébénisterie italienne est un guéridon en laque représentant la cathédrale de Milan vue au clair de lune et fabriqué par Antonio Catalano, de Palerme.

Quelques exposants avaient apporté des meubles usuels de bon goût et d'une qualité supérieure : par exemple, M. Schöttle (Georges), de Stuttgart, son meuble de salle à manger; MM. Kohn, de Teschen (Bohême), et MM. Thonet, de Vienne (Autriche), leurs meubles cannés en bois roulé et tordu. On ne peut se figurer la légèreté et la solidité de ces meubles, qui ont un immense succès et sont appelés à en avoir davantage encore.

MM. J. Dillmann, L. Fischer et Rigl, de Vienne, avaient d'excellents lits en fer, entre autres un lit de repos à tiroir se décomposant en deux lits complets et garnis; l'agencement fort simple de ce meuble en rend l'usage fort aisé et peu embarrassant.

A Palerme on fait aussi beaucoup de lits en fer et fonte plaqués, argentés ou dorés. Nous avons particulièrement distingué ceux de MM. L. et G. Cavallaro, Jovanni Pizutto.

De Sicile en Égypte il n'y a pas bien loin; jetons donc un regard sur les beaux meubles de Parvis, du Caire, exposés par le Musée National : deux cabinets ébène incrustés de nacre et d'ivoire style turc, un autre en noyer avec pièces en acier découpé, incrustées dans le bois.

L'Angleterre avait une fort belle exposition de mobilier artistique. Nous devons les plus grands éloges à la maison Howard et fils, dont nous avons déjà signalé les beaux parquets. Sa cheminée de chêne, style gothique anglais (*oak jacobin chimney piece*), son grand dressoir avec glaces, ses

tables en marqueterie, ses siéges bien confortablement rembourrés et capitonnés avec soin, ont capté tous les suffrages du Jury.

MM. Shoolbred (James) et Cie, de Londres, avaient des cabinets en bois
variés avec incrustation de faïence et de porcelaine et une remarquable
collection de mobiliers complets de styles différents et bien caractérisés;
une chambre à coucher anglo-indienne originale et d'une bonne facture,
une chambre de jeune fille, une salle à manger en chêne blanc et cuir
un peu roide de forme; une table à manger pour onze personnes, ronde
et en acajou d'un seul morceau de bois de 2 mètres de diamètre.

MM. Collinson et Lock, de Londres, avaient de bons meubles en bois
noir, poirier teint et ébène, avec plaques en émail; maison moins sérieuse
que la précédente.

MM. Morton, Scott et Cie, d'Édimbourg, avaient exhibé un buffet en
vieux chêne avec plaques de bronze, style gothique, excellent comme
dessin.

MM. Cooper et Holt, de Londres, avaient aussi quelques bons meubles
en bois variés, avec incrustations de faïence, mais fort monotones comme
style. Un appendice de ces expositions était celle de M. Brossfounders,
de Manchester, dont les ferronneries artistiques bien dessinées et ciselées
s'adaptent parfaitement aux meubles gothiques.

Rendant compte de l'exposition de la Grande-Bretagne, nous devons
parler de ses colonies. La maison Jewelling, de Bombay (Inde), avait apporté un grand choix de cabinets, tables, guéridons, chaises, fauteuils en
bois noir *(black wood)* sculpté, style hindou, bien fouillés, mais fort mal
garnis.

Le style hindou nous amène au chinois et au japonais : M. Fow-Loong,
de Canton, avait exposé un cabinet et de magnifiques siéges en bois noir
fort bien sculptés; les meubles laqués et avec incrustations de porcelaine
de Shing, de Canton et de l'*Imperial maritime Customs* sont d'un heureux
effet; mais ce que nous avons vu de plus étonnant, c'est le lit en bois
sculpté avec incrustation d'ivoire et baldaquin en soie brodée exposé
par Sung-Sing-Kung, de Ningpo (Chine) : ce splendide travail, estimé
25,000 francs, est une des merveilles du mobilier chinois le plus perfectionné.

Nous dirons peu de chose des meubles laqués du Japon : MM. Sumi-
yoshiu et Ota, de Tokio, ne nous ont rien montré qui approchât des produits chinois.

A titre d'encouragement, nous nommerons la maison Mac-Ewan, de
Melbourne (Australie), dont les meubles dénotent un travail sérieux, mais
un art peu avancé.

Une des plus importantes colonies anglaises, le Canada, avait une exposition mobilière fort importante comme quantité, mais très-faible comme goût et comme facture : nous ne trouvons à signaler qu'un fauteuil mécanique pour malade inventé et fabriqué par MM. Roy et Cie, de Montréal; ce siége, fort intelligent et bien construit, peut être surtout utile pour les accouchements; il pèche un peu par défaut d'équilibre.

Enfin, nous arrivons aux États-Unis. L'exposition de meubles y est vraiment remarquable; seulement, on nous permettra d'observer que les maisons de New-York qui se distinguent le plus par leur bon goût et leur pureté de style sont d'origine française et que, dans beaucoup de maisons américaines, nombre de contre-maîtres et d'ouvriers appartiennent à cette nationalité. Ces réserves faites, admirons le cabinet que MM. Marcotte et Cie exposent dans leur bibliothèque Henri II. Cette bibliothèque est elle-même admirablement traitée en bois noir avec tenture en cuir, genre Venise, composée sur des renseignements authentiques de l'époque. Le cabinet a été l'objet de soins tout particuliers, tant pour le dessin que pour l'exécution.

L'ensemble et les détails sont rigoureusement dans le style typique, sans aucune affectation excentrique, sans exagération d'ornementation et sans recherche de points qui tirent l'œil et appellent l'attention; on n'y voit aucune saillie de sculpture à effet, et le modelé n'y a que le moins de relief possible. Ce parti pris se remarque surtout dans les moulures sculptées, qui, tout en ayant une valeur propre et des plans fermement accentués, demeurent dans une mesure de sobriété telle qu'elles ne nuisent en rien aux motifs des panneaux. Les émaux des portes et des frises ont été dessinés et exécutés par des artistes attachés à la manufacture de Sèvres. Bref, il n'est pas un détail de cette merveille qui n'ait été l'objet de soins consciencieux et minutieusement étudié dans sa forme propre et dans ses rapports avec la composition générale; ce meuble seul revient, nous assure-t-on, à plus de 40,000 fr.

Les siéges qui l'accompagnent sont également en bois noir, rehaussés de cuivres à jour et ciselés, qui ont, entre autres mérites, celui d'être une nouveauté du meilleur style.

Le lustre exposé dans la même pièce est le premier qui ait été produit avec des cristaux émaillés, dont l'exécution est, pour les connaisseurs, un prodige de difficulté vaincue.

Le compartiment contigu présente une salle à manger en noyer ciré, avec une tenture en étoffe de laine extrêmement sobre de ton, copiée sur un échantillon de l'époque, de même que la bordure formant encadrement. La cheminée, comme dessin et comme exécution, est aussi large que

possible; les enfants qui entourent le médaillon de faïence sont d'un excellent modelé, restant rigoureusement dans le style Louis XIII : ce médaillon et la bordure qui entoure l'ouverture du foyer ont été exécutés à
Paris. Enfin, il faut signaler encore, comme mérite intrinsèque et comme
nouveauté de haut goût, le lustre genre ferronnerie, dont l'exécution est
tout à fait remarquable : c'est le premier lustre de ce genre qui ait été
fait pour le gaz.

En résumé, toute cette exposition fait le plus grand honneur à la maison
Marcotte.

L'émule de la maison Marcotte est sans contredit la maison Pottier et
Stymus. M. Pottier, son fondateur, est un ouvrier français arrivé en Amérique il y a quelque trente ans avec le plus mince bagage; il est parvenu,
par le seul secours de son intelligence et de son talent, à fonder une usine
qui est, dans son genre, la plus importante de New-York. L'organisation
de cette usine mérite une description spéciale.

Tous les hommes qui y sont employés reçoivent en entrant pour la première fois un numéro matricule qui est gravé sur de petits carrés en cuivre
mis à leur disposition. Chacun d'eux, lorsqu'il arrive au travail, dépose
son numéro dans une boîte placée à l'entrée de l'atelier et sur laquelle est
inscrite l'heure actuelle. Cette boîte est changée toutes les demi-heures et
remplacée par une autre qui porte également inscrit dessus l'heure à laquelle elle est mise en évidence, et cette rotation s'opère depuis sept heures
du matin jusqu'à six heures du soir, donnant ainsi aux ouvriers la facilité de venir quand bon leur semble et au patron un moyen de contrôle
pour payer leur salaire.

On arrive également à contrôler le travail de la manière suivante : tous
les hommes travaillent non pas à la journée, mais à l'heure; on leur donne
à chacun une ardoise numérotée sur laquelle ils inscrivent le nombre
d'heures ou de minutes qu'ils ont passé sur tel ou tel meuble. Ce meuble
a pris à son début de fabrication un numéro spécial, et il est désormais
désigné sous ce numéro. Au moyen de l'ardoise, qui est chaque jour renouvelée, on arrive à savoir combien le meuble coûte à n'importe quelle
période de sa fabrication. Le procédé, du reste, est bien simple : les ardoises étant changées chaque jour et remplacées par d'autres, sont copiées
dans les bureaux, où chaque numéro de meuble est débité pour la somme
de travail qui a été fait dessus, et ainsi de suite jusqu'à sa terminaison :
alors on en fait un total général en rassemblant le travail séparé de chaque
atelier sur un livre *ad hoc* et l'on a exactement le prix de revient.

Chaque atelier est dirigé par un contre-maître qui a la charge immédiate de ses hommes et de leur ouvrage. Le contrôle des heures de travail

à payer se fait en comparant les heures accusées par les numéros en cuivre recueillis dans les boîtes aux portes d'entrée avec les livres que chaque contre-maître présente à la caisse. M. Pottier a poussé jusque dans ses dernières limites l'emploi des machines pour économiser la main-d'œuvre.

Voici la curieuse nomenclature des machines qui sont employées dans ses ateliers :

Machine à raboter verticale ;
Machine à raboter horizontale ;
Machines à moulures droites et cintrées ;
Machine à queue d'aronde pour tiroirs ;
Machine à bouveter pour panneaux ;
Machine à ébaucher pour sculpture graduée :
Machine à percer pour tourillon ;
Machine à canaux ou flûtage ;
Scies à rubans ;
Scies à découper ;
Scies circulaires à refendre ;
Scie en travers ;
Scie avec table graduée pour les joints angulaires de siéges ;
Enfin, des tours de toute espèce.

Le tout est mû par la vapeur. La perfection de ces machines est telle, qu'elles font le travail équivalent aux deux tiers de la main-d'œuvre, et permet, avec un personnel qui varie, suivant la saison, de 400 à 600 individus, d'exécuter dans un délai très-court une commande de n'importe quelle importance. Cette condition est d'un grand poids dans un pays où *le temps est de l'argent.*

A la célérité d'exécution la maison Pottier et Stymus joint la supériorité du travail ; ses directeurs n'ont rien négligé pour assurer cette supériorité d'exécution. Depuis longtemps, ils ont remarqué que tel peuple fournit des ouvriers meilleurs pour tel ou tel corps de métier ; ils ont enrôlé des ouvriers de ces différentes nationalités suivant les besoins de leur industrie.

C'est ainsi que les dessinateurs sont dans la proportion de 3 Français pour 15 Allemands ; les ébénistes, dans celle de 3 Français pour 100 Allemands ; les chaisiers, dans celle de 3 Français pour 20 Allemands ; les sculpteurs, dans celle de 5 Français pour 30 Allemands ; les vernisseurs, dans celle de 8 Irlandais pour 30 Allemands ; les doreurs, dans celle de 8 Anglais pour 4 Américains ; les tapissiers, dans celle de 3 Français pour 5 Américains et 30 Allemands ; les bronziers, dans celle de 10 Français pour 2 Américains.

Tous les peintres décorateurs sont Français ou Italiens; les vendeurs dans les magasins sont Américains; enfin les hommes qui conduisent les machines-outils sont dans la proportion de 6 Américains pour environ 40 Allemands. Grâce à cette tour de Babel ouvrière, que les États-Unis seuls peuvent produire, chaque détail du meuble est traité de main de maître.

On voit que M. Pottier s'est immiscé au goût américain et que tous ses efforts tendent à lui enlever petit à petit ce qu'il a de roide et de gourmé pour l'amener par une pente naturelle à se rapprocher de la grâce et de l'harmonie française.

Dès qu'une pièce nouvelle est confectionnée, on l'apporte à l'atelier de photographie établi dans la maison, et elle est reproduite et prend place, avec son numéro et son prix de vente, dans un album spécial où le public est admis à faire son choix.

Le système douanier, qui paralyse l'importation aux États-Unis de tant de produits européens, ne gêne en rien l'importation des meubles, à laquelle on a renoncé depuis longtemps. L'excessive chaleur de la saison d'été et la haute température à laquelle on chauffe les appartements pendant l'hiver obligent à construire les meubles avec une bien plus grande solidité que ceux que l'on fait en Europe.

Cette industrie employant un grand nombre de matériaux combustibles, on a pris toutes les précautions possibles pour éviter les incendies. Tous les ateliers, magasins, bureaux, chambres à sécher les bois, la colle, etc., sont chauffés par la vapeur, et les chaudières se trouvant en dehors de la fabrique, il n'entre pas un atome de feu dans les bâtiments.

Les combles de ces bâtiments sont occupés par trois grands réservoirs en fer, continuellement pleins d'eau : des tuyaux de distribution aussi en fer traversent de haut en bas tous les ateliers et magasins, et il y a à chaque étage trois prises d'eau desservies par de longs tuyaux flexibles (toile ou caoutchouc) toujours prêts à fonctionner. En outre, chaque étage est muni d'un engin portatif rempli d'une composition chimique qui produit un certain gaz mêlé à l'eau et dont on a recueilli les meilleurs effets.

Un service de nuit est aussi organisé; les gardiens sont munis de montres qui indiquent, au moyen de clefs attachées au mur et disséminées dans tout l'établissement, leur passage dans tel ou tel endroit à chaque heure de la nuit.

Ces rondes sont vérifiées chaque matin en changeant le cadran de papier qui a été perforé par ces clefs la nuit précédente.

Rien n'a été négligé pour assurer l'hygiène des ateliers : le bâtiment ayant des fenêtres sur toutes les faces, la ventilation est parfaite; dans les endroits où cela est nécessaire, l'eau coule en abondance; enfin les copeaux

et détritus de toutes sortes sont enlevés chaque soir et sont balayés avant
que les hommes de peine n'aient quitté la maison.

MM. Pottier et Stymus avaient à Philadelphie une splendide exposition :
une énumération de toutes ces belles choses nous demanderait un trop
long espace pour que nous la tentions; nous nous contenterons de signaler
le merveilleux lit Louis XVI en bois de rose sculpté et incrusté à moitié
bois, que nous espérons bien voir à Paris en 1878. Il a l'ampleur des lits
américains et la grâce des beaux meubles français.

Nous ne pouvons commencer par un plus beau spécimen la collection
des lits américains.

Généralement, aux États-Unis, l'ameublement d'une chambre à coucher
se compose d'un lit monumental, d'une sorte de commode-toilette avec
fronton à peu près pareil à celui du lit et d'une table ovale à pied sculpté.

Le lit, comme tout meuble meublant dans ce pays, se termine invariablement par un couronnement massif d'assez mauvais goût qui écrase
le dossier; il a de très-grandes dimensions : 1m,80 à 1m,90 de large sur
2 mètres à 2m,20 de long. Le dossier est élevé de près de 3 mètres et présente souvent comme sculptures les motifs les plus bizarres. C'est ainsi qu'au
dossier d'un lit exposé dans le Main Building nous avons remarqué les
têtes d'animaux sculptées faisant saillie d'au moins 50 centimètres sur ce
dossier et à très-peu de hauteur au-dessus de l'oreiller, en sorte qu'un
dormeur qui aurait le sommeil agité pourrait avoir un réveil désagréable
en se choquant contre une tête de loup ou de chien aux saillies aiguës et
coupantes.

Un des côtés les plus caractéristiques de l'exposition du mobilier des
États-Unis, c'est la tendance à mettre partout des mécaniques; l'ouvrier
américain est ingénieux, et il pousse jusqu'à l'extrême l'application de la
mécanique aux objets les plus usuels.

Aussi nous avons eu à examiner une quantité innombrable de lits-
armoires; tous se ressemblent, et malgré cette ressemblance chacun prétend
obtenir un brevet pour un perfectionnement quelconque qu'il a apporté
soit dans l'agencement du lit, soit dans la douceur des ressorts, etc.
New-York, Philadelphie, Cincinnati, Chicago et bien d'autres villes
en avaient envoyé; il nous faudrait un volume pour les énumérer et les
décrire.

Mais le plus curieux de ces appareils est sans contredit l'armoire
chambre à coucher, le cabinet de repos convenable, disent les fabricants,
MM. Reeves et Eastburn, de Philadelphie, pour grandes salles, corridors
d'hôtel, etc. Quand cette armoire est ouverte, elle forme une chambre avec
lit, lavabo, place pour garde-robe et pour s'habiller. Ouverte, elle a six à

sept pieds, et fermée, elle ne prend pas plus d'espace qu'une armoire garde-robe ordinaire.

Cette différence de dimensions s'obtient au moyen d'une sorte de jalousie-soufflet qui se déploie quand on ouvre la porte de l'armoire.

Une série non moins nombreuse que celle des lits-armoires est celle des lits pliants, des fauteuils-lits et des rocking-chair.

La Compagnie des pliants de Pittsburgh, celle de New-Haven, les usines de MM. Georges Knell et fils, de Philadelphie, Mathias Klein, de Chicago, White, d'Hopkinton, Griendling, de Philadelphie, Edward W. Vaill, de Worcester, Frank Rhoner, de New-York, et tant d'autres nous ont présenté, en fait de lits pliants, fauteuils articulés et roulants pour malades et accouchements, fauteuils de dentiste et de barbier, fauteuils pour pose photographique, etc., toutes les variétés qu'il est possible d'imaginer. Dans un certain nombre de rocking-chair, les Américains ont utilisé d'une façon fort ingénieuse le caoutchouc merveilleux qu'ils possèdent : ils sont arrivés à donner à ces siéges une douceur et une élasticité qui les rendent d'un usage fort agréable.

Nous ne pouvons terminer cet article sur les meubles aux États-Unis sans parler des bureaux-casiers ou bureaux-secrétaires que l'on y fabrique et qui n'ont pas d'équivalent chez nous. Dans ces bureaux, l'espace réservé pour placer les jambes de celui qui écrit est fermé par deux portes de 30 centimètres d'épaisseur environ et la surface de ces portes est divisée en une foule de casiers qui, étant ouverts, se trouvent sous la main de l'écrivain et peuvent être fort utiles; outre ces casiers, le meuble renferme une quantité de tiroirs à secrets qui en font une véritable boîte à surprise. Les secrétaires sont dans le même genre. Nous signalerons les usines de MM. Ransom et Cie, de Buffalo, de la Wooton-Desk Company, d'Indianopolis, et de MM. Kimbel et Cabus, de New-York, dont les meubles sont remarquables.

En somme, la fabrication des meubles est très-développée aux États-Unis; le travail d'ébénisterie est généralement bien fait, mais le dessin laisse beaucoup à désirer. L'excentricité du caractère américain, qui tend toujours à inventer du nouveau, quitte à faire du laid, est la seule cause de cette lacune. On a beau dire, le beau nouveau ne s'invente pas; on n'y arrive que graduellement, et le jour où les fabricants voudront se plier à étudier les chefs-d'œuvre anciens et profiter de ces études, ils feront des meubles plus gracieux, plus simples, et par cela même plus pratiques.

Dans notre second chapitre nous devons faire entrer aussi les coffres-forts : du reste, cette exposition a été peu nombreuse, et une seule maison française a osé soutenir la lutte avec les exposants américains : nous avons nommé la maison Haffner aîné, de Paris. Son coffre-fort indestructible se compose de quatre enveloppes, chacune d'une seule pièce et mises les unes dans les autres. Les trois premières sont distancées les unes des autres de 1 centimètre, et dans ce vide il coule un alliage de métaux qui se répand partout, adhère aux parois et ne forme plus qu'une seule épaisseur de 35 centimètres. Ce coffre indestructible peut résister aux forets, aux burins et à tous les outils les mieux trempés. La porte pivote, au moyen de cols de cygne placés dans l'intérieur du coffre, où on ne peut les atteindre; elle pivote très-bien et laisse toute l'entrée libre. Enfin la serrure à combinaison invisible est placée dans l'épaisseur de la porte et entre deux parties de matière réfractaire. De cette façon, aucun trou ne traverse ladite porte, qui reste pleine et par ce moyen est aussi incombustible que le coffre lui-même. Toutes ces qualités ont paru frapper très-vivement les jurés américains, qui ont fait sur cette caisse un rapport des plus flatteurs.

III

MOBILIERS DE NOURRICE ET D'ENFANTS, LAVABOS, SALLES DE BAINS, HYDROTHÉRAPIE, CABINETS D'AISANCE, APPAREILS DE CHAUFFAGE, BUANDERIES, GYMNASTIQUE, CERCUEILS.

Nous n'avons rien remarqué d'original dans les mobiliers de nourrice et d'enfants : nous ne pouvons guère citer que les ravissants berceaux de la maison Bernard Bradley, de Londres. C'est un flot de gaze et de rubans que ces barcelonnettes que l'on peut porter sous son bras pliées et roulées comme un portefeuille.

Les lavabos étaient abondants, surtout dans la section américaine, mais ils n'offraient rien de particulier; un des mieux aménagés est celui que fabrique la Wosh Stand Company : il est d'un usage facile pour les appartements les plus exigus.

Même observation pour les appareils hydrothérapiques. Signalons en passant l'appareil d'Angiolo Menici, de Livourne (Italie). C'est le baigneur qui, en se portant alternativement d'un pied sur l'autre, appuyant de tout son poids sur une pédale, fait monter l'eau qui tombe en pluie sur la tête. Ce système présente un inconvénient sérieux : le mouvement du baigneur occasionne toujours une fatigue et une transpiration qui balancent défavorablement l'effet de la douche.

On voyait dans la galerie de l'Agriculture tous les systèmes de water-closets; ils sont trop connus pour que nous en parlions longuement.

Nous remarquons seulement, comme curiosité, les appareils de MM. Draper et fils, de Melbourne (Australie).

Ces *earth-closets* sont à terre au lieu d'être à eau, comme leur nom l'indique : le premier système à bassin supérieur fonctionne mal; nous préférons celui qui a deux bassins latéraux. Pour les pays qui manquent d'eau et qui possèdent une terre légère, ces appareils ont le double avantage de remplacer le liquide et de produire un engrais naturel pour la culture.

En fait d'appareils de chauffage, nous ne parlerons que d'un exposant français, M. Laperche, de Paris, et d'un exposant américain, MM. Johnson Black et Cie, d'Érié.

M. Laperche n'a que deux intérieurs de cheminées, l'un pour le bois, l'autre pour la houille.

Celui pour bois est à foyer mobile s'avançant dans la pièce, ce qui permet d'avoir une bien plus grande partie des rayons reflétés dans la pièce, car avec les foyers fixes beaucoup se reflètent dans le corps de cheminée et ne sont utiles à rien. Il y a un caisson en tôle à régulateur qui permet de régler à volonté le tirage de la cheminée.

La devanture est en cuivre, à effet riche obtenu à peu de frais relativement. Il a nickelé les fonds et doré les attributs gravés : c'est riche et peu chargé à la fois, et cela revient à bien meilleur marché que la ciselure.

Pour le chauffage au charbon, il a mis une grille décorée mobile qui permet, en l'enlevant, de faire du feu au bois dans l'intérieur en fonte où elle est logée. C'est un foyer mixte. Il n'y a pas ajouté d'ailettes pour augmenter la surface de chauffe ni de boîte à air chaud, parce qu'il a pensé que cela pourrait devenir nuisible à cause des bouches de chaleur qu'il faudrait entailler dans les marbres.

La devanture est d'une seule pièce emboutie au marteau. C'est un travail assez difficultueux à bien exécuter. Elle est nickelée, avec quelques bronzes dorés de style.

MM. Johnson Black et Cie, d'Érié, ont apporté leurs fourneaux rayonnants, qui sont fort en vogue en Amérique.

Le Canada avait exposé une foule de machines à lessiver. M. Lawlor, de Montréal, avait une machine à mouvement horizontal d'un système simple et économique; M. Hall, de Québec, en a une à mouvement rotatif qui nous a paru inférieure à la première : le linge se renouvelle plus difficilement; à chacun des appareils est joint un tordeur automatique, tous se manœuvrant à la main.

Les machines à calandrer n'offraient rien de saillant.

Un seul exposant d'appareils de gymnastique a été visité par le Jury : c'est M. Eug. Paz, de Paris. Son gymnase de chambre gradué a eu près des jurés américains un véritable succès.

Cet appareil, qui a la forme et l'aspect d'une armoire ordinaire, permet de faire prendre au corps toutes les attitudes, d'exercer successivement tous les groupes musculaires et de localiser l'exercice, si on le désire, soit à un membre, soit à une articulation.

Le contre-poids pouvant être augmenté ou diminué à la volonté et selon la force de chaque sujet, il peut servir également aux deux sexes et à tous les âges.

En somme, le gymnase de M. Paz est utile et mérite bien les éloges qui lui ont été prodigués.

Il ne nous reste plus pour terminer ce chapitre qu'à parler des cercueils.

Les Européens n'avaient pas apporté à Philadelphie ce funèbre bagage : c'est donc une simple revue des *Centennial caskets,* cercueils du Centenaire, que nous avons dû passer.

C'est dans un kiosque isolé, d'une architecture simple, d'un aspect paisible, que reposent ces chefs-d'œuvre de la maison Schuyler et Armstrong, de Philadelphie.

Ces caskets sont variés à l'infini; il y en a pour toutes les conditions, pour tous les caractères : en ébène, en palissandre, capitonnés de satin, lamés d'argent ou de vermeil. Nous en remarquons un qui doit être destiné à un homme grave; il est tout garni de satin noir, barré et lamé d'argent. En voici, à côté, tapissés de gros bleu ou de bleu tendre avec capiton rose ou aventurine, ornés et enjolivés comme des boîtes à gants.

Les visiteurs ne s'attardent pas dans le kiosque où sont étalées ces merveilles; nous remarquons même qu'ils s'abstiennent généralement de prendre les cartes d'adresse des exposants, quoiqu'on puisse y trouver des renseignements utiles en cette saison, féconde en insolations et attaques d'apoplexie, etc. Le public y est informé que MM. Schuyler et Armstrong sont à toute heure du jour et de la nuit à la disposition de leur clientèle, et qu'ils sont de plus brevetés pour un procédé de « conservation des corps par l'air froid ».

IV

BOÎTES DE SPA ET AUTRES, CADRES, MIROIRS, JALOUSIES, STORES, VANNERIE, LIÉGE, CIRE, ETC.

La Belgique avait envoyé à Philadelphie ses charmants ouvrages de Spa, boîtes à gants et à bijoux, buvards, ronds de serviette, guéridons, cadres à gravures et photographies, épingles de cravate; c'est par centaines que l'on compte les variétés d'objets produits par MM. Brodure, Vᵉ Debrus-Leclaire, Debrus-Wilhem, Bronfort frères, etc.

Nous n'avons rien vu de semblable à l'Exposition : nous devons pourtant signaler les plateaux, boîtes, écritoires, etc., faits en laque par la maison Hooijen, de Rotterdam ; ces menus objets sont élégants de forme et bien conditionnés.

Les Pays-Bas avaient aussi des cadres en bois, ceux de M. Constant Grolman, d'Utrecht, qui a inventé un procédé nouveau et ingénieux pour tendre les gravures ; mais l'exposition la plus remarquable dans ce genre était celle de M. Massman, de Kiel (Allemagne) : ses cadres en bois, ses ornements d'applique en carton-pierre, sont réellement fort remarquables ; ses profils sont élégants et ses sculptures largement traitées. Il nous faut encore citer les cadres pour photographies, images et miroirs de la maison Voeltzkow junior, de Berlin, et les cadres sculptés avec incrustation Renaissance italienne de Pasqual Carrare, de Bergame (Italie).

Des cadres aux miroirs il n'y a qu'un pas. Nous n'avons pas à nous occuper des grandes glaces de Saint-Gobain et autres : la Commission du Centenaire a jugé à propos d'en confier l'examen à la section de la céramique. Nous ne parlerons que des miroirs, dans la plus simple acception du mot.

Nous n'avions qu'un exposant français, M. Léopold Brot, dont les miroirs à volets mobiles présentent les plus sérieux avantages. Cette maison compte quarante-huit années d'existence et elle emploie quarante ouvriers.

Elle a envoyé à l'Exposition de Philadelphie :

Plusieurs miroirs biseautés avec application de faïences et porcelaines peintes ;

De petits miroirs de voyage à volets mobiles à trois glaces, dans lesquels on se voit de face, de profil et par derrière, et qui se suspendent soit à la croisée, soit contre le mur ;

Des miroirs de toilette à trois glaces à volets mobiles, disposés de manière à se poser soit sur une toilette, soit sur un meuble quelconque ;

Des miroirs-applique à trois volets, de toutes dimensions, s'appliquant contre le mur, dans lesquels on peut se voir de face, de profil et par derrière, pouvant par conséquent servir à la toilette des dames, et qui doivent être considérés comme un meuble indispensable pour les couturières, les modistes, les coiffeurs, etc., aussitôt que ces miroirs seront connus ;

Des psychés et des armoires à trois glaces qui présentent les mêmes applications et par conséquent les mêmes avantages ;

Trois ou quatre glaces biseautées pour meubles, qui figurent au pavillon Violet.

L'exposition de M. Léopold Brot est la seule qui mérite d'être citée.

Pressé d'arriver à la fin de ce rapport déjà trop long, nous passerons rapidement sur la série sans fin des jalousies et des stores exposés par les Pays-Bas, l'Autriche, l'Italie, le Japon et les États-Unis. Ces stores hindous en bois peint sont en général légers et d'un maniement facile.

Une industrie modeste, qui n'a pas encore déserté la chaumière du campagnard, la vannerie, était représentée dans le Main Building par quelques exposants, venus surtout de l'Allemagne, de l'Italie et du Japon.

L'Italie avait de gracieux ouvrages en bois tressé et en paille.

Enfin, le Japon avait une foule de ces petits objets en bois ou en paille tressée dont de fréquents arrivages inondent les bazars européens.

L'industrie du liége est généralement le tribut des pays qui possèdent des forêts de chênes-liéges. Les plus importantes se trouvent en Espagne, en Portugal, en Algérie, en Italie et en Autriche.

Aucun de ces pays n'avait alimenté l'Exposition de Philadelphie; l'Allemagne seule, qui a depuis peu introduit chez elle cette industrie, avait voulu montrer l'importance du développement qu'elle y a pris. Elle avait une exposition de liége fort complète. Nous avons surtout remarqué les produits de MM. Lurssen et Cordes, de Delmenhorst, près de Brême; ils avaient apporté tout un mobilier en liége, entre autres une grande table à pieds carrés, travail plus curieux qu'utile.

Leurs bouchons sont fins, souples et solides.

La Thuringe et surtout la vallée du Weser produisent aujourd'hui une immense quantité de bouchons et en utilisent les résidus pour des appareils de pêche, de natation et de sauvetage; on en fait encore un caoutchouc artificiel et une encre d'imprimerie.

Nous avons regretté de ne pas voir les produits de la maison Gabert, de Philippeville (États-Unis), qui commence à appliquer sur une grande échelle l'emploi des machines à cette industrie.

Enfin, pour terminer ce chapitre, nous signalerons les cierges en cire de M. Jolivet, de Paris; ses cires sont d'une grande pureté et la forme de ses cierges toujours élégante et légère.

V

MOBILIER D'ÉGLISE ET OBJETS RELIGIEUX DE TOUTE NATURE.

L'exposition d'objets religieux était fort nombreuse à Philadelphie.

Les statues étaient abondantes; deux maisons françaises en avaient une belle collection : M. Raffl, de Paris, avait exposé une crèche de Noël, de grandeur naturelle, composée de la chaumière biblique de saint Joseph, de la sainte Vierge, des trois rois mages et des bergers.

C'est une bonne composition, conforme aux traditions. Les détails sont très-fidèles et fort soignés; la décoration de chacune des statues est d'un bon style et l'expression des figures satisfaisante. Cette crèche est faite pour être vue d'un peu loin; elle était fort mal placée dans le Main Building, et pour en bien saisir l'harmonie il aurait fallu pouvoir se reculer d'au moins huit à dix mètres : en somme, bon et consciencieux travail qui fait honneur au sculpteur, M. Raffl.

A côté de cette crèche figurait une Notre-Dame-du-Sacré-Cœur, haute de 1ᵐ,90, décorée dans le genre Munich, fonds or plein, incrustations et rayures sur le tout. Cet exposant avait envoyé plus de deux cent vingt spécimens de statues religieuses et une dizaine d'échantillons de chemins de croix.

Ce dernier article a été traité d'une manière tout à fait hors ligne par M. L. Chovet, de Paris; ses chemins de croix, dessinés avec le plus grand soin par un artiste de premier ordre, sont encadrés dans des bordures de styles différents, de manière à pouvoir s'adapter à des monuments du moyen âge.

Les églises construites sur les bords de la mer ou placées dans des localités entourées de marécages sont si humides, que les peintures sur toile s'y détériorent promptement.

Pour obvier à ce grave inconvénient, M. Chovet a adopté, pour les chemins de croix destinés aux églises humides, la peinture à l'huile sur tôle galvanisée ou sur cuivre, en durcissant et vernissant cette peinture au feu, ce qui la rend inaltérable à l'humidité.

Cette innovation est une véritable et sérieuse trouvaille qui fait le plus grand honneur à M. Chovet.

Nous arrivons à l'exposition religieuse la plus complète et la plus importante de la section française, celle de M. Froc-Robert.

Nous n'essayerons pas d'énumérer et de décrire cette quantité innombrable de statues en pierre, bois, terre cuite, carton-pierre, pâte de fer et plâtre, sorties des ateliers de M. Froc-Robert. Nous nous contenterons de signaler le soin et le goût avec lesquels elles sont traitées : les artistes qu'il emploie sont gens de talent et donnent à ses statues, en même temps que le sentiment religieux, une valeur véritablement artistique; les draperies sont largement traitées et l'expression des figures est parlante.

Outre ces statues exposées, partie dans le Main Building, partie dans un pavillon spécial, M. Froc-Robert avait apporté un magnifique autel en bronze doré, destiné à l'église de Notre-Dame-du-Lac (Indiana). Cet autel, construit d'après les idées si religieuses du moyen âge, a la forme d'une riche châsse : il est presque entièrement en bronze doré et émaillé au feu :

le bois n'apparaît que dans les endroits où la couleur doit venir réchauffer l'or et s'allier aux émaux et aussi pour donner plus d'ampleur que n'en ont ordinairement les autels en bronze.

C'est un fort beau spécimen, qui fait le plus grand honneur à cette maison : M. Froc a fait faire depuis quelques années d'immenses progrès à la sculpture religieuse et il mérite la sérieuse attention des membres du Jury.

Une maison allemande, la maison Mayer, de Munich, faisait à M. Froc-Robert une concurrence que les traditions artistiques de l'Allemagne rendaient plus redoutable.

Son autel en bois peint et doré est léger de forme, mais d'un goût douteux et d'un prix trop élevé.

Nous ne pensons pas encourir le reproche de partialité en préférant l'autel de M. Froc à celui de M. Mayer; le premier est plus original et plus riche.

Nous ne devons pas quitter la statuaire religieuse sans parler d'un saint Joseph, statue en albâtre anglais, de style gothique, exposée par M. Harry Ems, d'Exeter (Angleterre) : cette œuvre, importante comme matière, est mauvaise de dessin; les draperies sont roides et mal jetées.

Nous citerons encore, en fait de mobilier d'église, le coffre sculpté gothique en chêne, pour trésor d'église, exposé par la même maison Harry Hems et la belle chaire en chêne sculpté, ogivale, avec sujets en ronde bosse, exposée par MM. Goyers frères, de Louvain (Belgique).

Pour compléter cette série, nous devons parler de l'orfévrerie religieuse; nous le ferons d'autant plus volontiers qu'il nous sera permis de constater la supériorité incontestable et incontestée de notre orfévrerie artistique, représentée par la maison Poussielgue-Rusand.

Depuis 1851, M. Poussielgue-Rusand a figuré en première ligne à toutes les Expositions universelles et ses succès croissants démontrent l'impulsion qu'il a donnée à son industrie. Il y a mérite évident à exécuter des travaux exceptionnels comme ceux que M. Poussielgue a présentés au Jury de Paris, de Londres, de Vienne et de Philadelphie. Pourtant ces travaux n'atteindraient qu'une partie du double but proposé par les juges internationaux, si, en vulgarisant l'art et maintenant la perfection des produits, ils n'abaissaient pas les prix de vente par l'emploi des meilleurs procédés de fabrication.

C'est pour remplir cette seconde partie du programme que M. Poussielgue a exposé à Philadelphie la collection la plus complète de vases sacrés, grands bronzes et appareils d'éclairage pour les églises.

On a cru longtemps que l'orfévrerie religieuse tenait peu de place dans les rangs de l'industrie : l'examen de l'installation de M. Poussielgue suffit pour anéantir cette opinion et prouver que cette branche intéressante de l'art est maintenant de celles qui honorent le pays.

M. Poussielgue-Rusand a réuni dans ses ateliers tous les procédés et inventions de nature à favoriser la perfection de ses produits ; et l'application de la mécanique au fonctionnement des tours soufflets de forges, chalumeaux à souder au gaz, meules à ébarber, etc., a donné d'excellents résultats pour la précision et la rapidité du travail. Grâce à l'étendue de ses relations, il occupe aujourd'hui trois cents ouvriers sculpteurs, orfèvres, ciseleurs, monteurs et tourneurs, graveurs, lapidaires, émailleurs, bijoutiers, etc.

L'abstention de tous ses confrères laissait à M. Poussielgue une lourde responsabilité, en lui imposant l'obligation de mettre sous les yeux du clergé américain des spécimens propres à le fixer sur les ressources de la fabrication française. Aussi à côté d'un riche autel en bronze émaillé, digne d'une cathédrale, figure un autel portatif contenant, sous le format d'une valise, tous les ornements et vases sacrés nécessaires au service du culte dans les missions, et cet autel complet ne coûte que 360 francs : calice, ciboires, ostensoirs, chandeliers et candélabres, bénitiers, encensoirs, lampes, lustres et appareils à gaz, burettes, crosses, aiguières, chemins de croix, crucifix, statues, etc., remplissent les élégantes vitrines de M. Poussielgue à Philadelphie.

Nous disions plus haut que cette maison avait des relations fort étendues : en effet, le cercle de ses affaires s'élargit tous les jours et particulièrement en Amérique.

Le maître-autel de l'Immaculée-Conception de la Nouvelle-Orléans, ceux des cathédrales d'Albany, de Rochester, et enfin de la nouvelle cathédrale de New-York, sortent de ses ateliers.

Du reste, la cathédrale de New-York sera en grande partie meublée par des artistes français, car c'est encore à un Français qu'elle devra les magnifiques verrières de ses fenêtres.

Ces vitraux, au nombre de quatre, forment une remarquable composition ; ils ont été exécutés à Chartres par M. Lorin, chez qui Mgr le cardinal Mac Closkey les avait visités l'an dernier, lors de son voyage en Europe. Le premier représente saint Henri, empereur d'Allemagne, faisant la conquête de la Pouille. Saint Henri s'avance à cheval au milieu de la scène de carnage et rend grâce au ciel de la victoire qui lui a été accordée ; il offre sa vaillante épée au Dieu des armées. Saint Georges et saint Adrien, ses patrons et ses protecteurs, planent dans l'espace.

Cette verrière présente un mouvement très-accentué : c'est une grande peinture d'histoire dans laquelle l'artiste a su vaincre toutes les difficultés du dessin et de la composition ; les *nus* et les *raccourcis* y sont traités de main de maître, et le rendu du modèle est très-vigoureux, quoique l'effet exact ne doive se produire qu'à une distance déterminée. M. Lorin a recherché évidemment l'effet de la tenture décorative, et il l'a fait avec un rare bonheur, grâce à une étude très-serrée des lignes et des masses que relève la couleur éclatante des vêtements et des armures.

La seconde scène représente saint Bernard prêchant la seconde Croisade en 1140, à Chartres, sous le règne de Louis VI. Saint Bernard entraîne, par la chaleur de sa parole, les masses du peuple qui viennent s'enrôler sous la bannière de la Croix et se revêtent des insignes des Croisés.

La troisième verrière est consacrée au martyre de saint Laurent. Ses juges, au second plan, ont prononcé son arrêt de mort, et les bourreaux commencent leur sinistre besogne. Le foyer est allumé, les flammes s'élancent et effleurent le corps du saint, qui est une merveille d'exécution.

Enfin, le quatrième vitrail représente les Frères de la doctrine chrétienne remettant au pape Benoît XIII les statuts de leur ordre.

Fidèle au principe absolu du vitrail, qui est, comme nous le disions plus haut, de produire l'effet d'une tenture riche, éclatante et harmonieuse tout à la fois, l'artiste, en exécutant ces grandes scènes d'histoire, a échelonné ses lignes et ses masses en les équilibrant heureusement comme composition et comme coloration. C'est en vertu du même principe qu'il a placé comme fond, à chaque scène, une mosaïque riche obligeant tout l'appareil d'ensemble à respecter la ligne architecturale du monument.

M. Lorin, en offrant à l'Amérique l'un des travaux les plus importants de peinture sur verre qui aient jamais figuré à aucune Exposition, arrive ici précédé d'une réputation laborieusement acquise. On trouve de ses œuvres un peu dans toutes les parties du monde : à Rome, à Jérusalem, à Sydney, dans les principales cathédrales du nord de la France et de la Belgique.

MM. Beysens et Beckers, de Paris, avaient exposé dans l'escalier du bureau de la Commission française deux vitraux soignés comme dessin, mais un peu crus de ton : leur prix minime explique leur infériorité sur les précédents.

La France n'avait pas seule exposé de l'orfévrerie religieuse ; la Grande-Bretagne nous en a fourni aussi de magnifiques spécimens : les maisons Hort fils, Peard et Cie et Cox et fils, de Londres, rivalisaient dans ce genre ; mais nous devons dire que le Jury a donné la palme à la première : ses produits sont mieux traités comme style et comme exécution.

Les Autrichiens avaient aussi de fort belles choses dans ce genre; mais
ils se rapprochent beaucoup du style moscovite et sont, par conséquent,
dépourvus d'originalité. Ciboires, ostensoirs, burettes et patènes, tout cela
est incrusté d'émaux et copié, jusqu'aux formes.

Qui a vu les vitrines de MM. Sazikoff et Chopin, les orfévres russes,
a vu celles de MM. Ludwig Boehn, Lux et Cⁱᵉ et Joseph Frank, de Vienne.

Les menus objets religieux avaient aussi leurs vitrines; nous n'avons
guère vu que la France qui en ait fourni. MM. Beysens et Beckers
avaient une collection complète de médailles, d'images en différentes langues : Christs, bénitiers, statuettes, bijouterie pour pèlerinages et congré-
gations, objets de fantaisie, y étaient représentés avec succès; la maison
Mayaud frères, de Saumur, avait les mêmes objets sur une plus petite
échelle. Enfin la maison Touchard, de Paris, avait, dans le pavillon de
Froc-Robert, une exposition spéciale de couronnes et bijoux faux pour
statues d'église d'une grande perfection et d'un étonnant bon marché.

En somme, la section du mobilier d'église était à Philadelphie une des
plus remarquables de l'Exposition.

Nous avons terminé notre tâche; il ne nous reste qu'à tirer de ce tour
du monde industriel quelques conclusions pratiques. Le point de vue qui
s'impose à nous, Français, spectateurs de cette grande exhibition, c'est la
comparaison du vieux génie français avec le jeune génie américain.

La France a-t-elle conservé sa supériorité dans les arts et l'industrie
a-t-elle progressé?

Les États-Unis ont-ils suffisamment employé le siècle qui s'est écoulé
depuis la fondation de cet État?

La réponse à ces questions ne fait doute pour personne : oui, la France
conserve son autorité en matière d'art et de goût; ses artistes sont toujours doués du même esprit, ses ouvriers du même talent, et si, à cause de
l'éloignement, ses grands industriels ne sont pas tous venus à Philadelphie, l'Exposition de 1878 révélera certainement un accroissement considérable dans ses forces vitales.

Quant aux États-Unis, leurs progrès sont manifestes et faits pour donner
à la vieille Europe une haute idée de l'activité et du génie de ce peuple
neuf; chez lui la partie artistique, le goût, laissent encore beaucoup à
désirer, mais l'œuvre d'ouvrier est arrivée à un grand perfectionnement
et défie la concurrence européenne. Toujours prêts à profiter de ce qu'ils
trouvent de beau et de bon chez les étrangers, les Américains se dégagent
petit à petit des langes de l'importation, et le moment n'est pas éloigné où
ils pourront s'affranchir du tribut qu'ils payent à l'ancien monde.

Essentiellement pratiques, ils font et feront de l'utile avant de faire du

beau; dans le genre mobilier particulièrement, s'ils savent profiter de
l'exemple que leur donnent les artistes français qu'ils ont su fixer chez eux,
ils pourront arriver, à la longue, à corriger cette lourdeur, ce manque
d'harmonie qui est aujourd'hui l'apanage de leurs fabricants. Quoi qu'il
en soit, ils ont fait d'immenses progrès en peu de temps; il leur faut
maintenant une grande ténacité et une patience éprouvée pour parfaire
leur éducation. Ils ne doivent pas oublier que les qualités qui leur manquent sont en opposition flagrante avec leur caractère et que, par conséquent, il leur sera plus difficile de les acquérir.

A. DE ROCHAMBEAU.

SOIES ET SOIERIES.

RAPPORT DE M. L. CHATEL,

MEMBRE DU JURY INTERNATIONAL.

A l'Exposition universelle de Philadelphie, les industries s'occupant exclusivement des matières textiles étaient réunies dans un seul groupe. Nous avons eu à nous occuper, pour notre part, de la partie de ce groupe composée de la soie et des tissus de soie.

L'industrie de la soie, née en Orient, remonte aux âges les plus reculés; elle a passé par tous les pays du monde, qui l'ont exploitée avec plus ou moins d'habileté et de succès. Aujourd'hui elle est fixée en Europe: cependant l'Asie la cultive encore grandement en Chine, au Japon et en Perse, et l'Amérique, ingénieuse à s'appliquer les industries utiles, fait de grands efforts en ce moment pour s'exonérer du tribut qu'elle paye à l'Europe en lui achetant ses étoffes de soie. Ces efforts, nous devons l'avouer, portent leur fruit, et nous avons constaté une marche ascendante réelle, que cette manifestation extraordinaire de Fairmount-Park ne peut qu'élargir en lui fournissant des modèles de tous genres et de tous prix et le stimulant puissant de de la comparaison, source de l'émulation.

Nous ne séparerons pas dans notre travail la soie proprement dite, cocons, soies gréges et moulinées, des tissus de soie; les envois de ces matières ayant été rares, nous les ferons figurer dans chaque pays simultanément avec les produits fabriqués.

Les expositions deviennent tellement fréquentes, que les grands industriels semblent se lasser un peu et n'avoir plus un grand entraînement à se rendre à ces concours internationaux,

A Philadelphie, ce sentiment nous a semblé avoir dominé parmi les filateurs et fabricants de soieries, à quelque pays qu'ils appartinssent.

Il est vrai de dire que la distance, les chances d'une longue traversée, les craintes de perdre les marchandises envoyées, et de plus les dépenses considérables à faire, ont dû en effrayer un grand nombre.

Cependant la France, entre toutes les nations, s'est distinguée plus particulièrement par ses envois en ce genre. Elle avait un certain nombre d'exposants de cocons et de soies gréges et moulinées parmi les industriels les plus connus de nos contrées séricicoles.

M. Chabert, de Chombérac, avait exposé des cocons et des gréges de pays remarquées pour leur finesse, leur régularité et leur nerf; les produits de ses usines sont employés surtout par les grandes maisons de fabrique d'unis à Lyon.

Les collections de MM. Boudon, de Saint-Jean-du-Gard, et Thomas, d'Avignon, étaient très-belles.

La maison Arlès-Dufour, dont le fondateur a été un des hommes éminents de notre pays, a conservé sa supériorité, et l'a prouvé une fois de plus à Philadelphie. Nous ne pouvons donner tous les noms des exposants de soie; nous mentionnerons encore, pour les soies retorses, les collections de soies à coudre de MM. Poidebard et fils et de M. Hamelin, de Paris, très-remarquées des Américains, qui s'adonnent avec persévérance à l'étude de cette fabrication.

Il est regrettable que l'absence d'un certain nombre de manufactures ait enlevé un grand intérêt à cette exposition des soies françaises, qui ont une supériorité incontestable, mais dont la production a baissé dans une proportion sensible.

Lyon avait envoyé là, comme à toutes les Expositions précédentes, les plus beaux fleurons de sa couronne industrielle.

Tous les genres de sa magnifique industrie se trouvaient représentés par les premiers fabricants de la cité.

La fabrique lyonnaise, dont l'Amérique a fait de tout temps une partie de la richesse, avait tenu à honneur de se présenter dignement à cette lutte pacifique. C'était chez elle un sentiment de gratitude et de bonnes relations, plutôt que la pensée d'augmenter ses rapports commerciaux avec ce pays, car les États-Unis ont commencé à fabriquer les étoffes de soie depuis quelques années, et en leur portant nos plus riches et nos meilleurs produits nous leur donnions des armes contre nous.

Lyon a pensé qu'elle se devait à elle-même de mépriser ce sentiment de crainte puérile. A notre avis, Lyon a bien fait, et nous avons pu voir combien les Américains appréciaient ce procédé.

Seuls parmi leurs concurrents européens, les Lyonnais avaient une exposition complète et donnant la mesure exacte de la multiplicité et de la richesse de leurs produits.

32 fabricants avaient accepté les chances de cette expédition lointaine et, sous les auspices de leur chambre syndicale, formaient une exposition

collective dans la forme, mais laissant à chacun toute sa valeur et son in-dividualité.

3o médailles, si nous ne faisons erreur, leur ont été accordées, et, nous pouvons l'affirmer, étaient bien méritées. Une seule récompense, la même pour tous, était donnée par la Commission supérieure américaine ; il n'y a donc pas eu de classification apparente parmi tous ces médaillés, mais le rang de chacun d'eux a été bien marqué par les rapports présentés par le groupe des jurés sur chaque exposant.

Nous citerons les grandes manufactures, à tout jamais la gloire de Lyon :

Les petits-fils de C. J. Bonnet, qui continuent, en la perfectionnant encore, la fabrication des plus beaux tissus de soie unis, noirs, dont leur grand-père a eu le premier l'honneur de doter le monde par les soins qu'il consacra, durant une longue et laborieuse carrière, à tous les détails de la production de la soie, de ses diverses manipulations, de la teinture et de la fabrication la plus parfaite.

La maison Belon, dont les successeurs, MM. Jaubert, Lyons, Audra, ap-pliquent surtout leur industrie à produire bon marché et bien, par quan-tités énormes: le nombre de leurs métiers augmente chaque année et fait vivre des contrées entières : ce sont eux qui des premiers ont expéri-menté la puissance de la centralisation dans l'industrie à Lyon; ils fabri-quent des étoffes noires de toutes qualités pour un chiffre colossal.

MM. Montessuy et A. Chomer, la première fabrique de crêpes de soie du monde, avaient exposé leurs produits légers aux nuances si variées et si belles; leurs *crêpes anglais* sont très-beaux, et tel a été le succès de leurs efforts pour enrichir l'industrie lyonnaise de cette branche nouvelle, qu'au-jourd'hui ces crêpes se vendent sur le marché de Londres en concurrence avec les produits similaires anglais.

MM. Gourd, Croizat fils et Dubost, vieille et honorable maison, ra-jeunie par l'intelligence et le travail opiniâtre de son chef actuel, un des champions de notre cité industrielle dans les grands débats commerciaux qui ont failli atteindre naguère notre industrie.

Les manufactures de M. Martin, de Tarare, dont les peluches sont maî-tresses du marché, et qui luttent honorablement avec les fabriques an-glaises et allemandes pour les velours tramés coton à double pièce.

A côté de ces grandes usines venaient les maisons de fabrique de taffetas et poult-de-soie riches aux mille couleurs et nuances douces et éteintes :
MM. Bardon-Ritton et Poncet père et fils, Brosset-Heckel et Cⁱᵉ, avec leurs
satins inimitables; A. Jubik et Cⁱᵉ, Millon et Servier, dont les velours
admirables ont été appréciés hautement par les jurés étrangers.

Une jeune maison, créée depuis deux années à peine, s'est révélée, riche
déjà d'expérience dans la fabrication et de goût et de fantaisie pour ses
créations en articles de nouveautés pour robes : MM. Bresson et Agnès ont
atteint rapidement leurs concurrents, les anciens maîtres de la couleur et
du dessin à Lyon; nous les avions vus, du reste, à bonne école.

Tous les tissus, dont le nombre infini s'augmente chaque jour sous l'impulsion de l'esprit inventif de nos fabricants, de nos ouvriers et de nos dessinateurs, rehaussaient les vitrines de Lyon : les foulards de soie nuancés
de toutes couleurs, aux compositions variées, orientales, chinoises, japo-
naises, indiennes, vénitiennes, de MM. Jandin et Duval et Trapadoux et Cⁱᵉ;
les velours splendides pour ameublement, les brocarts d'or et d'argent,
lampas, damas, les doublures, marcelines, les petits taffetas, voire même
les gazes pour bluterie, etc., rien ne manquait à cette brillante exhibition
des Lyonnais, qui a fait dire de son ensemble élégant et attrayant, par
un des reporters américains, qu'elle était vraiment le salon d'honneur de
l'Exposition de Philadelphie.
La ville de Saint-Étienne avait fait peu de frais pour ce concours trans-
océanique : trois ou quatre fabricants de rubans s'y montraient; leurs
produits, très-beaux du reste, ont été très-avidement étudiés par les jurés
des États-Unis, tous négociants en soieries, jaloux des progrès de cette
industrie dans leur pays.

Les Américains, sous l'influence d'un sentiment difficile à expliquer,
n'étaient pas venus tous exposer leurs produits à Fairmount-Park; leurs
fabriques, peu nombreuses encore à la vérité, avaient peut-être redouté la
comparaison. Cependant huit à dix vitrines étalaient aux regards des visiteurs des produits fort bien fabriqués et de diverses sortes, car le même
fabricant en général produit les rubans, les petits fichus, les cravates façonnées et les taffetas et failles de couleur et noirs.
Nous avons remarqué leur teinture, dont les couleurs vives et franches
sont très-réussies et prouvent déjà une grande habileté chez leurs ouvriers ;
l'entente des tissus et des armures nous a étonné singulièrement et nous
a montré de vrais chercheurs déjà arrivés fabricants.

L'exposition américaine des tissus de soie nous semble le point essentiellement intéressant pour la fabrique française concentrée à Lyon, car
l'exportation de nos étoffes de soie dans le Nouveau Monde a été depuis
longtemps une des principales sources de richesse pour nos fabriques;
nous devons donc étudier les progrès de cette industrie au delà de l'Océan
durant ces dernières années.

Nous avons pris connaissance du *Report of the silk association of America*
de l'année 1875, le dernier paru, et nous y puisons des renseignements
précieux; nous eussions désiré y trouver les chiffres de la production dans
chaque genre de tissus : on ne les donne pas.

La fabrique de rubans est certainement celle qui a fait le plus de progrès depuis quelques années ; la ville de Saint-Étienne s'en est émue avec
raison, car ses exportations ont diminué, nous a-t-on dit, sensiblement.
Le rapporteur se félicite « des grands progrès faits dans l'art de teindre,
art qui était resté jusque-là un des points faibles en Amérique, mais qui
a atteint maintenant un degré de perfection qui n'est pas surpassé par le
meilleur travail européen. »

Les soieries, unies et façonnées, donnent un résultat plus sensible encore, et il le prouve en disant que « les agents des fabricants européens
ont envoyé des échantillons de styles et de dessins américains pour être copiés à l'étranger, faisant ainsi un grand honneur à l'habileté américaine ».

« Nous sommes heureux, continue-t-il, d'attester ce fait, que le tissage
dans ce pays est établi sur une base ferme et solide, et nous pouvons prédire en toute assurance pour elle le succès et la prospérité dans l'avenir.

« Les détaillants et marchands américains, qui il y a peu de temps regar-
daient avec indifférence les soieries du pays, reconnaissent pleinement
aujourd'hui les nombreux avantages dont ils peuvent jouir en donnant
leurs ordres sur place, au lieu d'être obligés d'envoyer leurs commissions
en Europe longtemps à l'avance; ils peuvent retarder leurs commandes jusqu'au début de la saison, et faire alors un choix meilleur et plus sûr pour
les dessins et les nuances. »

Il appuie longuement sur les avantages pour les négociants américains
de se servir dans leur pays, et il termine par un aperçu sur la fabrication
des mouchoirs la Vallière et soieries pour cols.

« La demande pour ces marchandises a été si grande et universelle, qu'il
eût été impossible d'y satisfaire avec des marchandises importées, parce
que les maisons engagées dans ce genre d'affaires n'avaient pu prévoir cette
demande extraordinaire, et n'auraient pu courir le risque de commander
une telle quantité d'articles nouveautés. »

D'après le rapport officiel fait au bureau de l'association, il est démontré que la quantité de fichus et de soieries pour cols produits par les fabricants américains pendant les années 1873 et 1874 dépasse la quantité des mêmes marchandises importées au port de New-York seulement pendant la même période, soit un million de dollars.

On le voit, l'effort est grand, et le résultat réel; l'avenir leur semble assuré, ils l'affirment : il y a donc péril pour notre industrie. Mais ne nous décourageons point : les statistiques de nos exportations de tissus de soie, malgré les droits énormes dont ils sont frappés, doivent nous rassurer jusqu'à ce jour. Mais souhaitons avant tout que cette barrière formidable s'abaisse, et les chances de la lutte seront belles encore pour nous.

L'ANGLETERRE n'avait envoyé que deux ou trois maisons de fabrique de soieries; cette exposition presque insignifiante ne nous permet pas de donner une appréciation exacte sur l'état actuel de cette industrie dans ce grand pays de production.

Nous avons remarqué les damas et les lampas de la maison MORRIS ET C⁰, de Londres. La fabrication d'étoffes de soie pour ameublements est, nous le savons d'ailleurs, une de celles qui ont fait en Angleterre le plus grand pas en avant depuis quelques années; nous ne serions pas surpris que l'Exposition de 1878 ne nous en donnât une confirmation éclatante, pénible pour notre amour-propre et fâcheuse pour les relations futures de nos fabricants avec les grands centres de la Grande-Bretagne.

L'ALLEMAGNE est certainement une des rivales sur lesquelles la France industrielle doit avoir les regards constamment fixés; son exposition à Philadelphie était très-restreinte en étoffes de soie, et ne pouvait fournir une juste idée de cette industrie en ce pays.

Un seul exposant a mérité notre attention : M. GUEBART, d'Elberfeld. Comme membre du Jury, il était hors de concours; nous n'avons pas eu à le juger. Mais nous avons admiré sans réserve sa magnifique vitrine, montrant depuis les plus légères étoffes unies ou brochées jusqu'aux beaux tissus imités de l'Inde et de l'Orient, brochés d'or et de soies de couleurs diverses.

Cette importante maison fabrique surtout les velours à bas prix, velours que nos fabricants lyonnais ont eu de grandes difficultés à bien faire, et qu'ils commencent seulement à pouvoir vendre sur les marchés étrangers.

A part cette exposition, installée du reste avec un goût parfait qui en rehaussait encore la valeur, l'Allemagne avait quelques vitrines de foulards imprimés qui ne nous ont pas paru encore pouvoir lutter avec notre fabrique.

Il est incontestable que la fabrique allemande est beaucoup plus importante qu'elle n'a semblé vouloir le paraître en Amérique. Est-ce calcul? Est-ce négligence? Quoi qu'il en soit, les statistiques de ses fabriques sont connues; nous avons donc eu lieu d'être étonné de cette absence.

La manufacture RUSSE d'étoffes de soie, qui était loin d'avoir passé inaperçue à Vienne, s'est fait représenter en Amérique par de plus nombreux exposants. Leurs produits aussi étaient moins uniformes : aux magnifiques brocarts d'or et d'argent mélangés de soies de couleurs et aux lampas d'ameublements ils ont ajouté des velours multicolores et des étoffes brochées de nombreuses nuances que nous ne croyons pas encore avoir vus chez eux.

Mais ils ne sont parfaits que dans leurs somptueux tissus pour ornements d'église et ameublements de styles d'origine orientale; quand ils veulent imiter nos tissus français, ils ne font que de pâles et mesquines copies; ils ont encore beaucoup à apprendre dans la science de la couleur.

Les vitrines étaient très-riches et ordonnées avec beaucoup de goût; le Gouvernement russe, croyons-nous, faisait lui-même l'exposition.

L'AUTRICHE, que nous avons vue si magnifique et si admirée dans les salles de son exposition de soieries à Vienne en 1873, ne brillait point; cinq ou six exposants présentaient des étoffes de soie, failles, rubans et velours.

La SUISSE avait, après la France, la plus nombreuse et la plus intéressante exposition des tissus de soie.

Le canton de Zurich seul possède des fabriques de soieries dont les métiers sont disséminés dans les cantons voisins; elles produisent surtout des taffetas légers, quadrillés et à dispositions, des failles de couleurs et noires de basse qualité, des marcelines, des satins légers et des étoffes pour cravates et parapluies. Toutes ces étoffes sont en général d'une grande régularité dans la matière et d'une qualité très-bonne pour leur prix; elles font sur le marché de New-York une concurrence sérieuse à nos fabriques similaires de France.

D'après les renseignements donnés par notre collègue de ce pays, la Suisse a souffert beaucoup cette année dans ses exportations, et cela nous paraît naturel, car la consommation intérieure étant nulle ou presque nulle, la manufacture suisse est soumise à toutes les fluctuations extérieures, dont elle dépend complétement.

14

Un certain nombre de maisons *importantes* ont été médaillées; *nous ne pouvons les nommer toutes :* elles produisent les mêmes étoffes et ont une fabrication à peu près semblable. Les prix des façons sont généralement, pour les étoffes légères, plus faibles qu'à Lyon; pour les tissus d'un prix plus élevé, *l'avantage reste à* la fabrique lyonnaise.

Le tissage mécanique existe dans la plupart des fabriques suisses et tend beaucoup à s'augmenter.

Deux fabricants ITALIENS seulement, l'un de Rome, l'autre de Milan, s'étaient rendus à l'appel des États-Unis. Leurs expositions étaient peu remarquables; mais les *collections de cocons* et de *soies gréges* et *moulinées*, quoique peu nombreuses, étaient fort intéressantes. *Nous ne pouvions nous empêcher pourtant de nous rappeler* la magnifique exposition de soies de ce pays en 1873 à Vienne : là, les Italiens donnèrent la mesure de leurs forces et prouvèrent leur supériorité incontestable pour le nombre et la valeur de leurs filatures. Huit ou dix filatures au plus figuraient à Philadelphie, mais la qualité des produits était excellente; un des industriels les plus remarqués pour leur production a été M. ALBERTO KELLER, de Milan.

Nous trouvons en CHINE une exposition très-complète et des plus intéressantes, et nous pourrions ici, pays de la soie par excellence, si nos limites ne nous le défendaient point, nous étendre et donner une sorte d'histoire de ce précieux textile et des magnifiques tissus qu'il a créés depuis des siècles dans cet immense empire.

Les collections de soies surtout, quoique en petit nombre, étaient d'une grande richesse et classées avec une véritable intelligence : chacune possédait presque toutes les soies de la Chine. La plus belle exposition était celle du Gouvernement. Il avait aussi envoyé quelques belles étoffes.

Le JAPON aussi a de tout temps produit de la soie et tissé cette matière; les soies et les spécimens en étoffes envoyés par les filateurs et les fabricants japonais, qui souvent réunissent ces deux industries, étaient des plus beaux.

Les soieries des Japonais ont toujours été pour nous un sujet d'admiration; rien ne peut rendre l'originalité des compositions, l'invention dans le mélange des couleurs et la texture savante de la fabrication de leurs tissus de soie. L'art décoratif y est poussé à ses dernières limites, et l'hommage le plus vrai rendu à leur habileté est la copie presque servile que les pays européens font, dans leurs industries artistiques, de leurs étoffes, de leurs bronzes, de leurs porcelaines, etc., etc.

Nous avons vu dans les vitrines du Japon des pièces d'étoffes à grands dessins très-riches de couleur et de composition, qui marquent un progrès réel sur leur exposition à Vienne.

Par ce résumé un peu rapide de nos impressions, il est facile de voir que l'Exposition de Philadelphie ne nous a rien montré de bien nouveau dans l'art de récolter la soie, de la filer, de la teindre ou de la tisser. Il est évident que les nations européennes n'ont pas fait de grands efforts pour cette lutte trop éloignée.

L'Amérique elle-même, sur son terrain, eût pu mieux faire pour montrer ses progrès incontestables dans l'industrie des soieries. Lyon seul s'y est présenté armé de toutes pièces et, de l'avis unanime, a vaincu sans difficulté. Après la France viennent la Chine et le Japon, qui nous ont montré comme toujours les splendides spécimens de leurs soies et de leurs tissus, dignes en tout point de leur fabrication séculaire.

Nous avons constaté de nouveau que la mode des étoffes unies règne toujours, et combien elle est nuisible à l'effet général des expositions de soieries.

Cette uniformité répand une grande froideur sur l'ensemble des étalages et laisse peu de place à l'invention et à la fantaisie créatrice du fabricant.

Le goût général a fait cependant de grands progrès, et nos fabricants ont suivi le mouvement dirigé par quelques fabriques de soieries pour ameublements, qui sont parvenues depuis dix années, au prix de grands efforts et de grands sacrifices, à faire revivre les belles productions des époques gothiques, de la Renaissance et des différents styles du xviie et du xviiie siècle.

En terminant, qu'il nous soit permis d'esquisser rapidement la situation actuelle de la fabrique de soieries de Lyon.

Cette fabrique, la plus complète aujourd'hui et la plus ancienne de celles qui se sont maintenues actives dans les temps modernes, a quatre siècles d'existence.

Elle dut son origine, vers le milieu du xve siècle, à des ouvriers italiens. Louis XI protégea et fit fleurir cette industrie, et Lyon actif et intelligent sut faire tourner à son profit cet appui royal; dès ce moment, la fabrique lyonnaise existait : elle a traversé les siècles plus ou moins riche et forte selon les temps et la fortune du moment, mais amassant sans cesse des connaissances et des trésors utiles à son travail; et bientôt, au xvie siècle, elle contre-balançait et tendait à écraser les fabriques italiennes ses rivales.

L'esprit lyonnais, patient et ingénieux, cherche, étudie et trouve; il prépare par des innovations et des transformations de tissus les grandes découvertes qui, plus tard, doivent changer la nature du travail par l'invention de Jacquard. Cet immense événement dans l'art de tisser, vieux presque comme le monde, n'arriva que dans les commencements de ce siècle, au moment où, sous l'impulsion nouvelle donnée par l'Empire, la fabrique, épuisée un moment pendant la révolution, se relevait, soutenue encore par les travaux et les efforts de si longues années.

A dater de cette évolution dans le travail, qui modifia l'existence de l'ouvrier et diminua sensiblement les tarifs et le prix de l'étoffe, la fabrique lyonnaise prit un essor immense : de 12,000 en 1812, les métiers à tisser la soie à Lyon arrivaient au chiffre de 45,000 à 50,000 en 1848.

Aujourd'hui la fabrique lyonnaise possède 130,000 métiers, répartis entre la ville proprement dite et les campagnes environnantes dans un rayon assez large.

Elle produit tout ce qui ressort de son art, depuis les gazes les plus légères et petites étoffes jusqu'aux plus riches tissus de soie, d'or et d'argent pour ameublements et ornements d'église.

Entraînée même par les fabrications de villes rivales en France et à l'étranger, elle commence à produire et à vendre avec avantage les tissus mélangés pour robes et ameublements qui font la fortune de Roubaix et de quelques fabriques parisiennes.

Nous ne mentionnerons qu'en passant ses puissants moyens d'action : capitaux énormes; facilité de se procurer toutes les soies du globe, Lyon étant devenu le premier marché de ce fil si précieux et si cher; ses teintures sans rivales, dont les couleurs sont demandées par tous les pays où se tisse la soie; ses cohortes de compositeurs, dessinateurs, apprêteurs, mouliniers, ouvriers habiles formant un ensemble unique. C'est à ces forces, résultat lent et coûteux d'études et de labeurs de quatre cents ans, que Lyon devra de pouvoir résister longtemps encore, nous l'espérons, à la concurrence étrangère; mais que ses fabricants ne s'aveuglent point, les efforts sont partout immenses et féconds, et l'avenir leur prépare sans aucun doute des difficultés plus grandes encore pour la victoire que le passé.

Au moment où nous écrivons ces lignes, une crise fâcheuse frappe l'industrie de la soie; nous déplorons un état de choses d'où sortiront malheureusement bien des misères et des ruines, mais nous avons traversé des temps plus terribles, et Lyon montrera encore son courage à supporter la mauvaise fortune et son énergie à en sortir.

Nous donnons ici le relevé de ces dernières années; d'après les évaluations de la chambre syndicale des soieries, la fabrique lyonnaise a produit :

En 1874, pour 450 millions de soieries.

En 1875, la production totale des tissus de soie, en distinguant les espèces principales, a été la suivante :

Foulards écrus et imprimés....................	41,000,000ᶠ
Tissus purs unis noirs........................	156,000,000
Tissus purs unis couleurs....................	125,000,000
Tissus façonnés et brochés..................	30,000,000
Étoffes mélangées d'autres matières.............	35,000,000
Crêpes...................................	8,000,000
Gazes....................................	6,000,000
Tulles..............................	6,000,000
Satins...................................	4,000,000
Velours	15,000,000
Total.............	426,000,000

La situation de l'industrie lyonnaise s'est donc maintenue stationnaire; au point de vue de la production générale, les chiffres ne varient guère, mais les genres se transforment selon le goût du jour et de la mode.

L. CHATEL.

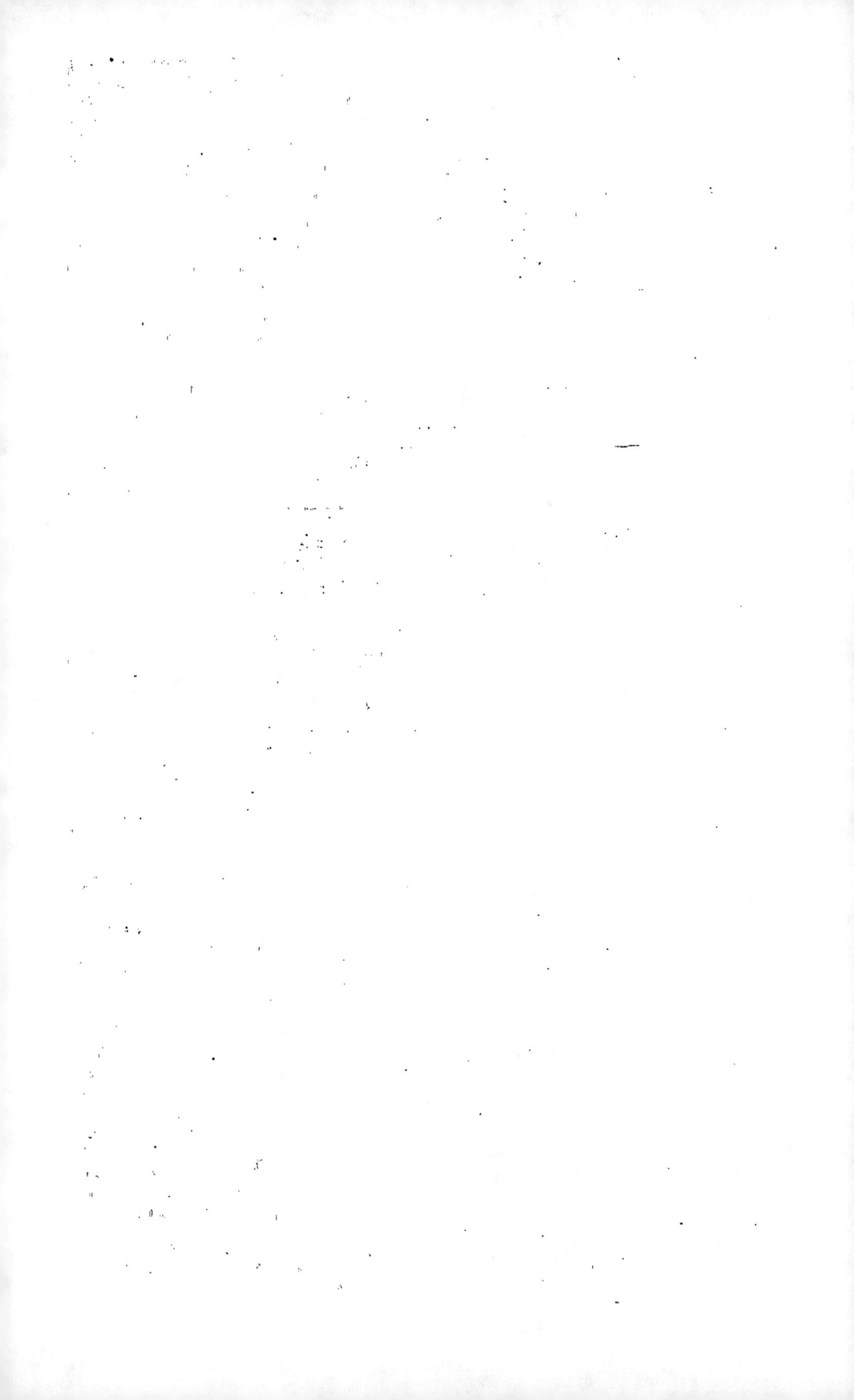

VÊTEMENT,

PARURE, ARTICLES DE FANTAISIE.

RAPPORT DE M. DIETZ-MONNIN,

MEMBRE DU JURY INTERNATIONAL.

Le groupe auquel nous avons été attaché comme juré comprenait les classes suivantes du catalogue général américain :

Classe 250. — Confections pour hommes, vêtements imperméables, chasublerie, confections pour dames, corsets, bonneterie.

Classe 251. — Chapeaux, casquettes, chapeaux de paille, chapellerie de dames, gants et mitaines, tissus élastiques.

Classe 252. —Dentelles, broderies et passementeries.

Classe 254. — Fleurs artificielles et plumes, coiffures, boutons, garnitures, épingles et agrafes. Éventails, parapluies, ombrelles, cannes et fouets, pipes. Objets divers pour l'habillement et l'ornement, à l'exception de la bijouterie. Articles de fantaisie et jouets.

Classe 255. — Maroquinerie et tabletterie; malles et valises.

Classe 256. — Fourrures brutes, apprêtées et confectionnées.

Classe 257. — Costumes nationaux et militaires.

Classe 285. — Objets fabriqués en caoutchouc et gutta-percha.

Classe 286. — Brosserie.

Classe 288. — Drapeaux, enseignes, emblèmes, insignes.

La chaussure, qui figurait primitivement dans la classe 251, a été rattachée de fait au groupe des cuirs et la passementerie pour voitures à celui de la carrosserie.

Le Jury du groupe se composait,

Pour l'élément américain, de :

MM. le docteur Hewston, professeur de médecine à San-Francisco, *président;*
    le docteur Horsford, professeur à l'Institut de Cambridge (près Boston);
    le docteur Chandler, professeur à l'Institut de Bethléem, *secrétaire;*
    O. Lynthicum, négociant à New-York;
    B. D. Britton, négociant à New-York;

Pour l'élément étranger, de :

MM. le général Mod. Kittary, membre du Conseil privé de l'Empire russe;
　　Empey, membre du Parlement canadien;
　　Édouard Kanitz, membre de la Chambre de commerce de Vienne (Autriche) et
　　　de la Commission supérieure de l'Exposition de Philadelphie;
　　Dietz-Monnin, ancien député de la Seine, membre du conseil municipal de Paris.

Le Jury, après avoir constitué son bureau, se divisa dès le début en sous-comités spéciaux pour chacune des nombreuses branches qui s'imposaient à son examen, chaque sous-comité ayant pour mission de faire une instruction préparatoire. Le Jury tout entier visitait ensuite la classe dont l'étude avait été ainsi préparée et statuait, après cette inspection finale, sur les propositions des rapporteurs, sur l'attribution des médailles et sur les mérites particuliers qui devaient être signalés à l'appui de chaque récompense.

Nous fûmes, pour notre part, chargé de l'instruction préparatoire et des rapports relatifs à la chasublerie, comprise dans la classe 250, et de toute la classe 252, dont l'étude nous fut facilitée par l'adjonction de MM. Duhayon-Brunfaut, membre de la Commission belge, et de M. le major Göldy de Saint-Gall, délégué suisse. Le rôle de ces délégués, dont nous avons apprécié hautement le concours dévoué et compétent, était purement consultatif, car ils n'ont pu prendre part aux délibérations du Jury pour les récompenses.

L'étude des classes 251, 254, 255 et 286, avec la collaboration de MM. Kanitz et Britton; celle de la classe 255, avec la collaboration de M. le général Kittary et de M. Empey, nous incombèrent également.

Il est à peine besoin de dire que, aucun de nos collègues américains ne connaissant les langues étrangères, toutes les délibérations, discussions et rapports se faisaient en anglais.

Ces travaux préliminaires furent très-laborieux et pénibles pour diverses causes : la chaleur accablante qui a persisté à Philadelphie pendant plusieurs semaines, le retard prolongé dans certaines installations, le défaut d'ordre matériel dans l'établissement des classifications, et enfin une certaine inexpérience, pour ne pas dire insuffisance, de la part du personnel administratif de l'Exposition.

Dès nos premières visites, grâce au peu de sévérité qu'on avait mis à réaliser dans la pratique la classification méthodiquement arrêtée dans le règlement, grâce aussi aux concessions probables que la Commission supérieure avait dû octroyer sous les pressions et influences de la dernière heure, il nous a fallu, sans renseignement d'aucune nature, avec le seul secours d'un catalogue très-défectueux et une diffusion regrettable de produits similaires, aller, pour ainsi dire, à la découverte d'un grand nombre d'exposants dont les noms figuraient au catalogue : les uns s'étaient abstenus sans en aviser qui de droit, les autres n'étaient pas prêts, et d'autres enfin s'étaient logés ailleurs que dans la partie du Main Building qui leur était assignée. C'est presque exclusivement dans le département des États-Unis que nos recherches ont été laborieuses et quelquefois stériles; pour les autres pays, les commissaires nous secondaient avec d'autant plus d'efficacité que les produits de leurs nationaux se trouvaient en général méthodiquement groupés.

Le Jury entier, comprenant 250 membres, dont 125 Américains et 125 étrangers (il était réparti, mais non également, dans les 28 groupes de l'Exposition), fut réuni pour la première fois le 24 mai 1876 au pavillon des juges, et dès le début l'article 1ᵉʳ du règlement, relatif aux récompenses, souleva de la part des jurés étrangers une vive opposition. Il était ainsi conçu : « Les récompenses seront basées sur des rapports « écrits, certifiés par la signature de leurs auteurs. »

Une courte expérience de la vie et des habitudes américaines avait suffi pour mettre en défiance les jurés étrangers contre les dangers que pourrait faire courir à leurs rapporteurs l'exagération des moyens de publicité commerciale qui ont cours aux États-Unis. La réclame la plus retentissante n'eût pas manqué d'exploiter dans les journaux ces rapports particuliers et la signature de leurs auteurs, et de leur créer ainsi une situation délicate à des points de vue divers que repoussent les mœurs et les usages européens.

Les jurés français, d'accord avec leurs collègues étrangers, ne s'opposaient pas à signer personnellement leurs rapports, mais demandaient que le rapport définitif, c'est-à-dire celui qui devait être livré, avec la médaille, en pâture à la publicité effrénée des négociants américains, fût signé non-seulement par le rapporteur, mais encore par tous les membres du Jury solidairement, et certifié, à titre d'extrait conforme du registre des délibérations du Jury de chaque groupe, par la Commission supérieure, qui, par l'article 8 de son règlement, se réservait de statuer en dernier ressort.

Ce vœu, après avoir été repoussé en principe, finit par être appliqué dans la pratique.

Il n'en fut pas de même d'un second vœu formulé par les jurés français.

Le petit nombre de jurés étrangers, eu égard à la quantité de classes qu'ils étaient appelés à représenter, imposait à chacun d'eux l'obligation de défendre ses nationaux dans les classes autres que celles auxquelles le

règlement les rattachait officiellement. Ces classes étaient au nombre de
600, et la France comptait 15 jurés seulement, l'Angleterre, avec ses
colonies et possessions étrangères, 19, etc. Il fallait donc que chacun des
jurés étrangers, après s'être entouré, soit directement, soit par des experts
choisis, de tous les éléments d'appréciation nécessaires, obtînt le droit de
venir défendre ses nationaux dans toutes les classes où ceux-ci figuraient
comme exposants, sans représentant attitré de leur nationalité dans le
Jury. C'était, avec la nécessité de se multiplier, le moyen de répartir entre
les jurés de chaque nationalité européenne le travail d'ensemble et d'éviter
que des exposants fussent oubliés dans leur département.

Nous étions persuadés que les jurés américains étaient trop désireux de
donner satisfaction aux jurés étrangers, qui s'étaient déplacés en vue de
contribuer à l'éclat de la solennité du Centenaire, pour ne pas accéder à
cette proposition, au double point de vue de la courtoisie et de l'équité
internationales.

Mais nos espérances furent déçues. Les jurés anglais se dégagèrent, sur
cette question, de l'entente qu'ils avaient fait espérer à leurs collègues. La
proposition fut repoussée, malgré l'appui excellent qui lui fut apporté par
un juré américain, le digne et respectable M. L. Smith, de Louisville,
vétéran des Expositions européennes.

Il résulta de cet échec que des classes aussi importantes que la gravure,
les fournitures de bureau, papeterie, coutellerie, quincaillerie, etc., n'ont
pas eu de représentant français pour défendre utilement leurs intérêts
dans les Jurys de groupe composés entièrement d'éléments étrangers à la
France.

Ces difficultés et ces malentendus des premiers moments ne furent malheureusement pas les seuls; divers points de l'organisation administrative
et fiscale du Centenaire provoquaient les énergiques réclamations des exposants, particulièrement en ce qui touche la question des récompenses et
celle des obstacles apportés par la Douane aux transactions commerciales
des exposants étrangers.

Malgré les observations répétées adressées à la Commission supérieure et
contrairement à tous les précédents ratifiés par l'expérience, on adopta une
seule espèce de récompense pour les exposants de toute nature, une médaille uniforme en bronze, à laquelle devait être annexé le rapport-récom-
pense expliquant les motifs de la distinction.

C'était un mode économique qui ne pouvait guère se justifier que par
l'indifférence des industriels américains pour la médaille proprement dite
et leur préférence bien accentuée pour un verdict élogieux sur leurs produits pouvant fournir matière à de pompeuses réclames dans la presse et

sur leurs prospectus commerciaux. Peut-être aussi la Commission supérieure s'est-elle arrêtée à l'unité de médaille pour diminuer ses charges et
aller au-devant de mécomptes possibles dans les résultats financiers de sa
vaste entreprise.

Encore si ces récompenses avaient échappé au soupçon d'être réparties
sans aucune pression supérieure! Mais nous avons appris avec quelque
surprise par nos collègues américains, devenus nos amis, que rappelés à
Philadelphie au mois d'octobre, c'est-à-dire après le départ de tous les
jurés étrangers, ils avaient dû siéger pendant cinq semaines pour opérer,
sous la direction de la Commission supérieure, une véritable révision du
travail des premiers juges. C'est là un procédé qui, se produisant après la
distribution des récompenses (les travaux du Jury international, commencés
le 24 mai, furent terminés le 31 juillet, et la distribution des prix eut lieu
le 27 septembre), enlève évidemment quelque chose à la dignité des jurés
officiels et laisse planer des doutes sur l'impartialité de jugements revisés
d'une manière aussi posthume qu'insolite.

Nous ne connaissons pas encore, à l'heure où nous écrivons ces lignes,
les résultats de ce travail de révision, mais nous avons à peine besoin
d'indiquer que nous ne mentionnerons dans le cours de ce Rapport que
les récompenses accordées par le Jury tel qu'il avait été officiellement constitué.

Un autre ordre de griefs était tiré des dispositions fiscales que la
Douane américaine, — sur laquelle la Commission supérieure semble
avoir eu une action très-limitée, — avait imaginées pour rendre presque
impossibles aux exposants européens les opérations commerciales sur les
produits exposés.

En effet, les règlements exigeaient que les exposants qui voulaient
disposer de leurs produits payassent *d'avance* intégralement les droits de
douane sur la totalité de leur exposition ; de plus, l'autorisation de vente
des produits, donnée sous ces conditions sans précédents, était atténuée
par l'interdiction d'introduire des duplicata.

Les plaintes furent générales; elles étaient aigries par les difficultés de
toute nature qui s'ajoutaient aux mécomptes inattendus qu'un régime pro-
tectionniste très-sévère et les procédés quelquefois vexatoires des agents
subalternes du fisc réservaient aux exposants arrivés à grands frais
d'Europe : le nombre des visiteurs était peu important par suite des chaleurs
étouffantes qui régnaient à Philadelphie; aucune commande ne venait
encourager les espérances conçues au départ; le chômage tyrannique du
dimanche ajoutait au malaise, et la vie était fort chère.

Tous nos exposants adressèrent sur les procédés de la Douane, le 27 mai, une protestation à M. Rouleaux-Dugage, commissaire délégué de la section française à l'Exposition.

La plainte, présentée à la Commission du Centenaire, donna enfin lieu, à la fin de juillet, à une décision qui n'exigeait plus la consignation des droits de douane que pour le prix des objets vendus.

Il est facile de comprendre, et c'est dans ce seul but que nous croyons devoir en faire mention dans ce Rapport, à quel point toutes ces difficultés de détail ont influencé l'appréciation des meilleurs esprits sur la valeur et les mérites de l'Exposition de Philadelphie.

Il serait injuste pourtant de s'abandonner à ces fâcheuses impressions du début et, sous le coup des malaises physiques et moraux, voire même des mécomptes matériels qu'on a pu éprouver, de ne pas reconnaître hautement le caractère à la fois grandiose et hardi du Centenaire et de négliger les enseignements qu'il porte en lui.

Pour exprimer notre pensée sur ce point, nous nous permettrons d'employer une expression tirée de la langue philosophique et de dire que, *subjectivement,* les exposants européens ont pu être légitimement froissés de ce que leur réservaient les États-Unis au point de vue du régime économique, de certaines originalités anguleuses de leurs habitudes sociales et surtout de la libre allure de leurs mœurs commerciales, qui paraissent avoir donné à l'ensemble de l'esprit national comme l'empreinte de leur fougue ardente à la poursuite du *mighty dollar,* et d'un certain débraillé dans la conquête de la richesse et du bien-vivre.

Cette poursuite d'un résultat sans idéal moral, ne ménageant aucun effort et dégagée de toute tradition, est encore fort étrangère aux habitudes européennes et surtout françaises. Elle est la note poussée à l'extrême du génie anglo-saxon se répercutant, en pleine liberté, sur un composite de toutes les vieilles races d'Europe galvanisées par la soif de l'indépendance et d'un labeur plus lucratif.

Mais, *objectivement,* il n'a été possible à aucun esprit sérieux et pratique, capable de comparer sans parti pris les résultats du travail industriel et commercial, de fermer les yeux à cette vérité éclatante : il faut que l'Europe prenne garde aux progrès rapides, immenses, des États-Unis, si elle ne veut un jour se réveiller au lendemain d'une défaite que les Américains prévoient, caressent, escomptent et précipitent avec une ardeur fiévreuse.

Nous serions presque tenté de croire, à en juger par les précautions minutieuses qui régissent les formalités d'importation, par les articles d'économie politique que publient les organes les plus autorisés du journalisme local, par les conversations qu'à maintes reprises nous avons eu l'occasion d'échanger sur ce sujet avec les personnalités les plus considérables par leur situation, que la doctrine Monroë, exclusive de toute immixtion étrangère, a passé du domaine politique dans le monde des affaires, et que le *summum* des aspirations américaines serait, bien loin d'abaisser les barrières actuelles, d'élever contre l'intervention européenne un vrai mur de la Chine, tout en se réservant d'accaparer à son profit les marchés du vieux monde.

Ce que des calculs pareils peuvent avoir d'erroné au point de vue des saines théories économiques n'a pas besoin d'être démontré ici, et la crise intense qui sévit depuis trois ans aux États-Unis en est la meilleure preuve.

L'acte par lequel le Congrès a, le 3 mars 1871, décrété l'Exposition du Centenaire n'a pas dû échapper à l'influence des doctrines que nous indiquons. Il a dû puiser ses inspirations jusqu'à un certain point dans le sentiment d'orgueil, très-légitime d'ailleurs, qui pousse les Américains à montrer à quel degré de vigueur et d'entraînement est arrivé ce peuple né d'hier et qui compte aujourd'hui 38 États et plus de 40 millions d'habitants.

C'est peut-être à cette préoccupation de fierté et d'individualisme nationaux qu'il convient d'attribuer le sans-gêne et la brutalité des formalités fiscales dont on a fait pâtir les exposants d'Europe, en même temps que l'hospitalité princière avec laquelle les membres du Jury, les journalistes, les ingénieurs, les visiteurs les plus notables, ont été reçus partout, promenés au milieu des richesses natives et industrielles du pays, introduits dans les usines, rendus témoins de procédés particuliers que maints producteurs d'Europe déroberaient avec soin aux regards.

Les Américains sont maîtres chez eux et tiennent à le faire sentir; la Douane les protége contre le dehors : ne peuvent-ils être généreux et confiants?

Les richesses de leur sol sont d'une abondance merveilleuse et appropriées au développement industriel le plus complet : leurs fers sont des meilleurs, leurs houilles plus abondantes que celles de tous les continents, d'exploitation facile, et leurs anthracites sans rivaux; le pétrole, source de lumière et de chaleur utile, suffit aux deux mondes; leurs bois sont excellents; les matières textiles supérieures; la fertilité du sol d'une vigueur toute jeune, et, pour mieux assurer cette puissance de la matière, 120,000 kilomètres de chemins de fer, un réseau de fleuves et de lacs admirables, permettent de féconder toutes ces ressources jusqu'aux limites les plus reculées de l'Union et de défier les concurrences les plus savantes avant un petit nombre d'années.

Pour compléter la puissante vitalité de ce grand corps, où les bras ne sont pas assez nombreux encore, le génie américain s'applique chaque jour, et avec un succès très-frappant, à multiplier sous toutes les formes les machines les plus perfectionnées. Leur emploi se plie et s'étend à toutes les nécessités de la vie sociale, au point de permettre de négliger dans une certaine mesure le travail du nègre, qui produit mal et lentement, le travail du blanc, qui met ses bras à trop haut prix.

Ces pionniers infatigables ont les défauts de leurs qualités : si la lutte pour les besoins de la vie leur a donné des énergies particulières et comme un génie d'audace, elle a aussi supprimé, comme inutiles en apparence pour la vie pratique, la majeure partie des préjugés sociaux qui gouvernent encore la vieille famille européenne.

Tout est dirigé dans leurs écoles, qui sont nombreuses, belles, spacieuses, bien ordonnées et ouvertes à toutes les classes de la population, pour aider l'enfant à entrer dans la vie et à y lutter dès qu'il est pourvu des premières armes intellectuelles; les humanités, les hautes études littéraires, sont l'apanage du petit nombre.

Aussi, pour un Européen, le niveau général de la culture morale et artistique paraît-il en Amérique moins élevé, les mœurs moins polies, le caractère du peuple un peu rude.

Peut-être cette nation veut-elle avant tout conquérir la richesse comme condition la meilleure pour de plus hautes visées civilisatrices.

Quoi qu'il en soit, l'Américain est chez lui et nous a invités à l'y venir voir.

A-t-il prétendu s'instruire par l'Europe, comme on l'a dit? Peut-être. Mais il a voulu surtout que l'Européen l'admirât et s'étonnât de ce qu'il peut.

Ce résultat, il l'a atteint à coup sûr.

Quand les États-Unis auront abattu, si jamais la chose devient possible, les barrières prohibitives à l'abri desquelles ils s'ingénient à tirer du sol, avec l'esprit industriel le plus achevé et le plus entreprenant, toutes les richesses qu'il contient; quand, arrivés à la perfection du travail mécanique, ils auront réalisé des produits au meilleur marché, grâce à l'abondance et au bas prix de leurs matières premières; quand leur situation maritime, qui leur ouvre le marché des pays du Pacifique et de l'Océan, facilitera l'écoulement de leur production ou plutôt de leur trop-plein, ne faudra-t-il pas que l'Europe à son tour se protége contre l'envahissement américain ou, acceptant son infériorité de production, lui demande sa subsistance?

Graves problèmes, dont la solution ne doit pas se faire sans que l'Europe ait mis sa plus complète énergie à détourner les périls qui la menacent!

En tout cas, nous avons une avance énorme sur les Américains pour

tout ce qui concerne le caractère essentiel de l'industrie française : la perfection dans le goût et la souplesse dans la création.

Nous allons trouver cette supériorité indéniable dans l'analyse des
classes de notre groupe, dont nous commençons l'étude après ce long
développement d'idées générales que nous n'avons pas cru superflu de
présenter dans l'intérêt du producteur français.

Nous abstenant de tracer des monographies pour chaque classe de produits, afin de ne pas faire double emploi avec les publications si complètes faites pour les Expositions de Paris, Londres et Vienne, nous sui-
vrons l'ordre du catalogue. Nous indiquerons sommairement, par nation
et par nature de produits, les exposants qui ont été jugés dignes de récompenses et les principaux mérites de leurs expositions. Nous terminerons par un résumé général de nos impressions au point de vue des faits
et des progrès économiques qu'il nous a été donné de relever.

CLASSE 250.

HABILLEMENTS CONFECTIONNÉS.
VÊTEMENTS IMPERMÉABLES ET POUR USAGES SPÉCIAUX.

La classe 250 comprend les confections, les uniformes militaires, la
chasublerie, les costumes d'hommes, de femmes et d'enfants, les habillements spéciaux, les tricots et la bonneterie, les vêtements imperméables.

Tandis que les États-Unis se sont présentés en nombre, les autres pays
n'avaient que peu d'exposants : ce n'est pas à dire que la qualité ne pouvait suppléer à la quantité; mais cette relative abstention doit être re-
levée, car le mouvement commercial des États-Unis dans ces divers
genres d'industrie donne à craindre qu'ils n'oublient bientôt les marques
de fabrique européennes.

Voici à cet égard quelques chiffres instructifs : la production américaine,
dans le seul État de Pensylvanie, s'est élevée pour les vêtements d'hommes,
dans la période quinquennale de 1870 à 1875, de 13 millions à 24 millions de dollars; pour les vêtements de femmes, de 1 à 5 millions; pour
les confections, de 2 à 3 1/2 millions; pour la lingerie, de 1 à 6 millions,
et pour la mercerie, de 300,000 à 950,000 dollars.

Les Américains sont donc en voie de pourvoir presque seuls aux demandes de leur marché. Or, contre 41 exposants américains pour la bonneterie, la France n'en a eu que 2; contre 14 fabricants de corsets, la

France n'en montre que 2 ; pour les vêtements, un seul contre 16 américains ; enfin pour les costumes de dames et d'enfants, 5 contre 12 américains.

Toutefois, hâtons - nous de le dire, cette énumération n'a pas pour objet de faire croire que nous ayons été inférieurs comme mérite, ni que nous soyons près de la défaite quand il s'agira de pourvoir les gens de goût et les consommateurs de luxe. Mais la puissance d'une industrie, pour ne pas déchoir, doit se montrer sous les formes les plus communes comme les plus délicates, et il importe de disputer aux producteurs américains la clientèle des humbles, qui forment le grand nombre en somme, en nous présentant sur leur marché avec une abondance et une variété telles qu'on ne puisse nous oublier. Or, la France ne s'est pas suffisamment empressée d'envahir l'Exposition du Centenaire.

Presque tous ceux qui s'y sont montrés ont remporté la médaille et l'honneur ; mais combien auraient pu se manifester, ne fût-ce que pour rendre plus éclatante la puissance admirable de nos industries et imposer en quelque sorte leur clientèle ! Combien nos grandes maisons de confection n'auraient-elles pas contribué à convaincre les Américains, gens pratiques avant tout, de l'absurde élévation de leurs droits de douane, en leur offrant comme point de comparaison nos produits bons et bien faits avec leurs prix d'origine !

Il est vrai que les découragements ménagés à tant d'exposants européens par les misères du système prohibitif américain et les vexations incessantes des agents fiscaux ont été de nature à compenser les regrets de ceux qui se sont abstenus.

Toutefois, il ne serait pas sage de se trop dégoûter et de négliger les grandes perspectives commerciales qu'offre un pays de tant d'avenir, et dont les défauts économiques et sociaux se corrigeront fatalement par les déboires mêmes qu'ils lui réservent.

La confection pour hommes, c'est-à-dire les *ready made clothings,* a pris naissance en Angleterre, où depuis longtemps les « *out-fitters* » constituent une puissante corporation. Mais elle s'est acclimatée bien vite en France et dans les autres pays du continent, où elle forme de nos jours une des branches les plus actives et les plus considérables de la production nationale.

Aussi la lutte sur les marchés d'exportation est-elle très-vive entre la France, l'Angleterre, l'Autriche et l'Allemagne.

Aux États-Unis, la confection a pris aussi un rapide essor, ainsi que nous l'indiquons plus haut par des chiffres authentiques. Elle emploie de préférence les gros draps qui se fabriquent dans le pays et que protègent des droits d'entrée excessifs contre les similaires européens. Les draps fins et légers d'origine européenne peuvent seuls lutter par leur poids réduit avec la fabrication indigène.

Comme en France et ailleurs, la confection américaine fait une rude concurrence aux marchands tailleurs; s'adressant aux petites bourses, appropriant sa production au goût, aux nécessités du climat et au tempérament du pays, elle s'applique à vendre bon marché en supprimant le crédit et les risques qu'il entraîne; en assurant à ses ouvriers, au prix d'une réduction de salaires, la continuité du travail; en introduisant la machine dans tous les détails de la couture et même de la coupe; en achetant, en fin de saison, des soldes d'étoffes démodées ou en faisant fabriquer sur une grande échelle des draps spéciaux à des conditions très-modérées.

Comme en France, les grandes maisons de confection de Philadelphie, New-York, etc., s'annexent successivement tous les accessoires du vêtement, des pieds à la tête, et en visitant l'établissement de M. John Wanamaker and Cᵒ, dans Market street, à Philadelphie, nous y avons trouvé la variété, l'aspect et jusqu'à l'organisation de la Belle Jardinière, que le chef nous disait avoir prise pour type.

Les marchands tailleurs américains vendent fort cher; leurs habits sont bien traités, de coupe élégante, les détails très-soignés; la qualité du drap est généralement bonne : ils s'inspirent, tant pour le choix des nouveautés que pour la coupe de leurs vêtements, aux meilleures sources de Paris et de Londres.

Voici, après un examen très-laborieux, les exposants qui ont été jugés dignes de la médaille :

ÉTATS-UNIS.

MM. Wanamaker and Brown, à Philadelphie : confection d'habits civils et militaires, succursale de la maison ci-après.

MM. John Wanamaker and Cᵒ, à Philadelphie : maison considérable, copiée, comme organisation et comme variété d'accessoires, sur l'établissement de la Belle Jardinière, à Paris.

M. E. O. Thomson, à Philadelphie, marchand tailleur, breveté pour un système de coupe spéciale : habits civils et militaires bien traités sous tous les rapports.

MM. Derlin and C°, à New-York : maison de confection importante pour civils, militaires, enfants, etc.

M. H. P. Cooper, à New-York : habits confectionnés pour hommes.

M. S. T. Taylor, à New-York : système breveté de patrons gradués pour la coupe des habits.

M. Sweet Orr and C°, à Wrappingers Falls (New-York) : pantalons, jaquettes et vêtements de chasse de bonne qualité; solidité et bon marché.

AUTRICHE.

MM. Keller et Alt, à Vienne; John Werner, à Prague; Beermand Straschitz, à Prague; Mottle fils, à Prague. Vêtements d'hommes civils et militaires de bonne confection, depuis le genre le plus populaire jusqu'à l'habit de luxe.

RUSSIE.

M. Nicolas Komaroff, à Moscou : habits civils et militaires d'une bonne coupe et de belle étoffe.

CANADA.

MM. T. G. Furneral, à Montréal; J. S. May, à Saint-Johns (N. B.). Habits confectionnés dans le goût du pays, bien conditionnés.

ITALIE.

MM. Antonio Mangieri, à Messine; Salvatore Caedara, à Palerme. Confections pour hommes, bien soignées.

FRANCE.

Association des ouvriers tailleurs de Paris, établissement de confection de la rue de Turbigo, le seul exposant français au Centenaire. La vitrine contenait des habits d'hommes et d'enfants d'une coupe élégante, de couture très-soignée, le tout de prix très-modérés.

Cette Association a reçu deux médailles, l'une pour ses produits, qui ont été favorablement jugés, et une autre pour ses statuts d'association coopérative, qui ont été vivement appréciés par le Jury.

Comme lingerie pour hommes et enfants, il y avait au Centenaire une quantité d'exposants; mais les produits n'ont rien présenté de bien remarquable.

En chemiserie, les Américains sont assez fortement outillés, comme machines et comme matières premières, pour pouvoir se passer de nous en tant que besoins courants.

Mais quand il s'agit de lingerie fine, de chemises de luxe, ils nous confient encore leurs ordres et en tout cas ne se lassent pas de s'inspirer de nos créations et de nos modes.

Le Jury a décerné pour la lingerie d'hommes les médailles suivantes :

MM. CONRAD FRÈRES, à Philadelphie, pour chemises à devants brodés et chemises plissées; cols, manchettes et plastrons de rechange.

MM. ROTHSCHILD FRÈRES ET GOTMANN, à New-York : chemises, caleçons et lingerie diverse.

M. JAMES HAYDN, à Philadelphie : chemises, poignets, gilets de flanelle, etc.

MM. MICHAËLIS ET KASKEL, à New-York : lingerie pour hommes et pour dames.

M. HENRY ATKINSON, à Philadelphie : chemises de toile, gilets et culottes en peau de daim d'un bon fini.

AMERICAN MOLDED COLLAR Cᵒ, à Boston : cols et manchettes de papier, recouverts de toile des deux côtés; cette production est d'une grande consommation aux États-Unis, où l'établissement en question est breveté pour un grand nombre de modèles.

ALLEMAGNE.

MM. A. ET C. KAUFMANN, à Berlin : cols et manchettes de papier, devants de chemises de papier, dans le style américain.

ESPAGNE.

MM. CONDE PUERTO Y Cⁱᵉ, à Barcelone : chemiserie d'hommes; belle fabrication, grande variété de modèles et grande modération dans les prix.

RUSSIE.

M. JULES REICHEL, à Varsovie : chemises brodées et lingerie variée pour hommes.

VÊTEMENTS IMPERMÉABLES.

L'exposition des vêtements imperméables n'a pas montré que de grands progrès aient été faits dans cette industrie pendant les dernières années, alors cependant que l'usage de ce genre de vêtements a pris une extension si remarquable pour l'habillement des hommes, des femmes, des enfants et des militaires. La lutte est engagée sur le terrain du bon marché plus que sur celui du perfectionnement industriel des produits. Nous devons, à ce point de vue, regretter que la manufacture française se soit abstenue de se présenter à un concours où la qualité de sa fabrication eût obtenu une place distinguée.

Les États-Unis ont occupé un assez grand nombre de vitrines, et il est juste de reconnaître le développement plein de mérites qui a été imprimé à cette branche. Voici la liste des récompenses :

Gossamer Rubber Company, à Boston : tissus imperméables et vêtements waterproof.

M. Clark S. Merriman, à New-York : vêtements imperméables de sauvetage.

MM. Pentengill et Sawyer, à East-Cambridge (Massachusetts) : sarraux et pantalons de tissus cirés et huilés; casquettes de marins et vêtements imperméables.

MM. Eager P. B. Tower et Cie, à Boston : costumes de marins imperméables.

DANEMARK.

M. Christian Miller, à Copenhague : costumes de marins en toile huilée.

RUSSIE.

MM. Bwosnitzin et fils, à Saint-Pétersbourg : costumes de cuir imperméables.

M. W. Nissen, à Saint-Pétersbourg : même article en pardessus.

ANGLETERRE.

M. Mac Gee John G., à Belfast (Irlande), exposait les pardessus les plus fins et les plus légers de soie caoutchouquée. Belle et intéressante exposition.

CHASUBLERIE.

Cette branche d'industrie a été plus que faiblement représentée au Centenaire; les États-Unis n'ont pas encore abordé cette fabrication, et nous n'avons trouvé que de timides essais au pavillon des Dames, travaux de patience exécutés à loisir et sans aucun caractère industriel.

Un fabricant belge, M. LEYNEN-HOUGAERTS, de Peer (Limbourg), a exposé quelques chasubles d'une exécution très-soignée, d'une belle ornementation et à des prix très-bas. Aussi a-t-il eu un grand succès de vente et toute sa vitrine a-t-elle été achetée en bloc par l'archevêque de la Nouvelle-Orléans, sans compter les ordres qui lui ont été donnés sur les types exposés.

Le Jury lui a décerné une médaille, ainsi qu'à M. SHADRIN, de Moscou (Russie), qui a exposé des images en style grec ornées de pierres fines et de broderies en or d'une grande originalité et d'un travail très-remarquable.

La France a fait entièrement défaut dans cette riche spécialité de son industrie.

L'Espagne étalait quelques pièces accessoires de chasublerie exécutées par l'École de charité des dames de l'association catholique à Madrid; le Canada, enfin, des étoles et pièces détachées de vêtements sacerdotaux, œuvre des sœurs du couvent de Jésus et Marie à Québec.

En somme, rien de bien saillant dans cette spécialité.

CONFECTIONS POUR DAMES ET ENFANTS.

Dans ce département, malgré son petit nombre de représentants, la France figure avec tout son prestige de goût et d'élégance :

La vitrine de Mlle AUGUSTINE COHN ET Cie, précédemment connue sous la raison sociale de Virginie Vasseur, rue de Rivoli, 244, à Paris, attirait constamment les visiteuses américaines et étrangères, qui ne tarissaient pas en éloges sur les riches toilettes exposées à leurs yeux. Une robe de cour de satin blanc, ornée de fleurs avec semis de broderies de soie et or; une toilette de ville de soie brochée, dessin japonais, ornée de passementerie; une robe de chambre brochée, dessin Trianon, garnie de rubans et de dentelles couleur crème; un costume complet en foulard blanc et bronze, orné de franges : tout cela constituait avec quelques autres toilettes un ensemble d'une haute nouveauté, d'un goût parfait et d'une luxueuse élégance.

Le Jury a accordé à l'unanimité une médaille à cette maison, laissant aux termes élogieux du rapport le soin de compenser l'insuffisance de cette récompense.

L'exposition de la maison L. TERRILLON, à Paris, consistant en toilettes de foulard et manteaux de soirée pour dames, garnis de dentelles, a eu beaucoup de succès aussi au Centenaire : ce sont de fort jolies créations et qui témoignent une fois de plus du bon goût qui, en France, préside à toutes nos confections de nouveautés.

Le Jury lui a accordé une médaille, ainsi qu'aux exposants qui suivent :

M. Levilion, à Paris, pour ses costumes et garnitures de robes pour dames, d'une bonne et élégante exécution ;

Mme Vessière-Paulin, à Paris, pour ses toilettes d'hiver et d'été pour fillettes et enfants, brodées et soutachées à la main ;

Mme Vauthier, à Paris, pour ses costumes d'enfants de tout âge, d'une bonne coupe et garnis avec beaucoup de goût.

En somme, nos cinq exposants français ont été tous récompensés, tant il est vrai que sur ce terrain la supériorité de la France est incontestable.

Parmi les nombreux exposants des autres pays, des médailles ont été décernées comme suit :

ÉTATS-UNIS.

Mme E. Keyser, à Philadelphie : toilettes pour jeunes filles et enfants, très-soignées comme exécution, mais manquant de goût dans les détails.

MM. Sharpless and sons, à Philadelphie : costumes variés pour dames, bonne facture ; une des maisons les plus importantes de Philadelphie.

Mme Louise Demoress, à New-York, éditeur d'un journal de modes, fabriquant de la lingerie et des corsets et exécutant pour ses abonnées des toilettes entières de papier pour servir de type à la coupe des robes.

Mlle Elmira Cornwall, à Philadelphie, inventeur de patrons gradués pour la taille des corsages et toilettes entières.

Mlle A. B. Stearns, à Woburn (Massachusetts), pour un système de patrons gradués pour la coupe des robes de dames.

Mme W. T. Hopkins, à Philadelphie : costumes de fillettes et enfants, tricots et pantalons pour dames.

MM. Homer Colladay and C^o, à Philadelphie : lingerie diverse pour dames et enfants.

M. H. S. Hutchinson, à New-York : lingerie, cols et manchettes pour dames, garnitures diverses pour jupons, pantalons, etc.

ANGLETERRE.

M. Schreiber Félix August, à Londres : lingeries et toilettes pour dames.

MM. Brown and Clagett, à Montréal (Canada) : costumes divers pour dames et jeunes filles.

ALLEMAGNE.

Mᵐᵉ von Hacke, à Berlin : lingerie brodée et ordinaire pour dames et fillettes.

CORSETS.

La moitié du genre humain civilisé est tributaire de cette industrie : c'est dire son importance comme élément de travail. Cette moitié est, bien sûr, la plus charmante : c'est dire la perfection que le producteur doit incessamment s'efforcer d'atteindre pour assurer toute sa valeur à la grâce naturelle et pour tirer le parti le plus séduisant de ce que les conformations ont de plus exubérant comme de plus chétif. La mission est grave vraiment de protéger les forts, de soutenir les faibles, de contenir les égarés; elle se complique de la nécessité physiologique de ne pas imposer à la nature des entraves qui pourraient compromettre le jeu des fonctions vitales et comprimer l'épanouissement de nos descendants.

Nous pouvons le dire hautement, la France a jusqu'ici résolu au mieux toutes les faces du problème. Le corset français, c'est la femme française, et la femme française est, sans faire injure à la beauté et à la séduction de toutes les autres, la plus élégante, la plus souple, la mieux équilibrée des femmes. Elle ne néglige rien pour garder son empire, et elle a imposé à son armure, au corset français, la nécessité d'être triomphant parmi tous autres.

Il en est du corset aux États-Unis comme en beaucoup d'autres pays : on se demande comment la femme a pu y passer de la *tunica thoracis* romaine, simple brassière de soutien, ou même du corset *à la paresseuse* du Directoire, à cette espèce de carcan blindé d'acier et bourré de baleines qui défigure, déforme et roidit le buste. C'est un appareil de torture, haut de forme, disgracieux et se prêtant fort mal au double but que nous disait poursuivre un des exposants de Philadelphie : soutenir sans gêner la présence et dissimuler l'absence. Au reste, les Américains semblent avoir conscience de l'imperfection de leurs produits indigènes, car les raisons sociales caractéristiques qu'ont adoptées les principaux établissements qui s'occupent en grand du corset trahissent suffisamment les réformes qui

se poursuivent actuellement dans le Nouveau-Monde. Voici, par exemple,
les corsets pouffs de Mme Chapman, qui nous a exposé la théorie alter-
nante de son invention, c'est-à-dire le *to be or not to be;* le « Boston
Comfort Corset Company »; les « Novelty Corset Works », de New-York;
« Emancipation Corsets »; le « Dress Reform Company », de Boston. Tous
ces sous-titres commerciaux trahissent les préoccupations de la réclame.

Du reste, pour nous permettre de juger avec connaissance de cause cette
branche si délicate de notre groupe, nous avons prié MM^{mes} Kittary et Kanitz, femmes de nos collègues russe et autrichien, de nous faire part de
leurs observations; leurs critiques autorisées nous ont pleinement confirmé dans nos conclusions sur la structure des corsets pur-américains.

Aussi les récompenses qui ont été accordées aux fabricants des États-
Unis s'appliquent-elles surtout au travail mécanique ou manuel, aux soins
donnés et à l'importance des maisons, et non à une approbation du système de confection. Il n'a pas fallu un examen bien approfondi pour reconnaître que la supériorité française est évidente et qu'à Paris seul on fait
des corsets, avec ou sans couture, avec ou sans goussets, sous forme de
ceinture ou sous toute autre forme, qui sont à la fois hygiéniques, souples,
élégants, bons et beaux. Aussi nos deux exposants français, MM. Farcy et
Oppenheim et M. Lenoir, de Paris, doivent-ils figurer en tête des récompenses uniformes qui ont été accordées à leurs confrères de tous pays.

Mais il faut être juste en tous points. Mentionnons donc, pour les accessoires des corsets, les baleines de M. Émile Wahl, à Philadelphie, et de
M. Jos. F. Tobin, à New-York, qui sont de qualité supérieure, ainsi que
les buses en acier de MM. Jacobs Strouse et Cie, de New-York.

Voici la liste des proposés pour la médaille :

UNITED STATES CORSET Cie, à New-York, pour ses corsets tissés;

Mme HARIETT CHAPMAN, à Philadelphie, pour ses corsets pouffs;

GEO. TROST ET Cie, à Boston, pour leurs corsets, bretelles et corsets
d'émancipation;

BREWETER FRÈRES ET Cie, à Birmingham (Connecticut), pour leurs bretelles combinées pour maintenir la chemise et le corset;

BOSTON COMFORT CORSET C^o, à Boston, pour ses corsets sans baleines,
lacés sur les deux côtés;

WORCESTER CORSET C^o, à Worcester (Massachusetts), pour ses corsets et
bretelles pour chemise; breveté pour un corset protégeant complétement
les seins, qui reposent librement dans leurs alvéoles;

MM. Cohn et Cⁱᵉ, à New-York, pour leurs corsets tissés d'une belle fabri-cation, les baleines étant introduites dans les gaînes ménagées à la ma-chine;

MM. Vog et Reynolds, à Boston, pour leurs corsets Jacqueline et gilets de demoiselles;

M. A. W. Thomas, à Philadelphie, pour ses tournures élastiques, très-florissantes encore aux États-Unis;

Mᵐᵉ Demorest, à Philadelphie, pour ses corsets et patrons gradués pour la coupe;

MM. Jacobs Strouse et Cⁱᵉ, à New-York, pour leurs buscs en acier;

MM. Émile Wahl, à Philadelphie, et Joseph Tobin, à New-York, pour leurs baleines de toutes sortes, très-remarquables comme finesse et comme travail.

FRANCE.

MM. Fargy et Oppenheim, à Paris; M. Lenoir, à Paris, pour l'élégance et la façon exceptionnelles, sous tous les rapports, des produits de ces deux maisons.

ALLEMAGNE.

MM. Ottenheimer, J. Masons, à Stuttgart, et Gross et Cⁱᵉ, à Bade (Alle-magne), exposaient l'un et l'autre des corsets qui, quoique médaillés par le Jury, n'échappent point aux critiques de système dont les corsets amé-ricains ont été l'objet.

ESPAGNE.

J. Cardova y Baldrich, à Barcelone : corsets tissés d'une bonne fabrica-tion et de système hygiénique.

BONNETERIE.

L'industrie de la bonneterie, qui comprend tous les produits tricotés à l'aiguille et à la main, au métier rectiligne ou au métier circulaire, prend chaque année un développement plus considérable. Elle s'applique à presque tous les accessoires de l'habillement et comprend, parmi les objets de consommation usuelle, les bas, caleçons, jupons, camisoles, gilets, coiffures, châles, vêtements de toutes sortes, ganterie de tricot de diverses matières.

L'Amérique s'est approprié la fabrication des diverses spécialités qui rentrent dans la bonneterie et qui se subdivisent, d'après les matières employées, en bonneterie de coton, de fil, de laine et de soie : c'est assez dire qu'elle cherche à se soustraire par sa propre production aux importations d'Angleterre, de France et de Saxe ; elle a fait depuis dix ans, à cet égard, des progrès fort remarquables. Sans atteindre encore, il s'en faut, la souplesse et le fini des fabrications anglaise, parisienne et champenoise, la perfection des cotons retors ou fils d'Écosse du Gard, des tricots de laine et de cachemire de la Somme, ou l'élégance des bourres de soie ou filoselles de Paris et de Lyon, il est incontestable que la bonneterie américaine, qui n'était pas même classée en 1867, a conquis une place fort honorable et que, les progrès mécaniques aidant, elle peut devenir périlleuse pour la concurrence européenne.

Les nombreux exposants des États-Unis se sont non-seulement honorablement signalés pour la bonneterie courante, telle que bas, chaussettes, gants, mitaines, etc., mais encore dans le domaine de la fantaisie ; cependant il est facile de voir que l'originalité propre y manque et que la marque d'origine parisienne se retrouve dans les modèles les plus nouveaux et les plus élégants. Les bas de soie à jour et les bas de soie brodés, qui forment une des plus brillantes spécialités de Paris et de Lyon, manquaient seuls, à peu près, dans les expositions américaines.

Voici les récompenses proposées dans cette branche par le Jury :

ÉTATS-UNIS.

Lowell Hosiery Company, à Lowell (Massachusetts) : tricots de coton pour gilets et maillots de dames, bas et brassières; cette fabrication mécanique livre de bons produits à très-bon marché et menace d'une concurrence très-sérieuse la fabrication saxonne de Chemnitz.

MM. Henry Gabriel et fils, à Allentown (Pensylvanie) : bonneterie de laine et de coton de modèles variés et d'une bonne fabrication.

MM. Thomas Hughes and C°, à Bristol (Pensylvanie) : bonneterie de laine mérinos et de coton.

M. Henri Zauner, à Philadelphie : capelines de tricot de soie, de laine, et bonnets garnis de dentelles pour enfants; bons modèles et facture élégante.

Norfolk and New-Brunswick Hosiery Company, à New-Brunswick (État de New-York) : maillots et gilets tricotés.

American Hosiery Company, à New-Britain (Connecticut) : maillots de laine et coton; modèles variés et élégants. Belle fabrication. Maison très-importante.

M. G. H. Prindle, à Philadelphie : manchettes, mitaines. boas et autres objets de laine.

MM. John Glazier et frères, à Philadelphie : chaussettes et bas de coton écru, blanchi et teint; exposition de chaussettes à 22 1/2 centimes la paire. Grand bon marché. Fabrication importante.

M. A. B. Hapke, à Harrisburgh (Pensylvanie) : tricots à la main, manteaux d'enfants, capelines, etc.; bon travail et jolis modèles.

MM. Peek et Green, à Brooklyn (New-York) : maillots de soie pour théâtres; belle qualité; teinture soignée.

Star Knitting Company, à Cohoes (New-York) : gilets tricotés de coton, laine et mérinos; caleçons, etc.

MM. C. A. Thudium et fils, à Philadelphie : jaquettes et gilets de laine.

M. W. K. Grenne's son, à Amsterdam (New-York) : gilets tricotés pour jeunes filles, à très-bon marché et fort bien faits.

Otis Company, à Palmer (Massachusetts) : spécialité de chaussettes et de caleçons tricotés.

M. Martin Landenberger's son, à Philadelphie : bas et chaussettes.

American Netting Wear Company, à Saint-Louis : bonneterie et tricots en tous genres, jupons, bas et chaussettes, capelines de bonne exécution.

MM. J. S. Cummings and Cⁱᵉ, à Philadelphie : maillots et bas de soie; tricots.

RUSSIE.

M. Anne Winogradora, à Nijni-Novogorod : accessoires de toilette tricotés pour dames et enfants; capelines de laine d'une fabrication très-soignée et d'un goût fort original.

M. Hoving, à Viborg : bonneterie en tous genres; bonne qualité et prix modérés.

M. Nicolas Shereshepski, à Moscou : tricots pour dames et enfants, gilets et chemises de laine pour hommes.

M. John Roonin, à Moscou : tricots et bonneterie de modèles fort variés et de bonne qualité courante.

ESPAGNE.

MM. Oliver y Cᵃ, à Mataro : tricots, bonneterie et gilets de flanelle d'une bonne exécution et à des prix très-modérés.

MM. Masoliven frères, à Barcelone : caleçons, gilets et tricots en tous genres, de formes très-correctes et d'un bon fini.

TURQUIE.

M. Ousta-Taux, à Andrinople : bonneterie et tricots de laine de qualité supérieure et d'exécution fort soignée.

M. Yani, à Trébizonde : tricots, maillots, gilets et caleçons de bonne qualité et soignés au point de vue du travail.

SUISSE.

M. End Ulmi, à Lucerne : tricots et bonneterie d'une bonne fabrication et à prix fort modérés.

MM. Meyer, Wolspi et Cⁱ, à Altstetten : bonneterie courante; bons modèles et prix très-bas.

MM. Blumer et Wild, à Saint-Gall : tricots de fantaisie variés, de bonne qualité et à très-bon marché.

ALLEMAGNE.

Mᵐᵉ Ellweg Waller, à Stolberg : bonneterie et tricots de coton de formes et qualités très-courantes.

MM. Carl Metz et fils, à Fribourg : filets de soie et coton, caleçons, jupons et tricots variés de coton et soie.

NORWÉGE.

M. John Falkenberg, à Christiania : jupons, caleçons, gilets et tricots, de formes variées et de bonne exécution.

FRANCE.

M. C. Bullot, à Paris. Vitrine très-remarquée pour la variété et le bon goût des produits : brillant étalage de bas et chaussettes en fantaisie de haute nouveauté; spécialité de bonneterie de soie et fil d'Écosse. Cette exhibition a eu beaucoup de succès et n'a fait que confirmer la réputation de la bonneterie parisienne.

MM. Poron frères, à Troyes. Exposition très-importante de bonne-

terie, tricots et accessoires de vêtements : bonne fabrication et modèles
très-variés.

On peut dire avec satisfaction que nos deux seuls exposants français ont
fait bonne figure dans le département de la bonneterie et que le Jury leur
a accordé la médaille sans la moindre hésitation.

CLASSE 251.

CHAPEAUX, GANTS, COIFFURES.

La classe 251 comprenait les chapeaux, casquettes et coiffures, gants,
mitaines, chapeaux de paille, coiffures de femmes et enfants et modes.
Les principaux exposants étaient les États-Unis, la France, l'Autriche, l'Allemagne, l'Angleterre, la Suisse et le Brésil. En dehors de la remarquable
extension que les États-Unis ont donnée à ces diverses branches industrielles, sans du reste y avoir introduit des progrès bien sensibles (pour
la chapellerie seule la production est montée de 1,466,252 dollars en
1870 à 2,253,744 dollars en 1875), le Jury n'a eu à relever que peu
d'innovations dignes d'une sérieuse attention et n'a pu que confirmer
l'ordre de mérite dans le classement des divers pays, tel que les Expositions
antérieures l'avaient établi. La France a conservé la tête pour la production de goût, le monopole pour la fabrication de certains articles, et Paris
n'a pas cessé d'être le grand centre des approvisionnements et des modèles. Mais il importe de remarquer que les États-Unis peuvent se suffire
à eux-mêmes ou le pourront avant peu et que la ganterie autrichienne,
digne des plus sérieux éloges, a une si grande importance industrielle et
livre à un bon marché tel que la France ne doit rien négliger pour conserver ses débouchés anciens et la supériorité de sa marque de fabrique.
Quant à l'Angleterre, à qui nous avons enlevé certaines spécialités, l'ancienneté de sa clientèle et la puissance de ses maisons de production pour
la ganterie et la chapellerie courantes en font toujours une concurrente
redoutable.

CHAPEAUX DE SOIE ET DE FEUTRE.

Ce qui frappe de prime abord dans l'exposition de chapellerie du Centenaire, c'est l'absence complète d'exposants français. Aucun de nos nombreux fabricants de chapeaux n'avait cru devoir exposer ses produits. Or
ce fait, qui tout d'abord nous semblait étonnant pour une industrie dont

l'exportation est aussi importante, s'explique facilement par la nature des
relations des deux pays et par la position réciproque de l'industrie chapelière d'Amérique et de France.

Cette industrie a pris aux États-Unis un grand développement, et
depuis longtemps déjà les produits américains ont atteint un degré de
perfection qui les met à la hauteur de toutes les concurrences étrangères.

Jusqu'en 1850-1860, nos chapeaux de fabrication française, et principalement les chapeaux de qualité fine, trouvaient encore, malgré les droits
d'entrée énormes, un débouché important sur le marché américain. Mais,
dès cette époque déjà, les progrès rapides de la fabrique locale faisaient
pressentir le changement radical qui s'est opéré depuis.

Aujourd'hui ce n'est plus qu'à titre d'exception, et pour les articles de
haute nouveauté, que la France et les autres producteurs d'Europe peuvent
écouler leurs produits sur les marchés du Nouveau-Monde. Les fabricants
des États-Unis savent s'approprier rapidement les articles créés par nous,
quand ils ne suffisent pas eux-mêmes à la production des nouveautés de
saison, sans cesse renouvelées et sans cesse perfectionnées.

Leur outillage mécanique est, en bien des points, supérieur au nôtre, et
plusieurs des machines qui forment aujourd'hui le bon de l'outillage des fabriques européennes ont été importées depuis de longues années. Dès 1855,
l'Amérique fournissait à la fabrique française la «bastisseuse», qui a été
successivement adoptée par tous les pays producteurs de chapeaux. Dans
toutes les branches de l'industrie chapelière, le travail mécanique se déve-
loppait et permettait de remplacer avec avantage la main-d'œuvre européenne : machines à border les chapeaux, à coudre les cuirs, à confectionner les coiffes; machines à dresser les chapeaux de feutre, machines
à carder et à bastir la laine, machines à fouler les feutres de poil et de
laine, machines à enformer les chapeaux de toutes sortes, tournu-
rières, etc., etc. L'Amérique a successivement inventé ou perfectionné tous
ces engins de production, de telle sorte qu'il est juste de reconnaître
qu'aujourd'hui la fabrique américaine est montée sur un pied que nous
ignorons en France.

Pour l'industrie des chapeaux de feutre, pour celle des chapeaux de
laine *surtout,* et même pour celle des chapeaux de soie et des chapeaux
de fantaisie, elle n'a plus rien à envier aux meilleures fabriques européennes.

L'Exposition de Philadelphie donne en tous points raison à cet exposé
d'une situation où le rôle de la France doit se borner à l'exportation des
matières premières, à savoir :

1° Poils de toutes sortes pour la fabrication des chapeaux de feutre;

2° Peluches pour la fabrication des chapeaux de soie;

3° Garnitures de toutes sortes pour tous les genres de chapeaux.

Nos exportations dans ces différents articles atteignent un chiffre considérable, et cela malgré des droits fort élevés, qui pour les articles de soierie notamment atteignent 5o à 6o p. o/o.

Alors que la France restait absolument étrangère à l'exposition des chapeaux fabriqués, sauf pour les chapeaux de dames et d'enfants, les autres pays producteurs s'y faisaient représenter : l'Autriche, le Portugal, la Russie, l'Espagne et le Brésil ont obtenu des médailles pour quelques-uns de leurs nationaux, sans que, nous devons le constater, aucune des expositions rivales ait pu nous paraître, dans son ensemble, supérieure à l'exhibition américaine elle-même. Voici la liste des récompenses accordées par le Jury :

ÉTATS-UNIS.

MM. Dunlap and Cᵒ, à New-York : chapeaux de soie.

M. T. H. Amidon's sons, à New-York : chapeaux de soie et casquettes, chapeaux d'amazones.

M. Alden Solmans, à South-Norwalk (Connecticut) : chapeaux de feutre de bonne qualité et légers.

Haverhill Hat Cᵒ, à Haverhill (Massachusetts) : chapeaux de feutre de laine, supérieurs et à fort bon marché.

MM. E. Morris and Cᵒ, à Philadelphie : chapeaux de feutre mou ou dur de tous les styles; maison de gros importante, belle fabrication.

MM. J. H. Fenton and Brother, à Philadelphie : chapeaux et toques de dames de feutre de poil.

MM. Yates, Warton and Cᵒ, à Newark (New-Jersey) : chapeaux de fantaisie de feutre de poil.

MM. John B. Stetson and Cᵒ, à Philadelphie : feutres durs et mous, production importante et modèles variés.

MM. J. S. Bancroft and Cᵒ, à New-York : chapeaux légers de toile pour hommes et enfants.

MM. Schuyler, Hartley and Graham, à New-York : shakos et képis militaires variés.

MM. Nonnenberger (Christian), à Philadelphie, et Pierson and Herman,

à Newark (N. J.), ont été médaillés pour leurs outils et formes de chapellerie.

AUTRICHE.

M. T. Huckel et fils, à Neutilschein : chapeaux de feutre et de soie.

M. John Skrivan et fils, à Vienne : chapeaux de feutre et de soie.

MM. Peter Hadig et Cⁱᵒ, à Vienne : chapeaux de feutre et de soie.

ESPAGNE.

M. Francisco Hillavante, à Madrid : feutres.

M. Gregorio Sarton, à Séville : feutres.

M. Mateo de Horna, à Lamora : feutres.

PORTUGAL.

M. Custodio Jose Rodriguez, à Biago : chapeaux divers.

MM. Santos y Junaõ, à Ovar : chapeaux divers.

MM. Maia y Silva, à Porto : chapeaux divers.

MM. Corta Braga y filho, à Porto : chapeaux divers.

M. Vᵈᵃ de A. Roxo, à Lisbonne : chapeaux divers.

RUSSIE.

M. Léon Wilkee, à Moscou.

M. Basil Tchsistikoff, à Saint-Pétersbourg : chapeaux de feutre et de
soie.

M. Ephrim Vasaroff, à Saint-Pétersbourg : casques militaires.

M. Théodore Weigt, à Varsovie : chapeaux de feutre et de soie.

M. Jules Popp, à Riga : chapeaux de feutre.

BRÉSIL.

M. Fernandez Braga, à Rio : chapeaux de feutre communs.

M. Francisco Fischer, à Rio : chapeaux de feutre communs.

M. Biererbach frères, à Rio : chapeaux de feutre communs.

M. Flora P. Requiaõ, à Bahia : chapeaux de feutre communs.

ANGLETERRE.

MM. Lincoln Bennett and C°, à Londres : chapeaux de soie très-fins.

MM. Tress and C°, à Londres : chapeaux, casquettes et casques en feutre pour les Indes.

Dans cette liste nous ne voyons figurer aucune des grandes fabriques de Belgique et de France, qui tiennent aujourd'hui la tête de l'industrie chapelière dans l'ancien continent.

De Paris seulement on a envoyé des chapeaux de feutre pour dames et enfants, garnis de plumes, de fleurs ou de passementerie, qui tranchaient sur la pauvreté du goût américain dans cette spécialité. Deux vitrines représentaient les modèles les plus variés et les plus nouveaux; le Jury leur a accordé à toutes deux une médaille; ce sont :

M. Ruffin, à Paris : chapeaux de feutre fin, garnis, pour dames et enfants.

M. Pierre Nemoz, à Paris : chapeaux de feutre ornés de plumes et fleurs, pour dames et enfants, haute nouveauté et d'un travail très-soigné.

CHAPEAUX DE PAILLE ET TRESSES.

La chapellerie de paille et de tresses n'est pas aussi spéciale à la France que celle de soie et de feutre, bien que nous ayons conservé le rang que nous assurent toujours le fini et le goût des produits. Cette chapellerie représente une consommation énorme, assurée par l'extrême bon marché auquel on peut produire.

Les États-Unis ont exposé peu de chapeaux de paille, et cependant la fabrication y est tellement développée qu'elle peut suffire et au delà à la consommation du pays. Le Massachusetts est le centre de cette fabrication, et les villes de Franklin et de Voxborn peuvent livrer des quantités prodigieuses de ce produit, dont, malheureusement pour elles, l'exportation est limitée.

Les centres producteurs d'Europe, l'Italie et la Suisse, étaient convenablement représentés au Centenaire; seule la France, dont l'apprêt n'a pas de rival, et qui a une supériorité marquée dans les créations de nouveautés en pailles de fantaisie, n'avait pas envoyé d'exposants spéciaux.

L'Italie, avec ses pailles de seigle, de riz, de froment, travaillées à jour ou à relief, est réputée pour son ancienne habileté à confectionner et surtout à réunir les tresses, où se marient avec une ingénieuse variété la paille, la soie et le crin.

Le Brésil, le Pérou, l'Espagne, ont exposé leurs variétés de panamas, un peu démodés aujourd'hui; une vitrine de Manille exposait un chapeau d'arêtes de latanier, vrai chef-d'œuvre de patience, de finesse et de légèreté : son prix fort élevé indiquait du reste le mérite exceptionnel de ce produit.

Nulle part on ne réussit mieux que dans le canton d'Argovie (Suisse) les tresses de soie végétale, de crin et de paille qui constituent une véritable passementerie à l'usage des chapeaux de fantaisie. C'est de là que l'industrie parisienne tire en grande partie les tresses destinées à ses nouveautés de saison.

Cette production particulière à la Suisse se chiffre par plus de 25 millions d'affaires et occupe un grand nombre de mains.

Des récompenses ont été proposées par le Jury pour les industriels suivants :

AUTRICHE.

MM. W. SCHMIDL ET FILS, à Vienne : tresses de crin et paille pour passementerie.

ESPAGNE.

M. MATEO HUELIN, à Epyos : chapeaux de paille de fabrication courante, bien faits et à bon marché.

M. JUAN M. ROXAS, à Manille : chapeaux de paille de Manille et d'arêtes de latanier, d'une finesse et d'une légèreté extraordinaires.

ITALIE.

M. DURANTI AGOSTINO, à Florence : chapeaux de paille pour dames, d'une grande finesse et d'un beau travail.

M. GIO. GIACOMO GUBLI, à Florence : grande variété de chapeaux de paille très-fins. Maison importante, exportant la majeure partie de ses produits en Angleterre et aux États-Unis.

M. TADEI GAETANO, à Florence : chapeaux de paille, bordures de tresse; souliers et pantoufles de dames en paille : grande finesse de travail.

MM. SANTINI FRÈRES, à Florence et à Livourne : assortiment varié de chapeaux en qualité courante, bien exécutés et d'un prix très-réduit.

ASSOCIATION OUVRIÈRE DE BIENFAISANCE, à Valerone : chapeaux de paille très-communs, d'un bon marché extraordinaire.

PORTUGAL.

MM. Linia et Carvalho, à Fayal : chapeaux de paille d'une fabrication remarquable.

SUISSE.

MM. Chiesa frères, à Locarno (Tessin) : tresses et chapeaux de crin d'un beau fini : spécialité du canton.

M. E. Th. Indermühle, à Berne : chapeaux de paille de premier choix ; variété de modèles à des prix très-modiques.

MM. Isler Aloïse et Cⁱᵉ, à Wildegg : tresses de crin et imitation de crin pour chapeaux ; belle fabrication.

M. Walser Conrad, à Wohlen (Argovie) : assortiment très-varié de chapeaux et de tresses de coton imitant le crin à s'y méprendre ; exécution bonne et prix modérés.

RUSSIE.

M. Loth Edward, à Varsovie : chapeaux de paille et de feutre pour hommes et femmes. Maison fondée en 1825, faisant des affaires très-étendues.

GANTS, MITAINES, ETC.

L'industrie de la ganterie prend chaque jour des accroissements plus considérables. Si la France conserve le privilége de la ganterie fine et d'être le seul marché important pour les peaux préparées, elle le doit au soin minutieux qu'elle apporte à la perfection de la matière première, qu'elle tire de chez elle, du Tyrol, de la Bavière et de la Saxe, à sa mégisserie et à ses procédés de teinture. Quant à la coupe et à la couture, elle ne le cède à personne ; le principal mérite des améliorations apportées à sa fabrication revient à la maison Jouvin, de Paris, dont la réputation est universellement consacrée. La France fabrique surtout le beau gant de chevreau, dont la production s'est implantée dans d'autres pays grâce à des gantiers français.

L'Angleterre, qui a joui et profite encore de la vogue pour certains modèles, est une concurrente toujours redoutable à cause de l'étendue de sa production, mais non pour le fini et l'élégance du travail. La plupart des autres pays ne mettent en œuvre que les peaux d'agneau, de daim et de castor. Incontestablement leur fabrication engage une lutte redoutable contre la nôtre, grâce surtout au bas prix de ces gants, qui flattent l'œil, mais dont les peaux sont moins bonnes, les coutures moins soignées, car elles sont faites à la mécanique, contrairement à l'usage généralement encore répandu en France.

En tous cas, notre industrie ne doit pas perdre de vue les progrès très-sérieux de la fabrication étrangère.

L'Exposition de Philadelphie a eu une très-large représentation de la ganterie. Des récompenses ont été accordées aux maisons suivantes :

FRANCE.

M. Xavier Jouvin, à Paris : gants de chevreau; bonne qualité et goût exquis, supériorité incontestable.

M. Eugène Berr, à Paris et à Lunéville : gants de chevreau élégamment coupés et d'un bon marché remarquable.

MM. veuve Buscarlet et Malo, à Paris : gants de chevreau de belle qualité.

MM. Héglé, Glandines et Corbeau, à Paris : bel assortiment de gants de chevreau pour dames travaillés avec goût.

MM. Perrin frères, à Grenoble : gants de chevreau pour dames, ornés de belles broderies et d'élégants monogrammes; modèles jolis et à bon marché.

Il convient de citer pour la France, quoique non récompensée par le Jury, la maison Jugla, de Paris, dont les produits sont fort recommandables et qui fait aux États-Unis un chiffre d'affaires considérable.

ANGLETERRE.

MM. Debenham et Freebody, à Londres : gants de chevreau de bonne coupe; main-d'œuvre habile et bonne qualité.

MM. J. et R. Morley, à Londres : gants de fil et de coton de toutes qualités. Bon marché, bonne exécution; maison très-importante.

AUTRICHE.

M. Anton Pilat, à Prague : gants de peau d'agneau; modèles sans coutures, bas prix.

MM. Stiasny, Franz et Marx, à Vienne : gants d'agneau très-finis; application de la ridelle. Première maison ayant introduit la coupe à la machine.

M. Dewidels Simon, à Prague : grande manufacture de gants d'agneau à bon marché.

M. Ludwig Stoger, à Vienne : gants d'agneau à deux boutons pour dames, artistement coupés.

M. Anton Fese, à Prague : gants de peau d'agneau bien faits et à bon marché.

M. J. W. Bencker, à Prague : gants d'agneau à bas prix et de couleurs élégantes.

M. Edward Branneck, à Vienne : gants d'agneau à deux boutons pour dames, à 9 florins la douzaine; bon marché extraordinaire.

MM. V. D. Aue et Kollmann, à Prague : grande manufacture de gants d'agneau de bonne qualité; exportation importante.

M. J. N. Kubig, à Stuhlweissenburg (Hongrie) : gants de veau glacé, de chevreau, et gants fourrés très-bien faits.

M. Aloïs Port, à Vienne : gants d'agneau à deux boutons très-bien travaillés.

ALLEMAGNE.

M. Heinrich Golden, à Chemnitz : gants brodés de fil, de laine, de coton et de soie; bon marché exceptionnel.

M. Heinrich Lehmann, à Berlin : gants de chevreau et d'agneau glacés et blanchis; jolies formes, modicité de prix.

M. D. Leitteles, à Esslingen : gants d'agneau bien coupés et cousus; bonnes nuances.

MM. J. L. Ranniger et fils, à Altenburg : grande manufacture de gants d'agneau; bonne coupe et bon marché.

BELGIQUE.

M. Léon Level, à Bruxelles : gants de chevreau bien coupés, bien faits et à bon marché.

ESPAGNE.

M. Felipe Stampa, à Valladolid : gants de chevreau glacés et fourrés; bonne fabrication, coupe élégante, couture solide, couleurs soignées, bas prix.

ÉTATS-UNIS.

M. Daniel Hays, à Gloversville : gants et gantelets de peau de daim; bonne confection et grand assortiment.

MM. John Hutchinson et Cⁱᵉ, à Johnstown (New-York) : variétés de gants d'hiver peluchés et garnis de fourrures.

MM. W. S. et M. S. Northreep, à Johnstown : gants et gantelets bien coupés et cousus.

MM. F. E. Colwell et Cⁱᵉ, à Chicago : gants à écosser le maïs, d'invention récente, blindés de lamelles de fer; bonne adaptation au but poursuivi, nouveauté très-appréciée par le Jury américain.

ITALIE.

M. Eduardo Rossi, à Naples : gants de chevreau, d'agneau, de chien, de chat; bon marché.

LUXEMBOURG.

M. Charles Auguste, à Luxembourg : peaux et gants de chevreau bien teints et d'un grand bon marché.

M. Gabriel Mayer, à Luxembourg : variété de gants de bonne fabrication et à bon marché.

PORTUGAL.

M. Diego Jorge Schechan, à Lisbonne. Cette maison expose une grande variété de gants : coupe, couture, couleur, qualité des peaux, tout y est soigné et de facture correcte; prix très-modérés.

Compania Portuense, à Oporto : gants de peau d'agneau et de chevreau de belle teinture et de modèles élégants; bon marché très-remarquable pour la nature des produits.

M. Bernardino G. da Silva, à Lisbonne : gants de chevreau d'un travail très-soigné, bien cousus et de bonne coupe; très-bas prix.

SUÈDE.

G. Swedmark, à Malmö : gants d'agneau et de chevreau à très-bas prix.

RUSSIE.

M. Sarda, à Saint-Pétersbourg, et M. Tichon Sorokin, à Moscou : belle variété de gants soignés; spécialité de *Skins of fillies*.

MEXIQUE.

M. A. Cusset, à Mexico : peaux de chevreau mégissées et gants finis dénotant un grand progrès eu égard à la date récente de l'établissement; belle qualité, bonne coupe, coutures soignées.

TISSUS ÉLASTIQUES ET BRETELLES.

Les tissus élastiques, bretelles et jarretières, qui forment une branche importante de l'industrie française, avec un mouvement d'affaires de plus de 10 millions, dont les deux tiers d'exportation, n'ont guère été exposés au Centenaire que par les États-Unis.

Il est regrettable que nos beaux et excellents produits de Rouen, Paris, Saint-Étienne, n'aient pas engagé la lutte; ils l'eussent soutenue, en effet, avec tous les avantages d'une fabrication que nous avons créée il y a vingt ans et incessamment perfectionnée, et qui avait la première marque.

Il y eût eu profit à comparer nos tissus avec ceux des Américains, dont le développement industriel est très-méritoire.

Les Anglais et les Autrichiens, nos principaux rivaux, s'étaient abstenus également.

Voici la liste des récompenses :

ETATS-UNIS.

Nashawamuch Manufacturing Company, East-Hampton (Massachusetts) : bretelles de caoutchouc et tissus élastiques; bonne facture.

National Suspender Company, à New-York : bretelles et tissus élastiques de belle qualité.

Glendale elastic Company, à East-Hampton : tissus élastiques pour bretelles, jarretières et tous autres usages.

East-Hampton Rubber Thread Company : tissus élastiques pour tous emplois.

M. J. C. Hemple, à Baltimore; tissus élastiques; spécialité pour lingerie.

M. F. Armstrong, à Bridgeport (Connecticut) : jarretières et brassards métalliques.

La France n'était représentée que par MM. Lucien Fromage et Cie, de Rouen, dont les tissus élastiques pour bretelles, ceintures, jarretières, ont été récompensés aux Expositions universelles antérieures; par M. Lamaur, de Paris, lauréat de Vienne, pour ses cordons élastiques de soie pour montres, binocles, de bonne fabrication.

CLASSE 252.

———

DENTELLES, BRODERIES, PASSEMENTERIE.

———

DENTELLES.

L'industrie dentellière, dont l'importance s'accroît d'année en année, grâce aux progrès du goût dans l'habillement des femmes et à l'emploi de la dentelle dans l'ameublement, grâce aussi aux bas prix atteints par les dentelles à la mécanique, figurait avec honneur à l'Exposition de Philadelphie, bien que le nombre des exposants, pour la France surtout, fût moins considérable qu'il n'eût été désirable.

La France et la Belgique conservent toujours la tête de cette fabrication, dont l'extension est telle qu'on estime à près de 500,000 le chiffre des femmes et filles qui en vivent dans les divers pays du monde. La France et la Belgique accaparent près des trois quarts de cette production; le reste appartient à l'Allemagne, qui, sous le nom générique de dentelles de Saxe, livre des produits généralement communs et à bas prix; à l'Espagne et au Portugal, qui fabriquent à Barcelone et à Madère des dentelles de fil et de soie en grands morceaux destinées à la consommation nationale; à l'Angleterre, qui voit disparaître la vogue et la prospérité longtemps attachées à ses dentelles d'Irlande, de Buckingham et d'Honiton, dont on retrouve à peine des échantillons dans les Expositions internationales.

Le Centenaire n'a provoqué un sérieux effort qu'en Belgique; la France n'a pas été suffisamment représentée, et cependant ce qu'elle a exposé permet d'affirmer qu'elle a conservé la première place dans cette industrie, née chez elle, qui vit de bon goût, de grâce, des caprices de la mode, toutes choses qu'on s'essaye à peine à nous contester.

L'industrie dentellière comprend deux branches principales :

Les dentelles au fuseau ou au point et les dentelles à la mécanique.

FRANCE.

DENTELLES AU FUSEAU OU AU POINT.

Ces dentelles sont connues, parmi les plus célèbres, sous les noms de dentelles d'Auvergne ou du Puy, de Lorraine ou de Mirecourt, de Nor-

mandie, du Calvados ou de Bayeux, point de France ou d'Alençon. Ces
dentelles n'occupaient que deux vitrines. Dans l'une s'étalait, brillante par
la variété des produits, l'élégance des modèles et la richesse des dessins, l'exposition collective des fabricants de dentelles du Calvados, avec MM. Da-
lechamp, Lecornu, Lecoq-Lamotte, Leroy, Mérouge, Robert frères et
Verdé-Delisle, de Caen, comme collaborateurs. Cette magnifique collection
a été désignée pour une médaille; mais nous ignorons encore si les malen-
contreux règlements imposés au Jury en matière de collectivité ont permis
de la décerner.

A côté venait la très-belle exposition de MM. Dognin et Cⁱᵉ, de Paris,
avec une grande variété de dentelles Lama, tulles façonnés à pois, dentelles des Indes et autres nouveautés exécutées avec une grande perfection
au moyen du métier à tulle, système Jacquard, et qui se plient à toutes
les fantaisies de la mode.

MM. Dognin et Cⁱᵉ sont passés maîtres dans cette industrie, et leur exhibition les maintient dans les premiers rangs conquis aux Expositions précédentes.

La dentelle du Puy et celle de Mirecourt n'avaient pas de vitrine spéciale et ne figuraient comme spécimens que dans l'exposition de MM. Verdé-
Delisle et Cⁱᵉ.

Quant à ces derniers, qui, sous le nom de Compagnie des Indes, fabriquent et exposent à la fois en Belgique et en France, ils excellent parmi
tous leurs concurrents par le bon goût et le fini remarquables de leurs
produits. Toutes les variétés de dentelles sont représentées dans leurs vitrines, qui sont très-entourées.

Celle de la section française a frappé le Jury par une pointe très-hardie
de dessin et très-supérieure d'exécution en dentelle Duchesse; une ombrelle en bayeux d'une finesse rare avec un semis de fleurs merveilleux
de goût; des volants noirs; une ombrelle en point d'Alençon de toute
beauté; un volant en point d'Alençon, reproduction exacte d'une toilette
de Mᵐᵉ de Maintenon; enfin, une guipure en dentelle noire d'une grande
nouveauté.

Il n'est pas possible de porter d'une manière plus brillante le drapeau
de la France dans les concours internationaux, et si une médaille de bronze,
la seule dont disposât le Jury du Centenaire, peut difficilement témoigner
de l'unanimité avec laquelle elle a été accordée, nous serions personnellement heureux de voir notre Gouvernement suppléer à l'insuffisance
notoire de cette récompense.

DENTELLES DE TULLES À LA MÉCANIQUE.

Cette industrie très-considérable, qui a fait la fortune du centre calaisien, était fort largement représentée, eu égard à la faiblesse relative des
autres industries françaises.

Fabriquées par les métiers à la Jacquard, qui se sont multipliés rapidement à Calais et à Saint-Pierre-lez-Calais, ces dentelles, en soie ou en
coton, entrent aujourd'hui pour un chiffre d'affaires de plus de 50 millions
dans les modes, la lingerie, les confections de toutes sortes; elles luttent
victorieusement contre les produits similaires de Nottingham en Angleterre
et se développent sous l'impulsion du goût et du génie progressifs propres
à la France. Il semble difficile de pousser plus loin l'imitation des dentelles à la main, de se plier mieux aux fantaisies de la mode, de forcer
avec plus de succès son choix par la variété, l'élégance et le bon marché
des produits.

Au nombre des exposants dans cette branche, le Jury a accordé des
médailles à :

M. Ch. Babey, à Calais; MM. Bacquet père et fils, à Saint-Pierre-lez-
Calais; M. Alfred Bailey, à Douai et à Paris; MM. Francès frères, à Saint-
Pierre-lez-Calais; MM. Herbelot et Devot, à Calais, qui ont exposé une
magnifique collection de blondes en soie blanche et noire : c'est la maison
mère de l'industrie calaisienne, fondée en 1825; MM. Robert Maxton
et Cⁱᵉ, à Saint-Pierre-lez-Calais, qui exposent de superbes variétés d'imitation de valenciennes en toutes largeurs. MM. Crassier et Cⁱᵉ, à Saint-
Pierre-lez-Calais, devaient se présenter au Centenaire accompagnés de
leur vieille réputation; mais la perte de leurs colis les a empêchés de concourir.

Les autres maisons du rayon calaisien, quoique non médaillées, ont
été remarquées par le Jury pour la qualité de leurs produits et l'esprit
d'initiative constante que révèle leur fabrication. A ce titre, ont droit à une
mention spéciale : MM. Bontenjeun, Cazin et Noyon, Davenière, Gaillard
père et fils.

ANGLETERRE.

L'Angleterre, à part les produits de son école d'Adare (Irlande), n'a
envoyé aucun échantillon de ses dentelles au fuseau et à la main. Cette
partie de son industrie, qui a eu de beaux jours et qui a gardé dans l'histoire du travail une place si estimée, paraît arrivée à la décadence,
refoulée par la concurrence française et belge, qui a pour elle une légion

croissante d'ouvrières expérimentées et par suite le bas prix, et par-dessus tout la souplesse et l'aptitude à se plier aux fluctuations de la mode.

Quant aux dentelles mécaniques, connues sous le nom de dentelles de Nottingham, elles fournissent des échantillons remarquables.

M. JACOBY MORITS AND C°, à Nottingham, fabriquent avec succès la spécialité de Valenciennes et guipures noires en soie, des rideaux coton guipures noires et couleur, et des rideaux brodés, imitation de Saint-Gall.— Médaille.

MM. SIMON MAY AND C°, à Nottingham, exposent des rideaux brodés, guipures et garnitures de tentures.

Ces produits sont très-remarquables, mais on y retrouve des dessins sans originalité propre; c'est, du reste, une maison déjà ancienne et fort importante. — Médaille.

Une troisième vitrine renfermait des échantillons de vente dignes d'attention et appartenait à des commissionnaires, MM. HEYMANN et ALEXANDER, de Nottingham.

En somme, l'industrie dentellière de Nottingham, très-florissante jadis, est aujourd'hui au déclin comme celles des dentelles au fuseau et au point; le nombre des métiers y diminue à mesure de l'augmentation de ceux des établissements français du Nord.

BELGIQUE.

L'exposition belge, un peu étranglée entre la Suisse et le Brésil, est une des plus remarquables comme variété et comme richesse des produits.

Quoiqu'elle ressemble beaucoup pour l'étalage et la composition à la dernière exposition faite à Vienne, l'étude de cette section offre un vif intérêt, grâce à la variété des types de l'industrie belge et à la perfection de son travail.

La population dentellière du Hainaut, des deux Flandres et du Brabant maintient très-haut sa légitime réputation dans la production des valenciennes, des malines, des dentelles noires de Grammont, de l'application de Bruxelles, avec ses fleurs au fuseau et à l'aiguille et son point à l'aiguille gazé, dit point de Venise, ses guipures de Flandres, imitant les anciens modèles.

La dentelle de Valenciennes constitue la branche la plus importante et la plus productive de l'industrie dentellière : on a vainement essayé de l'arracher au monopole belge. Le fil de coton, au grand avantage de la solidité, a été généralement substitué au fil de lin, exclusivement employé à l'origine.

Les quatre grands centres de fabrication, qui donnent leurs noms aux diverses variétés, sont Ypres, Courtrai, Bruges et Gand.

La plus estimée est celle d'Ypres, dite *à point carré,* plus fine, plus riche et plus chère.

La valenciennes de Courtrai, plus apparente et à meilleur marché, s'applique à la lingerie; celle de Bruges, à maille ronde, plus ordinaire, s'emploie principalement pour garnitures de lit.

La dentelle de Malines, après avoir joui d'une grande vogue jadis, est en pleine décadence aujourd'hui.

La dentelle noire de Grammont s'efforce d'atteindre à la perfection de ses similaires du Calvados; mais, malgré la persévérance de ses efforts, elle n'a pu y arriver encore.

Sur dix-neuf exposants qui occupaient les vitrines belges, le Jury, sur la proposition de son rapporteur, qui s'est livré à l'examen le plus approfondi de cette partie de la classe 252, avec le concours obligeant du délégué belge, M. Duhayon-Brunfaut, a décerné la médaille à :

M. René Bergerem, à Ypres, pour sa collection de valenciennes, plus remarquables par l'originalité de la fabrication que par l'élégance du dessin, qui est un peu plat : en somme, belle spécialité.

MM. Bucunoltz et Cⁱᵉ, à Bruxelles. Très-remarquable toilette à volants au point gaze avec fleurs en relief et bouquets au point, d'une valeur de 35,000 francs. Bel assortiment de dentelle-duchesse partie réseau, partie guipure, en imitation de vieilles dentelles en point de Venise. Échantillon de volant application; point et point appliqué d'un joli dessin. Volant point Médicis fait à l'aiguille, plats au fuseau d'une grande élégance de dessin et d'exécution. Toilette à volants en guipure avec médaillons au point gaze.

Comme nouveauté, une pèlerine à riches dessins et à jours d'une grande régularité; une guirlande de fleurs au point gaze entourant le portrait de la Reine.

MMᵐᵉˢ O. de Vergnies sœurs, à Bruxelles. Toilette en dentelle de Grammont d'une finesse extraordinaire et d'un beau dessin; échantillons d'application blanche et dentelles-duchesse d'une grande élégance et d'un goût remarquable.

Mˡˡᵉˢ Julie Everaert et sœurs, de Bruxelles. Points en dentelle noire

très-belle, qualité très-fine, dessin élégant; dentelle en point d'Angleterre; mouchoir et éventail au point gaze; et pointe blanche au point gaze,
d'une exécution très-correcte.

M. Léon Sacré, à Bruxelles. Échantillons de volants et bandes en point
gaze à 1,250 francs le mètre, d'une rare exécution et d'un fort beau
style. Éventail aux armes de Belgique à 7,000 francs. Volants en dentelles à jour et fort bien ombrés comme dessin.

M. Gillon-Steyaërt, à Courtrai. Dentelles valenciennes à fleurs faites
à part et appliquées : toilette d'une grande nouveauté.

M. Vandezande-Goemaren, à Courtrai. Exposition remarquable au point
de vue de la variété des valenciennes et des objets de fantaisie, tels que
mouchoirs, barbes, éventails, volants. Des dentelles de toute largeur et
une toilette complète sont à signaler comme fini et comme dessin.

M. Saligo-Vandenberghe, à Grammont. Robes, pointes et ombrelles
d'une grande richesse de dessin et d'une exécution très-soignée.

MM. Duhayon-Brunfaut et Cⁱᵉ, à Bruxelles. Quoique hors concours
comme membre de la Commission belge, l'exposition de M. Duhayon-Brunfaut mérite une mention toute spéciale pour la variété des dentelles et la
supériorité du travail.

Tous les genres fabriqués en Belgique sont représentés dans cette vitrine et y brillent par l'élégance et le fini du dessin. Il y a dans ces produits une supériorité incontestable, affirmée du reste par les nombreuses
récompenses obtenues aux Expositions précédentes.

Dans la collectivité des fabricants de Grammont, qui poursuivent avec
un progrès sérieux la concurrence qu'ils font aux dentelles de Chantilly et
de Bayeux, se trouvent quelques étalages remarquables; moins serrées de
réseau, visant surtout à l'apparence en même temps qu'au bon marché,
les dentelles noires s'inspirent des dessins français et rivalisent, comme
succès de vente, avec nos beaux produits du Calvados.

Le Jury a accordé des médailles à :

M. Bruyneel aîné, à Grammont, maison importante et fabriquant bien;
ses produits sont très-variés, d'une belle qualité et de dessins bien dé-
tachés.

M. de Groote-Vierendeel, à Grammont. Exposition d'un excellent ensemble d'articles, tels que pointes, garnitures de volants, ombrelles,
barbes, mantilles espagnoles de bonne qualité courante.

M. Ghys-Bruyneel, à Grammont. Echantillons de dentelles noires de belle fabrication.

Citons encore, en Autriche, deux médailles accordées à M. Metzner-Bernard, de Graslitz (Bohême), et à M. J. Stramitzer, de Vienne, pour leurs dentelles en point gaze pour fichus, éventails et mouchoirs, d'une bonne exécution.

BRODERIES.

Industrie similaire à celle de la dentelle, la broderie est un élément de production d'une importance très-considérable. On estime à plus de 200,000 personnes la population ouvrière qu'elle fait vivre et qui contribue au développement du goût dans la toilette et l'ameublement.

Comme la dentelle, la broderie favorise le travail à domicile et peut être, dès lors, considérée comme un élément de moralisation pour la classe ouvrière qui s'y adonne. Le merveilleux développement des arts mécaniques a opéré dans l'industrie de la broderie la même révolution qui s'est accomplie pour la dentelle. Lorsque la brodeuse mécanique eut réussi à livrer de bons produits à bon marché, la vulgarisation de cet art de goût se répandit dans des proportions à peine croyables; il pénétra dans les couches populaires, qui reculaient devant les hauts prix de la broderie manuelle.

Plus heureuse pourtant que l'industrie dentellière, qui dans toutes ses branches paraît destinée à se soumettre à l'empire de la machine au détriment des ouvrières, dont le travail ordinaire est à plus haut prix, la broderie à la main ne subit pas de crise grave, malgré l'extension des produits mécaniques. Mais aussi ne prévoit-on pas qu'elle puisse être dépossédée des objets de grand luxe tels que les chiffres armoriés, pièces à grands dessins, robes à grands coins, et de la broderie des trousseaux, qui fait vivre beaucoup d'ouvrières. Il y a là, en effet, un élément de fantaisie, de variété, qui doit se plier au goût individuel et pour lequel la machine n'aura pas de longtemps acquis la souplesse et la docilité nécessaires.

Il s'est donc formé une clientèle nouvelle, plus démocratique, dont la consommation est immense, sans que l'ancienne clientèle abandonnât les goûts plus dispendieux qu'elle peut satisfaire.

On range généralement les produits de la broderie dans trois grandes divisions :

1° La broderie de toilette ou broderie blanche, comprenant l'ameublement, les rideaux, etc.; elle peut se faire sur toile de fil, de coton, ou sur tulle au passé, au plumetis, au crochet, à la main et à la mécanique : c'est la seule partie de la broderie qui ait été, jusqu'à présent, exécutée par les machines, mécaniques ou métiers à broder;

2° La broderie or et argent pour costumes religieux, civils ou militaires, emblèmes, étoffes d'ameublement, etc.

3° La broderie en laine et soie sur canevas ou tapisserie à l'aiguille.

Parmi les pays de production, la Suisse tient encore la tête avec la fabrication de Saint-Gall; le chiffre des métiers y croît d'année en année avec celui des exportations. Malgré la concurrence très-résolue que lui oppose l'industrie française de Lorraine, de Tarare, de Saint-Quentin, et les outillages nouveaux si remarquables du département de l'Aisne, malgré des succès qui présagent une prochaine victoire, où le meilleur contingent sera, comme toujours, la supériorité du goût national, la Suisse a conservé en quelque sorte le monopole des divers marchés pour les produits à bas prix.

L'Angleterre paraît destinée à des progrès rapides, qu'elle devra aux efforts soutenus que l'on y apporte, sous de hautes et puissantes influences, au développement artistique des travaux de femme. La «South Kensington school of art Needle work» semble destinée à réaliser un grand bien sous ce rapport.

Les États-Unis ont commencé à installer des métiers et ont produit des résultats dignes d'attention; la broderie artistique à la main s'y développe également, ainsi qu'en témoigne la multiplicité de travaux à l'aiguille étalés dans le Women-Pavillon.

Quant à l'Allemagne, à l'Autriche, aux Pays-Bas, à la Belgique, à l'Italie et à la Russie, ils maintiennent avec succès le rang honorable qu'ils ont acquis depuis longtemps. N'oublions pas de signaler avec curiosité les belles expositions de la Chine et du Japon, qui ont excité à Philadelphie un véritable enthousiasme.

Le Jury a arrêté son attention sur les expositions qui suivent et qui toutes ont été jugées dignes de la médaille.

FRANCE.

Dans la broderie d'ameublement, où Saint-Gall et l'école de South Kensington ont été signalés à bon droit pour le goût et l'exécution, il importe de mentionner d'une manière toute spéciale l'exposition de M. CHARLES MEUNIER, de Paris, dont les produits ont vivement frappé le Jury et attiré la foule des visiteurs.

Les imitations de l'antique, appliquées sur un tissu très-épais et de couleur écrue, qu'il appelle « tissu Momie, » ont conquis, dès leur première apparition devant un public étranger, leur droit de cité parmi les plus élégantes nouveautés d'ameublement. La garniture exposée, qui comprend portières, baldaquins et rideaux de fenêtre, est une reproduction du style égyptien avec figures hiéroglyphiques brodées en bordure avec des laines aux couleurs éteintes, d'un effet très-harmonieux : cette invention est un vrai succès pour la décoration des appartements, surtout au point de vue de la solidité et de la durée.

Les rideaux brodés sur tulle ou sur mousseline de la même maison sont très-élégants et d'un goût excellent.

Enfin, la lingerie de toilette, imitation russe, avec broderies en coton de couleur, à nuances vives et de teinture résistante, se recommandent par l'originalité des dessins et la nouveauté des dispositions.

M. Meunier a fait faire à l'industrie du blanc des progrès considérables comme application du travail manuel ou mécanique et comme bon goût dans les créations les plus variées. La médaille lui a été décernée à l'unanimité du Jury.

SUISSE.

MM. Alder et Meyer, à Hérisau (Appenzell) : garnitures en broderies faites mécaniquement; grande exportation en Angleterre et aux États-Unis. — Médaille.

MM. Basquin Hector et Schweizer, à Saint-Gall : choix des plus remarquables de broderies sur coton et sur toile faites à la machine; grande production. — Médaille.

MM. Bion et Tschumper, à Saint-Gall : broderies mécaniques pour robes et cols de dames. Cette manufacture est une des plus importantes de la Suisse et capable de faire une concurrence victorieuse pour la modicité des prix. — Médaille.

MM. Göldy et Cⁱᵉ, à Saint-Gall : vêtements d'été pour dames, confectionnés avec le plus grand goût; imitation parfaite des broderies à la main de Madère et de 25 p. o/o meilleur marché que ces dernières. — Médaille.

MM. Hirschfeld frères et Cⁱᵉ, à Saint-Gall : rideaux brodés à la main; grande variété de produits. Une des plus fortes maisons de Suisse, fournissant abondamment le marché américain. — Médaille.

MM. Iklé frères, à Saint-Gall : grand assortiment de broderies mécaniques; spécialité pour les broderies sur toile, soie et laine. — Médaille.

MM. Stæheli Wild et Cᵈ, à Saint-Gall : cette maison, récompensée dans toutes les précédentes Expositions, étale un grand assortiment de broderies à la main et mécaniques pour robes. — Médaille.

MM. Steiger et Cᵈ, à Hérisau (Appenzell) : grande spécialité de rideaux brodés à la main, d'un beau dessin et d'un bon fini, très-appréciée sur les marchés français, anglais et américain. — Médaille.

École de dessin de Saint-Gall. Cette école, entretenue et administrée par la chambre de commerce de Saint-Gall, expose des rideaux exécutés d'après les dessins de ses élèves et qui marquent des progrès très-sérieux. Dans les cartons qui nous ont été soumis, nous avons remarqué des dessins d'ornement d'un fort bon goût et d'une exécution soignée; nous avions même demandé une médaille à titre d'encouragement pour le dessin n° 1, très-méritant à tous les égards. — Médaille.

ALLEMAGNE.

MM. Hirschberg et Cᵈ, à Eibenstock : grand assortiment de broderies à la main et à la machine; maison très-connue dans l'industrie allemande. — Médaille.

M. C.-G. Doerffel fils, à Eibenstock : belle exposition de broderies mécaniques et de rideaux brodés à la main. — Médaille.

AUTRICHE.

M. Édouard Richter, à Vienne : broderies variées; exposition du matériel de travail; bon goût et bon marché. — Médaille.

ÉTATS-UNIS.

MM. Kurscheedt and Cᵒ, à New-York : grande variété de broderies, cannelures, plissés, le tout bien fabriqué sur des machines brevetées. — Médaille.

M. Bentley Jeff, à Philadelphie : dessins de broderies, chiffres élégants, mouchoirs de poche brodés très-coquets. — Médaille.

M. Thomas Joël, à Philadelphie : bonnets brodés pour dames et enfants, collerettes et cols; 200 modèles différents; prix modérés. — Médaille.

ANGLETERRE.

École des travaux d'aiguille artistiques de South Kensington, à Londres,

17

une des plus remarquables expositions du Centenaire comme dessin, comme graduation de couleurs et comme fini d'exécution : presque toutes ces broderies sont des reproductions d'après d'anciens modèles et d'un goût auquel les Anglais ne nous avaient pas habitués jusqu'ici.

Cette école, fondée sous le patronage des princesses et de la haute aristocratie d'Angleterre, prouve une fois de plus ce que des musées richement garnis, comme l'est le South Kensington, peuvent exercer d'influence sur le goût d'un pays. Tous les travaux à l'aiguille exposés dans ce salon spécial ont été un succès de bon augure pour l'avenir de cette institution. — Médaille à l'unanimité.

ÉCOLE D'ADARE, village d'Irlande, placée sous la direction de la comtesse Dunraven : produit une exposition de robes brodées et autres broderies, faite en vue d'attirer une clientèle à cette École de bienfaisance. Le Jury a accordé une médaille à titre d'encouragement.

RUSSIE.

M. KREBOFF, à Orenbourg : broderies exécutées à la main sur vêtements, dans le style oriental ; garnitures pour dames d'un dessin original et d'une bonne exécution. — Médaille.

M. KOMAROFF, à Saint-Pétersbourg : broderies en argent faites à la main sur vêtements de drap, de soie et sur cuir ; habile exécution et dessins d'une grande originalité. — Médaille.

M. HODJAÏEFF, à Saint-Pétersbourg : confections pour dames, brodées en or et argent dans le style turc et persan ; élégance et habileté de travail. — Médaille.

M. JULES FLORAND, à Saint-Pétersbourg : broderies en argent exécutées sur flanelle de couleur ; dentelles à la main ; bonne exécution et style élégant.

CHINE.

M. FOW-LONG, à Canton : broderies de soie montées sur écrans d'un dessin merveilleux ; goût d'une grande originalité et bonne exécution. — Médaille.

JAPON.

M. TANAKA, à Kiyoto, médaille ; M. NISHIMURA, à Kiyoto, médaille : broderies sur soie, riches couleurs imprimées et brodées ; dessins très-originaux ; grande harmonie de nuances et d'une habileté de travail remarquable.

Il nous reste à mentionner parmi les trop nombreuses broderies qui s'étalaient au Pavillon des Dames, et qui relèvent plutôt de la fantaisie que d'une industrie quelconque, une toilette complète brodée sur soie et garnie de dentelles au fuseau de Mlle HELENA FUCHS, de Saint-Louis, à laquelle le Jury a accordé une médaille.

Mme LA MARQUISE DE TALHOUËT, à Paris, dont une broderie sur soie fond noir aux couleurs harmonieuses et d'une grande élégance de dessin a également été jugée digne d'une médaille.

PASSEMENTERIE.

Cette industrie comptait fort peu de représentants à l'Exposition de Philadelphie. Nous n'avons rien trouvé aux États-Unis qui marquât des efforts sérieux dans cette branche.

L'Autriche n'a fourni qu'une seule exposition de MM. SCHMIDL ET FILS, à Vienne, qui a été médaillée pour ses garnitures en soie faites à la main sur du coton recouvert de soie; grande variété de modèles et grand bon marché.

La France était représentée par trois vitrines :

M. DIEUTEGARD, à Paris, affirmait ses succès précédents par une exposition très-remarquable : grande variété de garnitures pour confections de dames en laine et en soie, d'une exécution supérieure et de bon goût; couleurs fort bien nuancées et modèles très-appréciés comme nouveauté. — Médaille.

M. DE PAUW, à Paris : garnitures de passementerie en soie noire; quoique non médaillée par le Jury, son exposition mérite d'être mentionnée.

M. MILLAS, à Toulouse : passementerie de coton d'une très-grande variété de modèles et d'une exécution très-soignée; garnitures d'un bon marché exceptionnel. Nous l'avions proposé pour une médaille et nous avons été péniblement surpris de ne pas le voir figurer dans la liste des récompenses.

CLASSE 254.

FLEURS ARTIFICIELLES. — ÉVENTAILS.
ÉPINGLES. — CANNES. — TABLETTERIE. — BIMBELOTERIE.

Le programme du Centenaire a groupé dans la classe 254 un grand nombre de spécialités : fleurs artificielles, coiffures, boutons, épingles, œillets, agrafes, éventails, parapluies, cannes, pipes, objets de tabletterie concourant au vêtement, jouets et bimbeloterie. Les exposants ont concouru en assez grand nombre pour l'exposition de ces divers articles, qui ont offert un réel intérêt autant à cause des efforts qu'ils permettent de constater dans les industries nationales qu'à raison de l'importance croissante de la production.

Pour les plus importants articles de cette classe les États-Unis ont donné la preuve de l'ardeur avec laquelle ils s'essayent et réussissent à s'émanciper du tribut qu'ils payaient jusqu'ici aux industries européennes. Pour les fleurs artificielles, jouets, cannes et parapluies, leur production a plus que doublé depuis 1870; elle est en progression sérieuse dans les autres spécialités : certaines, comme les écailles et nacres naturelles ou artificielles, de création toute récente, ont pris un essor remarquable.

FLEURS ARTIFICIELLES ET PLUMES.

La fabrication des fleurs artificielles et la façon des plumes, qui représentent pour la France un chiffre annuel d'affaires considérable, dont la moitié revient à la main-d'œuvre de nos habiles ouvrières, n'est pas près de passer en d'autres mains. Nous continuons à être en possession presque exclusive de la perfection, et sommes arrivés à faire de cette branche une industrie d'art qui ne laisse plus rien à désirer. Nos seuls concurrents, les Anglais, qui nous serraient de près autrefois, semblent déserter la lutte; en 1867, en 1873, au Centenaire, ils n'ont pas combattu, et cependant ils sont les maîtres, pour les plumes particulièrement, du marché des matières premières. Les États-Unis se montrent avec plus de décision; leurs exposants étaient au nombre de huit et leurs mérites sérieux. Nous avons même rapporté à la chambre syndicale des fleurs de Paris un bouquet fabriqué sous nos yeux et qui, sans atteindre comme goût et comme fini notre fabrication parisienne, témoigne du chemin parcouru dans cette voie par les fabricants américains et des progrès qu'ils pourront réaliser dans un avenir très-prochain. Dire qu'en fleurs, aussi bien qu'en plumes, les principaux manufacturiers sont des Français établis depuis plusieurs années en Amérique, c'est non-seulement pour nous un devoir, mais encore un hommage indirect à rendre à notre pays, d'autant mieux que les efforts faits par les Américains pour attirer chez eux des ouvrières parisiennes sont un fait connu depuis longtemps, non-seulement dans cette branche spéciale de notre production, mais dans d'autres encore. C'est une raison de plus pour nos intelligents producteurs de redoubler d'efforts, afin d'assurer notre suprématie sur les marchés du dehors. Le Jury a d'ailleurs reconnu unanimement, comme l'avaient fait tous les autres antérieurs, que la France imite la nature avec une grâce et une vérité incomparables, que ses fleurs artificielles poussent l'illusion aussi loin que possible, que ses plumes apprêtées et façonnées sont les plus parfaites.

Paris est le grand laboratoire pour cette industrie; les manutentions de plumes fournies par les marchés de Londres et de Livourne ou par la France, car les plumes des espèces communes sont devenues d'un usage plus général, s'y font avec un art achevé pour l'apprêt, le blanchiment et la teinture. Les mérites que l'industrie anglaise a atteints doivent même être attribués surtout aux ouvriers parisiens qu'elle a enrôlés jadis.

Voici les récompenses qui ont été décernées :

FRANCE.

MM. Hiélard et Cⁱᵉ, à Paris. La plus complète des expositions françaises. Fleurs et plumes d'une exécution de premier ordre, pleine de goût, d'élégance, de fini. Plumes d'autruche du meilleur style. Cette exposition fait honneur à la fois à notre pays et au chef si intelligent de cette maison, qui est une notoriété des plus marquantes des chambres syndicales de Paris.

M. L. Délivré, à Paris. Fleurs montées d'une grande perfection; magnifique exposition de roses fort bien exécutées sous tous les rapports.

M. Gosse-Périer, à Paris. Fleurs des champs bien faites et bouquets de violettes; couleurs artistement nuancées et bon marché extraordinaire.

Nous devons mentionner ici M. Favier, qui avait garni de ses jolies plantes d'ornement les jardinières et vases de la maison Cornu. L'exécution en était si parfaite, que dès les premiers jours de l'Exposition ces plantes avaient disparu, dérobées par quelque main coupable, et M. Favier a été sur le point de perdre ainsi, avec ses produits, ses droits à la récompense qui lui était due. Heureusement, les instances réitérées de la Commission française ont réussi à lui faire attribuer la médaille à laquelle il avait tous les droits.

ÉTATS-UNIS.

M. F. W. Ansley, à Sainte-Augustine (Floride). Fleurs artificielles de bon goût, faites de plumes; petite bijouterie travaillée avec une fève de mer qu'on trouve en Floride.

MM. Bené Creighton et Cⁱᵉ, à New-York. Plumes d'autruche d'une belle teinture nuancée. M. Bené, d'origine française, a introduit aux États-

Unis cette fabrication, où il réussit d'autant mieux que la consommation s'applique non-seulement aux dames, mais aussi aux francs-maçons, qui dans leurs processions font un étrange abus de plumes et plumets à leurs coiffures.

Mlle A. DE ETTA BLOODGOOD, à New-York. Très-belle exposition de fleurs, feuilles, fruits de cire d'une rare perfection de couleur et de dessin.

MM. BINGÉ ET BERG, à Philadelphie. Fleurs artificielles : progrès considérable dans l'exécution, l'imitation, le goût et la disposition ; invention de cartons destinés à donner aux fleurs une plus belle apparence et à les préserver dans l'emballage. Maison pleine d'avenir dans cette industrie des fleurs.

Mme J. H. MARTIN, à Philadelphie. Bonnes fleurs artificielles exécutées en plumes.

AUTRICHE.

Mme LA COMTESSE PAULINE BAUDISSIN, à Vienne. Magnifique exposition de fleurs luttant avantageusement avec les plus beaux produits de l'industrie parisienne pour l'élégance, l'éclat et le fini.

BRÉSIL.

Mlles M. ET E. NATTÉ, à Rio-de-Janeiro. Fleurs faites avec goût, entièrement de plumes et d'une rare exécution, déjà médaillées à Vienne en 1873.

· MM. SILVEIRA DE SOUZA, à Distiorio. Fleurs artistement faites d'écailles et arêtes de poisson.

PORTUGAL.

MM. GUILHERMINA ET O. PINHO, à Ponta Delgada. Variété de fleurs exécutées en plumes de couleurs naturelles, bien assorties et dénotant du goût et une grande adresse ; beau choix de matières.

M. S. W. DABNEY, à Fayal (îles Açores). Fleurs peintes de moelle de figuier.

M. D. MARIA DE SOUZA, à Ponta Delgada. Fleurs de fibres d'aloès : grande originalité.

MEXIQUE.

M^{le} PENSADO, à Mexico. Fleurs exécutées en copeaux de corne, d'un travail soigné et plein de goût.

Mlle Sottomayor, à Mexico. Fleurs et fruits de cire d'une bonne exécution : bon coloris, goût et habileté de main.

HAWAÏ.

MM. Young, à Hawaï. Guirlandes de mousse et écailles remarquables.

VICTORIA.

Mme F. de Richelieu, à Windsor. Fleurs bien faites d'écailles de poisson.

COIFFURES, OUVRAGES EN CHEVEUX.

Les ouvrages de cheveux sont, comme la plupart des produits exposés dans notre groupe, une spécialité où la France tient la première place depuis longtemps. Elle exige un goût et un fini que les autres nations n'ont pu atteindre encore : accessoire de la toilette des femmes comme des hommes, elle réclame une main-d'œuvre très-souple, car il s'agit de dissimuler les artifices que l'on prête à la beauté et à la grâce. La mode, depuis beaucoup d'années, est à l'abondance des cheveux, que notre existence si civilisée ravage trop souvent : aussi l'artiste capillaire occupe-t-il une belle place dans la production nationale, allant emprunter aux têtes des deux mondes sa matière première et l'adaptant à tous les besoins et à toutes les vanités avec un succès d'imitation rare.

Le commerce des cheveux, comme celui des coiffures postiches, a son centre en France; sa marque de fabrique est restée la première, non-seulement pour les produits qui garnissent les crânes ou remplacent les barbes aux héros de théâtre, mais encore pour la bijouterie de cheveux.

Cette branche particulière, qui exploite les sentiments de famille et les tendres souvenirs, exige beaucoup de savoir-faire et de finesse psychologique : nous y sommes passés maîtres.

Les récompenses décernées sont les suivantes :

FRANCE.

M. A. Muzet, à Paris. Assortiment complet de tous ouvrages de cheveux. Maison de premier ordre.

ÉTATS-UNIS.

M. Émile W. Montaux, à New-York. Dessins de cheveux et chiffres pour broches d'une bonne exécution.

MM. Lewishon frères, à New-York. Ouvrages de cheveux et perruques de bonne qualité.

ESPAGNE.

M. Pantaleo de la Peña, à Madrid. Nattes de cheveux et perruques de qualité supérieure.

SUÈDE.

M. J.-J. Berg, à Göteborg. Perruques d'une bonne exécution.

RÉPUBLIQUE ARGENTINE.

M. Bourgeois, à Buénos-Ayres. Ouvrages de cheveux et chaînes de bonne exécution.

CANNES, OMBRELLES, PARAPLUIES.

Encore une industrie dont la France s'est fait une sorte de monopole. Ses parapluies et ombrelles, dont la variété est très-grande et auxquels s'appliquent, chaque année, des améliorations et procédés nouveaux, se fabriquent depuis les espèces les plus communes jusqu'aux plus riches et aux plus artistiques et représentent un mouvement d'affaires de près de 5o millions à l'intérieur et à l'exportation. Notre métallurgie a enlevé à l'Angleterre la spécialité des montures de fer; nos fabriques de Lyon produisent la soie; celles de Normandie, les couvertures ordinaires de laine et de coton; nos spécialistes façonnent et sculptent les manches, faits des bois les plus divers.

Pour les cannes, fouets et cravaches, la fabrique parisienne défie également les industries étrangères. Tous ses produits sont bons, solides, élégants et livrés aux prix les plus avantageux.

Malheureusement, toute cette spécialité a négligé de se faire consacrer à nouveau au Centenaire; les nations étrangères s'y sont montrées à leur avantage, copiant nos modèles, empruntant nos matières premières, heureuses peut-être de ne pas être amoindries dans leurs mérites par la comparaison des produits français, auxquels on reconnaît généralement le droit au premier rang.

Voici les récompenses qui ont été accordées :

ANGLETERRE.

M. Martin William Henry, à Londres. Collection variée de parapluies, cannes et fouets; les parapluies de cette maison, déjà récompensés en 1867, sont d'un remarquable fini de monture et très-solides.

MM. SWAINE AND ADENEY, à Londres. Maison ancienne et toujours récompensée. Exposition remarquable de fouets, cravaches, cannes et objets variés pour la chasse, les courses, etc.; fini et bon goût de tous les produits.

MM. DAVIS AND WILSON, à Birmingham. Collection très-variée de montures pour cannes, parapluies, ombrelles; fouets et cravaches. Matières de qualité supérieure; exécution très-soignée. Prix modérés.

ALLEMAGNE.

MM. JOSEPH SAX ET Cⁱᵉ, à Berlin. Parapluies de jolies formes et de mécanismes ingénieux.

BERLIN UMBRELLA FACTORY. Belle fabrication de parapluies à bon marché.

ÉTATS-UNIS.

MM. ELLIS KNAPP AND Cᵒ, à New-York. Parapluies et parasols de tous genres. Patentés pour le *Burglar Proof Rumer,* objet d'un usage fort commode.

MM. W. A. DROWN AND Cᵒ, à Philadelphie. Parapluies et parasols couverts et coupés avec la plus grande habileté; fabrication de cannes et de manches de parapluies.

MM. HEITER AND GANS, à New-York. Belle exposition de parapluies et ombrelles; cannes automatiques fort ingénieuses.

M. TOBIN JOSEPH F., à New-York. Exposition intéressante de côte de baleine des applications les plus variées, particulièrement aux cannes et manches de parapluies et de fouets.

GLENDENNING AND TRUITT, à Philadelphie. Bonne exposition de fouets et articles d'équitation.

M. THOMAS MILLER, à New-York. Produits variés et de bonne fabrication.

ITALIE.

MM. RICHINI FRÈRES, à Turin. Parapluies et ombrelles; spécialité d'articles de voyage.

ESPAGNE.

M. ANTONIO NOAILLES, à Saragosse. Cannes sculptées de bois ordinaire, d'un travail très-soigné; dessin d'un goût excellent et exécution d'une originalité exceptionnelle.

PORTUGAL.

M. Manuel Antonio Diogo, à Oporto. Parapluies de soie, bien montés, avec poignées en ivoire d'une bonne exécution et à prix modérés.

TURQUIE.

M. Mustapha Vusto, à Brousse. Cannes d'ébène avec incrustation d'argent d'un beau dessin oriental et d'un beau fini.

VICTORIA.

MM. Todd frères, à Melbourne. Couvre-chef d'étoffe, fixé sur le collier du cheval, destiné à protéger la tête contre les insolations : appareil très-original et considéré comme pratique par le Jury.

PIPES ET ACCESSOIRES DE FUMEURS.

La fabrication des pipes comprend les pipes d'écume de mer, les pipes de bois et de racines, les pipes de terre et de porcelaine. Les pipes d'écume constituent en Autriche et surtout à Vienne une industrie très-ancienne, florissante, et qui est entre les mains de vrais artistes sculpteurs. Les produits viennois en écume vraie et en imitation ont une réputation qui se soutient, mais qui a trouvé des concurrents très-sérieux en France, à Paris, et en rencontrera de plus en plus aux États-Unis.

Les pipes de bois et racines, dont la production est considérable en Allemagne et en France depuis longtemps, tendent à détrôner celles d'écume : elles sont moins cher, fort prisées des fumeurs et de modèles aussi variés qu'élégants.

Les pipes de terre de la marque Gambier sont des articles communs, mais extrêmement répandus à cause de leur prix infime : la France les fabrique exclusivement. Quant aux pipes de porcelaine, dont la Saxe avait fait une spécialité, leur vogue, répandue seulement en Allemagne et en Hollande, tend à disparaître.

Les récompenses attribuées par le Jury ont été réparties de la manière suivante :

AUTRICHE.

M. Fr. Hiess, à Vienne. Articles de fumeurs, d'écume et d'ambre véritables : jolis modèles; bon marché; sculptures très-fines. Maison de premier ordre.

M. KEMPERLING HERMANN, à Vienne. Articles de fumeurs, de cerisier; grand assortiment et bas prix.

M. TREBITSCH ARNOLD, à Vienne. Articles de fumeurs, d'imitation d'écume et d'ambre très-bien réussie; bon marché extraordinaire.

ALLEMAGNE.

M. OTTO GEBHARD, à Nuremberg. Pipes de bruyère unies et sculptées, de formes jolies et à bas prix.

ÉTATS-UNIS.

M. F. JULES KALDENBERG, à New-York. Pipes et articles de fumeurs, d'écume et ambre, parfaitement exécutés et qui par le goût et le fini sont comparables aux meilleurs produits de Vienne. L'exposant est Viennois et a donné un grand développement à l'industrie importée par lui aux États-Unis.

MM. NAX KUHN AND SILBERMANN, à Philadelphie. Pipes très-bien finies, d'usage courant et à bas prix.

M. Wᵐ DEMUTH AND Cᵒ, à New-York. Grand assortiment de pipes de racines avec monture de gutta-percha et caoutchouc vulcanisé; bonne façon et bas prix remarquable défiant toute importation étrangère.

FRANCE.

MM. BONDIER ULBRICH et Cⁱᵒ, à Paris. Pipes d'écume et de bruyère. Modèles très-répandus.

MM. HASSLAUER ET DE CHAMPEAUX, à Givet. Assortiment complet des fameuses pipes de terre Gambier; articles ordinaires de bonne qualité.

PAYS-BAS.

M. P. GOEDWAGEN, à Gouda. Grand assortiment de pipes de toutes sortes à bon marché.

ACCESSOIRES DE TOILETTE.

PEIGNES ET OBJETS EN ÉCAILLE, IVOIRE, AMBRE.

La France n'a pas eu d'exposants dans cette industrie, qui constitue au premier chef l'article de Paris, si renommé pour son goût, sa diversité et son bas prix. Cette abstention, quelque regrettable qu'elle soit, n'est pas faite pour lui enlever quelqu'un de ses débouchés ou quelque chose de sa réputation, certainement incontestée. Les produits exposés par les autres nations n'ont pas révélé au Jury des progrès sérieux dont la France eût pu faire son profit, bien que son attention ne doive pas se détourner des efforts qui sont faits pour rendre son concours moins nécessaire; mais ces efforts tendent plus vers l'éclat que vers l'harmonie des tons, plus au bon marché qu'à la qualité solide et durable.

Les récompenses ont été décernées à :

ALLEMAGNE.

M. J. Schlegel, à Nuremberg. Articles originaux et bien faits, d'écaille de tortue, avec incrustations d'or.

AUTRICHE.

M. L. Schulte, à Vienne. Bijouterie d'écaille : jolis modèles.

M. Jules de Brunfaut, à Vienne. Bonnets et plumes de verre. Cette maison est, en outre, connue pour sa spécialité de tissus de verre pour filtres chimiques.

ÉTATS-UNIS.

M. J. H. Adams and C°, à Providence. Bijouterie d'écaille, peignes d'ornement d'un joli dessin.

M. D. S. S. Spaulding, à Mansfield. Bijouterie d'écaille et peignes d'ornement élégants.

Celluloid Manufacturing Company, à New-York. Bijouterie d'imitation d'ivoire, corail, corne, d'une nouvelle composition qui vient d'être introduite à Paris et paraît destinée à un grand succès.

M. Alma Wilson, à Landscrona. Bijouteries d'écaille de poisson bien travaillée.

ITALIE.

M. Luigi Olivieri, à Venise. Joaillerie d'écaille, bracelets et colliers de verre soufflé, bonbonnières en mosaïque. Bon marché.

M. Luigi Labriola, à Naples. Bijouterie d'écaille de tortue d'un excellent style.

RUSSIE.

MM. Bernstein frères, à Ostrolenka. Bijoux sculptés en ambre; broches, pendants d'oreilles, boutons, articles de fumeurs : exécution très-soignée, de bonne qualité et à des prix modiques.

PEIGNES ET ACCESSOIRES.

Pour les peignes et accessoires de la toilette des cheveux, des récompenses ont été accordées aux maisons ci-après :

ALLEMAGNE.

MM. Schlenk et Lutzemberger, à Nuremberg. Belle exposition de peignes, spécialement de corne et d'imitation d'écaille de tortue; très-bas prix.

M. Probst Gottfried, à Nuremberg. Belle collection de peignes de buffle et imitation d'écaille; bas prix.

ÉTATS-UNIS.

MM. Carlisle Henry et fils, à Philadelphie. Peignes d'écaille de tortue et de corne; matières employées de premier choix.

M. W. H. Noyes, à Newburyport (Massachusetts). Belle fabrication à la main de peignes de corne.

Manufacture libre de peignes, à Wappingers Falls. Grande exposition de peignes pour dames, de corne ou de caoutchouc; belle fabrication.

Independant Comb Company, à Waterburg. Peignes et boutons d'os. Imitation d'écaille, nacre de perle, etc.

ESPAGNE.

M. Antonio Salvi y Don, à Barcelone. Collection très-variée de peignes de toilette, de buffle, corne et écaille. Excellents matériaux; travail soigné et fini.

ÉVENTAILS.

La fabrication des éventails est au premier chef une industrie d'art et de goût, et à ce titre la France n'a rien à redouter de la concurrence étrangère; plus de 4,000 ouvriers d'une habileté consommée lui assurent le premier rang et se partagent les produits d'un travail dont les trois quarts sont destinés à l'exportation. La peinture, la dentelle, les broderies, la dorure, la tabletterie, l'orfévrerie, concourent à la production des éventails de luxe, et il est aisé de comprendre que, toutes ces spécialités si éminemment parisiennes donnant leur concours, aucun autre pays ne peut engager la lutte contre nous : aussi les nations où l'usage de l'éventail est le plus répandu, l'Espagne, le Portugal, l'Italie, l'Amérique du Sud, sont restées nos tributaires et nous demandent, de préférence à leurs producteurs propres, leur consommation riche ou même commune; nos éventails sont plus gais, mieux habillés que les leurs.

Cependant, au point de vue du bon marché, la Chine et le Japon, où la matière première est abondante et la main-d'œuvre très-économique, ont depuis quelques années envahi tous les marchés du monde; mais ils n'ont pas fait décroître la production française : leurs articles, livrés à un prix très-bas, se sont créé une classe de consommateurs nouvelle, populaire.

Nous n'avons rien à redouter de cette invasion, car, en créant l'habitude de l'éventail, elle fera naître le goût du bel éventail, et notre industrie seule pourra le livrer.

Les récompenses suivantes ont été décernées :

FRANCE.

M. ALEXANDRE, à Paris. Éventails à montures d'écaille, ivoire, bois, d'un grand fini; peintures sur soie d'un style artistique et très-élégant. Maison de premier ordre.

ESPAGNE.

M. MASSAGUER Y LLEDS, à Barcelone. Éventails et écrans de papier et de soie; montures diverses en qualités courantes d'une très-grande variété; modèles d'un bon fini et d'une modicité de prix remarquable.

M. ALEJANDRO SANS, à Valence. Éventails à montures de bois garni de papier ou de soie d'un style populaire : bonne exécution, qualité très-marchande et d'un excessif bon marché.

AUTRICHE.

M. JOSEPH OSTERITTER, à Vienne. Éventails d'écaille, ivoire, avec ou sans plumes, bien faits.

ÉTATS-UNIS.

M. SARAH E. BONNEY, à Sterling (Massachusetts). Éventails de plumes d'une bonne fabrication.

CHINE.

M. Lien Shing, à Canton. Éventails de bois laqué et ivoire, très-originaux.

M. Ho A. Ching, à Canton. Éventails d'ivoire sculpté, d'un fin travail et d'un prix relativement bas.

M. Yut Shing, à Canton. Éventails de laque, style original et de bonne exécution.

JAPON.

MM. Kimo Sumii et Yamada, à Kiyoto. Éventails brodés et remarquablement peints.

M. S. Mochiamii et Cie, à Kiyoto. Éventails d'ivoire ou d'écaille avec de jolies peintures.

M. Taxaka, à Kiyoto. Broderies et peintures sur éventails particulièrement remarquables.

M. Ch. Minoda, à Tokio. Éventails de laque, boîtes, etc. : grande originalité.

BOUTONS, ÉPINGLES, ŒILLETS ET AGRAFES.

La fabrication des boutons est en France d'une grande importance industrielle, qui ne fait que croître depuis l'emploi, presque exagéré au point de vue du goût et de la simplicité, que les femmes en font dans toutes les parties de leur toilette. Nous avons accaparé en quelque sorte le monopole de plusieurs espèces, et particulièrement des boutons de porcelaine blanche, de couleur ou nacrée, et des boutons de passementerie à l'aiguille, que nous avons su imposer en les appropriant aux toilettes dont la création ne chôme jamais en France. Nous marchons les premiers aussi pour les autres genres de boutons de fantaisie, d'uniformes, de chasse, de livrée, pour les boutons de corne, ceux de nacre, d'écaille, pour lesquels on a créé des modèles sculptés, gravés ou de marqueterie. Les boutons de papier mâché, de bois, constituent encore une branche considérable de notre industrie. Les autres pays, sauf l'Angleterre, qui cependant devient timide à comparer ses produits aux nôtres, fabriquent d'une manière recommandable, mais entrent difficilement en rivalité avec nous pour la variété infinie et incessamment accrue des modèles, pour le fini et l'élégance.

Nous ne saurions réclamer la même priorité pour la production des aiguilles, épingles, œillets et agrafes. L'Angleterre tient la tête et paraît devoir la conserver longtemps, bien que nous lui disputions notre consommation nationale avec un succès complet et que nous envahissions déjà ses débouchés. Quant au marché du Nouveau-Monde, il est bien près de lui échapper, car les États-Unis font des efforts très-remarquables pour se suffire et échapper au monopole de Birmingham, Londres et Dublin. Les immenses progrès réalisés par l'industrie métallurgique américaine la poussent à transformer elle-même en épingles de toilette, à cheveux ou de deuil les 2,000 ou 3,000 tonnes de laiton et de fil de fer que réclame la consommation des États-Unis.

Ils arriveront assurément au but qu'ils poursuivent avec un succès assuré par la perfection de leur outillage et de leurs métaux. Les récompenses suivantes ont été décernées :

ANGLETERRE.

M. Fenton James, à Birmingham. Collection très-variée de boutons de nacre de perle pour la lingerie; modèles pratiques et de qualité supérieure à des prix modérés.

MM. Smith James et fils, à Astwood Bank, près Redditch. Collection d'aiguilles à main et pour machines à coudre à leurs différents degrés de fabrication, depuis la matière première employée jusqu'au pointage et à la trempe. Belle fabrication et qualité supérieure de leurs aiguilles, épingles et accessoires.

MM. Milword Henry et fils, à Redditch. Cette maison, médaillée à toutes les Expositions, soutient dignement sa réputation; fondée en 1730, elle fournit ses produits au monde entier. A Philadelphie, elle exposait une collection très-variée d'aiguilles de toute nature et surtout de machines à coudre, le tout de qualité supérieure.

M. Evans David, à Studley-Redditch. Aiguilles à main et pour machines à coudre de toutes sortes et d'une exécution remarquable.

MM. Kirby Beard et Cie, à Birmingham et Redditch. Ancienne et bonne maison établie en 1759, connue dans le monde entier pour la qualité de ses aiguilles, épingles, hameçons, épingles à cheveux; fabrication supérieure et qualité de premier choix.

FRANCE.

M. V. Bapterosses, à Paris. Boutons et perles de porcelaine de toute grandeur, fabriqués sur un pied considérable : variété et originalité dans la forme; modicité des prix. Maison unique dans son genre, connue pour sa spécialité dans toutes les parties du monde et ayant obtenu toutes les récompenses aux Expositions antérieures.

ÉTATS-UNIS.

Waterburg Button Company, à Waterburg (Connecticut). Maison importante pour les boutons de drap ou métalliques; variété de modèles et bonne fabrication.

Manufacture de boutons, à Easthampton (Massachusetts). Cette grande compagnie expose une grande variété de boutons d'ivoire ou recouverts de drap.

M. Émile Wahl, à Philadelphie. Boutons et crochets, objets de fantaisie d'os, boutons communs de bonne qualité à des prix très-modiques.

Compagnie du Bouton new-yorkais, à Brooklyn. Grand assortiment de boutons de métal ou de drap; bon marché.

MM. Scowill et Cⁱᵉ, à Waterburg. Boutons en tous genres, à tous prix; spécialité de boutons métalliques pour uniformes militaires et autres.

M. J. W. Stewart, à New-York. Épingles pour châles de bonne fabrication.

Oakville Pin Company, à Waterburg. Grande manufacture d'épingles de toutes grandeurs; maison fondée il y a vingt-quatre ans et faisant un grand chiffre d'affaires justifié par sa fabrication soignée et à bas prix.

ALLEMAGNE.

M. Edward Peine, à Hambourg. Boutons de manchettes d'ivoire et d'écaille. Prix modérés.

AUTRICHE.

M. Fr. Ant. Fuschner, à Vyssa (Bohême). Grande variété de boutons de métal à bas prix.

M. Schadelbauer, à Vienne. Exposition du bouton de perle-mère.

Turners Sample Office, à Vienne. Boutons de manchettes ornés de perles; bon goût et prix modiques.

ESPAGNE.

MM. FEU ET FILS, à Madrid et à Barcelone. Grande variété de boutons métalliques, d'uniformes et de livrées, d'un bon style et de belle exécution.

PORTUGAL.

M. H. SCHALK, à Lisbonne. Boutons de soie, verre, métal, recouverts de coton ou de laine d'une grande variété de modèles et à bon marché.

MM. GONZALVES RIBA Y Cⁱᵃ, à Oporto. Agrafes et œillets métalliques, boutons de modèles variés, capsules pour bouteilles, le tout bien exécuté et à des prix modérés.

BIMBELOTERIE ET JOUETS D'ENFANTS.

Il y a vingt ans à peine que les jouets de Nuremberg étaient en possession presque exclusive du marché des jouets d'enfants dans les deux mondes. La capitale de cette industrie avait donné son nom aux produits que des milliers de mains habiles et ingénieuses, d'esprits naïfs et de négociants avisés fabriquaient, à la plus grande joie des bébés, en Saxe, en Tyrol, en Thuringe, en Bohême, en Bavière, dans le Wurtemberg. L'Allemagne était la mère Gigogne du jouet, et c'est à peine si l'on se donnait la peine de lutter : jouet primitif et simple, à bon marché, plus amusant qu'instructif, reflétant bien la bonhomie patriarcale et l'économie qui donnaient autrefois tant de charme au naturel germanique. Mais les temps changent, et avec eux les caractères, sans cependant que la souplesse de l'esprit industriel et l'amélioration de l'outillage suivent toujours une marche parallèle; l'esprit de révolution qui souffle sur les mœurs d'autrefois pourrait bien atteindre l'Allemagne dans cette branche relativement la plus prospère et la plus incontestée de son industrie.

La France s'est préoccupée elle aussi des soins à donner aux joies des petits enfants, et trouvant là, à la fois, grand profit et champ illimité à son imagination native et à son goût, elle a commencé à créer, avec Paris pour centre et pour magister, l'industrie du jouet.

Elle devient singulièrement habile et dangereuse pour ses voisins; si elle leur abandonne encore la plus grande partie du jouet commun, elle commence à leur ravir le jouet soigné, de luxe, qui, par le temps de vanité et de richesse qui court, pourrait bien devenir le seul que daigneront accepter nos descendants.

Mais en dehors du goût et de l'éclat le jouet moderne a encore la pré-

tention d'être pédagogique; il se fait compliqué et savant et doit servir de
canal pour jeter de bonne heure dans les jeunes têtes des leçons de choses,
des notions parfaites sur toutes les curiosités de notre vie sociale et de nos
recherches scientifiques. Si nos futures élégantes habillent et déshabillent,
avec un luxe et une perfection de garde-robe inouïs, les ravissantes créa-
tures de porcelaine que l'on appelle poupées, nos garçons sont armés du
fusil du dernier modèle, font naviguer des vaisseaux cuirassés mus par la
vapeur et l'hélice, guident des tramways et manient les piles du télégraphe
électrique.

Révolution, en vérité, qui a son bon et son mauvais côté. La naïveté des
ébats y perd un peu de son expansion, la gravité du petit savant y prend
jour trop tôt, le besoin des belles choses s'accentue plus vite; mais aussi
l'esprit en reçoit une direction plus précise et la main s'habitue à toucher,
en les respectant ou en les brisant, les mécanismes que multiplie notre
civilisation.

Derrière l'Allemagne et la France marchent à pas pressés les États-Unis.
On ne peut qu'être frappé des ingénieux progrès que les Américains ont
fait faire à leurs jouets; si beaucoup sont encore grossiers, rudimentaires,
d'une certaine naïveté comique, il y a dans leur application des solutions
mécaniques le germe d'un avantage dans ce genre de fabrication auquel
il nous faut faire attention.

L'Allemagne avait seule exposé des soldats de plomb : nous regrettons
que la France ne lui dispute pas davantage cette spécialité, qui entretient
chez les enfants le goût et le respect des choses militaires. Il ne faudrait
pas que le souci du gain et la passion des sciences vinssent rejeter sur le
second plan la noble ardeur des garçons pour la généreuse et fortifiante
carrière des armes. L'excès en tout est un défaut. L'exposition allemande
péchait par ses étalages guerriers; notre exposition, par l'absence du soldat
et l'éclat du jouet.

Des récompenses ont été proposées par le Jury pour les industries suivantes :

ALLEMAGNE.

M. A. Issmayer, à Nuremberg. Grand progrès et grande originalité dans
la fabrication des jouets d'étain et de fer-blanc; bon marché.

M. J. Normann, à Nuremberg. Grande variété de jouets d'étain; reproduction des troupes de tous les pays.

M. G. Brandenbacher, à Nuremberg. Grande exposition d'objets de physique amusante et de magie avec d'ingénieuses combinaisons.

M. L. Nebelacker, à Nuremberg. Jouets aimantés bien faits.

M. H. Sickling, à Nuremberg. Modèles divers de poupées habillées; prix très-modérés.

M. E. Planck, à Nuremberg. Lanternes magiques et bateaux à vapeur de fer-blanc : bonne confection.

MM. Barth et Wagner, à Rodach, près Cobourg. Jouets divers; imitation d'animaux : bas prix.

MM. Cuno et Otto Dresser, à Sonnenberg (Thuringe). Têtes et corps de poupées habillés : jolie fabrication.

M. L. Schonnemann, à Magdebourg. Poupées habillées, robes de poupées; grande variété.

M. J. D. Oehme et fils, à Grünhaininqen (Saxe). Jouets de bois. Maison très-importante; grand bon marché.

M. Adalberg Hairsky, à Leipzig. Ballons de papier et lanternes pour illuminations.

FRANCE.

M. Bontemps, à Paris. Oiseaux automatiques chantant, d'un mouvement très-naturel. Ces jouets d'horlogerie ont eu le plus vif succès auprès du Jury et du public américains.

M. Bourgeois aîné, à Paris. Bel assortiment de couleurs sans poison, pour enfants et écoliers; remarquable qualité.

M. Faivre, à Paris. Jouets de fer-blanc, chemins de fer, bateaux, locomotives et autres nouveautés à mécanique pouvant lutter haut la main avec les meilleurs similaires de Nuremberg et autres.

M. Jumeau, à Paris. Poupées habillées d'une grande finesse. Ces poupées sont d'excellents représentants des *modes* parisiennes; rien n'est joli, élégant, de bon goût, comme les coiffures, les toilettes, les poses de ces poupées articulées. Grand succès de vitrine au Centenaire. La fabrique de M. Jumeau, à Montreuil, établie au lendemain de la guerre, produit des têtes de poupées de porcelaine émaillée qui nous affranchissent du monopole conservé jusqu'ici par la Saxe.

M. Truffy, à Paris. Grande variété de jouets mécaniques constituant de vrais automates d'une grande perfection.

Quoique non récompensés par le Jury, on peut mentionner, dans le département français : les meubles et jouets de MM. Choumer et Collet, à Paris; les services de table, jouets de M. Demons, à Paris; les jouets électriques de M. Loiseau fils et les petites machines à vapeur de M. Radiguet; enfin les jouets variés de M. Maltête, à Paris, qui tous faisaient bonne figure à Philadelphie.

ÉTATS-UNIS.

Pope Manufacturing Company, à Boston. Fusils et pistolets de salon à air comprimé et ressorts à boudins, bien conçus et bien exécutés; bon marché.

M. Robert Nickle, à Rochester. Instruments de magie et variété de jouets intéressants.

MM. Althof, Bergmann and C°, à New-York. Jouets mécaniques très-ingénieux, exécutés au moyen de mouvements d'horlogerie; grande simplicité des mécanismes. Maison importante, dont quelques pièces, telles que le gymnaste, le vélocipédiste, l'homme qui marche, réalisent des combinaisons très-originales.

Mme R. E. Jenkins, à Bordentown (New-Jersey). Souliers et bottines de poupées; jolie fabrication.

M. L. Mahan, à Somaïca Plains (Massachusetts);

MM. Peck and Snyder, à New-York;

MM. Reach and Johnston, à Philadelphie;

M. J. D. Shibe, à Philadelphie,
Exposent des balles pour jeux des écoles et une grande variété de jouets de société à des prix modérés et de bonne fabrication.

JAPON.

M. Z. Ide, à Kiyoto. Jouets de bois; imitations d'animaux en miniature, exécutées avec cette perfection originale qui caractérise les ouvriers japonais.

CLASSE 255.

MAROQUINERIE ET TABLETTERIE.

Cette classe comprend la maroquinerie, les portefeuilles, les nécessaires de toilette avec les articles de tabletterie qui y tiennent, les petits bronzes d'ornement, les malles et valises.

Cette exposition a été intéressante; elle était occupée surtout par l'industrie autrichienne, qui a vaillamment confirmé sa réputation pour la maroquinerie fine et les petits bronzes d'ornement. Elle soutient depuis plusieurs années une lutte sérieuse contre nos propres produits sur le marché français pour les fantaisies de cuir, et l'étendue de sa production lui permet, avec l'aide des bas prix de sa main-d'œuvre, d'espérer une grande extension de son exportation; mais nous n'avons cependant pas de craintes à avoir, car nos ouvriers ne le cèdent pas aux siens et, en même temps que notre goût est plus varié, plus inépuisable, nous avons à un plus haut degré le souci de combiner la belle apparence avec une qualité marchande invariablement bonne.

Les États-Unis commencent sérieusement à installer chez eux ces diverses branches d'industrie; leurs progrès sont grands, mais auront-ils les qualités variées qu'exige cette fabrication si délicate?

Les récompenses accordées pour la maroquinerie, la tabletterie de fantaisie, les petits bronzes d'ornement, ont été les suivantes :

ANGLETERRE.

M. J. Johnson et Cie, à Londres. Collection variée de boîtes d'écaille et de papier mâché; belle fabrication, choix supérieur des écailles, modèles élégants, bas prix.

MM. Kent George Buton et Cie, à Londres. Cette maison (ayant aussi exposé dans la classe de la brosserie) expose des couteaux à papier, cadres photographiques, glaces à main d'ivoire sculpté, d'une exécution soignée et de bon goût.

ALLEMAGNE.

M. Fr. Vité, à Berlin. Albums, articles de cuir à très-bas prix.

M. Ad. Heinrich Meyer, à Hambourg. Travail de l'ivoire pour tout usage; matière bien choisie et bonne exécution.

MM. G. Magarus et Cie, à Berlin. Billes de billard d'ivoire, composition et caoutchouc durci.

AUTRICHE.

M. Kraulitz, à Vienne. Cadres pour photographies; modèles pleins de goût à des prix très-modérés.

M. John Uhmann, à Tieffenbach (Bohême). Objets variés, encriers de verre garnis de maroquin et bronze d'excellente qualité à bas prix.

M. J. BAMBULA, à Vienne. Cadres pour articles de fantaisie de cuir : bonne façon et prix modérés.

M. MICH. SEEWALD, à Vienne. Écritoires de cuir, flambeaux de maroquin et bronze; maison importante.

M. L. SCHUTTR, à Vienne. Articles d'écaille de tortue, médaillons, boîtes, boutons de manchettes, etc.

M. FR. BEIHL, à Vienne. Articles de bronze de modèles variés à bon marché.

M. Jos. FRANK, à Vienne. Articles divers de bronze bien fabriqués.

M. DZIEDZINSKI ET HAUNSCH, à Vienne. Articles de bronze fort bien travaillés avec des matières choisies.

M. ANTON BOHM, à Prague. Objets religieux de bronze d'un joli dessin; cadres découpés pour images de sainteté.

M. LUDWIG BOHM, à Vienne. Bronzes de modèles variés et élégants; bonne fabrication à bon marché.

M. CLEMENS LUX, à Vienne. Articles de fantaisie de bronze très-bien exécutés.

M. FR. BERGMANN, à Vienne. Bronzes d'ornement faits avec le plus grand goût.

M. B. HELLER FILS, à Töplitz (Bohême). Modèles nouveaux et élégants de bronze et ivoire.

MM. J. KUZEL ET JANKOWSKY, à Vienne. Articles de tourneur, montés en bronze. Modèles très-variés; bon marché.

MM. LAL ET FILS, à Vienne. Articles de bronze et de pierres de toutes espèces, d'un goût relatif mais bien travaillés.

M. J. ZOECKERT, à Prague. Objets de cristal montés en bronze d'un grand bon marché.

M. RODECK FRÈRES, à Vienne. Maroquinerie fine d'une excellente fabrication.

M. FR. WAGNER, à Meistradorff (Bohême). Objets de cristal montés en bronze du meilleur goût.

M. G. DANNEBERGER, à Vienne. Grande variété d'objets de fantaisie de bronze à bon marché.

M. A. F. Bechmann, à Vienne. Bronzes de fantaisie d'un très-bon goût.

FRANCE.

M. Fr. Girondeau, à Paris. Bel assortiment de boîtes de fantaisie de bronze niellées et émaillées; coloris bien nuancé, goût dans le dessin, bon marché.

M. Lamarre, à Paris. Tabletterie de luxe, albums, buvards, porte-cartes, d'une bonne exécution.

M. Didout fils, à Paris. S'était fait remarquer à Vienne en 1873. A exposé au Centenaire une grande variété de fermoirs pour tous articles de maroquinerie; fabrication bonne et prix modérés.

M. Lenègre, à Paris. Belle exhibition d'albums, buvards, portefeuilles, articles de maroquinerie d'une bonne exécution.

MM. Mataud frères, à Paris. Riche exposition d'articles religieux : 4,000 modèles depuis les espèces les plus communes jusqu'aux plus recher-chées; belle fabrication et bon marché.

M. Voisin, à Paris. Collection remarquable des genres les plus variés de fermetures métalliques pour cols-cravates. Déjà médaillés à Vienne, ses produits ont obtenu sans hésitation la récompense du Centenaire.

M. E. Cléray, à Paris. Objets de fantaisie d'écaille de tortue, boîtes à gants, ornements de toilette de première qualité; spécialité d'écaille blonde, très-remarquée comme bon goût et fini du travail; reliure de Bible d'écaille blonde, d'une exécution remarquable.

RUSSIE.

M. Loukoutin, à Moscou. Boîtes à gants, à cartes, à bijoux, de différents modèles de papier mâché, ornées de dessins, de peintures d'un cachet tout particulier. Fabrication soignée et très-originale.

M. Auguste Stroem, à Saint-Pétersbourg. Cadres pour photographies, porte-cartes, petites glaces à main de bronze doré d'un goût original et d'une bonne fabrication.

ÉTATS-UNIS.

MM. Tiffany et Cie, à New-York. Belle exposition d'ornements de bronze; une des maisons les plus importantes d'Amérique, surtout en orfévrerie.

MM. Grote et Cie, à New-York. Ivoires pour pommes de cannes, de parapluies et garnitures de toilette.

M. Peacok, à Philadelphie. Paniers, boîtes à bijoux, écrins de bois, maroquin et velours d'un bon travail.

MM. C. F. Kolb et fils, à Philadelphie. Écrins à bijoux brevetés pour leur fermeture d'un fini remarquable.

M. G. F. Rumpp, à Philadelphie. Belle exposition de portefeuilles, porte-monnaie, buvards, etc., dignes de comparaison avec les meilleurs produits parisiens ou viennois.

MM. Packurst et Gridley, à Newark. Couvertures et dos de livres de cuir; courroies doubles pour châles et livres à poignée et cuvettes métalliques brevetées et très-pratiques comme emploi; grand progrès, bonne apparence.

AUSTRALIE DU SUD.

M. Henry Steiner, à Adélaïde. Vases et objets d'art montés en argent d'un joli fini et de bon goût.

MALLES, VALISES ET ARTICLES DE VOYAGE.

L'importance de la fabrication des articles de voyage croît d'année en année, à la faveur du développement commercial et de la facilité que les chemins de fer et les paquebots donnent à la circulation. L'Angleterre, qui a été longtemps en possession d'un quasi-monopole pour les produits soignés et qui renferme encore les plus grandes maisons dans ce genre, est obligée de compter aujourd'hui avec des concurrents nombreux et habiles, parmi lesquels la France et surtout la fabrication parisienne tiennent le premier rang. La variété des articles rentrant dans cette classe est considérable; la spécialité qui s'est le plus développée est le sac et la sacoche de voyage, dont l'industrie livre des quantités énormes, de toutes qualités et de tous prix. La fabrication des malles intéresse dans une proportion sérieuse un grand nombre d'industries particulières : la corroierie, la mégisserie, qui livre les maroquins, les peaux en poil, graissées ou vernies, la serrurerie, l'industrie des bois, des toiles et coutils, la bouclerie, la tôlerie.

Aux Expositions précédentes, l'Angleterre, la France, l'Autriche et la Russie ont montré les meilleurs produits pour la légèreté et la solidité. Le petit bagage, tel que valises, sacs, exigeant plus de goût, a trouvé les meil-

leurs ouvriers en France. L'Amérique a fait, à l'abri de ses tarifs prohibitifs,
des progrès rapides et est arrivée sans peine à une fabrication très-importante. Moins soignée dans les détails, mais très-pratique dans la distribution des emplacements et cherchant surtout à ménager l'effet des chocs du
voyage, la malle américaine a réalisé des perfectionnements fort intéressants. La ferrure consiste généralement en pièces de fonte malléable, avec
des serrures d'une ingéniosité primitive, mais massives et cherchant à
éviter la main-d'œuvre à raison de son prix élevé.

Des récompenses ont été accordées aux exposants suivants :

ANGLETERRE.

MM. Hoë Richard et fils, à Londres. Belle fabrication de porte-man-
teaux, boîtes à chapeaux, sacs de voyage; confection solide; cuirs et maroquins de première qualité.

FRANCE.

M. W. Walcker, à Paris. Magnifique assortiment de malles, valises,
nécessaires de voyage, bien conçus au point de vue de l'usage, richement garnis, mais en rapport avec la clientèle de cette maison, c'est-à-
dire un peu chers.

ÉTATS-UNIS.

MM. Crouch et Fitz Gerald, à New-York. Assortiment varié de bonne
confection; modèles bien conçus.

MM. J. Lagowitz et Cⁱᵉ, à New-York. Produits divers soignés et de
prix modérés.

MM. J. C. Gilmore et Cⁱᵉ, à New-York. Spécialité de malles à coins de
caoutchouc, protégeant contre les chocs du voyage à l'aide de boules de
caoutchouc fortement rivées par des triangles de fonte malléable aux
coins haut et bas de la malle; ces caoutchoucs amortissent admirablement
l'effet des chocs de transbordement, et même les chutes auxquelles les
transports à bras peuvent donner lieu de la part des facteurs; application
pratique, mais d'un bon marché relatif.

MM. Edward Simon et frères, à Newark, et T. Peddie et Cⁱᵉ, à Newark.
Ces maisons exposent des malles et valises solidement confectionnées et
faites avec goût.

CANADA.

M. W. E. Clarke, à Toronto. Malles, valises et sacs de bois recouverts de veau; fer nickelé d'un bon aspect et d'un bon travail dans le goût du pays.

PORTUGAL.

M. José C. Azevedo, à Oporto. Malles de bois recouvert de cuir, solides; détails d'aménagement soignés.

RUSSIE.

MM. W. Nissen, à Moscou, et R. Zimmermann, à Saint-Pétersbourg. Malles et valises de bonne facture; matières premières de bon choix.

RÉPUBLIQUE ARGENTINE.

MM. Güntsche et Schroeder, à Buénos-Ayres. Bonnes et fortes malles de cuir; bon marché.

M. Mattaldi Eugenio, à Buénos-Ayres. Malle contenant un lit, une table à dîner, une planche à écrire, une table de toilette : produit ingénieux et utile.

CLASSE 256.

FOURRURES.

L'exposition des fourrures a offert un vif intérêt. Comme toutes les industries du vêtement, celle des fourrures a pris une extension incroyable par suite de l'usage populaire fait aujourd'hui dans tous les pays du monde d'un produit que le luxe monopolisait encore il n'y a pas longtemps. Les fourrures s'appliquent en effet à l'ameublement et aux vêtements. Pelisses, couvertures de voyage et de promenade, tapis, sorties de bal, palatines, camails, manchons, boas, chapeaux, casquettes, chaussures, garnitures de gants, de robes, manchettes, etc., toute cette nomenclature d'accessoires variés de l'habillement et de l'habitation s'adresse à la collection toujours croissante des fourrures, qui porte actuellement sur plus de 600 types de peaux diverses. Sans parler des fourrures communes qui, sous le nom de sauvagines, sont, telles que les lapins, putois, belettes, etc., l'objet d'une exportation énorme en France, le Centenaire offrait de brillantes collections de renards noir, argenté, bleu ou croisé, d'ours noir, de loup à pelage blanc et pointe argentée, de martre zibeline, de loutre de mer, de castor, de chinchilla, d'hermine, scunx, etc. L'Allemagne, la Russie, l'Angleterre, étaient les grands marchés des fourrures et les pays d'origine par excellence; les États-Unis et le Canada faisaient commerce, mais peu d'industrie, avec leurs peaux si abondantes et si riches. Aujourd'hui il n'en est plus de même : les États-Unis et le Canada manufacturent avec un grand succès et peuvent être considérés comme n'étant plus tributaires de l'industrie européenne pour les articles les mieux faits. On sait que le lustrage des peaux est le côté délicat de l'industrie des fourrures : il consiste à donner aux fourrures communes, depuis la base jusqu'à la pointe du poil, l'apparence de fourrures fines, au moyen d'une teinture à froid qui exige les plus grands soins; on est même arrivé dans ces derniers temps à introduire et à fixer des poils blancs émergeant sur le pelage foncé, pour imiter les fourrures les plus précieuses. Les opérations que subissent les fourrures, l'apprêt, la teinture, le lustrage et le brillantage, se font avec une grande supériorité à Paris et à Lyon. Aussi, malgré les éloges que le Jury a équitablement répartis entre les divers pays et exposants de cette industrie, il a été unanime à décerner la palme à l'exposition d'industriels français, MM. Révillon frères, de Paris, tant il est vrai que pour la mise en œuvre des matières premières, le goût et le fini, l'aptitude française a des grâces d'état : elle seule sait donner toute leur valeur aux grandes et petites bêtes fourrées des deux mondes.

Voici la liste des récompenses décernées :

ÉTATS-UNIS.

Freadwell and Cᵉ, à Albany. Grande variété de peaux de veau marin aux divers degrés de préparation, concourant au musée Smithsonien; perfection du mode de teinture.

MM. J. A. Stambach and Cᵉ, à Philadelphie. Grande exposition de martre zibeline russe, blaireau argenté, etc.; tapis fait de 2,000 pièces de fourrures différentes avec les armes des États-Unis.

MM. Ed. Mawson et fils, à Philadelphie. Manteaux : gants pour hommes et femmes; manchons et boas.

MM. Duryce and Hallett, à Rochway (New-York). Peaux de veau marin, brutes, écharnées, tirées au fer, foulées, dégraissées, lustrées, coupées et apprêtées. Cette exposition a été vivement appréciée du Jury américain à raison des efforts soutenus et heureux qu'elle fait constater dans l'acclimatation des opérations diverses que subit la fourrure, opérations pour lesquelles les États-Unis étaient jusqu'ici tributaires des Anglais.

MM. W. H. and M. Burnett, à Newark. Bel assortiment de fourrures de martre zibeline, d'astrakan, etc.

MM. V. Booss et frère, à New-York. Belle exposition de fourrures de robes provenant de renard bleu, d'ours noir, etc.; manteaux de velours doublés d'hermine royale et garnis de chinchilla; chapeaux et gants fourrés de bonne qualité. Maison la plus importante des États-Unis dans cette branche.

M. Kaehler Otto, à Philadelphie. Animaux empaillés; fourrures pour tapis; très-jolie invention d'un manchon pour dames contenant des compartiments destinés à tous les objets nécessaires à une dame. Modèles élégants.

Institution Smithsonienne, à Washington. Cette institution mérite une mention spéciale pour le classement méthodique et très-complet des peaux brutes, apprêtées, teintes, coupées et lustrées qu'elle a exposées dans le palais du Gouvernement. A côté du produit industriel figuraient empaillées les grosses et menues bêtes qui fournissent les pelleteries. Le phoque ou veau marin d'Alaska et du Pacifique Méridional, particulièrement recherché par les fourreurs américains, était exposé à tous les degrés d'opérations que subissent ces peaux. Collection scientifique à la fois et utilitaire, faite par des donateurs nationaux, tels que MM. Herpich de New-York, Treadwell et Cie d'Albany, Bowsky de New-York, Renfrew du Canada; elle a été vivement appréciée par le Jury et fait honneur aux États-Unis.

CANADA.

MM. Reynold et Völkel, à Montréal. Tapis de peaux de loup; manchons, bonnets, manteaux de chasse et fort belles fourrures.

Compagnie de la baie d'Hudson, à Montréal. Exposition brillante de fourrures brutes, ours blanc, brun, noir, skunx, renard bleu, loups blanc et gris, etc.; manteaux d'Esquimau de veau marin. Cette compagnie, très ancienne et très-connue par les expéditions périlleuses qu'entreprennent ses chasseurs, a maintenu au Centenaire sa vieille réputation.

M. Thibaut Lantier et Cie, à Montréal. Deux belles vitrines de fourrures : manchons d'hermine; manteaux pour hommes, de loutre du Nord. Grande variété de produits d'une bonne exécution à tous les points de vue.

MM. C. Keizer et fils, à Halifax. Exposition de blaireaux naturels; tapis de peau d'ours noir; peaux de renards bleu et rouge; manchons et boas.

RUSSIE.

M. Grünwaldt, à Riga. L'assortiment le plus varié des fourrures si appréciées de la Russie. Belle exposition de peaux brutes d'hermine, renards bleu, argenté, noir, d'astrakan, d'ours noir, etc.

MM. Odnoonshefski et fils, à Saint-Pétersbourg. Belle exhibition de cols, manchons de martre zibeline, chèvre du Thibet; combinaisons de plusieurs fourrures dans un tapis; sortie de bal de velours bleu, garnie de la fourrure si blanche et si soyeuse de la chèvre du Thibet. Maison considérable fondée en 1827 et très-répandue.

MM. Wedernikeff et Michaïloff, à Saint-Pétersbourg. Costumes russes de velours rouge garnis de martre zibeline. Exposition abondante de fourrures de tous genres et de belle qualité.

SUÈDE.

M. D. Forsell et Cⁱᵉ, à Stockholm, et M. P. W. Bergström, à Stockholm. Joli choix de fourrures brutes et confectionnées, remarquables, comme les peaux russes et celles de la baie d'Hudson, par le pelage épais, fortement garni, et la peau légère et souple qui distinguent les pays du Nord.

NORWÉGE.

MM. Brandt, à Bergen, et A. S. Rustard, à Drammen. Pelleteries brutes et ouvrées de belle qualité et de bonne exécution, confectionnées au goût et dans les formes appropriés à ce pays.

FRANCE.

MM. Révillon frères, à Paris. Cette exposition est sans contredit la plus belle et la plus riche. La richesse des fourrures était mise en valeur par l'art et le goût exquis de la main-d'œuvre. On pouvait admirer dans cette exhibition des sorties de bal doublées de renard rouge et garnies de castor, des paletots garnis de loutre de la coupe la plus élégante; en outre, des boas, des manchons d'hermine, skunx, etc. Chacun des articles exposés eût mérité une médaille, et le Jury tout entier l'aurait décernée avec la conviction de faire acte de justice. Cette maison a donné une puissante impulsion à la pelleterie française et s'occupe à la fois de l'apprêt, de la confection et de l'entretien des fourrures. Son chiffre d'affaires, qui roule sur 8 millions, dont 5 millions pour l'exportation, témoigne assez des sympathies qu'elle rencontre au dehors et qui datent de sa brillante exposition de

1867. Nous considérons comme un devoir de recommander MM. Révillon à la bienveillance du Gouvernement pour ajouter à la médaille uniforme de bronze une récompense qui soit mieux appropriée au réel mérite de ces industriels.

CLASSE 257.

COSTUMES MILITAIRES ET NATIONAUX.

La branche du costume militaire, qui tient une place considérable dans l'industrie de la confection et qui a motivé l'installation de manufactures gigantesques en Angleterre, en France, en Belgique, en Allemagne, en Autriche, en Suède, est digne d'une très-sérieuse attention ; elle donne du travail à un grand nombre de spécialités industrielles, et son rôle, qui sous l'influence d'idées trop exclusivement humanitaires semblait devoir, il y a peu d'années encore, aller en déclinant, prend au contraire une importance croissante. L'industriel doit aussi peu s'en plaindre que le patriote ; les nations s'arment aujourd'hui tout entières pour la sauvegarde de leur indépendance, et le costume militaire est l'emblème de la dignité que tous les membres du corps social ont le devoir de préserver.

Dans le même ordre d'idées si respectables, tous les pays ont le souci de rechercher et de conserver les traditions de leurs costumes nationaux, qui sont comme le palladium de leur originalité.

Nous avons réuni dans la liste suivante les récompenses décernées aux costumiers militaires et nationaux des pays exposants, qui sont malheureusement trop peu nombreux. Il est regrettable d'avoir à signaler l'abstention de ceux dont la production est la plus considérable.

ÉTATS-UNIS.

GOVERNMENT BUILDING. Costumes divers du gouvernement des États-Unis, depuis la guerre de l'Indépendance jusqu'en 1876.

AUTRICHE.

MM. JOHN BLAZINCIL ET FILS, à Vienne. Garnitures et passementeries pour uniformes militaires.

RUSSIE.

INTENDANCE GÉNÉRALE, à Saint-Pétersbourg. Collection des uniformes militaires russes, grande variété.

SUÈDE ET NORWÉGE.

MINISTÈRE DE LA GUERRE. Mannequins en costumes militaires.

M. E. F. FERNLAND, à Stockholm. Costumes militaires et civils.

M. A. R. WALGEREN, à Stockholm. Costumes militaires.

M. J. M. PYMFALD, à Stockholm. Passementeries et garnitures pour costumes militaires.

M. J. A. EK, à Stockholm. Équipements militaires.

M. Wᵐ GRAM, à Christiania. Costumes nationaux et groupes en mannequins.

PORTUGAL.

M. A. PEREIRA REGO, à Lisbonne. Uniformes militaires.

TURQUIE.

MM. HAIN VIDAL ET Cⁱᵉ, à Constantinople. Costumes nationaux.

CLASSE 285.

CAOUTCHOUC ET GUTTA-PERCHA.

L'exposition de la classe 285 n'était constituée que par des fabricants des États-Unis, au nombre de 36, et par deux maisons russes; leurs produits étaient beaux, bons, d'un prix modéré, et eussent honorablement soutenu la comparaison avec les meilleurs échantillons anglais et français. Le grand nombre d'exposants indique l'importance qu'a prise l'application du caoutchouc et de la gutta-percha pour une infinité d'usages: chaussures, courroies, sellerie, carrosserie, instruments de chirurgie, tuyaux, pièces accessoires de mécanique, etc. Dans cette dernière partie, et surtout en caoutchouc vulcanisé, on peut dire que les fabricants américains excellent dans leur production, qui s'approprie admirablement aux nombreuses applications que leur audace inventive suggère chaque jour dans l'emploi des machines.

Des récompenses ont été accordées aux maisons ci-après :

ÉTATS-UNIS.

NEW-YORK BELTING AND PACKING COMPANY, à New-York. Assortiment complet et bien fabriqué de toutes les productions de caoutchouc.

INDIA RUBBER COMPANY, à New-York. Bons produits divers de caoutchouc.

NATIONAL RUBBER COMPANY, à Providence. Articles courants à prix modérés.

MOULDED HEEL STIFFENING COMPANY, à Lynn (Massachusetts). Caoutchouc monté pour chaussures.

NEW-BRUNSWICK RUBBER COMPANY, à New-Brunswick (New-Jersey). Bottes, bottines et souliers de caoutchouc.

M. ANDREW ALBRIGHT, à Newark. Caoutchouc durci pour harnais et garnitures de carrosserie.

GOODYEAR RUBBER COMPANY, à New-York. Produits divers de bonne fabrication.

MM. J. DICKSON ET Cⁱᵉ, à Philadelphie. Caoutchouc vulcanisé pour la gravure.

M. MOWBRAY G., à North-Adams (Massachusetts). Gutta-percha pour trousses et instruments de chirurgie.

MM. CRANE ET Cⁱᵉ, à Newark. Tuyaux flexibles de caoutchouc.

M. W. B. TAYLOR, à New-York. Tubes flexibles de caoutchouc.

DAVIDSON RUBBER COMPANY, à Boston. Produits de caoutchouc bien fabriqués pour tous emplois.

GUTTA-PERCHA AND RUBBER MANUFACTURING COMPANY. Produits variés de caoutchouc vulcanisé.

RUSSIE.

M. H. SHRADER, à Saint-Pétersbourg, et RUSSIAN AMERICAN INDIA RUBBER COMPANY, à Saint-Pétersbourg. Bons produits variés de caoutchouc vulcanisé.

CLASSE 286.

BROSSERIE.

La brosserie était bien et abondamment représentée au Centenaire. Les États-Unis, qui depuis 1870 ont dans cette spécialité plus que doublé leur production, occupaient naturellement le plus grand nombre des vitrines; puis venaient le Canada, la France et l'Angleterre. La France s'est montrée d'une façon brillante et, pour la brosserie commune comme pour la fine, luttait avec avantage pour la variété des formes et de la matière employée. Cette industrie, pour laquelle l'Angleterre était sans rivale à une certaine époque, a pris en France, depuis un quart de siècle, une importance grande et puisant son principal intérêt dans la diversité des matières employées. L'ivoire, le buffle, l'os, les bois indigènes et des îles, les soies de porcs, le crin, les queues de fourrures fines, la bruyère, le chiendent, la tige du maïs, le genêt, etc., tout cela concourt à la fabrication de la brosserie pour usages domestiques et peintures.

Les ivoires verts du Gabon et ceux moins transparents d'Angola s'achètent dans les docks de Londres et de Liverpool; les cornes de buffle viennent d'Australie pour être ouvertes et aplaties à Paris. Les os, surtout la hanche entière du bœuf, viennent de Londres; les tibias, de la boucherie de Paris; les bois divers, tels que l'ébène, le palissandre, le santal, le buis, le citronnier, du Havre; les soies de porcs, de la Russie et du nord de l'Allemagne. En France, la brosserie commune se fait en divers endroits; le département de l'Oise et surtout l'arrondissement de Beauvais ont la spécialité de la brosserie de toilette. Les États-Unis ont appliqué avec succès à la brosserie commune, aux balais, les tiges de maïs desséchées et fendues, dont les plantations sont très-considérables et dont les fruits jouissent d'une grande faveur dans l'alimentation nationale. Le plumet de la paume, desséché et roidi par des procédés spéciaux, forme des espèces de brosses ou vergettes servant à brosser les habits et, en plus grande taille, pour les appartements. Les brosses et balais américains et canadiens de maïs, genêt ou chiendent sont bien établis et à bas prix. La fabrication en est fort répandue : aussi le nombre des exposants dans cette branche est-il fort considérable.

Voici la liste des récompenses décernées :

ALLEMAGNE.

M. Heinrich Ad. Meyer, à Hambourg. Grand assortiment de brosses à toilette et à chapeaux; bonnes garnitures d'ivoire. Maison de premier ordre et très-connue dans le commerce d'exportation.

M. Edw. Paine, à Hambourg. Brosserie fine montée en ivoire et en écaille, de bonne fabrication.

M. D. Prückner, à Munich. Bel assortiment de brosserie de toilette et d'habits.

MM. G. C. Reissbarth et fils, à Nuremberg. Pinceaux et brosses de peinture. Modèles de tous genres et de toutes grandeurs; bon marché.

ANGLETERRE.

MM. Kent George Barton et Cie, à Londres. Brosserie de toilette, montée en ivoire, d'un bon fini comme travail; belle spécialité de brosses à cheveux.

CANADA.

M. G. R. Gurd, à London (Ontario). Balais et brosses de tiges de maïs d'une belle facture; beaux modèles.

MM. Whitehead et Turner, à Québec. Grand assortiment de brosses en tous genres; bon marché.

M. Th. Boeck, à Toronto (Ontario). Brosses de soie à brosser et à peindre. Breveté pour une semelle mobile se mouvant sur les soies pour, en s'élevant ou s'abaissant, rendre la brosse plus douce ou plus roide.

ÉTATS-UNIS.

M. Ch. P. Pellers, à Philadelphie. Jolie variété de balais de grain.

M. C. F. Reynolds, à New-York. Grand assortiment de pinceaux et brosses pour artistes.

MM. Miles frères et Cie, à New-York. Brosses et pinceaux de bonne apparence. Spécialité de brosses à copeaux.

MM. E. Clinton et Cie, à New-York. La maison la plus importante dans le genre, capable de lutter avec les meilleures importations d'Europe.

Manufacture de Celluloïd, à Newark. Belle exposition de brosses à garniture d'imitation d'ivoire.

ITALIE.

MM. Luigi, Giacomi et Cie, à Trévise. Brosses à habits d'un grand bon marché.

FRANCE.

M. A. Dupont, à Paris et à Beauvais. Une des premières maisons de l'Oise pour la brosserie de toilette; les brosses à dents et à ongles de cette maison, déjà récompensée jadis, sont de premier ordre et d'un bon marché extraordinaire.

MM. Deschamps, Maurey et Cie, à Paris. Anciens associés de M. Dupont, ces industriels ont donné une grande importance à leur production de brosserie de toilette, etc.

M. F. Loonen, à Paris. Brosserie fine et ordinaire; garnitures d'ivoire sculpté d'un goût parfait; cadre de glace d'ivoire remarquable d'élégance et de travail. Cette vitrine a eu un grand succès et fait honneur à la France.

MM. Pitet aîné et fils, à Paris. La première maison pour les brosses et pinceaux de peinture : affaires importantes, fabrication de première marque et ayant épuisé les prix aux Expositions précédentes; grandes affaires à l'exportation. Le chef de cette maison est mort à son retour d'Amérique, laissant dans sa spécialité et le monde des affaires d'unanimes regrets; son exposition fut fort remarquée du Jury et du public.

PORTUGAL.

M. Antonio Raymondo de Carvalho, à Lisbonne. Grande variété de brosserie en tous genres, bien exécutée; solidité, élégance de modèles; bon marché.

CLASSE 288.

DRAPEAUX, ENSEIGNES, ETC.

Un court séjour aux États-Unis fait comprendre que le programme du Centenaire ait ouvert une classe spéciale aux drapeaux, enseignes, insignes qui n'avaient pas eu cet honneur dans les Expositions précédentes. Dans aucun pays connu, en effet, sauf la Chine, d'après ce qu'on rapporte, il n'est fait un pareil étalage de banderoles, d'écharpes, de bannières et de décorations. Il a été donné au Jury d'assister, à l'occasion de la fête des Templiers, à la manifestation la plus somptueuse, la plus bruyante et la plus singulière de cette particularité des mœurs américaines. Dans ce milieu social, partout envahi par l'âpre passion du gain, trop souvent dénué d'idéalisme, de poésie, étranger aussi aux séductions de l'art, poussant l'esprit pratique et le soin de la matière à ses dernières limites, il est curieux de voir l'empire qu'ont su prendre sur les diverses classes de la société le tapage et les colifichets. Ce n'est pas seulement la franc-maçonnerie, dont le développement est très-considérable aux États-Unis, qui fait fleurir ces coutumes : toutes les sociétés de toutes sortes, et elles sont innombrables, sacrifient sur le même autel. Sacerdoce étrange, qui est comme le vertige de la puérilité dans un pays où règnent de conserve la tyrannie dominicale et le culte de la formule : *Time is money.*

Pourquoi, sur le sol américain, le franc-maçon perd-il la réserve de ses confrères d'Europe? Pourquoi promène-t-il au soleil, en pleine semaine, ses emblèmes, ses musiques et ses insignes? Pourquoi le peuple tout entier se laisse-t-il entraîner dans ces bacchanales bruyantes aboutissant fatalement à des orgies? Il faut peut-être en attribuer la cause à la monotonie insupportable du repos dominical, qui engendre le goût de l'excentricité et fait naître à la longue le besoin de rompre cette contention d'esprit par des manifestations extérieures pour rétablir l'équilibre dans la machine humaine. Peut-être aussi peut-on croire que le nivellement démocratique, poussé là-bas à l'excès, se complaît dans ces extravagances patriotiques, dans ces défilés de toutes les confréries, dans cet étalage de costumes, dans cette explosion de pétards, de coups de révolver, qui caractérisent la célébration annuelle du 4 juillet. L'Américain y cherche, à défaut de distractions morales et artistiques, une issue à son tempérament d'habitude si froid, si sérieux, si avide; les individus aussi bien que les corporations acceptent comme suffisants les oripeaux les moins dignes d'hommes qui s'estiment eux-mêmes et qui, sauf en matière religieuse, jouissent de la liberté la plus absolue. Quoi qu'il en soit de ces particularités, qui ont surpris et froissé plus d'un Européen, l'exposition de la classe 288, qui s'est ouverte à 16 exposants, témoigne des louables efforts du travail pour se plier à toutes les fantaisies de la manie nationale.

Voici la liste des récompenses proposées par le Jury :

M. John Meyer, à la Nouvelle-Orléans. Insignes et ordres de maçonnerie d'une bonne exécution.

M. Isaac Bedichimer, à Philadelphie. Insignes d'or et d'argent d'une grande variété.

MM. W. Horstmann et fils, à Philadelphie. Epées de maçons de modèles très-corrects pour cette spécialité et d'un certain luxe approprié aux manifestations extérieures qui ont cours aux États-Unis.

MM. Schuyler Hartley et Graham, à New-York. Emblèmes et décorations civiles : assortiment très-varié.

MM. Jas. A. Haas and Cº, à Philadelphie. Décorations métalliques appropriées aux besoins des diverses confréries.

M. Georges Pilling, à Philadelphie. Décorations civiles, etc., pour sociétés, corporations diverses.

M. C. Lilly, à Columbus. Décorations franc-maçonniques et autres insignes civils.

M. J. S. Wilson, à Philadelphie. Bannières de soie peinte et tentures emblématiques de papier.

M. Camille Piton, à Philadelphie. Trophées représentant les cinq parties du monde et servant de décoration au bâtiment de l'Exposition : artiste français dont les œuvres, exécutées avec goût et savoir-faire, dénotent franchement l'origine.

CONCLUSIONS.

Nous pourrions clore ce rapport avec l'examen de la dernière classe attribuée au Jury de notre groupe. Dans les considérations générales que nous avons développées au commencement, comme dans l'étude dont nous avons fait précéder les opérations du Jury pour chacune des spécialités industrielles de son ressort, nous avons, en effet, relevé d'une manière sommaire le caractère particulier des efforts et des progrès, attestés par des chiffres, de l'industrie aux États-Unis.

Mais il nous paraît utile de jeter encore un coup d'œil d'ensemble sur l'Exposition de Philadelphie et de résumer les enseignements que l'on peut tirer de cette grande manifestation internationale où, pour la première fois, les Américains ont pu montrer dans tout l'éclat de leur jeune vigueur et avec une abondance surprenante les fruits de leur travail.

Il n'y a pas quinze ans que leur production était peu comptée : elle est aujourd'hui menaçante. Les conscrits sont devenus d'excellents soldats, fiers et sûrs de leur courage, marchant d'un pas ferme, un peu trop rapide quelquefois, et avec une stratégie industrielle qui paraît n'avoir pas trouvé encore sa formule définitive, à la conquête de l'indépendance du marché national et à l'invasion des marchés étrangers.

Si, à un point de vue supérieur, nous ne devions nous réjouir des forces nouvelles qui s'élaborent dans ce grand et admirable atelier pour l'extension de la puissance civilisatrice dans le monde, nous devrions être pris de jalousie et de crainte; car, de même que l'équilibre traditionnel des puissances politiques a subi de graves changements, de même l'équilibre des forces industrielles paraît menacé par la brillante entrée en scène de la République américaine.

Il s'agit donc pour l'Europe de se mettre en défense, de concentrer ses forces, d'améliorer incessamment son outillage, d'augmenter sans trêve sa puissance mécanique, — point par où les États-Unis luttent avec le plus de succès contre nous, — et surtout d'être d'une extrême prudence dans l'étude et l'application des théories économiques.

Un examen superficiel de la situation présente du marché américain pourrait aisément fournir des arguments contre les préoccupations que nous montrons pour les intérêts européens. Les États-Unis sont, en effet, depuis assez longtemps dans un état de crise dont les agitations pour l'élection présidentielle n'ont fait qu'augmenter la gravité : la production a été exagérée au point de n'avoir plus de débouchés suffisants (en 1875, la Pensylvanie seule a produit pour une valeur de plus de 2 milliards); le travail et les salaires diminuent; des populations ouvrières considérables sont jetées dans les aventures de l'émigration vers l'Ouest ou contraintes à la mendicité, chose inconnue jusqu'ici dans l'Amérique du Nord, et l'on pourrait être enclin à conclure qu'il est puéril de s'alarmer. On pourrait dire qu'aucune nation d'Europe ne souffre au même degré que les États-Unis des périls de la situation économique générale et que, en particulier, la France a subi moins que toute autre le contre-coup de ces malaises. Mais ce serait s'abandonner à des appréciations fort insuffisantes de l'état réel des choses que de conclure d'une épreuve transitoire à l'existence d'une infériorité fondamentale des Américains, et, en ce qui touche la France, ce serait méconnaître le privilége que ses fabrications de goût et de luxe lui conservent dans la consommation générale, alors même que les perturbations des marchés frappent dans les divers pays les branches industrielles les plus considérables.

Il ne faut pas oublier que, malgré des causes de faiblesse accidentelles, les États-Unis possèdent dans leur sol et dans le caractère de leurs habitants des forces latentes auxquelles une politique avisée donnera une immense valeur.

La nature, qui dans le vieux monde épuise ses ressources, est dans le nouveau monde d'une fécondité et d'une virginité sans égales; cette puissance de vie n'a rien d'artificiel, et la loi de l'existence indique qu'à un moment donné, plus tôt ou plus tard, le plus fort l'emportera sur le plus faible, le plus riche sur celui qui l'est moins. Il y a, en outre, cette vertu ou cette aptitude native de l'Américain d'apporter, ayant conscience de ses ressources, une audace dans l'entreprise, une finesse dans les applications pratiques, un certain sans-gêne dans les moyens, qui lui assurent peut-être une supériorité finale sur de plus timorés. Ajoutez-y la passion de la mécanique industrielle, dont les progrès sont des plus frappants et dont les conséquences ne les arrêtent pas : leur sol est si vaste pour l'ouvrier que la machine remplace! Le nôtre est si étroit, si imbu de doctrines philanthropiques, que la crainte des crises ouvrières paralyse et endort peut-être souvent l'esprit de progrès de nos meilleurs industriels et de nos ingénieurs les plus habiles!

On voit, par toutes ces considérations, que ce n'est point à tort que nous nous élevons au-dessus des malaises de l'heure présente, et qu'envisageant l'avenir nous nous écrions : *Caveant consules!* Le moment nous paraît propice pour étudier avec fermeté le plan de nos futures batailles sur le terrain du trafic international.

En dehors des raisons générales qui pèsent sur la marche des affaires, les États-Unis pâtissent évidemment de leur politique économique, d'une protection si jalouse qu'elle équivaut à une quasi-prohibition pour les produits étrangers ayant leurs similaires en Amérique. Mais nous ne craignons pas de dire que ce régime n'est plus longtemps viable et que, s'il a produit des résultats étonnants en favorisant la naissance des industries indi-

gènes, il n'en est pas moins condamné, par des vices que nous ferons toucher du doigt, à disparaître, maintenant que l'enfant s'est débarrassé de
ses langes.

A certains moments, nous avions été ébranlé dans nos convictions libre-
échangistes par le spectacle du magnifique développement industriel qui
se montrait à nous et par l'ardeur des prédications protectionnistes dont
nous entouraient des économistes éminents, comme M. Carrey; car l'école
prohibitionniste compte de fervents et habiles apôtres qui, fermant les yeux
à l'évidence des résultats que nous avons acquis en Europe, n'hésitent pas,
au point de vue de la doctrine pure, à recommander leur système comme
supérieur à son triomphant adversaire, de telle sorte qu'on a ce singulier
contraste d'un pays où la liberté civile a les coudées les plus franches et
les mœurs économiques les plus jalouses et les plus despotiques, tandis
qu'en Europe nous voyons chaque jour s'abaisser les barrières du travail et
subsister les précautions dans les institutions civiques. Rien ne démontre
mieux le danger de juger par des rapprochements incomplétement ana-
lysés.

S'il est certain que le système de la protection a été contemporain, aux
États-Unis, de la victoire des républicains du Nord sur les démocrates du
Sud, s'il a été inspiré en partie par des préoccupations d'exploitation politique, et si, de ce chef, on peut croire qu'un changement dans la fortune
des partis amènerait une modification des errements économiques, il est
bien sûr aussi que ces événements ont été la cause quasi-providentielle des
progrès de l'industrie. De ce jour, le travail, rassuré contre la concurrence
du dehors, en possession d'un marché immense, est devenu plus fiévreux,
l'invention plus ardente, et la nécessité de pourvoir aux besoins de la consommation nationale a donné un magnifique essor à l'application industrielle dans tous les sens.

La doctrine Monroë se transportait du domaine de l'indépendance nationale sur celui de l'autocratie industrielle. Les États-Unis ont travaillé
pour les États-Unis; ils ont dû et voulu se suffire, et la nécessité est devenue vertu.

L'Europe y a perdu, mais les Américains y ont gagné, de telle sorte
qu'avec leurs puissants et tout nouveaux outillages ils osent déjà menacer
les débouchés que l'Angleterre, surtout au Japon, en Chine, dans les
Indes et chez elle-même, se croyait exclusivement inféodés.

L'Europe avait suivi une marche contraire et s'en est bien trouvée. Elle
s'est outillée en vue de la liberté et s'est rajeunie, enrichie dans cette grande
lutte.

Nous ne saurions nourrir l'espoir de mesurer aux États-Unis leurs marchés, mais nous devons et pouvons les leur disputer. C'est quand ce combat sera définitivement engagé que les États-Unis se verront contraints de nous ouvrir leurs pays par le changement de leur régime douanier. Qu'ont-ils à en craindre, qu'ont-ils à y gagner?

Voyons l'état des deux plus puissantes industries modernes, celle des fontes et celle des tissus de coton : nous comprendrons mieux ce que l'élévation exagérée de la protection douanière donne de factice et d'artificiel à la production américaine.

Les fontes ont vu croître leur production de 50,000 tonnes au commencement du siècle à 3 millions de tonnes environ en 1875. Peuvent-elles craindre aucune importation étrangère alors que dans l'État de Pensylvanie, par exemple, quantité de hauts fourneaux sont localisés de manière à extraire le minerai et la houille sans déplacement, et à produire ainsi des fontes à des prix exceptionnels? Et cependant un droit de 35 francs par tonne frappe à la fois l'importation étrangère et, par ricochet, le prix de la consommation intérieure! Car tous les prix sont calculés de manière à se tenir aussi près que possible des prix européens, augmentés des droits d'entrée, frais de transports et d'intermédiaires.

Quant aux cotons, les fabricants américains, au moins aussi avancés que nous comme perfectionnement de l'outillage, ont, au point de vue de la matière première, une supériorité incontestable : telle manufacture reçoit chaque lundi matin ses cotons bruts, les met en œuvre, file ou tisse dans le courant de la semaine et très-souvent les vend et livre le samedi, liquidant ainsi en quelques jours une opération importante. Comparez cette situation à celle du manufacturier européen, obligé d'acheter à Liverpool, au Havre, ou directement, les mêmes cotons bruts, augmentés du fret, des intérêts du voyage, des commissions d'intermédiaires, et qui, de plus, est tenu de prévoir sa consommation pour quelques mois, et de subir, par conséquent, les fluctuations des cours et les intérêts en magasin.

Il est clair que le manufacturier américain, dût-il se contenter de 1 p. o/o de bénéfice, retournera cinquante fois par an son capital alors que l'Européen est réduit à immobiliser le sien pour un temps déterminé.

Il est non moins évident que l'Américain, profitant sur le marché national de l'intégralité ɗ droits qui frappent les introductions étrangères, peut sacrifier le tiers ou le quart de sa production pour l'écouler à prix coûtant sur nos marchés!

Rien d'étonnant, par contre, si la corrélation intime qui existe entre la protection exagérée assurée par la loi aux prix de vente et les prix de revient réels a amené une élévation correspondante de la part de tous les facteurs qui concourent aux frais généraux et à la façon des divers pro-

duits : matière première, main-d'œuvre, frais de transport et de manutention, tout cela doit naturellement aspirer à partager les bénéfices que la
loi a déterminés en faveur du producteur indigène et rendre plus chers
les services qu'en attend l'industrie.

Si donc la protection dissimule la réalité de la puissance industrielle
dans ses diverses formes, si de plus elle surélève d'une manière factice les
prix pour la consommation nationale, si son plus grand mérite est d'enrichir au delà de toute équitable proportion, et au détriment du plus grand
nombre des consommateurs qui ne peuvent s'adresser au dehors, les privilégiés industriels, il paraît rationnel que ces abus aient successivement
augmenté le nombre de ceux qui veulent rentrer dans le principe de la
liberté.

Mais au point de vue de l'avenir la question est plus grave encore.

A se confiner chez soi, on perd bientôt le sentiment de la vie du dehors;
on s'endort et le monde marche. Pour ne pas rester en arrière, quelque
puissance et quelque génie que l'on ait, il faut accepter la rivalité : elle
seule conserve les forces, les excite, les transforme au goût et à l'avantage
de tout le monde. Nous en avons fait en France, depuis 1860, l'expérience la plus concluante : il ne nous a pas nui d'abaisser nos barrières
devant les produits étrangers; si beaucoup de pays ont profité de nous,
notre industrie en a profité davantage, car son exportation s'est rapidement accrue.

Il faudra que les États-Unis, pour consacrer et développer leur vitalité,
passent par la même expérience : le papillon s'est développé grâce au si-
lencieux et long travail de la chrysalide, mais il faut qu'il abandonne son
enveloppe pour acquérir les forces et l'éclat qui sont dans sa nature.

Il importait de modérer, par ces considérations sur les conditions de
succès du lendemain, l'excitation un peu exagérée qui s'est emparée du
journalisme et des économistes américains à l'aspect de leur belle exposition. Qu'ils sachent comprendre que leur victoire n'est pas notre défaite,
que leurs doctrines ne sont pas triomphantes sur les nôtres, et qu'il y aurait gros à risquer pour eux d'aller de l'avant dans la même voie. Malgré
leurs richesses de tous genres, les États-Unis ne les possèdent pas toutes, et
ils se trouvent encore solidaires des produits des nations rivales : la crise
actuelle leur a démontré les inconvénients de la pléthore, des représailles
économiques ne feraient que les aggraver.

Si, au point de vue de certaines concurrences, — pour l'horlogerie
par exemple, où l'Amérique a réalisé des progrès si prodigieux que l'industrie similaire de la Suisse en est sérieusement troublée, — l'état mo-
mentané de leurs approvisionnements et ceux des marchés européens, le

bas prix de certaines matières premières, leurs procédés mécaniques momentanément supérieurs, ont ménagé aux Américains des avantages exceptionnels, ce n'est pas là une preuve d'un triomphe définitif. Leur outillage ne restera pas un privilége, les positions économiques ne sont pas invariables, les vieilles clientèles sont longtemps fidèles, et les ouvriers suisses peu disposés à abdiquer leurs traditions d'habileté et de persévérance.

D'ailleurs la protection ici encore tend à surfaire la valeur réelle des produits, et l'exagération de la réclame y frappe quelquefois à vide. Combien nous préférons à l'explosion des dithyrambes de la presse locale cette maison du *Ye old times* que les Américains ont édifiée dans le parc de Fairmount à l'occasion du Centenaire, et qui s'étalait comme un monument de piété historique pour montrer avec un très-légitime orgueil l'humilité du point de départ à côté des signes de l'opulence actuelle! Il y avait peut-être plus de séve pour un avenir solide dans cette simplicité modeste, dans cette pureté des coutumes, dans cette fermeté des principes moraux et politiques du temps de Washington, que dans l'éblouissante efflorescence de l'Amérique contemporaine.

A côté de ces impressions que nous avons longuement développées, rien n'étant plus intéressant que l'étude de l'Amérique chez elle, et notre devoir étant évidemment de porter notre attention particulière sur ce côté du Centenaire, nous devons encore noter quelques observations spéciales.

Et d'abord, comme membre du Jury autant que comme particulier, nous devons remercier hautement les représentants les plus autorisés de la société américaine, de sa haute industrie, et les amis que nous avons laissés aux États-Unis, de l'accueil si cordial et si hospitalier qu'ils nous ont fait : il n'est pas possible de recevoir mieux et plus grandement.

Nous nous souviendrons toujours de la fête gratuite que nous a donnée la Compagnie des chemins de fer de Pensylvanie, qui nous a pendant toute une semaine, et avec une profusion princière, promenés à travers les grandes usines d'Altona, de Pittsbourg, la vallée de la Susquehanna, les plateaux des Alleghanies, toute la région de l'huile, le lac Érié, Buffalo, les chutes du Niagara, etc. Ç'a été une tournée triomphale autant pour nous que pour nos excellents amphitryons, car ils nous ont fait parcourir avec une grâce parfaite tout ce que leur beau pays a de plus riche et de plus puissant au point de vue de la production et des forces naturelles.

Nous ne nous arrêterons pas, après tant d'autres, à montrer, par la surprenante description d'un hôtel américain, les savantes et ingénieuses combinaisons imaginées par le Yankee pour concentrer sous sa main et sans perdre de temps tous les moyens d'une vie pratique à la vapeur, à côté du comfort le plus complet et au milieu de la plus entière liberté des allures individuelles.

Nous glisserons aussi, ayant déjà esquissé à plusieurs reprises notre sentiment à cet égard, sur les excès du mercantilisme américain, dont les vitrines du Centenaire nous ont donné maint échantillon : accumuler des produits identiques pour en chercher la défaite par la réclame la plus retentissante, c'est traiter une exposition des progrès industriels un peu comme un bazar. A cet égard, les Américains n'ont évidemment pas pris modèle sur les Expositions antérieures : celle de 1878 ne suivra pas leur exemple.

Un des grands attraits de l'Exposition de Philadelphie, dont nous désirerions jouir avec autant de plénitude en 1878, s'est révélé dans les exhibitions si complètes des pays d'outre-mer.

Les sections chinoise et japonaise, aux portiques sculptés et peints sous forme de pagodes; leurs produits d'une originalité si séduisante; la représentation réitérée, sous les formes les plus fines et les couleurs les plus variées, de toutes les scènes de la vie nationale; les bronzes, les porcelaines, les laques, les soieries, etc., et jusqu'aux collections et méthodes d'enseignement, tout cela donne à penser et vous convainc à la longue que ces deux nations, différentes par le degré de sérieux, mais l'une et l'autre chercheuses, industrieuses, âpres au travail, sobres, sont plus avant que nous ne le croyons généralement dans la voie du progrès industriel et commercial : elles ont l'air de s'ébranler. La Chine inonde les pays d'Orient et l'Amérique de ses infatigables travailleurs, d'une habileté consommée et d'une sobriété telle, qu'ils peuvent faire trembler la classe ouvrière des États-Unis, dont ils menacent l'élévation des salaires; ils se multiplient partout avec une étonnante facilité et se présenteront bientôt peut-être dans l'Occident quand ils en connaîtront les richesses. Le Japon, avec une faculté d'assimilation égale et une grande ardeur à changer ses vieilles institutions sur le patron de notre monde moderne, représente également pour nous un inconnu bien intéressant; ses habitants ont la mer devant eux et sauront peut-être nous envahir par elle comme les Normands autrefois.

Ne nous endormons donc pas et multiplions nos études géographiques sous toutes les formes, en nous défaisant au plus vite, comme eux, du despotisme des traditions et des préjugés.

La Nouvelle-Écosse, l'Australie, la Colombie anglaise, la Jamaïque, le Cap de Bonne-Espérance, le Canada, les Indes, toutes ces riches colonies anglaises, avec leurs matières premières si variées, entouraient, comme autant de satellites, la riche et puissante Angleterre.

L'Amérique du Sud au complet, où le Brésil surtout étale ses richesses natives et ses essais industriels; le Mexique, la Bolivie, la république Argentine, le Pérou, le Chili, etc., chacun avec son caractère propre, avec un étalage remarquable de minerais, de produits agricoles et manufacturés, avaient répondu à l'appel de la Commission du Centenaire et constituaient pour nous Européens, pour nous Français surtout, que retient généralement au rivage la force de nos habitudes casanières, un spectacle magnifique et des sujets d'étude à profusion.

Le vieux monde, quoique généralement représenté d'une manière insuffisante, a figuré dignement au Centenaire.

L'Autriche témoigne de plus en plus par ses nouveautés en maroquinerie, petits bronzes, bijouterie, tabletterie et autres spécialités industrielles, qu'elle serre de près la concurrence française dans les marchés d'outre-mer; elle paraît avoir monopolisé chez elle le goût qui manque aux autres parties de l'Allemagne, tant il est vrai que le goût est un des corollaires du caractère national, qui en Autriche, comme en France, est franc, affable et plein de bonhomie.

L'Angleterre s'était mise en frais pour le Centenaire, et son exposition d'orfévrerie, de porcelaines, cristaux, tissus, coutellerie, meubles, papeterie, etc., témoignait des qualités pratiques, cossues, de sa puissance industrielle et de ses ressources. Trônant au milieu de ses colonies, elle avait grand air et justifiait la réputation que sa richesse commerciale s'est acquise des pôles à l'équateur.

Quant à la Russie, elle devient plus intéressante à chacun des concours internationaux, et témoigne de progrès incessants dans la voie industrielle.

L'Italie, la Belgique et la Suisse continuent à donner des preuves de leur grande vitalité.

La France, ainsi que nous l'avons indiqué aux différentes classes, était faible comme nombre d'exposants, mais ses produits étaient à la hauteur de sa réputation. Espérons qu'en 1878 elle se montrera sous ses plus beaux habits de fête pour faire honneur à ses invités des deux mondes, et témoigner une fois de plus de la puissante élasticité de son génie créateur, de ses aptitudes au travail et des perfectionnements de son outillage industriel.

Nous terminons ici ce travail, heureux si nous avons pu contribuer à détruire des préventions et à fournir quelques enseignements.

DIETZ-MONNIN.

ORFÉVRERIE, BIJOUTERIE, BRONZE.

RAPPORT DE M. G. ROULLEAUX-DUGAGE,

MEMBRE DU JURY INTERNATIONAL.

L'Exposition de Philadelphie aura été, avant tout, une exposition américaine, c'est-à-dire que la plupart des grands fabricants étrangers ayant reculé devant les difficultés de toute nature que présentait l'envoi de leurs produits aux États-Unis, il devenait presque impossible d'établir une comparaison immédiate entre l'industrie nationale et l'industrie européenne.

Mais par cela même que la majeure partie de l'espace était absorbée par les exposants américains, les progrès notables faits par eux apparaissaient davantage; et si la puissance industrielle des États-Unis est moins sensible dans les fabrications qui touchent à l'art que dans celles qui ont des rapports plus directs avec la mécanique, il n'en est pas moins vrai que dans l'orfévrerie principalement il y avait matière à s'étonner des progrès accomplis. C'est l'intensité de la production qui frappait le plus les yeux non prévenus. Avec le même nombre d'ouvriers, le même espace d'ateliers, une maison américaine produira plus que nous ne le ferions en Europe, et c'est surtout à l'importance du travail mécanique qu'est dû ce résultat. Aussi, est-ce dans les objets marchands plus que dans ceux dont la valeur est due au travail de l'artiste qu'excellaient les exposants américains, et c'est pour cette raison même qu'une exposition française plus complète eût facilement établi notre supériorité.

Ailleurs qu'à Philadelphie, l'examen de trois des plus importantes branches de l'art industriel aurait formé un travail au-dessus des forces et peut-être de la compétence d'un comité de cinq personnes.

Malheureusement l'abstention presque complète des fabricants français vint simplifier cette tâche, et la création par la direction américaine d'une médaille unique vint lui retirer de l'importance en empêchant les jurés d'établir de distinction entre les exposants récompensés autrement que par le libellé du rapport en quelques lignes qui motivait leur décision.

Nous venons de dire qu'un nombre très-restreint de bijoutiers ou de bronziers français avait pris part à l'Exposition de Philadelphie. Cependant, au moment de l'organisation de la section française à Paris, des réunions de fabricants avaient été provoquées par quelques-uns d'entre eux, et il avait semblé un moment qu'un mouvement en faveur de l'Exposition allait se produire ; mais l'abstention bien décidée des organisateurs même de ces réunions empêcha qu'elles amenassent aucun résultat.

Où trouverons-nous la raison de cette indifférence ou plutôt de ce parti pris ?

Peut-être la lettre suivante, adressée à Messieurs les membres du Jury français par l'honorable président de la réunion des fabricants de bronze, va-t-elle nous la donner :

Paris, le 26 mai 1876.

MESSIEURS LES MEMBRES DU JURY FRANÇAIS A PHILADELPHIE.

Messieurs,

Avant de quitter Paris, plusieurs d'entre vous auraient exprimé leur étonnement de voir certaines industries parisiennes, notamment celles du bronze, du zinc, de la fonte de fer, etc., etc., représentées à l'Exposition de Philadelphie par un aussi petit nombre de fabricants.

En réalité, les industries au nom desquelles nous nous adressons à vous ont elles-mêmes vivement regretté de ne pouvoir faire ce qu'elles ont fait jusqu'alors dans de semblables circonstances.

Tout d'abord, lorsque la France fut invitée à prendre part à l'Exposition universelle de Philadelphie, un mouvement général d'approbation se produisit parmi nous. L'espoir d'établir des relations plus intimes avec un grand peuple qui nous est profondément sympathique entraînait nos imaginations jusqu'à l'oubli de nos intérêts professionnels.

Cette première excitation calmée, il parut sage à tout le monde d'examiner le côté pratique de la question.

Une enquête fut ouverte !

Cette enquête nous apprit bientôt que la propriété de nos modèles artistiques et industriels ne nous serait pas garantie, comme elle l'est en France.

Or, vous le savez, Messieurs, la propriété artistique et industrielle est la base même de nos opérations ; c'est sur elle que sont fondés nos calculs et nos espérances.

Le soin de défendre cette propriété, à laquelle nos fortunes sont si étroitement liées, devenait donc le plus impérieux de nos devoirs.

Nous avons eu sous les yeux des documents établissant péremptoirement que la contrefaçon de nos modèles artistiques s'exerce couramment dans les grands centres des États-Unis.

Des industriels, réputés honorables parmi leurs concitoyens, éditent et publient nos œuvres sans le moindre scrupule, à ce point que l'on ne craint pas d'en faire connaître l'origine.

Vainement, jusqu'alors, avons-nous cherché le moyen de préserver nos intérêts.

Les lois, pas plus que les mesures administratives, ne peuvent nous donner des garanties indispensables pour nous.

C'est dans cette absence de toute protection efficace de nos propriétés que se trouve la cause décisive de nos abstentions.

Le tarif des douanes qui frappe nos produits est tellement exorbitant qu'on peut le regarder comme l'équivalent d'une prohibition; il n'aurait pourtant pas suffi pour nous arrêter.

Le transport si difficile de nos produits, la cherté de toutes choses à Philadelphie, présentent des obstacles sérieux; cependant nous les eussions acceptés.

Mais en présence d'une véritable négation de la propriété artistique notre devoir n'était-il pas de nous abstenir?

Comme il importe que le Jury français ne se méprenne pas sur le caractère de nos déterminations, à l'unanimité, les abstentionnistes ont voulu que la présente note vous fût adressée.

En même temps, et au nom de tous nos collègues des industries précitées, nous avons mission de solliciter de votre bienveillance un examen *de visu*, afin de rechercher les meilleurs moyens de faire cesser l'état de choses actuel, et aussi de nous préparer des relations équitables dans un avenir aussi rapproché que possible.

Pour arriver à ce but, vous pouvez compter, Messieurs, que tout ce que nous pourrons faire sera fait.

Et, dès à présent, nous nous tenons entièrement à votre disposition pour tout ce que vous jugerez utile de nous demander.

Veuillez agréer, Messieurs, l'expression de nos sentiments les plus distingués.

Pour le bureau de la réunion des fabricants de bronze, du zinc, de la fonte de fer, etc.

Le Président,

F. BARBEDIENNE.

Il ne peut entrer dans le cadre de ce rapport de discuter les motifs d'abstention énoncés dans cette lettre; ni d'examiner si la copie de nos modèles n'est pas tout aussi facile à nos expositions du Palais de l'industrie, pour les fabricants américains qui viennent chaque année à Paris, qu'elle l'eût été à Philadelphie; ni de rechercher si une exposition complète de nos richesses industrielles n'eût pas facilité un changement dans la législation commerciale des États-Unis.

Acceptons donc les motifs donnés par M. Barbedienne; mais qu'il nous soit permis d'affirmer, pour en avoir eu la preuve, — que si l'absence de garanties pour la propriété artistique est la raison dominante de l'abstention de quelques grands fabricants, — *la défense d'exposer* faite par plusieurs importantes maisons de commission qui traitent presque toutes leurs affaires avec l'Amérique, la menace de cesser toutes relations faites par elles à leurs clients ordinaires, ont été les principales causes de notre infériorité relative à Philadelphie.

Chose curieuse! c'est dans les agissements des intermédiaires, qu'ils portent le nom de commissionnaires, dépositaires, importateurs, que nous trouvons l'origine des difficultés sans nombre contre lesquelles il a fallu lutter avant ou pendant l'Exposition :

Hostilité des commissionnaires contre la participation française des industries d'art, se traduisant par la défense d'exposer;

Crainte des *importers of french goods*, ou vendeurs de seconde main de New-York, Philadelphie, Boston, etc., de voir le marché américain s'ouvrir *directement* à nos fabricants, amenant l'opposition qu'ont rencontrée toutes les démarches faites en Amérique par la Commission française pour faciliter la vente des produits exposés.

En présence de toutes ces jalousies, de tous ces obstacles, tout en regrettant l'infériorité de la section française par rapport aux Expositions précédentes, sachons gré aux fabricants qui ont bravé ces difficultés, et remercions-les d'être venus une fois de plus affirmer notre puissance industrielle et notre supériorité artistique.

EXAMEN DES PRODUITS.

Les expositions de la plupart des pays étaient trop incomplètes pour qu'il fût possible d'établir une comparaison entre les progrès faits par les uns ou par les autres depuis 1873. Nous nous bornerons donc à un exposé rapide, en signalant les quelques fabricants qui ont tenu à honneur de montrer leur savoir-faire.

Nous ne trouvons en Norwége que trois fabricants de filigrane, MM. Tostrup, Lie, Theodor Olsen, mais qui méritent chacun une mention pour l'extrême fini de leurs produits. Les prix sont un peu élevés; mais les formes de leurs coffrets, de leurs coupes, sont réellement jolies, et le tout est bien supérieur comme travail à la bijouterie commune en filigrane dont nous rencontrerons en Italie de véritables monceaux.

Sa Hautesse le Bey de Tunis a envoyé quelques bijoux de fabrication indigène qui n'ont d'autre mérite que d'être présentés au public dans un pavillon style mauresque d'un assez joli effet.

L'Égypte nous montre quelques reproductions d'objets anciens, mais qui ne sont qu'un pâle reflet des spécimens envoyés par ses musées.

La Turquie se présente avec quelques exposants de filigrane, parmi lesquels deux, Noury ed-Din Usta et Nicolas Rolaczy, peuvent être cités comme les plus importants.

Au Brésil, presque rien : un bijoutier qui expose une collection de croix de sa fabrication et un second qui n'a que quelques pendants d'oreilles et bracelets d'un travail très-primitif.

En Portugal, encore du filigrane d'or et d'argent. Citons cependant un fabricant, M. Vaz Cerquinho, dont la collection est assez importante.

En Espagne, un seul exposant, mais d'un grand mérite, M. Zuloaga, avec ses produits en fer damasquiné d'or et d'argent et qui, à côté d'un grand bouclier et d'un remarquable coffret déjà exposés à Vienne, nous offre une très-jolie collection de petits objets, médaillons, têtes de cannes, etc.

Nous trouvons en Danemark un service à thé en argent repoussé d'un assez grand fini et un surtout en argent exposés par M. Christesen, et qui méritent une mention des plus honorables ;

Dans l'exposition suisse, quelques chaînistes et fabricants de boîtiers de montres et un bijoutier, Petitpierre et Bryson, de Genève, qui nous montre, à côté d'un grand nombre de médaillons et bracelets assez communs, quelques jolis émaux miniature montés avec des perles sous forme de médaillons ou de broches.

L'Autriche n'a envoyé à Philadelphie que fort peu de choses et les larges chemins qui séparent ses vitrines montrent la difficulté qu'elle a eue à remplir l'espace qui lui avait été accordé. Arrêtons-nous cependant à MM. Michel Goldschmidt frères, de Prague, qui ont obtenu à Vienne un diplôme d'honneur pour l'importance de leur fabrication de bijoux avec grenats; malheureusement dans leur installation restreinte, au milieu d'un assortiment de bracelets et de broches, nous ne remarquons qu'une pièce importante, un collier orné de gros grenats d'un bel éclat.

MM. Kersch, de Prague, et Neustadt, de la même ville, se recommandent par leurs bas prix. Ce sont encore des bijoux de grenats comme il s'en fabrique par centaines en Bohême.

MM. Markowitsch et Schied ont introduit à Vienne la fabrication des objets en argent niellé et se présentent avec une collection complète de boutons de manchettes, médaillons, porte-allumettes. Le dessin manque un peu de netteté lorsqu'on le regarde de très-près, mais l'ensemble est très-satisfaisant.

Citons M. Goldschmidt pour ses opales et M. Franz Bergmann pour ses imitations de pierres précieuses, et nous nous arrêterons à M. Joseph Zascur, de Vienne, qui expose des plaques en porcelaine peinte et découpée pour albums à côté de broches et médaillons de même fabrication. Deux grandes pièces, un coffret et une plaque ont dû être classées dans le groupe des beaux-arts.

Les bronzes de fantaisie, dont il y avait en Autriche quelques jolies expositions, ayant été examinés par un autre groupe de jurés, nous passons à l'Italie.

La section italienne est bien inférieure à ce qu'elle était à Vienne, où un arrangement bien entendu en avait fait une des parties les plus attrayantes du palais. A Philadelphie, nous trouvons d'abord une avalanche de produits à bon marché qui sembleraient prouver que les exposants italiens n'avoient qu'un but, la vente au détail, et de petits objets de parure en mosaïque exposés sous le nom de bijouterie, mais qui eussent été mieux classés dans la bimbeloterie. Citons cependant M. E. Geraldini, qui présente, à côté de ses articles en petite mosaïque, quelques parures en améthyste et topaze, et MM. Giovanni Boncinelli et fils, dont les médaillons et articles de fantaisie en mosaïque sont réellement soignés et d'un dessin artistique. Enfin dans le nombre des exposants de filigrane choisissons M. Salvo, de Gênes, qui, tout en exposant des pendants d'oreilles et des croix destinés à être vendus à la douzaine, nous montre quatre ou cinq pièces plus importantes, d'un travail fini, quoique inférieur comme goût aux objets analogues exposés en Norwége.

MM. Giobertini, de Naples, Mellilo et Ascione et fils ont trois expositions de coraux. M. Mellilo, supérieur par la qualité de son corail, est néanmoins dépassé par ses deux concurrents, dont le premier expose un cachet d'un joli modèle sculpté dans un très-gros morceau de corail rouge, et dont l'autre a deux pièces importantes, une pipe et un porte-cigare, qui, par la finesse de la sculpture, mériteraient de n'être pas confondues au milieu des objets environnants.

M. Boschetti expose des reproductions en bronze des antiques qui méritent des éloges pour le fini du ciselé. Arrêtons-nous maintenant aux deux plus belles expositions de la section italienne, celles de MM. Belleza et Castellani, les bijoux modernes et les reproductions de bijoux anciens. Quels éloges pourrions-nous faire à M. Castellani qu'il n'ait déjà reçus dans toutes les Expositions auxquelles il a pris part? la remarquable fidélité de reproduction n'est dépassée que par le goût qui a présidé au choix des modèles, et il semble que la petite vitrine qui renferme les quelques pièces que M. Castellani nous a montrées doive par l'attrait qu'elle présente compenser l'infériorité du reste de la section italienne.

Il est impossible de mettre en opposition avec la précédente la belle collection de bijoux de M. Belleza. Ici ce n'est pas seulement l'art ancien auquel on a emprunté ses formes, mais ce sont toutes les ressources de la joaillerie que l'on a appelées à son aide. Des pierres splendides, des diamants d'une eau remarquable, des émeraudes de dimensions extraordinaires, nous sont présentés en rivières, en diadèmes, en colliers. Citons, au milieu de beaucoup de pièces importantes, un collier or style étrusque d'une forme originale et un autre, rubis et diamants, d'une grande élégance, et terminons en regrettant que les deux dernières expositions dont nous venons de parler n'aient pas été mises davantage en lumière pour former les deux perles de la section italienne.

Notre appréciation sur la section allemande est singulièrement facilitée par l'étude consciencieuse qu'a publiée sur elle le président du Jury allemand, M. Reuleaux, et dont certains fragments ont été reproduits par tous les journaux. Nous sommes ici en présence d'une telle infériorité pour tout ce qui touche à l'art industriel que nous eussions pu difficilement formuler nos impressions, si l'exemple de la franchise n'avait été donné par celui-là même qui était chargé de défendre les intérêts de l'Allemagne.

Que trouvons-nous en effet dans la section allemande pour le groupe dont nous nous occupons? De la galvanoplastie, des reproductions, de la bijouterie commune à un titre inférieur, pas une œuvre réellement originale, rien qui sente le labeur patient d'un artiste ou même le goût d'un fabricant éprouvé, mais des objets fabriqués à la douzaine; jamais de l'art, partout le désir d'écouler en grandes quantités des produits qui n'ont guère de valeur que par les matières qui entrent dans leur fabrication.

MM. Humbert et Heyland, de Berlin, exposent une reproduction en argent du trésor d'Hildesheim.

Ces objets sont présentés comme étant faits au repoussé; en y regardant de près, on voit que ce n'est que de la galvanoplastie!

MM. A. Ritter et Cⁱᵉ, d'Elsingen, entrent en compétition pour des pièces argentées sur métal blanc. Le travail est peu fini; il ne peut soutenir la comparaison avec celui des objets exposés à côté dans la section américaine.

MM. Koch et Bergfeld, de Brême, présentent de l'orfévrerie d'or et d'argent avec application d'émaux, que nous ne citons que pour mémoire.

M. Zimmermann, de Hanau, expose de petits objets en galvanoplastie
de cuivre et d'argent.

Encore de la galvanoplastie avec MM. Erhard et fils, de Schwab; mais
nous sommes heureux de trouver ici une certaine recherche dans le choix
des modèles, et de distinguer au milieu d'une nombreuse collection quelques
coffrets et quelques cadres de miroirs en argent oxydé de bonne apparence.

Avec M. Conrad Felsing, de Berlin, nous arrivons au zinc d'art, c'est-
à-dire à une reproduction, sous toutes les dimensions, des bustes des
membres de la famille impériale et des monuments de Berlin.

Arrêtons-nous un instant à M. Stolberg Wernigerone, d'Ilsenburg, qui
n'a encore à nous montrer que des reproductions en fonte de fer d'armures anciennes, mais qui arrive à une finesse de fonte remarquable.

MM. Georges Ebni et Cⁱᵉ nous présentent sous leur nom une exposition
collective de bijouterie de soixante-quinze fabricants de Hanau, Pforzheim,
Gmünden, Stuttgart, Berlin et Schondorff.

C'est là, quoique ce soit une des installations importantes de la section
allemande, que l'absence d'individualité chez les divers fabricants se
laisse voir le plus. Les médaillons, broches et bracelets en or sont d'une
bonne couleur, d'un serti soigné; mais ils semblent tous sortis du même
atelier et fabriqués par le même ouvrier. Exceptons cependant de cette
appréciation trois ou quatre maisons qui exposent de la vraie joaillerie.

D'où provient cette infériorité de la section allemande à Philadelphie?
Ce ne peuvent être les mêmes raisons qui ont arrêté nos industriels, qui
ont pu amener l'abstention des fabriques allemandes. On nous a répondu
que l'absence d'encouragement de la part du Gouvernement allemand était
la cause de l'indifférence des fabricants. Nous croyons que le véritable
motif réside précisément dans le caractère exclusivement commercial de
leur bijouterie, qui, avec les droits de douane élevés des États-Unis, ne
permet pas à des produits de ce genre de lutter sur le marché avec les
produits américains.

Nous trouverons, en effet, dans les vitrines des exposants américains
de la bijouterie étrangère qu'ils avouent avoir placée pour compléter leur
exposition, mais toute de fabrication française.

Nous voici en Russie en présence de produits d'un tout autre caractère.
On sent le désir d'être original, d'avoir un style à soi, et si le but, qui
est de faire beau, n'est pas toujours atteint, au moins l'individualité
existe-t-elle.

Voici d'abord le petits objets en bronze ou orfévrerie de fantaisie qui ont eu beaucoup de succès, exposés par MM. Sazikoff, Ortschinikoff, Khlebnikoff et Postnikoff.

M. Sazikoff expose en outre des échantillons de repoussé qui lui ont déjà valu à Vienne une haute récompense.

Voici M. Semianoff, de Moscou, avec un charmant service à thé en argent, M. Ivanoff avec un pot à vin en orfèvrerie d'un beau travail. M. Morane avec des samovars en bronze doré.

M. Stange, de Moscou, n'a que peu de chose : des candélabres, un lustre et des lampes en bronze argenté et oxydé, commandés par le prince héritier; mais la ciselure en est des plus soignées et le style très-pur.

M. Félix Chopin, de Saint-Pétersbourg, a une remarquable exposition : une belle torchère de très-grande dimension en bronze doré et une collection de petits groupes en bronze, dans lesquelles l'expression des figures est des plus réussies.

A côté de M. Otto Krumbiegle, avec des bracelets et bijoux en or émaillé, M. Tchitcheleff expose quelques parures, style russe, dont un diadème d'un grand prix.

Enfin M. W. Adler, de Moscou, présente de petits bijoux assez originaux : il soude à côté l'une de l'autre de minces lames d'or de couleurs variées et de teintes décroissantes, de telle sorte qu'après le matage les lignes de séparation disparaissent et la feuille d'or ne présente plus qu'une série de teintes fondues dont l'effet peut être assez heureux.

Somme toute, le groupe qui nous occupe est fort bien représenté dans la section russe et le grand nombre de récompenses qui ont été décernées était bien mérité par l'attrait qu'offraient les diverses installations.

La Chine n'avait envoyé à Philadelphie que quelques bronzes anciens, prêtés par un collectionneur.

En revanche, le Japon avait réuni une exposition de bronzes qui a été un des grands succès du Centennial, et tout en faisant la part de l'engouement qui amenait les Américains à payer des prix ridicules les plus petits objets, nous devons reconnaître que ce succès était mérité par le nombre, par la variété et par la grande originalité des pièces exposées.

L'exposition japonaise des bronzes était déjà considérable à Vienne; mais il semblerait qu'il y ait un progrès marqué dans la composition des sujets depuis 1873. Leur art n'est plus autant tourné au grotesque, et à côté d'animaux fantastiques, de dragons, de dieux plus ou moins mythologiques, nous apercevons des figures qui sont une copie parfaite de la nature. La finesse du moulage est toujours aussi remarquable, presque tous les objets étant fondus à la cire perdue; la ciselure est l'œuvre de véritables artistes, mais la forme d'ensemble a beaucoup gagné. Nous ne citerons pour preuve que le beau vase fabriqué par M. Ch. Suzuki, de Tokio, et acheté par un musée d'Angleterre, dans lequel deux groupes d'hirondelles, venus de fonte sans aucune retouche, peuvent passer pour un véritable petit chef-d'œuvre.

L'artisan japonais fabrique son modèle avec un mélange de cire et de résine, le moule lui-même en glaise, compose son alliage, le coule et corrige encore lui-même les imperfections de l'œuvre avant de lui donner la patine. Celle-ci s'obtient la plupart du temps en laissant d'abord pendant quelques semaines l'objet dans un mélange de son et de sel marin et l'exposant ensuite à une température modérée; cependant les Japonais emploient aussi, pour mettre en couleur leurs bronzes, le sulfate de fer, le sulfate de cuivre, le carbonate de cuivre, le colcotar et le vinaigre.

La composition de leurs alliages varie beaucoup : ils recherchent de préférence ceux d'une fusion aisée ou ceux faciles à ciseler, qui leur permettent de sculpter dans la masse après la fonte des figures entières. Citons comme spécimen de ce dernier travail les vases exposés par M. Hiraoka et par M. Shirasaki, ornés en outre d'incrustations d'argent très-belles.

Les alliages principaux sont au nombre de dix-huit : les plus remarquables sont l'*u-do*, qui prend à l'oxydation une couleur noire et est formé de cuivre, de plomb et d'étain; le *gin-shibu-ichi*, qui prend une couleur pourpre et est composé de cuivre et de plomb; enfin le *shakudo*, qui donne une remarquable couleur bleu foncé et se compose de cuivre additionné d'une très-faible quantité d'or.

Du reste, les proportions des différents métaux employés varient beaucoup de fabricant à fabricant, ainsi que les procédés destinés à donner la couleur.

Un certain nombre de petites boîtes et deux vases au repoussé ont été fabriqués avec un métal d'un aspect marbré; celui-ci s'obtient d'une manière assez curieuse, qui rappelle le procédé employé par M. Adler, l'exposant russe de bijouterie... L'artisan japonais superpose un certain nombre de feuilles minces d'argent, de cuivre, d'étain, de shakudo, etc., qu'il soude sur les bords; puis, enlevant au burin par-ci par-là plus ou moins d'épaisseur, il met à nu tantôt une feuille, tantôt une autre, marbrant ainsi la lame supérieure de trous au fond desquels apparaissent des métaux de différentes couleurs. Lorsque par le martelage il est arrivé ensuite à donner de l'adhérence aux diverses feuilles et à aplanir la surface, il obtient une lame unique d'aspect curieux et difficile à s'expliquer au premier abord.

Il nous est impossible de citer les noms de tous les exposants japonais ayant exposé des produits remarquables, car chacun d'eux n'avait guère envoyé qu'un objet ou deux. Rappelons cependant encore des reproductions en fonte de fer d'anciens vases par M. NAGOSHI-YAGORO et un brûle-parfum, en bronze ciselé, de M. YOKOYAMA; enfin, comme pouvant être classés dans la bijouterie, des pendants d'oreilles et boutons en cristal de roche exposés par M. ASAKURA, de Tokio.

La classification américaine ayant placé les cloisonnés à la section des beaux-arts, nous regrettons de ne pouvoir en parler; mais il nous a semblé que les progrès évidents des Japonais étaient plus sensibles dans leurs bronzes que dans leurs émaux. En résumé, cette exposition, de beaucoup la plus importante de toutes celles faites par le Japon, nous a montré un grand nombre de pièces nouvelles, presque toutes fabriquées depuis 1873, et fait le plus grand honneur aux artisans japonais, qui, loin de rester stationnaires comme leurs voisins les Chinois, cherchent à progresser et nous étonneront peut-être dans quelques années d'ici.

L'exposition anglaise, quoique occupant un très-grand espace, n'a que peu d'installations rentrant dans le groupe qui nous concerne.

Que citerons-nous? MM. FRANCATI et SANTAMARA, avec de la bijouterie de jais; M. JEREMIAN GOGGIN, avec des articles en *bog oak* ou chêne noir trouvé dans les marais; M. JOHN NEAL, avec des petites parures en or; M. JAMES AITCHINSON, avec des bijoux écossais et des broches en diamant d'Alençon? Ce sont plutôt des boutiques de détaillants que de vraies expositions. Remarquons cependant M. WILLIAM GIBSON, dont la vitrine placée dans l'ombre ne laisse que difficilement apprécier les produits, et qui à côté de très-jolis objets en *bog oak* nous montre de la joaillerie, dont un beau bracelet et un splendide collier diamants et émeraudes : celles-ci, de dimensions remarquables, proviennent de la succession de feu le duc de Brunswick. Et puis, plus rien... sauf M. ELKINGTON, à la place d'honneur, en face de son concurrent américain M. Tiffany, avec une vaste installation et une quantité considérable de pièces d'orfévrerie.

La partie la plus remarquable de l'exposition de M. Elkington a été classée dans le groupe des beaux-arts : ce sont ses cloisonnés; et nous ne saurions trop louer cependant les progrès immenses faits par la maison dans cette voie depuis Vienne. Nous trouvons une puissance de couleur, une netteté dans les fonds unis, que nous ne pouvons nous empêcher de signaler, et, en présence de ces remarquables pièces, nous devons regretter que les Barbedienne et les Christofle ne soient pas venus affirmer leur supériorité.

Dans l'orfévrerie, à côté de quatre ou cinq beaux surtouts, se montrent le vase Hélicon, en fonte de fer damasquinée d'or et d'argent, composition d'un artiste français, M. Morel Ladeuil, et le bouclier au repoussé *Milton shield*, qui ont déjà paru aux précédentes Expositions. Citons encore une jolie glace, faite en vue du Centennial, dont le cadre en fer damasquiné d'or et d'argent et orné de figures en argent présente une multitude de détails d'un haut mérite.

Remarquons encore deux vases qui sont l'essai d'un procédé déjà appliqué depuis quatre ans par M. Christofle : les ornements, au lieu d'être travaillés à part et rapportés sur le vase, sont ciselés directement dans une forte épaisseur de métal déposée par l'électricité. La grosse difficulté réside dans la contexture grenue du cuivre ou de l'argent de la galvanoplastie, qui rend le travail au burin très-délicat; mais il est probable que par une série de recuits on pourra donner plus de ductilité au métal à ciseler.

Puis on voit une quantité considérable de produits marchands, services de table en métal argenté, couverts à bon marché, etc. En l'absence presque absolue des fabricants français, la maison Elkington est la seule qui puisse soutenir la comparaison avec les fabricants américains; mais si elle conserve sa supériorité quant à l'orfévrerie proprement dite, — les grandes pièces présentées par les exposants des États-Unis péchant toujours par l'ensemble, — elle est certainement dépassée par trois ou quatre grandes maisons américaines dans tout ce qui est argenture. Le sentiment de l'art n'est pas encore entré suffisamment dans l'esprit des fabricants américains, et la plupart des beaux surtouts que nous avons pu admirer, soit à Philadelphie, soit à New-York, chez de riches particuliers, sortaient de la maison Elkington; mais les Tiffany, les Gorham, marchent à pas rapides, appelant à eux les artistes français, et nous ne serions pas étonné si d'ici quelques années la lutte devenait très-difficile aux États-Unis pour nos fabricants européens d'orfévrerie.

Nous voici en Amérique au milieu de vitrines très-riches, d'installations très-soignées, d'exposants qui ont fait tout leur possible pour bien présenter leurs produits. Qu'y trouvons-nous? Pas de bronzes, peu de bijouterie, beaucoup d'orfévrerie. Malheureusement, l'agencement général est mauvais, les expositions se suivent sans ordre, et c'est la principale raison qui ôte à ce groupe de la section américaine l'éclat et le succès qu'il méritait d'avoir.

Passons d'abord en revue quelques fabricants d'objets en écaille, dont les produits ne valent pas ceux de même nature exposés dans la section française; une imitation de corail et d'ivoire en *celluloïde*, ou mélange de coton-poudre et de camphre, qui se prête au moulage, mais dont le bas prix ne compense pas l'absence de solidité; un grand fabricant, M. SIMONS OPDYKE AND C°, qui a la spécialité des dés à coudre en or et argent étampés et des pommeaux de canne en or ciselé; MM. MUHRS AND SON, qui ne font que des bagues en or; MM. HAMILTON AND HUNT, qui fabriquent par centaines des chaînes en doublé or d'assez jolis modèles; M. PÉQUIGNOT, qui fait des boîtiers en or d'une solidité à toute épreuve; MM. COTTIER ET FILS, avec leurs imitations de pierres précieuses très-réussies, et arrivons aux grands exposants de bijouterie.

MM. BAILEY AND C°, qui joignent à leur qualité de fabricants celle d'importateurs de produits étrangers, et dont le vaste magasin de Philadelphie bâti tout en marbre renferme et des meubles et de l'orfévrerie et de la bijouterie, n'entrent en compétition que pour leurs bijoux.

Remarquons en passant que la direction américaine n'a pas fait de distinction entre le fabricant et le marchand, qu'elle les a admis tous à exposer et qu'elle a laissé aux membres du Jury le soin de déterminer les produits susceptibles d'être récompensés comme présentés par le créateur même, au milieu de la masse d'objets qui ne sont exhibés que pour la vente.

MM. Bailey and C° nous montrent une remarquable collection de boucles d'oreilles en diamants, composée de cent gros solitaires admirablement choisis et appareillés et pour leur eau et pour leur forme. Ce n'est cependant qu'une exposition de pierres; rien dans le montage d'original ou de digne de notice.

Encore des pierres chez MM. STARR AND MARCUS, mais les plus belles qu'il soit possible de trouver : un diamant, un rubis, une perle d'eau douce, à côté desquels tout pâlit; quelques bracelets et médaillons d'un assez joli travail, puis des camées gravés en France, mais fort bien montés. Mais ce n'est pas encore là que nous pourrons apprécier l'ouvrage de l'artiste américain, une grande partie de ces pierres étant taillées à l'étranger.

Arrivons donc à la partie réellement intéressante de la section américaine, celle de l'argenture et de l'orfévrerie.

Nous trouvons d'abord MM. MANNING BOWMANN AND C°, qui fabriquent des cafetières, bouilloires, huiliers, etc., en métal nickelisé. L'avantage du nickel est d'être meilleur marché et plus dur que l'argent, de ne pas noircir aux émanations sulfureuses et de pouvoir par suite être employé dans beaucoup de cas où l'argent n'aurait qu'un éclat et une durée passagers.

Les produits de MM. Manning Bowmann and C° sont très-soignés, quoique livrés à assez bas prix : le corps des objets est en métal blanc, mais les fonds rapportés en cuivre en augmentent la solidité; le poli est remarquable. Il y a là une idée à examiner et peut-être une industrie à introduire en France.

Dans l'exposition de la MERIDEN BRITANNIA C° nous trouvons deux inventions :

La première consiste à augmenter l'épaisseur de l'argenture sur les parties des fourchettes et des cuillers les plus exposées à l'usure, en ne laissant d'abord tremper dans le bain d'argent que ces parties-là mêmes, puis, lorsque la couche est suffisante, en y plongeant le couvert tout entier.

La seconde découverte est beaucoup plus importante : elle consiste à donner aux objets en métal argenté une solidité et une sonorité comparables à celles qu'ils auraient s'ils étaient fabriqués en argent massif. Le métal employé par la Meriden Britannia C° est un alliage de cuivre, étain et antimoine. Les objets sont d'abord fondus, tournés ou étampés, puis, avant d'être soumis à l'argenture, trempés à une température donnée dans un bain de paraffine.

Nous avons fait quelques essais sur des spécimens exactement pareils, mais fabriqués les uns en métal trempé et les autres en métal non trempé, et nous avons pu constater que l'augmentation de solidité est d'environ 75 p. o/o. Quant à la sonorité, elle augmente dans des proportions plus considérables encore, et, au lieu du son mat du métal anglais, les objets fabriqués suivant ce procédé nouveau rendent, lorsqu'on les frappe, un véritable son argentin.

Malheureusement les brevets de la Meriden Britannia C°, qui sont au nom du professeur Siliman, ne dataient que de quelques mois avant l'ouverture de l'Exposition, et la maison n'avait pu exposer qu'un nombre assez restreint de produits de ce genre.

Signalons encore une qualité que nous trouverons chez presque tous les fabricants américains, mais qui est poussée au plus haut point dans les objets présentés par la Meriden Britannia C°, la beauté du poli.

Chez MM. REED AND BARTON, une des plus importantes maisons américaines, nous sommes en présence d'une exposition d'objets argentés réellement belle; nous trouvons le bon marché uni à un travail soigné, mais aussi le défaut que nous allons constater chez ses concurrents, c'est-à-dire une mauvaise composition pour les grandes pièces, un défaut de proportions entre leurs différentes parties.

Voici MM. GORHAM AND C°, autres fabricants d'orfévrerie : leurs objets argentés sur métal blanc ou sur un alliage de nickel ont le même fini que nous trouvons chez presque tous les exposants américains, mais ils emploient en outre un procédé mécanique pour produire leurs ornements dans les pièces à bon marché. Le dessin adopté est gravé sur les cylindres d'un petit laminoir, et la lame d'argent qui, en y passant, a reproduit

jusqu'aux détails les plus fins du modèle n'a plus qu'à être courbée à la
forme voulue et appliquée sur l'objet à décorer.

Signalons dans l'orfévrerie d'argent quelques jolies pièces faites presque toutes d'après les dessins d'un artiste alsacien attaché à la maison,
M. Heller.

MM. Gorham and Cᵃ avaient préparé, en vue de l'Exposition, une pièce
principale, le *Century-vase*, destiné à rappeler l'anniversaire de l'indépendance. Mais là encore, avec de jolis détails, une ciselure délicate, un
manque de proportions : des bouquets de fruits gigantesques à côté de
personnages lilliputiens. L'ornementation n'a pas l'air d'avoir été faite pour
ce grand vase; c'est toujours l'ensemble de la composition qui pèche.

MM. Gorham and Cᵉ fabriquent eux-mêmes les boîtes destinées à ren-
fermer leurs pièces d'argenterie : il est juste de signaler le soin extrême avec
lequel elles sont faites.

Entrons chez MM. Tiffany and Cᵉ, qui, dans leur vaste installation, exposent de l'orfévrerie, de la bijouterie, des montres, de la papeterie, de la
maroquinerie. Tous ces produits si divers sont néanmoins fabriqués par la
maison ou dans des ateliers commandités par elle, et ne travaillant que
pour elle.

Voici d'abord un service à thé en cuivre rouge avec des ornementations
en argent déposé par l'électricité, d'un joli effet; un service de dessert,
style Renaissance, avec ornements or et argent, comparable à ce qu'il y a
de mieux chez M. Elkington; un autre service argent repoussé d'un travail
remarquable; enfin, un surtout, orné de figures indiennes, dans lequel
il n'y a rien à reprendre. Passons devant leurs nombreuses boîtes remplies
de couverts de dessert, de couteaux argent avec application d'émaux;
signalons la collection de sabres d'honneur commandés chez eux pour les
divers généraux de la guerre dernière, et dont les poignées fouillées et
ciselées sont un peu trop surchargées, et arrivons à la pièce qu'ils présentent comme leur principale, le vase *Bryant*.

Ce vase, offert par souscription au poëte américain Bryant, haut d'environ 80 centimètres, et tout entier, sauf les deux anses, en argent
repoussé, est un chef-d'œuvre de patience et de travail; mais il est tellement couvert de fleurs et de plantes entrelacées, qu'on se prend à penser
qu'il y a peut-être trop d'ornementation, et qu'il faut une véritable con-
tension d'esprit pour arriver à démêler les pensées qui ont inspiré l'artiste,
M. Whitehouse. Comme difficulté de travail, nous avons vu aussi bien dans
d'autres pièces de M. Tiffany; comme composition, nous avons vu mieux.

Il est difficile, après avoir étudié ces différents objets d'orfévrerie, dans
lesquels le travail de l'ouvrier est poussé aussi loin qu'il est possible de le

faire, de s'arrêter longtemps à la vitrine de bijouterie; elle contient cependant quelques belles pièces et un certain nombre de pierres remarquables. Mais nous sommes heureux de voir que, pour *compléter* son exposition, la maison Tiffany a joint à ses produits un certain nombre de bijoux de fabrication française.

En résumé, ce groupe de la section américaine était fort intéressant; mais, sauf deux ou trois maisons, c'est la question commerce qui prime la question art, et si nous rencontrons de nouveaux procédés industriels, nous ne voyons pas encore ce souci constant de faire *plus beau* qui préoccupe nos fabricants français.

FRANCE.

Nous avons épuisé la liste des nations étrangères représentées à Philadelphie, et nous voici arrivés à la France, dont l'exposition, quoique incomplète, n'en a pas moins été un des attraits du Centennial.

Nous sommes loin de l'admirable collection de bronzes de toute nature que nos fabricants avaient exposés à Vienne; cependant, les quelques maisons qui ont tenu à honneur d'aller en Amérique soutenir leur réputation plaçaient encore la France au premier rang dans les industries d'art.

M. MARCHAND, à une des places les plus en vue, au milieu d'une vaste installation, nous montrait sa principale pièce de l'Exposition de 1867, une grande cheminée marbre et bronze, avec laquelle rien dans les sections étrangères, si pauvres, ne pouvait entrer en comparaison; son pouf de l'Exposition de Vienne, formant au centre jardinière; puis une collection choisie de garnitures de cheminée, de lampadaires, de statues, qui faisait regretter la décision prise par la direction américaine de décerner une médaille unique.

M. CORNU, diplôme d'honneur de 1873, dont nous avons retrouvé à Philadelphie, chez le directeur du Ledger, la pendule monumentale de 1867, dans un emplacement relativement restreint, avait réuni nombre de ses plus jolies pièces en onyx décoré de bronze émaillé, qui formaient un des attraits de la section française.

A côté de lui était M. HENRY PERROT, dont les charmants petits bronzes, si délicatement ciselés, attiraient l'attention de tous.

Au centre, MM. SUSSE FRÈRES, occupant un grand espace, qui ont la science des expositions et savent présenter leurs produits dans un cadre qui les fasse valoir, avec un nombre considérable de pendules décoratives, de guéridons onyx et bronze, de bustes, de statues d'après les modèles de Pradier, Grégoire, etc., venaient encore soutenir l'honneur du pavillon français.

N'oublions pas M. MARTIN, son grand vase et ses spécimens de statuettes fondues et non encore retouchées; M. BOUCHER-GRAVET, avec une garniture de cheminée d'une bonne exécution; M. BREGUET, qui, au milieu de ses chronomètres, expose une charmante petite pendule en bronze doré et émaillé; M. MOREL, avec trois garnitures Renaissance et Louis XVI, et MM. SAUVAGE et RUCK, avec leurs copies d'antiques; et nous nous trouvons en face de l'exposition collective anonyme des zincs d'art.

Pourquoi anonyme? Pourquoi cette industrie si française, qui avait obtenu auprès du public à Vienne un tel succès, ne se présente-t-elle que sous forme de collection de cinq ou six cents échantillons exposés par un entrepreneur? Ne serait-ce pas là encore que nous trouverions le résultat des exigences des commissionnaires? Il faut mettre un nom cependant à cette collectivité, pour qu'elle puisse recevoir une récompense; le règlement américain décide ainsi. Lequel inscrirons-nous, puisqu'aucun des fabricants représentés n'a voulu que le sien parût au catalogue? Celui de l'organisateur de la collectivité, et la quantité de médailles qui seraient venues accroître le nombre des récompenses accordées à la section française si la collectivité n'avait pas été anonyme, nous échappe.

En résumé, dix exposants de bronzes et dix récompenses.

Nous voici dans la section de bijouterie.

Au centre, M. BOUCHERON, avec une vitrine carrée toute en glaces, remplie des plus jolis spécimens qu'il soit possible à l'art du joaillier de produire.

Nous ne pouvons mieux faire, pour apprécier l'exposition de M. Boucheron, que de donner la traduction du court rapport que le président du Jury de notre groupe a pris plaisir à rédiger lui-même :

«Nous recommandons cette exposition pour une récompense, comme composant une remarquable collection de joaillerie et de bijoux artistiques de la plus haute excellence.

«Ces belles pierres, ces beaux émaux si brillants de couleur, ces exquis articles de luxe et de riche fantaisie, donnent au Jury le désir d'exprimer à M. Boucheron sa complète satisfaction et de le désigner pour la plus haute récompense.»

A côté, M. ÉMILE PHILIPPE, que sa médaille d'or de 1867 et son succès à Vienne n'empêchent pas de travailler et de chercher encore. Au milieu de coffrets émaillés, de coupes délicatement ciselées, il expose pour la première fois ses bijoux égyptiens. Citons deux colliers, des bracelets, des pendants d'oreille composés d'anciens scarabées royaux, et dont les montures, dessinées par lui d'après les dessins recueillis dans les musées, sont pleines de légèreté et de grâce, et n'oublions pas une garniture de bureau en argent, composée d'après des modèles anciens que nous avons retrouvés dans l'exposition des musées de la section égyptienne.

Mentionnons encore M. Fornet, avec ses bijoux en émaux bressans qui rappellent les bijoux de Bohême et ont déjà été récompensés à Vienne; l'exposition de bijouterie imitation organisée par M. Piel, avec ses objets et ceux de MM. Topart, Levy, Jacquemin, Hémery, Mascurant et Regat, à qui une récompense collective a été accordée; M. Murat, dont les articles doublé or étonnent par leur bon marché; les jolies imitations de perles de Mme Audy; les ornements de théâtre de M. Touchand; et arrêtons-nous devant M. Clébay et son exposition d'objets en écaille incrustés d'or.

Au milieu de pendants d'oreilles, médaillons, broches, dont le bas prix relatif étonne lorsque l'on considère le fini du travail, est exposée la bible de M. Doré, dont la couverture d'écaille, en quatre morceaux remarquablement soudés ensemble, est décorée d'incrustations d'or finement ciselées.

C'est une véritable pièce d'exposition, qui fait honneur à son auteur.

Les émaux ont été examinés par un autre groupe, et nous regrettons de ne pouvoir parler des trois expositions de MM. Pottier, Soyer et Mansuy-Dotin.

Quant à l'orfévrerie, un seul fabricant français avait exposé, mais ne pouvait soutenir la comparaison avec les nombreuses maisons américaines, et si nous désirons voir quelques objets de MM. Christofle et Froment-Meurice, c'est dans la vitrine où le ministère de l'agriculture et du commerce expose les prix décernés dans les concours régionaux qu'il faut aller les chercher.

La section française était trop incomplète, l'Exposition de Philadelphie était venue trop tôt après celle de Vienne, pour qu'il fût possible d'établir une comparaison entre elles et de noter les progrès faits depuis 1873. La tâche des membres du Jury français consistait plutôt à défendre devant la Commission américaine, qui s'était attribué le droit de décerner les récompenses, les intérêts de nos quelques exposants français, qu'à établir entre ceux-ci des distinctions que l'institution d'une médaille unique n'aurait pas permis d'ailleurs de formuler.

Le succès aura du moins couronné les efforts de la plupart des fabricants qui ont envoyé leurs produits à Philadelphie, et la proportion du nombre des récompenses à celui des exposants est, pour le groupe dont nous avons eu à nous occuper, une des plus hautes qui aient jamais été atteintes.

Mais que restera-t-il de cette Exposition de Philadelphie, commencée au milieu de tant de difficultés, installée malgré le mauvais vouloir de la

plupart des administrations américaines et terminée au milieu des appré-
hensions de toute nature?

Malgré tout, l'affirmation évidente de la supériorité de la France dans
presque toutes les industries d'art, la preuve de notre génie inventif dans
la recherche du beau, et la satisfaction pour nous d'avoir montré à ce pays
d'Amérique, si riche, si bien doté par la nature, que nos fabricants actifs,
soigneux de bien faire, peuvent non-seulement lutter avec ceux des autres
nations, mais les vaincre.

G. ROULLEAUX-DUGAGE.

CUIRS ET CHAUSSURES.

RAPPORT DE M. M. GUIET,

MEMBRE DU JURY INTERNATIONAL.

I

Ce n'est pas sans une certaine hésitation que nous abordons le rapport du groupe qui comprend les cuirs, les chaussures et les machines à l'usage de ces diverses industries.

Plus que personne nous regrettons que trois jurés spéciaux n'aient pas été appelés à juger des industries si importantes et si différentes, et que le nombre des jurés attribués à la France par la Commission supérieure de l'Exposition de Philadelphie ait été aussi limité.

M. le Commissaire délégué près le Jury international nous a prié de vouloir bien prendre part aux travaux du Jury de ce groupe comme étant, peut-être, le membre du Jury français le moins étranger aux articles qui le composent, en raison de l'emploi journalier que nous faisons, dans la carrosserie et le harnachement, des cuirs vernis lisses et grainés, des cuirs noirs, des maroquins, etc. Tout en comprenant notre insuffisance, nous avons accepté la mission que l'on nous faisait l'honneur de nous confier, dans l'unique pensée de veiller à ce que nos nationaux obtinssent les récompenses qui leur étaient dues.

Notre tâche, sous ce rapport, nous a été rendue facile par la supériorité des produits exposés par des fabricants qui, presque tous, occupent en France la tête de leur industrie.

Si, dans le cours de ce rapport, nous n'employons pas toujours le mot propre et si nous ne parlons pas des choses que nous avons vues dans les termes qu'il faudrait, les hommes du métier voudront bien ne pas trop s'en apercevoir, et s'ils puisent dans ce rapport un seul renseignement profitable, nous considérerons que ce travail n'aura pas été absolument inutile.

Dans ce groupe, l'un des plus considérables à tous égards, on comptait 721 exposants, savoir :

27.

425 exposants américains, dont 207 ont été récompensés;

16 exposants français, dont 14 ont été récompensés et un exposant français hors concours;

279 exposants étrangers, dont 120 ont été récompensés.

Il n'y a pas une seule exposition qui n'ait été visitée avec le plus grand soin et sur laquelle le Jury n'ait pris des notes minutieuses; un très-grand nombre d'expositions ont été l'objet de plusieurs visites.

II

CUIRS.

Presque toutes les nations du monde étaient représentées dans le département des cuirs, et cette exposition était à la fois intéressante et instructive, en ce qu'elle permettait de se rendre un compte exact des progrès que la science moderne a fait accomplir à l'art du tannage.

Ces progrès se faisaient remarquer aussi bien dans les produits de quelques-unes des colonies les plus nouvelles que dans ceux des pays les plus anciens.

Cette exposition des cuirs, la plus complète et la plus variée qui ait peut-être jamais eu lieu, restera dans l'avenir comme un point de repère d'où l'on pourra noter les nouveaux progrès et les nouvelles inventions.

ÉTATS-UNIS.

Les États-Unis ont exposé toutes les espèces et toutes les variétés possibles de cuirs : la plus grande partie provenait des États de New-York et de Pensylvanie.

Le Maryland, l'Ohio et le Kentucky n'étaient que faiblement représentés dans le département des cuirs forts.

Les États de la Nouvelle-Angleterre, c'est-à-dire ceux de Maine, de Vermont, de New-Hampshire, de Massachusetts, de Connecticut et de Rhode-Island, n'étaient pas aussi bien représentés qu'on eût dû s'y attendre, en raison de l'importance considérable de cette industrie dans ces divers États.

Les cuirs forts, tannés au hemlock [1], étaient bien représentés comme qualité, et il était facile de reconnaître qu'un haut degré d'intelligence avait été apporté dans leur fabrication.

_____

[1] On désigne dans le commerce sous le nom de hemlock l'écorce du sapin blanc d'Amérique (Hemlock spruce) ou sapin du Canada (Abies Canadensis), de la famille des Abiétinées.

Grâce à l'emploi des procédés modernes et des moyens perfectionnés, il est bien évident que le fabricant obtient plus de poids et un meilleur rendement qu'il n'en obtenait par les anciennes méthodes; le cuir que l'on produit ainsi est également plus serré et plus durable.

Les échantillons de cuirs forts, au chêne et au hemlock, démontrent que les tanneurs ne suivent plus les vieilles routines du passé et qu'ils utilisent tous les perfectionnements dont la valeur et l'utilité ont été démontrées par la science.

Une grande partie des cuirs tannés au chêne étaient remarquables par l'excellence du travail. Les cuirs provenant de l'Ohio et du Kentucky se faisaient remarquer, entre tous, par leurs bonnes qualités et la perfection de leur tannage.

L'importante exposition de cuirs pour harnais, tannés principalement au chêne, se distinguait par une excellente moyenne de travail et faisait grand honneur aux fabricants.

Quelle que soit la différence d'opinion qui puisse exister au sujet du mérite comparatif des cuirs forts tannés au chêne ou au hemlock, il ne peut y avoir aucun doute que, pour les cuirs à harnais, le tannage au chêne donne des produits de qualité supérieure.

L'exposition des cuirs à empeignes, si nous en exceptons les veaux, n'était pas aussi importante qu'on aurait pu le désirer et même qu'on aurait pu s'y attendre, et les cuirs, à quelques exceptions près, n'indiquaient pas une grande habileté de fabrication ni de main-d'œuvre, et ils ne donnaient peut-être pas une idée bien juste de la qualité de ces produits aux États-Unis.

Il y avait une très-belle exposition de veaux cirés, parfaitement bien travaillés, et pouvant rivaliser avec tout ce que nous avons vu de mieux à l'Exposition dans cet article.

Les cuirs vernis, lisses et grainés n'étaient représentés que par un très-petit nombre de fabricants, presque tous de New-Ark (New-Jersey); mais les produits exposés se recommandaient par de sérieuses qualités, et nous avons pu constater que d'immenses progrès ont, depuis quelques années, été réalisés dans cette branche d'industrie.

Les vaches grainées, pour voitures et pour chaussures, étaient d'une grande souplesse, d'un beau noir, d'un brillant parfait et d'une grande régularité de grain. Néanmoins nous pouvons dire avec satisfaction que la vache française est encore, et à juste titre, considérée comme supérieure, ainsi qu'en témoignent les demandes que nos fabricants reçoivent chaque jour des États-Unis pour les travaux les plus fins.

L'exposition de maroquins et de cuirs légers, sans être très-considérable,

était pourtant assez complète et représentait assez bien les diverses variétés
fabriquées aux États-Unis.

Le développement de cette branche de l'industrie du cuir a été très-
marqué depuis vingt ans, aussi bien sous le rapport de l'augmentation de
la production que sous celui des progrès réalisés dans la fabrication, principalement en ce qui concerne les maroquins et les moutons de couleur
pour chaussures, reliures, sacs de voyage et ouvrages de fantaisie.

Ce fait est démontré par plusieurs expositions de ce genre d'articles très-
complètes, très-belles, de couleurs et de nuances délicates, et de tous les
genres de fini. Ces produits peuvent rivaliser avec ceux des pays qui ont
jusqu'à présent tenu le premier rang dans cette industrie.

Ces observations s'appliquent également aux diverses variétés de maroquin noir, de chevreaux, etc., dont il y avait des spécimens d'un grand
mérite.

Les maroquins américains se distinguent surtout par les soins avec
lesquels ils sont finis, et il est évident que beaucoup plus d'application est
apportée aux dernières façons que subissent les peaux qu'aux opérations
préliminaires de la préparation et du tannage; il en résulte que les maroquins américains sont surtout remarquables par la finesse et la solidité
du grain, par la profondeur et la richesse de la couleur et par l'éclat du
brillant. Ils sont presque exclusivement tannés au sumac de Sicile ou d'Amérique, qu'on emploie séparément ou mélangé; la peau est le plus ordinairement cousue en forme de sac que l'on remplit de liquide et qu'on
immerge dans la cuve; le liquide se trouve ainsi pressé dans les pores de la
peau : on obtient par ce procédé un tannage beaucoup plus rapide qu'en
suspendant les peaux, et cela permet au tanin, à la fibrine et à la gélatine de se combiner par l'opération naturelle de l'affinité.

Des machines pour coudre ces peaux sont maintenant d'un usage général aux États-Unis.

En résumé, si nous prenons en considération le fait que les 176 exposants américains dont les produits remplissaient le bâtiment des cuirs
et chaussures ne forment pas le dixième des fabricants et des tanneurs du
pays, nous pourrons avoir une idée de l'augmentation et du développement de cette industrie aux États-Unis.

Ajoutons qu'on tanne annuellement aux États-Unis :

8,788,752 peaux de bœufs et vaches;

9,664,148 peaux de veaux, moutons, etc.

Le nombre des ouvriers employés dans la fabrication du cuir est de
30,811.

Nous avons pensé qu'il ne serait pas sans intérêt pour nos tanneurs de connaître les poids et prix moyens, aux États-Unis, des cuirs verts et salés pendant les cinq dernières années; nous en donnons le tableau :

		1872.		1873.		1874.		1875.		1876.	
		POIDS MOYEN par cuir.	PRIX MOYEN par kilogr.	POIDS MOYEN par cuir.	PRIX MOYEN par kilogr.	POIDS MOYEN par cuir.	PRIX MOYEN par kilogr.	POIDS MOYEN par cuir.	PRIX MOYEN par kilogr.	POIDS MOYEN par cuir.	PRIX MOYEN par kilogr.
		kilog.	fr.	kilog.	fr.	kilog.	fr.	kilog.	fr.	kilog.	fr.
Janvier......	Vert.......	42,700	0,80	41,900	0,92	42,810	0,75	40,090	0,75	41,790	0,65
	Salé	33,300	1,05	32,615	1,18	33,410	1,00	31,710	1,00	32,615	0,90
Février.....	Vert.......	42,180	0,85	42,240	0,92	41,675	0,75	40,545	0,75	42,355	0,65
	Salé	32,960	1,10	32,960	1,18	32,500	1,00	31,600	1,00	33,070	0,90
Mars........	Vert	41,110	0,85	41,225	0,95	41,560	0,75	40,885	0,75	41,675	0,60
	Salé	32,050	1,10	32,165	1,20	32,390	1,00	31,825	1,00	32,500	0,85
Avril.......	Vert	39,980	0,85	40,770	0,90	40,090	0,75	40,430	0,70	41,675	0,60
	Salé	31,145	1,10	31,710	1,15	31,710	1,00	31,480	0,95	32,500	0,85
Mai........	Vert	37,260	0,90	39,525	0,87	38,505	0,75	38,165	0,70	39,300	0,55
	Salé	29,000	1,15	30,805	1,13	30,010	1,00	29,785	0,95	30,690	0,80
Juin..	Vert.......	37,490	0,90	37,260	0,80	38,505	0,70	37,260	0,65	38.845	0,60
	Salé	29,220	1,15	28,990	1,05	30,010	0,95	28,990	0,90	30,240	0,85
Juillet......	Vert.......	37,870	0,90	36,695	0,83	38,390	0,75	37,150	0,65	37,710	0,60
	Salé	29,105	1,15	28,540	1,08	29,900	1,00	28,990	0,90	29,445	0,85
Août........	Vert.......	37,600	0,90	36,415	0,88	37,710	0,80	38,280	0,65	38.505	0,60
	Salé	29,380	1,15	28,315	1,18	29,445	1,05	29,900	0,90	30,010	0,85
Septembre..	Vert.......	38,050	0,90	38,050	0,80	37,490	0,75	38,845	0,70	"	"
	Salé	29,670	1,15	29,670	1,18	29,220	1,00	30,240	0,95	"	"
Octobre.....	Vert.......	38,960	0,90	39,640	0,70	39,800	0,80	41,225	0,70	"	"
	Salé	30,850	1,15	30,915	0,95	30,690	1,05	32,165	0,95	"	"
Novembre...	Vert.......	40,770	0,90	41,560	0,65	40,545	0,80	41,335	0,70	"	"
	Salé	31,710	1,15	32,390	0,90	31,595	1,05	32,165	0,95	"	"
Décembre...	Vert.......	40,200	0,95	42,015	0,75	41,560	0,80	42,700	0,70	"	"
	Salé	31,260	1,20	32,780	1,00	32,390	1,05	33,300	0,95	"	"

Les écorces employées aux États-Unis pour le tannage sont celles du chêne et du hemlock, dont le prix moyen, dans le pays, est d'environ 10 dollars par tonne (soit à peu près 48 fr. 50 c. les 1,000 kilogrammes). Elles donnent toutes deux d'excellents résultats, mais l'emploi de ces deux sortes d'écorces mélangées donne des produits bien supérieurs à ceux que procure l'usage séparé de chacune de ces espèces, et nous sommes persuadé que ce tannage mixte est appelé à un grand avenir.

Dans l'État de Maine, situé tout à fait au nord-est des États-Unis, l'écorce du hemlock ne vaut que 6 dol. 50 la tonne (soit environ 31 fr. 50 c. les 1,000 kilogrammes); mais c'est là le prix minimum.

L'écorce de chêne châtaignier (quercus castanus), qui est réputée pour la meilleure, vaut jusqu'à 15 dollars la tonne (soit à peu près 72 fr. 75 c. les 1,000 kilogrammes).

Le Jury s'est livré à une série d'expériences sur des échantillons de cuirs à semelles, américains et étrangers, afin de déterminer :

1° Le poids moyen du pied carré de cuirs de divers tannages pour 1/4 de pouce d'épaisseur;

2° Le poids moyen d'échantillons de cuirs de divers tannages séchés à une température de 160° Fahrenheit et la déperdition moyenne de poids subie à cette température;

3° La variation de poids éprouvée par suite des variations de la température ou du degré hygrométrique de l'atmosphère;

4° Le poids moyen d'échantillons de divers tannages, saturés d'eau, après dessiccation à 160° Fahrenheit et élimination des matières solubles opérée à l'aide d'un lavage dans l'eau à 85° Fahrenheit, etc., etc.;

5° Le poids moyen de ce qui reste d'un morceau de cuir d'un pied carré, ayant primitivement 1/4 de pouce d'épaisseur, après élimination de toute matière soluble et dessiccation du résidu à 160° Fahrenheit;

6° Le poids moyen d'échantillons de cuirs après vingt-trois immersions successives, de dix secondes chacune, et le rapport dudit poids à celui des échantillons séchés à 160° Fahrenheit;

7° Les poids moyens et gravités spécifiques du pied carré de cuirs de divers tannages de 1/4 de pouce d'épaisseur;

8° Le poids moyen de la quantité de matière enlevée simultanément par le frottement aux cuirs de divers tannages.

Les échantillons de cuirs ont été prélevés dans les mêmes conditions; ils ont tous été pesés, mesurés et soumis au même traitement.

Nous avons suivi toutes ces expériences avec le plus grand intérêt, mais il ne nous serait guère possible d'en rendre compte sans entrer dans des détails techniques qui ne sauraient trouver place dans ce rapport. Nous n'oserions pas affirmer, du reste, que les résultats obtenus soient d'une absolue et rigoureuse exactitude; ils ne pourront être considérés comme définitivement acquis que lorsque les expériences auront été plusieurs fois répétées dans des conditions différentes.

Avant de passer à la section française, disons quelques mots de trois ou quatre des principales tanneries et fabriques de cuirs que nous avons visitées aux États-Unis, et voyons leur organisation, leur développement et l'importance de leur production.

MM. T. P. Howell et Ci°, fabricants de cuirs vernis à New-Ark (New-Jersey). Cette maison fut fondée en 1840. A cette époque, la ville de New-Ark ne comptait que 8,000 habitants; elle est devenue depuis une des plus importantes villes manufacturières des États-Unis, et sa population s'est élevée au chiffre de 130,000 habitants.

La fabrication de 40 peaux par semaine suffisait alors à approvisionner le pays tout entier de cuirs vernis pour capotes de voitures.

Maintenant certains établissements achètent de la maison Howell seule 100 peaux par semaine pendant tout le cours de l'année, et les États-Unis tout entiers ne consomment pas moins de 2,500 peaux par semaine pour les usages exclusifs de la carrosserie.

Cet établissement fut reconstruit en 1848, à la suite d'un incendie. Il est aujourd'hui le plus grand et le mieux organisé des États-Unis et, dans la spécialité des cuirs vernis, c'est peut-être le plus vaste du monde. C'est là que les fabricants de cuirs de New-Ark ont presque tous fait leur apprentissage.

Ces messieurs ont aussi une tannerie à Middletown, comté d'Orange, État de New-York, où ils emploient 100 ouvriers.

Les deux établissements réunis travaillent, par an, 50,000 peaux de bœufs et vaches, 70,000 peaux de veaux, génisses et daims, et 130,000 peaux de moutons.

Dans le but de s'assurer des peaux en parfaite condition MM. Howell et Cⁱᵃ font surveiller eux-mêmes l'abatage des animaux dont ils achètent les peaux aux prix courants à New-York.

Enfin ces messieurs importent chaque année du Canada et de l'Angleterre 10 à 15 mille peaux de mouton pour en faire des tapis de pieds.

L'expérience a démontré que les plus grandes peaux du monde, et en tous cas les plus grandes et les meilleures des États-Unis, sont celles qui proviennent des animaux élevés dans les États du Kentucky, de l'Indiana et de l'Illinois.

Il est inutile de dire que l'outillage mécanique de cette fabrique est en rapport avec sa production, et qu'il est soigneusement maintenu à la hauteur du progrès.

Les articles qui sortent de cette maison sont utilisés principalement dans la fabrication des chaussures, voitures, wagons, harnais, selles, meubles, sacs de voyage, articles militaires, courroies en tous genres, etc., etc.

De 1872 à 1876 inclusivement, la moyenne des salaires payés par semaine a été :

Par semaine.
—

Pour les manœuvres, de	43ᶠ 5oᶜ à 48ᶠ 5oᶜ
Pour les tanneurs, de	58 5o à 77 oo
Pour les dérayeurs, de	67 oo à 87 oo
Pour les vernisseurs, de	72 75 à 97 oo

M. John Cummings, tanneur à Boston.

Cette fabrique, établie il y a cent vingt ans, occupe 10 acres (4 hectares), dont 3 environ sont couverts de constructions. Elle emploie deux machines à vapeur, dont l'une de 50 chevaux de force et l'autre de 30 ; un cours d'eau fournit une force supplémentaire de 10 chevaux.

Il y a deux moulins à moudre l'écorce, dont la tannerie consomme 20 cordes par jour (la corde est un peu plus de 3 mètres 1/2 cubes).

Cet établissement emploie 250 à 300 ouvriers, 8 machines à refendre le cuir, 4 à lisser et 4 à chagriner; il tanne 1,000 peaux, bœufs ou vaches, et 1,200 veaux par semaine. Le chiffre d'affaires est d'environ 600,000 dollars (3 millions de francs) par an. Les débours mensuels pour salaires s'élèvent de 45,000 à 50,000 francs.

MM. Walker, Oakley and Cᵒ, tanneurs à Chicago.

Ces messieurs ont trois fabriques, dont deux à Chicago : dans l'une ils travaillent 3,600 veaux par semaine, et dans l'autre 1,800 vaches. Dans leur troisième fabrique, située à Holland (État du Michigan), ils travaillent 20,000 cuirs forts par an.

FRANCE.

La France a exposé un assortiment considérable et très-varié de cuirs de tous genres.

Les cuirs forts, tannés à l'écorce de chêne, témoignaient d'une grande intelligence dans la préparation de la peau, de manière à réduire au minimum la perte de poids; ils étaient de qualité supérieure et faisaient preuve d'une grande habileté de fabrication.

Les cuirs vernis, lisses et grainés, pour voitures et chaussures, surpassaient, par leurs qualités, tout ce que nous avons vu de mieux dans cet article.

L'exposition des veaux cirés était fort restreinte; nous regrettons que les meilleurs tanneurs de Paris n'aient point été représentés à Philadelphie, et nous comprenons d'autant moins cette indifférence, que le marché des États-Unis est pour ce produit l'un des plus grands débouchés.

Les maroquins lisses et chagrin, en noir et en couleur, ainsi que les chevreaux glacés de toutes nuances, soutenaient pleinement la haute réputation dont ces produits jouissent à si juste titre. Ils étaient remarquables par l'élasticité, la souplesse et la fermeté, et par la délicatesse des nuances, la profondeur, le brillant et la solidité de la couleur.

Les chevreaux glacés ont attiré vivement l'attention par leur moelleux,

leur fermeté et leurs couleurs solides et brillantes. Ces peaux sont généralement tannées ouvertes au sumac de Sicile.

Nous allons analyser rapidement les expositions des divers fabricants
qui ont obtenu des récompenses, en faisant observer qu'il n'y a pas lieu de
tenir compte de l'ordre dans lequel les noms sont mentionnés, car les cuirs
vernis et grainés, les cuirs à harnais, les veaux cirés, les maroquins et les
moutons, les chevreaux, les peaux de cochon, etc., etc., forment, dans le
groupe des cuirs, autant de classes distinctes ayant des mérites différents,
propres et spéciaux, qui ne permettent pas de comparer ces divers produits entre eux.

M. T. Sueur fils, de Paris, a exposé des vaches vernies grainées pour
voitures et pour chaussures; des vaches vernies lisses de toutes nuances;
des vaches et des chevaux vernis lisses sur fleur; des chevaux vernis et
grainés; des cuirs, des croûtes et des veaux vernis lisses pour la sellerie,
la carrosserie et l'équipement militaire, etc., etc.

Tous ces divers genres de cuirs sont tannés et fabriqués, de tous points,
dans l'usine de l'exposant. Le cuir est doux et souple, et le vernis, tout en
étant uni et excellent comme couleur et brillant, est aussi remarquable
par sa résistance et sa dureté.

Cette maison a figuré avec honneur à toutes les Expositions qui se sont
succédé depuis 1849 et y a obtenu les premières récompenses.

La fabrique que M. T. Sueur fils exploite à Montreuil-sous-Bois (Seine)
occupe un terrain de 25,000 mètres, comportant logements de direction et
de contre-maîtres, granges à écorces, ateliers, cours de service, cours de
la tannerie avec fosses, terrain d'étendage, etc., etc.

Les ateliers de tannerie, corroierie et vernisserie occupent à eux seuls
une surface de 10,000 mètres.

Chacun de ces ateliers est pourvu de l'outillage mécanique le plus complet : scies, foulons, machines pour le travail de rivière, presses, ha-
choirs, moulins, broyeurs, distribution mécanique des jus, machines à
polir du système T. Sueur, etc.

Cet outillage, qui comprend tous les perfectionnements apportés dans
ce genre de fabrication, est mis en mouvement par une machine de 40 chevaux et deux générateurs de 30 chevaux chacun.

L'usine occupe 300 ouvriers et fabrique par an 30,000 peaux de
bœufs, vaches, chevaux et gros veaux, qu'elle reçoit en poil et rend à la
consommation générale toutes vernies.

C'est une organisation industrielle qui rivalise avec tout ce que nous
avons vu de mieux, aussi bien en France qu'aux États-Unis.

Les produits de cette maison sont, et à juste titre, très-recherchés, tant pour la consommation intérieure que pour l'exportation.

M. Ad. Fortier-Beaulieu, de Paris, a exposé des peaux de cochon tannées et finies, de couleur naturelle et teintes, destinées à la sellerie et à l'ameublement; des cuirs forts pour la sellerie et des peaux de mouton teintes.

Cette exposition est remarquablement supérieure par le talent et le travail déployés dans la tannerie et le fini. Les couleurs sont brillantes et uniformes, et le produit est de premier ordre.

Cette maison, dont la création remonte à 1798, et qui fabrique en moyenne 4,000 cuirs de bœuf et 20,000 peaux, a figuré honorablement à toutes les Expositions qui ont eu lieu depuis et y compris celle de Londres, 1861. Elle rivalise facilement avec l'industrie anglaise, non-seulement sur les marchés étrangers, tels que ceux de l'Amérique centrale, des Antilles, de l'Amérique du Sud et même de l'Australie, mais encore sur le marché anglais lui-même, auquel elle a fourni 8,000 peaux en 1876.

C'est peut-être la seule fabrique en France qui puisse lutter avec avantage contre les peaux de cochon anglaises, si estimées dans la sellerie.

Notre attention a été particulièrement attirée non-seulement sur les cuirs tannés et corroyés pour la sellerie et sur les peaux de cochon pour selles, mais encore sur les peaux de cochon teintes pour l'ameublement. C'est une création de M. Ad. Fortier-Beaulieu, et une nouvelle adaptation de la peau qui a déjà fixé l'attention du Jury à Vienne et valu à cet industriel la médaille de progrès.

Cet article, qui a été accueilli avec une grande faveur par les tapissiers, semble dès aujourd'hui appelé à un grand avenir, et l'on peut dire que la vente en est devenue courante.

MM. Duchesne frères, de Paris, ont exposé une grande variété de maroquins, moutons et chèvres, pour la carrosserie, la reliure, la chaussure et la tapisserie, très-remarquables par la régularité, l'uniformité et la perfection du grain. La couleur est claire, belle et uniforme; la peau est à la fois souple et ferme, et la fabrication est parfaite sous tous les rapports.

Ces messieurs occupent dans leur fabrique 150 ouvriers pour la tannerie, la mégisserie et la teinture des chèvres et moutons; ils possèdent un matériel des plus complets et des plus perfectionnés : ce sont des appareils pour la cuisson et l'extraction des matières colorantes, des étuves, des presses, des machines pour le travail de la peau, etc., le tout mû par 2 machines à vapeur de 15 et 12 chevaux de force. Un chemin de fer reliant la plupart des ateliers complète cette organisation, qui économise la main-d'œuvre et exonère l'ouvrier des travaux les plus pénibles.

Ces messieurs évitent, pour la tannerie, de se servir d'aucun procédé qui, plus expéditif ou moins coûteux, pourrait détériorer le nerf de la peau; ils s'efforcent, pour la teinture, d'obtenir les nuances par la force des couleurs plutôt que par celle des mordants, et de fabriquer ainsi des couleurs résistant au soleil et à l'humidité.

M. JULES ALLAIN, de Paris, a exposé des chèvres mates, grain de New-York, grain du Levant, grain long, grain carré et grain naturel; des chèvres mates lisses, façon phoque, façon crocodile, en blanc et en noir; des chèvres chagrin en blanc, quadrillées en blanc, des chèvres vernies, et, en un mot, tout ce qui peut se faire en chèvre pour l'article chaussure.

Toutes ces peaux dénotent une parfaite et habile fabrication.

M. AD. BASSET, de Paris, a exposé des chevreaux noirs, glacés et mats, des chevreaux de couleurs fantaisie pour chaussures fines de dames. C'est une spécialité de cette maison, qui a atteint une grande perfection dans la fabrication des chevreaux noirs, lesquels sont doux, fermes, clairs et brillants, à un degré qui surpasse tout ce que nous avons vu dans le même genre. Les couleurs de fantaisie sont claires, belles et toujours d'excellentes qualités.

M. Ad. Basset possède une teinturerie modèle qui occupe 1,500 mètres de terrain couvert par des constructions à plusieurs étages qui fournissent une superficie de travail de plus de 4,500 mètres.

Pour répondre aux demandes, chaque année plus grandes, qui lui viennent de l'étranger, il est obligé de faire construire de nouveaux et immenses ateliers.

Les machines en usage dans ces deux bâtiments seront mises en mouvement par 2 machines à vapeur d'une force totale de 50 chevaux.

De 1858 à 1863, cette maison a fabriqué de 4,000 à 15,000 douzaines de chevreaux; de 1863 à 1868, de 15,000 à 25,000 douzaines; de la fin de 1868 (époque à laquelle M. Ad. Basset employa pour la première fois, et le premier, les lisseuses à vapeur, qui font aussi bien, sinon mieux, et qui ont du moins l'avantage d'abaisser le prix de la main-d'œuvre) jusqu'à ce jour, la demande et la production n'ont fait que croître chaque année, et cette maison a livré en 1876 à la consommation 90,000 douzaines de peaux de chevreaux d'une valeur de près de 5 millions de francs.

La marque de M. Ad. Basset jouit de la meilleure réputation sur les marchés européens; mais c'est surtout en Amérique qu'elle est particulièrement recherchée, et les deux tiers de la fabrication annuelle passent l'Atlantique et vont trouver leur emploi sur les bords du Pacifique.

M. Clavé-Bertrand, de Coulommiers (Seine-et-Marne), a exposé des cuirs forts fabriqués avec des peaux de pays et des peaux de Buénos-Ayres, des veaux et des brides à sabots qui témoignent d'une haute habileté et d'un travail supérieur dans la préparation de la peau et la fabrication du cuir.

Cet exposant possède, à Coulommiers, deux tanneries. Dans l'une, il fabrique exclusivement le cuir fort pour semelle, ce qui offre le grand avantage de ne pas mêler les jus servant à cette fabrication avec ceux destinés à la fabrication du cuir pour empeignes, lequel demande des qualités différentes; pour le premier on recherche la fermeté, qui s'obtient par des jus très-forts, et pour le second on recherche la souplesse, qui s'obtient par des jus plus faibles et plus échelonnés.

Ce fabricant tanne 150 cuirs forts par semaine; une machine à vapeur à condensation, de 20 chevaux, fait mouvoir un foulon mécanique, les pompes, un marteau à battre les cuirs, trois machines Fitz-Henry, et de nombreuses machines pour donner au cuir à brides l'apparence du vernis.

La tannée, pressée par la presse Bréval, suffit à alimenter la machine et deux calorifères dont les tuyaux parcourent les ateliers et séchoirs.

Dans la seconde tannerie, M. Clavé-Bertrand fabrique le cuir pour molleterie, c'est-à-dire le cuir destiné à être corroyé ainsi que le cuir de Hongrie. Il y fabrique 100 à 150 cuirs de Hongrie par mois et 300 cuirs à molleterie par semaine, ce qui, avec les autres sortes, porte sa production annuelle à environ 25,000 cuirs petits et gros, sans compter 5,000 à 6,000 veaux.

Dans cette seconde usine, une machine à condensation, de 15 chevaux de force, fait mouvoir un foulon mécanique, une machine à refendre, les pompes, les balanceuses pour hongrie, une cylindreuse perfectionnée par M. Clavé-Bertrand, une batteuse de son invention, une laveuse à bourre brevetée sous son nom, une essoreuse spéciale pour la bourre, une machine américaine Fitz-Henry pour le travail de rivière, 8 agitateurs, etc.

La marque de M. Clavé-Bertrand jouit d'une grande renommée. Il fabrique par an 70,000 à 80,000 douzaines de brides à sabots, et il tanne tous les cuirs qu'il emploie dans cette fabrication.

Il découpe chez lui, tant en brides qu'en semelles, pour gros fabricants de chaussons, environ 10,000 cuirs par an. Il occupe 200 ouvriers; sa production s'élève à environ 1,200,000 francs par an.

Exposition collective de Saint-Saëns (Seine-Inférieure). Un certain nombre de tanneurs de Saint-Saëns se sont groupés pour faire une exposition collective de cuirs forts, qui dénote une grande habileté dans la préparation des peaux et une parfaite entente de la fabrication.

Cette exposition a grandement attiré, par son uniformité, l'attention des hommes spéciaux; les cuirs semblaient sortir tous d'une même fabrique et étaient aussi remarquables les uns que les autres par la beauté du fini et l'excellence de la fabrication.

Nous pouvons dire que chacun des industriels qui ont pris part à cette exposition méritait personnellement la récompense qui a été attribuée à la collectivité : aussi croyons-nous de notre devoir de citer leurs noms; ce sont, par rang d'âge :

> MM. LEFÈVRE (Félix);
> Vᵉ MORISSET;
> BINET (Hippolyte);
> FACHE-HAVÉ et FERRÉ;
> DUMÉNIL (Paul);
> LECOURTOIS (Arthur);
> SERGENT (Edmond);
> FRIGOT (Émile);
> LEFÈVRE (Florentin);
> LENORMAND (Émile);
> LEMONNIER (Jules);
> BLOT (Eugène).

Nous ne saurions trop répéter que cette exposition fait le plus grand honneur à la ville de Saint-Saëns et aux honorables fabricants qui l'ont organisée.

MM. SORRO FRÈRES, de Milhau (Aveyron), fabricants de veaux cirés, ont exposé deux douzaines sortes et une douzaine femelles, pesant 12 kilogrammes et une fraction par douzaine, soit 37 kilogrammes les trois douzaines. Ces veaux se recommandent par la souplesse, la finesse, le beau noir et le fini. Les femelles sont belles et bien pleines sur les flancs, et le coupeur ou cordonnier peut utiliser aisément toutes les parties de la peau.

Cette exposition ne pourrait manquer, s'il en était besoin, de consolider l'excellente réputation dont jouissent aux États-Unis les veaux français, et principalement ceux de Milhau.

MM. Sorro frères, dont le chiffre d'affaires s'élève à près de 1 million de francs, fabriquent par semaine environ 80 douzaines de peaux des meilleures provenances d'Allemagne et des meilleurs choix; ils les exportent presque entièrement aux États-Unis et sur les marchés de l'Amérique du Nord.

Une faible partie de leurs produits se vend à Paris ou s'exporte dans l'Amérique du Sud, en Italie, en Espagne et en Angleterre.

MM. Bayvet frères, de Paris, hors concours.

Ces messieurs ont exposé des maroquins noirs et de fantaisie très-variés de couleurs et de façon; des veaux et des moutons en couleurs pour livres, portefeuilles, meubles et chaussures.

Cette exposition, par sa variété, son étendue et sa beauté, se place au premier rang.

Trop souvent nos fabricants français, après avoir obtenu les récompenses les plus élevées, se désintéressent des expositions comme si elles n'avaient d'autre but que de leur procurer ces récompenses et non pas, en même temps, un objet bien supérieur, celui de maintenir et d'étendre la bonne réputation de l'industrie française. Tel n'est pas, hâtons-nous de le dire, le cas de MM. Bayvet frères, dont l'exposition est tellement remarquable que, s'ils n'avaient obtenu déjà les plus hautes récompenses, nous pourrions dire qu'ils les méritent par leur exposition de Philadelphie.

III

CHAUSSURES.

L'exposition des chaussures était non moins remarquable et non moins importante que celle des cuirs, et presque tous les pays du monde y avaient pris part.

Nous avons vu, réunies sous un même toit, toutes les espèces imaginables de chaussures destinées à la consommation de peuples que séparent leurs besoins, leurs mœurs, leur climat, et jusqu'à leur race, et qu'influencent si différemment, dans leurs goûts et dans leurs dessins, les coutumes et les habitudes les plus variées.

On pouvait facilement comparer entre eux les produits dus au travail et au talent d'artisans de nationalités si différentes, et il n'y a pas une seule exposition, fût-ce celle du pays le moins avancé, qui ne fournît l'élément d'intéressantes études.

C'est que l'industrie de la chaussure est, si nous pouvons nous exprimer ainsi, une industrie de première nécessité, qui a existé de tous temps, dans les pays les plus arriérés, et qui s'est partout plus ou moins développée avec l'introduction de nouveaux procédés de fabrication et l'accroissement des échanges.

ÉTATS-UNIS.

Les États-Unis avaient une très-vaste exposition de chaussures pour hommes, femmes, jeunes gens, garçons, fillettes, enfants et nouveau-nés, de veau, chevreau, chèvre, serge, soie, satin, etc. etc., faites à la main et à la machine et de tous les modèles concevables.

Nous avons remarqué un assortiment considérable de chaussures de qualités inférieures à l'usage des masses, et cotées à des prix très-bas, et une grande quantité de bottes et brodequins de gros cuir grainé et ciré, cousus, chevillés, vissés ou cloués, destinés aux mineurs et aux classes ouvrières.

Cette branche d'industrie a pris aux États-Unis un développement considérable depuis quelques années et commence à exporter sur une large échelle.

Le nombre d'ouvriers employés dans la fabrication des chaussures est de 171,127.

Avant de passer à la section française, disons quelques mots de quatre ou cinq fabriques de chaussures que nous avons visitées aux États-Unis, en faisant remarquer que nous n'avons pu, à notre grand regret, visiter la plus importante.

MM. Ara Cushman and C°, fabricants de chaussures à Auburn (Maine).

La fabrique occupe trois bâtiments, l'un de 25 mètres sur 12, l'autre de 40 mètres sur 10 et le troisième de 31 mètres sur 12. Tous ces bâtiments sont élevés de trois étages sur rez-de-chaussée et sous-sol.

On y emploie 500 ouvriers et 151 machines à découper les semelles, à parer, à refendre le cuir à empeigne, à polir les talons, à coudre, à piquer, à faire les œillets, etc., le tout mis en mouvement par une machine à vapeur de 40 chevaux de force.

Ces messieurs fabriquent spécialement des bottes de veau ciré, génisse et cuir grainé, cousues à la main; des bottes et bottines de veau et des souliers découverts de divers genres faits à la machine, des bottines de serge et des pantoufles de cuir et tapisserie cousues à la machine.

Leur production annuelle est de 600,000 paires de chaussures, représentant une valeur de 4 à 5 millions de francs.

MM. J. H. and G. M. Walker, fabricants de chaussures à Worcester (Massachusetts).

Cet établissement occupe un corps de bâtiment de 24 mètres sur 12, élevé de cinq étages, et qui est relié à un autre corps de bâtiment de 40 mètres sur 12, élevé de trois étages.

Cette maison ne fabrique que des bottes et emploie exclusivement le cuir de ses propres tanneries; sa production s'élève à 200,000 paires par an, formant, en moyenne, un chiffre d'affaires de 800,000 dollars (4 millions de francs).

MM. Banister and Tichenor, fabricants de chaussures fines pour hommes à New-Ark (New-Jersey).

Cette fabrique a deux étages élevés sur rez-de-chaussée et occupe un terrain de 30 mètres sur 15. Elle emploie 200 ouvriers et un nombre considérable de machines, parmi lesquelles : 1 machine Mac Kay à coudre les semelles, 20 machines à coudre de Howe et de Wheeler et Wilson, plusieurs laminoirs et couteaux à refendre le cuir fort.

Les produits sont tous de la plus fine qualité; ils sont faits à la main et à la machine, mais principalement à la main, et ils représentent un chiffre d'affaires de 1,500,000 francs par an.

MM. S. D. Sollers and Cᵉ, fabricants de chaussures pour enfants à Philadelphie.

Cette maison fabrique exclusivement des chaussures fines et de fantaisie pour enfants de tout âge et ne fait rien au-dessus du nᵒ 12.

Cette fabrique, fondée en 1872, emploie environ 300 ouvriers et produit 1,500 à 1,800 paires de chaussures par jour, au prix moyen de 1 dollar (environ 4 fr. 85 cent.) par paire. Le chiffre d'affaires s'élève à près de 2,500,000 francs par an.

Cet établissement, quoique ne comptant à peine que cinq années d'existence, est, dans sa spécialité, le plus vaste qui existe aux États-Unis et probablement au monde.

Il emploie 125 machines de diverses espèces, parmi lesquelles : 2 machines à coudre le cuir de Mac Kay, 5 machines à coudre le cuir de Goodyear et Mac Kay, 6 machines à piquer, à coudre la semelle à l'empeigne, etc., 25 machines à coudre de Wheeler et Wilson et, aussi, un nombre considérable de machines de Howe, Singer, etc.

MM. Fogg, Houghton and Coolidge, fabricants de chaussures à Boston.

Ces messieurs ont, en tout, dix fabriques, dont les dimensions totales sont de 458 mètres sur 106.

Ils emploient, au nombre de 350, toutes les machines et toutes les inventions connues dans ce genre d'industrie.

Ils fabriquent des chaussures chevillées pour hommes, femmes, jeunes

gens et enfants et des chaussures cousues pour hommes, qu'ils vendent
depuis 1 fr. 75 cent. jusqu'à 15 francs la paire.

Leur chiffre d'affaires annuel est de 12,500,000 francs.

Les États de l'Union et le Mexique sont leurs principaux clients.

FRANCE.

La France avait une très-belle et très-importante exposition ; tous les
styles et tous les modèles de chaussures pour hommes, du travail à la main
le plus fin et le plus élégant, y étaient représentés.

Un assortiment considérable de chaussures pour dames, de soie et de
satin, brodées et peintes, garnies de dentelles, etc., et de chaussures
de chevreau plus simples, mais non moins gracieuses et non moins remarquables par leur fabrication, attirait vivement l'attention de tous les hommes
spéciaux.

Nous allons, en suivant l'ordre de mérite, dire quelques mots de chacun
des exposants qui ont obtenu des récompenses et dont les produits ont le
plus contribué à la splendeur de l'exposition française.

M. F. PINET, de Paris, a exposé un bel assortiment de pantoufles et de
souliers, cousus à la main, pour dames, fillettes et enfants, et destinés
au commerce de gros et à l'exportation.

Cette exposition, qui embrasse tous les genres, depuis la simple et solide
bottine de chevreau jusqu'au travail de satin le plus élégant, est remarquable par l'habileté et le goût déployés dans la forme comme dans l'ornementation obtenue au moyen de la broderie, de la peinture et de garnitures de dentelles et de fleurs.

Ce qui distingue ces produits, ce n'est pas seulement la solidité, la
qualité supérieure des matières employées, la main-d'œuvre excellente et
la coupe gracieuse, mais c'est encore l'aplomb parfait et la bonne forme
qui donnent de l'élégance aux pieds sans gêner les mouvements. En un
mot, les chaussures de cette maison sont essentiellement pratiques : elles
sont faites pour le pied et non point pour flatter exclusivement les yeux ;
ce n'est pas là un mince mérite, car nous avons vu des chaussures d'une
main-d'œuvre presque artistique qui ne peuvent être chaussées et pour
lesquelles tout a été sacrifié à l'élégance de la forme.

Cet exposant obtient ce résultat par le système de talons emboutis dont
il est l'inventeur, par une grande organisation de patrons et par une bonne
disposition de formes dont les proportions sont suivies avec une rigoureuse
régularité.

Les articles de fantaisie, tels que ceux de soies brodées ou peintes (la peinture est une innovation de M. F. Pinet), ne se vendent qu'en petite quantité; mais tous les articles d'étoffe de laine, et surtout de peau de chevreau, sont de vente courante.

M. F. Pinet, qui est aujourd'hui à la tête de la plus grande fabrique de chaussures qu'il y ait peut-être en France, a eu les débuts les plus modestes. Il a commencé, il y a vingt-deux ans, son établissement dans un local de 550 francs de loyer, avec un capital de 700 à 800 francs, au moyen duquel il fit 39,000 francs d'affaires la première année et 77,000 la seconde. Sa maison n'a fait que progresser depuis lors, de sorte que cet industriel peut dire avec fierté que sa meilleure année est toujours la dernière.

Pour l'année 1876, sa production mensuelle a été de 15,000 à 15,600 paires de chaussures, pour lesquelles il a payé 82,000 à 85,000 francs de salaires par mois. Son chiffre d'affaires a dépassé 3 millions de francs, dont les deux tiers vont à l'exportation, principalement en Angleterre, pays pour lequel il ne peut jamais fabriquer en assez grande quantité.

Quel esprit d'ordre et d'économie, quelle activité, quelle énergie, et, nous pourrions presque dire, quel génie n'a-t-il pas fallu déployer pour atteindre en quelques années à de pareils résultats, sans que la voie ait été préparée par personne!

La grandeur des résultats obtenus nous a donné le désir bien naturel de visiter les ateliers de M. F. Pinet. Nous avons constaté, en premier lieu, les soins qui, dans leur disposition, ont été apportés au bien-être des travailleurs qui y sont employés; la lumière, la ventilation, le chauffage, l'eau, s'y trouvent en quantité largement suffisante pour les besoins de l'hygiène.

Le matériel est considérable et l'outillage est disposé d'une façon méthodique.

M. F. Pinet possède une quantité infinie de modèles, patrons, emporte-pièces, calibres de toutes sortes, etc.

Les matières premières employées à la fabrication sont les plus belles et les meilleures que l'on puisse se procurer.

La maison occupe un personnel de 900 ouvriers et ouvrières, dont près de 800 travaillent chez eux, soit à Paris, soit dans les villes du Mans, d'Angers, de Laval, de Bonnétable, de la Ferté-Bernard, de Mondoubleau et de Châlons-sur-Marne; elle a dans chacune de ces localités un contremaître pour donner, recevoir et diriger le travail.

Pour mettre sa production au niveau de la demande, M. F. Pinet va agrandir ses ateliers, qui occuperont bientôt une superficie de 2,200 mètres carrés, ce qui lui permettra de doubler et, au besoin, de tripler son chiffre d'affaires.

Nous ne pensons pas pouvoir passer sous silence une institution de pensions de retraite pour la vieillesse fondée par M. F. Pinet en faveur des employés, ouvriers et ouvrières de sa maison.

Il était très-facile d'établir, au moyen de retenues, des caisses de retraites pour les employés des administrations de l'État et pour ceux des grandes compagnies : aussi l'a-t-on fait depuis longtemps. Mais, dans l'industrie privée, il est presque impossible de faire des retenues aux ouvriers sur leurs salaires; ce procédé, pour beaucoup d'industries, offrirait de grandes difficultés d'application, et trop peu d'ouvriers consentiraient à un sacrifice qui ne devrait leur profiter que beaucoup plus tard.

Il a donc fallu procéder autrement, et toute l'économie du système que nous allons exposer se résume dans l'article 1ᵉʳ du règlement.

M. F. Pinet, afin de former, aux conditions déterminées dans ledit règlement, une rente viagère pour leur vieillesse à tous les employés, ouvriers et ouvrières attachés à sa maison, verse chaque année à la Caisse des retraites pour la vieillesse, à titre gracieux et au nom de chacun d'eux, une somme équivalente à une augmentation de 5 p. o/o sur leurs salaires ou appointements, jusqu'à la concurrence de 100 francs par an sur la tête de la même personne. Les versements sont faits à capital réservé, afin que, en cas de mort de leurs parents, les enfants puissent hériter du capital versé; mais il est facultatif au titulaire, s'il désire avoir une rente plus forte, de la demander à capital aliéné, et, d'après la loi, cette demande peut être faite même après la liquidation de la pension.

Il n'est pas sans intérêt de se rendre compte des résultats que peut donner une pareille institution.

Un jeune homme commençant à l'âge de vingt ans et gagnant une moyenne de 1,500 francs par an, chose très-facile pour les ouvriers de Paris, ce qui comporte, d'après le règlement de M. F. Pinet, un versement annuel de sa part de 75 francs, aura à 55 ans une retraite, à capital réservé, de 675 francs, à capital aliéné, de 926 fr. 62 cent., et s'il veut attendre cinq années de plus pour prendre sa retraite, il aura une rente à capital réservé de 1,134 fr. 75 cent. et à capital aliéné de 1,500 francs.

L'exemple que nous venons de citer n'est qu'une moyenne, et un ménage peut se faire jusqu'à 3,000 francs de rente, tout en réservant le capital pour ses héritiers.

176 ouvriers et ouvrières, travaillant depuis au moins sept années consécutives dans la fabrique de M. F. Pinet, ont déjà bénéficié du premier

versement qu'il a fait en vertu de l'article 24 de son règlement. Cette
année-ci, le nombre des personnes qui prendront part à son versement
sera d'environ 500, pour lesquelles il aura à verser à peu près 30,000 fr.,
et dans deux ans la somme sera encore plus forte; l'année passée, cette
fondation lui a déjà coûté 10,000 francs.

Si nous nous sommes étendu aussi longuement sur l'organisation de
cet établissement, c'est qu'il nous a paru être du nombre de ceux qui, sur
les marchés étrangers, pourront toujours lutter avantageusement avec l'industrie américaine, quels que soient ses développements dans l'avenir, et
si nous sommes un peu sortis de notre cadre en rendant compte du fonctionnement d'une caisse de retraites, c'est que cette institution nous a
semblé conçue sur un plan ingénieux et entièrement nouveau.

Nous croyons qu'aucun industriel n'a su aussi complétement et intimement associer ses intérêts privés avec ceux de ses auxiliaires et, nous pourrions dire, avec l'intérêt social. Nous souhaitons que M. F. Pinet trouve
beaucoup d'imitateurs.

M. F. Pinet a été membre du Jury de presque toutes les récentes Expositions, vice-président et rapporteur de la section VII, groupe V, à l'Exposition de Vienne, en 1873.

M. Méliès, de Paris, a exposé des bottes, souliers et bottines cousus à
la main, pour hommes et pour femmes, destinés spécialement au marché
français et aux marchés de l'Amérique du Sud. Les bottes et bottines
d'hommes, habillées, pour la marche et pour monter à cheval, ainsi que
les bottes vernies de fantaisie pour dames, pantoufles, etc., sont également
remarquables par le goût, le genre et les bonnes proportions. Les matières
premières sont d'excellente qualité et le travail est très-soigné.

M. Méliès, qui a fondé sa maison en 1847, a obtenu des récompenses
a toutes les Expositions qui ont eu lieu depuis et y compris Paris, en 1855;
il a reçu, entre autres, à l'Exposition de Vienne de 1873 la médaille de
progrès.

Ses produits jouissent d'un grand renom, tant à cause de leur bonté et
de leur solidité que pour leur élégance et leur bon marché relatif.

Il vend à 24 francs la paire les mêmes articles que les premières maisons de pratiques à Paris vendent, au détail, 35 à 40 francs. Il obtient ce
résultat par l'achat en gros des matières premières, par l'économie dans
les frais et dans la main-d'œuvre.

M. Méliès s'efforce de réagir contre l'erreur, malheureusement trop commune en France, que les articles destinés à l'exportation n'ont pas besoin
d'être d'aussi bonne qualité que ceux qui sont destinés à notre marché

intérieur. Il a compris que, pour conserver à notre industrie les marchés étrangers et développer la demande, il faut fournir de bons et excellents articles, dignes de la réputation de notre commerce.

Ce fabricant recueille aujourd'hui bien justement le fruit de ses efforts, et ses articles sont demandés au Brésil, dans l'Uruguay, le Paraguay, le Chili, dans les Indes françaises, anglaises et hollandaises, à l'exclusion des articles similaires d'Allemagne, d'Autriche et d'Angleterre.

M. Méliès occupe, dans ses ateliers ou en ville, un personnel variant de 300 à 350 ouvriers et ouvrières.

M. HENRY HERTH, de Paris, a exposé des bottes d'officier, de cuir grainé, montant jusqu'au bas de la cuisse et bouclées sous le genou, des bottes de cuir verni pour monter à cheval, des bottes de veau genre jockey, des bottes longues de cuir verni avec tiges de maroquin et semelles très-minces, des bottes habillées, de veau, pour la promenade et pour soirées, des bottes à double semelle de liége pour l'hiver. Tous ces articles sont d'un travail supérieur.

Cette maison a encore exposé des bottines, avec boutons de drap gris, faites d'une seule pièce de cuir avec points apparents d'un très-beau travail, des bottines imitant l'escarpin verni et le bas de soie d'un très-bon goût.

La coupe, le travail supérieur et les proportions adaptées aux pieds américains font, de cette exposition, l'une des plus méritantes.

M. JEANDRON-FERRY, de Paris, a exposé des bottines et pantoufles pour dames, cousues à la main et destinées spécialement au commerce de Paris. Cette exposition, qui comprend un assortiment de modèles variés et de fantaisie, fabriqués en vue d'une clientèle d'élite, tels que souliers et pantoufles pour le théâtre, le bal et les soirées, bottes de dames à longue tige pour monter à cheval, etc., fait preuve de beaucoup de talent et de goût et d'un degré supérieur d'habileté dans la coupe, la forme et la façon.

Cette maison, fondée depuis 1848, occupe 150 ouvriers cordonniers choisis parmi les plus habiles.

Il est impossible de pousser plus loin que ne l'a fait M. Jeandron-Ferry l'art apporté dans cette fabrication.

M. L. HUARD, de Paris, a exposé une belle collection de chaussures cousues à la main pour hommes et pour femmes à l'usage de la clientèle parisienne; ces chaussures se distinguent par leur excellente fabrication et leur bon goût.

Cette maison emploie 200 à 250 ouvriers, et les trois quarts de sa production s'adressent à l'Angleterre et à l'Amérique du Sud. La marque de M. L. Huard est très-estimée et très-recherchée à Rio-de-Janeiro.

M. A. Chapsal, de Paris, a exposé des bottes et souliers, pour hommes, cousus à la main et cloués; des chaussures de cuir de Russie pour les marchés russes, des bottes de chasse et de pêche, avec semelles clouées à la main, solides, fortes et durables. C'est une exposition très-honorable.

IV

MACHINES.

ÉTATS-UNIS.

Les fabricants américains ont, presque seuls, pris part au concours. On compte, en effet, 79 exposants américains, dont 33 ont été récompensés, et un seul exposant étranger, MM. Greenwood and Beatty, de Leeds (Angleterre), qui ont exposé une machine à coudre très-remarquable dont nous parlerons dans la partie de notre rapport consacrée à la section anglaise.

Il n'a été exposé que fort peu de machines applicables à la fabrication du cuir, et ces machines, tout en faisant preuve d'un certain degré d'habileté dans la construction et d'un grand esprit de recherche et d'invention, procureraient, par leur emploi, si peu d'économie dans la main-d'œuvre qu'il n'est pas possible de les recommander pour un usage général. Nous devons mentionner pourtant une machine à refendre le cuir, bien et solidement construite, pourvue d'un troisième rouleau qui réussit à étendre très-également la peau sous le couteau.

Les machines destinées à la fabrication de la chaussure formaient, au contraire, une exposition considérable, qui accuse bien la tendance du peuple américain à suppléer complétement la main-d'œuvre par la machine, au point qu'il n'y a pas une façon, dans la fabrication de la chaussure, qu'une machine ne fasse ou n'ait la prétention de faire.

Il ne nous est pas possible d'entreprendre la description de toutes les machines, même des plus ingénieuses, que nous avons vues fonctionner sous nos yeux; cependant nous croyons devoir citer, comme méritant une mention spéciale :

Les machines à coudre au fil poissé;

Les machines à coudre au fil et à la soie pour les travaux les plus fins de broderies et de piqûres fantaisie;

Les machines à coudre produisant une couture identiquement semblable à celle qu'on obtient à la main;

Une machine de Mac Kay, à coudre les semelles aux empeignes, exécutant le travail d'une façon supérieure, et dont l'emploi peut s'appliquer aussi bien à la chaussure fine qu'à la grosse chaussure : c'est une des machines les plus répandues, tant en Europe qu'aux États-Unis;

Une machine à former, de Mac Kay, pour placer l'empeigne sur la forme, avec appareil pour assujettir l'empeigne à la semelle intérieure, après avoir ajouté la semelle extérieure prête à être cousue;

Une machine Goodyear pour coudre en surjet et retourner la chaussure;

Une machine à coudre et à retourner, de Cutlan;

Les machines à cambrer l'empeigne, depuis la plus mince jusqu'à la plus forte;

Une machine à visser les semelles aux empeignes, spécialement adaptée au travail de la grosse chaussure;

Les machines à lisser ou à brunir le cuir, les talons et les bords des semelles;

Une machine à découper les semelles;

Une machine à papier de verre pour finir la surface des semelles : cette machine est remarquable par son rouleau à pincette, par la facilité avec laquelle le papier de verre peut être attaché et détaché, et par l'excellente manière dont elle emporte la poussière produite par son action;

Une machine à river les empeignes aux semelles au moyen d'un fil de fer, pour grosses chaussures;

Une machine à presser et une machine à attacher et à façonner les talons. Ces deux machines s'emploient ensemble : la première comprime solidement le talon et introduit les clous que la seconde doit enfoncer; celle-ci enfonce tous les clous d'un seul coup, attachant ainsi solidement le talon au soulier, et, d'un second mouvement, tourne et façonne le talon, le laissant lisse et prêt à être bruni ou poli;

Une machine à parer les bords des semelles et une machine à les former et à les polir. Ces deux machines peuvent être conduites par un jeune garçon ou par une jeune fille; elles produisent, tout en réalisant une notable économie, un travail égal, sinon supérieur, à celui fait à la main;

Une machine à clouer, de Mac Kay. Cette machine enfonce une pointe à tête fine et en rive le bout; la pointe, rivée dans le corps du cuir, laisse la semelle parfaitement unie, de manière que rien ne puisse blesser le pied. La pointe à tête ainsi rivée fixe solidement la semelle, et il en faut un moins grand nombre : c'est une double économie de temps et d'argent;

Une machine à former les chaussures, tendant uniformément toutes les parties de l'empeigne et produisant un travail plus régulier et plus satisfaisant que celui qui se fait à la main : cette machine s'emploie spécialement dans la fabrication des grosses chaussures;

Une machine à poser les œillets : l'œillet est fait de manière à faire fonction d'emporte-pièce, et il se place ainsi très-proprement et très-solidement dans le cuir;

Une machine à battre pour niveler les semelles après qu'elles ont été cousues ou chevillées, de manière à ce qu'elles puissent recevoir un fini uni et égal;

Un appareil à parer les semelles et à les passer au papier de verre;

La machine Thomson pour tailler et former le bord des semelles pour gros travail;

Les machines Star, de différentes dimensions, à fendre le cuir pour semelles et empeignes à toute épaisseur voulue : au moyen du mouvement vibrant du rouleau supérieur, le cuir est toujours parfaitement tendu sur le couteau, ce qui permet de refendre aisément et uniformément;

Un couteau à balancier pour découper, à l'emporte-pièce, les semelles en plein cuir; ce couteau est muni d'une poignée à poulie et d'un frein permettant de le mettre en mouvement et de l'arrêter instantanément.

Nous avons remarqué encore une grande variété de machines à visser, à cheviller et à clouer;

D'emporte-pièces;

De patrons de chaussures en zinc et en papier, bordés de cuivre, pour empeignes et pour semelles, artistement dessinés et correctement gradués;

De griffes à former des piqûres de fantaisie;

De formes à bottes tournantes avec écrou pour élargir le cou-de-pied et les orteils : cet outil est très-simple de construction et très-pratique en ce que la botte se trouve placée dans une position commode pour l'ouvrier;

De vis à semelles pouvant être employées par le premier cordonnier venu, sans l'aide d'une machine. La vis est faite de façon que le trou qu'elle fait est plus étroit à l'intérieur qu'à l'extérieur de la semelle, et le cuir, pénétrant solidement dans les rainures du pas de la vis, empêche celle-ci de passer au travers et de blesser le pied; la pointe de la vis étant rivée en dedans par un coup de marteau, les différentes couches de cuir sont pressées fortement ensemble, ce qui obstrue le passage du sable et de l'eau;

De râpes, limes, couteaux et outils divers bien finis et habilement faits, etc., etc.

Toutes ces machines, plus ingénieuses les unes que les autres, peuvent généralement être mises en mouvement, soit avec le pied, soit au moyen de la vapeur, et fonctionnent d'une manière efficace et rapide.

Nous ne sommes pas disposé à reconnaître à toutes ces machines la supériorité économique sur le travail à la main que tous les exposants revendiquent pour elles; mais nous sommes convaincu cependant que beaucoup d'entre elles peuvent être employées avantageusement, effectuer une économie sérieuse de main-d'œuvre et produire un bon travail.

V

Nous allons passer rapidement en revue les expositions des diverses nations étrangères, en attirant l'attention sur leurs mérites et sur leurs qualités les plus originales.

GRANDE-BRETAGNE.

L'exposition de cuirs de cette nation était très-restreinte; il n'y avait qu'un seul exposant de cuir fort, dont les produits laissaient à désirer comme tannage, mais faisaient preuve d'une grande habileté dans la préparation de la peau.

Les peaux de cochons brunies et de couleur naturelle, les cuirs vernis, les cuirs grainés pour capotes, les cuirs brunis pour brides, les maroquins de couleurs variées pour reliures, sacs de voyage, portefeuilles, meubles et ouvrages de fantaisie, ainsi que les peaux de moutons d'une grande variété de couleur et de fini, rivalisaient avec les meilleurs produits qui figuraient à l'Exposition.

L'exposition de chaussures, sans être très-étendue, était très-remarquable par la supériorité de fabrication. Les chaussures d'hommes cousues à la machine Mac Kay, à doubles coutures très-solides, étaient d'un travail qui ne peut être surpassé dans aucun pays.

Nous avons remarqué une belle collection de chaussures d'hommes et de femmes, cousues à la main, et des bottes militaires, modèle de l'armée anglaise.

Citons enfin une machine à coudre de MM. GREENWOOD AND BEATTY, de Leeds, mue par la vapeur, et pouvant être utilisée aussi bien dans la fabrication des harnais que dans celle des chaussures.

Cette machine, qui est un perfectionnement de la machine Mac Kay, coud le cuir avec fil poissé: son mérite spécial consiste dans la combinaison d'une navette et d'un crochet pour attraper et ouvrir le point, ce qui permet d'employer le fil bien ciré avec la poix ordinaire des cordonniers; le travail qu'elle produit est solide, durable et de bonne qualité.

CANADA.

L'exposition des cuirs du Canada, tannés exclusivement au hemlock, n'était pas très-importante. Elle consistait en cuirs forts, cuirs à empeigne et pour harnais, et faisait preuve d'une bonne moyenne d'habileté et de travail.

Les moutons de couleur pour la reliure étaient bien tannés et finis, les couleurs étaient claires et uniformes.

Le Canada présentait une exposition importante de chaussures pour hommes, femmes, jeunes filles et enfants, de bottes, bottines et souliers piqués à la main, cousus à la machine Mac Kay, de grosses chaussures chevillées, etc.

Quelques-uns de ces produits piqués à la main étaient très-beaux et d'un fini supérieur, et pouvaient supporter avec avantage la comparaison avec ce qu'il y avait de mieux à l'Exposition.

Les matières premières employées étaient d'excellente qualité.

Les grosses chaussures, chevillées et cousues à la machine Mac Kay, étaient fortes et solides, amplement larges et bien adaptées aux besoins du pays; mais le fini et le travail laissent à désirer si on les compare avec ceux d'autres contrées.

Cette colonie a également exposé une machine à cheviller dont nous ne pouvons apprécier la valeur et le mérite, ne l'ayant point vue fonctionner.

AUSTRALIE, NOUVELLE-GALLES DU SUD, QUEENSLAND ET VICTORIA.

L'exposition de ces colonies, tout en n'étant ni aussi importante ni aussi variée que celles d'autres pays, était pourtant fort méritante pour un pays aussi neuf.

Les cuirs forts que nous avons examinés sont bien travaillés et bien finis; ils témoignent que cette branche d'industrie se trouve aux mains d'industriels adroits et entreprenants qui savent tirer un habile parti des ressources de leur pays, si riche en matières tannantes et en peaux de tous genres.

Les maroquins et les veaux de couleurs et de genres variés, pour la chaussure, la reliure et l'ameublement, sont également dignes d'attention. Les cuirs vernis et grainés, fabriqués avec des peaux de kangourou, sont remarquables par la finesse et la fermeté du grain.

L'exposition des bottes, bottines et souliers faits à la main, pour hommes et pour femmes, est parfaite, aussi bien sous le rapport du travail que sous celui des matières premières. Ces articles, par leur style, leur fini et leurs proportions, ne perdent rien à être comparés avec tout ce qu'il y avait de mieux à l'Exposition.

RUSSIE.

La Russie a exposé une grande variété de cuirs de toutes sortes, surtout de celles pour lesquelles ce pays jouit d'une si grande réputation.

Les cuirs forts étaient parfaitement bien tannés et préparés : la principale matière tannante employée est l'écorce de saule. Les cuirs à empeignes de veaux, vaches et génisses, préparés d'après diverses méthodes, faisaient généralement preuve d'une grande habileté et d'une grande supériorité de travail. Les cuirs pour voitures étaient aussi d'une fabrication supérieure et peuvent rivaliser avec ce qui se fait de mieux dans n'importe quel pays.

Les cuirs légers, consistant en veaux grainés, finis en imitation de maroquin pour chaussures, étaient remarquables par la solidité et la fermeté de leur grain.

Les échantillons du fameux cuir de Russie noir et en couleurs, fort pour bottes, malles et portemanteaux, léger pour travaux fins et de fantaisie, justifiaient pleinement la réputation universelle de cet article.

Notre attention a été vivement sollicitée par un nouveau produit : celui des peaux de poulains pour gants; c'est une habile adaptation d'une nouvelle matière à la fabrication des gants; le produit est d'une texture extrêmement fine, très-moelleux, élastique et ferme, et les couleurs sont très-délicates, régulières et brillantes.

L'exposition de chaussures était moins considérable que celle des cuirs, mais certainement pas inférieure. Nous avons remarqué un bel assortiment de bottes et de bottines extraordinairement légères, pour bals et soirées, et de chaussures pour la fatigue dont la fabrication est à la hauteur de tout ce que nous avons vu de mieux dans ce genre.

L'intendance générale du ministère de la guerre a exposé des bottes militaires parfaitement faites et bien proportionnées. Ces chaussures sont faites à la mécanique, dans les ateliers du Gouvernement, avec le meilleur cuir de Russie jaune; elles sont coupées amples et hautes sur les jambes. Les coutures de côté sont fermées à plat avec deux rangées de piqûres cirées. Les semelles sont posées à l'aide de machines à cheviller à la main, avec une rangée de points à la main, sous le creux du pied, pour les empêcher de se défaire. C'est, sous tous les rapports, une botte excellente, solide et durable pour l'armée.

En somme, cette double exposition de cuirs et de chaussures fait le plus grand honneur à la Russie.

ALLEMAGNE.

L'Allemagne expose une petite quantité de cuirs forts finis et demi-façon qui ne dénotent pas une grande habileté de fabrication.

Les maroquins, chevreaux, etc., noirs et en couleurs variées pour chaussures, reliures et ouvrages de fantaisie; les chevreaux glacés, blancs et de couleurs, pour gants, font preuve d'une grande habileté de travail et de soins consciencieux et intelligents dans les diverses phases de la fabrication et principalement dans les opérations préliminaires.

Les chevreaux pour gants sont surtout remarquables par leur finesse, leur élasticité, la délicatesse, la pureté et la grande variété des couleurs.

Cette nation a exposé des chaussures fines, cousues à la main, pour les marchés de l'Australie et de l'Allemagne; des souliers de cuir grainé avec couture sur le côté seulement; des bottes fortes à vis pour hommes et jeunes garçons; de grandes bottes d'officiers, à éperons, doublées de fourrures, avec semelles à six épaisseurs de cuir.

C'est une exposition supérieure de travail à la main et recommandable par l'habileté et la nouveauté de la coupe sans couture et par la bonté et la solidité du travail.

AUTRICHE.

L'exposition de l'Autriche était fort étendue par la variété des produits et faisait preuve d'un bon degré de talent et de travail.

Les cuirs forts, quoique bien préparés, avaient le défaut de n'être pas complétement bien tannés.

Les cuirs à empeignes faisaient honneur aux fabricants.

Les maroquins noirs et en couleurs et les chevreaux blancs pour chaussures et ouvrages de fantaisie témoignaient d'une grande habileté de fabrication.

Les peaux de couleurs attiraient l'attention par la beauté et la délicatesse des nuances et la perfection du fini, qui ont depuis longtemps rendu célèbres les ouvrages de maroquinerie de Vienne.

En fait de chaussures, il n'y avait que trois exposants, ce qui constitue une représentation insuffisante de cette branche d'industrie. Nous citerons seulement une exposition de pantoufles de toilette, pour hommes et pour femmes, cousues à la main et garnies avec goût.

ITALIE.

L'Italie exposait un assortiment très-limité de cuirs. Il y avait des cuirs

forts, tannés au chêne et à la velonnée, remarquables par le degré supérieur d'habileté et de travail dont leur fabrication faisait preuve; mais la
plus grande partie de cette exposition démontre que les moyens et les progrès modernes ne sont pas encore appliqués dans cette industrie.

Les moutons tannés et finis en diverses couleurs, destinés au marché
intérieur, étaient d'une fabrication régulière et témoignaient de quelques
progrès dans ce genre de travail.

Ce pays avait une importante exposition de chaussures pour hommes
et pour femmes, dont quelques-unes d'un très-joli travail de piqûre à la
main; de bottes à l'écuyère, de bottes de chasse, et enfin de bottines de
soie, satin et chevreau, boutonnées et lacées, pour femmes.

Les matières premières employées étaient d'assez bonne qualité et la
main-d'œuvre était généralement bonne.

Les formes pour bottes, souliers et tiges étaient correctes dans leurs
dessins et leurs proportions; les formes à écrous, pour cou-de-pieds et orteils, étaient surtout très-ingénieusement faites et dignes de remarque.

ESPAGNE.

L'Espagne a exposé une grande variété de cuirs; mais, à quelques exceptions près, ces produits ne démontrent pas un grand degré d'habileté dans
la fabrication.

Les maroquins noirs et chagrin, les veaux grainés, sont pourtant d'une
bonne couleur et d'un beau grain.

Cette nation avait une belle exposition de chaussures cousues à la main
pour hommes et pour femmes; de bottines fines et de pantoufles de dames
de satin et chevreau; de chaussures à empeignes de lisière et de tapisserie et à semelles de chanvre; de souliers de toile à l'usage de l'armée et
des paysans dans les pays montagneux, sablonneux ou chauds, à des prix
remarquablement bas.

Les matières premières sont généralement de bonne qualité et la main-
d'œuvre convenable.

PORTUGAL.

Le Portugal a exposé un assortiment de cuirs forts, veaux et génisses,
d'une fabrication très-irrégulière : certaines parties de veaux étaient d'une
très-belle qualité, tandis que d'autres indiquaient très-peu d'habileté et de
talent.

Certains cuirs forts étaient admirablement préparés et fabriqués, tandis
que d'autres étaient défectueux de tannage et de travail.

Les peaux de chèvre jaunes pour chaussures étaient bien tannées et

bien finies; mais c'est un article qui n'est convenable que pour la consommation intérieure.

Ce pays avait une importante exposition de chaussures pour hommes,
femmes et enfants : bottes, bottines et souliers, d'une grande variété de
styles et de modèles. Les bottines de satin, soie et chevreau, lacées et boutonnées, pour bals et soirées, se distinguaient autant par l'excellence de
la main-d'œuvre que par celle des matières employées.

Nous avons remarqué un assortiment considérable de chaussures, avec
semelles de bois et empeignes de cuir verni, élégamment piquées, et quelques articles plus ordinaires, à des prix très-réduits, tels que des pantoufles de tapisserie et de lisière ornées de perles.

BELGIQUE.

La Belgique a exposé des cuirs vernis et grainés d'une bonne préparation et d'une bonne fabrication, des maroquins chagrin, grain long et
grain du Levant, remarquables par la finesse du grain, la beauté de la
couleur, bien tannés et bien finis.

L'exposition de chaussures de ce pays était très-importante et comprenait de très-beaux articles, cousus à la main, pour hommes et pour femmes,
et des chaussures à vis d'un très-bas prix.

Nous avons vu des bottines et des pantoufles pour dames d'un goût,
d'un travail et d'un style irréprochables.

LUXEMBOURG.

Ce pays a présenté une bonne exposition de solides articles de chaussures, consistant en souliers vissés et cousus à la main, en brodequins à
vis pour troupes et en gros souliers à clous pour mineurs.

Il y avait également quelques échantillons de bottines fines piquées à
la main, pour hommes et pour femmes.

SUÈDE.

La Suède a exposé une petite quantité de cuirs de diverses espèces.

Les cuirs à empeignes n'étaient pas à la hauteur du travail moderne et
les cuirs forts, très-insuffisamment tannés, ne faisaient preuve que d'un
degré d'habileté tout à fait ordinaire dans la préparation des peaux.

Ce pays avait, par contre, sous le rapport du travail, une excellente
exposition de chaussures, notamment de bottes et bottines pour hommes,
cousues à la main, de bottes à l'écuyère et de bottines pour femmes de
satin et de chevreau français.

Nous avons remarqué un joli assortiment d'articles chevillés et de bottes vernies avec tiges de maroquin.

NORWÉGE.

La Norwége a exposé des cuirs forts et des cuirs à empeignes et à harnais tannés au chêne.

Les cuirs forts étaient bien travaillés et habilement fabriqués; mais nous ne pouvons pas en dire autant des cuirs à empeignes, qui, quoique assez bien tannés, étaient mal finis.

L'exposition de chaussures, consistant en bottes, bottines et souliers cousus à la main, pour hommes et pour femmes, quoique peu considérable, se recommandait par d'excellentes qualités.

Nous avons vu quelques articles chevillés d'un extrême bon marché.

TURQUIE.

La Turquie a exposé un assortiment de cuirs de diverses espèces.

Cette exposition était très-mal disposée et ne se présentait pas dans des conditions à en faire ressortir les mérites; cependant les maroquins et les moutons paraissaient parfaitement tannés et étaient très-beaux de nuance.

Les peaux, teintes en rouge, bleu et jaune, étaient surtout remarquables par l'uniformité, le brillant et la finesse des couleurs.

Malgré toutes ces qualités, il n'était que trop facile de voir que ce pays n'emploie pas, dans la fabrication du cuir, les procédés modernes et qu'il reste trop attaché aux traditions du passé.

RÉPUBLIQUE ARGENTINE.

La Confédération Argentine a exposé une grande variété de cuirs forts, à empeignes et à harnais, dont une faible partie seulement avait été fabriquée d'après les procédés actuellement en usage dans les autres pays, et il est évident que ces cuirs auraient grandement gagné à être travaillés par des procédés plus modernes.

La manière dont ces cuirs étaient exposés ne contribuait pas à les mettre en relief. Disons cependant que les veaux étaient remarquables par l'extrême finesse de leur texture, leur souplesse et leur fermeté.

L'exposition de chaussures, presque exclusivement composée de bottes et bottines cousues à la main, était considérable et digne d'éloges sous le rapport du travail, du goût, du style et des matières premières. Nous avons vu des articles à bon marché qui étaient très-solidement faits.

Ce pays, dans le but de démontrer les ressources dont il dispose en cuirs et en peaux, tant pour son propre usage que pour le commerce d'exportation, avait fait une très-intéressante exposition collective représentant les différentes provinces de la république.

Cette exposition consistait en bottes, cuirs, peaux sèches de bœufs et de vaches, peaux de moutons, de chèvres et de divers animaux du pays, et donnait une juste idée des progrès réalisés dans l'industrie des cuirs et des chaussures.

BRÉSIL.

Le Brésil a exposé des cuirs fabriqués avec les peaux d'une grande variété d'animaux, mais qui étaient tous défectueux à cause du manque évident d'habileté et d'expérience.

Nous avons cependant remarqué un certain nombre de peaux tannées en poil et, entre autres, une grande peau de bœuf d'un assez bon travail et d'une assez bonne préparation.

L'exposition de chaussures, cousues à la machine Mac Kay et cousues à la main, vissées avec la machine à vis française, était très- importante et remarquable par l'habileté déployée dans une industrie qui est comparativement nouvelle au Brésil.

La Commission générale des expositions nationales de Rio-de-Janeiro et de diverses autres provinces de l'empire avait une exposition collective de cuirs, peaux, chaussures, vêtements de cuir, peaux de panthères et de divers autres animaux, qui était tout à la fois intéressante et instructive en ce qu'elle faisait bien connaître l'état de l'industrie du cuir dans les différentes provinces du Brésil.

CHILI.

Cette nation avait une bonne exposition de bottes pour monter à cheval, de cuir verni, cousues à la main, de bottines à élastiques et de bottines de satin pour dames.

Tous ces produits, de proportions et de style adaptés aux besoins et au goût du pays, étaient très-élégants et méritaient une mention spéciale, aussi bien sous le rapport du travail que sous celui des matières premières.

VÉNÉZUÉLA.

L'exposition du Vénézuéla était fort limitée en ce qui concerne les cuirs, et elle ne faisait preuve que d'un degré d'habileté fort ordinaire.

Les cuirs forts n'étaient pas suffisamment tannés, mais ils étaient pourtant assez convenablement travaillés et finis.

Ce pays avait par contre une très-belle exposition de chaussures fines

pour hommes, cousues à la main, de bottes et de bottines fines à clous de
cuivre, de pantoufles de drap brodé, de bottines et de pantoufles pour
femmes et fillettes. Ces articles étaient d'un travail et d'un goût très-supérieurs.

CHINE.

Le Gouvernement impérial avait fait, avec le concours de l'administration impériale de la douane de Changhaï, Amoy, Canton, Chefoo, Ninchang,
Chinking, une exposition très-intéressante et très-instructive de chaussures, montrant bien quels sont dans les différentes parties de l'empire,
en ce qui concerne ce genre d'articles, les goûts et les habitudes du peuple
chinois.

JAPON.

Le Japon a exposé une collection de peaux de daims souples et parfaitement tannées. Ces peaux étaient préparées avec beaucoup d'habileté
et illustrées, au moyen d'un procédé particulier, d'une foule de figures et
de dessins de couleurs très-ingénieux et très-élégants.

Ces peaux trouvent leur emploi dans la fabrication des meubles et de
mille autres articles de fantaisie.

Divers autres pays et colonies, tels que le Danemark, les Pays-Bas, la
Suisse, le Mexique, la Jamaïque, le Cap de Bonne-Espérance et la Nouvelle-Zélande, étaient encore représentés à l'Exposition, mais leurs produits n'offraient aucune particularité originale.

VI

De l'observation consciencieuse et impartiale des expositions des divers
pays, et principalement de celles des États-Unis, de l'étude attentive de
l'industrie en Amérique, il résulte pour nous la conviction absolue que,
dans la fabrication des cuirs, nos fabricants ne se laissent surpasser par
personne. Notre commerce doit donc viser à obtenir aux États-Unis une
réduction sur les droits d'entrée que payent les cuirs fabriqués, lors même
qu'on devrait offrir en échange au commerce américain de plus grandes
facilités pour l'introduction en France de leurs cuirs tannés ou en poil.

Il pourrait se faire que les États-Unis, grâce aux avantages dont ils
jouissent momentanément en ce qui concerne les prix des cuirs verts et
des matières tannantes, arrivassent à exporter quelques cuirs avec profit;
mais, indépendamment de ce que ces avantages ne tarderaient pas à
s'égaliser sous l'action des lois immuables du commerce, la France pour-

rait toujours lutter par son incontestable supériorité dans les cuirs finis. Les États-Unis ne peuvent, sous ce rapport, lui faire une sérieuse concurrence. Les produits français jouiront longtemps, par leur supériorité reconnue, d'un débouché sérieux sur le grand marché américain.

La fabrication des chaussures a fait dans presque tous les pays, comme nous avons eu déjà l'occasion de le faire remarquer, de sérieux progrès, qui l'ont élevée successivement à la hauteur d'une grande industrie.

En France, plus particulièrement, cette fabrication était autrefois répartie partout, dans un grand nombre de mains, et disséminée jusque dans les plus petits villages, lorsque les demandes pour l'exportation ont amené l'organisation de fabriques importantes et la recherche de procédés plus industriels.

Ces fabriques n'ont pas tardé à exercer une puissante influence sur les habitudes de la consommation intérieure elle-même, en offrant à des prix bien inférieurs des articles tout aussi bien faits.

Cette révolution n'a pas profité seulement au consommateur; elle a contribué à améliorer sensiblement le sort des ouvriers par la suppression des mortes-saisons, si préjudiciables à leurs intérêts.

La France a possédé longtemps le monopole de la chaussure d'exportation; mais elle ne pouvait le conserver en raison de la nature de cet article, qui est si essentiellement de première nécessité.

Il s'est monté presque partout, et jusque dans les pays les plus reculés, des fabriques qui prennent chaque jour un plus grand développement.

Néanmoins, les articles français continuent à jouir d'une grande faveur sur les marchés étrangers, principalement dans les belles qualités, et ce sont celles qu'il importe le plus de retenir, car ce sont celles qui demandent le plus de main-d'œuvre et qui procurent le plus de travail.

Cette faveur est si bien établie, que les marques de nos fabricants sont trop souvent exposées à la contrefaçon de la part de producteurs étrangers trop peu scrupuleux.

En résumé, nous arrivons pour ce groupe, et sans le chercher, aux mêmes conclusions que pour le groupe de la carrosserie.

Ce n'est pas par la fabrication des articles ordinaires, qu'on pourra toujours facilement faire et imiter dans les pays étrangers, que nous arriverons à développer notre commerce d'exportation, mais seulement par la production d'articles de bonne qualité et de goût.

Il n'y a peut-être pas d'industrie où il soit plus facile de se tenir constamment à la hauteur du progrès et des inventions nouvelles : les machines employées dans ce genre de fabrication sont relativement peu coûteuses; il est aisé de se les procurer et d'en faire l'emploi dès qu'on peut en constater l'utilité ou la supériorité.

Dans quel pays, mieux qu'en France, peut-on trouver, pour la fabrication de la belle chaussure, les matières premières et l'habileté de main-d'œuvre nécessaires?

C'est donc surtout en sachant profiter de ces avantages et en nous appliquant à la production d'articles élégants, de belle et de bonne qualité, que nous maintiendrons pour la chaussure, comme pour le plus grand nombre des articles français, cette réputation de bon goût et d'élégance qui nous assure une large part de la clientèle dans presque tous les marchés étrangers.

L'habileté de main-d'œuvre, le goût et l'esprit d'invention, constituent pour la France un capital précieux qui assure la prospérité et la fortune des industries qui savent l'exploiter.

M. GUIET.

LISTE DES RÉCOMPENSES.

M. F. Pinet, de Paris. Ladies and Misses hand made shoes and slippers for wholesale trade in France and for export.

For the extent, variety and excellence of the Exhibit, which is remarkable for the taste and skill displayed in the formation of the shoes, as well as in the ornamentation, by embroidery and painting in oil, and by trimming both with lace and flowers.

The establishment is the largest in this line in France, and their Exhibit embracing all grades, from the plain substantial kid shoe to the finest satin work.

M. Méliès, de Paris. Gentlemen and Ladies hand made boots, shoes and gaiters. Wholesale for the french and south american markets.

A general variety of style, of men's riding, walking and dress boots and gaiters; also women's riding and tongue patent leather boots, fancy gaiters, slippers, etc.

Specially note worthy for taste, style and good proportions. Material and workmanship good.

M. Henry Herth, de Paris. Fine custom made boots, shoes and gaiters; fine exhibit of gentlemen's wear, officer's grained leather boots reaching to lower part of thigh, and fastened under the knee by strap and buckle. Enamelled leather riding boot with spurs. Riding calf boot, Jockey style, patent leather long boot, morocco legs very light soles. Superior workmanship.

Plain calf walking, dress and pump boots, also double and cork soles for winter. Button gaiters with drab cloth buttons are made of one entire piece of leather, upon which the stitches can be seen.

Very fine piece of work. Pair black silk stocking gaiter boots, patent leather fixings, *very tasty.*

The fit superior workmanship and proportions intended for american feet. Also a few pairs ladies button walking gaiters.

A very creditable Exhibit.

M. Jeandron-Ferry, de Paris. Ladies hand made shoes and slippers for special Paris trade.

This Exhibit comprises an assortment of various patterns and fancy styles of shoes made for a special Paris trade, such as stage shoes and slippers, ball and party shoes and slippers, ladies long riding boots, etc.

Evinces skill and taste as also a very high degree of skilled workmanship in cutting, fitting and bottoming.

M. M. Huard, de Paris. Gentlemen's and Ladies fine hand made shoes for custom trade.

For great taste in combination of fine materials and in ornamentation, as well as for skillfull workmanship, combined with proper proportions to fit the foot.

The exhibit comprises a variety of styles and fine materials, such as patent leather, black kid, and fancy coloured kid and satin, specially suited to Paris fine trade.

M. A. Chapsal, de Paris. Men's boots and shoes, hand made, nailed, etc. Russia leather boots and shoes for russian markets; riding and fishing boots, hand soled and nailed.

Solid substantial and durable.

M. T. Sueur fils, de Paris. Grained enamelled leather, black and fancy colors, for carriages and shoes.

Plain black varnished leather for carriages, harness and military equipements, etc.

All the varieties of leather finished in this manufactory are tanned and worked through all the different processes in their own factory and are noticeable for the thoroughness and excellence of workmanship. The leather is soft and pliable, and the varnish or Japan while being smooth and of excellent color and gloss, is remarkably tough and durable.

M. Ad. Fortier-Beaulieu, de Paris. Tanned and finished hogskins, fair and in fancy colors, for saddlery and furniture : sole leather for saddlery; dyed sheep skins and grained top leather.

This is a very superior Exhibit, for the skill and thorough workmanship in the tanning and finishing.

The colors are clear and uniform and the product is first class.

MM. Duchesne frères, de Paris. Morocco in black and fancy colors and a variety of styles of finish.

This Exhibit is a very extensive one and varied as to colors and style of finish.

Is specially noteworthy for the regularity, evenness and perfection of the grain and color, in the Levant grain, straight grain and pebbles.

Both in black and fancy colors for books, satchels, carriages, furniture and shoes. The color is beautifully clear and even and the stock is mellow tough, and thoroughly well manufactured.

M. Jules Allain, de Paris. Black morocco in straight grains, dull and bright pebbles, and plain finish in oil.

Thorough and skillful workmanship in the manufacture.

The stock is good.

M. A. BASSET, de Paris. Black, *glacé* and *mat* kid and fancy colored kid for Ladies fine shoes and slippers.

This line of goods is a specialty with Mr Basset in which he has attained to an excellence in his black kid as to softness thoughness, with clearness of black and brilliancy of finish which is unequalled by any coming under our observation.

His fancy colors are clear, fine and of generally excellent qualities.

M. CLAVÉ-BERTRAND, de Coulommiers (Seine-et-Marne). Sole leather from domestic and Buenos-Ayres hides, harness leather, calfskins and leather straps for wooden shoes.

High skill and superior workmanship in the preparation of the hide and the manufacture of the leather.

EXPOSITION COLLECTIVE DE SAINT-SAËNS (Seine-Inférieure). Collective Exhibit of sole leather.

Excellence faithfulness and skill in the preparation of the hides and notably for the thorough workmanship in manufacturing the leather and for solidity and fineness in the finish.

MM. SORRO FRÈRES, de Milhau (Aveyron). Black calfskins.

The female skins of the Exhibit are fine, plump and well filled in the flanks.

Of general good quality.

MM. BAYVET FRÈRES, de Paris (*hors concours*). Fancy colored and black morocco in a variety of colors and styles of finish.

Fancy colored sheep skin and colored calf.

While this Exhibit is not entered for competition, we cannot refrain from the expression of our commendation of its extent, variety and excellence.

The Exhibit comprises a full line of morocco and sheep skins in all the different colors and finishes, suitable for books, pocket books, upholstery and shoes, and for beauty evenness of colors and excellence of finish, is unsurpassed.

CARROSSERIE,

HARNAIS ET FOURNITURES DE CARROSSERIE.

RAPPORT DE M. M. GUIET,

MEMBRE DU JURY INTERNATIONAL.

I

Le Jury du groupe de la carrosserie a examiné 290 expositions, dont 92 appartenant à des pays étrangers.

Le nombre total des récompenses accordées est de 159, dont 107 à des fabricants des États-Unis et 52 à des étrangers de diverses nationalités.

Dix diplômes sans médailles ont été, en outre, accordés à des corporations et à des établissements publics étrangers dont les expositions n'ont pas pris part au concours.

Le nombre des récompenses accordées aux exposants étrangers, comparé à celui des récompenses obtenues par les exposants américains, paraît, à première vue, hors de proportion avec le nombre total de leurs expositions. Mais cela s'explique par le motif, sur lequel nous aurons, du reste, à revenir plus loin, que les nations étrangères, en raison des sacrifices qu'entraîne une exposition aussi lointaine, ne se sont fait représenter que par l'élite de leurs fabricants, tandis que les fabricants américains, se trouvant sur les lieux ou à peu de distance et n'ayant à faire que des dépenses relativement légères, ont presque tous exposé sans exercer entre eux et sur eux-mêmes une sélection suffisamment rigoureuse.

Mais, soit qu'ils aient été exposés par des étrangers ou par des Américains, les produits de toutes classes que nous avons examinés ont été trouvés d'une moyenne remarquable comme qualité, et quiconque a, depuis quelques années, suivi avec intérêt le développement de cette branche d'industrie (voitures, harnais et accessoires) ne peut moins faire que d'être vivement frappé des progrès extraordinaires qui ont été réalisés depuis un quart de siècle, plus particulièrement peut-être aux États-Unis.

Les voitures de luxe, très-variées de genre et parfaitement bien adaptées aux divers usages auxquels elles sont destinées, révèlent dans leur apparence générale une symétrie, une élégance de forme, une harmonie de lignes, un goût et un fini de peinture et de garniture qu'on aurait difficilement rêvés il y a à peine quelques années.

Parmi les causes premières de ce progrès il faut placer au premier rang la division du travail, qui a pénétré dans la production des diverses parties qui composent la voiture.

Les essieux, les ressorts, les brides et toutes les autres pièces en fer, que chaque carrossier devait autrefois fabriquer lui-même avec ses propres moyens, sont maintenant produits en grande quantité, dans des fabriques spéciales, avec une remarquable perfection et à des prix bien moindres qu'auparavant.

Des progrès remarquables sous tous les rapports ont été aussi réalisés dans la fabrication des roues, moyeux, rais, jantes, et des bois cintrés de toute espèce. Les jantes faites en deux pièces de bois cintré ont remplacé presque partout, aux États-Unis, les anciennes jantes à courtes sections, et cette amélioration tend à se généraliser chaque jour, spécialement en France et en Angleterre.

Par un choix plus judicieux des différentes essences de bois, suivant les usages auxquels ils sont destinés, et par la substitution générale, aux États-Unis du moins, du hickory (espèce de noyer d'Amérique) au frêne et au chêne pour la fabrication des rais et des jantes, on est arrivé à beaucoup plus de légèreté, réelle et apparente, sans pourtant rien sacrifier de la solidité.

L'emploi du hickory commence à s'introduire en France et en Angleterre : c'est le bois le plus précieux par sa résistance quand il est de bonne qualité et de bonne provenance, et surtout abattu dans la bonne saison ; mais lorsqu'il ne remplit pas ces conditions, il est incontestablement bien inférieur à notre bon acacia de France.

La carrosserie a également bénéficié des perfectionnements apportés dans la fabrication des cuirs vernis, lisses et grainés, dont elle fait un si grand usage ; ces cuirs contribuent, pour leur part, à l'embellissement général de la voiture.

Ces observations générales peuvent aussi s'appliquer à la fabrication des harnais et de la sellerie. Les fabricants de harnais disposent aujourd'hui de procédés mécaniques nouveaux pour la préparation, la coupe et l'ornementation du cuir ; ils peuvent se procurer aisément, et à des prix relativement bas, des montures et garnitures de harnais plaquées cuivre ou argent, en acier ou en aluminium, d'un nombre infini de genres et de modèles : ces commodités leur permettent de produire, sans augmentation sensible de prix, des articles plus beaux et plus artistiques que ceux qu'ils fabriquaient autrefois.

Les mêmes causes ont aussi contribué à améliorer la fabrication des selles, dont les divers spécimens que nous avons été à même d'examiner nous ont paru remarquablement bien adaptés aux divers usages et aux divers pays auxquels ils étaient destinés.

Les charrettes, les camions, les tombereaux et les fourgons pour le transport du fret et des marchandises de toute sorte ont participé, principalement aux États-Unis, à l'amélioration générale à un degré peut être plus considérable qu'aucune autre branche d'industrie. Ainsi il existe dans l'Ouest, pour ne citer qu'un exemple, un établissement que nous avons visité et qui produit, en moyenne, une charrette par chaque dix minutes de travail, et cela pendant tout le cours de l'année. Cet établissement emploie 600 ouvriers et 400 chevaux-vapeur; il vend pour une valeur de un million et demi de dollars (7,500,000 fr.) par an, à un prix si bas qu'il faut avoir vu ses moyens d'action pour comprendre comment on peut arriver à de tels résultats.

D'autre part, les voitures à l'usage des enfants se distinguent maintenant par une extraordinaire variété de genres, une grande ingéniosité de détails et un goût remarquable dans la peinture, la garniture et le fini; elles sont généralement construites avec une parfaite entente du confortable et du bien-être de ceux qui doivent en faire usage.

Enfin pour ne passer sous silence rien de ce qui touche, de près ou de loin, à la carrosserie, nous devons dire que les vernis pour voitures, pour lesquels les États-Unis étaient, comme la France l'est encore, tributaires de l'Angleterre, sont fabriqués maintenant en Amérique avec beaucoup de succès. Les vernis américains sont d'une qualité tellement supérieure, qu'ils rivalisent aisément avec les produits anglais, s'ils n'arrivent pas à les surpasser; beaucoup de voitures à l'Exposition. qui étaient finies avec des vernis américains, attestaient leurs excellentes qualités.

Nous avons essayé de récapituler brièvement les faits qui nous ont paru pouvoir le mieux mettre en relief les immenses progrès réalisés dans la fabrication des divers articles soumis à notre examen, et, en concluant, nous exprimons notre conviction sincère que cette branche d'industrie et de fabrication s'est pleinement maintenue, aux États-Unis, au niveau de l'amélioration générale du pays.

Tout ce que nous avons vu nous a d'autant plus frappé, qu'il y a huit ans que nous n'avions revu ce pays et que cette transformation ne date pas de plus de dix ans. C'est à peine si l'on aurait abordé aux États-Unis, il y a quelques années, la fabrication d'une voiture à double suspension, et maintenant toutes les voitures européennes y sont fabriquées avec plein succès, et nous devons dire, quoiqu'il nous en coûte, que, si les grandes maisons françaises de carrosserie sont incontestablement encore au-dessus de leurs rivales des États-Unis, la fabrication moyenne, en Amérique, est déjà supérieure comme qualité, et sous tous les rapports, à la moyenne de la fabrication française.

L'Exposition a offert aux fabricants américains l'occasion de comparer leurs propres produits entre eux d'abord et ensuite avec ceux des pays étrangers; cela ne peut manquer de préparer la voie à des progrès nouveaux et plus grands encore, et nous ferons bien de nous en préoccuper sérieusement.

Les États-Unis tiennent aujourd'hui des marchés sur lesquels nous ne paraîtrons maintenant que difficilement, et demain peut-être nous les rencontrerons sur les nôtres.

II

Dans le but de faciliter son travail, le Jury a divisé en sept classes les expositions qui font partie du groupe de la carrosserie :

1° Voitures;
2° Sellerie, harnais, etc.;
3° Vélocipèdes, voitures d'enfants, etc.;
4° Quincaillerie pour voitures;
5° Bois ouvrés pour voitures;
6° Charrettes, tombereaux, etc.:
7° Vernis pour voitures.

Nous passerons successivement en revue toutes ces classes, en appelant l'attention, dans l'ordre de mérite, sur tous les exposants français qui ont obtenu des récompenses et en ne mentionnant les exposants américains ou de nationalité étrangère qu'autant que leurs produits se recommanderont par des qualités exceptionnelles ou originales.

1° VOITURES.

L'industrie de la carrosserie proprement dite était représentée à l'Exposition par 253 voitures, exposées par 86 fabricants de diverses nationalités.

Les États-Unis figurent dans ces chiffres pour 159 voitures, exposées par 53 fabricants; l'Angleterre pour 36 voitures, exposées par 7 fabricants; la France pour 30 voitures, exposées par 5 fabricants; les Colonies anglaises pour 14 voitures, exposées par 10 fabricants; la Russie, la Norwége, l'Autriche, la Belgique et l'Italie ensemble pour 14 voitures, exposées par 11 fabricants.

Si l'exposition française ne venait qu'au troisième rang par le nombre des voitures exposées, nous pouvons affirmer hautement qu'elle occupait le premier par la variété, l'élégance et la perfection de ses produits.

Du reste, il est bon de remarquer qu'à l'Exposition de Vienne de 1873 le nombre des voitures était encore moins considérable : on ne comptait, en effet, que 21 voitures, exposées par 6 fabricants. Il est à craindre qu'il en soit toujours ainsi pour toute exposition étrangère un peu lointaine : c'est qu'une exposition de carrosserie à l'étranger entraîne, pour ceux qui y prennent part, des dépenses considérables, dont on ne peut se former aucune idée dans les autres industries, celle des machines exceptée.

Il est presque sans exemple que ces dépenses aient jamais été couvertes par les affaires faites dans le cours de l'exposition. De pareilles espérances étaient encore bien moins à concevoir pour Philadelphie, en raison de la crise financière et commerciale que traversent les États-Unis depuis trois ans. Tous les fabricants ne se soucient pas de s'imposer de semblables sacrifices, et ceux qui le voudraient ne le peuvent pas toujours.

Les voitures ne peuvent pas, comme quantité d'autres produits, être abandonnées au milieu d'une exposition; elles demandent un entretien journalier et des soins presque incessants. Ainsi, les exposants français, qui ont presque tous exposé 6 ou 7 voitures, se sont imposé volontairement et à l'avance, en frais de transport aller et retour, d'emballage et de réemballage, d'assurances et de gardiennage, un sacrifice qui ne peut être estimé à moins de 30,000 francs pour chacun d'eux.

Nous ne comprenons pas dans ce chiffre les frais de voyages des chefs de maisons qui, prenant part à une exposition, éprouvent le besoin bien naturel de la visiter et de comparer leurs propres produits avec les produits similaires des autres pays.

Il y a donc lieu d'être reconnaissant aux carrossiers français qui se sont imposé de pareils sacrifices, sans probabilité de résultats immédiats bien appréciables, de ce que, par esprit de patriotisme, ils ont tenu à faire figurer leur industrie à la grande manifestation américaine.

Le but qu'ils se sont proposé a été pleinement atteint; la carrosserie française a été dignement représentée et a marqué sa place au premier rang, ainsi qu'en témoignent les récompenses obtenues, et si tous les exposants ne sont pas appelés immédiatement à recueillir le fruit de leurs efforts, ils ont au moins soutenu la bonne réputation de cette industrie, si éminemment française, et préparé dans l'avenir, nous l'espérons du moins, la voie à de nouvelles et plus nombreuses affaires.

Trente-huit récompenses ont été accordées pour voitures, traîneaux, etc., dont dix-sept à des étrangers : dans ce dernier chiffre, la France, sur cinq exposants, dont un hors concours, figure pour trois récompenses.

Ce n'est pas à nous qu'il appartient de faire la critique du système adopté pour les récompenses. Le rang de chaque exposant n'est différencié que par la rédaction, plus ou moins élogieuse, des motifs pour lesquels le Jury a cru devoir décerner une récompense; mais, ainsi que nous l'avons dit plus haut, nous garderons scrupuleusement, dans la revue rapide que nous entreprenons de faire, le rang qui a été attribué à chaque exposant.

MM. Binder frères, de Paris, ont exposé : un break, un coupé, un sociable à 8 ressorts, un milord, une calèche à 8 ressorts et un dorsay ou coupé à 8 ressorts.

Ces voitures sont d'un excellent travail, élégantes de lignes et très-soignées de construction. Les peintures et les garnitures sont d'un très-bon goût.

Nous remarquons spécialement un break confortable et bien compris dans tout son ensemble, ainsi qu'une très-jolie calèche à 8 ressorts.

M. Mühlbacher, de Paris, a exposé : un dorsay, un milord à 8 ressorts, un sociable à 8 ressorts, un sociable à double capote, un coupé et un milord à simple suspension.

Ces voitures sont d'un bon travail et d'un bon style. Notre attention a été plus particulièrement attirée sur un joli sociable à 8 ressorts et sur un vis-à-vis à double capote, qui est une création nouvelle.

M. Desouches, de Paris, a exposé : un dorsay, un sociable à 8 ressorts, un phaéton à capote, un coupé, un landau, un duc et un milord.

Dans cette exposition très-variée, nous remarquons spécialement un phaéton à capote élégant et bien fini et un coupé léger, d'une bonne forme, muni d'un indicateur pour correspondre avec le cocher.

MM. Million, Guiet et C°, de Paris, hors concours, M. Guiet ayant été nommé membre du Jury international des récompenses, ont exposé :

Un mail-coach, un landau à 5 glaces, un landau à 8 ressorts, un coupé, un vis-à-vis à 8 ressorts, un duc à 8 ressorts et un milord.

Passons aux autres expositions étrangères et à l'exposition américaine :

MM. Hooper and C°, de Londres, ont exposé six voitures, parmi lesquelles il convient de citer une calèche à 8 ressorts remarquable par l'élégance de ses lignes et un mail-coach parfaitement construit, d'une bonne forme, réunissant toutes les commodités ordinaires qu'on recherche habituellement dans ce genre de voitures, et muni, en outre, d'une tente mobile d'une installation facile pour garantir du soleil.

M. C. Thorn, de Norwich (Angleterre), a exposé huit voitures.

Nous remarquons un grand dogcart de chasse à 2 roues bien compris et un break muni d'un pavillon mobile, avec rideaux en caoutchouc blanc, se montant et se démontant facilement; ce break est bien construit et ingénieusement disposé sous tous les rapports.

MM. Thos. Peters and sons, de Londres, ont exposé neuf voitures d'une construction régulière, dont une victoria parfaite de goût et de forme et deux mail-coachs solidement construits et bien aménagés.

MM. Stevenson and Elliott, de Melbourne (Australie), ont exposé un landau à 8 ressorts remarquable par la construction de son train et de sa caisse et d'un style parfait; c'est peut-être la première fois qu'un carrossier d'un pays aussi lointain vient prendre part avec un pareil succès à l'une de nos grandes luttes industrielles.

M. John M. de Wolfe, d'Halifax (Nouvelle-Écosse), a exposé trois voitures d'un travail et d'un fini d'autant plus remarquables que les ressources de la ville où sont situés ses ateliers sont naturellement, en ce qui concerne la carrosserie, très-limitées.

M. Bruno Ledoux, de Montréal (Canada), a exposé un landaulet et un traîneau à 7 places dont le siége du milieu est mobile et disparaît sous celui de devant de manière à ne laisser que 5 places; ce traîneau est d'une disposition ingénieuse et solidement construit.

M. Chas. Nellis, de Saint-Pétersbourg, a exposé une victoria à 8 ressorts bien finie, très-élégante, d'une construction très-solide et parfaitement adaptée aux besoins de son pays.

M. Nicholas Arbatzky, de Moscou, a exposé un drosky de course et un traîneau avec fourrures, léger, très-bien construit et réunissant toutes les qualités désirables.

MM. W. D. Rogers and Cᵉ, de Philadelphie, ont exposé six voitures, toutes d'un travail supérieur et bien finies; nous remarquons, entre autres, un buggy à 4 roues, à capote, léger, à une place, ne pesant que 139 livres (63 kilogrammes), réalisant tout ce qu'il y a de plus fin, de plus gracieux et de mieux proportionné, et en même temps d'une solidité à toute épreuve, et un sociable d'une excellente construction, d'un bon style et d'un goût parfait comme peinture et garniture.

MM. Wood brothers, de New-York, ont exposé sept voitures d'un bon travail et bien finies ; nous devons citer un milord de bonnes proportions, de bonne forme, très-soigné de peinture et de garniture, et un coupé en blanc permettant de juger de la perfection du travail de forge et de menuiserie.

MM. J. B. Brewster and C°, de New-York, ont exposé sept voitures d'un travail consciencieux; nous devons mentionner plus particulièrement un landaulet frise ronde d'un bon style, bien fini, se fermant et se découvrant avec facilité; les deux glaces de devant se glissent de l'intérieur dans le coffre du cocher.

MM. H. Killam and C°, de New-Haven (Connecticut), ont exposé cinq voitures d'un travail régulièrement bon. La voiture la plus remarquable est un landau à 5 glaces d'un montage nouveau à l'arrière, consistant en deux ressorts de travers superposés sur les ressorts à pincettes, ce qui procure une plus grande douceur.

MM. Brewster and C°, de Broome Street, à New-York, hors concours, M. Kimball, l'un des associés, faisant partie de la Commission supérieure de l'Exposition, ont exposé sept voitures et trois traîneaux, qui les placent au premier rang dans la section américaine, à côté de MM. W. D. Rogers and C°. Nous devons citer une victoria à 8 ressorts, nouvelle de forme, avec siége élevé sur coffre devant, siége coffre derrière, d'un style très-pur, d'une exécution parfaite dans toute sa construction, d'une peinture et d'une garniture d'un goût exquis; un landau carré, admirable de forme, d'un goût et d'un fini irréprochables; un buggy à 4 roues, à capote léger, à une place, très-correct de lignes, d'un travail et d'un fini parfaits, pesant 132 livres (59ᵏ,850). Nous devons mentionner également un traîneau canadien et deux traîneaux connus sous le nom de *Kimball Brewster Sleighs*, qui, chacun dans leur genre, sont des modèles de perfection.

2° SELLERIE, HARNAIS, ETC.

86 exposants, dont 2 exposants français; 54 récompenses, dont 25 à des étrangers.

Un seul exposant français a pris part au concours :

MM. Fortin frères, de Paris, qui ont obtenu une récompense pour leur belle exposition de feutres à l'usage des selliers et des fabricants de harnais et de chaussures. Tous leurs articles, très-variés de couleurs et de qualité, sont d'une excellente fabrication et bien adaptés aux divers usages auxquels ils sont destinés.

MM. Million, Guiet et C°, de Paris, hors concours pour le motif pré-cédemment indiqué, ont exposé une vitrine de harnais variés de genres et de modèles.

Dans la section américaine et les autres sections étrangères :

MM. Jas. R. Hill and C°, de Concord (New-Hampshire), ont exposé une série de harnais s'étendant graduellement du plus fin au plus ordinaire, du plus léger au plus lourd, d'une fabrication parfaite, avantageux de prix, réunissant toutes les qualités propres à leurs divers emplois. Cette exposi-tion remarquable permet d'embrasser d'un seul coup d'œil les progrès réalisés aux États-Unis dans cette branche d'industrie.

MM. H. G. Haedrich and son, de Philadelphie, ont exposé une paire de harnais de gala, du prix de 25,000 francs, d'un très-beau travail; la garniture dorée est artistement ciselée. L'ensemble représente, à peu près, ce que l'on peut faire de mieux dans ce genre.

M. R. F. Wilson, de Milton (Pensylvanie), a exposé un caparaçon fait en lanières fines de cuir pour garantir les chevaux contre les mouches; c'est un article ingénieux, très-léger, nouveau et très-bien approprié.

MM. J. V. Waldron and C°, de New-York, ont exposé un bel assortiment de garnitures de harnais de tous genres, de monogrammes et d'emblèmes héraldiques de jolis modèles et d'une bonne exécution.

M. A. Albright, de New-Ark (New-Jersey), a exposé des garnitures de harnais recouvertes en caoutchouc vulcanisé. Cette appropriation du caou-tchouc aux garnitures de harnais est absolument nouvelle et l'article qu'on obtient ainsi est à la fois de bonne qualité, beau et durable.

MM. Crane and C°, de New-Ark (New-Jersey), ont une belle exposition d'éperonnerie très-variée; nous devons mentionner un nouveau mors à em-bouchure de caoutchouc flexible très-précieux pour les chevaux ayant les barres sensibles.

MM. Swayne and Adeney, de Londres, ont exposé une riche collection de fouets et de cravaches de tous genres, parfaits de travail, de goût et d'élé-gance: c'est incontestablement la plus belle exposition dans cet article.

MM. Hawkins brothers, de Walsall (Angleterre), ont une remarquable exposition d'éperonnerie, admirable dans son ensemble comme dans ses détails; les modèles sont très-variés dans tous les articles et, générale-ment, très-artistement exécutés.

M. Shiskin et M. Elenin, de Moscou, ont exposé de magnifiques harnais de drosky et de troïka qui sont remarquables par leur légèreté, leur bonne fabrication et le bon goût de leur garniture.

M. P. Koonikoff, de Saint-Pétersbourg, a exposé des harnais d'artillerie et de trains d'équipages solides et bien faits, ainsi que des selles de Cosaque d'une bonne fabrication et bien adaptées au pays.

M. A. Luis d'Almeida et M. F. Gomez dos Santos Lima, de Saint-Paul (Brésil), ont exposé des brides et selles de pays très-originales, d'un très-grand travail de gaufrage à la main et d'une fabrication parfaite en tous points.

3° VÉLOCIPÈDES, VOITURES D'ENFANTS, ETC.

Un seul exposant français a pris part au concours et a obtenu une récompense; c'est :

M. N. Huret, de Paris, dont le « cynophore », ou vélocipède mû par des chiens, d'une construction élégante et légère, atteignant bien le but qu'on s'est proposé, constitue l'un des objets les plus nouveaux et les plus originaux que nous ayons vus à l'Exposition.

Dans les autres sections étrangères et dans la section américaine :

M. Chas. Thomson, de Londres, a exposé une jolie voiture d'enfants, à 3 roues, très-confortable et très-soignée dans son ensemble comme dans ses détails. C'est certainement la plus gracieuse voiture d'enfants et la mieux finie que nous ayons vue à l'Exposition.

M. F. Hermann Jury, de New-York, a exposé des voitures d'enfants d'une construction très-ingénieuse, et pouvant se replier de manière à ne former qu'un petit volume, ce qui permet de les transporter facilement à la main, comme on pourrait le faire d'une valise ou de tout autre menu bagage.

M. Geo. P. Steinbach, de Baltimore (Maryland), et MM. Newgeon and Sheldon, de Birmingham (Connecticut), ont exposé des voitures d'enfants, dites *sleeping coaches*, très-ingénieusement installées pour être converties rapidement en berceaux ; elles remplissent pleinement le double usage auquel elles sont destinées.

4° QUINCAILLERIE POUR VOITURES.

M. C. Anthoni, de Paris, a exposé des essieux patent d'une bonne fabrication et des ressorts pourvus de bobines à rondelles en caoutchouc ayant pour objet d'adoucir le mouvement des ressorts et d'en atténuer le bruit. Ce système très-pratique est, croyons-nous, appelé à rendre de réels services; il a été, du reste, fort apprécié par les constructeurs américains.

White Manufacturing Company, de Bridgeport (Connecticut), a exposé un grand et bel assortiment de lanternes, de poignées et autres articles en métal pour voitures. Nous remarquons spécialement une nouvelle lanterne, s'appliquant au garde-crotte, très-ingénieuse et pouvant être utilisée pour la chasse et la pêche de nuit.

MM. Welsh and Sea, de Philadelphie, ont exposé un important assortiment de boulons de toute taille et de toute forme représentant tout ce qu'il est possible de faire de mieux dans cet article.

MM. Seward and son, de New-Haven (Connecticut), ont exposé une belle collection de brides de ressorts et autres articles de quincaillerie pour voitures, de tous genres et de tous modèles, admirablement fabriqués à la machine et à des prix très-avantageux.

MM. Benezet and Cᵒ, de Philadelphie, ont fait une belle exposition de ressorts à pincettes et en C de bonnes formes et d'un fini parfait.

MM. Dick et Kirschten, d'Offenbach-sur-Mein (Allemagne), ont une belle et importante exposition d'essieux et de ressorts d'une excellente fabrication.

M. Shiloff, de Moscou, a exposé des ressorts à pincettes bien faits et bien proportionnés; nous remarquons, en outre, un excellent appareil à éprouver les ressorts.

5° BOIS OUVRÉS POUR VOITURES.

MM. Hoopes Bros. and Darlington, de Westchester (Pensylvanie), et New-Haven Wheel Company, de New-Haven (Connecticut), ont fait deux grandes et belles expositions de rais, jantes, moyeux et roues terminées de tout calibre, représentant tout ce qu'il est possible d'obtenir de mieux dans ces articles, comme main-d'œuvre et comme qualité de bois.

M. Sam. G. Reed, de Wellesley (Massachusetts), a exposé un appareil très-ingénieux destiné à chauffer très-rapidement, très-également et à peu de frais, les cercles de roues, au moyen de jets de gaz.

6° CHARRETTES, TOMBEREAUX, ETC.

STUDEBAKER BROTHERS' COMPANY, de South-Bend (Indiana), a exposé 14 charrettes destinées aux usages de l'agriculture et au transport des marchandises de toute nature, d'un travail solide et toutes parfaitement bien adaptées à leurs emplois respectifs : c'est une des meilleures et des plus utiles expositions que nous ayons vues. Ces voitures sont offertes à des prix si bas, qu'il est évident que cette compagnie dispose de puissants moyens d'action qui lui permettent de réaliser une notable économie dans la fabrication.

MM. ABBOTT DOWNING AND C°, de Concord (New-Hampshire), ont exposé des diligences américaines. Ces voitures n'ont aucun ressort : la caisse est simplement suspendue sur des soupentes en cuir supportées par quatre bras en fer; les roues, et comparativement celles de devant, sont très-élevées, ce qui facilite la traction et rend possible la pratique des plus mauvaises routes. Ce genre de construction permet de transporter, en plus des voyageurs, un poids relativement considérable de bagages. Nous ne mentionnons ces voitures qu'à titre de curiosité et parce que depuis fort longtemps elles sont en usage aux États-Unis; mais nous devons nous empresser d'ajouter qu'elles sont bien inférieures à nos anciennes diligences françaises.

M. CHAS RANCK, de Cleveland (Ohio), a exposé un fourgon à transporter la glace, pesant 1,121 kilogrammes et pouvant porter 3,000 kilogrammes de glace, grand, solide et pratique. Ce fourgon est bien construit pour faciliter le chargement et le déchargement; les roues de devant tournent en dessous, et cette voiture, munie à l'arrière d'un appareil de pesage, réalise, à tous les points de vue, un réel progrès sur celles précédemment en usage.

- M. PHILIP KETTERER, de New-York, a exposé une charmante voiture pour le transport des marchandises légères; elle est fermée tout autour, dans la partie supérieure de la caisse, par un léger grillage en fer galvanisé très-artistement exécuté. Cette voiture est remarquable par sa légèreté.

M. JOSEPH KIESER, de New-York, a exposé un immense chariot, à 4 chevaux, pour brasseurs, pouvant transporter 200 barils de bière; c'est ce que nous avons vu de plus grandiose dans ce genre. Ce chariot, parfaitement construit, très-complet, réunit toutes les commodités désirables.

MM. INO. BEGGS AND SON, de Philadelphie, ont exposé des camions spé-

cialement appropriés au transport des coffres-forts. Ces camions, solidement et admirablement construits, sont munis, à l'avant, d'un appareil à
engrenages destiné à faciliter le chargement, le déchargement et, au besoin, l'élévation aux étages supérieurs de ces coffres, qui aux États-Unis
sont généralement d'un poids considérable.

7° VERNIS POUR VOITURES.

MM. VALENTINE AND C°, de New-York, ont fait une exposition complète
de vernis pour les usages de la carrosserie. Ces vernis réunissent toutes
les qualités désirables comme brillant, rondeur et dureté, autant que nous
avons pu en juger par la façon admirable dont, pendant tout le cours de
l'Exposition et par une chaleur tropicale, se sont comportées les voitures
des premiers constructeurs des États-Unis, que nous savons avoir été terminées avec ces vernis.

EXPOSITIONS COLLECTIVES.

Avant de clore cette partie de notre rapport, nous devons dire quelques
mots des expositions des corporations ou des établissements publics étrangers auxquels 10 diplômes sans médailles ont été accordés, conformément
à la circulaire, en date du 22 juin 1876, du général Walker, chef du
bureau des récompenses.

LE SHÉRIF DE LA COLONIE DE QUEENSLAND (Australie);

LE MUSÉE NATIONAL DU CAIRE (Égypte);

LES COMMISSIONS PROVINCIALES des provinces de San Juan, Tucuman,
Cordova, Catamarca, San Luis (république Argentine), ont exposé des
brides et selles de pays, originales, très-bien faites, et quelques-unes d'un
très-grand luxe d'ornementation et de garnitures, mais exclusivement
appropriées aux usages de ces divers pays.

L'ÉTAT LIBRE D'ORANGE (Afrique méridionale) a exposé des harnais pour
un et deux chevaux et une charrette pour le transport des laines commode et très-bien construite.

L'ARSENAL DU GOUVERNEMENT de Saint-Pétersbourg (Russie) et l'ARSENAL DU
GOUVERNEMENT de Rio-de-Janeiro (Brésil) ont exposé des selles de cavalerie
et d'artillerie, des bâts pour le transport de l'artillerie de montagne, des
fourgons d'ambulance et d'intendance, solides, bien faits et répondant
parfaitement aux besoins de ces divers services.

Nous croyons indispensable, en finissant, de faire observer que, pour les chiffres de récompenses décernées, nous nous sommes référé exclusivement au travail du Jury international, tel qu'il a été arrêté et remis au chef du bureau des récompenses avant la séparation des Jurés. Ces chiffres ne concorderont probablement pas avec ceux qui seront publiés par l'Administration de l'Exposition à cause du remaniement opéré par un Jury d'appel créé, après la distribution des récompenses, dans le but d'augmenter le nombre des médailles.

Nous ne relèverons pas ce qu'a d'étrange la formation, sans précédents, croyons-nous, d'un jury appelé à juger à nouveau et à réformer les verdicts du Jury international.

III

Nous n'aurions pas cru remplir complétement la mission qui nous a été confiée si nous nous étions borné à examiner, à l'Exposition, les produits de notre industrie et si nous n'avions tenté de visiter quelques-unes des plus importantes fabriques, d'étudier leur organisation et de pénétrer, pour ainsi dire, les causes auxquelles sont dus les progrès dont nous avons été si vivement frappé.

Nous pensons donc ne pas sortir de notre cadre en rendant compte rapidement de nos visites à cinq ou six des principaux établissements de carrosserie et d'accessoires de carrosserie.

1° MM. Brewster and C°, carrossiers, demeurant à New-York, au coin de Broadway et de la 47ᵉ rue, ont commencé les affaires, en 1856, dans Broome Street, qu'ils abandonnèrent en 1873 pour prendre possession de la fabrique qu'ils occupent aujourd'hui et dont nous allons essayer de décrire l'organisation et les dispositions économiques.

La fabrique est bien construite, en briques, pierre et fer; les plafonds sont élevés, les fenêtres sont larges et tous les ateliers sont éclairés et aérés dans les meilleures conditions.

Trois escaliers, établis à l'extérieur des murs principaux, desservent les étages supérieurs; ils sont en fer et revêtus de murs en briques. Il y a en outre deux grands élévateurs ou ascenseurs à marchandises, de 2ᵐ,50 sur 4ᵐ,50, pouvant élever chacun 1,800 kilogrammes.

Ces élévateurs sont, comme les escaliers, situés extérieurement et, comme eux, ils sont revêtus de murs. Les portes qui conduisent aux escaliers et aux élévateurs sont en fer, de manière à les préserver en cas d'incendie et à conserver toujours libre l'accès de tous les étages.

Le terrain occupé par les bâtiments et la cour intérieure, sur l'une des principales artères de la ville, est de 2,570 mètres carrés. Les quatre étages, le rez-de-chaussée et le sous-sol occupent une superficie de 9,480 mètres carrés. Une annexe, actuellement en cours de construction, donnera aux magasins et ateliers une surface additionnelle de 3,375 mètres carrés. La superficie totale sera alors de 12,855 mètres carrés.

Dans une cave voûtée, construite sous le trottoir de la rue, sont placées deux chaudières à vapeur, de 60 chevaux chacune, servant à l'alimentation d'une machine de 60 chevaux de force et au chauffage de l'établissement au moyen d'un système complet de tuyaux parfaitement bien installés et distribués.

Tout ce qui est relatif au travail du fer se fait exclusivement dans le sous-sol, où sont disposées 32 forges et diverses machines destinées à économiser la main-d'œuvre.

Au premier étage sont situés les ateliers de garniture et de raccords, les magasins d'étoffes, les ateliers de charronnage, etc.

Le deuxième étage est occupé par les ateliers de menuiserie, le cabinet de dessin et les magasins des roues, moyeux, jantes, etc.

Au troisième et au quatrième étage sont distribués les ateliers de peinture et de vernissage et le magasin des voitures en blanc.

L'annexe que l'on construit en ce moment, et qui sera occupée au mois de janvier prochain, sera spécialement affectée à l'emmagasinage des voitures finies.

Cette maison a toujours un stock considérable de voitures prêtes à être livrées et d'une valeur moyenne de 6 à 700,000 francs.

400 ouvriers sont employés dans cet établissement et le nombre peut en être facilement porté à 500.

La production annuelle est de 3,500,000 francs en moyenne : dans ce chiffre les voitures légères, telles qu'on les emploie généralement aux États-Unis, entrent pour moitié comme valeur, et les voitures plus grandes, pour l'usage ordinaire de la ville, forment l'autre moitié.

La qualité des voitures fabriquées est uniformément bonne ; les « sulkies » ne pesant que 50 livres (22^k,600) sont faits avec autant de soin que les landaus, dont le prix est vingt fois plus élevé.

C'est une organisation grandiose dont nous n'avons, en France, aucune idée dans notre industrie.

2° MM. Wood brothers' C°, carrossiers, demeurant à New-York, n° 740, Broadway, possèdent un établissement d'une grande importance, mais d'une organisation moins puissante que celle dont nous venons de faire la rapide description.

Leurs ateliers de fabrication, établis à Bridgeport (Connecticut), à 5o milles de New-York, sont reliés à leurs bureaux et magasins de vente, situés dans cette dernière ville, par un fil télégraphique·affecté à leur usage exclusif et qui leur permet de tenir leurs deux établissements en constante communication.

3° MM. W. D. Rogers and Cᵒ, carrossiers, demeurant à Philadelphie, ont leurs bureaux et magasins installés aux nᵒˢ 1009 et 1011, Chestnut Street, et leur fabrique à l'autre extrémité de la ville, au coin de la treizième rue et de Parrish Street. Les deux établissements sont reliés par un fil télégraphique.

Cette maison, dont les débuts, plus que modestes, datent de 1846, époque à laquelle la carrosserie était pour ainsi dire dans l'enfance aux États-Unis, et qui n'occupait à ce moment que 10 ouvriers, s'est élevée progressivement au premier rang, au milieu des fortunes les plus diverses.

MM. W. D. Rogers and Cᵒ fabriquent actuellement une moyenne de 3oo voitures par an, de tous genres et de tous modèles; ils emploient 150 ouvriers, sans compter ceux qui sont occupés aux réparations. Leur outillage mécanique est des plus intelligents et des plus complets.

Le chiffre de leurs affaires s'élève à environ 1,250,000 francs; dans cette somme, les réparations figurent pour le chiffre important de 3oo,ooo francs.

Les produits de cette maison ont été très-remarqués à l'Exposition, et c'est à juste titre qu'elle a obtenu la première mention dans la section américaine.

4° Studebaker brothers manufacturing Company, fabricants de voitures et de charrettes à South Bend (Indiana).

Cet établissement, fondé en 1852, se compose de deux fabriques : celle des charrettes pour l'agriculture et autres usages et celle de carrosserie proprement dite; elles sont situées à 8oo mètres l'une de l'autre.

L'étendue des terrains occupés est d'environ 4 hectares.

Les bâtiments, composés d'un rez-de-chaussée surélevé de trois étages, déploient une façade de 55o mètres.

La superficie totale des différents étages est de 9 acres, soit un peu plus de 3 hectares.

Ajoutons que les hangars pour bois occupent une superficie de 11,8oo mètres.

Voici un tableau du nombre d'ouvriers employés, de voitures construites et du chiffre d'affaires depuis 1868 jusqu'à 1875 inclusivement,

qui montrera, mieux que tous les raisonnements, la progression vraiment
étonnante que suit cette maison dans son développement :

Années.	Nombre de voitures.	Nombre d'ouvriers.	Chiffre d'affaires.
1868.............	3,955	190	1,900,000ᶠ
1869.............	5,115	220	2,060,000
1870.............	6,505	260	2,865,000
1871.............	6,839	285	3,125,000
1872.............	6,950	325	3,455,000
1873.............	10,280	455	4,480,000
1874.............	11,050	550	5,000,000
1875.............	15,000	600	6,250,000
Total........	65,690		29,135,000

Cet établissement a donc fabriqué en 8 ans près de 66,000 voitures
et charrettes de tous genres, d'une valeur de près de 30 millions de francs.

Nous devons dire que cette maison, en fait de carrosserie, ne fait guère
que la voiture américaine légère connue sous le nom de buggy, rocka-
way, wagon, etc.

La compagnie emploie 400 chevaux-vapeur, 32 feux de forge et quantité de machines des plus ingénieuses pour économiser le temps et la main-
d'œuvre.

Nous remarquons entre autres : une plate-forme à embattre les roues
à claire-voie et se submergeant à volonté;

Une machine à tourner et percer les moyeux ;

Une machine à régulariser la longueur des rais et à former les tenons
et enfin un excellent marteau ou bras mécanique à enrayer.

Un grand nombre de ces machines sont conduites par des jeunes garçons, presque des enfants, qui reçoivent en moyenne 15 francs par semaine.

La peinture des roues de charrettes se fait au moyen de leur immersion, jusqu'au-dessus du moyeu, dans une véritable rivière de peinture de
plus de 40 mètres de long, qu'on leur fait parcourir rapidement d'un
bout à l'autre. Les roues reçoivent, par ce même procédé, trois couches
successives et la peinture est ensuite égalisée au pinceau.

Ce travail est payé à la pièce à raison de 3/4 de sou par roue. Les
ouvriers employés à ce travail doivent être changés tous les 3 ou 4 mois,
sous peine de compromettre gravement leur santé.

Un jeu de 4 roues, pour charrettes communes, finies, sans être ferrées,
revient, en moyenne, à 25 francs.

La Compagnie est en ce moment en marché avec la Compagnie générale des omnibus de Londres pour la livraison de 2,000 jeux de roues ferrées et prêtes à entrer en service, au prix de 242 fr. 50 cent. rendus à Londres, droits, fret et tous frais payés.

Le stock en bois de toute qualité pour l'usage de l'établissement représente une valeur de 2,500,000 francs.

5° MM. Hoopes brothers and Darlington, fabricants de roues, rais, jantes, etc., à Westchester (comté de Chester), État de Pensylvanie.

Cette fabrique est avantageusement située sur la ligne du chemin de fer de Philadelphie, en face de la gare, ce qui permet de charger les marchandises directement dans les wagons ou de les décharger sans aucuns frais de charrois. Elle occupe un terrain d'environ 3 acres, soit un peu plus d'un hectare, sur lequel sont érigés 9 bâtiments divers, dont l'un, spécialement affecté à la fabrication des roues, est construit en briques et se compose d'un rez-de-chaussée surélevé de trois étages.

Les approvisionnements de bois brut, disposés dans un vaste chantier à ciel ouvert, s'élèvent, quand ils sont au complet, à plus d'un million de pièces.

Ces bois sont abattus dans un rayon d'environ 300 milles autour de la ville de Westchester; ils sont coupés du mois de juillet au mois de janvier, les bois coupés pendant les autres mois de l'année étant exposés aux attaques des vers. Les très-gros arbres, dans l'État de l'Ohio, donnent habituellement des bois de qualité inférieure, tandis qu'en Pensylvanie, au contraire, ils fournissent souvent les bois de la meilleure qualité.

Dès que l'arbre est abattu, le tronc est fendu, dépouillé du cœur et de l'écorce, pour l'alléger autant que possible, puis grossièrement découpé en morceaux de divers calibres. Ce travail préparatoire permet de réaliser une notable économie dans les frais de transport.

Après être restés exposés à l'air un temps déterminé, les bois sont placés dans une espèce d'étuve chauffée à la vapeur, où ils séjournent 8 à 10 jours; après quoi ils sont tournés ou cintrés, suivant l'usage qu'on en veut faire.

Les pièces sont ensuite emmagasinées dans de grands greniers, chauffés à la vapeur, qui contiennent toujours de 100 à 150,000 rais avec la proportion de jantes et de moyeux nécessaires pour les convertir en roues. Toutes ces pièces restent là jusqu'à ce qu'elles soient absolument sèches, de manière à ce que, après l'assemblage, il n'y ait plus à craindre la moindre contraction du bois.

L'établissement emploie 60 à 70 ouvriers dans la fabrique et 25 à 30 ouvriers dans les bois à l'époque des coupes. Une chaudière à vapeur alimente une machine de 70 chevaux de force et fournit en outre la vapeur nécessaire au chauffage et aux divers travaux de l'usine.

Les tourneurs de rais et moyeux sont payés à la pièce, mais les ajusteurs sont payés à la journée. Nous remarquons 6 tours à rais ne tournant chacun qu'un seul rais à la fois, 2 tours à moyeux et quantité de machines aussi pratiques qu'ingénieuses parmi lesquelles nous citerons :

Une excellente machine à cintrer les jantes ;

Un ingénieux appareil à équarrir et polir le bois ;

Une machine à former les tenons.

Les pièces destinées à être cintrées sont immédiatement, avant de subir cette opération, soumises pendant une heure ou deux, suivant leur grosseur, à l'action directe de la vapeur, laquelle est fournie par l'échappement de la machine.

Les roues sont enrayées à bras d'hommes suivant l'ancien système et sans aucune innovation utile.

La production maxima de l'établissement est, par jour, de 30 jeux de 4 roues, 3,000 rais et 100 jeux de jantes, sans compter un nombre considérable de brancards, etc.

6° NEW-HAVEN WHEEL COMPANY, fabrique de roues à New-Haven (Connecticut).

Cet établissement, fondé en 1845 sur une faible partie de l'emplacement qu'il occupe aujourd'hui, a eu des débuts très-modestes et n'a guère pris quelque importance qu'en 1853 et principalement en 1875, époque à laquelle, à la suite d'un incendie qui avait tout dévoré, la fabrique, telle que nous l'avons visitée, fut en un peu plus de quatre mois entièrement reconstruite, outillée et réorganisée.

Les principaux bâtiments de la Compagnie, au nombre de six, tous construits en briques et élevés de deux et trois étages, forment ensemble une superficie de 7,400 mètres environ, sans compter de vastes hangars pour l'emmagasinage des bois bruts.

On emploie dans la fabrique, pour les divers travaux, près de 200 machines propres à économiser la main-d'œuvre.

Chaque pièce est soumise à de nombreuses façons avant de trouver sa place dans la roue achevée. Un simple rais subit environ 15 opérations successives.

La force motrice est fournie par une belle machine du modèle Harris-Carliss d'une puissance de 200 chevaux-vapeur; elle est alimentée par 3 chaudières tubulaires de 80 chevaux chacune.

La Compagnie prend l'arbre sur pied et lui fait subir, dans ses ateliers, toutes les transformations nécessaires pour le convertir en roues.

Elle emploie dans la forêt environ 60 bûcherons, occupés pendant six à sept mois de l'année à couper exclusivement des troncs de hickory.

La saison de la coupe des bois commence vers le milieu d'août et finit au 1er février, après quoi les ouvriers sont occupés, pendant un mois ou deux, à diriger sur la fabrique le produit de leur travail.

La Compagnie attache une importance toute spéciale au choix de la saison pendant laquelle les bois doivent être coupés et ne fait jamais usage de ceux qui sont coupés à d'autres époques.

Au printemps et au commencement de l'été les arbres sont verts et pleins de sève, et elle les considère comme impropres à la fabrication des roues.

La fabrique peut aujourd'hui produire 100 jeux de 4 roues par jour, au maximum, avec un personnel de 250 ouvriers.

Le produit annuel de la fabrique, lorsqu'elle est en pleine activité, est d'environ 3,500,000 francs.

La Compagnie trouve un débouché pour ses produits non-seulement sur le marché des États-Unis, mais encore sur divers marchés étrangers, tels que ceux de l'Australie, de l'Europe, de l'Amérique du Sud, du Canada, du Mexique, des Indes et des Antilles.

Les roues du système Sarven, pour pompes à incendie, que cet établissement fabrique depuis dix-huit ans, sont une de ses spécialités, en dehors de tous les autres modèles de roues pour voitures de tous genres.

7° MM. Seward and son, fabricants de quincaillerie pour voitures, à New-Haven (Connecticut).

Cette fabrique, établie depuis trente-deux ans, occupe un terrain de 2,700 mètres carrés, dont la moitié est construite ; elle emploie 30 à 35 ouvriers et 60 machines diverses d'une valeur de 200,000 francs, sans compter une machine à vapeur de 30 chevaux de force. Son chiffre d'affaires annuel est d'environ 750,000 francs. Elle livre au commerce, chaque année, 200,000 douzaines de brides en fer et 175,000 douzaines d'articles divers de quincaillerie pour voitures.

Cette maison est en train d'ajouter de nouveaux articles à sa fabrication ; elle ne s'occupe actuellement que d'une branche très-restreinte de la quincaillerie pour voitures, mais elle le fait sur une échelle vraiment considérable, et nous sommes convaincu que, dans sa spécialité, le chiffre de ses ventes excède celui de tous les autres fabricants réunis.

IV

Les quelques exemples que nous avons cités suffisent, nous pensons, pour mettre en relief les puissants moyens d'action dont disposent, dans la carrosserie, les fabricants américains et pour indiquer exactement les caractères particuliers de cette fabrication.

Il n'est pas toujours facile de déduire les conséquences rigoureuses des faits les mieux étudiés et d'indiquer la juste limite dans laquelle nous pouvons faire notre profit des exemples que nous donnent nos rivaux, ou jusqu'à quel point nous devons et pouvons nous assimiler leurs procédés.

Malgré les difficultés de cette partie de notre tâche, nous n'essayerons pas de nous y soustraire.

Nous allons examiner quelles sont, chez nous d'abord, aux États-Unis ensuite, les conditions dans lesquelles se meut la fabrication qui nous occupe.

En France, la carrosserie, qui n'était autrefois qu'une petite industrie, est devenue dans quelques mains, grâce au développement de la richesse publique et du bien-être général, une industrie considérable, qui mérite à plus d'un point de fixer l'attention.

Tant de corps d'état concourent à la construction d'une voiture, qu'elle semble résumer en elle seule toutes les qualités du génie ouvrier français. Elle fournit à la marine le fret le plus précieux et le plus recherché : le fret encombrant, dont notre pavillon ne profite malheureusement pas assez.

Une voiture jauge, en moyenne, 10 mètres cubes, et il en est qui jaugent jusqu'à 18 et 20 mètres.

Le chiffre des exportations en voitures de luxe s'est élevé :

En 1872........................... 10,104,819 francs.
En 1873........................... 8,775,715
En 1874........................... 6,743,485
En 1875........................... 4,304,866

Cette branche d'industrie s'est ressentie vivement, comme toutes les autres, du ralentissement général des affaires sur presque tous les marchés étrangers; mais il est présumable que, à la première reprise, nous reverrons et dépasserons peut-être le chiffre d'exportation atteint en 1872.

Il n'est pas inutile de faire remarquer que partout où la carrosserie française réussit à s'implanter elle appelle après elle, par surcroît et comme une conséquence naturelle, quantité d'autres articles français, parmi les-

quels nous citerons les harnais, les cuirs, les maroquins, les draps, les
soieries, la passementerie et mille articles de quincaillerie.

C'est sur notre propre marché que nous trouvons le plus grand écoulement de nos produits. Pour la majeure partie de la clientèle française,
une voiture n'est pas seulement un véhicule devant remplir certaines conditions de solidité et de commodité, mais c'est encore un objet de luxe qui
doit réunir toutes les conditions désirables d'élégance et de bon goût.
Chaque client veut avoir une voiture qui lui soit propre et qui ait été, pour
ainsi dire, construite en vue de ses besoins, de ses goûts et de ses commodités personnelles.

Nous sommes tenus de varier les formes, les peintures et les garnitures
à l'infini, au point qu'une voiture qui reste seulement un an ou deux en
magasin semble passée de mode et devient d'une vente difficile. Sur dix
ventes qui s'opèrent, c'est à peine s'il y en a une qui porte sur une voiture
entièrement finie et qui se trouve réunir tous les desiderata de l'acheteur.
Les voitures en magasin ne servent presque que de type ou de modèle,
dont on modifie les formes, les couleurs, la garniture et jusqu'à la hauteur
et l'écartement des roues suivant les caprices de l'amateur.

En fait de marchés étrangers, nous n'avons guère que ceux des pays
qui partagent au même degré, sous ce rapport, les défauts ou les qualités de l'acheteur français. Mais nous fixons, par contre, cette nombreuse
clientèle de cosmopolites et d'étrangers qui, ayant vécu en France, se sont
formés à nos habitudes et dont le goût s'est épuré par un long séjour parmi
nous; rentrés chez eux, ils deviennent nos agents inconscients, mais en
même temps les plus précieux.

Dans ces conditions, il est facile de comprendre que la formation d'un
stock de voitures finies en magasin, dans le genre de celui qui existe chez
presque tous les carrossiers des États-Unis, serait en France une cause certaine de ruine et que, par suite, les machines dont nous avons admiré
l'ingéniosité ne sauraient trouver de place chez nous, dans l'état actuel de
notre industrie et de nos mœurs. Tout au plus ces procédés mécaniques
pourraient-ils trouver un emploi utile dans la fabrication des articles accessoires de la carrosserie, et plus spécialement des roues.

Aux États-Unis, au contraire, les voitures sont fabriquées par quantité
sur divers modèles d'un nombre très-limité, ce qui rend facile l'application
de procédés mécaniques et possible l'accumulation, en magasin, d'un stock
considérable : aussi avons-nous vu partout les machines suppléer à la main-
d'œuvre dans les plus larges limites.

La clientèle américaine, à l'exception de quelques raffinés qui, ayant
habité l'Europe, en deviennent les clients naturels, n'éprouve aucune ré-

pugnance à posséder la voiture de tout le monde. La voiture n'est encore pour le plus grand nombre qu'un instrument de transport ou de promenade; ils ne voient et ne recherchent rien de plus. Ajoutons que, comme conséquence, les États-Unis ont pu conquérir facilement à l'étranger des marchés qui, comme celui de l'Australie par exemple, consomment une quantité considérable de voitures fabriquées sur un même modèle.

Nous serait-il possible de leur disputer ces marchés et de nous y présenter en leur empruntant et en nous assimilant leurs procédés? Cela nous paraît difficile, et ce serait une entreprise dangereuse pour ceux qui, les premiers, tenteraient une pareille aventure; il faudrait, dès le début, s'organiser sur un pied colossal, avant même de s'être assuré des débouchés : ce serait une lutte longue et périlleuse, dans laquelle les nouveaux pionniers auraient bien des chances de succomber et de ne recueillir d'autre avantage que celui de préparer la voie à leurs successeurs; or c'est en France surtout que, sur le champ de bataille des affaires, on peut dire : *Væ victis!* « malheur aux vaincus! »

Si la sévérité de notre législation commerciale est une garantie pour la solidité des affaires, si elle contribue, dans une large part, à faire franchir honorablement à notre commerce ces crises sous lesquelles s'effondrent trop souvent les marchés étrangers, elle est malheureusement aussi, il faut bien le reconnaître, une entrave au développement non-seulement de l'esprit d'aventure, mais quelquefois encore de l'initiative et de l'esprit d'entreprise.

Empressons-nous de dire que tout le bénéfice n'est pas toujours du côté de ces grandes organisations industrielles, si séduisantes qu'elles puissent paraître à première vue ; quelques années de chômage, comme celles que traversent actuellement les États-Unis, suffisent pour en préparer ou en amener fatalement la chute. Mais là, de nouveaux venus s'établissent sur les ruines de ceux qui les ont précédés et l'industrie marche et progresse au milieu d'une succession de prospérités et de désastres, de bonne et de mauvaise fortune, et l'ensemble profite du travail et de l'initiative de ceux qui succombent et sont bientôt oubliés : ce sont des effets et des conséquences que ni nos mœurs ni notre législation ne nous disposent à accepter.

Ce n'est donc qu'en persévérant plus intimement encore dans la voie que nous suivons que nous continuerons à lutter avantageusement et que nous aurons quelque chance, comme nous allons l'expliquer en finissant, d'étendre encore notre domaine.

Ce n'est que par une bonne fabrication, dans laquelle nous apporterons tous les raffinements du luxe et du goût français, ce n'est que par l'élégance des formes, ce n'est qu'en développant et appliquant dans notre

industrie toutes les qualités distinctives du génie français, que nous conser-
verons nos marchés et que nous pourrons en ouvrir de nouveaux.

Aux États-Unis, où il y a moins de dix ans on ne fabriquait que des
voitures de pays, on est obligé déjà de faire deux parts dans la fabrication.

C'est l'importation des voitures étrangères et le besoin d'opposer une
barrière au flot envahissant qui a obligé les carrossiers américains à tenter
la fabrication des voitures européennes.

Ils ne peuvent pas, dans la fabrication de ces dernières, appliquer les
moyens rapides et mécaniques dont nous avons parlé : aussi quelle différence ne remarque-t-on pas dans le prix de revient! combien il est facile
de reconnaître que la main-d'œuvre et la variété des formes jouent là un
rôle prédominant.

Un buggy à capote, à 4 roues, très-bien fait, mais fabriqué par larges
quantités, se vend aux États-Unis 250 dollars, soit 1,250 francs, et nous
ne pourrions certainement pas vendre en France la même voiture à moins
de 2,200 francs : c'est un écart considérable.

Mais, par contre, un coupé à 2 places se vend 1,500 dollars, ou
7,500 francs; cette même voiture ne se vend dans les meilleures maisons
de Paris que 3,800 francs, et peut être rendue à New-York, tous frais
payés, pour 6,250 francs.

Un landau 4 compas se vend à New-York 2,200 dollars, ou 11,000 fr.;
il ne vaut à Paris que 5,200 francs, et il peut être rendu aux États-Unis
pour 8,500 francs. La lutte n'est donc pas impossible.

Il est même probable que notre champ d'exploitation s'agrandira sur le
marché des États-Unis lui-même à mesure que la richesse publique et le
goût s'y développeront, et que les mêmes causes amèneront les mêmes
effets; à mesure, enfin, que nos rivaux se trouveront aux prises avec les
mêmes difficultés que nous et auront à faire une plus large part à la main-
d'œuvre, qui pour longtemps encore se maintiendra dans ce pays à des
prix élevés, avec les exigences croissantes de la population ouvrière et le
déversoir naturel et presque sans limites des vastes champs américains.

Ne pouvons-nous pas également nourrir le légitime espoir que les mêmes
faits se produiront sur les marchés qui aujourd'hui encore nous sont fermés, et que là aussi le développement du luxe, du bien-être et du goût
nous prépare déjà une nouvelle clientèle pour l'avenir?

Mais ces résultats ne seront atteints, nous ne saurions trop insister sur
ce point, qu'en veillant soigneusement sur notre fabrication et en l'amé-
liorant encore, si c'est possible, car les progrès réalisés aux États-Unis sont
considérables et presque inquiétants.

Tout est mis en œuvre pour assurer le succès; les fabricants américains n'hésitent pas à s'inspirer de nos formes et à nous emprunter, à tout coût, nos magnifiques vaches à capotes, nos maroquins, nos élégantes garnitures intérieures, etc.

Nous devons reconnaître que l'imitation est complète, et de l'imitation parfaite à la création il n'y a qu'un pas.

M. GUIET.

LISTE DES RÉCOMPENSES.

VOITURES.

MM. Binder frères, de Paris, superior workmanship, general good taste and elegance in out lines and trimmings, well constructed bodies, good colors and finish. We note particularly a superb barouche and a break.

M. Mühlbacher, de Paris, good workmanship and general style. We notice a double top sociable as quite novel; also a very handsome eight springs sociable.

M. Desorches, de Paris, a very complete exhibit of handsome carriages of various styles and models. We note a brougham provided with an indicator to facilttate communication between passengers and driver.

SELLERIE, HARNAIS, ETC.

MM. Fortin frères, de Paris, feltings for saddlers, harness and shoe-makers: various colors, grades and thicknesses. Strong well made and well adapted to the purposes intended.

VÉLOCIPÈDES, VOITURES D'ENFANTS, ETC.

M. N. Hubet, de Paris, cynophore or dog carriage light and elegant construction. Well adapted to the purpose for which it is intended, and one of the most novel and original articles that has fallen under our notice.

QUINCAILLERIE POUR VOITURES.

M. C. Anthoni, de Paris, axle trees and springs. Axles well made and finished with a groove for oil. Springs provided with nicely fitted rubber coupling.

III

ÉDUCATION ET SCIENCES.

IMPRIMERIE ET LIBRAIRIE.

RAPPORT DE M. RENÉ FOURET,

MEMBRE DU JURY INTERNATIONAL.

Les œuvres de l'intelligence vulgarisées par l'imprimerie et la librairie doivent évidemment occuper, dans toute Exposition, une place des plus importantes; elles n'ont pas cependant, comme beaucoup de produits, d'un mérite même inférieur, le privilége d'attirer la foule. Les lettrés, les hommes d'étude, les amis de l'enseignement, composent presque seuls la petite phalange des visiteurs sérieux qui examinent à fond et avec intérêt les volumes où sont prodigués les trésors de l'art, où se manifestent les progrès de la science, de la littérature et de l'industrie.

Le flot des curieux se dirige de préférence vers les vitrines où sont exposées les merveilles si attrayantes de l'orfévrerie et de la bijouterie; il admire les riches étoffes, les meubles artistiques; il s'arrête devant ces ingénieuses machines qui, fonctionnant sous les yeux des spectateurs, les initient à la fabrication des produits qu'elles enfantent avec une perfection et une rapidité incroyables. En admirant ces résultats prodigieux on oublie parfois pour quelle part importante l'imprimerie et la librairie y ont, directement ou indirectement, contribué. On ne se représente pas assez les services qu'un livre de modeste apparence a rendus pour la conception, pour l'exécution ou pour la diffusion des merveilles artistiques ou industrielles qui semblent lui être le plus étrangères. Quelle que soit l'idée dont l'art ou l'industrie, la science ou le commerce aient entrepris de tirer parti, on peut toujours être assuré que cette idée doit ou devra beaucoup de son succès au livre qui l'aura fixée, développée, livrée à l'examen de tous, répandue enfin dans le monde entier. Là même où l'on ne croit voir d'abord que des procédés techniques, habileté de main-d'œuvre ou secret de fabrication, l'influence du livre se fait encore sentir : de quels trésors serions-nous, en effet, privés si ce puissant divulgateur ne les avait révélés à l'artiste, à l'industriel ou au savant? L'imprimerie, et c'est ce qui fait d'elle le grand instrument de progrès dans les temps modernes, l'imprimerie n'est pas seulement une industrie spéciale, elle est l'industrie auxiliaire de toutes les autres, indispensable à toutes; et la meilleure preuve de ce qu'elles lui doivent, c'est que toutes profitent immédiatement de chaque progrès accompli dans l'art du typographe. S'il s'y introduit un perfectionnement technique ou une amélioration de détail, le contre-coup s'en fait sentir aussitôt dans les branches les plus diverses de l'activité humaine.

C'est ce qu'on a vu encore, il y a peu de temps, par un exemple des plus éclatants. Les applications de la galvanoplastie, en permettant à la presse de multiplier indéfiniment et à des prix modérés la reproduction des gravures, jusque-là si coûteuse et si restreinte, ont amené des résultats matériels et moraux qu'il eût paru chimérique de rêver il y a cinquante ans : le bois original, conservé sans altération, ne sert plus que de type pour la reproduction indéfinie d'admirables fac-similé métalliques ; une même gravure fait en quelque sorte le tour du monde à bas prix, et le même livre paraît en vingt langues différentes avec une seule et même série d'illustrations. Quelle est la science, quelle est l'industrie qui n'ait déjà mis à profit cette révolution, toute récente encore, dans l'art typographique ?

Il est donc bien légitime que l'imprimerie et la librairie saisissent l'occasion que leur offrent les Expositions universelles pour faire la revue et comme le bilan de leurs propres progrès. Non-seulement leur présence ajoute à l'éclat général de l'Exposition et offre aux esprits sérieux les éléments d'un tableau complet des lettres, des sciences, des arts et de l'industrie ; il y a de plus, dans ces grandes manifestations internationales, pour l'imprimerie et la librairie une incontestable utilité.

Au point de vue général, les Expositions, en attestant l'importance et le développement de ces deux industries, attestent par là même la puissance intellectuelle d'un pays ; elles donnent la mesure des efforts qui ont été faits pour propager l'instruction générale dans les masses et l'instruction proprement dite ou l'enseignement dans les écoles ; elles témoignent de la direction suivie, de l'esprit régnant et des progrès réalisés.

Au point de vue commercial, les Expositions répandent les méthodes adoptées, encouragent la libre discussion avec tous ses bienfaits, vulgarisent les meilleures œuvres artistiques et littéraires, divulguent les procédés nouveaux de la science appliquée à la typographie, facilitent, par cette publicité internationale, la vente des livres fabriqués, tendent enfin à développer de plus en plus ces ventes et ces échanges qui portent si loin et si rapidement la renommée de nos artistes et de nos graveurs.

L'Exposition de Philadelphie, sans offrir un tableau complet de la richesse de chaque nation sous le rapport de la production du livre, était pour le moins aussi intéressante que toutes celles qui l'ont précédée. Pour en bien apprécier la valeur, il fallait considérer moins l'espace occupé par les divers exposants et le nombre des volumes que le mérite propre des ouvrages, l'intelligence qui a présidé à leur fabrication, leur édition, et enfin les heureux perfectionnements graduellement apportés dans l'art de la typographie et les diverses industries qui s'y rattachent.

Les sections française, américaine, allemande et hollandaise méritent surtout de fixer notre attention; nous aurons à nous en occuper ici d'une manière plus particulière.

Il est à regretter que l'exemple donné par l'imprimerie et la librairie de ces quatre pays n'ait pas été plus généralement suivi. Sans rechercher toutes les causes de ces abstentions trop nombreuses, qu'il nous soit permis en passant de mentionner les trois points principaux qui ont pu les motiver : 1° la distance; 2° l'absence de lois internationales protégeant aux États-Unis la propriété artistique, littéraire; et 3° enfin, les tarifs douaniers.

Les inconvénients de la distance avaient été singulièrement atténués par les réductions de transport et de fret qu'avaient consenties les compagnies de paquebots transatlantiques; mais les risques de mer n'en restaient pas moins, et la traversée d'Europe au nord des États-Unis passe avec raison pour être le plus dangereux des passages faits régulièrement par les grands steamers. De plus, le temps qu'il fallait consacrer à un tel voyage a empêché un grand nombre d'industriels d'envoyer leurs produits à Philadelphie, parce qu'ils ne pouvaient pas en surveiller eux-mêmes l'installation.

Le défaut de lois faisant respecter la propriété artistique et littéraire a eu une influence toute particulière sur la décision d'un grand nombre d'industriels et de fabricants, à propos de l'Exposition du Centenaire de 1876.

Depuis longtemps en France, et surtout en Angleterre, les éditeurs de livres et d'estampes réclament l'établissement de lois accordant de part et d'autre la protection des productions artistiques et littéraires dans les États de l'Union. Jusqu'à présent, les efforts de la diplomatie ont été infructueux sur cette question primordiale.

Il en est de même des tarifs douaniers, dont le taux élevé influe singulièrement sur le prix et sur la vente des livres aux États-Unis et, par suite, est un obstacle sérieux à l'importation. Cette entrave ne nous semble même pas justifiée, au moins en ce qui concerne les livres français, par le besoin de protéger l'industrie des nationaux.

On ne peut douter que l'élan des exposants de notre pays n'eût été bien plus grand et bien plus puissant s'ils avaient été stimulés par l'écoulement assuré et facile de leurs produits.

Il faut espérer que l'esprit éminemment commercial et pratique des Américains ne tardera pas à reconnaître la nécessité de supprimer ces entraves. Sans profit réel pour l'État, elles suffisent à gêner l'échange international des œuvres de l'intelligence, de ces œuvres qui exercent elles-mêmes une si notable influence sur la prospérité d'un grand pays.

Les États-Unis d'Amérique, après avoir su plus que tout autre peuple peut-être, profiter des conquêtes intellectuelles de l'ancien continent, semblent avoir entrepris d'arrêter, par des mesures fiscales ou en s'abritant derrière un système de protection, l'introduction et la vulgarisation des livres d'art et des ouvrages de science. Il y a donc là une sorte d'anomalie dans la législation d'un peuple où le progrès et la liberté sont les premières lois.

La grande manifestation internationale à laquelle nous avons assisté, et dont les représentants des industries typographiques ont profité pour faire entendre leurs justes réclamations, aura peut-être pour résultat de provoquer aux États-Unis une réforme nécessaire dans les tarifs douaniers et dans les législations internationales régissant l'imprimerie et la librairie. Il n'y a pas lieu d'insister plus longuement sur les avantages que procureraient à tous de pareilles réformes, et si ces résultats demeuraient acquis, les exposants imprimeurs ou libraires n'auraient pas à regretter les sacrifices qu'ils se sont imposés en envoyant leurs produits à Philadelphie.

Dans la classification officielle, les produits de l'imprimerie et de la librairie faisaient partie du département III, « Éducation et sciences; » ils constituaient dans la première section, « Système d'éducation, méthodes, bibliothèques, » la classe 306, sous la dénomination un peu confuse de « Livres de classe, Dictionnaires, Encyclopédies, Livres de références, Catalogues, Bibliographie, Almanachs, Traités spéciaux, Littérature générale et variée, Journaux, Publications périodiques, techniques et spéciales, Journaux illustrés ». D'un autre côté, la papeterie et la fourniture de bureau étaient classées dans le département II et comprises dans les classes 258 à 262, tandis que les machines à fabriquer le papier, à imprimer, à relier, etc., formaient, dans le département V, les classes 541 à 547.

Pour les travaux du Jury, cette classification avait été complétement remaniée et divisée en 28 groupes. La classe 306, ainsi que nous l'avons écrit plus haut, comprenait l'imprimerie proprement dite, faisant partie du groupe qui avait pour titre général « Éducation et sciences ».

La papeterie, la fourniture de bureau et les machines à fabriquer le papier, à imprimer, à relier, étaient comprises dans un des groupes précédents.

Nous insisterons surtout sur l'exposition des produits de l'imprimerie et de la librairie, à l'examen de laquelle nous avons eu l'honneur d'être associé comme faisant partie du Jury du groupe XXVIII.

Conformément à ce qui avait été déjà décidé à Paris et à Vienne, les imprimeurs proprement dits ont été admis à concourir sur un pied d'égalité avec les éditeurs n'ayant pas d'ateliers ou n'occupant pas directement des ouvriers. Les mêmes récompenses ont été attribuées aux uns et aux autres, sans que, au surplus, cette décision ait soulevé de sérieuses objections au sein du Jury.

Il ne nous appartient pas de revenir ici sur cette question si souvent débattue et qui maintenant semble définitivement réglée, ainsi que nous venons de le dire. Les imprimeurs qui exposaient à Philadelphie étaient eux-mêmes éditeurs, réunissant ainsi chez eux la direction de l'imprimerie proprement dite et le travail délicat de l'édition : aucun d'eux ne pouvait donc refuser une place des plus importantes au rôle proprement dit de l'éditeur. C'est l'éditeur qui, une fois la publication du livre arrêtée, décide le format, dirige l'impression depuis le titre jusqu'à l'index, choisit le papier, fait appel au crayon de l'artiste, au burin du graveur sur bois et de l'aqua-fortiste, à l'art du chromolithographe; il dirige le relieur et refuse l'ouvrage s'il ne porte pas l'empreinte du goût éclairé qui est, pour ainsi dire, la marque distinctive de sa fabrication. Certains ouvrages français ou étrangers, qui sont comptés parmi les chefs-d'œuvre, ont été conçus et dirigés par des éditeurs qui avaient eu la large part dans leur exécution.

Les deux mérites existent donc virtuellement et doivent être récompensés : telle a été l'idée qui a présidé aux décisions du Jury.

FRANCE.

Lorsque le président Grant a proclamé, le 10 mai 1876, l'ouverture de l'Exposition du Centenaire, moins de trois années s'étaient écoulées depuis la clôture du grand concours international de Vienne.

La librairie et l'imprimerie de notre pays avaient-elles su mettre à profit le court intervalle de temps qui séparait ces deux solennités? Il suffisait de jeter un coup d'œil sur les vitrines-bibliothèques des exposants français de la classe 306 pour se convaincre que jamais l'activité n'avait été aussi grande dans les industries qui y étaient groupées. A côté de vastes entreprises continuées avec succès sont venues se grouper d'importantes publications nouvelles, témoignant de l'essor que continue à prendre le commerce du livre en France, comme d'ailleurs dans tous les autres pays; aucune des branches de la typographie et de la librairie n'est restée en arrière.

La librairie classique a poursuivi les progrès constants qui avaient été précédemment constatés aux Expositions de Paris, de Londres et de Vienne. Les ouvrages d'art, d'architecture, les éditions de grand luxe, où la gravure sur bois s'unit à l'eau-forte et à la chromolithographie, ont continué à être recherchés par les hommes de goût. Tantôt on traduit ces livres ou on leur emprunte leurs planches, tantôt ils servent comme de types pour des publications du même genre faites à l'étranger.

La librairie scientifique ne reste pas au-dessous de la mission qu'elle doit remplir : aidée par les ressources si multiples que lui procurent les diverses applications de la gravure et de la photographie, elle suit pas à pas les travaux et les découvertes de nos savants, de nos médecins et de nos ingénieurs.

Enfin, la typographie est devenue un art cultivé par de fervents adeptes; et c'est pour satisfaire ce besoin d'un public d'élite que chaque éditeur, que chaque imprimeur veut offrir aux bibliophiles des séries nouvelles dans lesquelles il s'efforce de créer des types d'un genre nouveau ou d'imiter, sans pouvoir toujours les surpasser, les chefs-d'œuvre du xvie et du xviie siècle.

Une exposition collective organisée par le CERCLE DE LA LIBRAIRIE réunissait, dans un même et imposant effort, cet ensemble de progrès acquis et présentait comme une histoire vivante de la typographie française depuis plusieurs années.

Près de cinquante imprimeurs, libraires, éditeurs, fabricants de papier, d'encre, fondeurs, chromolithographes, avaient pris part à cette démonstration internationale; renonçant à toute récompense individuelle, ils avaient voulu se grouper, comme à Vienne, pour représenter dignement la France et n'avoir qu'une seule médaille [1].

---

[1] Nous croyons devoir donner ici la liste des maisons ayant participé à l'exposition collective du Cercle de la librairie.

LIBRAIRIE.

J. Baudry, Eugène Belin, Armand Colin, Ch. Delagrave, V. Adrien Delahaye et Cie, Jules Delalain et fils, Didier et Cie, Firmin Didot et Cie, Ducrocq, J. Dumaine, Dunod, Paul Dupont, Furne Jouvet et Cie, Gauthier-Villars, Guillaumin et Cie, Hachette et Cie, J. Hetzel et Cie, D. Jouaust, Calmann Lévy, Librairie agricole de la Maison Rustique, Loones (librairie Renouard), Maisonneuve et Cie, Alfred Mame et fils, G. Masson, Vve A.

Morel et Cie, E. Plon et Cie, C. Reinwald et Cie, Ch. Tancra, Camille Coulet.

PUBLICATIONS INDIVIDUELLES.

Hainecque de Saint-Senoch, Ph. Kuhff, Ch. Laboulaye, M. A. Méliot, Colonel Stauf, typologie Tucker.

INDUSTRIES DIVERSES.

Ch. Bécoulet et Cie, Jules Bernard et Cie, Canson et Montgolfier, Coblence, C. Derriey, J. L. Hennecart et Cie, Lacroix frères, Ernest Luir, Léon Lecerf, Ch. Lorilleux, Papeteries du Marais.

L'exposition collective du Cercle de la librairie occupait deux emplacements contigus; une sorte de salon, dans lequel on pouvait étudier et examiner à loisir les livres, contenait trois corps de bibliothèques où étaient
disposés les volumes. Sur la muraille étaient inscrits les noms des différentes maisons qui avaient contribué à cette collectivité.

Une autre vitrine quadrangulaire placée en face contenait les produits
de la papeterie, de la fonderie et, en général, des autres industries représentées dans le Cercle.

Étudier les mérites de chacun de ces exposants et parler de leurs productions, ce serait passer en revue toute la librairie de Paris et de la
France, faire une sorte d'histoire complète de la typographie et par suite
sortir du cadre que nous nous sommes tracé : la lecture des rapports sur
les Expositions antérieures comblera cette lacune, car la plupart des maisons qui s'étaient rendues à l'appel du Cercle de la librairie avaient obtenu
les premières récompenses à Paris, à Vienne et à Londres.

Un catalogue de l'exposition commune, fait spécialement pour l'Exposition de Vienne, chef-d'œuvre de typographie et de bon goût, est resté
comme un souvenir du succès remporté à cette occasion par la France dans
l'industrie du livre.

Pour Philadelphie, le Cercle de la librairie est de nouveau entré résolûment dans la lutte; son intervention a permis de suppléer dignement
à des abstentions trop nombreuses et de présenter un ensemble complet
de l'état de la typographie en France. Un catalogue spécial, imprimé avec
moins de luxe que celui de Vienne, constatait les efforts de ceux qui avaient
contribué à cette exposition d'ensemble.

Le Jury international de Philadelphie a reconnu l'importance exceptionnelle de cette exposition collective. Motivant son jugement dans les
termes les plus élevés et les plus élogieux, il a déclaré qu'une récompense
devait être décernée au Cercle de la librairie, aussi bien pour l'excellence
et le mérite des œuvres qu'il expose au nom de tous que pour reconnaître
les services rendus par cette institution aux industries typographiques.

La librairie d'architecture tenait une place importante et distinguée
dans la section française à l'Exposition du Centenaire. La raison en est
facile à comprendre : ce genre d'ouvrages est, pour ainsi dire, cosmopo-
lite; ils parlent aux yeux, et peuvent presque être utilisés sans avoir besoin d'être appuyés sur le texte. La France a, dans cette sorte de publications, une réputation universelle, et pour la soutenir les éditeurs rivalisent
de goût et d'activité. A leur tête se tient la librairie centrale d'architecture de Vve MOREL ET C^in.

Fondée en 1857 par MM. Morel et Des Fossés sous la raison sociale A. Morel et Cie, cette importante maison est aujourd'hui dirigée par M. Des Fossés seul, depuis la mort de son autre fondateur.

Le catalogue de cette maison ne comprend que des ouvrages spéciaux ayant rapport à l'architecture, aux arts et aux arts appliqués à l'industrie.

Il constitue un ensemble imposant de documents utiles aux artistes, aux architectes et à tous ceux qui s'occupent des industries relatives à la construction, à la décoration et à l'ameublement.

En parcourant ces publications, nous pouvons citer en première ligne le *Dictionnaire raisonné de l'architecture française du XIe au XVIe siècle* et le *Dictionnaire raisonné du mobilier français,* les deux œuvres capitales de M. Viollet-le-Duc, qui font autorité tant au point de vue de l'art qu'à celui de l'histoire archéologique. Le crayon de l'auteur est venu en aide à sa plume et ces deux ouvrages comprennent plus de 6,000 gravures, toutes d'après les dessins de M. Viollet-le-Duc lui-même.

A côté de ces deux grandes encyclopédies, il faut placer l'*Histoire des arts industriels,* de M. Labarte; l'*Architecture romane,* de M. H. Revoil; l'*Art arabe,* de M. Prisse d'Avennes; l'*Histoire de l'ornement russe; les Habitations modernes;* magnifiques publications in-folio, à l'exécution desquelles ont concouru tous les genres de gravure, et surtout la chromolithographie, avec une perfection qui égale, si elle ne dépasse tout ce qui a été fait pour des ouvrages analogues.

A la suite de ces grands volumes viennent d'autres ouvrages moins importants, monographies de palais et monuments publics, traités spéciaux concernant l'art du serrurier, du menuisier, enfin de tout ce qui concourt à l'architecture et à l'ameublement.

Cette énumération serait incomplète si nous ne parlions pas des publications périodiques de la maison Morel; citons d'abord l'*Encyclopédie d'architecture,* la *Gazette des architectes,* le *Journal du peintre décorateur, du menuisier, du serrurier,* pour en arriver à *l'Art pour tous.* Ce recueil périodique fondé en 1862, sous la direction artistique de M. Reiber, a pour but de présenter à tous ceux qui s'occupent d'art décoratif des modèles variés, appartenant à des époques bien déterminées et choisis avec soin. Cette encyclopédie est mise par son bon marché à la portée de tous; elle a en outre rendu les plus grands services en guidant d'une façon sûre et éclairée le goût public: aussi peut-on dire que le mérite de cette publication n'a pas peu contribué au jugement des plus élogieux que le Jury international a porté sur l'exposition hors ligne de la librairie Vve Morel et Cie.

La librairie générale de l'architecture et des travaux publics, dirigée et fondée tout récemment par MM. Ducher et Cⁱᵉ, a aussi, comme son titre l'explique, un but tout spécial; elle se voue exclusivement à la publication des livres d'architecture, d'archéologie, d'art et de travaux publics.

Au catalogue de cette maison, nous voyons figurer la *Revue générale de l'architecture et des travaux publics*, l'*Architecture privée au* xixᵉ *siècle* et les autres grandes publications de M. César Daly, dont l'apport a assuré à cette librairie, dès son origine (1870), un rang important et en a constitué le premier fonds.

L'activité de MM. Ducher et Cⁱᵉ ne s'est pas démentie; à côté de nombreuses publications moins considérables, ils publient huit recueils périodiques justement estimés. Ils commencent, sous la direction de M. Ch. Garnier, membre de l'Institut, et avec le concours de la plume et du crayon de cet illustre artiste, une monographie complète du *Nouvel Opéra :* les premières livraisons parues promettent une entreprise digne de l'œuvre capitale qu'elle doit décrire.

La série des publications éditées par M. Dunod est peut-être plus étendue et plus variée. Les traités spéciaux sur les travaux publics, les mines, les chemins de fer, des livres classiques de science pure, tiennent une place importante sur son catalogue avec les ouvrages d'architecture et d'art.

Dans ce premier ordre d'idées, il faut citer les *Annales des ponts et chaussées*, les *Annales des mines*, les *Nouvelles annales de la construction*, paraissant périodiquement et qui comptent plusieurs années d'existence. Le *Traité des chemins de fer*, de Couche; les *Appareils à vapeur*, de Ledieu; *les Travaux souterrains de Paris*, de Belgrand; le *Traité de génie rural*, de Mangon, sont des ouvrages indispensables à tous les ingénieurs et font autorité dans la matière. L'enseignement classique est représenté dans le catalogue par des ouvrages justement estimés, tels que la *Physique* de Boutan et d'Almeida, la *Cosmographie* de Briot. L'*Architecture lombarde*, de Dartein, et la *Flore monumentale*, de Ruprich-Robert, sont des œuvres d'art, pour l'impression et la gravure desquelles rien n'a été épargné.

La librairie polytechnique de J. Baudry s'est aussi presque exclusivement consacrée aux publications ayant trait à la science de l'ingénieur et de l'architecte.

Un heureux et habile emploi de la gravure sur pierre caractérise les ouvrages édités par cette maison et réalisent sur la fabrication des économies certaines.

Le *Portefeuille* de la société Cockerill, le *Cours d'exploitation des mines* de Burat et le *Cours de métallurgie* de Jordan, qui contiennent un nombre considérable de planches, offrent de bons spécimens de la gravure exécutée à Liége dans les ateliers mêmes de M. J. Baudry.

Dans la série des publications d'architecture, nous trouvons l'*Art architectural*, de Rouyer; les *Appartements des Tuileries*, du même; l'*Architecture civile et religieuse du 1er au ve siècle*, du comte de Vogüé : ouvrages remarquables par le choix des motifs, la finesse et la sûreté des dessins.

Bien que moins spéciale que les maisons Dunod et Baudry, la librairie ROTHSCHILD doit être aussi rangée dans la classe des librairies technologiques et clôt la liste de celles qui ont exposé à Philadelphie.

Deux ouvrages lui assurent une place importante dans ce genre d'éditions : les *Promenades de Paris* et les *Travaux publics de la France*. Terminée au moment de l'Exposition de Vienne, la publication des *Promenades de Paris* de M. Alphand, entreprise sous le patronage de la Ville de Paris et du Ministère de l'agriculture et du commerce, a exigé, pour être amenée à bonne fin, plus de six années de travail et une dépense de plusieurs centaines de mille francs. Les différents procédés de gravure ont été habilement employés par M. Rothschild pour ce grand travail; ils en font autant un livre technique qu'un ouvrage d'art et de goût.

Nous n'avons pu voir que quelques spécimens des *Travaux publics de la France*, publication faite avec la direction de M. L. Reynaud sous les auspices du Ministère des travaux publics; elle formera cinq volumes, mais il est permis de croire qu'elle égalera, si elle ne la surpasse pas en importance, celle des *Promenades de Paris*. Nous avons remarqué l'emploi, pour les grandes planches de cet ouvrage, d'un nouveau procédé de phototypographie.

A côté de ces grands volumes, la librairie Rothschild a édité de nombreux ouvrages sur l'art industriel, l'histoire naturelle et l'agriculture, auxquels de nombreuses gravures, souvent empruntées à des publications faites à l'étranger, donnent un cachet particulier de bonne fabrication.

L'exposition d'une librairie presque exclusivement consacrée à l'édition d'ouvrages scientifiques et de mathématiques n'est pas de celles qui attirent la foule; mais elle offre un intérêt particulier aux amis de la science et aux typographes de profession.

Tel est le cas qui se présente pour les publications de M. GAUTHIER-VILLARS, ancien élève de l'École polytechnique.

C'est en examinant les difficultés vaincues pour arriver à l'impression de ce genre de livres que l'on peut se rendre compte des services qui sont ainsi rendus indirectement à la science.

Un matériel typographique spécial établi avec une extrême précision permet à l'imprimerie de composer les formules mathématiques dans des conditions qui donnent à l'ensemble une disposition claire et logique et assurent la régularité et la solidité, tout en réalisant une grande économie de main-d'œuvre. Il suffisait de jeter un coup d'œil sur la première édition des œuvres de Lagrange et de la comparer avec la dernière édition du même ouvrage pour reconnaître les immenses progrès qu'a réalisés dans ce genre de travail un imprimeur-libraire qui est en même temps homme de science.

La librairie HACHETTE ET Cⁱᵉ avait envoyé à Philadelphie ses principales publications. On comprendra sans peine les motifs qui nous empêchent de parler des ouvrages édités par cette maison et de porter un jugement sur son exposition [1].

Presque exclusivement classique, la librairie de M. Cʜ. DELAGRAVE est une des maisons françaises qui ont le plus participé au mouvement géographique commencé à la suite des événements de 1870-1871. Sous la savante et active direction de M. E. Levasseur, de l'Académie des sciences morales et politiques, membre du Jury international de Philadelphie, l'Institut géographique de M. Ch. Delagrave a publié en peu d'années un nombre relativement considérable de livres, atlas, cartes, globes, reliefs, appareils de toutes sortes, et a constitué un enseignement complet de la géographie, soit en rajeunissant ou revisant avec soin des publications faites antérieurement, telles que l'*Atlas de Brué,* soit en créant des œuvres nouvelles, et en faisant appel à tous les procédés récemment inventés que la chromolithographie et la gravure mettent au service de la cartographie. La *Carte en relief de la France,* dressée et modelée par Mˡˡᵉ Kleinhans avec l'assistance et sur les conseils de M. Levasseur, tenait une place des plus importantes dans l'exposition de M. Delagrave. Il a fallu près de trois années de travail assidu pour terminer cette carte, qui comprend, avec la France, toute la Suisse et une partie de l'Allemagne : elle est à l'échelle du $\frac{1}{1.000.000}$; les hauteurs, pour être plus facilement comprises à l'œil et pour rendre le relief plus sensible, ont été exagérées et portées au $\frac{1}{250.000}$, c'est-à-dire quadruplées.

En résumé, les auteurs de cette carte ont donné là une œuvre réelle-

[1] Dans sa séance du 22 juin 1876, les membres du Jury international composant le groupe XXVIII, sur la proposition de l'un d'entre eux, ont exprimé leurs regrets de ne pouvoir accorder de récompense à la maison Hachette et Cⁱᵉ, qui était mise hors concours par suite de la présence d'un de ses chefs au sein même de ce groupe du Jury; ils ont demandé, en outre, qu'il leur fût donné acte de cette déclaration et qu'elle figurât aux procès-verbaux des séances de la Commission des récompenses.

ment belle et utile, qui laisse bien loin derrière elle les premiers essais de ce genre; elle fait autant honneur à la science qu'à l'art lui-même.

Ne quittons pas la librairie Delagrave sans parler de ses éditions des classiques grecs et latins et de ses grands dictionnaires encyclopédiques d'histoire, de géographie, des sciences physiques et naturelles, par Dezobry, Bachelet, Focillon et Privat-Deschanel.

On a cherché bien des moyens de donner, à l'aide des cartes géographiques, l'impression du relief du sol, et on a été de plus en plus exigeant pour arriver à l'exactitude de cette impression. Le premier, M. ERHARD a fait appel à la chromolithographie pour offrir à l'œil une idée de la configuration du terrain, et son premier essai avec sa grande carte de France a fait une véritable sensation dans le monde de la cartographie. Prenant pour base la carte orohydrographique des Gaules, M. Erhard en a fait prendre à l'huile une épreuve; l'artiste, en donnant autant que possible, par des teintes à chaque massif et à chaque portion de massif, son relief proportionnel, a pu suivre pas à pas les indications topographiques du dépôt de la Guerre sans les altérer. Avec une grande habileté et d'une manière fort heureuse, M. Erhard a traduit par la chromolithographie les indications données par le pinceau de l'artiste. L'effet général est saisissant. On voit se détacher dans leurs contrastes naturels les plaines ondulées du Nord et de l'Ouest, les terrains accidentés de l'Est et du Centre, les verdoyantes et riches vallées de nos grands fleuves, les groupes de nos montagnes intérieures, les chaînes et les massifs alpestres de nos frontières : c'est un ensemble étonnant de mouvement et de vérité. A côté de la *Carte de France*, M. Erhard exposait une grande *Carte de l'Amérique du Nord,* faite d'après les mêmes procédés et dont la vue donnait une impression frappante de ce prodigieux pays. On comprendra la réserve qui nous est imposée en appréciant les cartes exposées par M. Erhard[1]; mais nous ne devons pas laisser passer sous silence ces travaux qui ont valu à leur auteur les récompenses les plus élevées dans les Expositions précédentes et les éloges du Jury de Philadelphie.

MM. Auguste Godchaux et Cie ont pu se créer une place à part des plus importantes et des plus honorables dans nos industries avec une spécialité : l'édition et la fabrication des cahiers d'écriture à l'usage des écoles primaires.

Inventeurs d'un nouveau procédé, ils produisent annuellement 25 ou

---

[1] La librairie Hachette et Cie édite les différentes cartes dont il est question ici.

3o millions de cahiers d'un prix très-modique, réglés et portant en tête de chaque page un modèle d'écriture. Frappés des inconvénients que présente pour ce genre de travail l'impression typographique, trop noire pour la réglure et les modèles, trop empâtée dans les fins, MM. Godchaux comprirent que la perfection ne pourrait être atteinte qu'avec la gravure en creux et cherchèrent longtemps une solution pour obtenir à bon marché l'impression en taille-douce.

Cette solution, ils la trouvèrent en imitant l'impression des étoffes au moyen de rouleaux gravés en creux. Leurs presses impriment mécaniquement, avec autant de rapidité que de finesse, la gravure en taille-douce des deux côtés à la fois et sur papier continu.

Nous sortirions de notre cadre si nous décrivions en détail ces ingénieuses machines, qui sont maintenant en usage en Allemagne, en Angleterre et en Italie; nous devons toutefois ajouter que MM. Godchaux et Cie ont, en réalité, créé une industrie réalisant des progrès considérables, et nous reconnaissons que c'est à juste titre que les encouragements les plus flatteurs leur ont été accordés.

Le nom de CHARPENTIER est attaché à une *Bibliothèque* ou collection d'ouvrages dont les premiers publiés donnèrent dans la librairie française le signal d'une véritable révolution. Jusqu'en 1837, les œuvres des auteurs contemporains et surtout des romanciers étaient publiés le plus souvent en plusieurs volumes in-8', tirés à petit nombre, contenant peu de matières et dont le prix variait de 8 à 10 francs.

Ces éditions étaient vendues aux cabinets de lecture, comme cela se pratique encore dans bien des cas en Angleterre : on louait les livres; on les rendait après les avoir lus, et il était bien rare qu'une bibliothèque particulière comprît à cette époque d'autres livres que des ouvrages purement classiques.

Les frais coûteux du premier établissement, et surtout de la composition, ainsi que les droits d'auteurs, n'étant répartis que sur un petit nombre d'exemplaires, les éditeurs étaient obligés de ne les vendre qu'à des prix relativement élevés, ce qui servait et encourageait la contrefaçon étrangère, qui d'ailleurs n'était arrêtée alors par aucune loi de protection internationale.

M. Charpentier, frappé des inconvénients de cet état de choses, eut l'idée de la combattre énergiquement et trouva la solution du problème en imprimant 36 pages à la fois, au lieu de 16, sur une feuille de papier du format dit *jésus*.

Il avait trouvé le moyen de fabriquer des volumes mesurant 18 centimètres de hauteur sur 12 centimètres, ayant de 350 à 500 pages, pouvant être vendus uniformément 3 fr. 50 cent. et contenant la matière de quatre ou cinq des anciens volumes. Le format *Charpentier* était créé.

Au fur et à mesure que cette collection s'augmenta, le public cessa de louer des livres et commença à en acheter et à les garder. L'impulsion était donnée et ne tarda pas à se généraliser dans la librairie française.

La *Bibliothèque Charpentier* comprend les œuvres de la plupart des grands écrivains qui, depuis 1830, ont illustré notre littérature : Alfred de Musset, Victor Hugo, Théophile Gautier, Mérimée, Laboulaye, Sandeau, Cousin, Mignet; aux collections des classiques français son fondateur a joint une collection de traduction des classiques grecs et latins et aussi des meilleurs ouvrages étrangers.

Tous ces volumes, d'un format et d'un prix uniformes, portant des couvertures toutes semblables, conservent le caractère particulier qu'a su leur donner leur éditeur, dont le nom restera gravé dans les annales de la librairie française.

Depuis quelques années il s'est produit dans la typographie et la librairie de notre pays un autre mouvement qui, sans avoir l'influence de la petite révolution faite dans le commerce des livres par M. Charpentier, n'en a pas moins sa grande importance : nous voulons parler de l'espèce de rénovation typographique qui s'est faite par l'imitation des types anciens. Les imprimeurs Perrin, de Lyon, et Claye, de Paris, dont les noms laisseront longtemps des souvenirs dans les industries dont nous nous occupons ici, ont fait, presque en même temps, les mêmes tentatives d'impressions en caractères archaïques. D'anciennes matrices trouvées au rebut chez des fondeurs de Lyon leur ont servi de premiers types. Jannet, amateur de livres autant qu'éditeur, a appelé l'attention du public sur les éditions de bibliophiles; malheureusement, il dut se préoccuper de vendre à bon marché et sacrifier parfois à cette nécessité le souci de la perfection artistique dans la plupart des volumes de la *Bibliothèque Elzévirienne*.

Imprimeur de cette collection, dont il a conservé les types, M. Jouaust a suivi la voie ainsi ouverte et a certainement eu la plus grande part dans le mouvement que nous avons signalé plus haut. A la fois imprimeur et éditeur, il a su donner aux volumes publiés par lui une valeur littéraire en même temps qu'un caractère particulier de bon goût; ce double mérite a assuré sa réputation de typographe et lui a valu, il y a trois ans, la croix de la Légion d'honneur.

Une édition à 20 francs des *Satires* de Regnier signala les débuts de

M. Jouaust comme éditeur de publications archaïques. Il créa successivement diverses séries, les unes plus chères, les autres à meilleur marché;
la dernière, commencée sous le titre de *Nouvelle Bibliothèque classique,*
est appelée par son prix peu élevé à vulgariser les éditions de bibliophiles.
Ces collections sont dignement complétées par une suite d'ouvrages avec
gravures hors texte présentée au public sous le titre de *Grandes Publications artistiques* et *Petite Bibliothèque artistique.*

L'eau-forte est presque le seul procédé de gravure auquel M. Jouaust
ait fait appel pour les illustrer, et l'usage qu'il en a fait lui a valu l'approbation des connaisseurs. Citons dans ces deux séries l'*Imitation de Jésus,* avec
eaux-fortes d'après Henry Lévy, le *Voyage de Sterne* et le *Gulliver,* avec
gravures d'après les beaux dessins d'Edmond Hédouin.

Comme toutes les réformes et toutes les innovations, les éditions de bibliophiles ont été accueillies par les uns avec un enthousiasme exagéré,
critiquées par les autres avec une sévérité qui tournait quelquefois même
à l'injustice. Nous croyons, pour notre part, que certaines réserves doivent
être faites dans l'emploi des types anciens; ne cédant pas à un engouement irréfléchi ou à une mode d'un jour, il faut imiter, mais seulement
avec discernement, nos maîtres du xvi° et du xvii° siècle, en n'appliquant,
par exemple, ce genre archaïque qu'aux réimpressions ou aux ouvrages
ayant trait à l'époque. Nous n'en applaudissons pas moins aux efforts per-
sévérants de ceux qui se sont mis à la tête de ce mouvement: les livres qu'ils
ont publiés dénotent des éditeurs pleins de goût et des typographes consciencieux autant qu'habiles.

Des éditions de bibliophiles à la reliure d'amateur la transition est
toute naturelle, car l'une est le corollaire de l'autre; un de nos relieurs,
artiste et doreur à la fois, M. Lortic, avait envoyé un choix de ses meilleures
œuvres. Tous les amateurs de livres qui ont visité l'Exposition du Centenaire, aussi bien que les gens du métier, ont tenu à examiner longuement,
et nous dirons avec amour, cette magnifique collection presque unique
dans son genre. Toutes les grandes époques de la reliure étaient représentées dans cette vitrine par des spécimens différents qui auraient pu
servir à une histoire de l'art dans lequel M. Lortic est passé maître : on y
retrouvait des volumes dignes de figurer dans la bibliothèque de Grolier,
des reliures dites *fanfares* ou dans les genres des Legascon, des Du Seuil,
des Derôme, le tout exécuté avec une habileté et une sûreté de main qui
laissent quelquefois derrière elles la main-d'œuvre souvent défectueuse des
anciens maîtres. Non content d'imiter ces vieux chefs-d'œuvre ou de s'en
inspirer, M. Lortic a créé son genre à lui, genre dans lequel la richesse de

26.

l'ornementation est loin d'exclure le bon goût. Frappé de ces mérites, le Jury international a motivé dans les termes les plus élogieux la récompense qu'il a accordée à M. Lortic.

Un des noms français les plus connus aux États-Unis, et qui ont sans contredit contribué le plus à y faire apprécier et aimer les chefs-d'œuvre de la peinture ancienne et moderne, est celui de MM. GOUPIL ET Cⁱᵉ.

Depuis près de trente ans, cette importante maison a établi une succursale à New-York; elle n'a pas cessé depuis lors d'importer sur une échelle considérable des tableaux de nos meilleurs artistes, en même temps qu'elle divulguait leurs œuvres à l'aide de ces belles collections d'estampes qui n'ont pas de rivales dans d'autres pays.

Faisant appel, tantôt au burin, tantôt à l'eau-forte, MM. Goupil et Cⁱᵉ n'ont pas négligé les procédés nouveaux créés par la photographie; par une découverte récente, la photogravure, ils en ont fait une application immédiate et directe à la reproduction des dessins et des tableaux.

Citer le nom des peintres et des graveurs dont les œuvres ont été reproduites ou éditées par cette maison, ce serait énumérer toutes les célébrités de l'art moderne; notons en passant cependant ceux de Paul Delaroche, Ary Scheffer, Gérôme, Paul Baudry, dont les œuvres gravées les plus remarquables figuraient à l'Exposition du Centenaire.

N'oublions pas non plus le *Cours de dessin* en trois parties, par M. Bargue, sous la direction et avec le concours de M. Gérôme, membre de l'Institut.

La maison Goupil et Cⁱᵉ, bien que de fondation déjà ancienne, a encore la bonne fortune de compter son fondateur parmi les hommes intelligents qui la dirigent, et elle continue à marcher hardiment dans la voie qu'il lui a tracée dès son origine.

L'exposition de la GAZETTE DES BEAUX-ARTS tenait un rang des plus honorables dans la librairie française. Comptant déjà dix-huit années d'existence, cette intéressante revue, dirigée avec autant de sûreté que de goût, fait autorité en matière de critique d'art et a sa place marquée dans la bibliothèque des amateurs de peinture, de sculpture, et en général de tout ce qui constitue la curiosité.

Les éditeurs de ce recueil se sont montrés de chauds partisans de l'eauforte et n'ont pas peu contribué à en propager le goût, tant en France qu'à l'étranger.

Le Jury a reconnu ces divers mérites : aussi a-t-il tenu à apprécier les efforts qui ont donné et qui maintiennent à cette utile publication un caractère original et un légitime succès.

Le journal L'ART suit les traces de la Gazette des Beaux-Arts et est entré dans la route que lui a indiquée sa devancière. Faisant aussi appel à l'eau-forte, cette publication est déjà recherchée des amateurs et ses premiers essais méritent d'être encouragés.

L'imagerie religieuse est surtout la spécialité de la maison BOUASSE-LEBEL.

Imprimeur en taille-douce et en chromolithographie, M. Bouasse-Lebel a concentré dans son établissement tout ce qui concerne la fabrication de l'imagerie commune aussi bien que de l'imagerie fine. Sa collection comprend une immense variété de types, dont le prix, tout en variant, reste toujours dans les limites d'un bon marché étonnant. Les gravures que cette maison édite se distinguent par le bon goût qui préside à leur fabrication, l'excellente impression et le choix des sujets : de telles qualités suffisent pour lui assurer une place à part dans ce genre de publications.

Avant de nous occuper de la papeterie et des autres branches d'industries qui se rattachent directement par leur nature à l'imprimerie et à la librairie, il convient de parler des quelques spécimens de grands ouvrages publiés sous les auspices du MINISTÈRE DE L'AGRICULTURE ET DU COMMERCE, du MINISTÈRE DES TRAVAUX PUBLICS ou de la VILLE DE PARIS.

Ces ouvrages, la plupart recueils de rapports ou de statistiques, faisaient regretter que notre Imprimerie Nationale n'eût pas pris part à ce concours international et n'eût pas exposé cette série de grands travaux qu'admirent tous ceux qui s'occupent de typographie.

Quelques maisons seulement représentaient la papeterie française à Philadelphie.

En première ligne, nous devons citer les produits de MM. BLANCHET FRÈRES ET KLÉBER, dont l'éloge n'est plus à faire; leur vitrine contenait de nombreux spécimens de leurs papiers d'impressions, de leurs papiers à lettres, et surtout de leurs papiers pour la photographie, dont l'usage, grâce à leur excellente fabrication, est répandu dans le monde entier.

A côté de fort beaux papiers façonnés et de spécimens d'impression lithographique, MM. GONTHIER DREYFUS ET Cie exposaient une collection de registres à dos mécanique d'un nouveau système qui a été fort appréciée par le Jury. Disons en passant que cette importante maison est presque exclusivement vouée au commerce d'exportation et envoie ses produits dans le monde entier; ses affaires se chiffrent par millions de francs et elle occupe constamment plus de 350 ouvriers.

·M. Maquet avait une remarquable exposition de papiers de fantaisie façonnés et une belle collection de chiffres en couleur.

Des spécimens de sacs en papier avaient été envoyés par MM. Haymann frères, qui occupent plusieurs centaines d'ouvrières dans leurs usines exclusivement affectées à cette industrie.

La fourniture de bureau proprement dite était encore représentée par les couleurs de Bourgeois, les plumes de fer de Blanzy, Poure et Cⁱᵉ, les encriers de fantaisie de Dubourguet, les encres de Ch. Lorilleux, Larenaudière, Toiray-Maubin et Antoine.

Seuls de tous les fabricants de machines à imprimer, MM. Alauzet et Cⁱᵉ avaient tenu à honneur de faire figurer leurs produits à Philadelphie. Ils avaient envoyé une machine lithographique, deux machines typographiques, dont l'une en blanc et l'autre à retiration.

Nous n'insisterons pas sur les avantages que présentent les machines construites par MM. Alauzet; disons seulement qu'elles sont recherchées par nos imprimeurs, tant à cause de la régularité et de la sûreté de leur marche que des perfectionnements que les habiles mécaniciens ont su apporter à leur construction. Signalons pour la machine lithographique les dispositions heureuses qui facilitent le chargement et le calage des pierres et les améliorations données aux pointures pour arriver à un bon repérage; pour la machine typographique à retiration, il faut citer les modifications brevetées apportées au système ordinaire pour éviter les inconvénients trop communs du papillotage ou déplacement.

Cette trop rapide énumération serait encore incomplète si nous ne parlions pas de MM. Chaix et Cⁱᵉ.

Ils concouraient, non pas pour leurs travaux typographiques, qui tiennent cependant un rang si honorable dans l'industrie française, mais pour l'ensemble des institutions créées par eux pour améliorer la condition de leurs ouvriers.

Une série complète de brochures, règlements, notices, statuts, etc., donnaient une idée de l'organisation de cet important établissement, concernant les mesures d'hygiène, d'ordre, d'intérêt général, et les rapports moraux et pécuniaires entre le patron et l'ouvrier. Participation dans les bénéfices, caisse de prévoyance et de retraite, écoles professionnelles d'apprentis, telles sont les principales institutions en vigueur fonctionnant depuis plusieurs années dans cet établissement avec un succès qui, à Philadelphie comme à Vienne, a vivement frappé le Jury international et a valu une nouvelle récompense à MM. Chaix et Cⁱᵉ.

En terminant cette revue des exposants français appartenant à l'industrie du livre et du papier, qu'il nous soit permis d'exprimer le regret que des maisons portant des noms si appréciés en typographie, comme les Mame, les Didot, les Claye, les Masson, les Delalain, ne soient entrées dans la lice qu'indirectement et dans l'exposition collective du Cercle de la librairie; le concours de ces vétérans, lauréats des Expositions antérieures, aurait ajouté encore à l'éclat d'une exposition qui en résumé, nous pouvons le dire avec quelque orgueil, était digne de la vieille typographie française.

ÉTATS-UNIS D'AMÉRIQUE.

Ainsi que l'on devait s'y attendre, la librairie américaine avait tenu à honneur de faire une imposante manifestation à l'Exposition du Centenaire. Il faut avouer, cependant, que la première nouvelle de ce concours international avait été accueillie avec une certaine froideur par la généralité des éditeurs. Une Commission spéciale avait été nommée à une des assemblées de l'Association de la librairie (*American book trade association*), mais elle rencontra tout d'abord une indifférence qui ne put être vaincue que trop tardivement pour réaliser tous les projets qui avaient été mis à l'étude.

De ce retard il est résulté que l'espace attribué dans le palais de l'Exposition aux industries du livre était relativement restreint et que le Comité d'organisation a eu de grandes difficultés à vaincre, difficultés qui n'ont même pas été toutes entièrement surmontées. Avec une hardiesse tout américaine, un vaste pavillon à deux étages était construit dans le bâtiment principal sur l'emplacement réservé à la librairie et avait ainsi doublé l'espace primitivement accordé.

Ce procédé ne laissait pas que d'avoir certains inconvénients : un grand nombre des vitrines placées à l'étage inférieur manquaient de jour, et les visiteurs forcés de monter à l'étage supérieur délaissaient un peu les exposants qui y avaient installé leurs produits.

Le défaut d'harmonie dans la disposition des vitrines, surtout dans le bas, pouvait encore prêter à la critique; mais, en somme, l'ensemble était satisfaisant et faisait honneur à l'activité et au goût du Comité d'organisation.

Il semble difficile de se rendre compte de ce qu'est le commerce de la librairie dans un pays comme les États-Unis. Il n'existe aucune formalité de dépôt pour les livres, aucune taxe ne frappe directement ou indirectement la librairie; par suite il est presque impossible de faire des calculs exacts de statistique, et on est réduit à se livrer presque entièrement aux conjectures. Quiconque, cependant, étudie attentivement la question remarque tout d'abord les immenses débouchés qui sont ouverts à la librairie américaine, et ensuite la part relativement petite que la littérature proprement dite et originale du pays prend dans ce vaste mouvement. A première vue du catalogue ou d'une vitrine d'un libraire, le nombre des ouvrages réimprimés de l'anglais ou traduits du français ou des autres langues frappe et étonne. Il faut alors se souvenir que la république des États-Unis date d'un siècle, et que la plus grande partie de ces cent années ont été occupées à lutter au dedans et au dehors, à soutenir la guerre civile, une des plus longues et des plus sanglantes qu'aient enregistrées les annales de l'histoire, à former pour ainsi dire une population, à conquérir pied à pied le sol et à le défricher. Si l'on considère d'un œil impartial ces difficultés vaincues en si peu de temps, on en vient à admirer la rapidité des progrès acquis et à faire la part honorable qui revient de droit aux poëtes, historiens, littérateurs du «jeune pays», comme l'appellent les Américains eux-mêmes.

La librairie classique a son caractère d'originalité toute particulière; mais aussi quel vaste champ est ouvert à son activité! Dans un pays où l'instruction est une des principales préoccupations des gouvernants, où on ne regarde pas à dépenser des sommes souvent exagérées pour les écoles, tout libraire veut éditer sa collection de classiques, sa série de cinq *Readers* gradués (livres de lecture), une suite de géographies, de grammaires, de traités d'arithmétique. Ajoutons que l'impression en général est très-soignée, le papier fort et solide; les illustrations sont répandues à profusion dans le livre. Rarement la vente reste au-dessous des espérances de l'éditeur; malgré la concurrence, le prix très-élevé auquel il peut vendre ses livres (le plus souvent le cinquième *reader* se vend 6 à 7 francs de notre monnaie) lui permet de couvrir ses frais si la vente est difficile, ou de réaliser des bénéfices si le livre se répand.

Dans le système américain, le commerce régulier de la librairie est entre les mains de trois catégories bien distinctes de personnes : les éditeurs (*publishers*), les commissionnaires (*jobbers*), les détaillants (*retailers*).

Parmi les éditeurs, un certain nombre forment une classe à part : les *subscription publishers*, éditeurs d'ouvrages par souscription; ils vendent par l'intermédiaire d'agents ou représentants qui exploitent exclusivement à leur profit certains États ou certaines portions d'État : aussi chercherait-on en vain dans la vitrine des libraires détaillants un exemplaire des ouvrages ainsi publiés. Certains éditeurs, qui ne doivent cependant pas être classés parmi les *subscription publishers*, ont eux-mêmes recours à ce mode d'exploitation. Ce système est surtout adopté pour les encyclopédies et autres publications d'intérêt général, surtout lorsqu'il s'agit d'ouvrages d'un prix élevé et publiés par livraisons ou fascicules.

La vente par souscription exige une organisation toute spéciale; les frais d'exploitation sont fort coûteux, et par suite l'application n'en est possible qu'à des ouvrages très-chers : il en est résulté que dans bien des cas, pour faire vendre ainsi des ouvrages, les éditeurs ont dû les imprimer en gros caractères sur des papiers communs et fort épais et, en somme, présenter au public des volumes flattant l'œil de l'acheteur mais ayant plus de forme que de fonds.

Le commissionnaire (ou *jobber*) est pour ainsi dire le trait d'union entre les éditeurs et les détaillants; ceux-ci préfèrent souvent n'avoir affaire qu'à un seul intermédiaire groupant leurs comptes et leurs envois. Ces *jobbers* ne prélèvent pas à leur profit une commission sur leurs mandants, ainsi que cela se pratique en France et en Allemagne; ils vendent au mieux de leurs intérêts, en profitant des surremises souvent très-larges qui leur sont faites par les éditeurs. Il n'existe guère de *jobbers* que dans les villes de l'Est, centres principaux de la librairie; mais cependant, dans l'Ouest, certains forts détaillants réclament le titre de *jobbers*, pour obtenir les surremises qui sont accordées par les éditeurs à cette classe de vendeurs.

Réunir dans une même maison les différentes branches d'une même industrie, telle semble être la tendance générale du commerce américain : aussi, à quelques exceptions près, la plupart des grandes maisons qui éditent ou fabriquent font la commission et même vendent au détail.

En ce moment la librairie américaine traverse une véritable crise, occasionnée par la question du prix des livres et des remises à accorder, soit aux libraires, soit même aux simples particuliers, sur les prix des catalogues. Pendant la guerre de sécession, alors que le prix du papier était doublé ou triplé et que la main-d'œuvre enchérissait dans les mêmes proportions, les éditeurs furent naturellement amenés à augmenter largement leurs prix de catalogue : il en résulta que pour faciliter la vente on prit l'habitude de faire des escomptes sur le prix fort, même à de simples particuliers. L'Association de la librairie américaine, dans laquelle sont représentées la plupart des grandes maisons des États-Unis et dont l'organisation rappelle un peu celle du Cercle de la librairie de Paris, s'est occupée tout particulièrement dans ses dernières réunions de cette question brûlante : elle a pris des résolutions tendant à abaisser les prix forts, à interdire de faire des rabais aux simples particuliers; elle a limité, en outre, à un taux uniforme les remises à faire en dehors de la librairie à certaines catégories de personnes. Tous les journaux bibliographiques, à leur tête le *Publisher's Weekly,* ont soutenu résolûment ce mouvement. Il est bien difficile de prévoir, surtout au milieu de la crise générale qui afflige les États-Unis, si cette campagne entreprise avec tant d'ardeur par l'Association de la librairie américaine obtiendra un succès complet. Pourtant, il paraît constant que certains éditeurs commencent à réduire leurs prix, notamment sur les livres à l'usage de la jeunesse, que l'on vendait généralement avec l'énorme remise de 60 p. o/o sur les prix marqués.

Quels que soient, d'ailleurs, les résultats ainsi obtenus, il n'en faut pas moins applaudir aux efforts de ceux qui se mettent généreusement à l'œuvre pour servir la cause de l'industrie à laquelle ils appartiennent.

Ces courtes observations sur le commerce de la librairie en Amérique seraient trop incomplètes si nous ne disions pas un mot de l'« AMERICAN NEWS COMPANY ». Cette société concentre presque exclusivement entre ses mains le service de toutes les publications périodiques éditées aux États-Unis. C'est, en résumé, une vaste maison de commission, qui s'appuie sur un des journaux bibliographiques les plus répandus de l'autre côté de l'Atlantique, l'*American Bookseller,* dont elle est propriétaire. Administrée avec beaucoup d'habileté en même temps que de hardiesse, l'*American News Company* est à la tête d'un capital considérable, qu'augmentent encore les dépôts d'argent faits à titre de provision par les petits libraires ou marchands de journaux répandus dans toutes les plus petites villes de l'Union; ces détaillants doivent fournir à titre de provision, et en compte avec la société, une somme suffisante pour répondre des fournitures courantes qui leur sont expédiées. Cette société constitue une véritable puissance avec laquelle les éditeurs doivent compter; mais il faut ajouter qu'elle ne semble pas vouloir abuser de la situation, et nous pourrions citer tel éditeur d'un grand *Magazine,* tirant à plusieurs milliers d'exemplaires, qui se décharge entièrement sur l'American News Company du soin de distribuer sa publication sur tous les points des États-Unis moyennant une très-légère commission.

MM. D. APPLETON AND Cᵒ dirigent une maison considérable où, comme nous le disions plus haut, suivant les tendances américaines, sont concentrées les différentes branches du commerce de la librairie. Dans les vastes constructions qu'ils occupent à Brooklyn se trouvent leurs presses typographiques, leurs ateliers de composition et de reliure. Le papier y entre en rame et en sort à l'état de livre, protégé par un modeste cartonnage classique ou couvert d'une superbe reliure destinée à la bibliothèque d'un amateur.

Une des choses qui frappent, en visitant ces ateliers, c'est l'emploi de machines ingénieuses que nous connaissons à peine en France, machines

à tremper le papier, machines à plier et à coudre. Chercher autant que
possible à supprimer la main-d'œuvre et la remplacer par des forces mécaniques, telle semble être la règle d'un pays où les salaires, surtout il y a
quelques années, étaient presque le triple des nôtres. A New-York, dans
Broadway, MM. Appleton ont leurs magasins de vente au détail; ils font
expédier de là sur tous les points de l'Union et même du globe les ouvrages
édités par eux ou ceux achetés à d'autres éditeurs. Dans leur vitrine, à
l'Exposition du Centenaire, on remarquait avec intérêt un petit volume
in-32, *les Miettes de la Table du Maître*, portant le millésime de 1831 ;
c'est le premier volume édité par les Appleton.

Depuis cette époque, que d'ouvrages publiés, que d'efforts tentés pour
arriver à créer cette grande maison, dont l'importance a, pour ainsi dire,
grandi avec celle de l'Union américaine.

A côté de ce modeste volume, qui a signalé les débuts de MM. Appleton
and Cᵒ, se trouvait exposé un superbe exemplaire richement relié de *Pic-
turesque America,* monument typographique qu'ils ont voulu élever à leur
pays. Cet important ouvrage forme deux volumes in-4°, illustrés de nombreuses et belles gravures sur bois ou sur acier, d'après les dessins des
meilleurs artistes du pays; la disposition du texte et l'impression peuvent
entrer en comparaison avec les travaux faits en France et en Angleterre;
en résumé, c'est une publication qui fait le plus grand honneur à ses éditeurs et qui peut être considérée, au point de vue typographique et de
l'ensemble de l'illustration, comme la meilleure des publications entièrement originales qui soient sorties des presses américaines.

Une des autres grandes entreprises de MM. Appleton and Cᵒ est l'*American Cyclopædia,* premier recueil de ce genre publié en Amérique. Cette
encyclopédie est arrivée aujourd'hui à sa deuxième édition et forme seize
volumes in-8°, imprimés sur deux colonnes, comprenant de nombreuses
gravures intercalées dans le texte. Là encore le succès a couronné les efforts des éditeurs; les tirages de cette vaste compilation ont atteint des
chiffres considérables.

La *Bibliothèque scientifique internationale* doit aussi compter parmi les publications importantes de MM. Appleton.

Publiée simultanément en anglais, en français, en allemand, en russe
et en italien, cette collection, à laquelle contribuent les hommes de science
les plus influents de tous les pays, a pour but de faire connaître immédiatement dans le monde entier les idées originales, les directions nouvelles, les découvertes importantes qui se font chaque jour. Près de trente
volumes ont déjà paru et plus de quarante autres sont annoncés comme
étant en préparation.

Sur le même catalogue nous voyons figurer les noms des meilleurs auteurs américains, les œuvres d'Herbert Spencer, les mémoires du général Sherman, une suite intéressante d'ouvrages généraux sur l'histoire des États-Unis, et une série très-appréciée de guides pour les voyageurs.

La librairie classique est aussi une des branches les plus importantes de la maison Appleton. Elle édite avec un égal succès, en vue de l'instruction primaire, des livres de lecture courante, de géographie, d'histoire, d'arithmétique; en vue de l'éducation morale et religieuse, des séries de lectures choisies; en vue de l'enseignement secondaire, des ouvrages de littérature, de philosophie, de science théorique ou appliquée, et enfin de bonnes collections de classiques grecs et latins.

La maison de MM. Harper frères rivalise avec celle de MM. Appleton pour l'intelligence et l'activité. MM. Harper ne s'occupent que de la fabrication et de la vente de leurs propres publications.

Tout est concentré dans le vaste établissement qu'ils ont fait bâtir dans le cœur de la vieille cité de New-York, sur l'emplacement même de leurs anciens ateliers incendiés en 1853.

Les précautions les plus minutieuses sont prises pour empêcher le retour d'un pareil malheur, et les dispositions particulières que l'architecte a données aux bâtiments pour prévenir les effets du feu sont une des choses qui frappent le plus lorsqu'on y entre pour la première fois. Les magasins sont séparés des autres bâtiments par une cour; la composition, les machines à imprimer, la reliure, sont installés dans les six étages d'un vaste atelier. C'est là que s'imprime et s'édite une série de publications périodiques répandues dans toute l'Union : le *Harper's Monthly Magazine,* dont la fondation remonte à 1850 et dont le tirage a monté rapidement à plus de cent mille exemplaires; le *Harper's Weekly,* qui rivalise de succès avec son aîné, et enfin le *Harper's Bazar* (journal de modes), fondé en 1863. Le catalogue de cette maison contient des noms bien connus de tous ceux qui s'occupent de la littérature ou de l'histoire des États-Unis, les œuvres de Ticknor, de Motley et de Curtis, l'*Encyclopédie de la Bible* de Mac Clintock, l'*Histoire des États-Unis* de Hildreth, *la Révolution et la guerre de l'Indépendance* de Lossing.

MM. Harper frères sont aussi au premier rang comme libraires classiques; leurs séries pour l'enseignement primaire et secondaire jouissent d'une réputation méritée : citons leurs livres de lecture, leurs géographies, les livres de grammaire de Swinton, les traités de mathématiques de Loomis, les collections des classiques grecs et latins d'Anthon et de Douglass.

MM. J.-B. Lippincott and C°, dont l'exposition occupait une vaste vitrine en dehors du pavillon de l'Association, sont à la tête d'un établissement qui peut marcher de pair avec ceux de MM. Appleton et Harper.

Toutes les opérations de leur industrie sont concentrées dans leur maison de Market Street, à Philadelphie; impressions en typographie, en lithographie et en taille-douce, reliure et cartonnage se font directement sous leurs yeux et dans le même local.

Les fournitures de bureau et la fabrication des registres comptent aussi parmi les branches importantes de cette maison.

La librairie de MM. Lippincott est, dans le sens propre du mot, une librairie universelle; il n'y a pas de branches de la littérature, de la science ou de l'histoire auxquelles ils n'aient consacré quelques publications importantes.

La ville de Philadelphie est un des centres intellectuels les plus importants des États-Unis, et ces intelligents éditeurs ne pouvaient manquer de profiter d'une situation si propice.

A côté d'intéressants ouvrages de science, d'histoire, de livres classiques primaires et secondaires, de médecine et de droit surtout, il faut citer une excellente série de Dictionnaires encyclopédiques ou d'ouvrages dits de référence, les Dictionnaires de littérature anglaise d'Allibone, de biographie, de médecine, qu'il est utile de consulter à chaque instant et que l'on doit posséder dans toute bibliothèque.

MM. Scribner Armstrong and C° apportent le plus grand soin aux nombreuses publications qu'ils éditent et savent leur donner un caractère particulier d'élégance. Leur revue périodique, le *Scribner's Magazine*, est dirigée avec une habileté et un goût littéraire qui lui ont assuré le succès dès son apparition; ce recueil est illustré avec profusion de gravures sur bois, la plupart exécutées par des artistes américains et dont le travail est digne de tout éloge. Encouragés par l'accueil qui leur a été fait par le grand public, MM. Scribner ont voulu aussi se faire aimer des enfants, et ils ont fondé, il y a trois ans à peine, le *Saint-Nicholas*, recueil mensuel destiné à la jeunesse.

Les enfants de tous les âges peuvent tirer en même temps amusement et profit de la lecture de leur *Magazine*, qu'enrichissent de nombreuses illustrations originales et auquel collaborent des auteurs portant des noms bien connus, comme, entre autres, ceux de Mme Marie Mape Dodges et de miss Alcott.

MM. Scribner and C° exposaient également le premier volume de l'*Histoire populaire des États-Unis*, œuvre importante dont ils ont confié la rédaction à M. W. Cullen Bryant, un des hommes les plus aimés et les plus respectés aux États-Unis; intimement mêlé depuis près de cinquante ans à la vie publique de son pays, il pouvait entreprendre avec une indiscutable autorité d'en écrire l'histoire. Cette publication comprendra quatre volumes grand in-8°, richement illustrés de scènes, de portraits et de paysages. C'est une œuvre capitale dans son ensemble; les éditeurs y ont donné tous leurs soins, ne négligeant rien pour arriver à la rendre digne du noble but qu'ils se proposaient.

Nous remarquons encore dans ce catalogue le *Commentaire de la Bible* de Lange, les œuvres de Froude, Headley et Mitchell et surtout les excellents ouvrages géographiques de Guyot, traités, atlas, séries de cartes murales, qui ont fait école dans les États-Unis et qui, s'ils rencontrent aujourd'hui une sérieuse concurrence, n'en restent pas moins une œuvre d'une incontestable autorité.

Un exemplaire sur papier de Chine et richement relié des œuvres de Bacon figurait dans la vitrine de MM. HURD AND HOUGHTON et offrait un spécimen d'une des meilleures impressions faites aux États-Unis. Leur établissement de Cambridge (the Riverside Press), près Boston, passe avec juste raison pour tenir un rang des plus remarquables dans la typographie américaine. La reliure y est également faite avec beaucoup d'art et de goût, ainsi qu'en témoignaient les divers échantillons exposés. L'*Atlantic Monthly,* qui occupe dans l'Union la place que tient en France la Revue des deux Mondes, sort des presses de MM. Hurd and Houghton, qui éditent également l'*American Naturalist,* journal des sciences naturelles, le *Law Times,* recueil périodique concernant la jurisprudence, et le *Journal de chirurgie et de médecine.* Il serait trop long d'énumérer toutes les intéressantes publications de cette maison; qu'il nous soit seulement permis de citer en passant le *Dictionnaire de mécanique* de Knight et les *Papillons de l'Amérique du Nord* d'Edwards, ce dernier ouvrage illustré de belles gravures sur acier et coloriées.

Les services que G. P. PUTNAM a rendus aux lettres américaines ne doivent pas être oubliés; son *Magazine* a eu, il y a déjà plusieurs années, un succès dont il était digne et a contribué à faire connaître le nom de l'homme intelligent qui fut aussi l'éditeur de Washington Irving, Bryant et Bayard Taylor.

MM. J. R. OSGOOD AND C°, de Boston, sont également des éditeurs éminemment américains, et la lecture de leur catalogue ferait passer en revue les plus grands noms de l'histoire de la littérature des États-Unis. Emerson, Lowel, Longfellow, Hawthorne, Bret Harte, Agassiz, Ticknor, Al-

drich, ont tenu à honneur d'être édités par cette maison. A ces œuvres originales il convient d'ajouter une curieuse et belle collection de traductions
signées des noms les plus illustres; qu'il nous suffise de dire que Bryant,
Bayard Taylor et Longfellow ont traduit, pour MM. Osgood and C°, Ho-
mère, *Faust* de Gœthe et *la Divine Comédie* de Dante.

Si maintenant nous quittons la librairie générale pour parler des maisons ne s'occupant que de publications purement classiques, nous citerons
en première ligne MM. A. S. BARNES AND C°, qui se sont consacrés presque
exclusivement aux livres d'éducation et d'enseignement. Ils ont pour organe
le *National Teacher's Monthly*, excellent recueil pédagogique et celui qui
passe pour être le plus répandu aux États-Unis. Deux excellentes séries de
livres comprenant le cours complet d'éducation sont publiées concurremment par cette maison et comprennent, entre autres ouvrages, les *National
and independent Readers*, les géographies de Monteith et de Mac Nally et les
ouvrages de mathématiques de Davies et de Peck.

A côté de ces classiques. la *Teacher's Library* forme une bibliothèque
pédagogique complète et indispensable à toute cette classe de personnes
dévouées qui consacrent leur existence à l'éducation de la jeunesse.

La vitrine de MM. G. AND C. MERRIAM, de Springfield, était exclusivement réservée aux ouvrages de N. Webster. Le grand *Dictionnaire* du « Maître
d'école de la République » (c'est ainsi que l'on appelle familièrement cet
illustre lexicographe) fait autorité dans la matière et doit être consulté par
quiconque s'occupe de l'étude de la langue anglaise.

De ce monument lexicographique plus de dix autres dictionnaires de
formats et de prix différents ont été tirés, se vendant parallèlement et se
complétant les uns par les autres.

Ne prononçons pas le nom de Webster sans parler aussi de son *Elemen-
tary Speller*, dans lequel la jeunesse américaine apprend à lire depuis la fin
du siècle dernier et qui a été tiré à plus de cinquante millions d'exemplaires.

Le *Dictionnaire de Worcester*, édité par MM. BREWER AND TILESTON, dispute à celui de Webster la palme de la lexicographie. La lutte est vive :
des brochures sont échangées vantant les mérites de chaque dictionnaire
et indiquant les imperfections et les défauts du concurrent. Il ne nous appartient pas de trancher la grave question de savoir lequel des deux l'emportera de Webster ou de Worcester; disons seulement que ces deux ouvrages ont rendu de réels services à l'étude de la langue anglaise.

A la suite de ces maisons, citons comme libraires classiques à Phila-

delphie MM. Butler and C°, Cowperthwait and C°; à New-York Ivison
Blakeman and Taylor, éditeurs de la méthode d'écriture de Spencer et de
plusieurs bonnes séries d'ouvrages scolaires (*American Educational Series*)
particulièrement riches pour les mathématiques, les sciences naturelles
et les langues vivantes; Potter Ainsworth and C°, qui exposaient, à côté de
classiques grecs et latins, la méthode d'écriture de Scribner et une intéressante série de cahiers de dessin; Schermerhorn and C°, qui joignent à leur
commerce de matériel pour les écoles la publication de bons livres d'éducation, de l'*Educational Monthly,* et qui viennent de donner le premier volume de l'*Encyclopédie d'éducation;* Sherwood and C°, de Chicago, qui présentaient une curieuse série de livres de lecture primaire avec des planches
en couleur; enfin, Sower Potts and C°, qui dirigent la plus ancienne librairie
des États-Unis, aujourd'hui plus que centenaire, et qui depuis 1740 soutiennent de père en fils la vieille réputation de leur maison.

M. Steiger n'est pas seulement connu comme libraire classique; à l'Exposition de Vienne, il avait eu l'heureuse idée de réunir et d'exposer des
numéros spécimens de plus de six mille journaux publiés aux États-Unis
et dont il estimait à 8,500 le chiffre total.

M. Steiger, pour l'Exposition du Centenaire, n'avait pas tenté de nouveau cette difficile entreprise; mais le souvenir en est resté dans un volume
comprenant un catalogue des livres et journaux ou autres écrits périodiques
publiés dans toute l'Union. Il est curieux de parcourir ces catalogues, qui
donnent une idée de l'étendue du pouvoir et de l'influence qu'exerce en
Amérique la presse périodique, et, sans en tirer conclusion, nous ne
croyons pas être trop hardi en disant que, sous ce rapport, la jeune république a laissé loin derrière elle les nations de l'ancien monde.

Une curieuse publication est celle exposée par MM. J. Sabin and sons,
de New-York. La *Bibliotheca Americana* est un dictionnaire bibliographique
des livres publiés dans tous les pays et dans toutes les langues sur l'Amérique; cette intéressante compilation formera de sept à huit volumes imprimés avec autant de luxe que de soin et qui seront d'un précieux secours
pour ceux qui étudient l'histoire des États-Unis.

A côté de la vitrine de MM. Sabin and sons se trouvaient celles de l'A-
merican News Company, qui contenait la collection de l'*American Bookseller,*
et celle de M. Leypoldt and C°, qui présentait la série de *Publisher's Weekly*
avec ses utiles *Uniform annual Trade List,* collections des catalogues des
éditeurs américains réunis en un volume publié annuellement. Nous avons
eu l'occasion de citer les services rendus par ces deux journaux bibliogra-

phiques à la cause de la librairie américaine. Ils soutiennent tous deux de tout leur pouvoir le « Book Trade Association » et ont contribué pour leur large part au succès de l'exposition des libraires.

Dans une séance générale de l'association à laquelle nous avons eu l'honneur d'être invité et reçu avec la plus grande courtoisie, nous avons pu nous rendre compte de l'heureux succès des efforts qu'ils avaient tentés et appuyés de leur autorité.

Si nous citons encore les publications de médecine de MM. LINDSAY AND BLAKISTON, les bons ouvrages d'architecture de MM. A. J. BICKNELL AND Cᵒ, et si nous parlons, pour mémoire des nombreux livres de piété et de propagande, bibles, traités de théologie, présentés par les différentes sociétés bibliques, qui en général offrent des spécimens de bonne fabrication courante, nous aurons épuisé la liste des principales maisons qui s'étaient groupées dans le pavillon du « Book Trade Association ».

En résumé, quatre-vingt-quatre exposants avaient répondu à l'appel du comité d'organisation, et à part quelques abstentions regrettables, telles que celles de MM. Little, Brown and Cᵒ, les éditeurs de Bancroft, et de M. H. Lea, l'intelligent et influent éditeur de livres de médecine, toutes les maisons importantes avaient envoyé leurs produits et donnaient par l'ensemble de leur exposition une idée de ce que peut produire la librairie américaine.

GRANDE-BRETAGNE ET COLONIES ANGLAISES.

L'abstention paraît être devenue la règle que les éditeurs de la Grande-Bretagne adoptent systématiquement dans les Expositions universelles.

A Vienne déjà, les rapports officiels ont constaté avec regret que, à l'exception d'un seul imprimeur et de deux ou trois sociétés bibliques, les libraires anglais avaient renoncé à prendre part à ce concours international.

Malgré le défaut de protection accordée à la propriété littéraire et les faits regrettables qui en sont quelquefois la conséquence immédiate, et aussi malgré l'exagération des tarifs douaniers, l'importation aux États-Unis des livres imprimés en Angleterre atteint des chiffres considérables; tout éditeur anglais, avant de commencer une publication importante, doit compter avec les ressources qu'il trouvera pour la vente sur le marché américain. Il paraîtrait donc au premier abord que la librairie anglaise eût le plus grand intérêt à se faire représenter à Philadelphie, et il y avait lieu d'espérer qu'elle se départirait de la ligne de conduite suivie aux Expositions antérieures.

Il n'en a rien été. A part quelques notables et heureuses exceptions, nous avons eu à constater l'absence de la plupart des grandes maisons de Londres, d'Édimbourg et de Glasgow; les Longman, les Murray, les Mac Millan, les Chapman, les Virtue, les Nelson, les Spottiswoode, les Low, n'avaient pas envoyé les beaux ouvrages qu'ils éditent ou impriment et qui sont la gloire de la typographie anglaise.

Parmi les imprimeurs éditeurs qui n'avaient pas voulu abandonner la lutte, nous devons citer en première ligne MM. CASSELL, PETTER AND GALPIN. Il y a maintenant un peu plus d'un quart de siècle que M. John Cassell mettait en vente l'*Ami du travailleur* (*The working man's Friend*). Cette publi- cation devait être bientôt suivie d'autres séries du même genre destinées à supplanter la littérature malsaine et de bas étage répandue alors dans les classes ouvrières et à relever le niveau moral de cette masse de lec- teurs en leur donnant, sous une forme variée, des leçons instructives et amu- santes avec l'attrait d'un grand nombre d'illustrations. En 1855, M. Cassell s'adjoignit M. Petter et M. Galpin, et cette maison, ainsi solidement fondée, ne cessa de poursuivre le but éminemment moralisateur qu'elle s'était proposé dès son origine.

Il serait trop long d'énumérer ici toutes les publications de la maison Cassel; nous nous contenterons de citer celles qui se recommandent tout particulièrement à l'attention.

Nous parlerons d'abord de l'*Illustrated Family Bible*, dont les premiers tirages ont atteint rapidement le chiffre énorme de 300,000 exemplaires.

Le *Pilgrim's Progress* de Bunyan, le *Family prayer Book*, la *Bible de l'en- fance*, le *Bible Educator*, et surtout la *Sainte Bible* avec les illustrations de Gustave Doré, ont eu le même succès que les publications qui les avaient annoncés et précédés.

Si maintenant nous nous occupons des ouvrages concernant l'éducation en général, nous citerons en première ligne le *Popular Educator*, «l'Éducateur populaire,» qui sans contredit a rendu d'inappréciables services aux classes ouvrières.

A une époque où les écoles étaient encore peu nombreuses et peu fré- quentées et où les publications relatives à la vulgarisation de la science étaient rares ou atteignaient des prix relativement élevés, ce dernier recueil, mis par son bon marché à la portée de toutes les bourses, permit aux classes peu fortunées d'acquérir à peu de frais le moyen de se perfectionner dans toutes les branches et connaissances. Malgré le nombre et la valeur litté- raire ou scientifique de publications du même genre produites depuis la première apparition du *Popular Educator*, les éditions de ce recueil se sont rapidement succédé et ont atteint un chiffre total de tirage de 800,000 exemplaires. Le *Technical Educator* est venu ensuite compléter la publication dont nous venons de parler : il comprend une série de traités de technologie qui permettent à l'artisan d'acquérir des notions théoriques exactes sur une foule de choses qu'il fait le plus souvent par routine. Une méthode de dessin d'ornement et autres, des manuels pratiques, complètent la collection des ouvrages d'éducation populaire publiés par MM. Cassell and C°.

L'*Histoire d'Angleterre*, dont la vente se chiffre par près d'un demi-million d'exemplaires, ouvre la liste d'une autre série de livres pour l'illustration de laquelle les éditeurs ont fait appel aux meilleurs artistes anglais et étrangers; citons à la suite le *Shakespeare*, l'*Histoire naturelle*, le *Guide du Ménage* (*Household Guide*), les *Lectures illustrées*, le *Gulliver* et le *Robinson Crusoë*.

Tout récemment ils viennent de faire paraître le *Livre du cheval*, le *Livre de la basse-cour*, et enfin ils ont commencé la vente en livraisons de *l'Europe pittoresque*, publication qui prouve que l'activité de cette importante maison ne se ralentit pas un seul instant.

Les *Magazines* de MM. Cassell, Petter and Galpin ont aussi une réputation méritée : dans cet ordre citons le *Quiver*, le *Cassell's Magazine* et *Little Folks*, ce dernier destiné aux enfants.

Sept cent cinquante personnes sont employées constamment dans leur vaste local de la Belle Sauvage Yard. Pour donner une idée de l'activité qui règne dans cette maison et de l'importance de ses opérations, qu'il nous suffise de dire qu'il sort par mois de leurs magasins plus de 500,000 numéros ou livraisons de journaux ou autres publications périodiques.

MM. BRADBURY, AGNEW AND C° occupaient, dans l'avenue Transversale du bâtiment principal de l'Exposition, un vaste pavillon qui était appelé communément le Pavillon de *Punch*. MM. Bradbury and C° sont les éditeurs du célèbre journal humoristique qui porte ce nom, et ils avaient personnifié la figure bien connue du Polichinelle anglais dans une petite statuette polychrome qui attirait les regards de tous les visiteurs.

La réputation du journal *Punch* est universelle, et, sans trop s'avancer, on peut dire que les caricatures et le texte de M. Punch serviront un jour à ceux qui voudront écrire l'histoire de l'Angleterre au XIXᵉ siècle.

La collection complète comprend trente-quatre années renfermées dans 17 volumes, dans lesquels on trouve les meilleurs dessins des Tenniel et des John Leech.

Les *Handy volumes*, édition dans le format in-32, offraient, dans l'exposition de MM. Bradbury and C°, d'excellents spécimens de la fabrication des livres en Angleterre. On y retrouve ces caractères un peu grêles, mais si pleins de netteté, ces tirages soignés à la presse mécanique, ce papier teinté et enfin ces cartonnages à la fois souples et élégants; le tout forme un ensemble complet au milieu duquel rien ne détonne et qui impressionne favorablement à première vue l'amateur de livres.

Citons dans cette série une *Bible* en 11 volumes et un *Shakespeare* en 13 volumes, dans lesquels une exécution excellente n'exclut pas le bon marché. Nous ne quitterons pas MM. Bradbury and C° sans avoir parlé de l'*English Cyclopædia*, pour la rédaction de laquelle les éditeurs ont fait appel aux sommités de la littérature et de la science. Cette importante publication forme 12 volumes in-4°, comprenant 15,000 pages, 7,000 gravures sur bois et un atlas de 44 cartes en couleur; elle présente aussi bien à l'homme d'étude qu'à l'homme de science une foule d'informations et de renseignements précieux.

MM. Lockwood, Crosby and C° exposaient, à côté de quelques grands ouvrages sur l'architecture et des travaux publics, leur excellente collection de traités technologiques de Weale, divisés en trois séries bien distinctes : science, éducation et art.

Le Sunday school Union présentait une jolie série d'ouvrages pour les enfants, pour les classes ouvrières et pour les écoles du dimanche, édités surtout en vue de la propagande religieuse.

Les deux grands périodiques illustrés anglais avaient tenu à honneur de justifier leur grand et légitime succès en mettant sous les yeux des visiteurs de l'Exposition du Centenaire une suite de leurs meilleures gravures sur bois. L'Illustrated London News est un des plus anciens journaux illustrés publiés, croyons-nous, en Europe; il a rendu de grands services à la gravure sur bois par les progrès qu'il a su lui faire faire, et depuis près de quarante ans, avec une activité qui ne se dément pas, tient le public de la Grande-Bretagne, et nous pouvons ajouter, du monde entier, au courant des grands faits ou événements au moment où ils viennent de s'accomplir.

Le Graphic ne compte que sept années d'existence, et dès son apparition il a pris une place au premier rang des publications de ce genre. L'actualité n'exclut pas l'art, et à côté de gravures largement traitées nous donnant des types, des paysages, des scènes vivantes des dernières guerres et des événements de chaque jour, nous y trouvons d'excellentes reproductions de tableaux d'après les meilleurs maîtres. Les propriétaires du *Graphic* avaient eu l'heureuse idée de mettre sous les yeux du public les différentes phases que doit parcourir un dessin sur bois pour arriver à être gravé, puis imprimé : c'était une démonstration vivante de la manière dont se fait un journal illustré.

L'établissement géographique de MM. W. AND A. K. JOHNSTON doit la grande partie de son succès et sa réputation à ce que ses propriétaires étaient en même temps éditeurs et hommes de science.

Le *Royal Atlas of modern Geography*, dressé sous la direction de M. A. Keith Johnston, décédé il y a peu d'années, fait autorité et est consulté par tous. Il comprend environ 50 planches in-folio, auxquelles est joint un index comprenant 150,000 noms géographiques contenus dans l'Atlas.

Le *Handy royal Atlas* et le *Cabinet Atlas* forment comme un abrégé de cette grande publication.

A côté de ces publications à l'usage des gens de science et d'étude il faut citer la série des Atlas classiques, qui font également le plus grand honneur à MM. W. et A. K. Johnston. Gravées et imprimées en couleur avec le plus grand soin, elles joignent au mérite d'une excellente exécution celui d'un extrême bon marché. Dans cet ordre de publications, signalons entre autres un atlas du prix de 1 fr. 25 cent. contenant 24 cartes dans le format in-4°.

Des cartes de cabinet et des cartes murales pour les écoles complètent la série des publications de cette importante maison.

M. JOHN BARTHOLOMEW, d'Édimbourg, présentait de bons spécimens de cartes géographiques et de plans gravés et imprimés dans son établissement,

MM. AUGENER AND C°, de Londres, avaient envoyé la série complète des grandes œuvres de musique classique publiées par M. Pauer et montraient à la fois une édition de luxe et une édition à bon marché de Mozart, Mendelssohn et Schumann.

A côté de bonnes œuvres de musique classique et de rééditions des opéras italiens imprimées principalement en typographie MM. NOVELLO, EWER AND C° offraient une curieuse édition en fac-simile du manuscrit original du *Messie* de Haendel.

Terminons en mentionnant les excellents spécimens en chromolithographie envoyés par MM. MARCUS, WARD AND C°. Albums pour enfants, *Valen-*

lines, images religieuses et autres, toutes les impressions qui sortent de cette maison ont un cachet particulier de goût et de bonne exécution.

Cette revue serait incomplète si nous n'ajoutions un mot sur l'exposition des Colonies anglaises. Le gouvernement du Canada avait fait une large place au département de l'éducation, et on pouvait se rendre compte de l'état prospère de la librairie classique éditée dans le Dominion. Il semble un peu calqué sur le système américain, et nous ne reviendrons pas sur la publication des séries de *readers,* d'ouvrages de géographie et d'arithmétique.

Nous avons constaté avec regret que les éditeurs de livres en langue française, notamment l'importante maison de J. B. Rolland et fils, de Montréal, s'étaient abstenus de concourir. Nous aurions examiné là avec plaisir des spécimens d'ouvrages imprimés dans notre langue, qui a laissé de si profondes racines dans le Bas Canada.

Signalons brièvement : The Lovel Printing and Publishing Company; J. Campbell, de Toronto; Hunter Rose and Cⁱ, de Toronto, et A. W. C. Mac Kinlay, comme ayant exposé des livres classiques et de littérature générale d'une bonne fabrication courante.

Un grand atlas publié par MM. Walker et Miles, de Toronto, est digne d'arrêter un instant l'attention. Cet atlas passe pour être la publication la plus complète sur la géographie du Canada et est rempli des renseignements les plus utiles.

Dans les Colonies australiennes, on remarquait : les Rapports officiels du gouvernement de Victoria, les Comptes rendus des débats des Chambres du gouvernement de Queensland, enfin des Recueils de bulletins et ordonnances et un grand ouvrage sur les Animaux d'Australie présentés par Thomas Richards, imprimeur du Gouvernement à Sydney.

En résumé, les publications présentées par la librairie anglaise à Philadelphie étaient en nombre trop restreint pour pouvoir servir de terme de comparaison, mais suffisant pour faire regretter que l'industrie typographique, une des plus florissantes de ce grand pays, n'ait pas été plus largement représentée.

EMPIRES D'ALLEMAGNE ET D'AUTRICHE.

La prospérité du commerce de la librairie en Allemagne date du xvᵉ siècle. Les bords du Rhin ont vu naître et grandir la grande invention de Gu-

tenberg, et l'on peut considérer l'Allemagne comme le véritable berceau
de la typographie. C'est avec un légitime orgueil que la Collectivité des
libraires allemands avait inscrit sur son catalogue la date de 1440, à
laquelle on est d'accord pour faire remonter la découverte de l'imprimerie.

De Strasbourg et de Mayence sont partis les premiers typographes pour
enseigner leur art en France, en Angleterre, en Italie, en Espagne et en
Hollande. Dès le commencement du xvie siècle, à Francfort-sur-le-Mein,
se tenait une foire annuelle où la librairie était largement représentée et
où des marchands venaient s'approvisionner en livres de tous les pays de
l'Europe. Bientôt après Francfort céda la place à Leipzig, qui devint définitivement le grand marché de la librairie allemande et resta un trait
d'union entre les différents pays germaniques, alors si profondément divisés au point de vue politique.

Depuis la fin du siècle dernier, les libraires, les éditeurs de cartes, de
musique et d'estampes, aussi bien que les libraires détaillants, forment
une vaste corporation dont le centre d'action et de réunion est à Leipzig.

C'est en effet dans cette ville qu'arrivent toutes les demandes de livres
faites des différents points de l'Allemagne et de l'étranger, pour être de là
expédiées à qui de droit. Une foire annuelle, qui se tient aux environs de
Pâques, réunit les libraires; les comptes, suivant une règle commune,
sont réglés à cette époque, et de nouvelles affaires sont conclues ou commencées.

En 1875, 4,616 éditeurs ou libraires détaillants ont ainsi correspondu
entre eux par l'entremise de Leipzig. Sur ce chiffre total, 3,473 de ces
adhérents appartiennent à l'Allemagne, 563 à l'empire Austro-Hongrois
et 580 aux autres pays. Un des effets directs de cette concentration du
commerce des livres entre les mains de quelques commissionnaires est de
répartir la production dans un nombre relativement considérable d'éditeurs, fixés sur tous les points de l'Allemagne et même dans les plus petites localités.

Les trois plus grands centres d'éditeurs sont Leipzig, Berlin et Stuttgart;
mais la prépondérance de ces trois villes, en ce qui concerne le chiffre des
ouvrages qui y sont édités, n'est pas aussi considérable qu'on pourrait le
croire au premier abord, et elle se réduit même en réalité à des proportions relativement très-minimes.

Depuis quelques années, la moyenne des ouvrages nouveaux publiés
annuellement en Allemagne est de 12,000, et le chiffre des affaires de
librairie peut varier de 75 à 85 millions de francs, non compris les journaux, les périodiques expédiés par la poste et autres publications qui
échappent au contrôle.

Les éditeurs de Leipzig, qui semblaient s'être abstenus systématiquement d'exposer à Vienne, avaient voulu prendre à Philadelphie une revanche éclatante. Sans doute le souvenir des diplômes d'honneur accordés en 1873 à la Collectivité des libraires de Stuttgart et au Cercle de la librairie de Paris devait engager la masse des éditeurs allemands à sortir de l'inaction.

Le Börsenverein de Leipzig prenait donc l'initiative, et 157 membres de l'association répondaient à son pressant appel pour former une puissante collectivité. Des fonds étaient votés par les intéressés pour l'organisation de l'exposition, et le Gouvernement impérial lui-même leur venait en aide en leur accordant une importante subvention. Toutes les industries se rattachant au commerce de la librairie avaient tenu à honneur de se faire représenter au Centenaire : les fondeurs en caractères, les éditeurs de musique, exposaient à côté des graveurs sur bois, des stéréotypeurs et des chromolithographes.

Le comité d'exposition avait son siége à Leipzig et était présidé par M. Lorck, le savant directeur des *Annales de Typographie,* dont tous les libraires avaient pu apprécier la compétence à l'Exposition de Vienne.

Ce comité avait fait préparer et imprimer avec soin un catalogue qui contenait, à la suite des noms de chacune des maisons ayant contribué à la collectivité, un aperçu de leurs principales publications.

Le pavillon qu'occupait la librairie allemande avait été construit également par les soins du comité de direction. Les bustes de Gutenberg, d'Albert Dürer et de Sennefelder personnifiaient pour ainsi dire l'imprimerie, la gravure sur bois et la lithographie, et rappelaient trois noms glorieux pour l'Allemagne. Les livres étaient exposés sur des tables ou dans des rayons accessibles à tous, et pouvaient être feuilletés et examinés à loisir par les visiteurs. Bien que le pavillon fût vaste, il se trouvait insuffisant en présence du grand nombre des exposants et des volumes ; il était presque impossible d'y établir une classification parfaitement méthodique ; les recherches devenaient par suite quelquefois difficiles. Une autre critique pouvait être faite : si l'exposition était aussi complète que possible au point de vue d'une collectivité, si elle donnait tout ce qu'on peut demander à cet égard, c'est-à-dire en donnant de bonnes idées d'ensemble, elle devenait moins satisfaisante pour qui l'abordait avec l'intention d'examiner séparément chaque maison importante. Pour servir de base à des jugements sur le mérite individuel des exposants, elle était manifestement insuffisante, et au surplus elle n'avait pas été organisée dans ce but.

Nous pouvons donc regretter que certains grands éditeurs n'aient pas cru devoir faire une installation particulière et plus complète à côté de l'exposition collective; ils auraient ainsi permis d'étudier et de comparer plus à fond leurs publications qui se trouvaient confondues dans l'exposition générale. Nous croyons être d'autant plus fondé à exprimer ce regret, que les libraires allemands ne se présentaient pas pour obtenir une seule et unique récompense collective, mais que chaque exposant concourait séparément.

Nous devons parler en première ligne de la maison Brockhaus, de Leipzig, dont la réputation est universelle. C'est un des établissements les plus considérables qui existent aujourd'hui. A l'exception de la fabrication du papier, MM. Brockhaus concentrent sous leur direction toutes les branches des industries qui concourent à la fabrication du livre. A côté de l'imprimerie typographique, où travaillent 25 presses à vapeur et 10 presses à bras, se trouvent une fonderie de caractères, une imprimerie lithographique, une imprimerie en taille-douce, des ateliers de gravure sur bois et en taille-douce, de stéréotypie et de galvanoplastie.

La reliure est aussi faite dans cette vaste maison, qui joint à la vente des livres édités par elle un commerce de commission des plus étendus. L'établissement a été fondé en 1805 par F. A. Brockhaus et prend chaque année un nouvel accroissement.

Une des publications principales est le *Dictionnaire de la Conversation* (*Conversations Lexikon*), encyclopédie universelle en 15 volumes in-8°, que doit posséder, en Allemagne, chaque particulier ayant une bibliothèque. Ce dictionnaire, qui a atteint sa 12e édition, a été vendu à plus de 300,000 exemplaires, et il a servi de type à toutes les publications du même genre éditées à l'étranger.

Le *Bilder Atlas,* iconographie complète des sciences et des arts, comprenant 8 volumes de planches et 2 de texte, peut être considéré comme complétant le *Conversations Lexikon.* Dans les grands ouvrages illustrés, il faut citer les *Galeries de Goëthe, de Schiller et de Lessing,* publiées dans trois formats différents; les *Voyages de Rohlf et de Schweinfurth* en Afrique et la relation de la *Grande expédition allemande au pôle nord.* Toutes les branches de la littérature et de la science sont largement représentées dans le catalogue de la maison Brockhaus; les littératures étrangères n'y sont pas oubliées, et on trouve, à côté d'une bibliothèque des classiques allemands depuis le moyen âge jusqu'à nos jours, d'intéressantes collections des œuvres des meilleurs auteurs italiens, espagnols, portugais, polonais et hollandais.

La fondation de la librairie Cotta, de Stuttgart, remonte à 1640. Depuis cette époque, cette importante maison a eu l'honneur d'éditer les ouvrages de presque tous les grands écrivains allemands.

Il y a peu d'années encore, elle avait le droit exclusif de publier les œuvres de *Goëthe* et de *Schiller*. Une suite intéressante de bonnes éditions, dans différents formats, des deux grands classiques allemands figuraient en première ligne dans l'exposition de la librairie Cotta. N'oublions pas de belles éditions illustrées du *Faust* de Goëthe, du *Reinecke Fuchs*, d'après les dessins de Kaulbach, et de *la Fille aux pieds nus* d'Auerbach. De même que les Brockhaus, les Cotta fabriquent entièrement le livre dans leur établissement; ils sont en outre propriétaires de la célèbre *Gazette d'Augsbourg*.

Le nom de TAUCHNITZ est bien connu des lecteurs anglais : la collection des *British Authors*, comprenant plus de 1,600 volumes, est répandue maintenant dans tous les pays en dehors des possessions anglaises et atteint une vente considérable. La série des éditions des meilleurs classiques grecs et latins jouit aussi d'une réputation universelle.

Il ne faut pas oublier, en citant cette maison, de parler de sa collection de dictionnaires, parmi lesquels notons le *Dictionnaire technologique* de Tollhausen, de ses Bibles en hébreu, en grec et en latin, et surtout des *Monumenta sacra*, édités par Tischendorf.

Sans contredit, une des parties les plus intéressantes de l'exposition de la librairie allemande était celle réservée à JUSTUS PERTHES, de Gotha, et à son Institut géographique. Porter un jugement sur les *Atlas* de Stieler et de Sydow, sur les grandes *Cartes* de Petermann, c'est entrer plutôt dans le domaine de la science que dans celui de la librairie; mais nous pouvons parler de ces belles productions au point de vue de la bonne exécution de la gravure et en louer l'impression. Les *Geographische Mittheilungen* du docteur Petermann figurent aussi au rang des plus utiles publications de Justus Perthes; n'oublions pas enfin l'*Almanach de Gotha*, qui compte 114 années d'existence, et dont les informations sont une source de renseignements précieux pour le présent et pour l'avenir.

L'Allemagne est le pays où les publications concernant la bibliographie sont l'objet des études et des recherches les plus nombreuses. A côté du *Börsenblatt*, qui enregistre tous les ouvrages nouveaux au fur et à mesure de leur apparition, se groupent de nombreux journaux et catalogues généraux paraissant périodiquement. Le *Catalogue complet* de Kayser (*Vollständiges Bücher-Lexicon*), publié par WEIGEL, forme 18 volumes comprenant tous les livres publiés en Allemagne de l'année 1750 à l'année 1870. Citons encore les *Catalogues raisonnés* de HINRICHS et l'*Address-Buch* de SCHULZ, et enfin les *Annales de Typographie*, recueil périodique, un des organes les plus autorisés pour l'industrie du livre, qui a pour directeur M. Lorck, un des organisateurs les plus actifs de la Collectivité de Leipzig.

Il n'entre pas dans notre cadre de passer en revue les 157 maisons allemandes qui avaient figuré à l'Exposition du Centenaire; nous nous contenterons de donner les noms des plus importantes. Nous nommerons : pour les grandes publications illustrées, Ackermann, de Munich, éditeur des *Trésors de la Chapelle royale*, avec de nombreuses chromolithographies; J. G. Bach, de Leipzig, qui exposait les *Costumes nationaux de l'Allemagne*, ouvrage orné de planches en couleurs. Nous citerons ensuite : Engelmann, de Leipzig, pour le *Papyros Ebers;* Fischer, de Cassel, pour les *Paleontographica;* G. W. Seitz, de Wandsbeck, pour les belles planches en couleur des *Paysages du Nil;* Wagner, de Berlin, pour les bonnes reproductions des *Aquarelles d'Hildebrandt;* et Weigel, pour ses ouvrages d'architecture; puis enfin, à la suite, les importantes maisons de Dürr, Otto Spamer, Engelhorn, Grote, Bædeker, dont les éditions d'ouvrages illustrés sont justement appréciées.

Dans les publications concernant la géographie, il serait injuste d'oublier Reimer, de Berlin, éditeur des excellents *Atlas* de Kiepert, et Ernst Schotte, qui avait envoyé sa collection de globes à bon marché.

L'Illustrirte Zeitung, de Leipzig, le Daheim et le Bazar, ce dernier grand journal de modes allemand imité, traduit et reproduit dans toutes les langues, présentaient des spécimens de la presse périodique illustrée.

Enfin le commerce de la musique était représenté surtout par l'importante maison Breitkopf et Härtel, qui exposait à côté d'excellentes collections à très-bon marché les superbes éditions in-folio des *OEuvres complètes* de Bach, Beethoven, Mendelssohn et Mozart.

Les libraires autrichiens n'avaient pas, en réalité, pris des dispositions particulières pour envoyer leurs produits à Philadelphie.

Les livres qu'il nous a été permis d'examiner étaient compris dans l'exposition des architectes et des ingénieurs civils de Vienne: ils consistaient principalement en grands ouvrages imprimés avec le plus grand soin, contenant de fort belles planches et concernant la technologie, les travaux publics et l'architecture; ils portaient les noms des grands éditeurs autrichiens, les Gerold, les Lehmann et Wentzel, les Ernst et Korn et les Waldheim.

En résumé, à part quelques exceptions très-regrettables, telles que celles des Decker, des Teubner, des Bruckmann et des Giesecke et Devrient, l'exposition de la Collectivité de Leipzig présentait un ensemble aussi com-

plet que possible. Si elle ne donnait pas aux visiteurs des éléments suffisants pour apprécier chaque exposant en particulier, elle lui permettait
cependant de juger, en un coup d'œil, de l'état de l'industrie du livre en
Allemagne. L'impression générale était bonne, les qualités et les défauts
relevés aux Expositions précédentes restent intacts. Si l'on peut reprocher
aux typographes allemands de n'avoir guère adopté les caractères romains
que pour les ouvrages de science et d'employer presque exclusivement les
types gothiques, il faut leur savoir gré du soin apporté à la correction
et à l'impression du texte.

Les reliures allemandes n'ont pas la simplicité de bon goût qui fait rechercher les cartonnages anglais; mais nous avons pu constater de remarquables résultats dans la gravure sur bois et les impressions en couleur.

Il est à regretter que la Collectivité des libraires allemands ait demandé
pour ainsi dire à diviser ses forces et n'ait pas, à l'exemple du Cercle de la
librairie de Paris, concouru pour une seule et unique récompense, car le
Jury aurait eu la satisfaction de rendre justice aux efforts qui avaient présidé à cette imposante manifestation collective.

PAYS-BAS.

L'exposition collective des libraires hollandais offrait l'ensemble le plus
intéressant et le plus complet; de plus, elle était disposée avec une méthode
qui facilitait singulièrement les études et les recherches. Les idées qui
avaient présidé à l'organisation de cette exposition étaient présentées dans
la préface d'un catalogue in-8°, systématiquement ordonné et comprenant
la liste des ouvrages envoyés par les 126 libraires éditeurs qui avaient
pris part à ce concours. L'ordre du catalogue avait été suivi en disposant
dans les vitrines les livres eux-mêmes : chaque volume était numéroté et
portait son prix marqué en face de la page de titre. A de très-rares exceptions près, le comité n'avait admis que des livres d'origine absolument
hollandaise.

Si nous suivons dans notre examen l'ordre adopté par le catalogue,
nous trouvons en premier lieu les intéressantes publications bibliographiques de Brinkman et de bonnes histoires de l'art typographique. Dans
la classe des ouvrages religieux, une belle édition de la *Bible*, avec les illustrations de Gustave Doré, offrait un excellent spécimen de l'impression
typographique de texte et de gravure. La *Monographie de l'île de Bornéo*
de Schwaner, la *Bibliotheca ichthyologica et piscatoria* de Bosgoed, le grand
Traité de Zoologie de Burgersderk, tous ouvrages illustrés de nombreuses
planches, notamment en couleur, faisaient honneur aux éditeurs de livres

scientifiques. Citons encore dans le même ordre les publications de l'Académie des sciences d'Amsterdam et l'*Encyclopédie illustrée* de Brinkman.

La littérature hollandaise était représentée par un véritable monument, les *OEuvres complètes* du poëte Vondel, le Shakespeare hollandais, éditées et imprimées avec le plus grand soin par les frères BINGER, d'Amsterdam. Cette édition forme 12 volumes grand in-8° et contient de belles gravures d'après les meilleurs artistes hollandais. N'oublions pas la collection à bon marché, publiée par THIEME, des meilleurs romanciers hollandais, à la tête desquels nous devons nommer J. van Lennep, le célèbre auteur des *Aventures de Ferdinand Huyck.*

La librairie d'art exposait surtout de beaux ouvrages accompagnés d'eaux-fortes et de chromolithographies, d'après les grands maîtres hollandais ou flamands.

La plupart de ces ouvrages, notamment celui portant pour titre *École hollandaise,* témoignent que la chromolithographie de luxe a fait de sérieux progrès dans les Pays-Bas.

Quand nous aurons cité pour mémoire de nombreux ouvrages d'éducation et d'enseignement et une intéressante collection des journaux les plus répandus, nous aurons terminé cette rapide revue de la collectivité de la librairie hollandaise.

Qu'il nous soit permis de dire que cette exposition d'ensemble permettait de voir que les glorieuses traditions typographiques du xvi° et du xvii° siècle sont encore vivantes dans un pays qui a eu la gloire de donner le jour aux Elzévirs.

Les conclusions du Jury international ont été des plus favorables à l'association des libraires hollandais; nous constaterons avec plaisir ces éloges mérités, qui sont dus en grande partie aux efforts de MM. THIEME, VAN KAMPEN, BRINKMAN, BROMOER, VAN DYCK et VAN HOLKEMA, les organisateurs de cette exposition.

BELGIQUE.

Nous avons peu à dire sur les libraires-imprimeurs belges, dont un petit nombre seulement s'étaient fait représenter au Centenaire. Nous signalons avec plaisir quelques exceptions notables aux abstentions que nous avons eu le regret de constater.

La maison DESSAIN, de Malines, avait envoyé ses ouvrages de liturgie catholique et sa collection de livres de prières et de piété. Plusieurs de ces volumes, notamment les Missels et les Bréviaires imprimés en noir et rouge, témoignent d'une bonne fabrication courante et méritent des éloges.

La librairie Manceaux, de Mons, fondée en 1772, édite, à côté d'une série de publications destinées aux enseignements primaire et secondaire, des ouvrages de science pure et de médecine.

Callevaërt, de Bruxelles, est l'éditeur de Méthodes d'écriture, de lecture et autres concernant l'enseignement primaire.

Enfin une place importante était réservée à la librairie d'architecture et d'art dirigée par J. Claesen, de Bruxelles. Citons, parmi les œuvres importantes publiées par cette maison, les *Motifs d'architecture*, la *Flore pittoresque*, les *Tableaux décoratifs* de Carpey, et surtout le *Livre d'ornements* de Lienard, dont les planches à l'eau-forte sont remarquables d'exécution.

SUISSE.

La Confédération Helvétique avait consacré une large part de son exposition à l'éducation proprement dite, et c'était dans ce département qu'il fallait principalement rechercher les produits de la typographie et de la librairie. Les collections les plus intéressantes d'ouvrages classiques exposées étaient éditées par Schultess, de Zurich; Christen, d'Aarau; Dalp, de Berne; Huber, de Frauenfeld, et Orell Fussli et Cie, de Zurich.

L'Alpenclub, de Berne, avait envoyé son Annuaire, publié depuis douze ans; il contient d'excellentes cartes des principaux districts visités par les ascensionnistes, et notamment celles du Valais, des environs de Martigny et de Zermatt.

Nous avons ici encore à mentionner aussi une abstention regrettable, celle de MM. Benziger frères, d'Einsiedeln, le plus vaste établissement typographique qui existe en Suisse. Les relations très-étendues que cette maison entretient avec les États-Unis auraient fait espérer qu'elle exposerait ses ouvrages si justement appréciés.

Citons aussi, pour mémoire, la cartographie suisse, qui se tient au premier rang et dont malheureusement de trop rares spécimens figuraient dans l'examen des produits réservés au groupe XXVIII.

ITALIE.

Quelques éditeurs seulement, et parmi eux Brigola, de Milan, avec des ouvrages classiques et scientifiques, Gravina, de Palerme, avec une Monographie richement illustrée de la cathédrale de Monreale, représentaient la librairie italienne. Par contre, l'exposition de certains éditeurs de musique était digne de fixer l'attention. Dans ce genre, Lucca avait envoyé de bonnes éditions des Opéras de Verdi et de Donizetti; mais nous devrons nommer en première ligne T. Ricordi, de Milan.

La fondation de cet établissement remonte à plus de 60 ans. Giovanni Ricordi, père du directeur actuel, a pour ainsi dire créé ou transformé le commerce de la musique en Italie; il avait fait son apprentissage en Allemagne, et les premiers morceaux qu'il a publiés ont été gravés par lui-même.

Les noms des musiciens les plus illustres figurent sur le catalogue des œuvres publiées par la maison Ricordi; citons au hasard Bellini, Donizetti, Mercadante, Meyerbeer, les frères Ricci et Verdi.

Des éditions à bon marché, remarquables par la netteté de la gravure et de l'impression, justifieraient à elles seules la réputation presque universelle de cette maison. Disons, en passant, que M. Ricordi est en outre éditeur d'un recueil périodique estimé, la *Gazette musicale de Milan;* qu'il emploie constamment plus de 200 ouvriers, occupés soit à la gravure, soit aux presses typographiques ou lithographiques. Enfin, depuis sa création, cette maison a publié 45,000 œuvres musicales de tous genres, écrites par plus de 2,000 compositeurs italiens ou étrangers.

SUÈDE ET NORWÉGE.

L'exposition de l'Imprimerie centrale de Stockholm suffisait pour faire porter un jugement favorable sur l'état actuel de la typographie suédoise. Les ouvrages sortis des presses de cette maison se distinguent par le soin apporté au tirage aussi bien du texte que des gravures; on remarquait aussi de bons spécimens d'impression en couleur. La fondation de cet établissement ne remonte qu'à peu d'années, mais il a conquis dès son début une place importante : il occupe 12 machines en typographie, 4 machines lithographiques, et possède une fonderie de caractères et des ateliers de reliure et de cartonnage; le chiffre annuel d'affaires peut être évalué à 800,000 francs.

MM. Key Axel et Retzius, de Stockholm, avaient envoyé d'intéressants ouvrages de médecine, accompagnés de fort belles planches en couleur.

Quant à la Norwége, elle était représentée par Jensen, de Christiania, éditeur d'ouvrages illustrés; par Beutzen, de la même ville, qui exposait une *Grammaire russo-norwégienne* de bonne impression courante, et enfin par l'Association des touristes norwégiens, dans la vitrine de laquelle on remarquait une collection d'*Annuaires* et une excellente *Carte orographique de la Norwége.*

RUSSIE.

La Russie comptait peu d'exposants dans la section de la librairie et de l'imprimerie. Il faut donc remercier les rares éditeurs qui ont permis d'examiner à Philadelphie quelques livres russes.

Le plus important d'entre eux est WOLF, qui exposait de beaux ouvrages illustrés imprimés dans ses ateliers de Saint-Pétersbourg. UNGER, de Varsovie, avait envoyé son *Recueil périodique illustré;* enfin JURGENSON, de Moscou, représentait l'impression de la musique.

En dehors des noms que nous venons de citer, il faut parler des publications géographiques du colonel ILLYNE. Quiconque s'occupe en France de cartographie se souvient du succès qu'ont obtenu en 1875, au congrès géographique de Paris, les *Atlas* et les grandes *Cartes* publiées par cette maison. L'effet produit à Philadelphie n'a pas été moindre, et là le succès a été aussi complet.

Ne quittons pas la Russie sans parler de l'EXPÉDITION DES PAPIERS DE l'ÉTAT, cette grande institution nationale qui touche de si près et par tant de côtés à l'industrie du livre. Près de 2,000 ouvriers sont occupés dans l'établissement où est fabriqué le papier filigrané, où travaillent plus de 50 presses mécaniques, et où enfin sont mis en pratique avec la plus grande habileté tous les procédés connus de l'héliogravure et de la galvanoplastie.

BRÉSIL ET RÉPUBLIQUE ARGENTINE.

L'Amérique du Sud est encore un pays presque neuf pour l'art de la typographie : elle s'est laissé de beaucoup devancer par ses voisins du Nord dans l'industrie du livre; il serait injuste néanmoins de méconnaître les efforts qui sont tentés et de ne pas leur donner de justes éloges. L'IMPRIMERIE NATIONALE de Rio-de-Janeiro rend d'utiles services au Gouvernement impérial du Brésil en imprimant la *Gazette officielle* et les *Recueils des lois et rapports.*

L'impression courante présente des résultats satisfaisants; nous avons également remarqué de bons spécimens de stéréotypie.

L'INSTITUT ARTISTIQUE de Rio présentait des ouvrages sur les Oiseaux du Brésil et sur les Chemins de fer, accompagnés de planches en chromolithographie.

Les maisons LAEMMERT et ALVÈS avaient envoyé des ouvrages de science et d'éducation.

Enfin Leuzinger, de Rio, se distinguait par d'honorables spécimens d'impressions courantes en typographie ou en lithographie et par des publications industrielles ou commerciales.

Pour ce qui concerne la république Argentine, le Ministère de l'instruction publique avait envoyé une collection de rapports officiels et d'ouvrages sur la science, l'éducation, les finances et la jurisprudence. L'impression des volumes est en général assez satisfaisante, mais on peut reprocher aux éditeurs l'emploi de papier de qualité inférieure, ce qui nuit aux résultats qui pourraient être obtenus.

En terminant cette étude sommaire sur l'imprimerie et la librairie à l'Exposition de Philadelphie, essayerons-nous de jeter un coup d'œil en arrière et d'examiner quelle part chaque nation a prise dans ce grand concours international au point de vue de l'industrie du livre? Ce serait une tentative téméraire; les conditions mêmes où la typographie s'est particulièrement trouvée au Centenaire rendent presque impossible ce jugement d'ensemble. Ce n'est pas, croyons-nous, dans une exposition comme celle de Philadelphie, si éloignée des grands centres historiques de la production, si peu entourée de renseignements ou de garanties d'exactitude qu'un tel concours exigerait, ce n'est pas là qu'il faut aller s'instruire pour décider à quel pays doit appartenir la prépondérance.

Les termes de comparaison manquaient justement dans les circonstances où il aurait été le plus utile de les avoir pour porter un jugement parfaitement exact. La représentation à Philadelphie était fort inégale : les imprimeurs-libraires anglais, par exemple, s'étaient systématiquement abstenus, ainsi que nous en avons exprimé plus haut le regret. En France, en Allemagne, en Hollande, les expositions collectives couvraient, jusqu'à un certain point, les trop nombreuses abstentions; mais si des expositions de ce genre ont l'avantage de présenter pour l'ensemble d'un pays un tableau complet, elles sont d'autre part trop restreintes pour permettre à un examinateur sérieux d'élucider à fond toutes les questions et d'étudier tous les mérites individuels en parfaite connaissance de cause.

Le nombre des récompenses distribuées respectivement à chaque pays ne peut pas davantage être un élément d'appréciation : pour nous en convaincre, il suffira de dire que les 157 maisons ayant participé à la Collectivité de Leipzig concouraient séparément pour les récompenses, tandis que le Cercle de la librairie de Paris, qui représentait 47 exposants, et l'Association des libraires hollandais, qui comprenait 126 imprimeurs-libraires, n'entraient en compétition chacun que pour une seule médaille. Nous ne pouvons donc que constater les résultats acquis sans trop chercher à les comparer.

Aussi nous bornerons-nous à tirer de l'enquête à laquelle nous nous sommes livré deux conclusions seulement : l'une particulière, c'est que l'antique supériorité de la France sur beaucoup de points nous a paru aussi indéniable que jamais, éclatante surtout dans ces éditions de grand luxe, dans ces ouvrages d'architecture, d'art appliqué à l'industrie et aux travaux publics, qui jetaient un vif éclat et ne craignaient aucune comparaison ; cette supériorité, nous pouvons le dire avec quelque orgueil, s'affirmait et se résumait dans l'ensemble plein de goût et d'harmonie que présentait l'exposition du Cercle de la librairie.

L'autre conclusion, plus générale, et non moins encourageante, c'est que, si nous continuons à garder notre rang, nos rivaux ne se ralentissent pas dans leurs efforts : la librairie allemande avec son ensemble compacte, imposant, de publications surtout scientifiques, la librairie anglaise avec son luxe de bon aloi, la librairie américaine avec sa variété, sa richesse, surtout en matière d'éducation primaire, et ses audaces, la librairie hollandaise avec sa persévérante solidité, toutes présentent des mérites qui leur sont propres. Assurément une industrie qui se renouvelle et se perfectionne avec une aussi incessante activité n'est pas menacée de décadence ; l'art typographique grandit tous les jours, et la librairie comprend et remplit de mieux en mieux la grande mission civilisatrice qui lui est confiée.

R. FOURET.

INSTRUMENTS DE PRÉCISION.

RAPPORT DE M. E. LEVASSEUR,

MEMBRE DU JURY INTERNATIONAL.

Le groupe dont nous avons à rendre compte, et qui faisait partie du troisième département, comprenait deux classes d'objets entièrement différentes : les instruments de précision et les instruments de musique. Il était impossible que les mêmes juges fussent compétents sur l'une et l'autre matière : une division du travail s'imposait naturellement, et la musique a formé en quelque sorte une sous-section dont les membres ont pris l'entière responsabilité des jugements dont ils ont proposé l'acceptation à leurs collègues. Dans la catégorie même des instruments de précision, la diversité était grande, puisqu'on y trouvait : les instruments d'optique, dont les astronomes et les micrographes sont les juges naturels; les instruments de physique employés dans les sciences et les appareils relevant plus ou moins directement de la science, tels que compteurs pour l'eau ou le gaz, les balances, les poids et mesures, les chronomètres et toute l'horlogerie, qui constitue, dans la science comme dans l'industrie, une branche toute spéciale; les appareils de météorologie, de sondage des mers, les compas et autres instruments de mathématiques, les ustensiles propres aux analyses chimiques, enfin toute l'électricité avec la télégraphie. La Commission organisatrice de l'Exposition n'aurait sans doute pas pu constituer une section distincte pour chacune des sciences; mais la tâche du Jury était difficile, et il eût été bon au moins que les jurés de la musique eussent en droit une indépendance qu'en fait il a été nécessaire de leur laisser.

Les juges étaient au nombre de onze. Six représentaient les États-Unis : M. Joseph Henry, un des physiciens dont le nom honore la science américaine, longtemps professeur au collége de Princeton, aujourd'hui secrétaire de l'Institut smithsonien à Washington; M. A. P. Barnard, savant physicien, président du collége Columbia, à New-York; M. J. E. Hilgard, astronome du Coast Survey et membre de la Commission internationale du mètre; M. J. C. Watson, directeur de l'observatoire d'Ann Arbor, dans le Michigan; M. le général Henry Oliver, du Massachusetts, et M. Bristow, de New-York. Cinq juges représentaient les autres pays : pour l'Angleterre, M. William Thomson, le savant physicien, membre de la Société royale de Londres; pour la France, M. E. Levasseur, membre de l'Institut; pour l'Allemagne, M. Schiedmayer; pour l'Autriche, M. Kupka; pour la Suisse, M. Favre-Perret. M. William Thomson a été élu président par les membres du groupe, et lorsqu'il a été obligé de quitter l'Amérique, M. Hilgard a été désigné pour occuper sa place.

ÉTATS-UNIS.

L'exposition la plus intéressante était celle des États-Unis. Il en était ainsi dans presque tous les départements, et il était naturel qu'il en fût ainsi. Les États européens, ayant l'Atlantique à traverser, ne pouvaient envoyer qu'une quantité restreinte de produits à titre de spécimens de leur industrie. Ils avaient d'ailleurs peu de nouveautés à montrer depuis l'Exposition de Vienne, où ils avaient déployé toutes leurs forces; beaucoup de fabricants, faisant la balance des frais qu'une lointaine exposition entraînait et des avantages qu'ils pouvaient avoir à se faire connaître sur un marché très-important sans doute, mais en partie fermé par l'élévation des droits de douane, avaient préféré s'abstenir. Les États-Unis étaient dans une toute autre situation : ils n'avaient paru que pour la forme en 1862 et en 1867. En 1873, ils avaient commencé à se montrer sous leur véritable jour; mais l'éloignement avait eu alors sur eux la même influence que sur les Européens à Philadelphie. En 1876 seulement il a été possible de juger de leur puissance industrielle. C'étaient eux non-seulement qui donnaient la fête, mais qui étaient le vrai spectacle : spectacle nouveau pour les Américains eux-mêmes, plus nouveau et plus instructif encore pour les Européens. Il fallait considérer de ce point de vue l'Exposition de Philadelphie. Ceux qui ont voulu prendre pour mesure de comparaison la manière dont telle nation européenne y était représentée et celle dont elle l'avait été à Vienne ou à Paris se sont mépris.

Les États-Unis comptaient 271 exposants inscrits au catalogue général pour le groupe des instruments de précision. Encore ce catalogue était-il incomplet; plusieurs particuliers, dont les vitrines étaient placées dans le bâtiment principal à côté de celles de leurs confrères, n'y figuraient pas, et le bâtiment de l'État qui renfermait les instruments de précision les plus intéressants n'y était pas mentionné.

L'administration désignée sous le nom de Coast Survey et le département de la guerre étaient les principaux exposants du groupe dans le bâtiment de l'État.

Le département de la guerre comprend un département particulier désigné sous le nom de *Geographical Surveys west of the hundredth meridian*, qui a entrepris une œuvre considérable, la Carte topographique des territoires situés à l'ouest du centième méridien ; il exposait les instruments de géodésie et de topographie qui sont employés dans les levés des officiers et les premières feuilles qui sont le résultat du travail. Les minutes sont dessinées à l'échelle de 1 pouce pour 2 milles et gravées à l'échelle de 1 pouce pour 8 milles (environ 1/86,000). L'ensemble se composera de 94 feuilles. Au milieu de l'année 1876, il y avait déjà 23 feuilles dessinées ; 12 feuilles gravées et imprimées figuraient à l'Exposition. Ce n'est pas assurément un travail exécuté avec le soin minutieux que les États européens ont apporté à la confection de leurs cartes d'état-major ; mais quand on songe à la modicité des ressources en argent et en hommes dont dispose relativement le Geographical Survey pour donner la carte d'un territoire presque grand comme la moitié de la France, on ne pourra s'empêcher d'admirer le résultat et la rapidité avec laquelle il a été obtenu. La Carte des territoires suffira certainement aux travaux de géologie et d'exploration et aux projets de colonisation jusqu'au jour où ces contrées auront une population assez nombreuse pour exiger un travail d'une précision définitive. Or, une grande partie de ces régions paraît être condamnée par la nature à rester déserte, et la plupart des États les plus peuplés de la grande République américaine sont loin de pouvoir montrer des cartes de leur propre territoire qui approchent de la carte du Geographical Survey.

Le « Coast Survey » a des attributions qui rappellent beaucoup celles du Dépôt des cartes de la marine et des ingénieurs hydrographes en France : il fait le levé des côtes des États-Unis et il en publie les cartes pour l'usage de la marine. L'établissement est situé à Washington ; il est bien installé, organisé non-seulement en vue de la production des cartes et de leur reproduction galvanoplastique, mais aussi en vue des observations astronomiques et des études géodésiques que nécessitent les travaux de ce genre. Le Coast Survey a des attributions plus étendues que celles des ingénieurs hydrographes en France ; car il travaille en ce moment à la mesure d'un arc de parallèle qui traversera les États-Unis d'un océan à l'autre et qui servira à la fois de base à une carte définitive des États-Unis et de complément aux travaux du même genre qui ont été exécutés en Europe depuis Picard pour déterminer la forme exacte de la terre. A Philadelphie, il exposait des instruments d'observation astronomique et de géodésie, parmi lesquels on remarquait la règle employée pour la mesure des bases, règle savamment construite en vue d'annuler les effets de la dilatation et d'éviter les erreurs du contact; on remarquait aussi ses planches gravées avec une grande finesse, ses productions galvanoplastiques et les cartes elles-mêmes, qui se placent assurément au rang des plus belles œuvres de ce genre tant par la précision du travail que par la beauté de l'exécution. En écrivant, j'ai sous les yeux comme spécimen la carte du *Mount Desert Island*, île de la côte du Maine, à l'échelle de 1/80,000; la gravure est d'un excellent effet, fine et claire, et quoique la feuille soit assez chargée, parce que le terrain est accidenté et couvert de bois, les moindres détails s'y lisent avec clarté, et la hachure, dessinée dans le système de la lumière verticale, n'en a pas moins un effet de relief saisissant.

Nous avons cité les deux principaux établissements qui s'occupent de travaux topographiques. Ils tombaient sous la juridiction du groupe par les instruments qu'ils exposaient plutôt que par leurs cartes; cependant, puisque nous avons parlé de ces cartes, nous devons au moins mentionner, pour être juste, l'Institut smithsonien, qui, parmi les nombreuses et utiles publications qu'il dirige ou qu'il patronne, compte d'importantes explorations, comme celle de M. Powell dans le bassin du Colorado de l'Ouest, et le *Land Office*, qui, chargé d'arpenter les terres du domaine public, a dressé deux cartes qui sont au nombre des œuvres de cartographie américaine dignes d'être citées, la Carte générale des États-Unis et la Carte des territoires de l'Ouest.

Dans un pays qui est presque aussi grand que l'Europe, et où le développement de la population, des constructions urbaines et des chemins de fer a été si rapide, les ingénieurs et les arpenteurs ont nécessairement beaucoup à faire et la fabrication des instruments d'arpentage est une industrie importante. Elle était bien représentée à l'Exposition, et plusieurs maisons se distinguaient par la bonne qualité de leurs produits : Young fils, de Philadelphie, établissement fondé en 1820, dont les instruments sont d'une bonne exécution et présentaient quelques dispositions ingénieuses et nouvelles dans la monture; Heller et Brightley, de Philadelphie, qui se recommandaient par des mérites du même genre; Gurley, de Troy (New-York), dont les instruments étaient travaillés avec un soin tout particulier; Kuebler, de Philadelphie; Buff et Berger, de Boston; James Prentice, de New-York; Keuffel et Esser, de New-York; Knox et Shain, de Philadelphie. La plupart de ces maisons fabriquent non-seulement des lunettes méridiennes, des niveaux, des boussoles et autres instruments d'arpentage, mais des règles, des compas, et en général tous les instruments de mathématiques. Leur clientèle s'étend, au delà du groupe des ingénieurs et des arpenteurs, dans la plupart des écoles d'enseignement supérieur, car l'arpentage et le nivellement font partie du programme d'études; les élèves s'exercent sur le terrain, et l'école doit avoir à cet effet tout le matériel nécessaire.

Une partie des instruments de mathématiques qu'emploient les États-Unis vient encore de Suisse, d'Allemagne ou de France, quoique la France se soit à cet égard laissé enlever une partie de la clientèle par ses deux émules. Mais les États-Unis apprennent à se suffire par eux-mêmes, et ils ont déjà commencé à étendre leurs relations sur les marchés étrangers; ils fournissent au Mexique, à l'Amérique du Sud et même, depuis quelques années, au Japon. Cependant les prix sont en général notablement plus élevés que ceux d'Europe; Nuremberg, Aarau, et même Paris pour les articles courants, fabriquent assurément dans des conditions beaucoup moins coûteuses que Philadelphie ou Boston.

Il y a un détail de fabrication qu'il n'est peut-être pas inutile de signaler. Les artisans français font en général leurs instruments d'arpentage et de nivellement de cuivre poli; ce système est sans doute bon lorsque ces instruments doivent être entre les mains de personnes qui sauront ou qui pourront les entretenir. Les artisans américains les revêtent ordinairement d'un vernis brun destiné à les protéger contre la rouille : les arpenteurs, qui travaillent souvent exposés aux intempéries, loin des villes, n'ayant ni les moyens de faire réparer les avaries ni le temps de les réparer eux-mêmes, s'en trouvent bien. Cet avantage n'est-il pas également apprécié sur les autres marchés de l'Amérique et sur ceux de l'Orient ?

Les États-Unis d'ailleurs empruntent encore à l'Europe une partie de leurs artisans et de leurs ouvriers. Nous avons remarqué entre autres M. Alteneder, originaire d'Aarau, qui exposait des compas et des tire-lignes d'une fabrication convenable, bien que le poli laissât quelque peu à désirer.

Parmi les constructeurs d'instruments de précision particulièrement destinés aux observations astronomiques et aux travaux de la science, nous devons citer : M. Fauth, de Washington, qui exposait une lunette équatoriale, un théodolite, et qui fournit en partie l'observatoire de Washington et le Coast Survey; MM. Young fils, de Philadelphie, dont la maison est depuis longtemps renommée pour la fabrication des cercles astronomiques, des sextants et des télescopes; MM. Riggs frères, de Philadelphie; M. Bliss, de New-York; M. Richtie, de Boston, dont les instruments de physique sont fabriqués avec un soin particulier et qui exposait, entre autres objets, une boussole marine d'une grande sensibilité; M. Rogers, professeur à Cambridge, qui exposait une très-belle machine à diviser.

Les instruments relatifs à l'électricité et surtout les appareils pour la télégraphie, dont on fait un beaucoup plus fréquent usage en Amérique qu'en Europe, les lunettes, lunettes ordinaires, lunettes de spectacle, pince-nez, et l'horlogerie occupaient une grande place dans cette partie de l'exposition américaine. Une des expériences les plus curieuses auxquelles l'électricité ait donné lieu est celle de la reproduction de la voix humaine à l'aide d'un tympan dont les vibrations étaient reproduites à une grande distance sur un autre tympan.

Le juré européen qui avait, en matière d'horlogerie, la plus grande compétence a été frappé des progrès accomplis depuis quelques années par les Américains dans cette industrie. Les États-Unis sont devenus, pour les articles communs et ordinaires, des concurrents redoutables de l'Europe : ils doivent ces progrès à l'organisation du travail dans de grands ateliers et à un emploi ingénieux et général de la mécanique. Deux fabriques tiennent la tête de cette industrie et suffisent à donner une idée de l'importance des résultats obtenus et des moyens employés en Amérique : l'Elgin Company livre 300 mouvements par jour; la Waltham Walch Company en livre 425. Cette dernière, qui est constituée avec un capital de 9 millions de francs, occupe 900 ouvriers, et, comme tout se fait à l'aide de machines, chaque ouvrier produit en moyenne trois fois plus que les ouvriers suisses. La fabrication américaine, qui n'était guère que de 13,000 montres, s'est élevée à 250,000.

FRANCE.

La France, comme les autres États européens, n'avait envoyé à Philadelphie qu'un nombre restreint d'échantillons de son industrie : il y avait eu de nombreuses abstentions, que l'éloignement expliquait et pouvait excuser. Les fabricants qui avaient pris la peine de venir, et qui ont supporté de grands frais sans trouver toujours une compensation suffisante dans des ventes que l'élévation des droits de douane rendait difficiles, n'en ont que plus de mérite pour avoir soutenu dans ce concours l'honneur de l'industrie nationale.

Deux expositions françaises attiraient entre toutes l'attention par leur mérite scientifique : celle de M. DELEUIL et celle de M. KOENIG.

M. Deleuil exposait une balance mécanique qui pèse les monnaies d'or et les distribue automatiquement dans trois réservoirs : celui des pièces bonnes, celui des pièces trop lourdes et celui des pièces trop faibles; elle indique même pour les bonnes pièces celles qui, dans les limites de la tolérance légale, sont au-dessus ou au-dessous du poids réglementaire. Cette balance, construite dans le même système que celle qui fonctionne à la Monnaie de Paris depuis 1874 et qui provient de la même fabrique, est un chef-d'œuvre de délicatesse et de précision. Les balances pour l'or et l'argent qui, pesant des poids de 50 kilogrammes dans chaque plateau, sont sensibles à 5 décigrammes, et même à 5 centigrammes en pesant 10 kilogrammes; les balances de chimiste sensibles à un demi-milligramme avec un poids de 10 kilogrammes et à 1/10 de milligramme avec un poids de 200 grammes; une balance de doreur qui permet de déposer d'une manière précise, au moyen d'un commutateur automatique, une quantité déterminée d'or ou d'argent sur une surface quelconque; une belle collection de poids et mesures, étaient également dignes de remarque. Je citerai encore, parmi les objets qui ont frappé les savants étrangers, le photomètre de MM. Dumas et Regnault, destiné à mesurer le pouvoir éclairant du gaz en le comparant à une lampe qui brûle 42 grammes d'huile de colza à l'heure; la balance qui a été prêtée par M. Deleuil au Conservatoire des arts et métiers et qui a servi aux expériences de la Commission internationale du mètre; un nouveau modèle de machine pneumatique inventé par M. Deleuil. Cette machine, qui peut faire le vide à 1 millimètre 1/2 de mercure, est munie de deux pistons dont le diamètre est d'un cinquantième de millimètre plus petit que le diamètre des cylindres et dont le jeu se fait sans frottement et par conséquent sans résistance et sans usure.

M. Kœnig, docteur en philosophie, fabrique des instruments de physique et particulièrement des appareils d'acoustique. Il a beaucoup perfectionné et inventé dans son art : sa réputation est depuis longtemps faite. Aux qualités de soin et de précision qui distinguent le constructeur il joint l'esprit d'investigation et de découverte qui caractérise le savant. Plusieurs des instruments qu'il exposait, notamment le grand diapason à son variable, la série d'appareils fondés sur la méthode des flammes manométriques, les appareils servant à montrer la limite de perceptibilité des sons, non-seulement rendent plus facile l'intelligence des lois en rendant les phénomènes sensibles, mais servent à établir expérimentalement certaines lois controversées de la science du son. Des expériences faites devant une réunion de professeurs et de savants ont confirmé la haute opinion qu'ont les physiciens du talent de ce constructeur.

Parmi les constructeurs d'instruments de précision qui ont été les plus remarqués, il faut citer : la maison ALVERGNIAT FRÈRES, dont les thermomètres et autres appareils de verre sont partout renommés pour leur bonne fabrication; M. BREGUET, dont le nom seul dispense de tout autre éloge et qui a depuis plusieurs années abandonné à son successeur, M. Brown, la spécialité des montres et des chronomètres pour s'occuper exclusivement de la fabrication des machines magnéto-électriques : M. Jamin, membre de l'Institut, dont l'aimant était appliqué à la transformation de l'électricité en mouvement ; la machine Gramme, qui a été l'objet d'expériences publiques dans lesquelles elle a soutenu très-bien la comparaison avec une machine américaine du même genre ; M. Duboscq, qui est un des constructeurs les plus importants de Paris et à qui ses mérites bien connus avaient déjà valu à l'Exposition de Vienne un diplôme d'honneur.

Trois fabriques de balances à l'usage du commerce ont été particulièrement distinguées : celle de M. Paupier, qui, à force de travail, a su créer dans ce genre une maison de premier ordre ; l'usine de la Mulatière, à Lyon, qui fait des balances de toute espèce à l'usage du commerce, et la maison Chameroy.

L'optique était la branche de la physique qui comptait le plus de représentants français à Philadelphie. Citons en premier lieu M. Feil, fabricant de verres et de lentilles ; il a marché sur les traces de son grand-père et de son arrière grand-père, Henri et Louis Guinand, qui ont introduit ou perfectionné cette industrie en France. Il exposait une collection très-curieuse de pierres, corindon, spinelles, obsidienne, obtenues artificiellement, et une série de disques en flint et en crown d'une parfaite homogénéité ; il a fourni à l'Observatoire de Paris un disque flint de 75 centigrammes de diamètre, et ses produits sont recherchés à l'étranger comme en France. « On peut dire que cette fabrication est restée depuis son origine entre les mains de la même famille, dit M. Peligot dans son *Histoire du verre* ; M. Ch. Feil, arrière-petit-fils de Guinand, fait aujourd'hui à Paris les verres d'optique les plus estimés. »

La maison Lerebours et Secretan a figuré dans presque toutes nos Expositions depuis l'année 1819 et y a toujours tenu un des premiers rangs. A Philadelphie, M. Secretan exposait, entre autres pièces remarquables, un théodolite, un mégalographe, un télescope Foucault, plusieurs lunettes et particulièrement un objectif de 12 pouces dont les verres, provenant de la fabrique de M. Feil, avaient été travaillés avec le plus grand soin et ne présentaient aucune trace d'aberration.

On a beaucoup apprécié dans l'exposition de MM. Bardou et fils la qualité et le bon marché des jumelles construites pour la marine et pour l'armée : c'est assurément une des fabrications qui par l'ensemble de ses mérites font honneur à l'industrie française. Plusieurs autres maisons ont été récompensées, notamment M. Lemaire, M. Lacombe ; la Société des lunettiers, fondée à Paris il y a près de trente ans et qui est aujourd'hui, grâce à une bonne direction et au bon sens des associés, une des associations coopératives les plus prospères de France ; M. Nachet, qui est au premier rang parmi nos constructeurs de microscopes et à qui le Jury de l'Exposition de Vienne avait décerné, en 1873, un diplôme d'honneur; M. Hoël, qui exposait un système ingénieux de pince-nez; M. Dahlot, qui présentait de bons objectifs pour appareils photographiques; M. Denogy, qui fabrique des lunettes à verres achromatiques.

Les baromètres anéroïdes de la maison Naudet et Cⁱᵉ, qui semble être la fabrique de France la plus considérable, la machine à diviser de M. Perreaux et les baromètres à cadran de la maison Lion et Guichard méritent d'être signalés.

Parmi les exposants français était M. Panier, que le chiffre de ses affaires et le bon marché de ses produits placent parmi les fabricants de compas les plus importants de Paris : il est regrettable que le défaut de renseignements n'ait pas permis au Jury d'examiner et de juger ses produits.

L'horlogerie française était représentée par deux sortes de produits : dans l'horlogerie fine se faisaient remarquer les expositions de M. Brown, successeur de M. Breguet; de M. Rodanet, qui exposait des chronomètres et présentait le certificat des expériences faites par la marine de l'État comme garant de leur qualité; de M. Haas, qui a obtenu de nombreuses récompenses dans les Expositions; dans l'horlogerie courante, M. Farcot, qui fabrique à bon marché et avec goût par des procédés tout mécaniques des réveils et des pendules.

Dans des genres différents, nous ne devons pas passer sous silence les petits modèles de machines de M. Radiguet, les ingénieux appareils de télégraphie pneumatique de M. Walker, qui ont été recompensés, et les oiseaux mécaniques de M. Bontemps, dont les chants attiraient et charmaient les visiteurs.

Les instruments de musique constituaient, comme nous l'avons dit, une catégorie particulière dans le groupe XXV. La France avait aux États-Unis, avant la guerre de sécession, un marché important pour la vente de ces articles, et principalement pour les instruments de cuivre; elle a été en partie remplacée par l'Allemagne, qui fabrique à très-bon marché et dont les modèles sont plus en harmonie avec les besoins, un grand nombre de maîtres et même d'exécutants dans les concerts appartenant à la race allemande. Ceux-ci sont habitués à se servir de cylindres de rotation; les musiciens français pensent que le système des pistons dont le mouvement est vertical donne plus de sonorité et plus de justesse au jeu. Les deux systèmes ont des partisans en Amérique, et quelques-uns de nos fabricants commencent à ramener à nous la clientèle. Parmi les fabricants d'instruments de cuivre et de bois, la maison Lecomte et Cⁱᵉ exposait une

série de trombones, de saxophones, de flûtes et de clarinettes d'une bonne
tonalité; la maison Goumas et Cᵢᵉ, dont la réputation est ancienne, des
articles du même genre d'une fabrication très-soignée. La maison Thibouville-Lamy avait une exposition très-variée et très-complète d'instruments
à vent et d'instruments à cordes vendus à des prix très-modérés; cette
maison, qui avait déjà brillé dans les premiers rangs aux Expositions de
1867 et de 1873, a soutenu à Philadelphie sa réputation et celle de la
lutherie française. Citons encore, en terminant, la maison Angot et Du-
breuil, d'Ivry-la-Bataille, qui fabrique des instruments en bois; la maison
Mennesson, dont les violons sont estimés; la fabrique de pianos de
M. Kriegelstein, celle de M. Brunning et les tuyaux d'orgues de M. Zimmermann.

AUTRES ÉTATS.

La Grande-Bretagne était un des États qui avaient fait le plus d'effort
pour paraître dignement à l'Exposition de Philadelphie; elle avait envoyé
les produits de quelques-uns de ses principaux constructeurs d'instruments
de précision. La maison Negretti et Zambra est connue depuis longtemps:
elle fabrique principalement les baromètres et autres instruments de météorologie; elle exposait un ingénieux appareil destiné à donner la température de la mer à une profondeur quelconque à l'aide d'un mécanisme
qui, en renversant le thermomètre, dépose et fixe la colonne de mercure
dans un réservoir particulier. La maison Hicks avait une collection également remarquable. M. Siemens exposait des pyromètres qui donnent
de bonnes indications aux températures les plus élevées.

Les colonies anglaises étaient encore plus complétement représentées
que la métropole. Mais les instruments de précision ne sont pas des produits que l'on fabrique dans une société agricole et naissante, et sauf la
province d'Ontario, qui avait une collection d'appareils propres à l'enseignement de la physique et de la cosmographie, nous n'avons rien à
signaler de ce côté.

En Belgique, nous nous contenterons de mentionner le télémètre du
major le Boulengé, fondé sur la chute d'un mobile descendant dans un
tube de verre avec une vitesse constante. On a inventé depuis quelques
années un grand nombre de télémètres; celui du major le Boulengé est
ingénieux, et son télémètre de combat est susceptible de plusieurs applications utiles. Les militaires que nous avons consultés doutent beaucoup
que le télémètre de fusil puisse jamais servir à des soldats.

Dans l'exposition des Pays-Bas, l'objet le plus remarquable était le météorographe universel de M. Baumhauer, qui enregistre automatiquement la température, la pression barométrique, la force et la direction du vent, et permet l'établissement de ce que M. Baumhauer appelle des observatoires solitaires.

L'Allemagne aurait pu donner beaucoup plus qu'elle n'a fait : l'industrie des instruments de mathématiques y a fait de notables progrès depuis dix ans et avait été fort remarquée à l'Exposition de Vienne. Citons cependant M. Riefler, de Kempten (Bavière), qui avait de bons instruments de mathématiques ; les balances de précision de M. Sartorius, qui est un des nombreux fabricants d'instruments de physique de Gœttingen, et la fabrique de Nuremberg, qui comptait quatre exposants : cette fabrique, connue depuis plusieurs siècles, tend à améliorer ses produits et lutte, sinon pour la qualité, du moins pour le bon marché, avec la Suisse.

L'Autriche était dans le même cas. Les instruments de précision étaient principalement représentés par l'ancienne maison Kraft et fils. Les deux maisons Batka, Lenoir et Fonster, étalaient de belles collections d'appareils de verre à l'usage des laboratoires de chimie et de pharmacie, et la maison Kreild offrait à très-bon marché des appareils pour la démonstration des sciences physiques dans les écoles.

En Suisse, la fabrique d'Aarau jouit d'une réputation ancienne et méritée pour la fabrication des instruments de mathématiques : elle vend à des prix très-modérés et exporte beaucoup en Amérique ; la maison Kern et la maison Gysi soutenaient cette réputation par de belles expositions. La maison Hermann et Pfister, de Berne, produisait, entre autres objets, le polaristrobomètre de Wild et un nouveau thermomètre métallique à maximum et à minimum.

La Russie avait divers objets propres à l'instruction ou à la pratique du calcul, tels que des bouliers-compteurs, un nouveau baromètre donnant d'une manière très-sensible de petites différences d'altitude, un appareil ingénieux et pratique pour calculer la distance d'un point à attaquer par l'artillerie, des instruments de précision employés dans divers ateliers de l'État.

La Suède était digne d'attirer l'attention des connaisseurs à plusieurs titres. En premier lieu, on distinguait le météorographe imprimeur de MM. Theorell et Soerensen ; M. Theorell, que la mort a enlevé trop tôt à la science, est l'inventeur et M. Sœrensen le constructeur de la belle machine qui fonctionnait dans un pavillon particulier et qui enregistrait automatiquement tous les quarts d'heure la force et la direction du vent, la température du thermomètre sec et du thermomètre humide et la hauteur du baromètre. En second lieu, on remarquait les appareils de M. Lindahl, faits pour recueillir à la surface et dans le fond de la mer les échantillons de plantes et d'animaux; ceux de M. Gundberg, pour la conservation de ces échantillons; la belle machine de M. Wiberg, qui a calculé et composé en même temps les tables de logarithmes, en mettant ainsi le travail à l'abri des erreurs de copie et d'impression.

E. LEVASSEUR.

TRAVAUX DU GÉNIE CIVIL.

RAPPORT DE M. LAVOINNE,

MEMBRE DU JURY INTERNATIONAL.

Le génie civil était représenté dans la section américaine par les expositions : 1° du Gouvernement des États-Unis; 2° de la Société des ingénieurs civils et de diverses sociétés de construction.

Les États européens qui concouraient pour les objets se rattachant à ce groupe avaient généralement reproduit les modèles et dessins décrits, pour l'Exposition de Vienne, dans le rapport très-complet de M. l'inspecteur général des ponts et chaussées Kleitz.

Nous nous bornerons, en conséquence, à passer en revue, dans cette notice, les parties les plus remarquables de la section américaine, en suivant l'ordre ci-après :

1° Travaux relatifs à l'éclairage et au balisage des côtes ;
2° Travaux maritimes et de navigation intérieure ;
3° Ponts et viaducs ;
4° Travaux municipaux ;
5° Matériel des travaux.

I

ÉCLAIRAGE ET BALISAGE DES CÔTES.

Le pavillon du Gouvernement des États-Unis contenait un grand nombre d'appareils, ainsi que plusieurs dessins et modèles relatifs à la construction des phares et à l'établissement des balises.

Le service des phares et balises, qui s'étend à la fois sur tout le littoral maritime, sur les lacs et la plus grande partie du cours des rivières navigables, a acquis une très-grande importance; on peut en juger par les chiffres suivants, qui se rapportent à la situation du service au 1er juillet 1875.

	Océan Atlantique.	Golfe du Mexique.	Océan Pacifique.	Lacs.	Rivières.
Phares............	349	53	36	201	280
Feux flottants......	22	1	"	"	"
Signaux acoustiques.	21	3	12	9	"
Balises............	317	8	31	2	"
Bouées............	2,473	76	86	245	21

Les appareils d'éclairage, construits en totalité en France, ne diffèrent pas des appareils français. Jusque dans ces derniers temps on y brûlait exclusivement de l'huile de lard; la commission des phares se propose d'y substituer peu à peu, pour tous les phares, l'huile minérale, ainsi qu'on l'a fait récemment en France et en Angleterre.

Les signaux acoustiques pour la brume témoignent, par leur nombre et leur variété, de l'importance qu'ils présentent et des efforts qui ont été faits pour les perfectionner.

Des cloches à mécanisme d'horlogerie sont installées sur un certain nombre de points; beaucoup de phares et de feux flottants possèdent des sifflets à vapeur dont le calibre varie suivant les cas; enfin, des trompettes et des sirènes à vapeur ou à air chaud signalent, en temps de brouillard, les approches des côtes aux endroits les plus fréquentés et les plus dangereux. Les phares de la côte nord-est, où la brume, souvent fort épaisse, règne une grande partie de l'année, possèdent plusieurs de ces derniers appareils, qui jusqu'à présent paraissent donner les meilleurs résultats pour l'intensité et la portée des sons.

Les spécimens de sirènes mues par la vapeur ou par l'air chaud construites par MM. Brown, de New-York, qui ont été soumis à des expériences multipliées à Sandyhook, aux abords de New-York, méritent d'être particulièrement signalés pour leur bonne construction, leur puissance et leur aptitude à supporter un fonctionnement de longue durée.

D'après les expériences faites en 1871 par le général Duane, chargé de la direction des phares sur les côtes de la Nouvelle-Angleterre, on pourrait classer les trois derniers systèmes de signaux ainsi qu'il suit :

Désignation des signaux.	Intensité des sons.	Portée.	Dépenses en combustible.
Trompette Daboll............	4	12 milles	1
Sifflet à vapeur de 0",30......	7	20	3
Sirène de premier ordre......	9	Plus de 20	9

La trompette Daboll serait donc l'appareil le plus économique : elle peut se prêter à l'emploi de machines à air chaud, surtout précieuses là où l'on manque d'eau douce. Le sifflet à vapeur permettrait d'obtenir, avec une certaine augmentation de dépense, un notable accroissement d'intensité et de portée. La sirène est beaucoup plus coûteuse; mais les sons qu'elle produit ont l'avantage de dominer tous les bruits, même celui du canon par certains temps, et de subir beaucoup moins l'influence des variations atmosphériques.

L'étude comparée de ces divers appareils, poursuivie depuis de longues années par M. le professeur Henry, président de la commission des phares, n'a pas peu contribué à leur amélioration et à l'élucidation des difficiles questions qui se rattachent à l'emploi des signaux acoustiques.

Parmi les dessins et les modèles exposés qui se rapportent à la construction proprement dite des phares, nous signalerons, comme remarquables au point de vue de l'effet architectural et des procédés d'exécution, ceux qui ont trait aux ouvrages suivants :

1° *Phare sur l'écueil de Brandywine, dans la baie de la Delaware.* Cet ouvrage, qui est entièrement en métal, a été construit en 1849 sur un point exposé à l'irruption des glaces au moment des débâcles. Il repose sur des pieux à vis de fonte entourés de plusieurs enceintes de pieux de même métal. Il est arrivé plusieurs fois que l'enceinte extérieure de défense, brisée par les glaces, a dû être renouvelée. Ce phare est muni d'une cloche d'alarme battant sept coups séparés par des intervalles de 6 secondes; il y a un silence de 30 secondes entre deux séries consécutives de coups.

2° *Phare sur le récif de l'Alligator, côte de Floride.* La superstructure de ce phare consiste en huit montants métalliques inclinés dessinant une pyramide, dont une colonne en tôle occupe le centre, et qui sont reliés entre eux par plusieurs étages d'entretoises en fer. La fondation de cet ouvrage, sur un récif en coraux que le déferlement des vagues rendait souvent inabordable, a présenté de grandes difficultés. Les huit montants extérieurs et la colonne centrale sont portés par des pieux en fer qui ont été battus à la sonnette, à une profondeur de 7^m,80, dans la roche corallienne dérasée préalablement pour recevoir des disques de fonte que traversent les pieux fixés sur les disques au moyen de brides. Les pieux dépassent de 3 mètres le niveau de la mer et sont couronnés par des embases portant les montants de la superstructure.

Ce phare, élevé de 52 mètres au-dessus du niveau de la mer, est éclairé par un feu blanc scintillant à éclats de 5 secondes en 5 secondes, variés de 6 en 6 par un éclat rouge.

3° *Phare de Spectacle-reef, sur le lac Huron.* La construction de ce phare, placé sur un des récifs du lac Huron les plus dangereux et les plus exposés aux tempêtes et aux débâcles, a rencontré également de sérieuses difficultés. Les sondages préalables, exécutés par des profondeurs d'eau de 3 à 4 mètres, ont dû être faits à l'abri de cribs ou crèches en charpente conduites une première fois sur l'emplacement choisi pour l'ouvrage, puis ramenées au chantier pour être modifiées de manière à épouser exactement

29

le fond, et fortement consolidées. L'ensemble des cribs, formant un carré
de 30 mètres de côté, a été ensuite coulé en place. La surface du rocher,
mise à nu à l'intérieur de ce carré au moyen du scaphandre, a ensuite reçu
un batardeau cylindrique en bois fortement étrésillonné, formé par des
aiguilles verticales qui ont été mises à fond l'une après l'autre à la sonnette.
L'épuisement fait à l'intérieur de ce batardeau a enfin permis de déraser
le sol par redans réguliers et d'élever les premières assises de la construction, qui, commencée en 1871, s'est terminée en l'année 1874 après de
nombreuses interruptions occasionnées par le mauvais temps.

Le feu est rouge et blanc, à éclats alternatifs : il a une portée de
16 milles trois quarts; en temps de brouillard, l'écueil est signalé par un
sifflet à vapeur de 20 centimètres.

4° *Phare de la passe S. O. du Mississipi (Louisiane).* Cet ouvrage, qui est
en tôle, repose sur un soubassement en pierre dont la fondation a été également établie à l'intérieur d'un crib. Il a été terminé en 1872. Il possède un sifflet à vapeur de 15 centimètres pour la brume.

5° *Phare de Wanghoshance (Illinois).* Cet ouvrage, construit dans le dé-
troit de Mackinaw en 1848, consiste en une tour de briques de 6 mètres
de diamètre portant un feu fixe dont le plan focal est élevé de 26 mètres
au-dessus de la surface de l'eau; il est établi sur un rocher isolé, à 4 kilomètres de la côte. Sa consolidation a donné lieu à une intéressante
application des fondations à air comprimé.

Le phare avait été primitivement établi sur un crib rempli de béton,
que l'on avait ensuite entouré d'une enceinte de défense formée par d'autres
cribs remplis d'enrochements. Ces cribs ayant été emportés par les vagues,
le général Smith entreprit de consolider la base du phare au moyen d'un
mur annulaire construit à l'intérieur d'un coffre en tôle descendu jusqu'au
rocher. Après avoir creusé à travers les cribs, jusqu'au niveau de l'eau,
une fouille pour recevoir ce coffre, on le fit descendre en le chargeant et
l'on y installa des écluses à air pour le foncer à l'aide de l'air comprimé :
on pénétra ainsi, à travers une couche épaisse de blocs, jusqu'à une profondeur de 3ᵐ,60 au-dessous de l'eau, à laquelle on s'arrêta pour la fondation du mur de défense, qui, après plusieurs essais infructueux d'épuisement, dut être exécutée à l'air comprimé jusqu'à une certaine hauteur, en
maçonnerie de pierres de taille.

Ce travail, fréquemment interrompu par les tempêtes, a demandé trois
campagnes.

II

Les travaux d'amélioration des rivières et des ports, placés sous la direction des ingénieurs du Gouvernement fédéral, consistent généralement en creusements et rectifications de chenaux au moyen de dragages et d'endiguements, en créations de ports de refuge sur quelques points du littoral maritime et sur les lacs et en constructions de barrages et d'écluses pour le passage des rapides sur les fleuves.

Nous donnerons quelques spécimens de ces travaux, entrepris pour la plupart dans des conditions économiques qui les recommandent particulièrement à l'attention des ingénieurs.

Enlèvement de roches sous-marines à Hellgate (abords de New-York). —
Le bras de mer qui sépare l'île de Long-Island de l'île de Manhattan, sur laquelle la ville de New-York est bâtie, présente une partie rétrécie qui est obstruée par des roches sous-marines extrêmement gênantes pour la navigation, non-seulement à cause de leur faible profondeur sous l'eau, mais encore, et surtout, à cause des courants dangereux dont elles favorisent la formation au moment du flux et du reflux.

Ces roches dessinent, au passage dit *de Hellgate,* une sorte de promontoire sous-marin de forme semi-circulaire couvrant une étendue de 12 hectares sur laquelle le tirant d'eau, à basse mer, ne dépasse pas $3^m,60$ en beaucoup de points, à une distance de près de 100 mètres de la rive.

Pour affranchir la navigation de cet obstacle, il était impossible de songer à l'emploi de mines superficielles isolées qui, en nécessitant des explosions journalières, eussent rendu la passe impraticable pendant de longues années; on eut donc recours au procédé des mines souterraines, qui avait été déjà pratiqué avec succès, dans la baie de San-Francisco, pour le dérochement de l'écueil du Blossom-Rock.

On sait que ce procédé consiste à creuser à sec, au-dessous de la roche à déraser, une excavation où on ne laisse plus subsister qu'un certain nombre de piliers que l'on fait sauter tous en une seule fois, de manière à déterminer l'affaissement simultané de toute la masse formant ciel dans les vides des galeries ouvertes parallèlement à la surface de la roche, où l'on a fait préalablement rentrer l'eau, dont la pression contribue à l'effet de l'explosion finale.

On a commencé par accoler à la rive, en juillet 1869, un batardeau construit à sec en profitant des basses mers, à l'abri duquel on a foré un puits qui a été descendu jusqu'à 10 mètres en contre-bas des basses mers. De ce point comme centre on a dirigé vers le large 10 galeries inclinées, à peu près parallèles à la surface de la roche, en laissant partout, au ciel des galeries, une épaisseur minima de 3 mètres. Ces galeries rayonnantes ont été ensuite coupées à angle droit par une série de galeries équidistantes, espacées de 10 mètres, de manière à ne plus laisser, pour supporter le ciel de l'excavation, que 173 piliers de 3 mètres environ de côté et d'une hauteur variant entre 3 et 6 mètres. On a extrait ainsi, à la mine, un cube de rocher granitique de 36,000 mètres cubes.

Il a été tiré en tout 75,000 coups de mine, pour lesquels on a employé, concurremment avec la poudre de mine ordinaire, la nitroglycérine, le lithofracteur et divers autres mélanges explosifs, en tout 26,500 kilogrammes de poudres de toute espèce. Les trous de mines étaient généralement percés par des perforatrices à air comprimé des systèmes Burleigh et Ingersoll. L'explosion finale a été préparée par le percement de 4,462 trous dans les piliers qui ont été, dans l'espace de 12 jours, remplis par des cartouches de dynamite, formant un poids total de 23,500 kilogrammes, et par la mise en place des capsules fulminantes et des fils électriques. 23 batteries électriques, représentant 960 éléments, ont servi à déterminer l'explosion, qui a eu lieu avec un plein succès le 24 septembre 1876, sans produire aux abords de commotion appréciable.

Le cube total de la masse à extraire étant de 59,000 mètres cubes, tandis que celui du vide des galeries est seulement de 36,000 mètres cubes, le tirant d'eau de $7^m,80$ à basse mer que l'on veut obtenir exigera encore l'exécution de dragages assez considérables. On n'aurait pu les éviter qu'en approfondissant notablement les excavations des galeries, ce qui aurait conduit à une dépense beaucoup plus forte que celle qui sera occasionnée par les dragages. On compte que ces dragages ne coûteront pas plus de 40 francs par mètre cube.

Le choix des moyens mis en œuvre, la vaste échelle sur laquelle ils ont été employés, la bonne entente de toutes les dispositions prises pour en assurer le succès final, concourent à faire du dérochement entrepris à Hellgate un des plus beaux triomphes de l'art de l'ingénieur.

Amélioration de l'entrée du port de Galveston (*Texas*). — Le port de Galveston est situé à l'embouchure d'une rivière qui charrie une grande quantité de sable; son entrée est obstruée par une barre due, à la fois, aux alluvions de la rivière et à l'action d'un courant littoral d'intensité très-variable. Pour augmenter le tirant d'eau sur la barre, on a resserré le lit de la rivière entre deux jetées parallèles, construites d'abord sur pilotis sur une certaine longueur. Quand il s'est agi de les prolonger pour accroître encore le tirant d'eau, on a éprouvé les plus grandes difficultés : les pieux étaient, au bout d'un temps très-court, affouillés par le courant littoral et arrachés.

Les ingénieurs ont eu l'idée de substituer à ce premier système de constructions l'emploi de gabions cylindriques de 1ᵐ,80 de diamètre et de 1ᵐ,80 de hauteur, creux à l'intérieur et fermés aux deux extrémités par des fonds de bois. Le pourtour de ces gabions, formé par des fascines, était revêtu de ciment hydraulique; des trous étaient ménagés dans le fond supérieur pour y introduire du sable.

Ces gabions, juxtaposés et remplis de sable à l'intérieur, ont parfaitement résisté; ils n'ont pas tardé à être complétement enterrés dans le sable à l'extérieur des jetées; à l'intérieur, il a été seulement nécessaire de défendre le pied de la ligne des gabions contre les érosions au moyen d'un certain nombre d'épis établis perpendiculairement aux jetées et construits eux-mêmes avec des gabions. Les plus avancés de ces gabions, posés sur leurs fonds, en s'enfonçant au fur et à mesure des affouillements produits par le courant de la rivière, assuraient la stabilité des autres.

Le succès de ce mode de construction fort économique paraît dû à des circonstances locales exceptionnellement favorables; il est néanmoins très-ingénieux et pourrait recevoir vraisemblablement des applications sur d'autres points.

Jetée à l'embouchure de la Delaware. — L'embouchure de la Delaware, couverte par deux digues isolées de 780 mètres et 405 mètres de longueur formant brise-lames et brise-glaces, sur un point de la côte où les masses de glaces charriées par la rivière au moment des débâcles sont aussi dangereuses pour la navigation que les tempêtes venant du large, offre maintenant un abri très-sûr aux navires venant d'Europe qui y stationnent pour y prendre des ordres avant de relever pour les différents ports de la côte.

Pour la facilité de l'accostage, le Gouvernement des États-Unis a décidé de compléter ces travaux de défense par l'établissement d'une jetée débarcadère en fer, portée par des pieux à vis pénétrant à une certaine profondeur dans le fond constitué par du sable et de la vase molle. La profondeur à basse mer au pied de la jetée, qui atteint déjà perpendiculairement au rivage une longueur de 410 mètres, est de 5ᵐ,70. Les fermes qui la composent, espacées de 6ᵐ,75, sont reliées entre elles par des entretoises et des tirants inclinés; d'autres tirants relient les 10 poteaux faisant partie d'une même ferme.

Cette jetée, de 13 mètres de largeur, sera prolongée au delà des fonds de 7 mètres de profondeur; elle a, jusqu'à présent, bien résisté aux débâcles qui ont entraîné, dans ces dernières années, la destruction presque complète des jetées de bois voisines.

Amélioration de l'embouchure de la rivière de Cape Fear. — Les travaux entrepris à l'embouchure de la rivière de Cape Fear, pour l'amélioration de la navigation dans le port de Wilmington (Caroline du Nord), consistent principalement en creusements de chenaux au moyen de dragages, fermetures de bras secondaires et redressements de rives au moyen de digues longitudinales.

On s'est proposé de resserrer le lit de la rivière dans la passe dite *New-Inlet*, de manière à accroître l'action du courant sur le fond et à abaisser ainsi la crête de la barre à l'entrée. Le tirant d'eau à basse mer, en cet endroit, est de 3 mètres; la marée y monte de 1^m,40.

On a eu recours, à cet effet, à l'exécution d'une digue en fascinages de 1,200 mètres de longueur et de 16 mètres de largeur à la base. Cette base est formée par une série de radeaux composés de pièces de bois en grume juxtaposées, de 30 centimètres de diamètre environ, reliées par des traverses et consolidées par des tirants. On recouvre ces radeaux d'une couche de fascines que l'on attache solidement; puis on les amène en place et on les coule en les chargeant uniformément de pierres. On obtient ainsi une digue basse, susceptible d'être exhaussée par la suite si l'on en reconnaît la nécessité, soit par la superposition de nouveaux radeaux, soit par de simples enrochements.

On est ainsi parvenu à obtenir un approfondissement de 1^m,10 sur la barre, ce qui porte maintenant à 3^m,50 le tirant d'eau disponible pour la navigation.

Les grandes dimensions des radeaux, qui ont 21 mètres de longueur et 12 mètres de largeur, et leur construction économique donnent un intérêt particulier à ce système de construction de digues, qui a procuré à peu de frais une amélioration notable.

Amélioration de l'embouchure du Mississipi. — On sait que le Mississipi, à son embouchure dans le golfe du Mexique, où il n'existe que de faibles marées, a formé par ses alluvions, dont le chiffre annuel est évalué à plus de 100 millions de mètres cubes, un vaste delta à l'origine duquel ses eaux se divisent en quatre passes principales. La passe la plus fréquentée par les navires, celle du sud-ouest, en raison du mouvement de progression rapide de la barre qui l'obstrue, ne présentait dans ces dernières années, malgré les travaux considérables de dragage qu'on y exécute annuel-

lement, qu'une profondeur de 5ᵐ,50, insuffisante pour les besoins de la
navigation, qui était loin d'y être sûre, et dont le maintien, subordonné
aux allocations de fonds accordées par le Congrès, pouvait, d'une année
à l'autre, être compromis par une simple diminution de ces allocations.

Les ingénieurs du Gouvernement des États-Unis ont donc dû chercher
à obtenir par d'autres moyens une amélioration permanente, qui mît le
port de la Nouvelle-Orléans, principal entrepôt du commerce des cotons,
à l'abri de cette éventualité et qui pût lui donner un nouvel élément de
prospérité en le rendant accessible à des navires d'un plus fort tonnage.

Deux projets avaient été présentés pour cette amélioration : l'un consistait dans l'établissement d'un canal de 10 kilomètres de longueur, partant du fort Saint-Philippe, à 130 kilomètres en aval de la Nouvelle-
Orléans, et aboutissant, dans la direction de l'ouest, au milieu de la baie
de l'île au Breton, dont les atterrages ne paraissent avoir subi depuis longtemps aucun changement. Ce canal était précédé d'une écluse de 150 mètres
de longueur, 24 mètres de largeur et 7ᵐ,50 de tirant d'eau.

Un second projet utilisait une des passes actuelles, celle du sud, dont
l'extrémité, eu égard à son moindre débouché, avance moins rapidement
vers la mer que celle des autres passes qui reçoivent la plus grande partie
des alluvions du fleuve. Le mouvement de progression de la barre, sur
laquelle on trouve encore un tirant d'eau de 5ᵐ,10, ne serait que de
30 mètres par an.

Les avantages que présente, au point de vue de la commodité des communications et des approfondissements ultérieurs, une passe navigable
toujours ouverte sur un canal fermé par une écluse, et la possibilité de
réaliser une certaine économie par suite de la moindre importance des
travaux, ont fait donner la préférence à la deuxième solution, dont les bons
effets obtenus récemment pour l'amélioration des passes navigables de
l'embouchure du Danube au moyen de digues longitudinales ont fait
espérer le succès.

D'après le projet arrêté par une commission d'ingénieurs et approuvé
par le Congrès, on a décidé de construire, à partir d'un point pris dans
la partie régulière du cours du fleuve où la profondeur est de 9 mètres,
deux digues parallèles espacées de 270 mètres, et de direction rectiligne,
sauf vers leur extrémité, où elles s'infléchissent légèrement vers l'ouest, qui
doivent se prolonger au delà de la barre actuelle jusqu'à ce qu'on retrouve
la même profondeur de 9 mètres. On compte que le rétrécissement ainsi
opéré, combiné avec des dragages, aura pour effet de creuser à cette profondeur toute la longueur du chenal comprise entre les digues, et que les
produits de ce creusement, ainsi que les alluvions annuelles du fleuve, con-

duits dans la fosse que l'on trouve en aval de la barre, devant être dispersés par l'action des vagues et des courants, l'approfondissement, une fois obtenu, pourra être maintenu moyennant un faible prolongement annuel des digues.

Ces digues sont construites sur le modèle des digues construites en Hollande à l'embouchure de la Meuse, au moyen de lits de fascines superposés, dont la largeur varie de 10 à 15 mètres à la base et ne dépasse pas généralement 7^m,50 en couronne, et que l'on échoue en place en les chargeant de pierres. Elles s'étendaient sur une longueur de 3,600 mètres en septembre 1876.

Le creusement déjà opéré par l'établissement de ces digues a atteint, tant sur le parcours du chenal que sur la crête de la barre, une profondeur de 6 mètres à marée moyenne. Les digues, auxquelles on s'est contenté de donner jusqu'à ce jour une faible élévation, protégées du côté du chenal contre les érosions par une ligne de palplanches jointives et soutenues du côté du large par les dépôts de sable qui se sont formés de chaque côté, ont jusqu'à présent peu souffert.

Les sondages les plus récemment opérés ont fait constater, au delà de l'extrémité actuelle des digues, un approfondissement notable du côté de l'ouest et un certain relèvement des hauts-fonds du côté de l'est : l'approfondissement paraît néanmoins l'emporter d'une manière très-sensible sur le relèvement.

Le succès définitif de l'entreprise dépend évidemment de l'efficacité de l'action des courants littoraux pour empêcher l'accumulation au droit de la passe des alluvions déposées par les eaux : l'incertitude qui règne sur l'existence de ces courants laisse planer un certain doute sur ce succès. Quoi qu'il en soit, l'expérience qui se poursuit actuellement à l'embouchure du Mississipi sur une si vaste échelle est des plus intéressantes, et elle ne peut manquer de jeter un certain jour sur la question si complexe de l'amélioration de l'embouchure des fleuves.

Nouvelles écluses du canal de Louisville à Portland, sur l'Ohio.— Parmi les grands travaux entrepris dans ces dernières années pour l'amélioration des rivières on doit signaler les nouvelles écluses construites pour racheter la chute de près de 8 mètres que présentent les rapides de l'Ohio en aval de Louisville (Kentucky).

Le canal de Louisville à Portland, établi en 1830 sur une longueur de 3 kilomètres pour permettre à la navigation de franchir ce passage, se terminait par 3 écluses superposées de 61 mètres de longueur, 15 mètres de largeur et 2^m,64 de chute chacune.

Les nouvelles écluses, construites à côté des anciennes, sont au nombre de deux : elles ont chacune 107 mètres de longueur de busc en busc, 24 mètres de largeur et des chutes, l'une de 4^m,25, l'autre de 3^m,75, avec un tirant d'eau de 1^m,80 en basses eaux.

Ces écluses, entièrement construites en pierres de taille comme les anciennes, sont fondées sur la roche calcaire : les bajoyers, élevés en moyenne à une hauteur de 8^m,50 au-dessus du radier, formé par le dérasement de la roche naturelle, présentent aux deux extrémités des parties surélevées, dont le couronnement est à 12 et 14 mètres au-dessus du même niveau, de manière à dépasser le niveau des plus hautes eaux.

Les portes, dont la hauteur varie entre 7^m,40 et 13^m,80, ont une longueur de 14^m,30 et une épaisseur de 1^m,35 au centre et de 70 centimètres aux extrémités. Elles sont en bois et formées par la réunion de poutres armées et de pièces d'un seul morceau inégalement espacées, dont l'épaisseur varie entre 10 et 30 centimètres. Des étriers en fer relient chaque entretoise avec les poteaux tourillon et busqué, et 3 cours de potelets intercalés entre les entretoises les maintiennent d'écartement.

Pour empêcher le déversement des vantaux, on a eu recours à une disposition particulière : indépendamment de deux écharpes partant l'une et l'autre des sommets des poteaux busqué et tourillon et venant soutenir l'avant-dernière entretoise du bas en son milieu, la porte est munie de tirants attachés au pied du poteau busqué et suspendus à un mât incliné placé en arrière du chardonnet, de telle sorte que le centre du bouton qui en forme le sommet corresponde exactement à l'axe de rotation du vantail.

Quatre haubans fixes amarrés à des organeaux scellés dans le bajoyer et disposés dans diverses directions soutiennent la porte à faux du mât et lui permettent de soulager le vantail. Des roulettes sont en outre placées sous l'entretoise inférieure pour le cas où ce système de suspension ne combattrait pas d'une manière suffisante le déversement.

Chaque vantail est muni de 3 vantelles tournantes à axe vertical, placées immédiatement au-dessus de l'entretoise inférieure, dont l'ouverture est instantanée.

Les grandes dimensions de ces écluses sont éminemment favorables au développement de la navigation de plus en plus active, et les dispositions de détail en sont généralement bien entendues. Le système de suspension des portes est certainement ingénieux : il a toutefois l'inconvénient d'encombrer les abords des écluses, et il est permis de douter de son efficacité, en raison des variations que la tension dans les haubans et les tirants éprouve, non-seulement par suite des changements de température, mais

encore dans les diverses positions du vantail pendant sa rotation, et qui
empêchent le point de suspension d'être suffisamment fixe.

Ports de refuge sur les lacs. — Le Gouvernement des États-Unis a créé,
pour venir en aide à la navigation sur les grands lacs, un grand nombre
de ports de refuge. Ces ports, dont le tirant d'eau, fixé à $4^m,50$ pour les plus
grands, se réduit à $3^m,70$ pour les autres, sont généralement abrités par
des jetées construites au moyen de coffrages de charpente ou cribs, remplis de pierres.

Les dimensions de ces coffrages, immergés à la suite les uns des autres
par cadres superposés, varient, ainsi que leurs dispositions intérieures et
leur mode d'immersion. Les plus grands qui paraissent avoir été construits
jusqu'à présent ont 15 mètres de longueur et 10 mètres de largeur. Ils
présentent généralement, avec des cloisons transversales demi-pleines,
espacées de 1 mètre environ, une cloison longitudinale pleine ou à mi-bois
en leur milieu, et ils reposent habituellement sur un grillage à travers les
vides duquel passent les moellons de remplissage.

Les cribs s'échouent directement sur le fond naturel quand il n'est pas
trop irrégulier ni trop sujet à tassement. Dans ces derniers temps, pour
remédier aux irrégularités du fond et aux inégalités de tassement, on a
imaginé de les tenir préalablement suspendus à une certaine distance du
fond et de garnir le dessous avec des moellons immergés par la partie
centrale du crib. Un compartiment central, bordé horizontalement à une
certaine hauteur au-dessous du niveau de l'eau, est destiné à recevoir
une charge de blocs qui, ne pouvant s'échapper, sert de lest au coffrage et
assure sa fixité (système du major Houston). Dans des fonds de vase d'une
grande épaisseur on commence par ouvrir une tranchée, que l'on remplit
d'enrochements avant d'immerger les cribs.

L'emploi des cribs, que l'on peut préparer à l'avance sur la berge et
mettre en place en un temps très-court, permet, grâce au bon marché des
bois, d'effectuer rapidement des constructions qui, si elles étaient entreprises par des procédés moins expéditifs, seraient sujettes à être boulever-
sées avant leur achèvement par les tempêtes très-fréquentes qui sévissent
sur les lacs. En cas d'affouillement, les coffrages sont défendus par des
files de pieux jointifs, battus au pied des jetées.

Parmi les ports où ce système de construction a été employé sur une
grande échelle on peut citer le port de Chicago et le grand port de refuge
récemment établi sur le lac Huron.

A Chicago, le grand brise-lames parallèle au rivage, de 1,200 mètres de
longueur, qui abrite le port contre les tempêtes du nord a été établi au

moyen de cribs immergés par des profondeurs de 7 mètres par le procédé décrit plus haut et protégés, du côté du large, par plusieurs files de pieux reliés au niveau de l'eau par des moises. Ce brise-lames abrite une surface d'eau de 100 hectares.

Les travaux en cours d'achèvement à l'entrée du lac Huron consistent dans la construction de deux jetées, l'une de 400 mètres de longueur, venant se rattacher au rivage, l'autre établie au large et sensiblement parallèle à la côte sur la majeure partie de sa longueur, qui doit être portée à 470 mètres. Cette deuxième jetée présente un retour de 100 mètres de longueur, séparé de la jetée du rivage par une ouverture de 90 mètres.

La surface totale abritée est de 130 hectares, et le tirant d'eau de $3^m,70$ sur une zone de 500 mètres à partir du brise-lames du large.

Les jetées, qui procurent dès à présent à la surface d'eau qu'elles entourent un calme des plus satisfaisants par les plus fortes tempêtes, ont été également construites avec des cribs immergés par le procédé du major Houston.

III

PONTS ET VIADUCS.

Les ponts exposés, soit par les sociétés de construction, soit par l'association des ingénieurs civils, formaient l'une des parties les plus intéressantes de l'exposition du génie civil dans la section américaine.

Les ponts construits en Amérique étaient tout d'abord presque uniquement des ponts en bois, dont les fermes longitudinales étaient constituées par des semelles horizontales reliées, soit par des croix de Saint-André en bois et des boulons verticaux (système Howe), soit par des potelets verticaux en bois avec tirants obliques de fer (système Pratt), soit enfin par un treillis en bois (système Town).

Plusieurs ponts construits dans ces divers systèmes ont été ultérieurement consolidés par l'addition d'arcs en bois.

Dans ces derniers temps, on a surtout construit des ponts avec fermes, soit entièrement en métal, soit en bois et métal, le bois étant seulement employé pour les pièces comprimées, que l'on dispose de manière à pouvoir les remplacer plus tard par des pièces métalliques (*combination trusses*).

Les ponts métalliques les plus généralement construits aujourd'hui se rattachent aux systèmes suivants :

1° Système Fink, constitué par une semelle supérieure soutenue par une série de poinçons reliés par leurs bases à divers points de cette semelle;

2° Système Post, à deux semelles parallèles reliées par des montants et tirants d'inégale inclinaison;

3° Système triangulaire ou Warren, où les montants et tirants ont la même inclinaison;

4° Système Linville, où les montants, verticaux, et les tirants, inclinés, se croisent en leurs milieux;

5° Système Bowstring, à semelle supérieure de forme parabolique.

Une même remarque s'applique à tous les ponts construits en Amérique d'après ces différents systèmes :

1° Les fermes sont discontinues au droit des piles;

2° Les pièces des fermes sont toutes articulées à leurs points d'assemblage et ne travaillent jamais par flexion;

3° Les assemblages sont généralement faits au moyen de chevilles ou boulons transversaux, sans rivures.

Nous allons maintenant passer en revue les ouvrages les plus importants représentés à l'Exposition par des dessins ou des modèles.

Ponts construits par les usines de Phenixville (Pensylvanie). — L'usine de Phenixville, qui a construit pour le compte de diverses compagnies de chemins de fer un grand nombre de ponts remarquables par leur bonne exécution, avait exposé une série de dessins accompagnés de brochures faisant connaître à la fois les bases sur lesquelles sont établis ses projets de ponts métalliques et les procédés de fabrication qu'elle emploie pour les pièces qui les composent.

Pour les ponts entièrement métalliques d'une portée de 30 à 90 mètres, qu'elle construit surtout dans le système Linville, modifié par Whipple, où les montants verticaux extrêmes sont remplacés par des arcs-boutants inclinés, l'usine de Phenixville forme généralement les montants et les semelles supérieures au moyen de colonnes cylindriques en fer laminé, composées de segments à brides assemblés par des rivets. Des barres de fer plat à œil constituent les semelles inférieures ainsi que les tirants obliques.

L'assemblage des semelles supérieures avec les montants se fait au moyen de boîtes en fonte que traversent des boulons de fer forgé, disposés de manière à servir de points d'attache aux pièces du contreventement supérieur en même temps qu'aux tirants et contre-tirants des fermes.

Les semelles inférieures s'assemblent directement sur des boulons traversant le pied des montants, qui supportent, à l'aide d'étriers, les entretoises du tablier.

Lorsque celui-ci surmonte les fermes, les mêmes entretoises reposent sur les têtes des montants verticaux. Les tirants et contre-tirants viennent, à leurs extrémités inférieures, se fixer sur les boulons des semelles inférieures.

Quand il s'agit de plus faibles portées, l'usine de Phenixville a recours aux fermes du système Fink, d'autant plus économiques que les portées sont moindres.

Dans les calculs d'établissement de ses ponts, l'usine admet, pour les chemins de fer à une voie, un poids mort de 1,500 à 2,300 kilogrammes, dont 600 kilogrammes pour la voie, suivant la portée, et un poids roulant variant en sens inverse de 9,000 à 5,500 kilogrammes, lorsque la portée s'élève de 15 à 100 mètres. Cette charge correspond à un train de wagons à charbon remorqué par deux locomotives, en supposant les poids doublés pour tenir compte de la vitesse.

Les différentes pièces sont calculées de manière à supporter des efforts de tension maxima de $7^{kil},200$ par millimètre carré, et des efforts de compression de 6 à 7 kilogrammes par millimètre carré pour les portions de semelle ayant une longueur égale à 14 fois leur diamètre et de 3 à 4 kilogrammes par millimètre carré pour les montants ayant en longueur de 20 à 30 fois leur diamètre.

Le système américain, qui concentre les efforts sur des lignes d'action déterminées, suppose essentiellement chacune des pièces, considérée isolément, capable de supporter un certain effort maximum calculé à l'avance, et une absence complète de jeu dans les assemblages, pour que la répartition prévue des efforts ne puisse être modifiée. La Compagnie de Phenixville s'est en conséquence attachée à garantir à toutes les pièces de la charpente métallique une uniformité aussi parfaite que possible de résistance, en choisissant avec un soin tout particulier les minerais qu'elle emploie à la fabrication du fer et en soumettant les produits de cette fabrication à des laminages multipliés, qui sont pour ces pièces autant d'épreuves successives et qui, par le grand nombre de mises entrant dans la composition de chaque pièce, font qu'un défaut isolé ne peut avoir qu'une influence insignifiante sur cette composition.

Des épreuves directes d'allongement et de rupture sont en outre faites sur les barres, où les œils sont percés à la presse hydraulique par un procédé particulier qui permet d'obtenir du même coup le renflement terminal que doit présenter la barre et le trou de l'œil. Pour les barres qui doivent se terminer par un pas de vis, un refoulement analogue en augmente le diamètre d'une quantité égale à la saillie du filet de la vis. Enfin des machines-outils spéciales, réglées d'une manière invariable pour chaque série de pièces identiques, recoupent les extrémités de ces pièces et en alèsent les trous, de manière à assurer uniformément aux longueurs et aux distances entre les axes des œils une parfaite conformité aux dimensions déduites du calcul ou des épures. Ces longueurs doivent toujours être exactes à 4 dixièmes de millimètre près, et on n'admet pas pour les boulons d'assemblage un jeu de plus de $\frac{1}{100}$ du diamètre de l'œil.

Les fermes ont été généralement montées à blanc à l'usine avant d'être expédiées sur place, où il suffit habituellement, avec une équipe de 20 hommes, si l'échafaudage est déjà prêt, d'une seule journée pour monter une ferme de 45 mètres de portée : une portée double exigerait de deux à trois jours avec le même personnel.

Parmi les ouvrages les plus importants construits par la Compagnie de Phenixville dans ces dernières années, nous citerons d'abord les ponts de Miramachi et de Ristigouche, sur l'*Intercolonial railway* du Canada, établis pour une seule voie avec une largeur de 5^{m},40, mesurée entre les axes des fermes, et des portées de 60 mètres. Chaque ferme comprend 14 panneaux d'une hauteur de 7^{m},20; les tirants et les contre-tirants obliques s'étendent sur deux longueurs de panneaux.

Nous mentionnerons également les ponts reconstruits sur la Susquehannah en 1875 et 1876 pour le chemin de fer de Philadelphie à Baltimore, où les portées sont de 75^{m},30 et 92^{m},10, et où les panneaux ont 3^{m},40 de longueur et 10^{m},50 de hauteur, avec tirants et contre-tirants disposés de la même manière. Enfin nous signalerons tout particulièrement le pont de Girard Bridge, à Philadelphie, commencé en mai 1873 et terminé en mai 1874.

Pont de Girard Bridge. — Ce pont, jeté sur le Schuylkill pour relier le parc de Fairmount à la ville de Philadelphie, a une largeur de 30^{m},50 entre parapets et une hauteur de 16^{m},50 au-dessus des basses eaux. Il comprend trois travées : l'ouverture de la travée centrale est de 59 mètres et celle des travées latérales de 51 mètres. Le centre de la travée du milieu présente une surélévation de 45 centimètres au-dessus du niveau des extrémités des travées latérales.

Les piles ont été fondées à l'aide de caissons sans fond disposés en forme de cribs et descendus jusqu'au roc préalablement mis à nu au moyen d'une drague à cuiller. Chaque caisson, d'une longueur de 46^{m},80 et d'une largeur de 10^{m},20, après avoir été coulé en place par une profondeur d'eau moyenne de 9 mètres, a été bétonné à l'intérieur au moyen de caisses disposées de manière à s'ouvrir en touchant le fond.

Les culées ont été exécutées à l'abri d'un batardeau.

Les piles et culées, au-dessus du béton de fondation, ont été maçonnées en pierres de taille de granit du Maine.

La superstructure du pont se compose de 7 fermes, hautes de 7^m,20, espacées de 4^m,80 d'axe en axe, conformes au type précédemment décrit et supportant des entretoises de 1^m,27 de hauteur. Ces entretoises portent les longerons du tablier, espacés de 80 centimètres, sur lesquels reposent des plaques de tôle de 125 millimètres de largeur, épaisses de 6 millimètres, présentant transversalement une flèche de 3 centimètres. Ces plaques forment une plate-forme continue, couverte d'une couche de bitume de 10 à 12 centimètres d'épaisseur. On compte que les 7 fermes portent ensemble, par mètre courant, un poids total de 45,000 kilogrammes.

La largeur totale du pont se divise entre deux trottoirs de 4^m,90 de largeur chacun et une voie charretière de 21^m,20 de largeur totale, sur laquelle sont posées deux voies de tramways. Une balustrade et une corniche de fonte à jour, richement ornées, forment le couronnement des panneaux des fermes extérieures et concourent avec les divisions régulières de ces panneaux, décorés de croisillons à la rencontre des tirants et contre-tirants, à produire un remarquable effet.

Ce pont, dont tous les détails ont été traités avec beaucoup de soin et de goût, mérite d'être cité comme un modèle de légèreté et d'élégance.

Ponts construits par la Compagnie de Keystone Bridge. — La Compagnie de Keystone Bridge, à la tête de laquelle se trouve aujourd'hui, comme président, M. Linville, qui a donné son nom à l'un des types les plus usuels de ponts américains, a construit dans ces dernières années un grand nombre de ponts de grande portée et de types très-différents.

Pour les ouvrages courants, elle a adopté le même type que la précédente Compagnie; seulement elle donne aux pièces comprimées des fermes des formes généralement différentes. Les colonnes qui constituent les montants verticaux sont de forme circulaire, et composées alors de segments assemblés sans rivures, ou de forme polygonale. Le plus souvent, elles sont rectangulaires, avec ou sans renflement au milieu; il en est de même des semelles supérieures. Dans les ponts les plus récents, ces semelles s'assemblent directement au moyen de rivets sur la tête des montants verticaux, qui reposent eux-mêmes directement sur les semelles inférieures par des faces planes.

Les tirants et les contre-tirants sont seuls articulés sur les boulons d'assemblage, ainsi que les barres des semelles inférieures.

Les pièces d'assemblage en fonte sont ainsi complétement évitées, en même temps que l'on prévient la tendance à la flexion des montants verticaux résultant, dans le mode ordinaire d'assemblage, du défaut de coïncidence des points d'insertion des différentes pièces sur les boulons d'assemblage. Les pièces du contreventement latéral supérieur sont en outre disposées de manière à s'appuyer contre les semelles au milieu de leur hauteur, au lieu d'être placées par-dessus ou par-dessous.

Ces nouvelles dispositions ont été appliquées au grand pont actuellement en cours d'exécution à Cincinnati pour la ligne du Cincinnati Southern Railway, qui comprend une travée fixe de 157 mètres de portée et une double travée tournante de 108 mètres de longueur.

La hauteur des fermes est de 15^m,50 : chaque ferme est décomposée en 20 panneaux. Les montants verticaux sont formés par des doubles colonnes tubulaires, à section rectangulaire, contreventées transversalement par 3 étages d'entretoises et de diagonales, et reliées dans le sens longitudinal par une lisse horizontale qui règne sur toute la longueur de la ferme et qui croise tous les montants en leurs milieux.

Les entretoises supportant le tablier sont suspendues à chaque extrémité par deux étriers fixés sur les boulons d'assemblage au centre même des montants, et elles portent quatre cours de longerons métalliques sur lesquels reposent les traverses de la voie. L'espacement des fermes est de 6 mètres d'axe en axe.

Les pièces de ce pont sont établies pour une charge roulante de 2,700 kilogrammes et une charge permanente de 7,500 kilogrammes; il est d'ailleurs tenu compte du supplément de poids des machines pour les entretoises et les longerons du tablier.

La Compagnie de Keystone Bridge a en outre exposé le modèle d'un grand pont tournant construit par elle sur la baie de Raritan, et dont les bonnes proportions et les détails d'exécution méritent d'être signalés. Ce pont tournant, dont la double travée a 141^m,60 de longueur, est le plus long qui ait été construit en Amérique.

Les fermes de ce pont ont une hauteur de 12 mètres au milieu et de 9 mètres aux extrémités. Les semelles supérieures, composées de fers en U assemblés avec des fers plats, sont continues et calculées de manière à supporter, pendant l'ouverture, le poids propre du pont, qui est de 600 tonnes, et, pendant la fermeture, ce poids augmenté d'une charge roulante de 2,800 kilogrammes par mètre courant.

Les semelles inférieures sont discontinues et présentent un point de division au milieu, ce qui permet de relever les extrémités des fermes au moyen de coins. Le chevêtre central qui réunit les fermes est assez fort pour supporter le pont, soit qu'il repose sur l'appareil central de rotation, soit qu'il porte sur la couronne extérieure de galets ; des boulons de suspension permettent de reporter entièrement le poids du pont sur l'un ou l'autre système de supports.

Pour tourner le pont, on commence par le soulever de 10 centimètres au moyen de quatre verrins hydrauliques placés sous les quatre montants de la partie centrale des fermes, symétriques par rapport à leurs milieux. Les pompes de compression sont mues par une machine qui sert aussi à faire tourner le pont au moyen de deux pignons engrenant avec une grande roue conique horizontale placée au centre. Lorsqu'on a ramené le pont en place, on l'y maintient au moyen de verrous automatiques, et on le laisse retomber sur ses supports, ce qui fait descendre les rails de la voie ferrée du pont, qui présentent une légère saillie sur les extrémités des volées, dans des coussinets fixes.

Dans cette position, la moitié environ du poids mort de l'ouvrage portant sur les supports extrêmes, il ne se produit au passage des trains aucune trépidation. On évite ainsi l'inconvénient de l'instabilité que présentent les ponts tournants quand les fermes sont continues, inconvénient auquel on ne remédie généralement qu'en exerçant sur leurs extrémités, au moyen de coins, des efforts qui peuvent les fatiguer.

L'idée de soulever les ponts tournants sur leurs pivots au moyen de l'eau comprimée n'est pas nouvelle : elle a déjà reçu plus d'une application en France et en Angleterre.

Quant au procédé consistant à couper la semelle inférieure ou à assembler les deux parties de la semelle supérieure avec un certain jeu, suivant que le support central ou les supports extrêmes du pont doivent être soulevés ou abaissés, de manière à supprimer la continuité des fermes pendant la période de fermeture, il constitue une innovation susceptible d'être avantageusement appliquée à accroître la stabilité des ponts tournants au passage des fortes charges.

Pont de Saint-Louis. — Dans l'exposition spéciale de la Compagnie de Keystone figuraient également divers dessins et modèles relatifs à la construction du pont de Saint-Louis sur le Mississipi, entreprise par cette Compagnie sous la direction de M. J. Eads.

Ce pont, qui relie à travers le Mississipi les nombreuses lignes de chemins de fer aboutissant à Saint-Louis, est établi sur un point où le lit de ce fleuve, dont la largeur est de plus de 1,300 mètres en amont, est réduit à 500 mètres par un rétrécissement brusque. Le fond de ce lit, constitué par une couche de sable d'une extrême mobilité, est affouillé à de très-grandes profondeurs par les courants qui se produisent au moment des crues et des débâcles. Au-dessous de la couche de sable, d'une épaisseur moyenne de 20 mètres, se trouve la roche calcaire, dont la surface plonge avec une pente très-prononcée d'une rive à l'autre.

Le pont franchit le fleuve au moyen de trois travées métalliques en arc dont la portée est de 158m,60 pour la travée centrale et de 153m,10 pour chacune des travées latérales : les flèches correspondantes sont de 18m,20 et 17m,20. Le sommet de l'intrados de la travée centrale s'élève à 21 mètres au-dessus des eaux moyennes.

Le pont, dont la largeur est de 16m,50, présente deux tabliers : un tablier inférieur, passant au niveau du sommet de l'intrados des arcs, supporte une double voie ferrée se prolongeant en souterrain sur la rive droite et en viaduc sur la rive gauche. Un deuxième tablier, élevé de 8 mètres au-dessus du précédent et établi dans le prolongement d'une des rues principales de la ville, sert à la circulation locale.

Les piles du pont ont une forme hexagonale : leur plus grande longueur est de 15 mètres; leur largeur, de 9m,90 au niveau de la naissance des arcs, croît progressivement jusqu'au niveau des fondations. La culée de l'est descend jusqu'à une profondeur de 35 mètres au-dessous des eaux moyennes, en sorte que la hauteur totale du pont, mesurée des fondations au tablier supérieur, atteint en ce point 60 mètres.

Les piles et culées, à l'exception de la culée de l'ouest, qu'on a pu établir par épuisements, ont été toutes fondées à l'air comprimé, sous une charge d'eau qui a varié de 18 à 35 mètres. La chambre à air était placée au bas du caisson, immédiatement au-dessus de la chambre de travail, divisée en compartiments par des cloisons en charpente. Le sable, pioché par les ouvriers, était extrait à l'aide d'une pompe où son aspiration était produite par un jet d'air à haute pression.

Le caisson de fondation de la culée de l'est est presque entièrement en bois. Le plafond de ce caisson, au-dessus de la chambre de travail, est formé de plusieurs lits de pièces de chêne superposées sur une épaisseur de 1m,50; il repose à la fois sur deux cloisons intérieures en charpente et sur deux murs d'enceinte également en charpente et en biseau. Cette disposition a été adoptée dans un but d'économie : elle a facilité notablement l'immersion du caisson et son remplissage après le fonçage.

Le fonçage des caissons a demandé 133 jours pour la pile de l'ouest, 77 jours pour la pile de l'est et 115 jours pour la culée de l'est.

Les fermes des arcs supportant la superstructure sont au nombre de quatre par travée : leur espacement est de 5m,03 au milieu et de 3m,66 sur les côtés. Chacun des arcs est constitué par la réunion de deux cours de tubes cylindriques en acier placés parallèlement à 3m,60 de distance verticale d'axe en axe et reliés par des montants inclinés de part et d'autre de la normale à l'arc, qui forment une sorte de treillis.

Les tubes ont une longueur moyenne de 3m,60 et un diamètre extérieur de 45 centimètres, avec une épaisseur croissant progressivement du sommet aux naissances. Ils sont assemblés au moyen de manchons également en acier, présentant des rainures où s'engagent des saillies ménagées aux extrémités des tubes. Des boulons en acier transversaux passant au milieu de la longueur des manchons servent de points d'attache aux barres du treillis qui réunit les deux arcs.

Les mêmes boulons supportent en outre les montants verticaux portant les entretoises du double tablier, et ils sont prolongés sur toute la largeur de la travée par des tubes qui, avec plusieurs systèmes de tirants en diagonales, forment le contreventement transversal de la travée.

Chaque double ligne de tubes repose sur les piles et culées au moyen de coussinets où le dernier tube s'engage dans un manchon de fer forgé, et qui sont fixés d'une manière invariable dans les maçonneries par des boulons.

Le poids mort par mètre courant de ferme dans la travée centrale est de 3,000 kilogrammes, dont 1,400 kilogrammes d'acier; la charge roulante maxima a été évaluée à 2.400 kilogrammes par mètre courant de ferme.

Les pièces d'acier ont été calculées de manière à ne pas dépasser un effort maximum de 20 kilogrammes pour le travail à la tension et de 16 kilogrammes pour le travail à la compression.

Le montage des arcs a présenté des difficultés toutes particulières, tant à cause de leurs grandes dimensions que des sujétions auxquelles cette opération se trouvait soumise. Pour éviter les inconvénients qui seraient résultés de l'emploi des échafaudages ordinaires, qui auraient entravé la navigation et couru le risque d'être emportés par une débâcle, on s'est décidé à suspendre d'en haut les arcs pour les mettre en place.

Des tours de charpente, construites sur les piles et les culées, ont servi à attacher des câbles de suspension soutenant les portions d'arc montées symétriquement en porte à faux; des presses hydrauliques installées sous les montants de ces tours qui supportaient les câbles principaux, et se réglant automatiquement, assuraient l'invariabilité des extrémités des arcs malgré les variations de température.

Les proportions grandioses du pont de Saint-Louis, les difficultés que son exécution a rencontrées, les procédés nouveaux qu'elle a fourni l'occasion d'employer, tant pour les fondations que pour la construction et le montage de la superstructure, concourent à donner un intérêt exceptionnel à cet ouvrage, l'un des plus grands et des plus hardis qui aient jamais été entrepris, et qui fait le plus grand honneur aux ingénieurs qui ont su le mener à bonne fin, après en avoir conçu l'idée.

Ponts construits par l'American Bridge Company. — L'American Bridge Company a construit un très-grand nombre de ponts de différents types, dont plusieurs méritent d'être particulièrement signalés à l'attention des ingénieurs.

Pont d'Omaha. — Nous citerons en premier lieu le pont construit en 1870-1871 sur le Missouri, entre Omaha et Council Bluffs, pour relier le chemin de fer de l'Union Pacific au réseau des lignes des États de l'Est.

Ce pont, entièrement métallique, est établi pour une seule voie dans le système Post. Il présente onze travées de 76^m,25 d'ouverture, supportées par des piles dont la hauteur atteint 42 mètres. Le tablier du pont est élevé de 16^m,50 au-dessus des plus hautes eaux, de manière à laisser un libre passage aux steamers par-dessous.

Les crues, qui atteignent 9 mètres de hauteur, bouleversent profondément le fond du lit du fleuve, formé par une couche de sable fin. Cette couche, épaisse de 21 mètres en moyenne, recouvre le rocher, de nature calcaire.

Chaque pile est composée de deux colonnes en fonte remplies de maçonnerie et s'élevant depuis le rocher jusqu'aux semelles inférieures des poutres. Ces colonnes sont fortement contreventées par un système de poutres armées régnant depuis le niveau des basses eaux jusqu'au-dessous du tablier. Les tubes cylindriques dont les colonnes sont formées ont 2^m,60 de diamètre, 3 mètres de hauteur et 38 millimètres d'épaisseur; les deux colonnes d'une pile sont distantes de 5^m,50 d'axe en axe.

Les tubes ont été foncés à l'aide de l'air comprimé. Dans le principe, l'écluse à air était placée au sommet de chaque colonne, ce qui obligeait de la démonter fréquemment : on eut l'idée, pour éviter cette cause de perte de temps, de mettre l'écluse à air immédiatement au-dessus du plafond de la chambre de travail. Cette disposition, qui a été souvent reproduite depuis, a permis d'accélérer notablement les travaux de fondation.

Les fermes du pont, dont les axes passent au centre des colonnes, ont une hauteur de 8^m,40; leur longueur est divisée en 22 panneaux de 3^m,35 de longueur chacun. La semelle supérieure est en fonte et formée de pièces en U assemblées par des boîtes rectangulaires, dont les parois latérales sont traversées par des boulons en fer forgé auxquels sont suspendus les montants inclinés et tirants également en fer. Les montants, en forme de fuseaux, sont constitués par des feuilles de tôle assemblées avec des cornières; ils ont une inclinaison d'environ 6 de hauteur pour 1 de base. Les tirants sont des barres de fer plat reliant les extrémités des montants de deux en deux. Il y a, en outre, des contre-tirants de fer rond, destinés à agir au

passage des charges roulantes, et s'assemblant avec les montants et les tirants sur des boulons passant dans les œils des barres de fer plat qui forment la semelle inférieure. Sur ces boulons sont portés, par l'intermédiaire
d'étriers, les entretoises du tablier, contreventé transversalement par des
diagonales en fer rond. Des entretoises en fonte avec un autre cours de
diagonales forment le contreventement transversal supérieur.

Les montants inclinés à l'extrémité des travées, qui sont toutes indépendantes, sont portés par un système de coussinets à rouleaux permettant la
libre dilatation des fermes.

La proportion adoptée pour la hauteur des fermes, les inclinaisons respectivement données aux montants et aux tirants, ont eu pour résultat de
procurer une notable économie de matière, tout en permettant de résister
convenablement aux efforts dus aux charges roulantes. L'ensemble de ces
dispositions présente toutefois pour les assemblages une certaine complication qui n'existe pas avec les montants verticaux, et que ne justifie pas
vraisemblablement la faible économie que l'inclinaison des montants permet théoriquement d'obtenir.

Dans le même système, l'American Bridge Company a construit en 1872
et 1874, sur le Missouri, le pont de Leavenworth, sur la ligne de Chicago,
Rock Island et Pacific, et celui de Boonville, sur la ligne du Missouri,
Kansas et Texas.

Pont de Leavenworth. — Le premier de ces ponts est également un pont
métallique entièrement fixe, comprenant trois travées, deux de 102 mètres,
une de 96 mètres de portée; les deux piles ont une hauteur de 39 mètres
au-dessus du fond de rocher sur lequel elles reposent; elles ont été fondées
à l'air comprimé par le procédé ordinaire.

Pont de Boonville. — Le deuxième est un pont à 9 travées, dont 7 fixes,
trois de 78 mètres, une de 25^m,80 et trois de 67^m,50 de portée, et une
double travée tournante de 111 mètres de longueur totale, démasquant
deux passages égaux de 48 mètres d'ouverture chacun.

Les fermes de la travée tournante, cintrées vers le milieu, ont aux extrémités la même hauteur que les travées fixes. La partie tournante, du
poids de 500 tonnes, est manœuvrée par une machine à vapeur dont le
mécanisme permet de fixer en place et de caler les volées, ou de faire les
opérations inverses.

Les culées de ce pont reposent sur des pilotis battus jusqu'au rocher;
deux piles ont pu être fondées à l'abri de batardeaux, deux autres à l'aide
de tubes cylindriques, au nombre de 3 par pile, foncés au moyen de l'air

comprimé; pour les autres piles, également foncées à l'air comprimé à
22 mètres de profondeur sous l'eau, on a eu recours à des caissons en bois
disposés comme celui de la culée est du pont de Saint-Louis.

Pont d'Atchison. — Un quatrième pont, également établi par la même
compagnie sur le Missouri à Atchison, a une importance particulière en
raison de son emplacement et des difficultés qu'a rencontrées sa construction.

En même temps qu'il dessert la circulation locale, il met en communication 7 lignes de chemins de fer. Le Missouri a sur ce point une largeur
de 330 mètres et une profondeur de 16 mètres en hautes eaux. Le rocher
se rencontre à une profondeur qui varie de 6^m.60 à 24 mètres d'une rive
à l'autre; il est recouvert d'une couche de sable très-mobile, sur laquelle
le courant, dont la vitesse dépasse parfois 3 mètres par seconde, a une
très-grande action.

Le pont d'Atchison est à 5 travées, dont une double travée tournante:
les travées fixes ont 78 mètres de longueur et la double travée tournante
111 mètres, comme au pont de Boonville. Cette double travée est portée
par une pile circulaire de 10^m,20 de diamètre, reposant sur un caisson
de bois carré de 13^m,80 de côté et 6 mètres de hauteur, disposé comme
les caissons en bois du pont précédent. Ce caisson a été construit sur la
rive et lancé, puis foncé à une profondeur de 9 mètres à travers le sable
et l'argile en 20 jours.

Pour faciliter la désagrégation des couches d'argile compacte, on a eu
recours à des jets de vapeur à haute pression.

Les autres piles ont été fondées sur des caissons en bois construits en
place sur des échafaudages; elles ont été descendues à des profondeurs de
18^m,60, 22^m,50 et 23^m,40 dans l'espace de 20 jours en moyenne.

La superstructure du pont d'Atchison est établie dans le système Linville,
où les montants verticaux extrêmes ont été remplacés par des arcs-boutants
inclinés.

Les fermes des diverses travées, indépendantes comme dans les ponts
précédemment décrits, sont calculées pour une charge roulante de 3,800 kilogrammes par mètre courant. Elles laissent entre elles un espace libre de
5^m,40 pour le passage des trains et des voitures; des trottoirs sont placés
extérieurement sur le prolongement des entretoises. La plate-forme du
tablier est à 3^m,60 au-dessus des plus hautes eaux.

Les fermes de la double travée tournante ont une hauteur de 10^m,60
au centre et 8^m,40 aux extrémités, où elles se raccordent avec les fermes
des travées fixes. Cette partie tournante repose sur un cercle de fer forgé

et sur des galets en fonte trempée que portent des chemins en acier; la machine qui met le pont en mouvement est placée au-dessus des fermes.

Pour les fermes de ce pont, comme pour celles du pont de Boonville, on s'est servi presque exclusivement de fer, soit forgé, soit laminé. La semelle supérieure est formée de cornières et de plaques de tôle rivées; il en est de même des montants verticaux qui s'assemblent, soit avec les semelles supérieures et inférieures, soit avec les boulons d'assemblage, sans aucune pièce intermédiaire en fonte.

Ce métal, qui était à l'origine exclusivement employé pour toutes les pièces comprimées des ponts métalliques, et dont on continue à faire usage sur toutes les lignes de chemins de fer pour la construction des roues de wagons, tend de plus en plus à disparaître de la superstructure des ponts.

Indépendamment de ces ponts entièrement métalliques, la Compagnie construit encore aujourd'hui pour certains États de l'Ouest et du Sud des ponts en fer et bois dans le système décrit plus haut sous le nom de *Combination trusses*. Elle évalue à 30 et 40 p. o/o, suivant les cas, l'économie ainsi réalisée. Plusieurs ponts ont été ainsi établis dans le système Post pour les nouveaux chemins de fer du Texas.

Pont de Pointbridge. — La même Compagnie a aussi exposé le modèle du pont dit de Pointbridge actuellement en construction à Pittsburgh, sur la Monongahela, près du confluent de cette rivière avec l'Alleghany.

On sait que les ingénieurs américains ont apporté des perfectionnements notables aux ponts suspendus par l'introduction de haubans et par la constitution du tablier au moyen de poutres armées présentant une certaine résistance à la flexion, et qu'ils ont donné ainsi à ces ponts une rigidité suffisante pour leur faire supporter des trains de chemins de fer.

Le pont de Pointbridge est un pont suspendu où cette rigidité est obtenue d'une nouvelle manière. Il comprend 3 travées, une travée centrale de 240 mètres et 2 travées latérales de 43^m,50 chacune. Les deux piles portent des tours élevées de 54 mètres au-dessus des basses eaux : ces piles sont destinées à supporter une chaîne de pont suspendu, composée de barres de fer méplat dont la courbe présente une flèche de 26^m,40 et ancrée à ses deux extrémités dans les culées.

Le tablier, qui offre une largeur de 6 mètres entre les câbles de suspension, est disposé pour recevoir deux lignes de tramways et un chemin de fer à voie étroite; en dehors des câbles sont les trottoirs, de 2^m,80 de largeur.

Les câbles de suspension sont calculés de manière à pouvoir supporter seuls toute la charge de la superstructure sans la participation des autres pièces. La courbe de chaque câble est divisée en son milieu en deux arcs sous-tendus chacun par une corde rigide reliée au câble par une série de bielles, de tirants et de contre-tirants composant avec les pièces de la corde et de l'arc une véritable poutre armée qui figure un bowstring renversé.

Les pointes inférieures de ces deux bowstrings ne doivent être reliées ensemble, au milieu de la chaîne de suspension, que lorsque la mise en place de toutes les pièces de la superstructure sera complète, et la tension des tirants en diagonales doit être réglée de telle sorte qu'ils ne travaillent que sous l'action des charges roulantes. Quand ces charges occuperont la moitié de la longueur du pont, la corde de l'arc chargé éprouvera un effort de compression, tandis que la corde de l'arc non chargé sera tendue. Les bielles, tirants et contre-tirants entre la corde et l'arc subiront des efforts variables suivant la position des charges.

D'autres dispositions sont prises pour prévenir les effets des variations de température et de l'action du vent sur le tablier et les fermes de suspension.

Le tablier, construit en forme de poutre armée avec croix de Saint-André et montants verticaux de 2^m,40 de hauteur, est attaché à chaque ferme de suspension par des barres de fer plat espacées de 6 mètres d'axe en axe. Les semelles supérieures et inférieures de la poutre armée présentent de 30 en 30 mètres des joints à emboîtement laissant entre les abouts des pièces contiguës un certain jeu; en outre, au droit de ces joints, les barres de suspension sont remplacées par des bielles, qui, offrant une certaine résistance à la compression, empêchent le tablier de se relever sous l'action de la température en s'arc-boutant contre les fermes de suspension. Des entretoises horizontales et des croix de Saint-André réunissent ces bielles deux à deux à travers la largeur du pont.

La rigidité du tablier dans le sens transversal est assurée : 1° par une série de diagonales s'appuyant contre les entretoises qui supportent le tablier, déjà reliées entre elles par les fermes longitudinales et par deux cours de longerons intermédiaires; 2° par des câbles reliant chacune de ces fermes avec les avant ou arrière-becs des piles du côté opposé.

Les tours qui couronnent les piles sont en fer laminé et surmontées de croupières de même métal, susceptibles de rouler sur des galets, de manière à permettre le libre allongement des fermes de suspension et des chaînes de retenue.

Le pont est calculé pour une charge roulante de 2,400 kilogrammes par mètre courant; les chaînes de suspension doivent alors supporter un effort de traction maximum de 8^{kil},700 par millimètre carré. Pour les tiges de suspension et toutes les pièces du tablier, cet effort varie de 6 à

7 kilogrammes. L'effort maximum de compression dans les tours est de $6^{kil},500$ par millimètre carré.

Les fondations des piles et culées ont été établies sur des caissons en bois disposés comme pour les fondations à air comprimé et coulés en place sur le fond préalablement dragué; on y a élevé ensuite par assises horizontale les maçonneries de pierre de taille de l'infrastructure à l'aide d'un batardeau d'une faible hauteur.

Le procédé employé pour accroître à Pointbridge la rigidité de la suspension est certainement ingénieux; toutefois il y a lieu de se demander s'il sera aussi efficace pour prévenir la propagation des vibrations longitudinales que les haubans, transmettant directement les charges à des points fixes, et la prise que peuvent offrir à l'action du vent les fermes de suspensions placées à une grande hauteur au-dessus du tablier présente certains inconvénients au point de vue de la stabilité.

Viaduc du chemin de fer aérien de New-York (Elevated Railway). — La même Compagnie a enfin construit le viaduc métallique de plusieurs kilomètres de longueur qui porte le chemin de fer aérien exploité depuis quelque temps dans Greenwich Street, à New-York.

Ce viaduc consiste en une série de piliers métalliques espacés généralement de 10 à 11 mètres, placés sur l'alignement de la bordure de l'un des trottoirs, et d'une hauteur de 4 mètres, qui supportent à leur sommet des poutres en double T de 50 centimètres de hauteur d'âme sur lesquelles sont posées les traverses d'une voie ferrée de largeur ordinaire.

Chacun de ces piliers est formé par la réunion de 4 fers double T, courbés à leurs parties supérieures en forme de consoles divergentes, de manière à présenter à leur sommet un écartement suffisant pour l'assiette de la voie, reliés en divers points de leur hauteur par des cours d'entretoises horizontales et reposant par l'intermédiaire d'embases en fonte sur des dés en maçonnerie.

A la traversée des rues, où les portées sont généralement plus considérables, les longerons sont renforcés et parfois supportés chacun par un pilier. D'autres fermes, parallèles à la voie, supportent les légers abris qui servent de stations.

Bien que le chemin de fer établi sur cette construction hardie ait un service très-actif et que les accidents aient été assez rares, sa stabilité laisse assez à désirer pour que, dans les nouveaux projets étudiés pour étendre le réseau des chemins de fer aériens, on leur ait substitué un système de viaducs avec doubles supports, qui auront l'avantage de se prêter à l'établissement d'une seconde voie.

Ponts construits par la Baltimore Bridge Company. — Cette société de cons-truction a fourni des spécimens de ponts construits tant dans le système Fink que dans le système triangulaire (Warren), où les détails des assem-blages sont particulièrement soignés.

Dans les ponts du système Fink, que la Société construit principale-ment pour des portées ne dépassant pas 60 mètres, les poinçons ou bielles, de hauteur variable suivant leur numéro d'ordre dans la division des panneaux, sont formés par des colonnes composées de segments tubulaires en fer laminé, comme ceux de Phenixville, portant à leurs deux extré-mités des boîtes d'assemblage en fonte. Les boîtes inférieures, en forme de chapes renversées, sont reliées au moyen d'étriers et de boulons trans-versaux aux tirants inclinés.

La semelle supérieure se compose de tubes identiques à ceux des poin-çons, traversés dans le sens de leur longueur par l'âme d'une poutre à double T, dont les tables encadrent au-dessus et au-dessous la convexité des tubes. Cette disposition a pour but d'accroître la résistance de la se-melle supérieure aux efforts transversaux, et de permettre de soutenir les abouts des traverses de la voie en protégeant cette semelle en cas de déraillement.

Les entretoises du tablier sont supportées par les extrémités des boulons d'assemblage des poinçons avec la semelle supérieure, par l'intermédiaire d'embases en fonte dont ces boulons traversent le fond et où viennent s'emboîter les extrémités des entretoises. D'autres boulons traversant verti-calement ces embases servent à assembler les diagonales du contrevente-ment transversal de la voie. Les tirants inclinés sont articulés sur les bou-lons traversant la tête des poinçons dont les boîtes d'assemblage présentent des jours pour le passage de ces tirants.

Le même système de tubes a été appliqué par la Société à la ferme triangulaire du système Warren, où l'on se rapproche en général pour les triangles de la forme équilatérale comme moins favorable aux déforma-tions.

Ces triangles sont divisés en deux parties égales par des tiges de suspension. La semelle inférieure est habituellement constituée par des fers en U s'assemblant par emboîtement à la suite les uns des autres et reliés par les boulons transversaux ordinaires; elle est renforcée dans la partie centrale de la ferme, où les efforts de tension sont plus considérables, par des tirants à œil réunissant deux à deux les boulons transversaux.

Les montants inclinés devant travailler à la tension sous la charge per-manente sont disposés transversalement en forme de treillis; les autres, tubulaires comme la semelle supérieure, sont renforcés chacun par deux boulons longitudinaux passant à leurs extrémités à travers des chapes qui servent à articuler ces montants sur les boulons d'assemblage. Les entretoises et le contreventement transversal sont disposés comme dans les fermes du système Fink.

La substitution de montants verticaux aux montants inclinés travaillant à la compression a conduit les mêmes constructeurs à l'adoption, dans certains ponts, de la ferme à panneaux rectangulaires. Pour diminuer la portée des panneaux, des tiges verticales viennent alors s'articuler aux points de croisement des tirants formant croix de Saint-André qui relient deux montants verticaux consécutifs. Avec la modification consistant à remplacer les deux montants verticaux extrêmes de chaque ferme par des arbalétriers inclinés, le système rectangulaire devient presque aussi économique que le système triangulaire, qui, d'après la théorie, serait le moins coûteux pour le cas de charges uniformément réparties.

Les dispositions prises dans ces divers types pour assurer la mobilité des articulations, aussi bien que pour faire correspondre exactement les lignes d'action des forces avec les centres de ces articulations et pour reporter directement la charge du tablier sur les semelles inférieures, sont en général simples et bien entendues; certaines pièces de fonte d'assemblage paraîtraient toutefois susceptibles d'être avantageusement modifiées ou supprimées.

Ponts construits par la Louisville Bridge Company. — La société de construction Louisville Bridge Company, dirigée par un ingénieur dont le nom se rattache à l'un des systèmes de fermes les plus répandus en Amérique, M. Albert Fink, qui avait déjà dessiné en 1851 les fermes du pont sur la Monongahela d'après ce type, a continué à en faire de nombreuses applications sur les chemins de fer des États de l'Est. Sur les lignes à faible trafic, cette Compagnie emploie en général le bois concurremment avec la fonte et le fer dans la composition des fermes; sur les lignes plus importantes et pour les ponts à grande portée, où elle a recours à la ferme triangulaire modifiée, elle se sert encore de la fonte pour certaines pièces comprimées.

L'ouvrage le plus considérable construit dans ces dernières années avec les fermes Fink et Warren (triangulaire) combinées est le pont sur l'Ohio à Louisville, terminé en 1870, qui relie le réseau des chemins de fer de l'État d'Indiana avec les lignes de l'Ohio. Ce pont, dont le tablier s'élève à 29 mètres au-dessus du niveau des basses eaux, passe au-dessus des chutes de l'Ohio, dont le lit est extrêmement peu stable et régulier dans cette partie de son cours, et traverse en outre le canal de Louisville à Portland; il mesure entre les culées extrêmes une longueur de 1,591^m,50, se divisant en 27 travées, dont une double travée tournante sur le canal.

Vingt-trois de ces travées, dont la portée varie entre 15 mètres et 74^m,90, sont portées par des fermes du système Fink; au-dessus des deux chenaux navigables que présente l'Ohio, il existe deux travées composées de fermes triangulaires de 112, 80 et 122 mètres de portée; la double travée tournante sur le canal, de 79^m,20, est aussi établie dans ce dernier système.

Dans les six plus grandes travées construites dans le système Fink, les deux fermes parallèles sont espacées de 4^m,80; les poinçons, qui ont alternativement des hauteurs de 4^m,50 et de 9 mètres, divisent la portée en 16 panneaux égaux. Les entretoises supportant les longrines de bois du tablier sont des arcs en fonte dont les naissances correspondent aux sommets des poinçons avec lesquels elles sont solidement boulonnées; un entrait posé à chaud neutralise la poussée de l'arc sous l'action des charges.

Les semelles supérieures sont constituées par des tubes en fonte de section octogonale à l'extérieur et circulaire à l'intérieur; ces tubes, dont le diamètre intérieur est de 45 centimètres, occupent la longueur de deux panneaux et s'assemblent deux à deux par emboîtement sur la tête des plus larges poinçons.

Les poinçons sont des colonnes en fer laminé de Phenixville; leur diamètre varie de 34 centimètres à 20 centimètres. Les tirants sont formés par des barres à œils, dont le nombre varie de 2 à 12 suivant la position des poinçons, et la section totale de 190 à 1,410 centimètres carrés, et que traversent des boulons portés par des chapes ménagées au pied et au sommet des poinçons; des tirants en diagonales forment contreventement entre les poinçons et les entretoises du tablier dans le sens transversal.

La voie ferrée est portée par des traverses débordant les fermes de 1^m,80; ces traverses portent à leurs extrémités des trottoirs en planches; la voie ferrée, pour laquelle on a ménagé un espace libre de 4^m,20, est à jour, par précaution contre l'incendie.

Le poids de fer et de fonte employé par mètre courant est de..	2,664^k
A quoi il faut ajouter pour le poids de la voie et des trottoirs.	946
Soit en totalité par mètre courant.........	3,610

Sous la charge de 4 locomotives pesant 200 tonnes, l'abaissement a été au centre de la travée de 44 millimètres et au quart de la travée de 31 millimètres.

La travée de 122 mètres, qui était en 1870 la plus longue qu'on eût encore construite en Amérique, est portée par des fermes de 14 mètres de hauteur, divisées en sept panneaux principaux, décomposés chacun en quatre parties égales. Des trois points de division intermédiaires de la semelle inférieure partent des tiges de suspension aboutissant, celle du centre au point de concours des montants inclinés principaux et les deux autres aux milieux de ces montants, qui sont reliés à la semelle supérieure par des bielles verticales susceptibles de résister à la compression. Un tirant incliné réunit en outre le pied de chaque bielle à la semelle supérieure au milieu de la base de chaque grand triangle supérieur. La semelle est supportée en ce point par un montant vertical dont le pied correspond à l'une des grandes divisions de la semelle inférieure.

Cet ensemble de dispositions a pour objet, tout en fournissant des points de suspension intermédiaires pour le tablier dans chaque panneau principal, de réduire les portées des pièces travaillant à la compression; les seules qui ne soient pas soutenues en leurs milieux sont les montants verticaux auxiliaires, qui n'ont jamais à supporter que de faibles charges.

Les fermes de chaque côté de la voie ferrée sont doubles; l'espacement entre les axes des deux couples de fermes est de 7^m,67, et entre les axes des fermes de chaque couple, de 1 mètre. Chaque ferme a été montée isolément, et on l'a laissée fléchir sous son propre poids avant de la relier à l'autre ferme du même couple; on a pu d'ailleurs constater lors du montage que toutes les pièces des deux fermes restaient exactement parallèles, ce qui a permis de les relier transversalement sans difficulté.

Les semelles supérieures sont composées de tubes en fonte semblables à ceux des fermes du système Fink, et d'épaisseur décroissante du milieu aux extrémités. Les montants inclinés ou verticaux travaillant à la compression sont des colonnes en fer laminé de Phenixville. Elles sont tenues d'écartement par des manchons en fonte à brides, dont l'axe coïncide avec celui des boulons d'assemblage et qui sont boulonnés sur les faces latérales des semelles.

Les semelles inférieures sont formées par plusieurs cours de barres à œil, dont le nombre pour chaque double ferme varie de 8 à 16; elles sont assemblées sur des boulons transversaux séparés pour chaque ferme d'un couple; ces boulons traversent l'embase de fonte des montants inclinés principaux ou des tiges et montants auxiliaires verticaux.

Les entretoises du tablier, qui sont des poutres armées de forme trapézoïdale, sont suspendues aux boulons d'assemblage par de courtes barres à œil terminées par des boulons; ces boulons sont placés à égale distance de part et d'autre des tirants inclinés qui forment les côtés du trapèze, de manière à assurer l'égale répartition des charges portées par les entretoise entre les deux fermes de chaque couple.

Le poids mort étant généralement assez considérable pour que le sens des efforts ne soit jamais changé dans les diverses pièces de la superstructure, on a pu se contenter de faire reposer les montants inclinés sur leurs boîtes d'assemblage sans avoir à les fixer par des boulons; pour les montants inclinés du centre seulement, on a dû recourir à ce mode d'attache, en prévision des faibles tensions que pourraient occasionner certaines positions de la surcharge.

Le poids par mètre courant de cette travée est, pour la partie métallique, de..	$5,067^k$
En y ajoutant le poids de la voie et de ses accessoires, soit...	973
On trouve un poids total de....	6,040

Au passage d'un train de 4 locomotives pesant en totalité 200 tonnes l'abaissement au centre de la travée a été de 28 millimètres.

L'autre grande travée, de $112^m,80$ d'ouverture, est établie d'après le même type : elle comprend seulement un panneau de moins; on lui a donné la même hauteur.

Le poids du métal par mètre courant y est de...........	$4,315^k$
Et le poids total avec la voie, de.....................	5,500

La hauteur mieux proportionnée des fermes et la plus grande dimension des panneaux principaux expliquent en partie cette réduction notable du poids par mètre courant. L'abaissement constaté au passage des trains d'épreuve a été de 25 millimètres: la rigidité pouvait donc être considérée, eu égard à la portée, comme au moins égale à celle de la travée précédemment décrite.

Pour toutes les fermes du pont sur l'Ohio, les pièces métalliques avaient été calculées de manière à résister à une charge roulante de 3,900 kilogrammes par mètre courant, sans faire travailler les semelles en fonte à plus de $\frac{1}{7}$ de l'effort de rupture, ni les tirants ou poinçons à plus de $\frac{1}{6}$ du même effort; on s'est imposé pour règle de ne pas dépasser, au passage des surcharges, un effort de $5^{kil},7$ par millimètre carré pour les pièces de suspension et les tirants de premier ordre; cet effort a été porté à $8^{kil},8$ pour les semelles inférieures. Pour les autres pièces soumises à des efforts de tension on s'est tenu entre ces deux limites.

Les fondations et les maçonneries des piles de ce grand ouvrage n'ont présenté aucune difficulté, le rocher étant partout à nu et pouvant être atteint presque sans épuisements en basses eaux. Le montage de la superstructure a rencontré des obstacles plus sérieux. Une partie des échafaudages élevés sur des cribs a été, lors d'une crue de l'Ohio, emportée par un bateau qui avait été entraîné par le courant, et a dû être remplacée par des cintres retroussés offrant moins de prise.

L'ouvrage a été complétement terminé dans l'espace de deux ans.

Les dispositions générales de ce grand ouvrage témoignent d'une étude attentive de la part des ingénieurs : le choix qui a été fait des divers systèmes de fermes pour les différentes portées n'a rien que de judicieux; peut-être cependant a-t-on dépassé, pour la ferme du système Fink, la limite au delà de laquelle elle cesse d'être économique. Quant à la ferme triangulaire adoptée pour les grandes portées, les additions qu'elle a dû subir pour s'y adapter y introduisent une certaine complication dont la ferme à montants verticaux croisés par des tirants inclinés est exempte, et que la forme cylindrique donnée aux semelles supérieures et aux montants inclinés ne fait qu'augmenter. A part cet inconvénient, que la forme rectangulaire donnée maintenant à ces pièces tend à atténuer, ce type éminemment rationnel doit être considéré comme l'un des mieux appropriés aux grandes portées, où la prépondérance du poids mort, faisant que les efforts ne changent jamais de sens au passage des surcharges, maintient toutes les pièces dans les meilleures conditions de résistance et rend les déformations accidentelles peu sensibles.

Ponts construits à Philadelphie par la Compagnie des chemins de fer de Pensylvanie. — L'extension du réseau des voies de la Compagnie des chemins de fer de Pensylvanie aux abords du parc de l'Exposition a donné lieu à la construction d'un certain nombre de ponts, construits dans plusieurs types différents, pour le passage des rues au-dessus de la voie.

Un de ces ponts, sur lequel se croisent à angle droit deux rues, Belmont et Girard Avenues, est établi dans des conditions analogues au pont de la place de l'Europe à Paris. Sa plus grande longueur est de 109^m,80 : sa plus grande largeur, de 91^m,50. Il livre passage à 10 voies.

Ce pont repose sur des culées en maçonnerie et sur une série de colonnes en fer laminé placées dans les entre-voies. Le tablier est formé par des poutres en tôle rivées supportant des entretoises en fer laminé; des plaques de tôle en forme de pyramides aplaties garnissent les vides entre les entretoises et les poutres et portent le pavage de la chaussée.

Un autre pont, établi à la même époque dans le prolongement de la 41e rue, est biais et présente dans la direction du biais une portée de 64 mètres. Ce pont, de 18 mètres de largeur, est porté par deux fermes à semelles parallèles, décomposées chacune en dix panneaux carrés par les montants verticaux. Chacun de ces panneaux est divisé en deux par une

tige secondaire de suspension qui en occupe le centre et qui vient s'articuler au milieu de l'unique tirant incliné du panneau, soutenu au point
d'articulation par une bielle s'appuyant contre le pied du montant vertical
à la tête duquel aboutit le tirant.

Cette disposition, en permettant d'éviter l'addition de montants verticaux intermédiaires pour la suspension du tablier, procure une certaine
économie.

Comme dans le pont précédent, toutes les pièces comprimées sont des
poutres en tôle rivées; les tirants et les semelles inférieures des poutres
sont formés par des barres de fer plat. Le contreventement transversal est
constitué sous le tablier par les entretoises reliées par des croix de Saint-
André et, au niveau des semelles supérieures, par des fermes en arcs avec
le même système de diagonales.

Pour un autre pont, construit pour le passage de la 4o° rue, on a adopté
le pont suspendu du système Ordish. Le pont comprend une travée centrale de 52^m,4o d'ouverture et deux travées latérales de 22^m,9o chacune,
livrant passage à 22 voies, dont le niveau est placé à 5^m,25 au-dessous du
tablier. Il a, comme le précédent, 18 mètres de largeur, dont 12 mètres de
voie charretière.

Les tours qui portent les câbles de suspension sont construites en fer
laminé; elles ont 18 mètres de hauteur. Chaque câble n'est attaché au
tablier qu'à l'extrémité de celui-ci et au milieu de la travée centrale. Au-dessous de la croupière disposée au sommet de la tour pour le supporter est
une seconde croupière pour les haubans, au nombre de quatre pour chaque
moitié de la travée centrale et de trois pour chaque travée latérale. Ces
croupières reposent sur des galets destinés à prévenir les efforts de flexion
qui pourraient se développer dans les tours sous l'action des surcharges et
des variations de température.

Le tablier est porté par des poutres longitudinales, formées de quatre
cours parallèles de fers en U de 32 centimètres de hauteur, auxquelles sont
suspendues les entretoises. Ces poutres, auxquelles viennent s'attacher en
des points également espacés les haubans formés par des barres de fer plat
assemblées par des boulons, sont tenues à leurs extrémités vers les culées
par des tirants verticaux scellés dans les maçonneries; ces tirants, qui ne
supportent jamais que de très-faibles efforts de traction, sont percés d'un
œil allongé à travers lequel passe le boulon horizontal qui les assemble avec
les poutres, de manière à permettre à celles-ci de s'allonger et de se rac-
courcir librement.

Ce pont mérite d'être signalé pour son élégance et son exécution soignée.

Ponts Bowstring (systèmes Whipple et King). — Un grand nombre de ponts du système Bowstring ont été construits pour des portées ne dépassant pas 30 mètres, principalement sur le canal Érié, sur les plans de M. Whipple. Dans ces ponts on a généralement employé la fonte pour les arcs des fermes, qui supportent au moyen de tiges de fer rond les entretoises du tablier.

Ce type a été récemment appliqué à la construction d'un pont de 6 travées, de 45 mètres de longueur chacune, à Topeka (Kansas). Chaque travée de ce pont, uniquement destiné à desservir la circulation ordinaire, est portée par deux arcs de 4^m,50 de hauteur, de section rectangulaire, constitués par l'assemblage de deux fers en U avec deux fers plats au moyen de rivures et reposant à leurs extrémités sur des sabots de fonte. Deux cours de barres de fer plat, assemblées par des boulons, forment la corde de l'arc. Les montants verticaux, faisant office de tiges de suspension, sont en fer rond ou à section étoilée; ils sont filetés à leurs extrémités supérieures qui traversent l'arc du Bowstring et sont fixés par-dessus au moyen d'écrous; leurs pieds portent des chapes en fonte où passent les boulons transversaux de la semelle inférieure. Les tirants et contre-tirants traversent obliquement l'arc supérieur et y sont aussi fixés au moyen d'écrous. Indépendamment d'un système de diagonales placé sous le tablier, il existe, pour le contreventement transversal, des entretoises placées à une certaine distance de part et d'autre du sommet des arcs et reliées par des croix de Saint-André.

Le système Bowstring est regardé comme avantageux pour des portées médiocres et de faibles surcharges. Dans le cas contraire, la nécessité de donner aux montants verticaux une section suffisante pour résister à la compression et de faire régner le système des tirants et contre-tirants sur toute la longueur de la travée concourt avec le poids proportionnellement plus considérable de l'arc, dont la section doit être uniforme, à le rendre peu économique. Il se prête d'ailleurs moins bien que les autres systèmes au contreventement transversal, ce qui est un inconvénient sérieux dans un pays où l'on a à craindre la violence des ouragans.

Ponts construits par la Delaware Bridge Company. — La Compagnie de Delaware Bridge a construit dans ces dernières années un grand nombre de ponts de moyenne portée, remarquables par la bonne entente de leurs dispositions et leur caractère économique. Comme dans les ponts construits récemment sur les chemins de fer de Pensylvanie, toutes les pièces comprimées y sont constituées par des poutres en tôle rivées; l'articulation entre le sommet des montants verticaux et la semelle supérieure est supprimée.

Les barres de fer plat pour les pièces tendues ont été conservées, avec une modification dont l'expérience a fait reconnaître la nécessité : elles sont renforcées un peu au-dessous de l'œil par un épaulement, destiné à obvier au défaut de résistance qu'elles tendent à présenter dans cette partie.

Le système le plus habituellement suivi par la Compagnie est celui de la ferme à triangles équilatéraux ou isométrique, où la longueur des panneaux est diminuée de moitié par le croisement des montants inclinés. Ceux de ces montants qui travaillent principalement à la compression sont formés de poutres rivées, composées de deux semelles réunies par un treillis; les autres montants sont des barres passant à l'intérieur de ce treillis à leur point de croisement. Des tiges de suspension intermédiaires articulées à ces points de croisement sont employées pour réduire encore la longueur des panneaux, quand elle est trop considérable.

Dans les ponts biais des divers systèmes construits en grand nombre par cette Compagnie, l'assemblage, avec les fermes longitudinales, des entretoises supportant les longrines du tablier, que l'on évite généralement de faire porter par les semelles inférieures en dehors des points d'articulation, présentait une certaine difficulté. Cette difficulté a été résolue suivant les cas, soit en donnant aux panneaux une longueur convenable pour que les points de division des panneaux sur les deux fermes puissent se trouver deux à deux sur une même perpendiculaire à leur direction, soit en intercalant entre les pieds des montants, quand ils sont verticaux, des longrines en tôle laminée pour supporter les extrémités des entretoises.

Parmi les ponts récemment exécutés par la Compagnie de Delaware Bridge, nous citerons le pont à double travée tournante de Hackensack River, sur la ligne de Delaware, et celui de Lackawanna, dans l'État de New-Jersey, qui est à la fois biais et en pente.

Ce pont, dont le biais est de 25 degrés et la pente longitudinale de 5 millimètres, a deux travées fixes pour double voie, de $60^m,40$ de longueur mesurée entre les centres des piles, et une double travée tournante de $59^m,80$ de longueur.

Les piles ont été fondées sur une plate-forme reposant sur des pieux recepés en contre-bas des plus basses eaux.

Les fermes de chaque travée, au nombre de trois, sont établies dans le système trapézoïdal à montants verticaux. Elles ont une hauteur de $8^m,20$ et se divisent en panneaux de $5^m,25$ de longueur chacun dans les travées fixes et de $4^m,20$ de longueur dans la double travée mobile. Elles sont calculées pour une charge de 3,750 kilogrammes par mètre courant de voie. Les fers y travaillent à un effort maximum de tension de $7^{kil},2$ par millimètre carré; l'effort limite admis pour la compression varie de $5^{kil},7$ à

4 kilogrammes, suivant le rapport de la longueur des pièces à la plus faible dimension de leur section.

Les trois fermes reposent, dans la travée mobile, sur la couronne de galets qui constitue l'appareil de rotation, par l'intermédiaire de trois coussinets placés, pour les fermes latérales, aux extrémités d'un diamètre de cette couronne parallèle aux axes des piles et, pour la double ferme centrale, sur le pivot placé au centre de la couronne. Par suite de cette disposition, les deux parties de la double travée situées de part et d'autre de ce diamètre se faisant équilibre d'elles-mêmes, le pont est parfaitement stable dans toutes ses positions, et les coussinets étant d'ailleurs dérasés à leur partie supérieure suivant l'inclinaison de la voie, tandis que le plan de la couronne est horizontal, le tablier prend de lui-même l'inclinaison qui lui a été assignée.

Les deux coussinets supportant les fermes extrêmes sont reliés à la crapaudine qui surmonte le pivot fixe par des bras inclinés que soutiennent des tirants aboutissant sur le sommet de cette crapaudine, ce qui permet de ne faire porter aux galets qu'une faible partie du poids total du pont et de réduire ainsi notablement le frottement pendant la rotation.

Les extrémités des volées sont calées sur les piles au moyen de coins manœuvrés à l'aide d'un système d'excentriques qu'une chaîne Galle, actionnée par un engrenage placé au centre du pont, met en mouvement. La rotation est produite à volonté par une machine à vapeur ou par un treuil mû à bras d'hommes.

La bonne disposition de tous les détails de cet ouvrage le recommande particulièrement à l'attention des ingénieurs.

Viaducs métalliques. — Les chemins de fer américains traversent en général les vallées sur des estacades de bois. Dans ces dernières années, plusieurs de ces estacades ont été remplacées par des viaducs métalliques. Des viaducs métalliques ont été construits également sur quelques lignes nouvelles.

Ces viaducs diffèrent généralement des viaducs métalliques construits en Europe :

1° Par le mode de construction des piles, qui, au lieu d'être compactes et constituées par des arbalétriers disposés suivant les arêtes d'une pyramide, sont composées de palées parallèles plus ou moins espacées;

2° Par l'agencement du tablier du pont au-dessus des piles : les fermes du tablier, au lieu d'être continues, sont interrompues au-dessus des piles.

L'un des viaducs les plus remarquables est celui de Portage, sur le chemin de fer de l'Érié. Ce viaduc a été établi en remplacement d'une estacade qui avait été brûlée ; il franchit, sur une longueur de 250 mètres, la vallée du Genesee River, au-dessus du fond de laquelle il s'élève à une hauteur de 72 mètres. Il se compose de 7 travées, dont 4 de 15^m,25 de portée, 2 de 30 mètres et une de 36^m,50.

Le tablier du viaduc, établi pour deux voies, est porté par 2 fermes du système Pratt-Linville. Chaque pile est formée de 4 arbalétriers distants, parallèlement à la voie, de 15 mètres, constituant deux à deux des fermes verticales; dans le sens perpendiculaire à la voie, les arbalétriers ont un fruit de $\frac{1}{9}$ et sont espacés à leur sommet de 6^m,10. Plusieurs étages d'entretoises, au nombre de 9 pour les plus hautes piles, relient les 4 arbalétriers; des croix de Saint-André et des diagonales intérieures servent à trianguler les piles d'un étage à un autre.

Dans les plus longues piles, la partie inférieure des fermes transversales, où les diagonales sont le moins inclinées, est consolidée par un montant vertical central s'élevant à une hauteur de 38 mètres au-dessous du niveau des rails.

Les arbalétriers sont constitués par des poutres en tôle, à section rectangulaire, rivées, dont un côté est fermé par un treillis. Les entretoises horizontales, articulées sur des boulons traversant les arbalétriers, sont également en treillis.

Le montage de ce viaduc a été fait au moyen d'échafaudages volants reposant sur le socle des anciennes piles en bois qu'on élevait au fur et à mesure de la construction. Les fermes du tablier étaient montées en bas des piles et hissées à leur sommet.

Il a été employé à la construction de ce viaduc 595 tonnes de fer, dont 407 pour les 6 piles formant une hauteur totale de 216 mètres et 187 tonnes pour le tablier de 250 mètres de longueur.

Un autre viaduc, celui de Varrugas, construit au Pérou par des ingénieurs américains, pour une seule voie, présente des dispositions un peu différentes.

Ce viaduc, qui a 175^m,35 de long et une hauteur maxima de 76^m,80, se compose de 4 travées, dont 3 de 30^m,50 de portée et une de 38 mètres.

Les piles ont une longueur de 15^m,25 dans le sens de la longueur de la voie; transversalement, elles ont au sommet une largeur de 4^m,57, qui croît jusqu'à la base en raison du fruit de $\frac{1}{12}$ donné aux arbalétriers extrêmes.

Chaque pile comprend 3 fermes verticales parallèles, composées chacune de 4 arbalétriers disposés de manière à dessiner un W renversé et venant aboutir deux à deux sous les fermes du tablier.

Ces arbalétriers, entretoisés dans les plus hautes piles par neuf étages de

fermes horizontales comme dans le viaduc précédent, et solidement contreventées par des croix de Saint-André, sont formés par des tubes cylindriques en fer laminé de Phenixville, d'un diamètre de 30 centimètres
pour les arbalétriers des fermes extrêmes et de 25 centimètres pour ceux
de la ferme centrale, assemblés entre eux par des manchons en fonte.

Les fermes du tablier sont du système Fink, qui est particulièrement
appliqué à la construction des viaducs.

Le montage a été exécuté à l'aide d'un chariot roulant sur deux câbles
suspendus à travers la vallée, d'où les pièces des piles étaient descendues
à leur emplacement définitif. Les mêmes câbles ont servi à supporter des
échafaudages volants pour l'établissement des fermes du tablier.

Le poids du métal employé est de 507 tonnes pour les piles, formant
une hauteur totale de 175 mètres, et de 100 tonnes pour le tablier, de
139^m,60 de longueur.

Un viaduc de 95 mètres de hauteur vient d'être construit sur la ligne du
Cincinnati Southern Railway pour le passage du Kentucky River. Ce pont
se compose de 3 travées de 112^m,50 de longueur, constituées par des fermes
continues. Les piles, portées par des socles en maçonnerie d'une hauteur de
20 mètres, sont de forme pyramidale, et se terminent en pointe pour
supporter les fermes construites dans le système Linville.

Pour neutraliser les efforts de flexion que le relèvement du sommet des
piles par l'effet de la dilatation tendrait à produire dans les fermes, au
lieu de faire les semelles supérieure et inférieure de ces fermes continues
sur toute leur longueur, on a, aux points d'inflexion les plus rapprochés
des piles que les fibres moyennes des fermes puissent présenter dans les
travées latérales sous l'action des charges, coupé la semelle inférieure et
établi une articulation dans la semelle supérieure ; la travée centrale est
alors dans les conditions d'une poutre supportant à ses deux extrémités en
porte à faux, de part et d'autre des piles, les portions des travées extrêmes
comprises entre ces points et les culées.

Les bases des arbalétriers sont également disposées de manière à pouvoir
obéir dans une certaine mesure aux mouvements déterminés par les variations de température.

Le montage de ce viaduc s'est fait par un procédé analogue à celui que
l'on emploie en Europe. Ce montage a été décomposé en deux parties correspondant à chaque moitié du viaduc. Pendant que l'on élevait une première pile, on construisait entre cette pile et la culée la plus voisine une
tour en charpente. On montait ensuite la portion de la travée extrême comprise entre la tour et la culée, que l'on construisait en porte à faux d'a-
bord jusqu'à la pile, puis au delà jusqu'au milieu de la travée centrale,

en retenant l'extrémité de la ferme par un solide ancrage établi dans la culée. On a déplacé ensuite la tour de charpente pour opérer symétriquement de la même manière sur l'autre moitié du viaduc, dont les deux moitiés ont été finalement reliées au milieu de sa longueur.

On a construit en outre un assez grand nombre de viaducs métalliques d'une faible hauteur, qui ne sont à proprement parler que des estacades. Ces viaducs consistent en une série de fermes ou palées équidistantes formant par leur réunion, suivant qu'elles sont ou ne sont pas reliées entre elles par un système d'entretoises et de diagonales, des piles ou des travées libres. Le plus souvent la travée libre alterne avec deux ou trois travées entretoisées.

La distance entre les palées ne dépasse pas généralement 10 mètres, et les travées sont constituées par des fermes du système Fink : tels sont le viaduc de Dale Creek sur l'Union Pacific, plusieurs viaducs du Cincinnati Southern Railway, le viaduc de Rapallo, etc.

L'emploi des courtes portées est particulièrement approprié au mode de construction des viaducs américains, en ce qu'il fractionne les surcharges dues au passage des trains, dont il facilite à la fois la distribution uniforme entre les palées et la transmission directe aux arbalétriers de chacune d'elles. Dans les viaducs à grande portée, l'égale répartition des charges et surcharges entre les arbalétriers d'une même pile n'étant pas assurée comme Dans les viaducs européens par la position de la ligne d'appui au milieu de la pile, les arbalétriers d'une même pile, qui travaillent toujours très · inégalement, sont exposés à subir brusquement de très-grands efforts, si la tension des tirants en diagonale n'est pas convenablement réglée. Ajoutons que la grande légèreté de ces viaducs, qui au point de vue de l'économie a des avantages incontestables, tend à accroître les inconvénients de l'inégale répartition des charges en augmentant, par l'effet des déformations et des vibrations beaucoup plus considérables résultant de la faiblesse du poids mort, les chances d'altération rapide des pièces de la charpente métallique.

La revue sommaire que nous venons de faire des ponts américains les plus remarquables exécutés dans le cours de ces dernières années permet de juger des progrès qui s'y sont accomplis. Aux ponts et aux estacades d'un caractère essentiellement provisoire, primitivement construits pour franchir les fleuves et les vallées, se substituent généralement des ponts et viaducs métalliques, où la fonte, employée d'abord pour remplacer le bois dans les pièces résistant par la compression, tend de plus en plus à être remplacée à son tour par le fer.

Ces modifications, tout en témoignant de l'accord qui s'établit entre les ingénieurs européens et américains sur le choix des métaux à faire entrer dans la composition des superstructures métalliques, ne sont pas de nature à ôter au système de construction américain son caractère spécial, consistant dans la concentration des efforts dans des directions fixes qui permettent de les calculer d'une manière précise et dans l'emploi d'assemblages à articulation substitués aux rivures pour éviter les effets de flexion. Il convient d'ailleurs de ne pas s'exagérer la portée de ce double principe. La multiplicité des pièces articulées sur les mêmes axes et dirigées parallèlement ne laisse pas introduire, pour les ponts à grande portée, une certaine indétermination dans la répartition des efforts entre ces pièces, et la suppression partielle des articulations, ainsi que l'emploi de plus en plus fréquent des poutres à rivures, montre que les ingénieurs américains n'y attachent pas une importance absolue.

La préférence donnée par eux à ce mode d'assemblage est surtout motivée par les conditions spéciales dans lesquelles s'effectue en Amérique la construction des ponts métalliques. Opérée le plus souvent loin de tout lieu habité, et assujettie à se faire très-rapidement pour éviter les frais d'une installation dispendieuse et les chances d'avaries par suite de crues ou d'ouragans, sans pouvoir être surveillée d'une manière bien effective, cette construction trouve dans le système d'assemblage que les ingénieurs américains ont adopté, et qui, en même temps qu'il n'exige point pour le montage d'ouvriers spéciaux, comporte une vérification et un essai préalables de toutes les pièces à l'usine, des garanties de bonne exécution que l'assemblage sur place au moyen de rivures ne pourrait donner.

Ajoutons que les excessives variations de température du climat américain sont beaucoup moins susceptibles de produire des déformations nuisibles dans le système articulé de la ferme américaine que dans le système rigide de la ferme européenne et que l'entretien et le remplacement des pièces avariées en sont plus faciles.

L'économie que procure l'application du système américain dans la construction des ponts tient à la fois à ce que toutes les pièces peuvent en être mieux proportionnées aux efforts qu'elles ont à subir, et à ce que l'on y admet généralement des efforts maxima plus élevés qu'en Europe. Il y a lieu de remarquer toutefois que la discontinuité habituellement établie entre les travées, de crainte de tassement, fait perdre en partie le bénéfice de cette économie. D'autre part, si sous l'action de la charge permanente les ponts américains subissent des efforts moins considérables que les ponts complétement rigides construits en Europe, l'effet des surcharges y provoque des déformations plus sensibles et des vibrations plus intenses à cause de leur légèreté; leur durée est par cela même plus sujette à se ressentir de l'activité de la circulation qu'ils desservent. Particulièrement approprié aux circonstances où il a pris naissance, le système de construction américain, tout en présentant des avantages réels, même dans les pays mieux outillés pour les ouvrages en fer, ne saurait avoir les mêmes raisons d'être en Europe qu'en Amérique, où l'on doit se préoccuper surtout de construire rapidement et économiquement.

IV

TRAVAUX MUNICIPAUX.

Les distributions d'eau figuraient en grand nombre dans la collection de dessins exposée par la Société des ingénieurs civils, et montraient quelle importance les municipalités attachent à ce qu'elles puissent répondre à l'accroissement de la population et aux exigences progressives de la consommation individuelle.

Un trait caractéristique leur est commun, c'est la profusion avec laquelle l'eau est fournie aux populations, moins soucieuses de sa qualité que de sa quantité; ce qui s'explique par la différence des habitudes et des besoins, quand on les compare à l'Europe. La grande consommation d'eau qui est faite pour les usages domestiques, le défaut de contrôle qui permet de gaspiller l'eau dans les maisons, la nécessité d'avoir de fortes réserves d'eau pour les cas si fréquents d'incendie, sont les principales causes de cette profusion, dont on commence à se préoccuper aujourd'hui.

On aura une idée de la libéralité avec laquelle l'eau est distribuée par les chiffres suivants, relatifs aux six villes qui comptent le plus d'habitants :

CONSOMMATION JOURNALIÈRE D'EAU PAR HABITANT EN 1875.

Noms des villes.	Litres.
New-York	340
Philadelphie	210
Saint-Louis	220
Chicago	300
Boston	220
Cincinnati	200

Il suit de là que, tandis que les ouvrages destinés à l'amenée et à la distribution des eaux proprement dites sont en général aussi remarquables par l'excellence de leurs dispositions et leur bonne exécution que par les larges proportions sur lesquelles ils sont établis, ceux qui servent à l'emmagasinement et à la clarification des eaux sont loin de satisfaire aux conditions que l'on exige habituellement en Europe. Il n'existe, pour ainsi dire, nulle part de réservoirs couverts ni de bassins de filtrage; dans les vastes bassins découverts, entourés de digues de terre où on les accumule, les eaux, pendant l'été, s'échauffent et s'altèrent plus ou moins par la décomposition des matières organiques qu'elles contiennent; leur goût change, et leur insalubrité, au moment des grandes chaleurs, a plus d'une fois excité, de la part des populations, des plaintes qui n'étaient que trop justifiées.

Nous allons maintenant entrer dans quelques détails sur les travaux de distribution d'eau les plus importants et les plus récents.

BOSTON.

La ville de Boston, alimentée depuis l'année 1848 par l'aqueduc du Cochituate, a dû se préoccuper, à la suite de plusieurs sécheresses qui avaient fait considérablement baisser les eaux du lac où se fait la prise d'eau et gravement compromis son alimentation, d'augmenter ses ressources en eau de manière à faire face à toutes les éventualités et à l'augmentation rapide de sa population. En même temps que deux grands réservoirs, l'un, celui de Chestnut hill, de 275,000 mètres cubes de capacité, l'autre, celui de Parker's hill, d'une contenance de 27,000 mètres cubes, étaient construits, pour le bas et le haut service, afin d'assurer plus complétement la distribution, et que le réseau des conduites était prolongé, au moyen de tuyaux à joints articulés immergés dans la baie, jusqu'à East Boston et aux îles voisines, des études étaient entreprises pour l'établissement d'une nouvelle dérivation destinée à remédier à l'insuffisance de l'ancienne.

On avait le choix entre les eaux de deux cours d'eau : l'un, le Charles River, qui vient se jeter dans la mer à Boston, pouvait, au moyen de machines élévatoires, fournir autant d'eau qu'on pouvait le désirer; mais ses eaux, salies par les égouts qui s'y déversent, n'offraient pas de garanties de salubrité suffisantes; l'autre, le Sudbury River, par cela même qu'il était plus éloigné des centres de population, était moins sujet à cet inconvénient.

On n'a pas hésité à donner la préférence à cette dernière rivière. En barrant ses petits affluents, on a créé des réservoirs déjà suffisants pour une accumulation de 7,800,000 mètres cubes, qui pourra être portée ultérieurement à 18,900,000 mètres cubes par quelques travaux additionnels, et l'on compte pouvoir ainsi disposer de 234 millions de litres par jour, avec lesquels on pourrait alimenter une population triple de la population actuelle à raison de 200 litres par habitant.

Les travaux d'amenée consistent dans la construction d'un nouvel aqueduc, de 25 kilomètres de longueur, présentant une pente longitudinale
de 18 centimètres par kilomètre et aboutissant au grand réservoir de
Chestnut hill. Cet aqueduc, couvert par une voûte en plein cintre, a une
largeur de 2^m,70 et une hauteur sous clef de 2^m,30; construit à ciel ouvert
sur presque toute sa longueur, il a nécessité seulement le percement de
quatre souterrains ayant une longueur totale de 2,600 mètres et l'établissement de deux ponts en maçonnerie, l'un de 142^m,50, l'autre de
160^m,80 de longueur, à la traversée des vallées de Waban et du Charles
River. Le premier de ces ponts est formé de neuf arches en plein cintre,
de 13^m,20 d'ouverture; le second franchit la rivière au moyen d'une
arche de 39 mètres de portée, en arc de cercle, à laquelle font suite,
sur chaque rive, des arches en plein cintre de 10 mètres. Ces deux ponts
sont exécutés en granit du Maine, à l'exception du corps de l'aqueduc proprement dit, qui est en briques, et qui présente la même section intérieure
que le reste de la conduite. Des vides sont ménagés dans les pieds-droits
pour faciliter la circulation de l'air et prévenir, dans une certaine mesure,
l'inégale dilatation des maçonneries.

Il existe en outre, à la traversée d'une autre petite vallée, un siphon
de 540 mètres de longueur constitué par trois tuyaux de fonte de 90 centimètres de diamètre chacun.

L'ensemble de ces travaux est digne de fixer l'attention des ingénieurs,
aussi bien pour l'ampleur de vues qui a présidé à la conception du projet,
où l'on a su faire une large part aux besoins de l'avenir et aux exigences
de la santé publique, que pour l'exécution particulièrement soignée de tous
les ouvrages, qui en garantit la durée et assure le service de la distribution contre les irrégularités auxquelles elle est aujourd'hui sujette.

NEW-YORK.

Pour la ville de New-York, l'accroissement rapide de la population, qui
s'est élevée, en vingt années, de 300,000 habitants à 1 million, et la
consommation toujours croissante par habitant n'ont pas tardé non plus
à dépasser les prévisions qui avaient servi de base à l'établissement de la
dérivation du Croton achevée en 1849. Les sécheresses de 1869, 1870 et
1871, en réduisant de plus des deux tiers, pendant une partie de l'année,
le volume d'eau accumulé par le barrage du Croton, ont achevé de démontrer la nécessité de créer dès à présent une réserve supplémentaire.

La construction d'un nouveau bassin d'accumulation de 1,200,000
mètres cubes de capacité a été d'abord décidée pour assurer à la ville

de quoi l'alimenter pendant cinquante jours en cas de sécheresse prolongée : on comptait qu'en tirant en outre du Croton un volume additionnel de 100,000 mètres cubes par jour, la ville pourrait être approvisionnée pendant soixante-seize jours.

Ce bassin a été établi, de 1872 à 1873, en barrant un nouveau bras
de la rivière du Croton, le bras de l'ouest, à Boyd's Corner, dans le comté
de Putnam, au moyen d'une digue en maçonnerie de 210 mètres de longueur, qui relève le plan d'eau de 18 mètres et fait refluer les eaux sur
une étendue de 112 hectares. Cette digue a une largeur de 2^m,56 à la
crête : son parement intérieur est vertical; elle présente à l'extérieur un
fruit uniforme de 2,50 de hauteur pour 1 de base. Elle repose sur un
massif de béton présentant une série de retraites, et dans lequel on a
noyé de grosses pierres; elle est revêtue des deux côtés en moellons.
La fondation est assise sur des bancs de gneiss très-résistants.

Cette digue en maçonnerie a été ultérieurement épaulée à l'intérieur
par un remblai en terre. Le trop-plein du réservoir s'écoule par un canal
creusé dans le roc à l'une des extrémités de la digue, qui le conduit à la
rivière.

Un deuxième bassin supplémentaire est actuellement construit, dans le
même système, sur le bras central du Croton, dont les eaux ont été détour-
nées, par un aqueduc souterrain, pour faciliter la construction du barrage.
Ce réservoir pourra contenir un approvisionnement de 1,480,000 mètres
cubes.

L'aqueduc du Croton étant capable, d'après les derniers calculs faits
par les ingénieurs, de débiter par jour 450,000 mètres cubes, tandis que
la consommation actuelle est de 360,000 mètres cubes seulement, pourra
encore suffire pendant un certain temps aux exigences de la distribution :
on prévoit cependant dès à présent qu'il faudra en venir à établir, dans
un avenir prochain, un aqueduc supplémentaire dont on a étudié le tracé
dans le comté de Westchester.

A ces grands travaux sont venus s'ajouter ceux de divers ouvrages
moins importants, tels qu'un réservoir supérieur approvisionné par des
pompes à vapeur puisant l'eau dans l'aqueduc du Croton pour alimenter
les quartiers hauts du nord de l'île de Manhattan, une tour, avec cuve
métallique, pour atteindre quelques points plus élevés, et de nouvelles
conduites traversant la rivière de l'Est par des largeurs de 300 mètres et
des fonds de 30 mètres de profondeur, pour aller alimenter les établissements pénitentiaires que la ville de New-York possède dans les îles de
Randall et de Blackwell. Après avoir essayé l'emploi de tuyaux en caoutchouc et en plomb, qui se déchiraient sur les fonds inégaux et raboteux de

ce bras de mer, on est parvenu à le traverser avec une conduite en fer de 15 centimètres de diamètre, protégée par une gaîne en bois de chêne. Cette conduite, qui pesait 200 tonnes avec son enveloppe, a été halée sur le fond par une drague de la force de 100 chevaux, aidée de trois remorqueurs.

L'importance de ces différents travaux montre que, depuis l'établissement de l'aqueduc du Croton, le service des eaux, dans la ville de New-York, n'a pas cessé de poursuivre la voie de progrès que la création de cet ouvrage justement célèbre avait inaugurée.

PHILADELPHIE.

La ville de Philadelphie, dont la population atteint aujourd'hui 830,000 âmes, fournit un exemple d'un autre système de distribution d'eau.

Cette ville, établie au confluent de la Delaware et du Schuylkill, emprunte à la fois les eaux de ces deux rivières. La seconde lui fournit, en même temps, une partie de la force motrice nécessaire pour porter une partie des eaux de la distribution à un niveau convenable, environ un quart de la quantité totale; les trois autres quarts sont élevés par des machines à vapeur.

Une des usines à vapeur puise l'eau dans la Delaware; cinq autres usines la prennent dans le Schuylkill. Les moteurs hydrauliques, consistant aujourd'hui en huit turbines, qui ont peu à peu remplacé d'anciennes roues à aubes, sont tous réunis au pied de la colline de Fairmount, près du barrage de prise d'eau. Sur cette colline sont placés, à 28 mètres d'élévation au-dessus du sol, les principaux réservoirs de la ville, présentant une capacité de 90,000 mètres cubes.

Le rapide développement de la ville a déterminé, dans ces dernières années, la création d'usines et de réservoirs additionnels, en même temps que l'on remplaçait dans les usines déjà existantes les machines hors de service.

Pour les nouvelles machines on a adopté, concurremment avec les machines du système de Cornouailles, qui, lorsqu'il s'agit de pompes de grande puissance, continuent à être les plus économiques, des pompes à action directe du système Worthington. Dans ce système, aujourd'hui très-répandu aux États-Unis, deux machines de Woolf horizontales actionnent directement les pistons des pompes, montées dans le prolongement de l'axe commun des deux cylindres à vapeur. Chaque piston, flottant à l'intérieur du cylindre à eau, commande, par sa tige, les tiroirs de la machine à vapeur qui meut l'autre piston.

Ces pompes sont à la fois remarquables par la simplicité de leur construction, la facilité de leur entretien et la grande régularité de leur marche;
l'indicateur de Watt y accuse un travail très-sensiblement constant.

Trois nouveaux réservoirs, dont un déjà construit, celui de George's-
hill dans le parc de l'Exposition, et deux autres en construction, ceux de
Frankford et d'East Park, augmenteront de près de 3 millions de mètres
cubes la contenance totale des réservoirs de la ville. L'un de ces réservoirs, celui d'East Park, établi sur la rive gauche du Schuylkill, en amont
de Girard Bridge, à une altitude de 40 mètres, et alimenté par l'usine à vapeur dite du Schuylkill, est destiné à contenir une réserve de 2,700,000
mètres cubes à lui seul. Tous ces réservoirs sont construits entièrement en
terre; le fond et les talus sont recouverts d'un corroi d'argile de 40 centimètres d'épaisseur.

Plusieurs des nouvelles conduites ayant à traverser le Schuylkill et un
de ses affluents, le Wissahickon, on a eu recours, pour le premier de ces
cours d'eau, à un siphon composé d'une série de tuyaux avec emboîture
à articulation immergés à l'aide d'un bateau; sur le second, à l'imitation
de ce qui avait été fait pour la conduite de refoulement des réservoirs de
Fairmount, qui franchit le canal de fuite de l'usine hydraulique, de
24 mètres de largeur, à l'aide d'une poutre armée dont les tuyaux forment
la semelle supérieure. On avait d'abord établi un pont à quatre travées,
de 50 mètres d'ouverture chacune, porté par les tuyaux eux-mêmes; ce
pont s'étant rompu à la suite des fortes gelées du commencement de l'année 1875 a dû être remplacé par un siphon composé de tuyaux de
50 centimètres de diamètre intérieur et de 17 millimètres d'épaisseur,
éprouvés préalablement à une pression de 25 atmosphères, soit à une
pression triple de la charge.

La force motrice considérable dont on dispose aujourd'hui, et qui s'accroît chaque année par l'addition de nouvelles machines, combinée avec
la grande capacité des réservoirs, paraît devoir suffire pour suivre encore
pendant un certain laps de temps les progrès de la population, à laquelle
elle fournit actuellement un cube de 180,000 mètres d'eau par jour; on
se préoccupe néanmoins dès à présent d'une nouvelle prise d'eau à établir sur la Delaware, à 144 kilomètres en amont de Philadelphie, dans
un avenir plus ou moins prochain.

CINCINNATI.

La ville de Cincinnati avait exposé un certain nombre de dessins se rap-
portant à sa distribution d'eau, qui est alimentée par les eaux de l'Ohio
prises à l'amont de la ville par cinq machines à vapeur de différents

types, dont deux à haute pression et trois à basse pression, capables d'élever à une hauteur variant entre 5o et 65 mètres un cube journalier de
120,000 mètres cubes.

Elle ne possédait, jusqu'à ces derniers temps, qu'un réservoir de distribution très-exigu situé à peu de distance des machines. Un deuxième réservoir de 230,000 mètres cubes de capacité, suffisant pour approvisionner
la ville pendant trois jours, vient d'être établi à Eden Park. Ce réservoir
a été établi en barrant un vallon secondaire par un mur en maçonnerie à
section trapézoïdale. Ce mur a 4^m,3o d'épaisseur au sommet, 20 mètres
de hauteur et 140 mètres de longueur. Son parement intérieur est vertical, son parement extérieur a un fruit de $\frac{1}{5}$. Les talus du réservoir, ainsi
que le fond, sont recouverts d'une couche de béton de 6o centimètres
d'épaisseur.

Un second mur, fondé comme le premier sur la roche calcaire, divise
le réservoir en deux compartiments, de manière à permettre aux eaux
limoneuses de l'Ohio de se clarifier dans un premier bassin avant d'être
livrées à la consommation. Un système de drains et d'égouts est établi
sous le radier du réservoir pour l'évacuation des eaux en cas de nettoyage.

La consommation journalière actuelle est de 70,000 mètres cubes pour
275,000 habitants.

SAINT-LOUIS.

La ville de Saint-Louis est alimentée par les eaux du Mississipi au
moyen d'une prise d'eau directe établie dans le fleuve, comme celle de Cincinnati. Trois machines à vapeur aspirent l'eau dans des bassins de dépôt
situés à une faible distance du fleuve et présentant une capacité de
75,000 mètres cubes environ, d'où elle est reprise par trois autres pompes
qui la refoulent dans un réservoir de distribution.

Les eaux séjournent de quinze à vingt-cinq heures dans les bassins de
dépôt, ce qui suffit pendant une partie de l'année pour la clarifier; mais,
au printemps, cette clarification est tout à fait incomplète. On se préoccupe de remédier à cet inconvénient par l'agrandissement des bassins.

Le réservoir supérieur de distribution, situé sur le plateau de Comp-
tonhill, a une contenance de 220,000 mètres cubes, suffisante pour alimenter pendant trois jours, à raison de 165 litres par habitant, la population actuelle, dont le chiffre est de 460,000 âmes.

CHICAGO.

On connaît le procédé original et hardi qui a été employé pour amener
l'eau à Chicago : un tunnel de 3,200 mètres de longueur va prendre l'eau

au milieu du lac Michigan pour la conduire dans un puits d'où elle est
extraite par des machines à vapeur qui la refoulent dans les conduites de
distribution. Ce souterrain, dont le ciel est à 12 mètres en contre-bas
du fond du lac, au droit de la prise d'eau, présente, vers la rive, une
pente de 35 centimètres par kilomètre; sa section intérieure est un cercle
de 1ᵐ,50 de diamètre. Lorsque ce premier souterrain fut terminé en 1867,
on comptait que le débit de 205,000 mètres cubes par vingt-quatre heures
qu'il permettait d'obtenir suffirait pendant longtemps aux besoins de la
population, même en la supposant portée à 1 million d'habitants. Après
l'incendie qui a dévoré une partie de la ville, on a reconnu la nécessité
d'accroître notablement ce chiffre en perçant un nouveau souterrain parallèle au premier et aboutissant au même ouvrage de prise d'eau dans le
lac, qui avait été disposé de manière à pouvoir contenir un second puisard.
Ce nouveau souterrain, creusé en contre-bas du premier, et d'une section
plus considérable (il a une ouverture de 2ᵐ,10 intérieurement), présente,
à partir de la rive, une contre-pente se dirigeant vers la partie sud de la
ville, où sont installées les pompes élévatoires. On compte qu'il fournira
le moyen de tripler au besoin les ressources de la ville en eau : des puits
directement ouverts sur son parcours permettront d'y brancher les tuyaux
des pompes à incendie.

La construction de la partie de ce souterrain qui est sous le lac n'a
pas demandé plus de deux ans.

On ne s'est pas contenté à Chicago d'amener l'eau en abondance, de manière à pourvoir à toutes les éventualités; on s'est en outre préoccupé d'assainir la ville, au centre de laquelle le déversement de la plupart des
égouts dans les deux bras de la rivière de Chicago entretenait un foyer permanent d'infection. Les deux bras de cette rivière, aboutissant à une embouchure commune dans le port de Chicago, divergent à partir de ce point
dans deux directions opposées, l'une vers le sud, l'autre vers le nord.

On a profité du peu de hauteur du faîte séparant le bassin de cette rivière de celui de l'Illinois, qui se jette dans le Mississipi, pour changer la
direction de son cours et faire passer par la branche sud les eaux du lac,
dont l'écoulement permanent a assaini complétement cette branche. Pour
assainir la branche nord, la ville de Chicago a entrepris le percement d'une
galerie souterraine entre ce cours d'eau et le lac. Des machines à vapeur
installées au-dessus de cette galerie puisent l'eau du lac pour produire
dans le bras nord de la rivière un courant artificiel dans un sens ou dans
l'autre, suivant que ses eaux tendent à couler vers le lac ou vers l'Illinois
avec une trop grande lenteur.

Toute cette série de travaux, entrepris depuis une vingtaine d'années, constitue une œuvre des plus remarquables, dont l'initiative et l'exécution sont dues à l'éminent ingénieur de la ville de Chicago, M. E. S. Chesbrough.

PROVIDENCE.

La ville de Providence (Rhode-Island), où il n'existait jusqu'en 1869 que des puits pour l'alimentation des habitants, est pourvue depuis trois ans d'une distribution d'eau complète, qui assure à sa population, atteignant aujourd'hui près de 100,000 âmes, un volume d'eau journalier de 468 litres par habitant.

L'eau est prise dans la rivière Pawtuxet, qui se jette dans la baie dont la ville de Providence occupe le fond, au moyen de pompes du système Worthington, en attendant l'installation de pompes de Cornouailles auxquelles on s'est définitivement arrêté.

Ces pompes, établies sur le bord de la rivière à une distance de 7 kilomètres de la ville, élèvent l'eau dans un réservoir de 200,000 mètres cubes de capacité et de 5 mètres de profondeur, construit en terre, qui domine de 54 mètres le niveau de la rivière. Une conduite en fonte, de 75 centimètres de diamètre, amène ensuite les eaux de ce premier réservoir, dit de Sockanosset, à un réservoir de distribution, qu'elle n'atteint qu'après avoir alimenté en route toutes les conduites secondaires de la ville. Ce deuxième réservoir, qui, en raison de son emplacement, fonctionne comme régulateur de la distribution, présente une capacité de 320,000 mètres cubes; il est en terre comme le premier, et sa profondeur est de 7 mètres.

Un deuxième système de pompes du système Corliss puise l'eau à ce réservoir pour la distribution haute de la ville, qui absorbe par jour un volume de 20,000 mètres cubes.

La distribution proprement dite présente des particularités dignes d'intérêt, parmi lesquelles nous signalerons les dispositions des prises d'eau, qui permettent d'en accroître notablement le débit en cas d'incendie et de les mettre à l'abri des effets de la gelée, un appareil simple et ingénieux pour faire les branchements sans interrompre le service des conduites, et des compteurs dont l'usage, contrairement à ce qui a lieu dans les autres villes, tend à se généraliser et préviendra vraisemblablement le gaspillage de l'eau, qui y entraîne de si lourdes dépenses.

Cette distribution d'eau est combinée avec un réseau d'égouts très-étendu qui embrasse tous les quartiers de la ville, divisée, d'après sa configuration topographique, en une série de bassins drainés chacun par un collecteur spécial. Pour le moment, chacun de ces collecteurs a une embouchure particulière dans la baie; mais on a prévu, pour une époque plus reculée, l'établissement de deux grands collecteurs destinés à conduire à une certaine distance en aval de la ville les eaux de tous les égouts.

Les dimensions de ces égouts et leurs formes varient suivant leur importance : les collecteurs sont ovoïdes, avec une hauteur de 1^m,3o et une largeur de 8o centimètres; les plus petits sont des tuyaux de poterie de 3o et de 15 centimètres de diamètre. Le réseau en est établi de manière à pouvoir écouler un volume d'eau de 2 mètres cubes par hectare, correspondant à la moitié du volume produit par les plus fortes pluies. La moindre pente admise est de 1 millimètre par mètre.

Conformément au principe généralement suivi aujourd'hui en Angleterre et aux États-Unis, on s'est plutôt attaché à assurer l'écoulement rapide des eaux dans les égouts qu'à en faciliter la visite, et bien que les égouts de Providence reçoivent toutes sortes de matières solides, ils ne paraissent pas sujets à s'engorger. On a en même temps cherché à les établir à une profondeur suffisante pour drainer efficacement tous les sous-sols.

Les études approfondies dont toutes les questions relatives, soit à la distribution d'eau, soit aux égouts, ont été l'objet de la part de l'ingénieur de la ville, M. Herbert Shedd, la rapidité et l'économie avec laquelle les travaux ont été conduits, les perfectionnements apportés au détail du service de la distribution, se réunissent pour faire des travaux municipaux de la ville de Providence une étude des plus intéressantes au point de vue de l'art de l'ingénieur.

V

MATÉRIEL DES TRAVAUX.

Sonnette à poudre à canon. — M. Prindle, de Philadelphie, a présenté à l'Exposition un spécimen de sonnette à poudre à canon. Cette sonnette, inventée par Shaw, et employée déjà en Angleterre et en France sur divers chantiers, a reçu plusieurs perfectionnements qui en ont rendu l'emploi réellement pratique.

Elle diffère principalement des sonnettes ordinaires en ce que, tandis que dans celles-ci l'élévation du mouton est produite à l'aide d'un treuil à bras ou à vapeur et que l'enfoncement du pieu est obtenu par le choc du mouton tombant directement sur la tête du pieu, on emploie dans celle-là l'explosion de la poudre à produire simultanément l'élévation du mouton et, par l'effet du recul, l'enfoncement du pieu, déjà commencé par la chute du mouton avant l'explosion.

Le mouton, consistant dans un cylindre en fonte, est muni à sa partie inférieure d'un piston, qui, guidé par des glissières, vient s'engager dans un canon d'acier posé sur la tête du pieu et au fond duquel une cartouche est chaque fois déposée. Le mouton, en tombant d'une certaine hauteur, comprime l'air dans le canon en produisant un échauffement qui finit par déterminer l'inflammation de la cartouche; l'explosion, ayant lieu, chasse le piston à la façon d'un projectile et fait enfoncer le pieu, qui avant l'explosion avait déjà commencé à descendre.

Le mouton est saisi au sommet de sa course par un frein puissant qui permet de le retenir jusqu'à ce que l'on ait mis une seconde cartouche et pendant le déplacement de la sonnette.

L'élargissement inégal, par suite de l'échauffement, du canon et du piston plongeur avait l'inconvénient, dans les premières sonnettes, de produire un jeu qui annulait l'effet utile de l'explosion au bout d'un certain nombre de coups. Il y a été remédié par l'addition, à l'extrémité du piston, d'anneaux d'acier amovibles, découpés de manière à faire ressort, sous la pression de l'air, contre les parois du canon.

Ce système de battage offre plusieurs avantages : 1° il ne tend pas à déterminer l'écrasement de la tête du pieu, sur laquelle le choc du mouton est amorti par la compression préalable de l'air; 2° il produit à chaque coup un enfoncement plus considérable du pieu; 3° il permet de multiplier considérablement les coups en un temps donné, chaque coup ne demandant pas plus de deux secondes pour une hauteur de 5 mètres.

L'expérience a démontré qu'il ne pouvait bien fonctionner qu'avec des hauteurs de chute modérées, les fortes charges de poudre ayant pour effet de déterminer un échauffement du canon tel, que les cartouches s'enflamment d'elles-mêmes avant le choc du mouton.

L'emploi de la sonnette à poudre à canon a donné de très-bons résultats à l'arsenal de League Island, sur la Delaware, aux travaux d'amélioration de la rivière James et sur divers chantiers de travaux à New-York; il paraît surtout avantageux dans les terrains de résistance médiocre.

Perforatrices. — L'exposition des machines contenait un grand nombre de machines perforatrices, dont l'usage est aujourd'hui courant pour le percement des trous de mine.

Ces machines sont surtout caractérisées par leur forme compacte et la facilité avec laquelle elles peuvent s'adapter au percement de trous dans des directions quelconques et dans les galeries les plus étroites.

L'une des plus simples et des plus appréciées est la perforatrice Burleigh, qui a été employée avec succès au percement des souterrains de Hoosac (Massachusetts) et de Musconetcong (New-Jersey), ainsi qu'aux travaux de dérochement de Hellgate.

Dans cette machine, le mouvement alternatif du fleuret, son mouvement de rotation et son avancement se font automatiquement.

Un trépied ou un train mobile, suivant les cas, porte un bâti en fonte de très-petites dimensions, dont la principale pièce est un cylindre traversé à ses deux extrémités par la tige d'un piston; à l'une des extrémités de ce piston s'emmanche le porte-fleuret, dans lequel le fleuret est assujetti par des boulons; à l'autre extrémité est une saillie annulaire qui, dans le mouvement du piston, agit sur un levier qui commande le tiroir d'introduction de l'air ou de la vapeur, amenés par un tuyau flexible.

Le mouvement de rotation du fleuret est produit, pendant la course ascendante du piston, par une languette fixée à l'intérieur d'une roue à rochets et s'engageant dans une rainure en spirale pratiquée sur la tige du piston.

L'avancement est obtenu par le glissement du cylindre à vapeur entre des guides, qui est produit, à mesure que le trou s'approfondit, par le mouvement d'une petite roue à rochets agissant sur un écrou qui tourne sur une vis fixée invariablement au bâti; un doigt manœuvré par un levier, que la saillie annulaire de la tige du piston vient frapper à l'extrémité de sa course descendante, fait tourner le rochet et l'écrou.

Une disposition spéciale fait que le levier oscille tout juste assez pour permettre au doigt de saisir une dent du rochet quand la saillie arrive à un certain point vers la fin de la course du piston.

Un étrier en forme de fer à cheval rattache la vis portant le cylindre à vapeur et le piston aux supports de la machine.

Une autre perforatrice d'un usage également très-répandu est celle d'Ingersoll. Elle diffère principalement de la précédente par des dispositions qui permettent de changer le sens de la rotation du fleuret, et d'éviter le choc du piston sur le fond du cylindre quand il atteint le bas de sa course, qui change de direction avant que le fleuret n'ait frappé le fond du trou.

L'une et l'autre de ces perforatrices, employées à forer des trous de mines dans le gneiss à Hellgate, travaillant sous une pression de 5 atmosphères, perçaient couramment en une heure un trou de 1 mètre de profondeur et de 5 à 6 centimètres de diamètre.

Dragues. — Dans la section des machines étaient également exposés plusieurs spécimens de dragues. On sait que les Américains ont généralement abandonné l'usage de la drague à échelles, qui est encore presque exclusivement employée en Europe, pour revenir à la drague à cuiller, à laquelle ils ont adapté des mécanismes mus par la vapeur.

Les principaux types actuellement en usage sont celui de la drague à cuiller proprement dite (*dipper dredge*) et celui de la drague à mâchoires (*clamshell*).

On retrouve dans la drague à cuiller américaine tous les organes de l'ancienne drague à cuiller : seulement tous les mouvements, le mouvement de descente comme celui de relèvement de la cuiller, y sont opérés à l'aide de la vapeur, qui imprime en outre, par un mécanisme additionnel, un mouvement de rotation à la grue portant la cuiller, pour qu'elle puisse déverser son contenu dans un chaland pouvant occuper diverses positions le long de la drague.

L'armement de la drague, complété par des béquilles qui permettent de la fixer en place sans qu'elle ait besoin de porter d'amarres, la rend d'un usage plus commode dans les bassins que les dragues ordinaires à échelle, qui sont toujours encombrantes ; elle n'exige, d'ailleurs, qu'un personnel très-restreint.

Montée sur un chariot, la même drague se prête de la manière la plus commode aux déblais à sec, et elle est employée d'une manière courante à l'exécution des tranchées sur les chemins de fer, où elle peut servir, ainsi que sous l'eau, à des extractions dans des terrains d'une difficile désagrégation.

Pour les déblais sous l'eau, lorsqu'ils ont lieu dans des terrains peu consistants, on lui préfère généralement la drague à mâchoires, de construction plus simple et de manœuvre moins compliquée.

Cette drague consiste, à proprement parler, dans la réunion de deux cuillers, formant chacune un quart de cylindre, que l'on écarte d'abord l'une de l'autre pour les faire pénétrer dans le sol sous l'action de leur poids, et que l'on rapproche ensuite pour les remonter verticalement avec les matières emprisonnées. Ce tambour à deux compartiments est suspendu à une grue placée à l'avant d'un bateau, au moyen de deux chaînes spécialement affectées, l'une à l'ouverture, l'autre à la fermeture des mâchoires.

Des chaînes de rappel, s'enroulant sur des poulies de différents diamètres, calées sur des arbres parallèles que porte le bâti du tambour, sont destinées à multiplier la force de traction exercée sur la chaîne de fermeture, pour faciliter le rapprochement des mâchoires sans déterminer le soulèvement prématuré du tambour.

Les divers types de dragues à mâchoires en usage ne diffèrent guère que par les dispositions adoptées pour l'ouverture et la fermeture.

Dans l'une des plus répandues, la drague Morris et Cumings, c'est le soulèvement d'un arbre supérieur mobile, glissant dans une coulisse verticale et relié par des bras articulés aux bords extérieurs du tambour, qui

détermine l'ouverture des mâchoires, et la traction subséquente exercée en
sens inverse par l'intermédiaire de poulies à l'aide d'une seconde chaîne,
qui produit la fermeture.

Dans d'autres dragues, comme celle de Curtis et Fobes, la coulisse et
l'arbre mobile sont supprimés et remplacés par un système de parallélo-
grammes articulés; dans la drague de Hall, le cadre de suspension porte,
au-dessous de l'arbre qui reçoit la grande poulie de commande, deux
autres arbres autour desquels s'effectue la rotation des deux parties du
tambour.

Dans les terrains compactes où les mâchoires, ne pénétrant que difficilement, tendent à se soulever avant d'être remplies, on a essayé d'obtenir
l'accroissement de la force de fermeture en intercalant des arbres et des
poulies intermédiaires; mais il en résulte une complication de nature à
diminuer notablement l'effet utile de la drague et à accroître les chances
d'avarie.

La drague à mâchoires, portée, comme la drague à cuiller, par une grue
à axe vertical qu'une légère traction exercée sur l'une ou l'autre des chaînes
de manœuvre fait tourner dans un sens ou dans l'autre, n'exige également qu'un personnel très-restreint; elle est beaucoup plus simple de manœuvre, et elle peut, lorsqu'on donne des dimensions convenables aux
mâchoires, extraire économiquement un cube considérable de déblais dans
des terrains vaseux. Mieux appropriée encore que la précédente au travail
dans les bassins, dont elle peut atteindre tous les recoins, elle supporte
aussi plus facilement sans interruption la houle et le ressac.

On a constaté que des dragues construites sur ce type, avec des tambours d'une capacité de $2^{me},600$, pouvaient extraire dans la vase jusqu'à
2,500 mètres cubes par jour.

Lorsqu'il s'agit d'extraire des pierres d'une dimension plus ou moins
forte, les mêmes dragues, réduites à une simple ossature, servent à saisir
sous l'eau les blocs, sans qu'on ait besoin de les chaîner; elles rendent
ainsi tous les jours de très-grands services dans l'extraction des roches sous-
marines.

Si l'un et l'autre système de dragues ne paraissent pas susceptibles d'un
travail aussi régulier et aussi parfait que celui des dragues à échelles, elles
ont sur celles-ci l'avantage d'être plus maniables, d'une manœuvre plus sûre
et d'une réparation plus facile. Le second surtout, dont tous les organes
sont extrêmement simples et peu exposés à la fatigue, paraît particulièrement apte aux extractions dans les fonds de vase et sur les rades peu abri-
tées.

Les ingénieurs du Gouvernement des États-Unis emploient en outre depuis plusieurs années, pour approfondir des passes à fond de sable, à l'embouchure des rivières des États de Georgie et de Floride, des dragues à succion, dont le type le plus perfectionné est actuellement le bateau dragueur Henry Burden.

Ce bateau est un vapeur à aubes de 40 mètres de longueur, 7 mètres de largeur au maître bau, tirant 2^m,10 d'eau à pleine charge et portant une machine de 120 chevaux. Il fait à la fois l'office de dragueur et de porteur.

Sur le pont du bateau est installée une pompe centrifuge de 22 centimètres de diamètre, qui aspire le sable en arrière du bateau au moyen d'un tuyau flexible de même diamètre. L'extrémité de ce tuyau qui plonge dans l'eau est supportée par un râteau dont les dents, traînant sur le fond, mettent le sable en mouvement lorsque le bateau marche. Le sable aspiré vient se déverser dans une série de trémies par des portes que l'on ouvre successivement sur le parcours de l'auget de déversement.

Quand les trémies sont pleines, on relève le tuyau d'aspiration au moyen d'un système de bigues installé à l'arrière du bateau, que l'on conduit ensuite au lieu de déchargement.

Cette opération se fait en levant les soupapes dont les trémies sont munies.

Divers clapets permettent de maintenir le tuyau d'aspiration en charge pendant son relèvement, et d'y introduire de l'eau en cas d'obstruction.

On compte que ce bateau dragueur peut extraire par heure un cube de 50 mètres.

Bateau dragueur Mac-Allester, perfectionné par le major Howell. — On se sert depuis longtemps, pour déraser les hauts-fonds du Mississipi, d'un bateau excavateur spécial, armé à chaque extrémité d'une hélice dont les bras descendent au-dessous de la coque et produisent, en même temps que la désagrégation des bancs, la dispersion des matières désagrégées, qui sont entraînées dans les bas-fonds.

La résistance des fonds avait souvent pour effet d'occasionner la rupture des bras de l'hélice.

On y obvie aujourd'hui par l'addition d'un système de râteaux qui précèdent l'hélice dans le mouvement de progression du bateau, et qui sont disposés de manière à pouvoir prendre diverses directions par rapport à l'axe de celui-ci.

Le bateau dragueur ainsi perfectionné a donné de très-bons résultats, qui le recommandent à l'attention des ingénieurs.

Snagboat du colonel Macomb. — Les obstacles les plus fréquents et les plus gênants que rencontre la navigation sur le cours du Mississipi et de ses principaux affluents consistent dans les snags ou troncs d'arbres implantés dans le lit des rivières et cachés souvent au-dessous de la surface de l'eau. Un service spécial a été organisé pour la recherche et l'enlèvement de ces dangereux écueils par le colonel Macomb.

Il a été construit tout exprès, pour ce service, des bateaux à vapeur à double coque, d'un faible tirant d'eau, $1^m,70$ au plus, munis de plusieurs machines destinées à actionner d'une manière indépendante les roues motrices, des treuils, des scies et des pompes. Ces bateaux, dont la vitesse de marche atteint 12 milles à l'heure, peuvent franchir les plus forts rapides. Les grues qu'ils portent sur l'avant peuvent extraire en un temps très-court les plus gros troncs d'arbres, qui se trouvent immédiatement couchés sur des rouleaux et débités en quelques minutes. Ces bateaux, qui servent aussi à enlever les grosses pierres et à mettre en place des enrochements, rendent tous les jours à la navigation des services de plus en plus appréciés.

Cloche pour les excavations sous-marines du général Newton. — Le général Newton, qui a dirigé le dérochement de Hellgate, a fait construire, pour creuser des trous de mines en pleine rade, une cloche en fonte terminée en haut par un cylindre plus étroit, émergeant au-dessus du niveau de l'eau. Cette cloche, posée sur le fond de la mer, peut à volonté abriter contre les courants les plongeurs chargés de préparer des trous de mine ou permettre, à l'aide d'un batardeau annulaire construit à l'intérieur, d'épuiser pour foncer à sec un puits d'attaque d'où partiront des galeries.

L'emploi de cette cloche a donné de très-bons résultats pour les dérochements partiels qui ont été effectués aux abords de Hellgate.

Machine à sondages du colonel Macomb. — Pour accélérer les opérations de sondage, le colonel Macomb a imaginé un appareil spécial, employé avantageusement depuis plusieurs années sur le haut Mississipi.

Cet appareil consiste dans un bâti en charpente, qui repose sur cinq petits bateaux plats reliés entre eux de manière à présenter un front de 30 mètres de longueur, et qui est solidement attaché à l'avant d'un petit vapeur par des arcs-boutants, de telle sorte que la longueur du bâti soit constamment normale à celle du vapeur dont il est destiné à suivre les mouvements.

Le bâti porte une série de caisses, au nombre de dix, espacées de 1 mètre et traversées chacune par une tige de sondage. Toutes ces tiges, équilibrées par des contre-poids, sont abaissées simultanément par le mouvement d'un arbre de transmission commun que l'on fait tourner à l'aide d'un treuil installé sur le vapeur, et dès que l'une d'elles touche le fond, elle est ramenée dans sa position initiale par l'action de son contre-poids.

Au moyen d'un système de poulies, mises en mouvement par la descente des tiges de sonde, et de fils s'enroulant sur ces poulies et aboutissant à des styles d'acier qui se meuvent verticalement le long d'une feuille de papier, les déplacements des tiges de sonde sont accusés par des longueurs proportionnelles, dont l'ensemble constitue un relevé complet et peut être ensuite reproduit à une échelle quelconque.

Chaque ligne de sondages est repérée par des opérations trigonométriques donnant la position de son centre et sa direction.

On compte que l'on peut ainsi décupler le nombre des sondages que l'on opérerait en procédant isolément. Une minute suffit pour relever 30 sondages. Les sondages opérés à l'aide de l'appareil ne coûtent que le tiers de ce qu'ils coûtent par le procédé ordinaire.

E. LAVOINNE.

IV

BEAUX-ARTS.

BEAUX-ARTS.

RAPPORT DE M. JULES-ÉMILE SAINTIN,

MEMBRE DU JURY INTERNATIONAL.

L'organisation de l'Exposition de Philadelphie fait le plus grand honneur aux Américains, qui n'ont épargné ni leurs soins ni leur activité pour la rendre digne de la nation. Tous les locaux étaient fort bien agencés, et la circulation était grandement tracée et largement ouverte. On pourrait cependant faire quelques réserves au sujet des galeries affectées à l'exposition des beaux-arts : en effet, dans l'emplacement choisi pour contenir ce groupe si important, emplacement très-vaste pourtant, se faisait malheureusement sentir un manque d'ensemble résultant surtout de ce qu'au bâtiment principal destiné à servir de musée, Memorial Hall, on avait été obligé d'ajouter des annexes; d'autre part, les salles du Memorial Hall n'avaient pas assez de hauteur, ce qui ne pouvait permettre aux visiteurs d'apprécier les œuvres ayant une grande dimension.

Les beaux-arts formaient à l'Exposition du Centenaire un groupe divisé lui-même en six sections, que nous indiquons suivant l'ordre choisi par la Commission :

I. SCULPTURE.
II. PEINTURE.
III. GRAVURE ET LITHOGRAPHIE.
IV. PHOTOGRAPHIE.
V. DESSIN D'ARCHITECTURE, DESSIN INDUSTRIEL.
VI. VITRAUX, MOSAÏQUES, PORCELAINES.

SECTION I. — SCULPTURE.

FRANCE.

La sculpture française a obtenu un très-grand succès, tant auprès du public qu'auprès des jurés; nous n'avons pas à nous étonner de ce résultat.

On retrouve, en effet, dans les salles la plupart des morceaux remarquables qui ont été jugés et applaudis depuis plusieurs années, et qui
mettent en évidence l'élévation du style, la pureté et les fortes études qui,
dans notre pays, distinguent l'art de la statuaire.

M. Bartholdi nous montre dans son exposition : son *Jeune vendangeur*,
son *Génie funéraire*, ses *Joies de la paix*, bronzes qui ont été déjà très-appréciés par les artistes, et auxquels il a adjoint sa *Fontaine monumentale*
décorant les jardins du Fairmount Park. Nous ne faisons que rappeler son
bronze de *Lafayette*, nouvellement inauguré à New-York, et un fragment
de la statue monumentale *la Liberté éclairant le monde*, fragment qui nous
promet une œuvre de premier ordre.

M. Blanchard, avec son *Équilibriste*, a eu en Amérique un succès analogue à celui qui l'a fait médailler à Paris.

La Femme adultère et *la Cigale* de M. Cambos, la *Bacchante jouant avec
une panthère* de M. Caillé, ont de même été fort remarquées.

Deux bronzes ont aussi attiré l'attention : ce sont l'*Éducation de Bacchus*,
envoi de Rome de M. Doublemard, et son *Scapin*, qui décore la façade du
théâtre de la Gaîté. Nous retrouvons dans ces œuvres remarquables les
qualités qui distinguent ces artistes et qui les ont mis en évidence parmi
les statuaires.

Si nous continuons à passer en revue les bronzes français, nous trouvons *la Femme à l'aiguille* de M. Dalou; la *Découverte à Pompeï* et *le Secret*
de M. Moulin; le *Jeune berger italien* de M. Moreau-Vauthier, morceau
très-remarqué; les *Animaux* de M. Mène; le *Bohémien à la fontaine* de
M. Ross et une figure onyx et bronze de M. Cordier; la *Chloé* et un buste
d'*Auzoux* de M. Marquet de Vasselot; les groupes et les statuettes de
M. Blot. M. A. Lecointe nous a montré un très-beau vase de *la Paix* et
différents sujets bien traités; M. F. Keller, une série de huit médailles;
M. Godebski, son *Moujik ivre* et sa *Paysanne russe*. Nous ne pouvons nous
empêcher de regretter que la sévérité du Jury l'ait empêché de récompen-
ser Mᵐᵉ Bertaux, dont la *Jeune fille au bain* a eu une médaille à Paris
MM. E. L. Barrias, pour sa *Fileuse de Mégare*; Girard, pour son *Iphigénie*;
G. Crauck, pour sa statuette du *Maréchal de Mac-Mahon*, et J. Marcellin,
pour son groupe de *Cypris allaitant l'Amour*.

Nous pouvons citer encore les *Animaux* de M. J. M. Cain; l'*Art étrusque*,
statue en marbre de M. L. Schrœder; le *Jeune convalescent*, marbre de
M. Loison; le *David enfant* de Mégret; l'*Océanie*, statue en pierre de
M. Félon; les envois de MM. Itasse, Martin, le comte de Gobineau, Rou-
beau, Devaux, Chatrousse, Arson, Lechesne, etc.

PAYS ÉTRANGERS.

Nous verrons plus tard quels progrès a faits la peinture en Amérique; mais nous regrettons d'être obligé de constater que les sculpteurs ne sont pas dans une aussi bonne voie. Cela provient, nous le croyons du moins, de ce que ces artistes donnent trop d'importance au travail du praticien et sacrifient ainsi un peu le côté art au côté pratique. Cependant nous avons à citer, parmi les sculpteurs des États-Unis, MM. Rogers, Palmer, Saint-Gaudens, Meynen, Torini, les marbres de M. J. Grace, les médaillons de M. Miller, les bustes de MM. Volk, Freeborne, Richards, Page.

La sculpture anglaise est représentée par un petit nombre d'envois, auxquels on peut, d'ailleurs, faire le même reproche que celui adressé aux œuvres américaines. Malgré cette tendance fâcheuse, nous devons signaler la *Vénus* de Gibson, qui fait encore plus regretter la mort de son auteur; puis nous pouvons noter le groupe colossal de M. John Bell, le groupe de M. Adams Acton, et un joli bronze de notre compatriote d'Épinay, que nous retrouvons dans cette section.

En Autriche, on trouve encore peu de sculptures. Citons cependant le buste de *S. M. l'Empereur d'Autriche* de M. Zumbusch, un buste de M. Costenoble, l'*Abolition de l'esclavage* de M. Pezzicar et le *Michel-Ange* de M. Wagner Anthony.

Il n'y a rien de remarquable dans les envois des sculpteurs allemands, bien qu'ils ne soient pas tous sans mérite.

Nous parlions tout à l'heure des mauvaises tendances des sculpteurs américains : cela tient vraisemblablement à ce que ces sculpteurs font presque tous leurs études à Rome ou à Florence, et subissent ainsi l'influence de l'école italienne. Cette école, en effet, abandonne de plus en plus le grand art et tombe dans la mièvrerie; pas d'idée large; les sujets sont mesquins; l'amour du détail, du fini, est poussé à l'extrême. Heureusement, quelques artistes de talent cherchent à réagir contre ce courant; parmi eux, nous trouvons, en première ligne, M. Tantardini, qui, dans son groupe de *Faust et Marguerite,* dans sa *Bacchante,* nous fait sentir une vigueur et une noblesse inconnues de la plupart de ses compatriotes. A côté de lui viennent se grouper, pour lutter ensemble contre ces tendances, MM. Torelli, Calvi, Bordianni, Frelly, Boraggi, Quamerani, Taldini, Romagnerigna, et notre compatriote d'Épinay avec sa jolie statue en bronze *la Jeunesse d'Annibal.*

En Belgique, nous signalerons deux jolies statues de M. Fraikin, dont une surtout, *Un premier enfant,* est une œuvre remarquable: les bustes en bronze de M. Brunin, les envois de MM. Bouré et Laumans et un buste de M. Fassin.

Citons encore, parmi les envois du Danemark, un bon buste de M. Hasselrü; parmi ceux de la Suède et de la Norwége, *la Fille de Jephté* de M. Borch, les œuvres de MM. S. C. Sinding, C. Berg, de Mᵐᵉ Börgesson.

Au Mexique, nous trouvons MM. Calvo Dumaine et Fernandez; au Brésil, M. Reis Almeïda.

Enfin, en Espagne, nous remarquons un bon buste de M. B. Nobas et une figure d'un très-bon style de M. G. Sunol.

SECTION II. — PEINTURE.

FRANCE.

En commençant l'étude des peintres français, nous avons à exprimer un regret qui a été partagé par tous les artistes et les amateurs éclairés, c'est que les maîtres de l'art français ne fussent pas représentés à Philadelphie. Cette absence était, du reste, assez facile à prévoir, et s'explique parce que depuis déjà longtemps les amateurs américains se disputent les œuvres des peintres français, et parce qu'au début du Centenaire ils ont montré peu d'empressement à dégarnir leurs galeries au profit des salles de l'Exposition de leur pays; ce fâcheux exemple a été suivi naturellement par les amateurs européens. D'autre part, bien peu d'artistes de premier ordre ont dans leurs ateliers des tableaux non vendus, et ils n'ont pu en faire en vue de l'Exposition. Néanmoins, les artistes qui représentaient la France à Philadelphie sont parvenus, malgré ces vides si regrettables, à faire ressortir les qualités de l'École française et à affirmer une fois de plus sa supériorité sur les autres écoles.

L'artiste qui a obtenu la médaille réservée aux peintres d'histoire est M. Becker, avec son beau tableau, si largement composé, de *Respha*. A côté de cette belle œuvre, nous retrouvons des tableaux ayant eu des succès à Paris et à Vienne : la *Mort de César* de M. F. Clément; le *Roger et Angélique* de M. Chartran; les sujets de l'histoire américaine de M. Armand Dumaresq, remplis de qualités comme composition et comme couleur : la *Déclaration de l'indépendance des États-Unis* (juillet 1776); les *Adieux de Lafayette à Washington;* la *Reddition d'Yorktown* (18 octobre 1781) et le *Congrès de Genève* (1875).

Nous trouvons ensuite deux remarquables tableaux de M. L. Perrault, *le Repos* et *le Bain;* deux œuvres ayant valu à leurs auteurs des médailles à Paris : l'*École des satyres* de L. Priou et la *Cassandre* de M. L. Comerre ; puis *la Bouquetière* de M. L. Glaize ; *la Fascination* et *le Premier pas dans le crime* de M. J. S. Antigna ; l'*Électre* de M. Félix Barrias. M. Maillart a envoyé des *Italiens jouant de la mandoline*, *le Repos* et une *Pénélope* qui est le modèle d'une tapisserie des Gobelins.

On distingue ensuite la *Pastorale* de M. P. de Coninck ; *la Nymphe Écho pleurant sur la mort de Narcisse* de M. O. P. Mathieu ; la *Mort du Cheikh Salah* de M. E. Jadin ; le *Retour des champs à Saint-Brieuc* de M. A. Delobbe ; *la Nymphe Écho* de M. V. Cortez ; la *Fête de la Madone* de M. C. J. Blanc ; *la Fellah, la Jeune bohémienne* et *la Samaritaine* de M. C. Landelle ; *le Bain* de J. P. Garnier et la *Mort d'Abel* de Debat-Ponsan.

Si nous passons aux tableaux de genre, nous trouvons d'abord *le Roi Morvan* et *les Gaulois et leur butin* de M. Luminais ; le *Pèlerinage à la madone d'Angri,* tableau plein de sentiment de M. A. Sain. *Les Bohémiens* et *la Chasse aux rats,* de M. P. Cointe, ont eu trop de succès à Paris pour qu'il soit nécessaire de faire ressortir leurs qualités ; il en est de même du *Mariage en Alsace* de M. A. Pabst.

Nous citerons encore parmi les meilleurs tableaux de genre de l'Exposition : la *Visite à l'oncle cardinal* de J. Castiglione ; le *Napoléon Ier avec Gœthe et Wieland* de M. E. Hillemacher ; *le Modèle* et *le Premier-né* de M. A. Hirsch ; la *Fête à Bacchus* de M. Feyen-Perrin ; les *Régates à Cancale* de M. E. Feyen ; le *Travail de tête* et le *Travail d'estomac* de M. T. Gide ; le *Décaméron* de M. Michel ; la *Visite au pasteur* de M. L. Pallière. Puis nous retrouvons deux tableaux bien justement connus : *les Gardes françaises à Versailles* et *la Halte* de M. Protais ; ses scènes militaires sont toujours remplies de qualités : l'esprit et la vérité de la composition, la couleur si juste, en font des œuvres pleines de charme.

Enfin, au nombre des tableaux qui sont remarqués par les amateurs se trouvent encore la *Leçon de dessin à l'école Cochin* de M. J. Truphème ; la *Danse des bohémiens à Grenade* de M. B. Ulmann ; le *Marchand de hallebardes* de M. A. Lesrel ; la *Boucherie du Transtévère* de M. E. Lebel ; les spirituels tableaux de M. Jundt ; la *Visite au Louvre* de M. Cabuzel ; le *Bouquet* de M. Ballavoine, ainsi que ceux de M. et de Mme Leleux et ceux de M. Plassan ; les brillantes natures mortes de M. Monginot ; les tableaux de MM. Brunet-Houard, Jacomin, Jacquand, Duverger et Yvon, et le portrait de M. Mounet-Sully, par M. Poncet. N'oublions pas le bon tableau de M. Villebesseyx représentant l'*Escalier du nouvel Opéra*.

Signalons d'une manière toute spéciale les deux tableaux : la *Vieille* et la *Jeune Californie* de M. Bartholdi, qui veut obtenir en peinture des succès aussi grands qu'en sculpture.

Parmi les portraits, il y en a un qui a été considéré par tous comme étant le meilleur de ceux de l'Exposition du Centenaire : c'est le portrait équestre de Mlle Croizette, qui a déjà valu à M. Carolus Duran un succès aussi retentissant que légitime.

Dans les tableaux de paysage, nous retrouvons les noms qui nous sont familiers à Paris : M. Zuber, avec son exécution si consciencieuse; M. A. Yon, dont la couleur et l'effet sont si vrais; M. Harpignies, dont les grandes qualités sont si justement appréciées; M. Dameron, si exact; M. Schenck, avec deux grands tableaux bien composés et bien exécutés, et qui montrent jusqu'à quel point il a poussé l'étude des animaux; M. Karl Daubigny, avec ses *Vues de Normandie* et son *Bateau de pêche à Cancale*.

Nous remarquons aussi les *Vues d'Orient* de M. F. Brest; l'*Effet de neige en Artois* de M. E. Breton, qui a été fort apprécié à l'un de nos salons annuels, ainsi que le tableau *Après l'orage* de M. C. Busson. Après les *Vues d'Italie*, œuvres de grand mérite de M. A. Benouville; après le *Simoun* de M. Berchère, et la belle page de M. A. de Curzon, la *Sérénade dans les Abruzzes*, M. A. Japy, nous transportant dans un climat moins chaud, nous fait admirer la *Vallée du Jura*, si juste de couleur.

Mentionnons avec éloges MM. Segé, Véron, Guillon, Deshayes, Dupré, Rosier, Hanoteau, Renié, Cassagne, les fleurs de M. Couder et les marines de M. Gudin.

Dans les dessins, nous retrouvons les fusains de MM. Bellel et Lalanne, qui ont acquis dans ce genre une supériorité si incontestable. M. Bellel est le premier qui se soit livré à cet art, et le premier qui ait obtenu de grands succès; inutile de rappeler que M. Lalanne, lui aussi, est passé maître, et a su donner à ses dessins au fusain un charme de couleur qui complète la science de composition et l'esprit dans l'exécution qui distinguent ses œuvres.

ÉTATS-UNIS.

L'école américaine a fait de très-grands progrès et est vraisemblablement appelée à un bel avenir. Jadis, les jeunes artistes venaient passer seulement quelques mois à Paris; maintenant, au contraire, ils viennent faire des études longues et sérieuses dans les ateliers de nos meilleurs peintres français; ils y acquièrent une instruction solide, et lorsqu'ils reviennent aux États-Unis, ils ont tous les éléments nécessaires pour développer leur talent. La peinture française a eu, en outre, une très-grande influence sur le goût des Américains. Nous avons fait, il y a quelques années, un très-long séjour aux États-Unis, et nous avons remarqué que, lors de notre arrivée, l'école allemande était la seule connue; on ignorait presque qu'il existât une école française. MM. Cabanel, Gérôme, Bouguereau, Merle, Lambinet, E. Frère, ont été les premiers à faire connaître cette école et à développer le goût des amateurs; de son côté, la maison Goupil a répandu les œuvres d'une foule d'artistes français en même temps que les reproductions des anciens maîtres. Maintenant, toutes les autres écoles ont disparu pour faire place à l'école française. Le nombre des amateurs éclairés, leur fortune même, facilitent, d'autre part, le débouché des œuvres des artistes américains formés à Paris, en même temps qu'ils les maintiennent dans une excellente voie artistique, dont nous ne pouvons que les féliciter. C'est surtout dans le genre et dans le portrait que les progrès ont été le plus sensibles, et c'est là que nous trouvons les meilleurs tableaux.

Les œuvres de M. Bridgeman, élève de M. Gérôme, nourri dans les traditions de l'école française, sont des plus remarquables comme dessin, modelé, couleur et composition; on y retrouve les qualités qui constituent le véritable artiste. Les tableaux de M. G. Boughton ont aussi de la valeur, et les compositions en sont généralement très-heureuses; il est regrettable que les qualités réelles de cet artiste ne soient pas soutenues par une exécution plus vigoureuse : le contact de l'école anglaise se fait trop sentir. L'*Enterrement à Venise* de M. Rosenthal est un excellent tableau, rempli de qualités, bien composé; l'exécution en est sobre et l'effet bien compris.

Les œuvres de M. Johnson Eastman nous frappent autant par le charme des sujets que par l'exécution; il doit à ces deux qualités d'être placé parmi les premiers peintres des États-Unis.

La *Tentation* de M. Shade est un bon tableau de genre, d'une jolie couleur, mais dont le dessin manque un peu de finesse.

Citons encore la *Vénus et l'Amour* de M. H. Loop, qui est d'un très-bon style et d'un modelé fin et délicat; la *Bataille de Naseby* de Mme Morel Robinson, tableau bien composé, bien dessiné et énergiquement exécuté; une *Étude de jeune Bretonne,* très-largement peinte de M. Leppincott; un très-bon tableau de M. Lambdin; la *Mignon* de Mlle Gardener et les deux tableaux de Mlle Tompkins.

Allant à l'église de M. Thorn est un tableau plein de qualités de couleur, de composition et d'effet; nous trouvons du même auteur deux panneaux décoratifs très-bien compris.

Dans les peintres de portraits, nous signalerons d'abord M. Hunt, un des maîtres de l'école américaine, ayant puisé ses qualités à l'école française; puis M. J. L. Stewart, avec deux excellentes études de couleur brillante et d'un très-bon dessin, qui promettent un artiste de talent; Mme Anna Lee;

33

M. Lafarge, très-coloriste; M. T. Hicks, avec son très-bon portrait du *Général Meade;* M. Healy, un des premiers peintres de portraits des États-Unis, encore un élève de l'école française, et qui, par des portraits de premier ordre, a acquis sa réputation si bien méritée, aussi bien en Europe que dans son pays.

Parmi les paysagistes, nous remarquons M. Hart, qui compose très-bien, mais qui cependant a un peu de mièvrerie dans l'exécution; c'est là, du reste, le défaut de la plupart des paysagistes américains. MM. Wittrige et Hetzel ont de très-bons paysages. Le tableau de M. Hill a de grandes qualités, mais ses dimensions sont un peu grandes pour le sujet. La marine de M. Haas est un des meilleurs tableaux dans ce genre. M. Mac-Entee est un des paysagistes les plus justement estimés des États-Unis. Nous distinguons ensuite de très-bonnes *Vues de Californie* et de *New-York* de M. Herzog, dont l'exécution est malheureusement un peu trop minutieuse; M. Bierstadt, une célébrité américaine, mais dont les œuvres sont un peu lourdes de ton et d'exécution; la *Vue du lac Champlain* de M. Darrah; les marines de MM. Tuckermann et Ewell.

MM. Parker, Church, Gifford, Cropsey et Casilear, qui jouissent en Amérique d'une grande réputation, ont envoyé des tableaux fort remarquables, mais qui semblent tous faits par la même main, tant ces artistes ont la même facture. Nous trouvons les animaux de M. Muster, bien peints et d'une bonne couleur; un bon *Lac sous bois* de M. Smillié, et des *Vues de Venise* qui font valoir le talent très-sûr de M. Smith, formé du reste dans les écoles d'Europe, etc.

Les aquarelles américaines sont, en général, très-bonnes; les paysages surtout sont remarquables : nous insisterons sur la couleur et l'exécution de M. Gifford, sur la vigueur de M. Tiffany, qui s'inspire peut-être un peu trop des jeunes aquarellistes espagnols et sacrifie outre mesure aux bibelots; sur la bonne composition et le dessin de M. Homer. Nous retrouvons ensuite avec satisfaction M. Darley, le grand dessinateur américain, dont les œuvres sont de haute valeur; c'est à lui que les États-Unis doivent les gracieuses compositions qui ornent leurs billets de banque.

ANGLETERRE.

L'exposition anglaise a réuni presque toutes les sommités artistiques de l'Angleterre. Les amateurs n'ont pas craint de prêter les tableaux de leurs galeries, et l'on pouvait apprécier ainsi toutes les qualités de l'école anglaise. Ce qui frappe les regards, c'est le talent de composition qui règne dans toutes ces œuvres : les sujets en sont bien conçus, plaisent à l'esprit et éveillent presque toujours un sentiment, soit poétique, soit agréable : mais, malheureusement, la vigueur d'exécution fait souvent défaut et tend toujours à rappeler les tons de l'aquarelle, genre dans lequel les Anglais ont été de tout temps supérieurs aux autres nations.

On doit cependant faire exception pour M. Leighton, qui, possédant déjà toutes les qualités de son pays, a acquis, en étudiant les écoles des autres nations, celles qui manquent à la plupart de ses compatriotes : son tableau de *Summer Moon* est une peinture de premier ordre, qui réunit toutes les qualités de composition, de dessin, de couleur ; l'*Intérieur d'une maison juive* et son *Chasseur indien* sont des œuvres tout aussi remarquables.

M. Holl nous montre deux tableaux du genre le plus sérieux, l'*Enterrement au village* et *la Prière,* pleins de sentiment ; la couleur est distinguée, mais la facture générale manque un peu de solidité.

Le tableau de M. Marcus Stone, *My Lady is a widow and childless,* est d'un bon style, bien composé, très-bien dessiné et d'une très-bonne tonalité.

Remarquons aussi deux excellents tableaux de genre de M. Faed, une très-charmante étude de femme de M. Fildes, et du même artiste, ses *Applicants for admission to a casual ward,* tableau bien composé, mais qui reste un peu trop à l'état d'esquisse. Le talent de M. Alma Tadema est trop connu en France pour que nous ayons besoin d'en parler ; nous retrouvons la *Fête des vendanges à Pompéi, la Momie* et *la Convalescente,* qui ont eu un grand succès à Paris.

L'Enfant malade de M. Clark est plein de sentiment ; *le Menuet* de M. Val Prinsep est bien dessiné, bien peint, mais un peu froid de mouvement.

M. Perugini a envoyé un très-bon portrait de Mme Perugini, fille de Charles Dickens. M. Calderon, dans *la Sieste* et *Après la bataille,* nous montre des qualités remarquables de couleur et de composition, où le contact de l'école française se fait heureusement sentir.

La Guerre de M. B. Rivière est un bon tableau, d'une exécution un peu sèche. *Circé et les compagnons d'Ulysse* sont une composition pleine d'originalité ; l'exécution rappelle, malheureusement, un peu trop celle de l'aquarelle : ce défaut disparaît dans la reproduction de l'œuvre par la gravure, aussi celle-ci a-t-elle été justement appréciée par tous.

Citons encore le *Little sunshine* de M. Cauty, le *Sanctuary* de M. Pettie et *le Matin* de M. Brett, auxquels nous ferons le même reproche ; la *Station du chemin de fer* de M. Frith, dont la gravure est si connue ; *le Payement des loyers* de M. Nicol ; les trois tableaux de M. Charles West Cope ;

l'*Âge d'or* et deux autres tableaux de M. Poynter; les œuvres de Mlle Louise Joppling, de MM. Marks, Vells, etc.

Dans les peintres de portraits, nous retrouvons M. Grant, le président de l'Académie, sur le talent duquel nous n'avons pas besoin d'insister; M. Millais, avec son joli portrait d'enfant; Mme Henrietta Ward, etc.

On doit signaler la marine de M. Hunter, très-jolie d'effet, d'une exécution très-forte et pleine de vérité; M. Graham, avec son paysage et ses animaux; M. Coll, etc.

Nous avons vu avec grand plaisir que, dans une salle spéciale, l'Académie royale avait réuni les œuvres d'artistes morts et formé ainsi une magnifique collection de Constable, Turner, Gainsborough, Reynolds, Landseer, etc. Cette collection, des plus intéressantes au point de vue de l'art, a été pour beaucoup une source d'études fructueuses qui ne seront certainement pas perdues pour les maîtres comme pour les élèves.

Arrivons maintenant aux aquarelles : c'est là le genre favori des Anglais; leurs aquarelles ont un caractère plus mâle, plus vigoureux que leurs tableaux, et avec leur talent de composition ils obtiennent des résultats des plus remarquables.

Nous retrouvons des sujets antiques de M. Alma Tadema, *la Peinture, l'Histoire de la femme honnête, les Trois amis,* remarquables de style et de puissance de couleur. Mme Jopling nous montre des portraits grands comme nature; M. Flossy, une petite fille en pied, très-bien exécutée. Le *Lavement des pieds le Jeudi saint* de M. Linton a un grand style et beaucoup de vigueur; la *Jeune fille sentant une rose* de M. Johnson est d'un dessin très-serré, d'une couleur très-fine, et le paysage est d'une exécution très-délicate.

Le *Grand canal de Venise* avec *Santa Salute* de M. Callow est un très-bon morceau.

Mentionnons encore les cartons pour vitraux de MM. Marks et Leighton, faisant partie de la décoration du Kensington Museum.

ALLEMAGNE.

Malgré des qualités très-réelles, la peinture allemande est froide; elle s'est, pour ainsi dire, immobilisée dans sa composition et dans son exécution.

Cependant on trouve encore dans l'exposition de ce pays quelques œuvres de mérite. Ainsi M. Steffeck a envoyé un très-bon portrait équestre, où le personnage est bien; le cheval n'est pas d'un mouvement heureux et l'exécution en est dure.

Le tableau de genre de M. Hiddemann est d'une facture savante et d'une composition spirituelle.

M. Lasch nous montre les *Funérailles,* tableau rempli de sentiment, d'une exécution sage, convenant très-bien au sujet. Les portraits de M. Richter sont excellents; les animaux de M. Seibles sont très-vrais de couleur et bien exécutés. La *Course en char* de M. Wagner n'a qu'un tort, c'est de venir après le même sujet traité d'une façon si remarquable par M. Gérôme.

Citons encore un charmant tableau de genre de West, *le Concert du charron;* le *Saint Jean* de M. Schauss, d'une bonne couleur et largement peint; *les Fleurs brisées* de M. Schwarz, très-bonne figure de genre; le *Départ de Frédéric V* de Faber du Faur, bonne composition, d'une couleur vigoureuse; une marine d'un très-bon effet de M. Ackenbach; des *Moutons* largement exécutés de M. Meissner; les *Environs de Munich* de M. Poschinger, qui s'inspire heureusement de Turner; une *Vue d'Alexandrie,* d'une jolie couleur, de M. Koerner; un paysage d'un effet bien compris de M. Van Starkenborgk; un très-bon paysage de M. Wilberg, auquel nous reprochons son trop grand développement, etc.

AUTRICHE.

Les artistes autrichiens sont dans une voie excellente; leurs portraits sont très-bons. Un des meilleurs tableaux d'histoire de l'Exposition du Centenaire était dû à un artiste éminent, M. Makart : cette toile, si connue depuis l'Exposition de Vienne, *Venise rendant hommage à Catherine Cornaro,* est une œuvre pleine de mérite, très-décorative, d'une composition bien agencée, d'une couleur vigoureuse, mais se ressentant peut-être un peu trop de l'influence des maîtres italiens. A ce tableau on pourrait préférer encore les deux panneaux décoratifs qui se trouvent dans la section américaine, et dans lesquels le grand talent de M. Makart se montre dans toute sa vigueur. Quoi qu'il en soit, ce tableau de M. Makart est un des meilleurs de l'Exposition. M. Probst a un très-bon portrait de femme, bien modelé, bien dessiné, très-consciencieusement exécuté.

Citons encore un portrait très-lumineux de M. Grabowski; des portraits de M. Angeli, d'un bon dessin et d'une bonne couleur; la *Nonne en prière* de M. Kuntz, d'une composition distinguée; le *Pan et bacchantes* de M. Félix, bien peint et d'une couleur sage, mais dont le dessin manque un peu de distinction.

Le *Prêtre endormi* de M. Rudel est un très-bon petit tableau de genre, d'un effet très-juste. La *Mère près de son enfant mort,* de M. Stocker, est un tableau très-sagement traité. *Le Page* de M. Canon est élégant et d'une jolie couleur. Nous trouvons encore deux excellents paysages de M. Russ, et les animaux de M. Von Thoren, qui ont si souvent figuré avec éclat dans les Expositions françaises.

En Autriche, nous trouvons peu d'aquarelles : des portraits de M. Francis Tepa; la *Cathédrale d'Orvieto* de M. Albert Ralph; des monuments de M. Stöckler, etc.

ESPAGNE.

Au Centenaire, il y a peu de tableaux pouvant représenter l'art moderne en Espagne; aucun des jeunes artistes qui obtiennent tant de succès dans ce moment n'avait fait d'envoi.

L'exposition est, du reste, mal organisée : on ne voit que des copies de vieux maîtres, de faux originaux, et beaucoup de toiles indignes de représenter une nation artiste comme a été l'Espagne, et comme elle l'est encore maintenant. Les tableaux d'histoire sont les meilleurs : nous y trouvons *les Pèlerins* de M. Gisbert, déjà médaillé à Paris; le *Saint François d'Assise* de M. Mercadé est d'un art sérieux; M. Vera nous montre un talent sobre et très-réel. *La Folie* de M. Wallès est d'une bonne composition, d'une jolie couleur. M. Agrasso a une étude pleine de bonnes qualités. Le paysage de M. Haas est le seul digne d'être cité.

BELGIQUE.

Comme la France, la Belgique n'est pas représentée par ses artistes de premier ordre; la cause en est la même que pour celle-ci, et c'est ce qui a restreint le nombre des médailles données à cette nation, qui cependant a une des meilleures écoles modernes.

Le *Dante et les jeunes filles de Florence* de M. de Keyser est un très-bon tableau, sagement composé; le sentiment et le style sont parfaits, mais il aurait peut-être fallu un peu plus de vigueur dans l'exécution.

Le *Martyre sous Dioclétien* de M. Slingeneyer a de sérieuses qualités; l'effet est très-bien compris, mais le dessin manque un peu de la noblesse et du style que comporte un pareil sujet.

Citons un très-bon paysage de M. Van Luppen; *les Confédérés devant Marguerite de Parme* de M. F. Vinck; *la Première glace* de M. Ooms, bon tableau de genre, mais dans lequel les types sont un peu vulgaires; une très-bonne marine de M. François Musin; les tableaux de genre de M. Théodore Gérard, qui sont bien composés et très-consciencieusement exécutés.

Nous retrouvons avec plaisir la *Vue des Invalides* de M. Mols, qui a été remarquée au Salon de Paris. Nous voyons ensuite une très-bonne étude de *Paysanne au bois* de M. Carlier; une *Vue de Hollande* de M. P. J. C. Gabriel; des *Chiens d'arrêt*, très-largement peints, de M. de Pratere; la *Vue du Pausilippe* de M. Unterberger, tableau bien compris, mais d'une exécution un peu minutieuse; un très-bon paysage de M. Verheyden, etc.

HOLLANDE.

En Hollande, nous constatons une bonne école de genre, qui se distingue surtout par un sentiment exact de la couleur.

M. Bisschop a envoyé de très-bonnes toiles : *Dieuwke* et *À l'église*.

Un *Baptême norwégien* de M. Van Trigt est un excellent tableau de genre, très-consciencieusement exécuté et très-heureusement composé.

Dans *les Joueurs* de M. Israels il y a beaucoup de qualités : l'effet et la couleur sont agréables; mais le dessin est plus faible et l'exécution est un peu molle et cotonneuse. Le tableau de genre de M. Henkes est très-juste de couleur; il en est de même de celui de Mlle Vos, qui, en outre, traite très-bien les accessoires. Le *Bateau pêcheur* de M. A. Mauve est un excellent tableau, d'une très-bonne tonalité et d'un effet très-juste; du reste, ce peintre figure avec honneur aux Expositions de Paris.

Nous trouvons encore un *Effet de matin*, très-fin de coloris, de M. Apol; une excellente marine de M. H. W. Mesdag; un bon paysage, fort bien composé, d'un effet bien compris et d'une exécution très-simple et très-juste, de M. P. Sadée; un tableau de genre, ingénieusement composé, de M. H. Kate; deux excellents paysages et animaux de MM. Nakken et L. Hanedoes; une recommandable étude de chien, largement traitée, par M. C. Cunaeus, etc.

ITALIE.

Il ne faut pas juger l'école italienne d'après ce qu'on en voit à Philadelphie : les artistes italiens sont peut-être ceux qui ont le moins répondu à l'appel des Américains. Sauf quelques rares exceptions, nous ne trouvons guère qu'une réunion de tableaux assez négligés et d'esquisses; le tout est noyé dans la collection bien trop nombreuse des sculptures italiennes, dont nous avons déjà parlé. Cependant nous avons à signaler quelques noms, comme ceux de MM. Fontena, Marchaisi, Maccari, Cammerano, De Sanctis, Scipioni, Fattore, Costaldi, Telmaco, Madesto, etc.

SUÈDE ET NORWÉGE.

Les tableaux d'histoire et même de genre historique sont rares en Suède; mais, en revanche, il y a de très-bons portraits et de remarquables tableaux de genre. Nous avons, en effet, à citer un très-bon portrait d'homme de M. Van Rosen; un tableau de genre de Miss Borjesson. M. Fagerlin nous montre une *Première pipe,* spirituelle composition très-bien exécutée; la figure de M. Hugo Salmson est bonne, quoique un peu lourde. Mentionnons encore MM. Engestromë, Hormslund, Hertsberg, Hellquist.

Dans les paysagistes, nous voyons M. Valberg, que ses succès aux Expositions de Paris ont déjà mis en relief; M. Berg, avec une marine et de bons paysages; M. Rydberg, avec un tableau d'une couleur très-fine; MM. Nordenberg, Fahlgren, etc.

Les tableaux trop peu nombreux envoyés par la Norwége sont faits dans le même esprit que ceux de la Suède. Parmi eux nous noterons *le Jour,* figure allégorique bien arrangée, de M. Arbo, et les toiles de MM. Grimelund, Gude, etc.

BRÉSIL ET MEXIQUE.

Le Brésil est à peine représenté : nous remarquons seulement l'*Armée brésilienne* de M. Americo Puro, un bon paysage de M. Martino et un grand tableau d'histoire, *la Première messe,* non portée au livret et sans nom d'auteur, mais que quelques-uns pensent devoir attribuer à notre compatriote Monvoisin.

Au Mexique, mentionnons la *Mort de Marat,* toile remplie de très-bonnes qualités, de M. Rebull Santiago; *la Constitution,* allégorie de M. Monroy; un bon portrait de M. Ramirez; un paysage de M. Velasquez, etc.

SECTION III. — GRAVURE ET LITHOGRAPHIE.

FRANCE.

La gravure en taille-douce devient de jour en jour moins en faveur et cède la place à la gravure à l'eau-forte; d'autre part, les perfectionnements de la photographie, si habilement appliquée à la reproduction des tableaux, ont contribué à l'abandon regrettable d'un art qui, il y a peu de temps encore, était pratiqué largement par une pléiade d'artistes de haute valeur.

Néanmoins, la gravure en taille-douce a encore de très-bons représentants à Philadelphie. Citons parmi eux MM. Gaillard, avec son *Portrait du pape Pie IX;* Lévy, reproductions des grands maîtres; Levasseur, *la Multiplication des pains,* d'après Murillo, et *le Dante,* d'après Gérôme; Dubouchet, etc.

Les gravures à l'eau-forte sont très-remarquables; nous trouvons en première ligne MM. Jacquemard, Flameng, Gaucherel, Adeline (*Monuments*), Lamotte.

Nous remarquons ensuite les gravures et les dessins sur bois de MM. La-guillermie, Potémont, Thomas, Robert, Laplante, Varin (*le Printemps*, d'après Cot), Poncet, Pichot, Rajon, etc.

Dans l'exposition de la maison Goupil, de la maison Hachette et de la bibliothèque Charpentier, nous trouvons les œuvres de beaucoup d'habiles graveurs, qui collaborent à la *Gazette des Beaux-Arts* et aux diverses publi-cations de ces maisons.

Dans la chromolithographie, nous trouvons en première ligne les spé-cimens si remarquables de la maison Goupil et les envois des maisons Aubry, Bognard, Chevalier, Legras, E. Pichot, Ducher et Cie, etc.

PAYS ÉTRANGERS.

Les spécimens les plus remarquables de l'art de la gravure aux États-Unis sont les compositions qui entourent les billets de toutes les banques américaines. Nous avons, en outre, à citer MM. Moore, Meyer, Périne, Sartain, etc.

Comme graveurs sur bois, nous trouvons MM. Harley, Muller, Mayer, etc. La lithographie est représentée par MM. Bressler, De Camp, Gibson, etc., et par les lithographies coloriées de M. Keyser.

Dans les chromolithographies, nous trouvons les œuvres de MM. Wil-liam-Kelly, Crosbey, Demorest, Forster, Hunter, Hoover, Prang, etc.

La gravure anglaise a un genre tout spécial. Dans le Main Building, un emplacement est entièrement consacré au journal *the Graphic* et à l'*Illustrated London News*. Le premier journal a réuni toutes les admirables productions qui ont fait de cette publication la première du monde; jamais le dessin n'a été poussé à un plus haut degré : composition, effet, sentiment, tout est réuni dans ces œuvres. Quant au second journal, le contact du premier lui porte un réel préjudice; et quoique ses dessins soient aussi fort remarquables, ils ne sont pas tous exécutés avec une égale supériorité de talent. Les graveurs qui sont appelés à interpréter ces dessins sont à la hauteur des dessinateurs et méritent comme eux les plus grands éloges.

SECTION IV. — PHOTOGRAPHIE.

FRANCE.

Nous trouvons dans les salles réservées à la photographie les admi-rables reproductions des peintres modernes dues à la maison Goupil, et qui, nous l'avons déjà dit, ont eu une si grande influence sur le dévelop-

pement du goût artistique en Amérique. Nous voyons toutes nos célébrités
parisiennes dans l'art du portrait : MM. Walery, Liébert, Appert, Girard,
Laffon, etc.; puis, à côté, nous trouvons les vues de MM. Bray, Bernond,
Lévy, Braun.

Remarquons, en passant, les efforts de M. Vidal pour obtenir des
épreuves photochromiques, les vues coloriées de M. Devrez et les hélio-
gravures de M. Lefman.

PAYS ÉTRANGERS.

Dans le bâtiment spécial où se trouvent réunies les photographies de
tous les pays, celles des États-Unis sont, sans contredit, les mieux réussies
de toute l'Exposition; la nature elle-même, par la pureté du ciel et par le
climat, vient encore seconder l'habileté de l'opérateur. Les artistes sont
tellement nombreux que nous n'en pouvons citer que quelques-uns,
comme MM. Kurtz, Mora, Sarony, Brady, Fisher, Frederiks, et M. Aitken,
dont nous avons particulièrement remarqué les reproductions.

Quant aux vues photographiques, elles aussi sont fort remarquables;
citons celles exécutées par MM. Antony, Seavey, Thorne, Watkins, etc.

En Angleterre, nous avons à constater d'excellents résultats. Nous trou-
vons les portraits de MM. Bool, Browinrigg, Cameron, Fradelle, Barnard,
Baum, Robinson, Slingsby, etc.; les vues de MM. Bedford, Bedfird,
Heath, Norman; les animaux de M. Hedger; les objets d'art de M. Nonsel;
les monuments de MM. Hall, Lemere; les vues stéréoscopiques de
M. Wilson; les photographies transparentes de M. York, etc.

En Allemagne, nous trouvons l'exposition de la Société pour l'avancement de la photographie, exposition fort intéressante et digne de l'attention des visiteurs.

SECTION V. — ARCHITECTURE.

En général il y a peu d'envois d'architecture, et l'on remarque ici,
comme dans les Expositions parisiennes, l'abstention des notabilités architecturales. Cette abstention se comprend : la véritable exposition n'est pas
celle de leurs dessins, qui ne sont, en somme, qu'un moyen d'exécution,
mais bien celle de monuments construits par eux. Néanmoins, malgré
leur petit nombre, les projets français se signalent par leur supériorité
comme goût et par leur savante exécution. En première ligne, nous trouvons le remarquable *Projet de l'église du Sacré-Cœur* de M. Crépinet, qui
lui a valu un prix au concours et une médaille à Philadelphie. Citons
aussi un autre projet, pour la même église, de M. Devrez; le *Théâtre de
la Renaissance*, de M. de Lalande, et une *Faculté des sciences* de M. Lheureux.

L'architecture américaine se ressent trop de l'influence allemande, c'est-
à-dire la froideur et la sécheresse. Cependant nous pouvons citer les projets de M. Hunt, qui a fait ses études en France, et ceux de MM. Bary,
Croff, Fairfox, Hartwell, Hess, Lévy, Pettit, West et Anderson,
Schulze, etc.

Les projets anglais sont d'un aspect un peu lourd, dû autant à la com-
position qu'à l'exécution. Mentionnons seulement ceux de MM. Aitchison,
Burges, Lee, Penrose, Wyatt, Smirke, Spiers, Nicholl, Hayward,
Cooke, etc.

SECTION VI. — ÉMAUX, PORCELAINES, VITRAUX.

Les émaux exécutés en France sont presque tous très-remarquables et
attestent la grande habileté de nos artistes. Parmi eux, nous signalerons
MM. Pottier, P. Soyer, Mansuy-Dotin.

Il est inutile de parler ici de la manufacture de Sèvres : ses produits
sont depuis trop longtemps l'objet de l'admiration universelle; mais nous
pouvons citer les porcelaines de Mlle Élise de Maussion et de M. Lami
de Nozan.

Non loin de là, nous trouvons les grands vitraux de M. Lorin, qui sont
destinés à la décoration de la cathédrale de New-York et dans lesquels les
procédés modernes sont appliqués avec un goût digne des anciens maîtres.

Dans le salon carré du Memorial Hall on a disposé d'une façon très-
heureuse les merveilleuses tapisseries de nos manufactures des Gobelins
et de Beauvais, et elles y sont fort admirées.

Dans les pays étrangers, nous avons surtout à remarquer les porcelaines de la manufacture impériale de Berlin, ainsi que celles de la section
autrichienne, qui sont bien loin d'être sans mérite.

CONCLUSION.

Après l'examen auquel nous nous sommes livré, nous devons constater
que la section des beaux-arts de l'Exposition du Centenaire, quoique, à
à notre avis, n'étant pas tout à fait à la hauteur de ce que nous montrent
nos Expositions européennes, n'en est pas moins très-honorable, et une
des causes notables du succès obtenu par la grande opération entreprise
par les États-Unis. Cette Exposition fera évidemment faire en Amérique
de sérieux progrès aux beaux-arts, quoique chaque nation ne soit pas
représentée en général par les sommités artistiques. C'est avec une légitime satisfaction que nous avons vu que, dans l'opinion publique, non-
seulement la France tient toujours le premier rang par les œuvres de ses

artistes, mais que partout on se rend compte de l'heureuse influence qu'elle exerce sur les écoles étrangères et surtout sur l'école américaine.

En résumé, par le mérite de ses artistes et par la vulgarisation donnée à leurs œuvres, l'influence de l'école française est manifeste à l'Exposition de Philadelphie; c'est cette école qui, avec justice, tend à s'imposer à toutes les nations, et le Centenaire des États-Unis a montré de nouveau que la France marche encore la première dans le chemin artistique. Cela suffirait déjà pour que la France se montrât reconnaissante envers les États-Unis de l'occasion qu'ils lui ont fournie de combattre vaillamment et victorieusement, si, concurremment avec les autres nations, elle n'avait l'impérieux devoir de témoigner sa gratitude pour l'hospitalité qu'elle a reçue d'un grand pays venant d'accomplir une grande chose.

JULES-ÉMILE SAINTIN.

ARTS DÉCORATIFS.

RAPPORT DE M. AUG. BARTHOLDI,

MEMBRE DU JURY INTERNATIONAL.

Les beaux-arts, aux États-Unis, manquent encore de véritable originalité; les œuvres qu'on y produit ne sont guère qu'un reflet de ce qui se fait en Europe. Toutefois, il est intéressant de se rendre compte de la situation des esprits, des tendances qui se manifestent, et d'étudier ce qui se fait dès à présent en vue de l'avenir.

La peinture est absolument dans le mouvement européen, on pourrait même dire français, si l'on n'était obligé de reconnaître dans la production générale l'influence de l'école de Dusseldorf et surtout celle de l'art anglais. Dans la peinture décorative, il se fait des efforts sérieux : on peut voir à Boston des œuvres intéressantes en ce genre; et il y a des hommes qui commencent à exercer une influence heureuse sur l'esprit artistique.

La sculpture suit plutôt le courant de l'art italien. Un grand nombre de sculpteurs américains vivent à Rome, où ils bénéficient du séjour de leurs opulents compatriotes et des ressources uniques qu'offre le pays pour l'exécution; là ils se laissent un peu trop séduire par une école qui met son amour-propre à imiter en marbre les bâtons de chaise, les feuilles de papier et les bulles de savon, école qui a inondé de ses produits l'Exposition de Philadelphie. Il est bien entendu qu'en nous permettant cette critique nous en exceptons des artistes qu'il n'est pas besoin de nommer et dont les œuvres, exposées à New-York et à Boston, font grand honneur au pays; ceux-là sont les premiers à protester contre ces tendances.

Nous parlerons avec plus de détail de l'architecture, car celle-ci enveloppe à peu près toutes les productions industrielles où l'art intervient. Ici, nous trouverons de la personnalité; l'obligation de produire, de créer des œuvres en rapport avec les habitudes et les idées du pays, amène forcément une certaine originalité. La plupart des grands architectes se sont formés en Europe, notamment à notre École des Beaux-Arts; seulement, quand ils ont apporté leur savoir dans leur patrie, ils ont eu à lutter avec les routines, à composer avec des nécessités qui tiennent au pays, et nécessairement leurs œuvres en ont reçu un caractère particulier.

Pour déterminer ce caractère, il faut se reporter aux usages qui sont propres à l'Amérique. En effet, à notre époque, les rapports, les échanges entre peuples sont si multiples, qu'il est difficile de démêler dans leurs productions ce qui appartient à chacun d'eux : c'est dans les choses qui leur sont absolument spéciales qu'il faut chercher leurs caractères personnels.

FORMATION DES PRINCIPES DE LA CONSTRUCTION ET DE L'ART DÉCORATIF.

Le mouvement architectural, qui a été considérable aux États-Unis, où tout était à faire, s'explique, comme toute l'histoire de l'art décoratif en ce pays, par la manière dont les villes se forment dans le nouveau monde.

L'immense continent américain, occupé progressivement, présente encore aujourd'hui les aspects les plus variés, et on peut voir en le parcourant ce qu'est une cité américaine depuis sa naissance jusqu'à son entier développement, comme on observe de jeunes plantes dans une pépinière en suivant toutes les phases de leur croissance.

Chaque époque est caractérisée par la nature des constructions qu'elle a produites et l'on retrouve partout des types de ces constructions successives.

Ces différentes périodes pourraient être définies ainsi : 1° celle du bois ou du premier établissement; 2° celle de la brique et de la pierre, correspondant au moment où les intérêts et les habitations se concentrent; 3° celle du fer, qui répond à un grand développement industriel; 4° enfin, celle du marbre et du granit, qui indique une grande prospérité acquise, s'affirmant par le luxe, par des édifices somptueux et durables.

On découvrira l'embryon d'une ville américaine sur une longue ligne de chemin de fer, toute couverte de mauvaises herbes, traversant des plaines solitaires ou coupant de sombres forêts. Il y aura quelque part une station en planches ; deux fils télégraphiques qui la rattachent à la ligne, quelques poules vagabondes, des arbres abattus, vous avertissent seuls que la vie est là. Regardez bien : vous apercevrez quelques habitations; elles sont construites avec des troncs d'arbres superposés, au bord de terrains effondrés qui se coupent en croix. C'est le commencement d'une rue, peut-être d'une grande rue dans une opulente cité.

Qu'on vienne à découvrir en cet endroit quelque produit de valeur, les tracés rectangulaires se multiplieront, il s'élèvera des maisons en bois ouvré, à joints réguliers et superposés : on les expédiera là toutes faites.

Les habitants se procureront bientôt une église avec son clocher, le tout en bois. La prospérité croissant, on construira des hôtels avec portiques, colonnes, pilastres; on fera de l'architecture grecque, toujours en bois; on rendra en même temps les rues viables en formant la chaussée de plats bords juxtaposés. Si le luxe augmente, toute cette architecture en bois sera peinte et sablée, de manière à imiter la pierre.

Revoyez le même lieu deux ans plus tard : un embranchement de chemin de fer, des cheminées de fabriques, des colonnes de fumée, indiquent qu'il y a là des intérêts importants, que la population s'y porte; la construction a pris un caractère plus définitif. De vraies rues sont ouvertes; les intérêts s'étant concentrés sur certains points, les maisons se sont resserrées, elles ont aussi pris plus de hauteur; bâties d'abord en simple brique, elles se construisent maintenant avec des chaînes et des encadrements de pierre. Les églises sont faites par souscription; on les veut solides et durables : elles seront en appareil rustique, avec des bossages.

Une étape nouvelle est franchie : la ville s'est développée; les grands établissements se créent, les communications augmentent; les ponts, les constructions industrielles, nécessitent des travaux de grande portée à l'abri du feu : le fer et la fonte font apparition dans les bâtiments. Les banques, les compagnies d'assurances, élèvent des palais pour inspirer plus de confiance : on veut paraître; mais il faut faire vite et sans trop de dépense : on a des palais de marbre qui sont en fonte peinte. Des boîtes, des morceaux d'architecture, en fonte, arrivent tout faits : on les superpose comme des pierres de taille. Les simples maisons, bâties encore en briques, sont à leur tour recouvertes de plaques de pierre fixées avec des crampons et ornées de colonnes et d'ornements en fonte peinte, imitant la couleur de la pierre et sablée.

Enfin, et c'est ce que l'on a vu dans les dernières années, qui avaient amené une grande prospérité, on se porte vers un luxe sérieux et franc, et l'on commence à construire en vraie pierre, en beaux marbres et en granit.

MOUVEMENT ARCHITECTURAL AUX ÉTATS-UNIS.

Les mœurs et les institutions américaines n'ont pas permis de donner aux villes et aux monuments des États-Unis les grands aspects décoratifs que l'architecture a donnés aux villes d'Europe; elles ne comportent pas l'ensemble de vues qui résulte chez nous de nos traditions, de nos pouvoirs centralisés, de nos règlements de voirie. En revanche, les Américains bénéficient de tous les avantages que peut offrir une très-grande liberté

d'action. Dans les grandes villes, où l'on a pu réunir depuis longtemps les
ressources du pays, on semble s'être préoccupé surtout de se procurer des
échantillons de toutes les espèces d'édifices élevés dans le vieux monde. Le
moyen âge, le grec, le mauresque, l'égyptien, le roman, le rustique
anglais, tous ces styles se trouvent représentés dans les cités les plus importantes, où l'initiative individuelle et le désir de se distinguer ont amené,
à cet égard, la plus grande variété.

Les tendances actuelles paraissent se porter vers l'école française, et particulièrement vers les idées représentées par notre illustre architecte M. Viollet-le-Duc. Ces tendances, soutenues par des esprits américains, doivent
produire d'heureux résultats : car les Américains sont *oseurs* par excellence;
ils se trompent parfois, comme tous ceux qui cherchent; mais dans le
nombre infini de leurs tentatives, il y en a toujours qui font honneur à leur
esprit d'invention.

On construit en ce moment nombre d'édifices en marbre, en granit, en
pierre : des églises, des banques, des palais pour les États et les municipalités. Ces édifices ne sont pas toujours réussis; mais quelques-uns sont
très-étudiés. Quand les monuments sont élevés par des sociétés, ce qui
arrive notamment pour les églises, on voit tous les membres de la société
s'intéresser à la bonne exécution et à la beauté de l'œuvre, en suivre la
décoration, et multiplier les recherches, les essais, les sacrifices, en vue du
meilleur résultat. L'émulation aidant, entre sociétés rivales, le progrès se
fait.

Dans les constructions civiles, on emploie beaucoup la combinaison
de la brique, de la pierre, du fer, de la terre cuite, en montrant ces
divers matériaux dans leurs fonctions propres. Il y a plusieurs exemples
excellents en ce genre, tels que la maison Brooks dans Broadway, Chic-
kering Hall dans la cinquième Avenue et diverses autres constructions
récentes. La faïence et les briques de couleur sont aussi employées volontiers, et souvent d'une manière fort heureuse. En somme, le luxe, le
confortable, les questions d'art, le désir d'acquérir et de généraliser le
sentiment du beau, sont des besoins très-récents, et n'influent sur la production que depuis qu'il y a des parties de la société américaine qui peuvent
vivre en dehors des préoccupations brûlantes des affaires.

Le goût devenu plus vif des belles œuvres architecturales et l'accroissement de la fortune publique et privée ont donné aux industries décoratives une impulsion considérable. L'Amérique s'est efforcée de lutter avec
les produits européens, et nous avons pu voir à l'Exposition de Philadelphie où en est la production à cet égard. Pour analyser l'esprit et le
goût des Américains dans les arts appliqués à l'industrie, nous exami-

nerons les œuvres dans lesquelles cet esprit se manifeste le plus sensiblement.

Les ressources des États-Unis sont remarquables par leur variété et
leur beauté; les industries qui les mettent en œuvre se sont formées très-
rapidement, et l'exécution facile ou économique a été le premier résultat
cherché et obtenu.

LES BOIS.

Pendant longtemps les bois, si abondants, si beaux et si variés en Amérique, ont été la matière la plus employée en toute circonstance. Dans
les traditions de la charpente, on remarque des idées fort originales et
spéciales au pays : les ponts de grande portée en treillis dit système
américain, ceux que l'on construit avec de grands arbalétriers, les grands
arcs faits au moyen de plats-bords boulonnés ensemble, les immenses
viaducs, les échafaudages, les déplacements de maisons entières, nous
montrent les Américains comme des charpentiers aussi ingénieux que
hardis.

MENUISERIE, BOISERIES, OBJETS MOBILIERS.

Dans la menuiserie, ils sont arrivés rapidement à une perfection remarquable au point de vue de l'exécution, et cette industrie est encore chez
eux l'objet d'un grand luxe. Il y a dans les maisons riches des boiseries
qui peuvent compter parmi les plus dignes d'attention par la beauté de la
matière et le soin de l'exécution. Le climat des États-Unis, excessivement
variable, passe des froids les plus vifs aux plus grandes chaleurs et fait
beaucoup jouer les bois; il nécessite, en conséquence, une attention toute
spéciale dans les travaux de menuiserie.

L'ornementation se ressent de l'esprit pratique des Américains. Les
fabricants se sont attachés aux effets qui sont obtenus par des procédés
mécaniques. Les surfaces planes, les découpés, les moulures simples peu
fouillées, les appliques retouchées à l'outil, les pièces tournées, la sculpture sans dessous faite à la fraise, appliquée sur le corps de menuiserie :
tout cela, habilement assemblé, est aisé à travailler séparément et produit
de l'effet.

On a particulièrement recherché les formes et les dessins qui se prêtent
le mieux à ce genre d'exécution, et il en est sorti une sorte de style indé-
finissable, gréco-oriental, un peu Renaissance, qui s'est reflété sur tous les
produits de l'art industriel. Ce style est bien américain; on pourrait
l'appeler le style Pullmann Car: ces wagons-salons des chemins de fer du
Nouveau-Monde en sont une expression assez exacte. Les formes rigides et
plates du style dit gréco permettent une exécution simple : c'est une base

34

sur laquelle quelques moulures, des consoles, des découpés, des volutes, des demi-balustres appliqués, donnent des apparences de relief ouvragé. Les colorations diverses des bois et des tracés gravés et dorés, d'un style semi-arabe, semi-grec, permettent d'ajouter à ces effets plus ou moins de richesse, sans avoir besoin de recourir au travail compliqué d'une menuiserie qui aurait à modifier ses formes, ses emboîtements, ses reliefs suivant les surfaces et les circonstances. On peut donc considérer ce style décoratif comme étant né aux États-Unis des procédés d'exécution : il est le plus généralement employé.

Hors de là, on ne trouve ni principes ni idée suivie dans le goût américain : on tombe en pleine anarchie, ou bien dans des imitations plus ou moins mal comprises des anciens styles européens. Quelques producteurs exercent par leurs efforts une influence sérieuse sur l'art décoratif. Il est flatteur pour notre pays de citer l'exposition de Pottier et Stymus : cette maison, qui a une fabrication des plus remarquables, ne se contente pas de suivre le goût public, elle le modifie et l'éclaire ; l'esprit en est comme la raison sociale, et ses produits offrent une heureuse combinaison des idées françaises et américaines. Notre sujet ne nous permet pas d'entrer dans de plus grands détails. Dans le rapport fait sur les mobiliers, il doit être question de cette maison, qui est une merveille comme organisation. Nous mentionnons aussi l'exposition de L. Marcotte et Cie, qui fait honneur également à l'influence française.

Il y a aux États-Unis certaines formes de meubles qui n'existent pas chez nous : nous citerons des toilettes, qui se composent de grandes glaces portant sur des tiroirs et flanquées également de tiroirs sur les côtés. Quelques-uns de ces meubles sont fort bien composés, avec des bras de lumière et des accessoires qui concourent à leur décoration. Les lits sont généralement traités avec importance ; ils sont grands, et quelquefois d'un excellent dessin.

Les pianos sont l'objet d'un légitime orgueil de la part des Américains. On assure que leur qualité leur permet de supporter mieux que les nôtres le climat du pays. En revanche, on peut regretter que les fabricants restent trop américains dans le choix des formes extérieures qu'ils donnent à leurs instruments : c'est généralement lourd, souvent prétentieux et illogique. L'Exposition offrait un échantillon du genre, un piano en style moyen âge égyptien, avec amours, lyres et pastorales Pompadour : c'est le comble de l'excentrique. Les orgues d'appartement sont assez généralement dans le style Pullmann Car ; leur forme s'y prête bien.

Les billards témoignent aussi quelque peu de ce délire du goût : on les traite volontiers dans un style funèbre, parce que l'exécution en est extrêmement simple. Les Américains ont, du reste, un certain goût pour le funèbre.

Il n'est pas permis d'oublier qu'à l'Exposition ont figuré des cercueils très-soignés; le même article se voit communément dans les rues, entre un confiseur et un coiffeur ou un magasin de nouveautés. Les cercueils sont faits de matières plus ou moins riches, avec des ferrures plus ou moins soignées, des garnitures capitonnées : c'est à croire qu'on y recherche le confortable!

Dans le mobilier, comme dans toutes les branches de l'industrie auxquelles l'art participe, on peut constater une certaine influence anglaise, qui paraît bien naturelle si l'on songe à l'origine de la race américaine; il faut, de plus, ne pas se dissimuler qu'il se fait un grand mouvement dans les arts décoratifs en Angleterre, et, sans vouloir sortir de notre cadre, nous sommes obligé de rappeler l'importance des produits anglais dans le mobilier, comme dans les étoffes et dans l'orfèvrerie.

Le mouvement dont nous parlons est dû en grande partie à M. Morris, assisté de toute une école qui s'est formée autour de lui; l'Exposition anglaise dénote, dans ses produits les plus étudiés, une recherche toute particulière des effets délicats et des colorations sourdes. Il y a là de l'originalité et du goût, et des œuvres qui exercent une influence sérieuse aux États-Unis dans le monde qui cherche le progrès.

VITRAUX.

Les vitraux de couleur méritent d'être observés; ceux qui ont été exposés par la France sont loin de dénoter un goût et une étude équivalant à ce qui se fait en Angleterre et même à ce qui se fait en Amérique, grâce aux efforts de certains artistes et d'amateurs éclairés. On ne cherche pas, comme chez nous, à peindre sur un morceau de verre des figures entières: on procède par effet de mosaïque; on s'attache à la bonne fabrication du verre, à sa nuance; on cherche des effets en doublant les verres avec des nuances différentes pour rompre et harmoniser les tons. Il y a des œuvres de ce genre très-remarquables, et s'il en vient à l'Exposition de Paris il y aura intérêt et profit à les étudier.

ÉTOFFES.

Les étoffes artistiques sont encore peu fabriquées aux États-Unis : cela ne paye pas assez, comme on dit. Il y a bien quelques tentatives qui sont encouragées; mais les belles étoffes employées dans l'art décoratif sont presque toujours importées.

MÉTAUX, FONTES POUR LA CONSTRUCTION.

Passons à l'industrie du fer.

Dans les fontes pour bâtiment il y a une recherche relative du style qui tient au grand usage que l'on a fait de ces produits. Toutefois, nous avons déjà signalé les abus de cette industrie : les imitations en fer de la pierre de taille les mieux faites seront toujours une anomalie. On commence à y renoncer; on a constaté que la vertu attribuée à ces constructions d'être à l'abri du feu était nulle en réalité, et qu'après un incendie une façade de ce genre était faussée, tordue et hors d'usage.

Nous n'avons pas à parler des fers qui sont employés dans les travaux si remarquables des ingénieurs. Il y a en Amérique des œuvres prodigieuses en ce genre; malheureusement, l'art y est souvent sacrifié, comme si les forces ingénieusement employées ne pouvaient pas se combiner avec la beauté décorative. Pour en donner un exemple, nous citerons la gare de Hudson River Rail Road : comme ligne, la grande nef de fer est puissante et largement conçue; dans le détail et dans les pièces de fonte il y a des choses mesquines qui ne sont pas en rapport avec la noblesse de l'ensemble.

FONTE D'OBJETS MOBILIERS.

Dans les fontes d'objets mobiliers, l'art américain ne brille pas : ces fontes sont généralement d'un style déplorable. On voit, sans doute, à l'Exposition des pièces bien fondues; mais il n'y a pas lieu de s'arrêter à ces poêles, à ces vases, fontaines, objets de jardins, candélabres, appareils d'éclairage, dont la décoration est conçue sans goût et sans logique. Exceptons cependant certains appareils d'éclairage dans le style du xve siècle, en fer peint, de tons divers; ils tranchent sur la vulgarité du reste.

Des produits de ce genre ont été fort savamment utilisés, à New-York, par l'éminent architecte des Parks, M. Olmstedt, dans les mâts vénitiens et la décoration d'Union Square.

Il est regrettable de voir le mauvais style régner dans des productions, quelles qu'elles soient, qui sont très-répandues, parce que ces erreurs faussent le goût public. Toutefois, ne jetons pas trop vite la pierre aux Américains; car nous sommes obligés de nous rappeler que, dans notre propre fabrication, nous ne réagissons pas assez contre des tendances semblables et qu'il se fait chez nous mille choses affreuses que l'on croit justifier en disant : « C'est pour l'exportation. »

DÉCORATION DES MACHINES.

Assurément, le goût pour le clinquant est loin d'avoir disparu aux États-Unis. Dans les machines, par exemple dans les locomotives et les pompes à feu, lorsqu'on veut faire beau, ce n'est pas la forme et l'harmonie que l'on cherche généralement, c'est le tapage des effets brillants et criards. Une bien honorable exception doit être faite en faveur de la grande machine de Corliss, de Providence. Une telle œuvre ne rentre pas sans doute, par sa nature, dans les arts décoratifs; elle s'y rattache pourtant comme toute œuvre belle d'aspect et bien équilibrée pour l'œil. On voit là de grandes et belles lignes, de savantes décompositions de mouvements, une harmonie générale, qui donnent à cette machine les beautés et presque les souplesses du corps humain. C'est une œuvre qui montre que, même dans les formes inflexibles auxquelles la mécanique assujettit l'ouvrier, le beau peut intervenir.

BRONZE ET CUIVRE.

La fonte des bronzes d'art est une industrie qui s'est formée tout récemment aux États-Unis. Dans les petites fontes, la maison Tiffany, de New-York, présente de très-bons résultats; pour les grandes, notons la maison Wood, de Philadelphie, qui a déjà fourni plusieurs statues pour la décoration des places publiques. Les États-Unis, qui sont admirablement pourvus comme matières premières, cherchent visiblement à créer chez eux toutes les ressources qui leur permettront de se suffire. Ils ont eu longtemps le préjugé de faire fondre en Allemagne; on paraissait ignorer parmi eux que l'on fait en France les plus belles fontes possibles. La maison Barbedienne est la seule qui soit un peu connue, et encore ne l'est-elle guère que des Américains qui visitent l'Europe; il est regrettable pour l'exposition française que les magnifiques œuvres de cette maison n'y aient pas figuré.

Il se fabrique aux États-Unis beaucoup d'objets mobiliers en bronze, en cuivre, argentés ou passés au nickel. Il y a dans les appareils d'éclairage d'assez bons produits de ce genre, mais ils ne présentent pas de caractère particulier et empruntent beaucoup aux modèles confectionnés en Europe. Dans les modèles d'un usage ordinaire et à bon marché, le style dominant est un style pseudo-grec très-défectueux et pesant, comme dans les produits de fonte de fer.

L'industrie du cuivre estampé, ornementé et travaillé au marteau, ne paraît exister encore que pour la fabrication d'objets de quincaillerie, de douilles, cartouches ou batterie de cuisine. La maison Sécretan a organisé, dans cette partie, une exposition hors ligne qui faisait grand honneur à notre pays; elle aurait obtenu les plus hautes récompenses sans le principe adopté de l'uniformité des médailles.

QUINCAILLERIE.

Dans les ferrures et la quincaillerie, tout est généralement passé au nickel. On cherche beaucoup le brillant pour les gonds, les entrées et les poignées; quant aux serrures, elles sont toujours noyées dans la menuiserie. Un objet bien américain, ce sont les godets qui sont employés comme poignées pour les tiroirs. Les formes en sont généralement peu étudiées; la décoration consiste en une gravure plate prise sur le fond et ravivée par un coup de lime. Quelquefois on colore les fonds; dans les pièces riches on obtient des effets analogues par l'emploi des émaux. On fait volontiers un objet de luxe des ferrements pour les portes ouvrant sur la rue : aussi est-il surprenant que le dessin et la forme n'en soient pas plus cherchés.

ORFÉVRERIE.

Les métaux précieux, et particulièrement l'argent, sont travaillés par quelques maisons des plus importantes. Il y a une grande inégalité dans leurs produits, et il serait difficile d'y démêler des caractères et un style propres à leurs auteurs. L'orfévrerie se complaît dans des imitations gréco-Renaissance de ce qui se fait en Europe, ou bien dans un style gréco-arabe, ou encore dans le goût cabossé dit *de Baltimore,* et qu'on appelle en Angleterre le style de la reine Anne. Le japonais pénètre au milieu de tout cela et son influence devient grande. Il serait injuste de ne pas remarquer des produits fort jolis assurément, mais qui, au point de vue où se place notre rapport, ont le défaut d'être la reproduction trop directe d'œuvres européennes. Un grand écueil pour le goût, dans la production américaine, est la tendance qu'elle a à un naturalisme d'où l'art est absent : on voit exposer, comme objet d'art à offrir dans un bel écrin, une bouteille de vin de Champagne en argent, avec capsule en or, ficelle en oxydé, étiquette en émail; des bateaux sous lesquels l'eau se frise et clapotte; des voitures attelées; bientôt ce sera un omnibus.

Nous signalerons, parmi les bonnes choses, des œuvres en métaux de couleurs diverses, rouge, noir et argent, d'un dessin japonais. Il y a des pièces de ce genre, d'un bon aspect, exposées par la maison Tiffany. Cette maison a montré aussi des pièces en argent jauni, dans un style hispano-arabe, qui ne manquent pas d'originalité ni d'étude.

En somme, l'exposition d'orfévrerie américaine, dans son ensemble,

commandait l'attention. Comme exécution, les fabricants usent beaucoup
de rouleaux gravés très-bien faits, avec lesquels on estampe des bandes
d'ornements qu'on reproduit ainsi, à bon marché, sur les diverses pièces
d'un service. Ces estampages très-fermes se prêtent à des combinaisons
variées qui donnent la richesse de la ciselure à peu de frais. Les diverses
colorations de l'argent sont aussi un des effets qu'on goûte le plus. En général, l'exécution paraît bonne et soignée. Il est à regretter que l'industrie
américaine mette trop souvent son amour-propre dans l'organisation ingénieuse de la fabrication et dans le chiffre des bénéfices obtenus plutôt
que dans la distinction des œuvres. Le sentiment public et le progrès du
goût peuvent seuls modifier ces habitudes.

MARBRERIE.

La marbrerie n'offre rien d'original. Les matériaux sont très-beaux et
très-variés, et la taille en est, la plupart du temps, fort bien faite. On use
beaucoup de marbre blanc et de granit dans les constructions riches; les
granits sont magnifiques; on les travaille admirablement. L'emploi de cette
matière contribue à développer le sentiment monumental dans la construction des édifices. On en tire aussi un parti très-heureux en alternant les
effets polis et dépolis. Dans le piédestal de la statue de Lafayette,
M. Henry de Stucklé, l'habile architecte, a employé avec succès ce procédé
de décoration; il a donné ainsi à cette œuvre quelque chose du sentiment
Louis XVI, tout en traitant l'ensemble avec une grande simplicité. Les travaux de marbrerie, à l'Exposition de Philadelphie, ne se recommandaient
d'ailleurs, pour la plupart, que par la qualité de l'exécution.

L'art de la mosaïque était représenté par un petit nombre d'échantillons.
Il n'y a lieu de les mentionner que pour constater, une fois de plus, les
efforts qui se font aux États-Unis en vue d'y introduire toutes les industries.

CÉRAMIQUE.

La céramique prend de l'importance en Amérique comme partout. Elle
dispose de très-bons matériaux; les architectes encouragent la fabrication
des carrelages, des plaques, des briques émaillées, et nombre de constructions montrent déjà l'usage qui en est fait, soit dans les intérieurs, soit
sur les façades.

Comme poteries, faïences, porcelaines, il n'y a encore rien de bien remarquable; mais les efforts sont nombreux et soutenus. A Trenton, en Pensylvanie, il y a de grandes fabriques de porcelaines; les produits sont jusqu'ici ceux d'une consommation vulgaire : les formes sont peu choisies, les

colorations aigres; le véritable sentiment de l'art ne se manifeste pas encore. Le discernement de ces lacunes suivra peut-être le désir de bien faire qui anime actuellement les honorables efforts de ces industriels

CRISTALLERIE.

La cristallerie offrait peu de sujets d'étude au point de vue de l'art. On a vu, à Philadelphie, des ateliers de verrerie qui donnaient l'idée d'une fabrication bien montée et entendue et d'une jolie qualité de verre; mais les modèles exécutés étaient fort ordinaires. Les autres produits visibles dans les bâtiments de l'Exposition avaient peu d'importance. Il semble cependant que, là aussi, on cherche à réaliser un progrès. On commence à couler de grandes glaces, et nos importateurs trouveront peut-être un jour dans cette branche d'industrie une concurrence sérieuse. La fabrication et la qualité sont tout dans cette partie, et les Américains excellent dans tout ce qui est organisation.

GRAVURE.

Parmi les produits où se montre une certaine originalité il faut mentionner la gravure. Les billets de banque, les chèques, les timbres-poste, sont très-remarquables, sinon au point de vue de l'art dans la composition, du moins pour l'exécution, qui est parfaite. La gravure sur bois est très-avancée. La lithographie et la chromolithographie sont également représentées d'une manière fort honorable.

PAPIERS-TENTURES.

L'industrie des papiers peints est très-développée, comme la fabrication de tous les papiers. L'Exposition a montré, en ce genre, d'excellents spécimens. Ils dénotent du goût, aussi bien les papiers ordinaires que les plus riches. Le style japonais se fait sentir dans les dessins, et d'une manière heureuse, combiné avec l'inspiration directe de la nature.

Un produit absolument nouveau, c'est le papier-bois. C'est du bois naturel, réduit à l'épaisseur d'une feuille de papier, et que l'on colle sur les murs exactement comme les papiers peints qui imitent des boiseries.

LIVRES, RELIURES.

Dans les livres et les reliures, on sent l'origine franchement anglaise de ces produits. La typographie est remarquable, on fait de belles impressions; au point de vue de l'art, presque tout est emprunté aux traditions anglaises. Il se fait de jolies reliures en toile gaufrée et ornementée d'or et de couleurs. Bercklett et Roméo Cervi, de Cambridge, ont exposé des reliures en parchemin blanc avec des appliques en cuirs de couleur qui sont fort réussies et originales.

Les registres et les livres de comptabilité sont l'objet de grands soins dans ce pays d'affaires; ils sont bien faits et ont du cachet. Leur ossature, les coutures, les attaches apparentes, les garnitures, leur donnent un aspect de bonne construction, et ils paraissent ornés logiquement par les éléments mêmes de leur confection.

VOITURES.

Nous ne terminerons pas cette revue rapide sans parler encore d'un produit où les Américains ont une originalité bien connue, les voitures. Ils paraissent très-satisfaits de leurs œuvres et ne semblent nullement songer à en modifier le dessin. Ne leur en déplaise, l'œil d'un artiste ne pourra jamais être charmé par la vue de ces boîtes montées sur des allumettes.

Le désir de faire léger n'exclut pas quelques souplesses dans les lignes, et l'esprit pratique n'obligeait pas davantage à corrompre les formes si élégantes, si classiques, des traîneaux. Dans la fabrication de ces derniers, il semble qu'on commence à s'apercevoir des erreurs du goût national; les grands traîneaux à deux chevaux sont infiniment supérieurs, pour le dessin, aux petits modèles.

RÉSUMÉ.

Les Américains sentiront, un jour, que l'esprit pratique n'est pas tout. Le corps, pour vivre, ne se contente pas de boulettes nutritives: la saveur des mets est une nécessité, autant que la bonne qualité des aliments. Il en est de même du charme de l'œil: c'est un besoin; la nature l'a voulu ainsi, et toute la création en est le plus bel exemple. Ne voit-on pas des animaux sur lesquels le Créateur semble s'être plu à multiplier les ornements colorés, à dessiner des points, des ronds, des losanges, que l'esprit pratique serait embarrassé de justifier?

L'Américain a été obligé, à l'origine, d'être dur pour lui-même et pour les choses. De là, une certaine rudesse persistante qu'il garde dans ses goûts et dans ses œuvres: son dessin est anguleux, il aime peu la courbe. Préoccupé avant tout de l'utile, il ne fait pas les choses pour le plaisir de les faire; il les fait uniquement pour le but qu'il se propose. Or dans toute question d'art et de goût il y a un élément désintéressé, l'idéal, que caressent avec amour aussi bien le public à qui l'œuvre s'adresse que l'artiste qui l'exécute. Ce besoin d'idéal, la volonté ne suffit pas pour le créer: il naît graduellement par une sorte d'excitation continue, qui va du public à l'artiste et de l'artiste à un public capable de partager ses impressions.

Il ne faut pas cependant s'y tromper. Aux États-Unis, c'est le premier aspect qui est rude et un peu sauvage; mais quand on regarde de près, on aperçoit des centres d'action nombreux et variés qui exercent graduellement leur influence. Ils représentent les arts, les sciences et les lettres, et le perfectionnement en tout ce qui est bon ou beau. Ils sont comme ces glaçons qui se forment même dans les courants rapides des fleuves américains et se développent toujours, quoique toujours entraînés; ils finissent par se joindre et couvrir l'eau la plus impétueuse. Ce qui est profondément respectable aux États-Unis, c'est que les hommes les moins intéressés personnellement dans les questions qui touchent au développement artistique et intellectuel sont cependant les premiers à donner de l'argent, quand cet argent leur est demandé au nom d'un progrès à réaliser ou d'une création à faire.

Dans ces dernières années, il a été beaucoup fait au point de vue de l'art. Boston vient de se donner un charmant musée, qui, bien que restreint, présente un ensemble assez complet pour donner des idées générales. On a créé aussi des écoles de dessin, grâce au dévouement d'un savant amateur bien connu chez nous, M. Charles Perkins, secondé par la société si éclairée qui vit à Boston. Les bâtiments, les collections, les classes d'études, tout cela est l'œuvre d'un groupe d'hommes aussi distingués que généreux.

A Philadelphie, on trouve des œuvres analogues. M. Claghorn, faisant un noble usage d'une très-grande fortune, a consacré tous ses instants à la création d'une Académie. On a élevé un édifice luxueux, spécialement dans ce but : on y voit des galeries et des classes d'études admirablement organisées; au premier étage est déjà réunie une grande collection d'œuvres d'art et de monuments archéologiques. Une association d'amateurs s'intéresse au développement de cette institution et seconde activement la générosité et le zèle du président.

A New-York, en quelques jours, on a trouvé 80,000 dollars pour acheter une collection d'antiquités destinée au musée.

A l'Exposition de Philadelphie, on pouvait voir des envois intéressants de diverses écoles de dessin de New-York, de Cincinnati, de Girard College, des gravures sur bois de la Cooper's Woman School. Tout cela indique bien le mouvement des esprits vers le développement artistique.

L'Exposition de Philadelphie a été glorieuse pour les Américains, en montrant tout ce qu'ils sont parvenus à créer si rapidement. Ils ont l'ambition bien naturelle de se suffire, et ils y arriveront certainement. C'est un avertissement pour la fabrication dans le vieux monde. Fort heureusement, chaque peuple conserve en propre quelques qualités dominantes dans certains de ses produits, ce qui assurera toujours des échanges internationaux. Les États-Unis, arrivant à faire à peu près toute chose chez eux, peuvent voir aussi que, s'ils ne veulent pas rester stationnaires dans les œuvres où le goût joue un rôle, ils feront bien de faciliter la concurrence, d'entr'ouvrir la porte, plus qu'ils ne font, aux produits étrangers; sinon, s'ils vivaient uniquement sur leur propre fonds, quelques producteurs seuls en profiteraient; l'ensemble de la nation, n'étant plus excité par la vue ou la possession du mieux, cesserait forcément de se développer.

Le jour où les États-Unis réduiront les droits de douane à des tarifs modérés, le pays consommateur y gagnera; la concurrence obligera le producteur à perfectionner ses produits, et si les droits sont régulièrement perçus, les caisses de l'État n'y perdront rien.

A. BARTHOLDI.

V

MACHINES.

MACHINES ET APPAREILS DE MINES.

RAPPORT DE M. F. VALTON,

MEMBRE DU JURY INTERNATIONAL.

Ce n'est pas aux États-Unis qu'il faut aller étudier les machines et les appareils de mines. De date presque récente, et opérant sur des gisements d'une grande étendue, les exploitations se sont établies sur les points où se rencontraient les circonstances les plus favorables, où les difficultés étaient les moindres. C'est ainsi que la plupart des gîtes minéraux sont attaqués à ciel ouvert, comme de véritables carrières, et qu'un grand nombre de couches sont entamées par leurs affleurements. On sacrifie d'énormes piliers, on évite le fonçage de puits profonds, les épuisements considérables; on recule, en un mot, devant ces travaux délicats, ces installations coûteuses, auxquels la pauvreté relative des gîtes de l'Europe condamne les ingénieurs des mines.

L'Exposition de Philadelphie faisait bien ressortir cette situation : on ne voyait, dans la partie américaine, qu'une machine d'extraction fort simple, quelques tronçons d'une machine d'épuisement, des ventilateurs de petit volume; encore tous ces appareils étaient-ils classés et catalogués dans le groupe V, avec les machines, échappant ainsi à notre examen, tandis que les outils de mine proprement dits restaient dans le premier groupe, répartis entre un certain nombre de classes si mal définies que des produits identiques, appartenant à des nationalités différentes, étaient désignés sous des numéros différents.

Dans cette note, très-succincte, je diviserai les outils de mine en quatre classes, de la manière suivante :

1° Appareils à attaquer les roches;
2° Appareils d'extraction;
3° Appareils d'éclairage;
4° Appareils de broyage.

APPAREILS À ATTAQUER LES ROCHES.

Les perforateurs sont très-employés aux États-Unis, tant dans le fond des mines qu'à la surface, pour l'attaque des minerais de fer et de cuivre, le percement des tunnels, etc. L'Exposition nous en offrait un certain nombre de types assez peu différents les uns des autres et que nous n'entreprendrons pas de comparer, aucune épreuve publique n'ayant été faite qui permît d'apprécier les avantages et les points faibles de chacun des systèmes. Il serait tout aussi impossible de décrire en détail ces appareils assez complexes et d'en faire comprendre le mécanisme sans le secours de dessins. Contentons-nous donc de rappeler que ces outils, fort répandus aujourd'hui, dont le percement du mont Cenis a vulgarisé l'emploi, ont comme moteur l'air comprimé; qu'ils agissent par percussion rapide, frappant de 100 à 150 coups et plus à la minute; qu'ils permettent un avancement deux fois plus prompt que celui qu'on obtient par le travail à la main, et que le percement d'un mètre courant de galerie à l'aide de ces appareils coûte notablement moins cher quand on dispose d'un bon outil.

Les États-Unis avaient exposé trois perforateurs à percussion.

Le perforateur Burleigh a été employé au percement du tunnel du mont Hoosac, qui a 8 kilomètres de longueur, précisément à l'époque où M. Sommelier employait des outils analogues pour percer le mont Cenis; il produit automatiquement le mouvement de percussion, celui de rotation et celui d'avancement, tous les organes de ces divers mouvements étant renfermés dans le cylindre. L'affût est tantôt un trépied dont les branches peuvent s'allonger, et qui, quoique chargé de poids, ne présente pas, selon nous, une résistance assez forte au recul de l'outil, tantôt une grosse vis qui se serre comme un verrin entre le toit et le mur de la galerie, tantôt enfin un châssis complet en fer ou en bois roulant sur un chemin de fer. Cet outil bat habituellement de 180 à 250 coups à la minute.

Le perforateur Ingersol diffère peu du précédent; il renferme des coussins de caoutchouc à l'intérieur du cylindre, pour éviter les ruptures par suite de chocs violents, lorsque le fleuret tombe dans une fissure. On a beaucoup employé en Europe les outils portant cette marque.

Le perforateur Waring est très-solide et compacte, quoique d'un poids léger; il est animé d'une plus grande vitesse que les précédents, battant 800 et même 1,000 coups à la minute. L'assemblage, entre la tige et le fleuret, nous a semblé fort simple et très-effectif : il se compose d'un manchon en fer, cylindrique à l'intérieur, légèrement conique à l'extérieur aux deux extrémités, lesquelles sont fendues suivant un plan diamétral; l'une coiffe l'extrémité de la tige du piston, l'autre reçoit le fleuret. Deux anneaux produisent le serrage très-fortement au moyen de quelques coups de marteau.

Le fleuret n'est plus alors qu'une simple barre d'acier ronde ou octogonale, dont une seule extrémité doit être travaillée à la forge; le remplacement d'un fleuret se fait très-rapidement.

Le perforateur *à diamant*, imaginé par un Français du nom de Leschot, est d'un emploi fréquent dans les mines américaines; nous n'avons pas à le décrire, plusieurs publications, dans des revues scientifiques, l'ont fait tout récemment. Deux spécimens intéressants figuraient à l'Exposition. Le grand avantage de cet appareil, qui dans les roches très-dures donne un peu moins d'avancement que les perforateurs à percussion et coûte un peu plus cher, est de faire un trou parfaitement cylindrique et d'une direction absolument rectiligne; il fournit, en outre, un témoin authentique du terrain traversé dont les indications peuvent être très-précieuses.

Le perforateur Victor est un appareil à main. Il peut rendre service dans les carrières qui n'ont pas une assez grande importance pour motiver l'installation d'un moteur. Une manivelle, un volant et une came soulèvent le fleuret en comprimant un ressort à boudin qui réagit lorsqu'il devient libre et lance le fleuret avec force. A chaque coup, la came fait tourner l'outil d'une petite quantité.

L'appareil de M. Holmes (Angleterre) pour le havage du charbon se compose d'une sorte de scie animée d'un mouvement de va-et-vient au moyen d'une petite machine à vapeur ou à air comprimé. Il ne constitue, à notre avis, qu'une solution médiocre du havage mécanique.

L'outil de M. Baird, pour le même but, a pour principal organe une chaîne sans fin armée de couteaux. Elle est mise en mouvement par une petite machine posée sur le châssis qui porte tout l'appareil. La poulie extérieure de la chaîne et la tige qui la supporte peuvent s'incliner en avant ou en arrière tout en restant constamment dans le même plan horizontal.

La machine de M. Macdermott est une simple tarière d'une forme un peu particulière qui peut être animée d'un mouvement de rotation à la main à des vitesses différentes, suivant la dureté de la roche. Cet outil ne peut travailler que dans des conditions tout à fait spéciales.

Le perforateur Dubois et François (Belgique) est apprécié chez nous depuis longtemps et très-employé pour le percement des galeries au rocher et le fonçage de puits dans les terrains durs. Il y en avait à l'Exposition une batterie de quatre montés sur un affût en fer porté lui-même par six roues.

L'appareil Chaudron (Belgique), pour le forage des puits de grands diamètres dans les terrains aquifères, est devenu classique. Un fort beau spécimen des outils servant à ce travail a été envoyé à l'Exposition: on y remarquait même un tronçon de cuvelage en fonte avec la boîte à mousse.

35

Cet ingénieux procédé a permis de faire plus de 2,500 mètres de puits à travers des terrains que l'on ne pouvait franchir antérieurement qu'avec les plus grandes difficultés.

Citons encore, parmi les outils à entamer les roches, la belle exposition de pics de la Compagnie Hardy, de Sheffield (Angleterre). Ces pics sont de deux sortes : les uns sont percés d'un œil à travers lequel passe le manche; l'extrémité de celui-ci est garnie d'une douille en acier sur laquelle se fait le serrage, de sorte que le bois n'est pas entamé; les autres sont pleins et portent seulement une légère échancrure sur leur face supérieure : dans ce cas, la douille qui coiffe le manche se prolonge au delà pour recevoir le pic, qui y est serré et maintenu par un coin. Les manches en bois d'hickory sont d'une grande légèreté en même temps que d'une résistance énorme.

Joignons à cela les deux exposants de mèches de sûreté, M. Miller (Belgique) et MM. Davey-Bickford, de Rouen (France). Les produits de ces derniers fabricants jouissent d'une réputation universelle.

APPAREILS D'EXTRACTION.

Nous ne trouvons, dans la catégorie des appareils servant à l'extraction, à signaler que l'arrête-cages de Walker (Angleterre). Cet outil a pour but d'empêcher les cages ou bennes d'être emportées jusqu'aux molettes, accident assez fréquent et qui cause toujours de graves désordres, quand il n'entraîne pas la mort d'ouvriers. Il a été décrit dans plusieurs revues spéciales.

Indiquons encore le petit modèle de parachute de Libotte (Belgique). Cet appareil, au lieu d'être composé de griffes qui pénètrent dans les montants du puits au moment de la rupture d'un câble, est formé de deux paires de coins qui viennent serrer énergiquement ces mêmes montants. Certains systèmes à excentriques agissent d'une façon analogue.

APPAREILS D'ÉCLAIRAGE.

Nous n'avons à citer ici que deux exposants : l'un, de nationalité anglaise, M. Cooke, a apporté des lampes de sûreté en bronze fort lourdes et d'un prix élevé ; celle qui est formée d'un manchon en verre à la partie inférieure nous semble devoir s'alimenter d'air difficilement; l'autre, M. Cosset-Dubrulle, de Lille (France), expose une série de lampes en fer très-légères; l'étamage qui les recouvre les protége contre l'oxydation. Leur prix est, d'ailleurs, excessivement réduit. Les ingénieurs des mines réunis à Philadelphie les ont examinées avec le plus vif intérêt.

APPAREILS DE BROYAGE.

Au nombre de ces appareils nous citerons seulement le broyeur Blake, formé de deux mâchoires en fonte qui se rapprochent et s'éloignent successivement : il est surtout employé pour le cassage des minerais et des castines pour hauts fourneaux; l'appareil Coxe, composé de deux cylindres en fonte armés de dents en acier : il sert au cassage de l'anthracite lorsqu'on veut produire les grosseurs les plus convenables pour les fourneaux domestiques; le broyeur Baugh, qui est construit sur le principe des moulins à café : les noix sont formées de pièces rapportées, ce qui en facilite le remplacement. On emploie principalement ce dernier broyeur pour la pulvérisation des phosphates de chaux.

F. VALTON.

MACHINES-OUTILS.

RAPPORT DE M. F. PERRIER,

MEMBRE DU JURY INTERNATIONAL.

Le nombre des membres du Jury attribués à la France était fixé d'abord à douze, et a été ensuite porté à quinze par la Commission américaine; nous étions le seul représentant de la France dans le département des machines, qui était sans conteste le plus chargé de tous à Philadelphie.

A notre arrivée, nous avons été informés que la classification primitive des produits par départements, au nombre de six, avait été modifiée pour faciliter les travaux d'examen, et qu'on avait adopté un nouveau mode de classement par groupes, dans lesquels on avait réparti les membres du Jury international, chaque groupe embrassant un certain nombre de classes bien définies.

C'est ainsi que nous avons été désigné comme membre du Jury du groupe spécial comprenant les machines-outils employées dans le travail des métaux, du bois et de la pierre, et qui étaient exposées dans la galerie appelée *Machinery Hall* [1].

Cette galerie, la plus grande qui ait jamais été construite pour une exposition de machines, était incomparablement supérieure à celles de Vienne et de Paris; elle était située à 542 pieds de la façade ouest de la galerie principale (ou *Main Building*); les façades nord des deux galeries, étant situées sur la même ligne, occupaient ainsi, de l'est à l'ouest, une façade de 1,250 mètres de longueur.

Le bâtiment principal avait 460 mètres de long sur 120 de large et se composait de deux allées principales de 30 mètres de largeur, avec

[1] Le Jury du groupe était composé comme il suit :

Président :

Docteur Anderson . . . . Angleterre.

Membres :

Professeur Angström . . . . Suède.

Reifer . . . . Autriche.
Perrier . . . . France.
Blelock . . . . Amérique (Massachusetts)
Durfee . . . . Amérique (New-York).
Professeur Anderson . Amérique (Kansas).

Secrétaire :

Aug. Cobert fils . . . . . Belgique.

une aile centrale et deux ailes latérales; au centre, un transept d'une largeur de 30 mètres traversait l'édifice et se prolongeait vers le sud, au delà de la galerie, suivant un bâtiment de 80 mètres de long, flanqué de deux bas côtés et servant d'annexe pour les machines hydrauliques.

Au centre, la machine colossale de Corliss, composée de deux machines de 700 chevaux-vapeur chacune, combinées en une seule machine de 1,400 chevaux, pouvant s'élever jusqu'à 2,400; elle a été construite à Providence (Rhode-Island). Le volant mesure 10 mètres de diamètre et 65 centimètres d'épaisseur; il pèse 56 tonnes et fait 36 tours par minute. L'arbre principal est en dessous et communique par des roues de transmission de 3 mètres de diamètre avec huit lignes d'arbres de couche, formant ensemble une longueur de 1,700 mètres environ et portant la force motrice dans toute la galerie.

A l'une des premières réunions du Jury, M. le président Anderson a proposé d'étudier les machines, non point seulement au point de vue de leur construction, mais aussi au point de vue de la précision géométrique des lignes et des surfaces des objets soumis à leur action. C'est la première fois, pensons-nous, qu'une telle proposition s'est produite, et l'empressement avec lequel un certain nombre d'exposants avaient accepté de faire leurs preuves, par telles méthodes ou procédés qu'ils jugeraient convenables, prouve combien est grande l'exactitude avec laquelle fonctionnent les machines modernes. Malheureusement, le Jury de notre groupe a été tellement surchargé de besogne, qu'il a eu à peine le temps, en siégeant sans interruption du 28 mai au 25 juillet, d'examiner toutes les machines-outils qui lui étaient soumises, et il a dû renoncer à mettre à exécution la proposition de M. Anderson, qui ne peut manquer d'être formulée de nouveau à la prochaine Exposition internationale.

Pour la même raison, il nous a été personnellement impossible d'étudier de près les machines classées dans les groupes voisins du nôtre (groupe des moteurs, appareils hydrauliques et pneumatiques; groupe du matériel roulant, locomotives; groupe des machines des arts textiles, machines à coudre, etc.), et nous ne parlerons dans ce rapport que des machines-outils, en faisant toutefois une exception pour la France, afin de ne pas laisser dans l'ombre les noms et le courage de quelques exposants des autres sections qui ne se sont pas laissé arrêter par la distance et les difficultés de transport, et n'ont pas craint de s'imposer de grands sacrifices pour représenter la mécanique française dans le Nouveau Monde.

C'est une tâche difficile de présenter dans un rapport limité à quelques pages un tableau des machines-outils exposées à Philadelphie : une des-

cription complète demanderait un gros volume, et encore serait-il nécessaire de donner en même temps des dessins complets de chacune d'elles.
Nous pensons qu'il vaut mieux signaler simplement les machines qui nous
ont paru mériter quelque attention, en renvoyant nos lecteurs aux ouvrages
spéciaux ou même aux catalogues fournis par les exposants, catalogues généralement descriptifs et pourvus de dessins photographiques ou autres.

On reconnaissait immédiatement que l'Amérique était chez elle : tous
ses constructeurs, grands et petits, avaient voulu prendre part au grand
tournoi international.

L'Angleterre et la France avaient envoyé quelques machines, ainsi que
l'Allemagne, la Suède, la Russie, le Canada et même le Brésil, mais en
trop petit nombre et trop insuffisantes pour donner une idée de la puissance des arts mécaniques en Europe et pour permettre une comparaison
directe avec les machines américaines.

Nous indiquerons successivement pour chaque pays les machines que
le Jury a particulièrement remarquées, en suivant l'ordre dans lequel les
diverses nations se présentaient lorsqu'on pénétrait dans la galerie par la
porte du Nord-Est.

FRANCE.

La France était représentée dans la section des machines-outils par un
petit nombre d'exposants, parmi lesquels nous citerons en première ligne
M. Arbey, de Paris.

Les machines à travailler le bois de M. Arbey étaient au nombre de
neuf, la plupart d'un modèle entièrement nouveau.

La machine à raboter les bois est caractérisée par la forme des lames
tranchantes, qui sont disposées en hélice autour d'un cylindre, de telle
façon que la génératrice qui passe par l'extrémité de l'une d'elles rencontre
la lame voisine à l'autre extrémité du cylindre : ces lames sont très-minces,
de 1 à 2 millimètres d'épaisseur, flexibles, peu coûteuses, rapidement
aiguisées et facilement remplacées; l'affûtage se fait sur la machine même
sans entraîner le démontage des fers tranchants. — Grâce à la forme des
lames, le travail est constant pendant toute la durée de la révolution du
porte-outils. — Un deuxième porte-outils et deux outils à axe vertical
permettent, soit de faire les moulures, soit de travailler le champ des
pièces de bois. — La machine peut raboter des pièces très-larges ou très-
étroites, très-épaisses ou très-minces, suivant le fil du bois ou en travers,
sans chocs, avec une grande économie de force motrice.

A Philadelphie, le nombre des machines employées à la fabrication des
tonneaux était considérable; des procédés variés et ingénieux ont été

imaginés pour scier et façonner le joint des douves, de manière à rendre les tonneaux parfaitement étanches. C'est la machine de M. Arbey qui nous a paru donner la meilleure solution de ce problème difficile. La douve est courbée d'abord, suivant la forme qu'elle doit conserver, sur une sorte de gabarit oscillant d'un rayon égal à celui du tonneau. Une scie circulaire, de petit diamètre et d'épaisseur relativement faible, remplissant en même temps l'office de rabot, est montée à l'extrémité d'un balancier et se meut toujours dans un même plan. Quand la douve est sciée d'un côté, on déplace le gabarit d'une quantité égale à la largeur que doit avoir la douve, et la scie agit de l'autre côté. Le contact des joints est aussi parfait que possible.

La machine à tourner ou façonner les pièces de sections variables, suivant gabarit, est aussi d'un modèle nouveau. Le gabarit modèle et la pièce à façonner sont montés sur deux axes parallèles qui tournent dans le même sens; un outil tranchant et une touche d'acier sont fixés exactement à la même hauteur sur deux petits balanciers solidaires entre eux et pivotant parallèlement; la touche d'acier est constamment appelée contre le gabarit métallique au moyen d'un ressort. La machine étant en mouvement, la touche d'acier suit tous les contours du modèle et l'outil fouille exactement de la même façon la pièce de bois.

Ce qui distingue la machine exposée par M. Arbey, c'est l'emploi d'un outil fixe monté sur un balancier mobile; grâce à cette disposition, on peut suppléer au défaut des outils tournants propres seulement à dégrossir les pièces refouillées, mais ne pouvant pas pénétrer dans les petites cavités.

M. Arbey avait exposé encore : un tour à faire les cannelures droites ou torses, les perles ou ornements, au pourtour des colonnes ou pieds tournés d'ébénisterie, dans lequel on trouve une application ingénieuse d'un outil rotatif mobile dans tous les sens au mouvement d'un tour parallèle; une machine à faire les divers assemblages d'ébénisterie et de menuiserie; deux pétrisseurs mécaniques à hélice double et de pas inverse et enfin deux petites scieries, à bras d'homme et à pédale, avec lames sans fin, pour les petits ateliers où il n'existe pas de force motrice.

Toutes les machines de M. Arbey, simples, faciles à manier et d'un prix relativement peu élevé, ont excité la plus vive attention chez les Américains, et nous avons été heureux d'apprendre qu'ils avaient fait de nombreuses commandes à M. Arbey, qui, mieux inspiré que M. Périn, M. Guillet et les autres grands constructeurs français, n'avait pas craint de venir lui-même avec son habile ingénieur M. Godeau pour affronter la comparaison avec les machines américaines.

De toutes les expositions analogues, celle de M. Arbey était assurément la mieux réussie et la plus originale.

M. Limet-Lapareillé avait exposé un bel assortiment de limes; le Jury, quoique n'ayant pu les examiner de près, ni obtenir aucun renseignement sur le mode de fabrication et le prix de revient, par la faute d'un représentant américain toujours absent, n'en a pas moins accordé une médaille à M. Limet-Lapareillé, dont les limes sont très-connues et très-appréciées Amérique.

Dans le groupe des appareils hydrauliques et pneumatiques, on remarquait la pompe centrifuge de MM. Neut et Dumont, l'appareil rafraîchisseur d'air de M. Garlandat, la presse hydraulique de M. Morane pour la fabrication de la stéarine et de la bougie, les appareils de levage de MM. Mégy et Bazan, la grue monte-charges de M. Chrétien. Tous ces appareils avaient déjà été exposés à Vienne ou à Paris.

Il en est de même, dans le groupe des moteurs, du moteur domestique à vapeur de M. Fontaine et du moteur à gaz Bischoff, de MM. Mignon et Rouart.

La Compagnie électro-magnétique exposait plusieurs machines du système Gramme, qui constituaient le plus grand attrait de l'exposition française. Ces machines, notablement simplifiées et rendues plus puissantes depuis l'Exposition de Vienne, possèdent la précieuse faculté de transformer à distance l'électricité en force motrice; elles sont susceptibles des applications les plus diverses et peuvent être considérées comme réalisant un progrès mécanique considérable en même temps qu'elles ouvrent une voie nouvelle aux investigations les plus variées pour l'éclairage des côtes et des navires, la galvanoplastie, etc.

La machine exposée par M. Bréguet contient la plus heureuse application à la machine Gramme de l'aimant récemment imaginé par M. Jamin; elle permet de faire instantanément les expériences de physique les plus variées et est aussi remarquable par la simplicité des détails que par l'élégance de la forme.

Une machine à confectionner les briques, de M. Durand, a été très-remarquée. Elle est simple, d'une installation facile, et permet d'obtenir des effets considérables dans la production des agglomérés de toute sorte.

Dans le groupe du matériel roulant, M. Arbel a obtenu le même succès qu'à Vienne par son exposition de roues de locomotives et de wagons en fer forgé; nous en dirons autant de M. Brunon.

L'usine de M. Arbel et celle de M. Brunon sont situées à Rive-de-Gier : la fabrication des roues a lieu, dans la première, sous l'action puissante d'une matrice actionnée par un marteau-pilon; dans la seconde, on préfère employer le forgeage à la presse hydraulique. Par l'une et l'autre méthode, on obtient des résultats excellents.

Les machines que nous venons de mentionner n'appartiennent pas au groupe des machines-outils, mais à plusieurs groupes voisins dans le département des machines. Ces groupes ne comprenaient aucun membre du Jury français et nous avions été chargé d'y défendre les intérêts de nos exposants.

ALLEMAGNE.

L'exposition de l'Allemagne était incontestablement médiocre; aucune des grandes maisons de ce pays n'était représentée à Philadelphie.

Nous signalerons toutefois deux machines-outils qui méritent d'être remarquées.

Celle qui a été exposée par MM. Kalke et Detlessen, de Hambourg, et qui sert à tailler les dents des pignons, est d'un modèle entièrement nouveau. Grâce à un mécanisme ingénieux, l'outil, de forme circulaire, reçoit, pendant qu'il tourne, un déplacement latéral réglé de manière à tracer sur les dents successives des lignes appartenant à une surface exactement conique. Peut-être n'en est-il pas rigoureusement ainsi; mais il nous a semblé qu'il serait facile de perfectionner ce petit appareil, de manière à rendre la fabrication des petites roues dentées coniques aussi facile et aussi sûre que celle des roues dentées ordinaires.

La machine de MM. Schaffer et Budemberg n'est qu'une machine à planer dans laquelle l'outil coupant est remplacé par une meule à émeri : la table ou banc de support s'abaisse automatiquement d'une petite quantité dans la deuxième période de son mouvement alternatif, afin d'éviter tout contact avec les surfaces rugueuses qui sont soumises à la machine, et par conséquent toute crainte de destruction pour la meule. Ce mouvement d'abaissement de la table se produit au moyen de plans inclinés placés en dessous et sur lesquels elle glisse légèrement à chaque mouvement de retour, et c'est en cela que consiste la partie originale de cette machine, bien distancée, du reste, par les machines semblables exposées en si grand nombre dans la section américaine.

Une belle collection d'outils pour l'horlogerie, venus de Munich, et un moteur à gaz, de l'usine de Deutz, méritent encore d'être cités.

BELGIQUE.

La Belgique n'a pas donné dans notre section tout ce qu'on devait attendre d'elle.

Le principal intérêt de l'exposition belge était dû à l'appareil gigantesque de M. Chaudron, imaginé pour forer et cuveler les puits de mines de grand diamètre, même à travers des nappes d'eau ou des couches aquifères, sans qu'il soit nécessaire d'épuiser cette eau au moyen de pompes ou par tout autre procédé; l'outil proprement dit est une sorte d'énorme trépan, fait en fer forgé et en acier, dont la partie inférieure est armée de fortes dents.

Une machine à vapeur et un mécanisme très-simple permettent d'élever ce trépan et de le laisser ensuite retomber vivement à plusieurs reprises comme un marteau-pilon, de manière à désagréger et briser les roches qu'il atteint. La partie de l'appareil qui sert au déblayage des matériaux broyés n'offre rien de particulier. Quand on a atteint le roc, on emploie un coffre en fonte plus ou moins épaisse suivant les cas, composé de petits cylindres identiques dont les bords ont été amincis de manière à s'emboîter entre eux et à former un cylindre provisoirement fermé vers le bas par un fond mobile à volonté; la partie inférieure de ce cylindre porte sur sa tranche une sorte d'évidement circulaire garni d'un bourrelet élastique qui, en s'appuyant fortement sur le rocher sous l'action du poids du cylindre, empêche l'introduction de l'eau. On ramène ensuite le fond mobile à la surface, et le trépan peut fonctionner sans être gêné dans son action par une masse liquide interposée.

L'appareil que nous avons vu à Philadelphie mesurait 18 mètres de hauteur; il était très-imposant par ses belles proportions et attirait l'attention des ingénieurs de tous les pays par son prix relativement peu élevé. Des éloges bien mérités ont été décernés à l'inventeur par le Jury, et nous pensons que M. Chaudron n'aura pas à regretter la peine et la dépense qu'aura entraînées pour lui le transport en lointain pays d'un matériel lourd et encombrant.

A côté de l'appareil de M. Chaudron, on voyait avec intérêt le perforateur connu de MM. Dubois et François, qui a été adopté pour le percement du tunnel du Saint-Gothard.

MM. Nicaise et Gobert (ce dernier était notre collègue du Jury) avaient exposé une belle collection de machines pour la fabrication des boulons et des écrous.

Les deux modèles (cisailles jumelles et marteau à vapeur) de M. de Tombay, de Charleroi, ont été aussi remarqués; la forme des montants du marteau a l'avantage de laisser voir l'enclume de tous les côtés.

En résumé, l'exposition belge, quoique réduite à un petit nombre de machines-outils, avait du moins le mérite de ne contenir que des spécimens dignes d'être étudiés.

ANGLETERRE.

La section anglaise des machines-outils ne comprenait qu'un petit nombre d'exposants qui ne pouvaient prétendre assurément à donner la mesure de la puissance industrielle de la Grande-Bretagne.

M. Thomas Gadd, de Manchester, avait exposé une machine d'un type original, à l'aide de laquelle on peut transporter un dessin, de la surface d'une plaque d'acier gravée, sur le pourtour d'un cylindre en cuivre employé dans les machines à imprimer sur étoffes.

La machine quadruple à percer, de MM. Fairbairn, Naylor et Kennedy (Leeds), permet à un seul ouvrier de faire agir quatre outils indépendants et peut être employée avec avantage pour toute une classe d'objets dans la construction des locomotives ou des wagons.

Une machine à tarauder les boulons et les écrous, de Heap, Joshua et Cⁱᵉ (Oldham), mérite d'être signalée.

MM. Massey, de Manchester, avaient exposé un assortiment de marteaux à vapeur adaptés à toute espèce de travaux et de toutes dimensions, depuis les plus petits jusqu'à des marteaux pesant 5 tonnes; MM. Brooks et Cooper, de Sheffield, qui possèdent une des plus grandes usines du monde pour la fabrication des enclumes, marteaux, étaux, etc., avaient exposé une collection remarquable de leurs produits; MM. Beesley avaient envoyé une machine à découper le fer, l'acier ou d'autres métaux.

Nous n'avons vu aucune machine destinée au travail du bois. Le travail de la pierre était représenté par deux machines envoyées, l'une par MM. Thearer et Hugh, l'autre par M. Holmes, de Londres; cette dernière fonctionnait chaque jour et était très-remarquée.

CANADA.

En consultant le catalogue officiel, on pourrait croire que l'exposition du Canada a été plus importante que celle de l'Angleterre; il n'en est rien.

Les constructeurs de ce pays avaient bien promis d'envoyer un grand nombre de machines qui étaient inscrites sur le catalogue, mais la crise financière qui a sévi au Canada a empêché la plupart d'entre eux de tenir leurs promesses : aussi sommes-nous réduit à ne citer que quelques noms.

MM. Kechnie et Bertrand, de Dundas (Ontario), ont envoyé quatre machines, dont deux seulement méritent d'être signalées. Dans leur machine radiale à percer, grâce à une heureuse combinaison de mouvements, l'outil peut agir dans toutes les directions et à toutes les hauteurs. La ma-

chine à mouler est élégante de formes, facile à conduire, et peut agir à
la fois sur quatre faces.

L'usine Waterous, de Brantford (Ontario), était représentée par une
scierie portative à vapeur, à action directe, qui est très-employée dans les
chantiers des régions basses du Dominion. MM. Mitchell et Taple, de
Harriston (Ontario), avaient exposé aussi une scierie portative qui paraît
bien établie, mais que nous n'avons pas vue fonctionner.

SUÈDE.

MM. Bolinder, de Stockholm, avaient envoyé leur collection de machines
pour la fabrication des cartouches et autres articles accessoires.

Ces machines avaient déjà été exposées à Vienne; quoique bien conçues, disposées d'une manière intéressante et instructive et donnant d'excellents résultats, elles nous ont semblé notablement inférieures à la splendide série de machines analogues que le Gouvernement américain avait
fait installer et faisait fonctionner tous les jours sous les yeux des spectateurs dans le bâtiment des États-Unis.

La même maison exposait encore un assortiment de scieries déjà vues à
Vienne, et remarquables à divers titres, mais qui ne pouvaient soutenir la
comparaison, au point de vue de la conception et de la puissance, avec
les machines américaines du même ordre.

A notre grand regret, nous n'avons pas vu figurer à Philadelphie les
machines de E. Boethius, de Stockholm, pour le travail du liége, qui
avaient obtenu un si grand succès à Vienne; elles étaient inscrites sur le
catalogue, mais n'ont pas été envoyées.

Signalons encore un bel assortiment de scies circulaires de toutes dimensions venu de Westaufors, un tour de machine à tarauder de huit
pouces de diamètre, envoyé par l'usine de Köping, et plusieurs machines
à fabriquer les briquettes de tourbe qui sont d'un si grand usage en
Suède.

La Suède était surtout bien représentée par un développement considérable de pièces forgées ou coulées, telles que tiges de pistons, axes,
roues, plaques de tôle pour chaudières, qui donnent une haute idée de
la puissance industrielle de cette intelligente nation.

RUSSIE.

La Russie ne saurait encore être comptée parmi les nations avancées sous
le rapport des constructions mécaniques, mais elle fait des efforts sérieux
et réalise d'année en année des progrès considérables, et on peut prédire

d'avance qu'elle sera de mieux en mieux représentée aux Expositions successives.

La maison Lessner, de Saint-Pétersbourg, avait exposé deux grands outils qui témoignent hautement de l'habileté technique du constructeur : une machine à percer radiale et un énorme tour spécialement disposé pour tourner les roues de locomotives.

Mais le principal caractère de l'exposition russe était concentré dans la collection des modèles et des machines envoyée par les écoles technologiques de Moscou et de Saint-Pétersbourg. L'objet de ces écoles est, comme on le sait, de préparer les jeunes gens à remplir toutes les fonctions d'ingénieurs, directeurs d'usines ou ateliers, que comporte l'industrie moderne; la durée des cours est de cinq ans au moins, dont une grande partie est consacrée à des travaux manuels dans les usines ou les ateliers du Gouvernement. Les nombreux articles exposés ont été exécutés par les élèves eux-mêmes pendant l'année 1875 et sont remarquables par le fini des détails, surtout les instruments à main, tous tendant à réaliser une économie de travail en même temps qu'à donner une plus grande précision aux objets fabriqués. Nous avons remarqué des tours, des machines à planer, des pièces détachées de machines à vapeur, des systèmes variés de soupapes, des régulateurs, etc., construits en entier par les élèves et qui témoignent d'une grande habileté chez leurs jeunes auteurs, en attestant l'excellente direction imprimée par les maîtres à leurs études et à leurs travaux. Grâce à ces deux écoles, les mécaniciens russes ne tarderont pas à devenir des constructeurs de premier ordre : les progrès réalisés dans les trois années qui se sont écoulées depuis l'Exposition de Vienne sont réels et ont été constatés par les ingénieurs de tous les pays.

BRÉSIL.

Le Brésil avait exposé la collection complète des machines qui servent dans ce pays à la fabrication des monnaies; les machines de cette espèce ont été tellement perfectionnées en Europe, qu'il était bien difficile au Brésil de produire des types nouveaux ou de réaliser des progrès bien caractérisés. Celles du Brésil ne se recommandent point, en effet, par l'originalité, mais elles nous ont paru mériter d'être signalées pour l'excellence de leur construction et le fini du travail.

La collection de modèles de navires, monitors, chaloupes, etc., de Tragano de Carvalho était très-remarquée, ainsi qu'une machine à vapeur destinée à servir de moteur au laboratoire de pyrotechnie de Rio-de-Janeiro, et tout entière de fabrication brésilienne.

ÉTATS-UNIS.

La galerie des machines était certainement la partie la plus importante de l'Exposition de Philadelphie. Nous y avons constaté, non sans regret, l'abstention des grands constructeurs de l'Europe, tandis que les constructeurs américains avaient rivalisé d'efforts et de sacrifices pour donner au vieux monde la mesure de leur capacité et de leurs mérites.

Il nous serait difficile, dans un cadre aussi restreint que le nôtre, de faire connaître toutes les machines-outils que nous avons eu à examiner; nous nous bornerons à signaler les plus importantes.

Travail des métaux. La maison Sellers, de Philadelphie, est incontestablement au premier rang pour le travail des métaux. Elle n'avait exposé à Vienne que peu de machines et beaucoup de modèles, mais si bien exécutés qu'ils furent jugés dignes de la plus haute des récompenses. A Philadelphie, c'étaient les machines mêmes qui fonctionnaient sous les yeux des spectateurs; et jamais, à aucune Exposition, on n'avait encore vu une collection aussi nombreuse, aussi variée et aussi parfaite de machines-outils.

Une immense machine à planer occupait le milieu du carré de 4,200 pieds de superficie dévolu à la maison Sellers et attirait tous les regards par ses proportions gigantesques. Cette machine pèse 85 tonnes et peut dresser une masse de fer de 10 pieds de haut sur 30 pieds de long. Deux machines semblables, mais de dimensions ordinaires, placées de part et d'autre de la première servaient à en faire mieux apprécier les dimensions colossales, par effet de contraste.

La machine à aiguiser les forets a été très-remarquée; grâce à elle, un ouvrier, même inhabile, peut aiguiser un foret quelconque avec une perfection que le plus habile mécanicien ne saurait atteindre avec la main.

La machine à polir les surfaces planes d'acier trempé donne des résultats surprenants, d'une exactitude presque géométrique; si, en effet, on amène au contact deux surfaces travaillées à cette machine en les faisant glisser l'une sur l'autre pour empêcher l'interposition de l'air, elles adhèrent fortement entre elles et il faut exercer un certain effort pour les séparer.

En arrière de la grande machine à planer était dressée une machine hydraulique portative, à river, du système dit Toredell, mais considérablement perfectionnée.

La machine à couper la tôle fonctionnait d'une manière majestueuse; elle est partout employée, en Amérique, pour découper les plaques qui entrent dans la construction des ponts métalliques et pour façonner les bords des longues plaques de fer rivées ensemble et destinées à former des colonnes ou des poutres.

Derrière ces cisailles puissantes se trouvaient trois marteaux-pilons à vapeur du système Morrisson, dans lesquels le marteau peut, grâce à un mécanisme ingénieux, frapper un coup très-rapide, se relever et retomber avec la vitesse de l'éclair, en ne faisant, pour ainsi dire, qu'effleurer la surface atteinte, comme il le ferait pour une noix ou un œuf dont il briserait seulement la coquille.

Mentionnons encore : une machine hydraulique destinée à caler les roues des locomotives sur leur axe, et un tour de proportions gigantesques pour tourner les mêmes roues, de quelque dimension qu'elles soient, jusqu'à sept pieds de diamètre (ce magnifique tour porte deux chariots indépendants et peut ainsi tourner deux roues à la fois); une machine à tourner et à fileter les vis, particulièrement remarquable pour le fini des détails; une machine à tailler les engrenages droits et coniques, dont les mouvements automatiques sont si bien combinés qu'il suffit à l'ouvrier de s'assurer de temps en temps qu'aucune cause extérieure ou aucun accident ne vient en entraver la marche; plusieurs machines à forer horizontales ou verticales; une machine pour les écrous hexagonaux qui, à l'aide de six couteaux, découpe d'un seul coup les six faces de l'écrou; une machine à tourner et à aleser de 84 pouces, et un alesoir plus petit pour les roues de wagons; deux machines automatiques à fabriquer les boulons et les écrous; une collection d'injecteurs brevetés pour l'alimentation des chaudières. Quelques modèles de transmission de mouvement complétaient cette exposition grandiose, qui devait avoir une valeur pécuniaire considérable et qui semblait résumer tous les progrès réalisés dans la construction des machines destinées à remplacer le travail de l'homme.

A côté de la machine motrice de la galerie des machines, M. Corliss avait exposé l'une des plus grandes machines-outils qui aient jamais été construites pour la taille des dents des engrenages coniques de grande dimension.

Cette machine n'est qu'une application du système bien connu de Hunt, mais une application grandiose, originale, incomparablement supérieure à toutes celles qui avaient été tentées jusqu'à ce jour, et dans laquelle l'habile constructeur de Providence a su imaginer et combiner les dispositions les plus ingénieuses pour obtenir une précision géométrique et écarter toute possibilité d'erreur dans la forme des engrenages coniques; la précision du travail est si grande, qu'il n'est ni nécessaire ni utile, après l'action de la machine, de faire retoucher les dents par un ouvrier.

Il existe en Amérique toute une classe de machines destinées à satisfaire aux besoins de la fabrication des machines à coudre, des armes portatives et des outils délicats de toute sorte, tels que couteaux circulaires,
forets, etc. Deux maisons se distinguent surtout dans la construction des
machines de ce genre : la maison Pratt et Whitney (Hartford) et la maison
Brown et Sharpe (Providence).

Toutes les machines de la maison Pratt et Whitney sont pourvues de
dispositions ingénieuses qui leur permettent d'exécuter des travaux délicats, à tel point que chacune d'elles semble avoir atteint le dernier degré
de perfection. Nous citerons : la machine à rayer les canons de fusils; les
machines à fileter, qui servent à la compagnie à fabriquer toutes les vis
employées dans la construction de ses machines et sont toutes pourvues
de l'appareil breveté de Parkhurst, lequel permet d'introduire dans la
machine sans arrêter sa marche le fer destiné à chaque vis; six machines
à découper; des tours de toutes dimensions qui peuvent tourner et percer
des pièces coniques à volonté, percer et aléser des trous pour achever les
pièces tournées, sans déranger le parallélisme des pointes du tour; une
machine à tailler les boulons; deux machines à mortaiser, avec colonne
verticale enfermant toute la transmission de mouvement, pourvues de l'appareil breveté de Hewell; deux machines à planer, dans lesquelles la
transmission de mouvement se fait à l'aide de lames en spirale avec la
plus parfaite aisance et sans trépidation; enfin, une machine à ciseler.

La perfection de ces machines est telle, s'il faut en croire MM. Pratt et
Whitney, qu'une pièce de remplacement fabriquée à Hartford, en Prusse
ou en Chine, peut être introduite sans crainte dans une machine fonctionnant en Australie ou aux îles Sandwich; c'est la maison Pratt et Whitney
qui a récemment installé les vastes arsenaux de Dantzick, d'Erfurt et de
Spandau, en Prusse, et ses machines sont répandues dans toutes les usines
de l'Europe.

La maison Brown et Sharpe avait exposé, entre autres machines remarquables, une série de machines destinées à diviser et à tailler les roues des
petits engrenages, les pignons, les roues d'angle et les roues hélicoïdales,
et aussi à faire les fraises; une machine universelle à polir avec meule à
l'émeri ou au corindon; plusieurs machines à fabriquer les vis; une
machine à tarauder; une machine à entailler les têtes des vis ou des aiguilles et une quantité considérable d'outils extrêmement ingénieux.

L'exposition de la compagnie Putnam, de Fitchburg (Massachusetts),
était une des plus étonnantes à cause du merveilleux fini des surfaces de
la plupart des pièces de ses machines-outils : toutes ces surfaces présentent
le brillant de l'acier poli et semblent plaquées au nickel avec un aspect

lustré et truité semblable à celui de la moire; mais ces qualités extérieures ne sont rien encore auprès de la perfection des machines exposées.

Nous citerons : trois tours à fileter de différentes grandeurs; un tour destiné à tourner les essieux de wagons et de locomotives; un puissant alesoir vertical pour les roues de wagons, qui permet d'aleser les surfaces cylindriques ou coniques et même de façonner les moyeux des roues; une machine à percer, dont l'outil est toujours maintenu contre l'arbre vertical au moyen d'un petit câble en fil de fer disposé de manière qu'il n'y a pas à craindre que l'outil se casse par un affaissement subit lorsqu'on arrive au fond ou au bout du trou qu'on veut percer; une machine à mortaiser, dans laquelle la table se porte en arrière chaque fois que l'outil remonte, de manière que le tranchant du burin n'est pas exposé à être émoussé ou brisé; enfin, une machine à planer, choisie parmi les cinquante-six types que fabrique la compagnie. C'est la maison Putnam qui a fourni les machines-outils des premières usines qui ont été créées en Chine et au Japon.

La maison Brainard, de Boston (Massachusetts), avait exposé une collection de machines à trancher, exclusivement employées autrefois dans la fabrication des fusils et des machines à coudre, mais adaptées maintenant à tous les besoins pour le travail du fer. Chacune de ces machines est pourvue d'appareils spéciaux pour tailler des mèches ou forets tordus, pour débiter des plaques et entailler une pièce à volonté. Deux types sont spécialement construits pour tailler les dents d'engrenage et donner à toute pièce de métal plane ou courbe la forme désirée. Une machine à fileter et quelques étaux perfectionnés complètent cette belle exposition.

Nous avons remarqué dans la collection de presses de la compagnie Stiles et Parker, de Middleton (Connecticut), le mécanisme simple et efficace des presses à cingler, qui permet à l'ouvrier de donner un coup d'une intensité voulue au moyen d'un arrêt automatique qu'on peut régler à chaque coup : deux rouleaux de friction élèvent le marteau en agissant sur la tige, qui est en bois; au-dessous des rouleaux, deux crampons permettent d'arrêter, en un point quelconque de sa course, le marteau, que l'ouvrier peut ainsi manier à volonté au moyen de leviers convenables.

Les machines de la compagnie Ames, de Chicopee (Massachusetts), étaient toutes dignes d'un examen attentif. Nous citerons entre autres : plusieurs tours, dans lesquels la transmission se fait à l'aide de dents en spirale qui évitent toute secousse, le mouvement de retour dans le travail du filetage s'obtenant à l'aide d'une manivelle placée au devant du chariot et qui fait tourner la vis en sens inverse en ramenant le chariot à son point de départ au lieu de déplacer les pointes du tour; un foret vertical simple, un grand foret horizontal, automatique et à action variable avec table mobile, et un foret vertical à quatre tiges; une machine à profiler, et enfin une machine à ciseler tout à fait originale.

Les machines à percer et à couper et les laminoirs à cintrer les feuilles de tôle de MM. Feal, de Philadelphie, présentent quelques dispositions nouvelles. Dans la machine à percer, l'arbre moteur fait mouvoir une came au moyen d'engrenages, de sorte que le poinçon descend lentement et avec une très-grande force et se relève très-rapidement quand le trou est percé : on peut avec cette machine percer la tôle à froid sur une épaisseur d'un pouce. Une autre machine perce la tôle d'un côté avec un poinçon et la coupe de l'autre côté avec des cisailles.

MM. Von Haagen, de Philadelphie, avaient exposé six machines, toutes intéressantes, entre autres une petite machine à affûter les forets plats ou les mèches qui servent à percer la fonte; une machine à percer la fonte; une machine à percer dans tous les sens, et un outil nouveau qui peut s'adapter à toute machine ordinaire à aleser, soit verticalement, soit horizontalement.

Nous citerons, parmi les nombreuses machines à affûter les outils ou à polir les surfaces au moyen de meules à émeri : celles de MM. Northampton, à Leeds (Massachusetts), qui sont peut-être les meilleures que nous ayons vues; celles de la Compagnie-américaine de Woonsocket (Rhode-Island); celles de l'Union Stone Company, de Boston; celles de Sternberg, de Reading (Pensylvanie); celles à celluloïde et à émeri de la Compagnie industrielle de Newark (New-Jersey); et enfin celles de Mitchell, de New-York, qui constituaient un assortiment complet des meules renommées de tous les pays du globe.

L'American Watch Company avait développé avec infiniment d'art un assortiment complet d'outils de toutes sortes à l'usage des fabricants de montres.

La machine à forer de MM. Thorn de Haven (Philadelphie) mérite aussi d'être signalée. Citons enfin les tours et les mandrins de la Compagnie d'Oneida et, parmi les nombreux marteaux à vapeur, les marteaux-pilons de la maison Bradley, de Syracuse (New-York), et les marteaux de la maison Forsaith, de Manchester (New-Hampshire), à manche horizontal, remarquables par l'introduction de coussins en caoutchouc destinés à amortir l'effet des chocs.

Travail du bois. Les machines destinées au travail du bois étaient en nombre considérable à Philadelphie.

La maison Whitney et Baxter, de Winchendon (Massachusetts), dont l'exposition avait été si remarquée à Vienne, avait envoyé ses machines

à fabriquer les seaux et les cuves, une raboteuse qui donne des résultats
d'un fini merveilleux, un tour adapté à la fabrication spéciale des objets
fréquemment répétés, tels que les balustres d'escaliers, pieds de table ou
de chaise, montants de lit, etc., et enfin une machine à scier les douves
des tonneaux.

Nous avons revu les belles machines déjà connues de Roger, de Norwich
(Connecticut), ainsi que celles de Knapp, de Northampton.

Les expositions les plus remarquables étaient celles de Bental et Mar-
gedant, de Hamilton (Ohio); Richards, London et Kelly, de Philadelphie;
First et Pryibill, de New-York; Fay, de Cincinnati.

M. Holmes, de Buffalo, avait exposé la série complète des machines
employées à la fabrication des barils.

Citons encore les machines à percer et à mortaiser et les scieries de
Lane et Brodley, de Cincinnati (Ohio); la collection de machines à planer,
à faire les moulures, etc., de Smith, de Smithville (New-Jersey); les machines à scier les bardeaux de Burt, de Dunleith (Illinois); les machines
d'Armstrong frères, de Pittsburgh, pour le travail du liége.

Travail de la pierre. Les machines employées dans le travail de la pierre
étaient relativement en petit nombre; nous citerons celles de MM. Ross, de
Rutland; Young et Hugh, de New-York, pour le sciage des pierres; celles
de Batley, de Philadelphie, pour mouler et graver sur marbre; celles de
la Compagnie Stacy, de New-York, pour le dressage des blocs de grandes
dimensions, et enfin celles de la maison Branch, Crooks et Cie, qui
étaient les plus remarquables.

Ce qui caractérise presque toutes ces machines, c'est l'emploi du diamant; chaque dent de scie verticale ou circulaire est armée d'un diamant
qui agit directement sur la pierre, avec une grande force et une vitesse
considérable, pendant qu'une masse d'eau vient couler sans interruption
sur les parties atteintes, pour éviter l'échauffement des pièces et empêcher
la production d'étincelles. Grâce à ces dispositions, qui sont généralement
adoptées, le travail de la pierre est entré, en Amérique, dans une voie
nouvelle qui ne peut que donner d'excellents résultats.

Ajoutons enfin que le Gouvernement américain avait installé à l'entrée
de son bâtiment spécial un atelier complet pour la fabrication du fusil de
guerre et des cartouches à enveloppe métallique.

Les machines-outils de l'Ordnance Section étaient disposées dans un
ordre rationnel, de manière à montrer les phases successives de la fabrication; ces machines se distinguaient toutes au plus haut degré par l'harmonie des proportions, l'agrément de la forme, une extrême simplicité

dans les divers organes et principalement par des moyens de réglage très-bien étudiés.

Le Gouvernement des États-Unis a été bien inspiré en ne craignant pas de produire au grand jour les machines si perfectionnées dues à l'esprit inventif et aux savantes méditations de ses ingénieurs militaires.

Les hautes qualités qui distinguent le fusil de guerre américain, notamment en ce qui concerne la justesse du tir et la portée, sont les preuves les plus convaincantes du degré d'exactitude presque mathématique et du parfait ajustement des pièces fabriquées par les machines-outils de l'artillerie américaine.

CONCLUSION.

La longue énumération que nous venons de faire suffit pour montrer que les travaux du groupe des machines-outils ont été longs et difficiles.

L'Europe s'est abstenue de prendre à l'Exposition de Philadelphie une place digne d'elle, qui pût donner aux Américains une idée exacte de sa puissance mécanique. Nous n'hésiterons pas à dire qu'elle a commis une grande faute.

Quelques industriels ont craint que leurs machines, leurs inventions, leurs procédés, ne fussent reproduits en Amérique, sans profit pour eux: une pareille crainte n'est pas justifiée. Les Américains possèdent au plus haut degré le génie de l'invention, et s'ils ont encore à apprendre quelque chose de nous, nous avons beaucoup aussi à apprendre chez eux.

D'autres ont mis en avant, pour justifier leur abstention, les tarifs énormes que les Américains appliquent à l'importation des machines. Assurément les taxes sont regrettables à tous les points de vue; mais il n'y a pas assez longtemps qu'elles sont supprimées en Europe pour que nous ne sachions pas comprendre qu'elles peuvent subsister encore quelque part. Ajoutons qu'il y a en Amérique un parti déjà nombreux qui a adopté les doctrines du libre échange, et que ce parti eût pu tirer des arguments décisifs, auprès du consommateur, de la présence même et du prix connu des machines européennes, en lui démontrant qu'il y aurait un grand avantage pour lui à poursuivre la suppression des tarifs de prohibition.

Grâce à l'abstention des constructeurs européens, l'exposition des machines-outils à Philadelphie était essentiellement américaine.

Il était impossible, dans la galerie des machines, de ne pas être frappé de la puissance d'invention et d'exécution du génie américain et des progrès considérables qu'il a réalisés dans les arts mécaniques.

Assurément toute production américaine porte encore le cachet européen, et il n'en saurait être autrement, puisque les États-Unis ne sont

qu'une immense colonie européenne, d'origine récente, incessamment re-
crutée encore par les émigrants d'Europe; mais les machines américaines
n'en ont pas moins des caractères distinctifs et une originalité particulière.

Il ne faut pas oublier, du reste, que la fabrication des machines-outils
en Amérique remonte à une époque peu éloignée; il y a trente ans à
peine que, pour le travail des métaux, les constructeurs de machines dans
ce pays avaient encore l'habitude de construire, chacun pour son propre
compte, les outils dont ils avaient besoin : ces outils étaient mal conçus,
mal exécutés, et causaient des frais de main-d'œuvre considérables. C'est
en 1848 seulement que Bancroft et Sellers établirent à Philadelphie le
premier atelier pour la fabrication raisonnée des machines-outils, et il a
suffi d'un quart de siècle pour réaliser dans cet art les étonnants progrès
dont nous avons été les témoins.

L'usine de William Sellers et Cie est certainement la première de toutes
les usines créées pour la construction des machines-outils servant au travail des métaux; ses produits sont répandus dans toutes les parties du
monde, et même en Europe, où la plupart de ses modèles ont été adoptés; il en est de même des machines-outils de Pratt et Whitney, de Putnam et de bien d'autres encore.

Il n'y a pas lieu d'être surpris de l'extension qu'a prise dans ces derniers temps en Amérique la fabrication des machines-outils : le prix de la
main-d'œuvre est, en effet, exagéré; c'est pourquoi tous les fabricants s'efforcent de donner une plus grande part d'action à la machine même et de
diminuer ainsi le travail de l'ouvrier. Ce fait seul peut expliquer la complication de certains mécanismes de détail et la multiplicité des machines
dites automatiques; c'est en Amérique surtout que se manifeste le plus
visiblement la tendance à tout demander à la machine et à supprimer,
pour obtenir des pièces finies, l'emploi de la lime et du ciseau.

En résumé, nous n'avons pu juger que l'Amérique chez elle, les nations de l'Europe ne nous ayant fourni que des éléments incomplets pour
une comparaison immédiate; mais nous pouvons affirmer, d'après ce que
nous avons vu en Amérique ou en Europe, que le domaine des arts mécaniques s'est considérablement agrandi aux États-Unis. S'il n'y a pas eu
de grandes inventions dans la courte période de temps qui s'est écoulée
depuis l'Exposition de Vienne, nous avons pu constater que la construction
des machines avait été notablement perfectionnée; les connaissances technologiques se sont accrues chez les ouvriers, les contre-maîtres et les chefs
d'atelier; l'éducation scientifique s'est développée à tous les degrés. Ce
n'est plus l'inspiration seule qui guide les inventeurs; ils ont maintenant

à leur disposition toutes les ressources de la science européenne. L'Amérique, croyons-nous, peut lutter avantageusement avec l'Europe sur tous les marchés du monde pour la construction des machines-outils.

L'opinion du Jury de la section a été, sur ce point, unanime et a été consignée dans le rapport général adressé à la Commission américaine. Un pareil fait nous paraît de nature à éveiller l'attention de la France, de l'Allemagne, et surtout de l'Angleterre, qui ne saurait plus prétendre au monopole ni au premier rang incontesté qu'elle occupait naguère dans la construction des machines-outils.

F. PERRIER.

VI

AGRICULTURE.

AGRICULTURE.

ALIMENTATION.

RAPPORT DE M. E. MARTELL,

MEMBRE DU JURY INTERNATIONAL.

Le groupe de l'alimentation compris dans le département de l'agriculture à l'Exposition internationale de Philadelphie présentait plus de deux mille exposants et de six mille produits divers. Il embrassait les vins et spiritueux, les sucres, les huiles, les vinaigres, en même temps que les viandes salées et conservées, les conserves de poissons et de légumes, les conserves au vinaigre, les conserves de fruits, les beurres, les fromages, les cacaos, cafés et thés, les pâtes alimentaires, les céréales, farines et biscuits, les bières et houblons, etc., et s'étendait même jusqu'aux produits pharmaceutiques.

VINS ET SPIRITUEUX.

Tous les pays viticoles ont répondu à l'appel qui leur avait été fait par les États-Unis, et la France peut encore aujourd'hui affirmer hautement qu'elle tient toujours le premier rang avec ses vins de Bourgogne, de Bordeaux et de Champagne.

Commençons par dire qu'il est regrettable que la Commission du Centenaire ait décidé qu'elle accorderait, comme récompense, une seule et unique médaille de bronze, accompagnée d'un rapport qui serait signé par un des membres du Jury et approuvé par la majorité des membres du Jury composant le groupe; cette décision a certainement facilité la lourde tâche qui incombait aux jurés, mais au détriment de ceux des exposants qui auraient pu mériter une médaille d'honneur pour la supériorité de leurs produits.

La Bourgogne était dignement représentée par les crus de Chambertin, Musigny, Romanée, Clos-Vougeot, Pommard, Montrachet, etc., dans lesquels on trouve toujours la même séve, le même bouquet.

Le Bordelais avait tenu à honneur d'envoyer les meilleures années de ses grands crus, tels que Château-Margaux, Château-Laffitte, Cos-d'Es-

tournel, Léoville, Gruau-Laroze, Château-Palmer, Château-Yquem, la
Tour Blanche, etc., en un mot, un assortiment qui ne pouvait que flatter
le palais le plus délicat.

Nous croyons inutile de nous appesantir sur la qualité de ces vins, qui
n'ont pas de rivaux pour la finesse de goût et la richesse de parfum.

Les grandes maisons de Champagne n'ont pas exposé leurs produits:
dans les marques secondaires, plusieurs échantillons de vins mousseux ont
été appréciés à leur juste valeur, et le Jury a constaté que ces vins avaient
été préparés avec un très-grand soin.

Les Charentes, dont les produits sont exportés sous la dénomination
d'eaux-de-vie de Cognac, soutiennent toujours leur vieille réputation; les
échantillons de grande champagne, borderies, fins bois, sont irréprochables
comme pureté et finesse d'arome, et ces eaux-de-vie, très-supérieures aux
whiskeys d'Angleterre et des États-Unis, seraient consommées sur une bien
plus grande échelle si elles n'étaient frappées d'un droit exorbitant aux
États-Unis.

Nous ne voulons pas non plus passer sous silence les nombreuses liqueurs telles que curaçao, anisette, chartreuse, etc., qui sont très-bien
distillées et vendues à des prix très-modérés.

L'Allemagne a envoyé de nombreux spécimens de ses vins du Rhin,
blancs et rouges, toujours très-recherchés, et avec juste raison, à l'étranger, parce qu'ils ont un bouquet délicieux.

Le Portugal était représenté par des vins de Porto, secs et doux, d'une
belle couleur et d'une grande richesse alcoolique.

L'île de Madère, qui avait eu ses vignes ravagées, il y a une vingtaine
d'années, par l'oïdium, a maintenant ses nouvelles plantations en plein
rapport, et les nombreux échantillons qui nous ont été soumis dénotent
un vin à la fois délicat et généreux.

L'Espagne, dont les vins sont si recherchés dans le monde entier, a exposé des vins de Xérès qui ne laissent rien à désirer sous le rapport de la
vinosité et de la finesse de goût. Ses vins doux, parmi lesquels nous citerons les Grenaches, les Moscatels, sont les meilleurs vins de dessert qu'un
connaisseur puisse mettre sur sa table.

Dans l'exposition italienne, nous avons examiné des vins doux de Mal-
voisie, de Syracuse, etc., fort agréables au goût et très-appréciés aux
États-Unis. Ils sont peu connus en France parce que nous possédons des
vins de liqueur, tels que les muscats de Frontignan et de Rivesaltes, qui
réunissent les mêmes qualités que ceux d'Italie.

Le vin de Marsala, après le vin de Xérès, ou pour nous servir du nom
anglais, le Sherry, est certainement le meilleur vin sec qu'on puisse im-

porter. Il peut être obtenu à un prix inférieur à celui du Sherry et trouve de nombreux acheteurs en Angleterre.

La culture de la vigne a fait depuis plusieurs années de sensibles progrès en Russie, et les grands propriétaires de Bessarabie et de la péninsule de Crimée ne reculent devant aucun sacrifice pour développer cette branche d'industrie. Leurs vins ne sont pas remarquables comme qualité; ils peuvent être assimilés à nos vins communs de France, quoique ne possédant pas autant de couleur et de sève, et ils sont vendus à des prix très-modérés, d'après les renseignements qui nous ont été fournis par les exposants. Grâce à la modicité du prix, l'écoulement de ces vins est facile dans le pays.

La Californie, la Virginie et la Caroline sont les États d'Amérique qui produisent la plus grande quantité de vin. Avec leur climat tempéré, leur terrain calcaire, ces États ont composé leurs vignobles avec des plants français, allemands et espagnols; mais leurs tentatives d'imitation des vins d'Europe ne présentent aucune ressemblance avec les modèles.

Leurs vins provenant des cépages de Bourgogne ou de Bordeaux ne possèdent pas la couleur, la sève, le bouquet de nos crus français et ne sont livrés à la consommation qu'à des prix relativement élevés, parce que la main-d'œuvre pour bien cultiver ces vignes coûte encore très-cher.

Une des colonies anglaises, l'Australie, n'a pas voulu rester en arrière des autres contrées viticoles et a exposé différents types de sa production. Ses vins, aussi défectueux que ceux de Californie, sont encore plus plats, ne s'améliorent pas par l'âge et conséquemment n'acquerront jamais une grande valeur.

C'est avec un vif intérêt que nous avons examiné les vins de Californie et d'Australie; ils trouveront toujours un écoulement dans les pays producteurs, mais ils ne pourront jamais remplacer les grands vins d'Europe.

Il nous a été présenté un grand nombre d'échantillons de spiritueux distillés dans l'Amérique du Nord et l'Angleterre. Ces whiskeys sont produits en très-grande quantité et sont d'une qualité irréprochable.

La Hollande maintient toujours sa vieille réputation avec ses curaçaos et anisettes, qui ne peuvent pas encore être imités en France, et l'arac-punch qui est fabriqué en Suède et Norwége nous a paru une boisson fort agréable, mais un peu trop alcoolique pour le climat français.

Nous terminerons cette trop courte revue en adressant des remercîments aux exposants français qui n'ont reculé devant aucun sacrifice pour faire connaître leurs excellents produits au Nouveau-Monde, et ces sacrifices seront, nous en sommes persuadés, largement compensés par les nouvelles relations qu'ils auront créées pendant leur séjour à Philadelphie.

SECTION DES SUCRES, BONBONS, HUILES, VINAIGRES
ET PRODUITS PHARMACEUTIQUES.

Sucres. — Deux maisons de la Guadeloupe et de la Martinique ont
exposé divers types de sucre de canne qui n'ont donné qu'une idée imparfaite de la grande production de ces colonies.

Nos sucres indigènes n'étaient représentés que par deux exposants.
Notre plus grande raffinerie parisienne avait envoyé ses magnifiques sucres
raffinés, qui étaient la perfection même de cette industrie.

Diverses collections de sucres raffinés ont été exposées par la Russie,
mais ne méritaient pas d'éloges.

Il convient cependant de citer les excellents sucres de canne de l'île de
Cuba, tant recherchés pour la fabrication de nos chocolats.

Les fabricants du sud de l'Amérique du Nord ont envoyé de très-jolis
produits.

Bonbons. — Le département américain contenait toute une galerie de
bonbons et de friandises. De très-belles collections de sujets et de fleurs
en sucre pour l'ornementation de la table avaient un véritable mérite
artistique.

La Hollande, l'Autriche et l'Angleterre exposaient aussi de très-bonnes
choses appartenant à la confiserie. Nos confiseurs français ont eu sans
doute de bonnes raisons pour s'abstenir, leurs produits si délicats ne trouvant aux États-Unis qu'un écoulement très-limité.

Huiles. — Les huiles d'olives d'Aix et de Nice étaient d'une grande pureté. Celles d'Italie, d'Espagne et de Portugal sont exceptionnellement
bonnes : ce dernier département ne contenait pas moins de 150 exposants
dans cette catégorie.

Mais tous ces produits si purs se rencontrent rarement dans la grande
consommation des États-Unis. Des quantités considérables d'huiles de
graines de coton sont envoyées chaque année en Europe par des maisons
de la Nouvelle-Orléans, et sont habilement mélangées à nos meilleurs
produits, puis expédiées sur le marché américain et dans bien d'autres
contrées sous les dénominations les plus pompeuses d'«huiles vierges d'Aix
ou de Nice».

Vinaigres. — L'Amérique exposait ses vinaigres d'acide acétique et de
whiskey, qui sont d'une qualité détestable : aussi nos bons vinaigres de
vins trouvent-ils une vente rapide aux États-Unis.

Ce groupe comprenait encore dans le département français des eaux minérales, qui ont été exclues des examens comme étant un produit naturel du sol.

Venaient ensuite huit collections de produits pharmaceutiques destinés à être examinés par des jurés spéciaux. Renvoyés de groupe en groupe depuis le commencement de l'Exposition sans rencontrer de juges disposés à les apprécier, ils sont arrivés devant le Jury d'appel, qui finalement a refusé de les examiner, malgré les nombreuses démarches officielles qui ont été faites près de lui.

SECTION DES CONSERVES, BEURRES, FROMAGES, CAFÉS, CHOCOLATS, THÉS ET PÂTES ALIMENTAIRES, BIÈRES ET HOUBLONS.

Viandes salées. — Plus de 100 exposants, appartenant pour la plupart à Chicago et à Cincinnati, formaient la majeure partie de cette catégorie. La viande de porc est une des branches les plus importantes du commerce américain. Ses jambons, quoique beaucoup moins délicats que ceux d'York et de Hambourg, s'exportent sur tous les marchés d'Europe sous les mêmes dénominations. Les morceaux les plus inférieurs servent à l'alimentation ouvrière du pays.

Le Canada avait exposé beaucoup de viande de porc admirablement préparée. Le Danemark avait aussi de bons produits et l'Italie avait envoyé ses mortadelles et ses saucissons, qui n'ont pas de rivaux.

Viandes conservées. — L'Australie, le Canada et l'Amérique avaient d'importantes collections de ces bonnes conserves de bœuf qui rendent aujourd'hui tant de services à la guerre et à la marine.

Les conserves de viande de bœuf de Sydney et Melbourne, en Australie, de Sherbrooke et d'Halifax, dans la Nouvelle-Écosse, ont été trouvées supérieures.

Ces usines en fabriquent des quantités considérables.

La Norwége, le Danemark et la Hollande ont aussi de grandes fabriques, qui ont exposé de bonnes conserves de bœuf et de mouton, spécialement destinées à leur marine du Nord et à la consommation du pays.

Le reste des conserves de viande exposées encore par un certain nombre d'exposants de tous pays n'offraient qu'un intérêt secondaire. Le prix de la viande en France est naturellement beaucoup trop élevé pour que nos fabricants puissent songer à lutter avec les contrées que nous venons de citer; mais les belles collections de conserves fines de viande et de gibier exposées dans le département français ont prouvé que nos fabricants ne pouvaient craindre, pour ces articles de goût, aucune concurrence de l'étranger.

Conserves de poisson. — Les produits de la pisciculture occupent une place importante dans le groupe de l'alimentation; mais nous ne citerons que les principaux sujets, savoir : les sardines, les saumons, les homards, les huîtres, et quelques poissons divers.

Sardines. — Parmi les 3o ou 4o établissements fonctionnant aujourd'hui sur nos côtes de Bretagne, 7 fabricants seulement avaient envoyé leurs produits à cette Exposition. Quoique ce petit groupe d'exposants ne donnât qu'une faible idée de l'importance de cette grande industrie, leurs sardines, reconnues d'une grande supériorité, ont été largement récompensées.

L'Espagne et le Portugal exposaient, pour la première fois, des conserves de sardines pêchées sur leurs côtes. Ce poisson est beaucoup plus gros et moins délicat que nos sardines françaises; mais tel qu'il est, il porte, par son bas prix, un préjudice sur le marché américain à nos produits français, qui ne trouvent que difficilement un prix rémunérateur.

L'Italie avait aussi des spécimens de sardines à l'huile qui n'offraient que peu d'importance.

Les conserves de saumons, de homards et d'huîtres étaient exposées en grande quantité par le département américain; elles ont été l'occasion de sérieuses études de la part du Jury.

Saumon. — L'Orégon possède les pêcheries les plus abondantes du monde entier. Dans la Columbia River on a pris dans une seule année 4o millions de livres de saumons, c'est-à-dire 4 fois plus que toutes les pêcheries d'Angleterre et d'Écosse.

15 grandes fabriques, occupant en moyenne de 2oo à 3oo hommes, fonctionnent aujourd'hui sur ces lieux de pêche. Ces fabricants payent le saumon, rendu à leurs usines, 1o à 15 centimes la livre, et vendent leurs boîtes, contenant deux livres de saumon, 6 fr. 25 à 7 fr. 5o la douzaine, prises à San Francisco; soit, 5o à 6o centimes la boîte.

On fait encore beaucoup de conserves de saumon dans l'État du Maine et principalement à Portland.

Ces boîtes de saumon s'exportent en grande partie sur l'Australie, le reste sur l'Angleterre et l'Allemagne.

Homards. — On pêche encore à Portland, à Halifax dans la Nouvelle-

Écosse, et sur les côtes du Nouveau-Brunswick, des quantités prodigieuses de homards.

Il y a dans ces parages des fabriques considérables. Ces fabricants payent les homards de 3 à 6 centimes la livre. Une demi-boîte pesant une livre nette peut contenir la valeur de 2 livres de homard cru, soit une moyenne de 8 à 10 centimes du prix coûtant. Ce bon marché fabuleux explique comment on peut vendre en Europe ces conserves de homard à des prix qui nous paraissent si peu élevés, et qui en définitive laissent des bénéfices considérables aux fabricants et aux intermédiaires.

Huîtres. — Baltimore est la ville la plus importante du monde entier pour le commerce des huîtres. Cette cité possède aujourd'hui plus de 100 établissements engagés dans cette grande industrie.

Disons tout d'abord que les huîtres américaines sont toutes différentes de nos huîtres françaises : elles sont beaucoup plus grasses et moins fines, et sont généralement douces.

Les huîtres, en Amérique, font partie, comme le pain et la viande, de la partie essentielle de la nourriture des masses; on les mange cuites ou crues. La soupe aux huîtres est le potage favori des Américains.

Les meilleures huîtres à manger sont les Blue Points, les Chincatigues, les Norfolk, les Saddle Rock, les Oyster Bay, etc.

Ces huîtres coûtent 4 francs à 4 fr. 50 cent. le boisseau d'environ 200 huîtres.

Celles destinées à être conservées viennent principalement de la baie Chesapeake et des baies environnantes. Elles se vendent de 20 à 40 cents le boisseau, soit de 1 à 2 francs les 200 huîtres.

Les principales usines emploient 500 ouvriers et fabriquent jusqu'à 30,000 et 40,000 boîtes d'huîtres conservées par jour. 800 schooners et plus de 3,000 barques sont employés dans la baie de Baltimore pendant le dragage des huîtres, qui commence vers le milieu de septembre pour finir vers le 15 mai.

L'énorme quantité d'huîtres conservées fabriquées à Baltimore et sur les principaux lieux de pêche des États-Unis s'expédie en grande partie sur Liverpool; le reste s'emploie dans la consommation générale du pays.

Poissons divers. — On pêche encore sur les diverses côtes américaines beaucoup de poissons sans grande valeur.

Des fabricants établis sur les côtes de Long-Island, près de New-York, ont exposé des boîtes d'un certain poisson appelé «machaden» qu'ils décorent du nom de «sardine». C'est une espèce de petit hareng qui n'a aucun rapport avec le nom qu'on lui donne; il est trop gras et mauvais de goût.

Pour clore les travaux de ce groupe, la Société de pisciculture de la Pensylvanie a offert au Jury et aux diverses autorités de l'Exposition un dîner uniquement composé de poisson : chaque département y avait envoyé ses produits.

Ce dîner bizarre nous a fourni l'occasion de confirmer toutes nos observations précédentes sur l'ensemble de ce groupe.

Conserves de légumes. — Nos fabricants de Paris, de Nantes et de Bordeaux avaient exposé des merveilles. Leurs belles conserves ont été l'objet d'une admiration générale et ont reçu de nombreuses récompenses.

Nous devons signaler que les petits pois et les champignons sont les conserves françaises les plus demandées aux États-Unis.

Parmi les nombreux fabricants de tous pays appartenant encore à ce groupe, le Portugal seul avait de bonnes conserves, et c'est peut-être de ce côté-là que nos maisons rencontreront dans un temps donné une certaine concurrence sur les marchés d'exportation.

L'Amérique essaye aussi la fabrication des conserves de légumes; mais la main-d'œuvre trop élevée de sa culture, la trop grande richesse de son sol et son climat sont des éléments tout à fait contraires à cette industrie. Les conserves de blé vert de Turquie et de tomates, dont l'Amérique fait une si prodigieuse consommation, sont les seuls légumes qu'elle puisse fabriquer.

Conserves au vinaigre. — Tout le monde sait que nos moutardes françaises sont les meilleures : aussi nos premières marques sont-elles l'objet de nombreuses contrefaçons, principalement parmi les fabricants allemands résidant aux États-Unis. Nos premières maisons de Paris figuraient à cette Exposition et ont exposé des moutardes d'une incomparable finesse.

L'Angleterre exposait ses pickles tant renommées. Ses vinaigres de bière avec lesquels elle les fabrique sont suffisamment bons et lui permettent de les établir à des prix avantageux.

Nos pickles françaises ne sont fabriquées qu'avec nos meilleures vinaigres de vin, ce qui les rend supérieures; mais leur prix plus élevé en limite naturellement la vente.

Les innombrables expositions de pickles américaines ne nous ont pas demandé moins d'une semaine pour arriver à un examen possible.

Les fabricants américains les plus consciencieux emploient des vinaigres de cidre et de whiskey, et les autres, qui sont en grand nombre. ne se servent que des vinaigres acétiques. Ajoutons que la plupart de ces pickles sont verdies au sulfate de cuivre.

Néanmoins, telles qu'elles sont, les pickles américaines entrent dans la plus grande consommation du pays; leur bon marché les fait préférer.

Dans cette classe des condiments, l'Amérique fabrique encore beaucoup de sauces qui ne sont que de grossières imitations de la célèbre « Worcester sauce » tant renommée en Angleterre.

A tant d'articles déjà nommés viennent se joindre encore toutes les variétés d'olives : celles d'Italie, d'Espagne et de Portugal étaient les meilleures. Nos olives et nos câpres ont été trouvées bonnes : ces deux articles sont d'une bonne vente aux États-Unis.

Conserves de fruits. — L'Espagne et le Portugal exposaient de grandes variétés de conserves de fruits qui ont été trouvées d'une fabrication médiocre, mais dont s'accommode la consommation du pays d'origine.

Le département français possédait de très-belles collections de fruits; mais, à l'exception de nos belles prunes d'ente et de nos fruits cristallisés, le marché américain ne peut leur offrir aucune chance de vente par suite des fruits si abondants de la Californie.

Les pêches, les poires et les ananas sont les fruits les plus spéciaux destinés à la conserve; le département américain en possédait de splendides collections. Des chiffres qui nous ont été fournis il résulte que cette fabrication atteint plus de 30 millions de boîtes par an. Baltimore, Boston, New-York, New-Jersey, Chicago, sont les principaux centres de cette industrie.

Beurres et fromages. — Un pavillon spécial contenait l'importante exposition des produits américains et canadiens, avec tout le matériel servant à leur fabrication.

Les beurres de la Pensylvanie, ceux du New-Jersey, sont excellents. Les beurres du Bas Canada sont de première qualité; leur pâte est d'une grande finesse.

La fabrication des fromages dits *Chester* est une des principales branches de l'agriculture de ces deux pays.

Leurs expositions contenaient chacune plus de 200 fromages de diverses maturités. De l'étude suivie que nous en avons faite, nous avons constaté beaucoup plus de fermentation dans les fromages américains que dans ceux du Canada. Ces derniers se conservent mieux pendant les grandes chaleurs; cela tient à une fabrication plus soignée.

Ces fromages sont bons et à meilleur marché que les fromages anglais :

aussi s'expédient-ils aujourd'hui sur tous les marchés d'Europe sous la dénomination de « fromages de Chester ».

Le Danemark a présenté au Jury des boîtes de beurre conservé depuis 1872, avec certificats à l'appui. Ces beurres ont été trouvés d'une conservation parfaite et de toute première qualité.

Chocolats. — 107 fabricants avaient exposé leurs produits. Notre département ne comptait que 5 exposants, parmi lesquels figuraient les chocolats si connus de notre plus grand fabricant.

La dégustation des chocolats nous a prouvé que ce produit, bien fabriqué, n'est plus le privilége de la France. Nos goûts se sont exportés avec nos chocolats; nos ouvriers sont partis avec nos machines, et nous avons rencontré cette même fabrication soignée dans les produits des États-Unis, de l'Angleterre, de la Belgique et de la Suisse, qui comptent aujourd'hui de grands établissements.

L'Espagne, le Portugal et le Brésil avaient de nombreux exposants dans cette classe. Quoique ces pays récoltent les meilleures matières premières, leur fabrication est restée à l'état tout à fait primitif, et tous leurs chocolats étaient détestables.

Cacaos, cafés et thés. — Les plus beaux cacaos exposés venaient du Vénézuéla et du Nicaragua. Les meilleurs cafés venaient du Brésil.

La Chine exposait ses excellents thés. Le Japon et le Brésil en avaient aussi de grandes variétés; mais la dégustation de ces derniers n'a donné que des qualités très-ordinaires, qui ne peuvent convenir à notre consommation.

Pâtes alimentaires. — L'Amérique, le Canada, l'Espagne, le Portugal, fabriquent des pâtes alimentaires avec leurs blés de pays qui ne donnent que de très-mauvais produits. L'Italie comptait de nombreux exposants dans cette catégorie; mais ses pâtes, qui ont été si longtemps l'objet d'une grande renommée, n'obtiennent plus aujourd'hui la même faveur, et divers examens du Jury ont prouvé que nos pâtes françaises étaient supérieures.

Une magnifique collection de pâtes alimentaires, exposée par un de nos principaux fabricants de Lyon, a été fort admirée : c'était la perfection même dans cette fabrication. Cette grande supériorité est due à des moyens nouveaux, à un outillage perfectionné et, surtout encore, à l'emploi de nos meilleurs blés durs d'Algérie.

Nos macaronis français, principalement ceux de Lyon et de Clermont-Ferrand, trouvent des prix de faveur aux États-Unis; mais nous conseillerons à nos fabricants de ne les envoyer qu'en paquets de livres anglaises, et de qualité supérieure.

Céréales, farines et biscuits. — Les plus belles collections de céréales étaient exposées par le Portugal et l'Espagne d'abord, puis par le Brésil, le Canada et la Hollande. La France ne possédait qu'un seul exposant, qui ne donnait qu'une idée incomplète des richesses de son agriculture.

Les farines d'Amérique ont été jugées supérieures à toutes celles exposées par les autres pays. Les principales minoteries américaines ne se servent que de nos belles meules de la Ferté-sous-Jouarre, dont notre département contenait les plus beaux spécimens.

Nous avons encore examiné, dans cette classe, les magnifiques farines de manioc du Brésil, qui servent à la fabrication du tapioca. Ce département en exposait plus de 30 variétés provenant de ses provinces du Para et de Rio-de-Janeiro.

La culture du manioc et celle du café forment, au Brésil, une des premières branches de l'agriculture.

Les biscuits anglais nommés « crackers » ont trouvé de sérieux imitateurs aux États-Unis. Ces biscuits, qui sont d'un extrême bon marché, sont passés dans la consommation ordinaire de chacun, et les fabricants américains, qui en avaient exposé de belles variétés, défient aujourd'hui toute concurrence de l'étranger.

L'industrie des amidons est une des plus considérables des États-Unis.

Dix des plus grandes fabriques avaient installé leurs riches expositions, qui ont fait l'admiration de tous les visiteurs, dans le département américain. Un relevé officiel prouve que ces 10 premiers établissements fabriquent, à eux seuls, une moyenne de 350,000 livres d'amidon par jour.

Les trois quarts de ces amidons sont fabriqués avec des blés de Turquie. Ils sont incomparablement beaux et servent exclusivement à l'alimentation.

Les autres sortes sont des amidons de blé et de pommes de terre et ne servent que pour les usages ordinaires.

Les amidons de blé de Turquie se vendent de 70 à 90 centimes le kilogramme; ceux de blé et de pommes de terre, 15 à 30 centimes la livre.

La qualité des amidons exposés par beaucoup d'autres contrées n'offrait pas le moindre intérêt.

Bières et houblons. — Nous avons été appelés à la dégustation des bières américaines, exposées dans un bâtiment spécial où fonctionnait tout un matériel de brasserie.

Les bières les plus estimées, aux États-Unis, sont celles de Milwaukee et de Cincinnati. Le « lager beer » est une boisson très-saine et fournit, dans une grande proportion, à la consommation générale du pays.

Beaucoup de brasseries s'occupent encore avec succès de la· fabrication des bières anglaises, des pale-ales, des porters, des stouts ; Philadelphie tient le premier rang dans cette catégorie.

La culture du houblon a pris pendant ces dernières années de grandes proportions en Californie. Les sortes provenant de cette culture ont été trouvées de qualité supérieure.

Les houblons de Lorraine et d'Alsace étaient aussi très-beaux ; ceux exposés avec les produits de l'Algérie n'étaient pas très-remarquables.

Le Jury international a encore eu à examiner dans ce groupe beaucoup d'objets et de produits divers, dont l'importance ne mérite pas d'être mentionnée ici.

Citons cependant une très-bonne collection de machines à boucher et à doser les vins de Champagne, ainsi que tout un matériel complet de cave, qui formaient l'une des principales et des plus intéressantes expositions du département français dans l'agriculture.

Nos concurrents étrangers ont exposé des produits alimentaires de toutes sortes, d'une bonne qualité, mais encore inférieure à celle des produits similaires français. Les récompenses obtenues dans la section française ont atteint d'ailleurs le chiffre de 161 médailles sur un nombre de 228 exposants, soit en moyenne 71 pour 100.

, Qu'il nous soit permis, en terminant ce rapide exposé, d'adresser nos plus vifs et sincères remercîments à M. le comte de Diesbach, secrétaire· adjoint au Jury français, et à M. Rebours-Guizelin, choisi comme expert pour les substances alimentaires, pour le concours intelligent et dévoué qu'ils ont bien voulu nous prêter dans nos longs travaux.

L'Exposition de Philadelphie aura donné à notre grande industrie alimentaire de nouveaux éléments d'exportation ; elle aura fait connaître davantage nos produits au commerce et aux consommateurs, et nous ne doutons pas que nos fabricants ne retrouvent dans un temps prochain tout le bénéfice des efforts et des dépenses qu'ils se sont imposés en venant concourir à ce grand tournoi international.

En résumé, nous croyons pouvoir affirmer que les produits français, dans toutes les branches de l'alimentation, conservent par leur supériorité incontestable la renommée qu'ils ont acquise et la préférence qui leur est donnée dans le monde entier.

E. MARTELL.

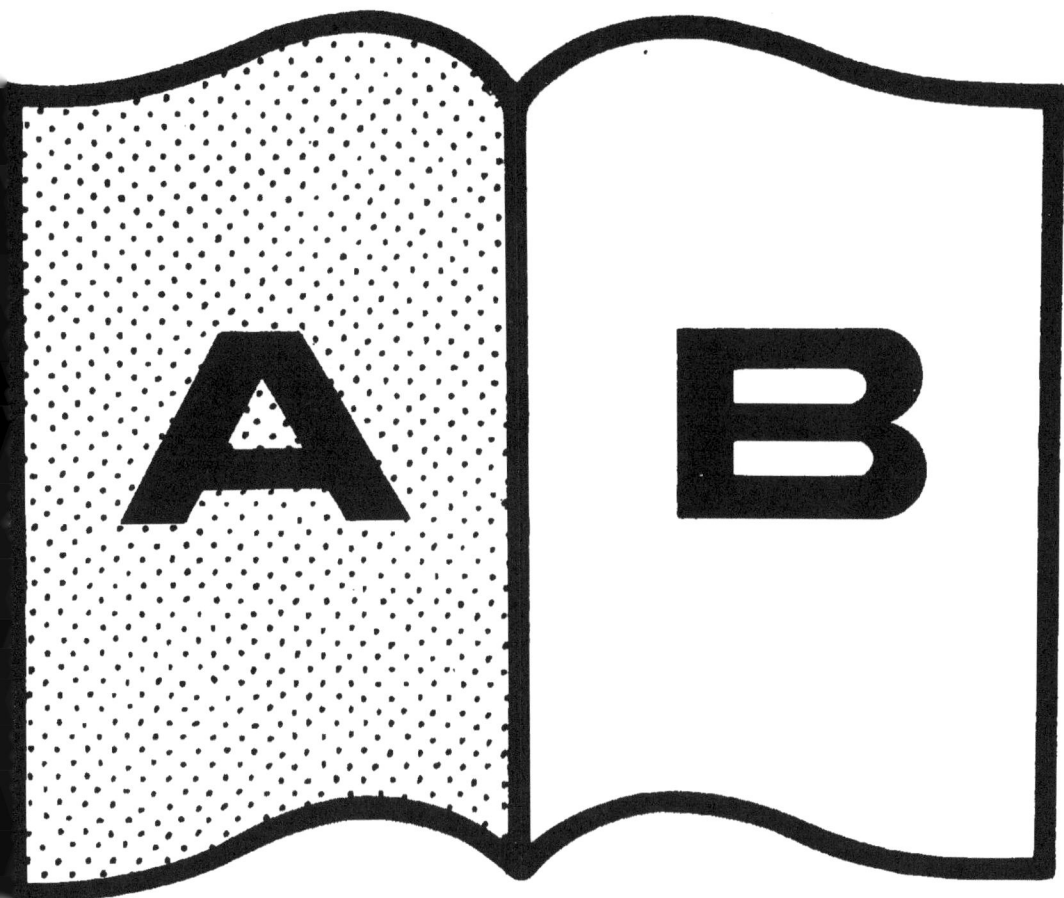

Contraste insuffisant

NF Z 43-120-14

www.ingramcontent.com/pod-product-compliance
Lightning Source LLC
Chambersburg PA
CBHW031446210326
41599CB00016B/2125